U0444336

国家社科基金后期资助项目

清至民国婺源县村落契约文书辑录

Contracts and Other Documents in Wuyuan County: Qing Dynasty and Beyond

肆

秋口镇(三)

鸿源吴家·金盘村·坑头村胡家·里蕉村·岭溪村

黄志繁 邵 鸿 彭志军 编

2014年·北京

秋口镇鸿源吴家 1—150

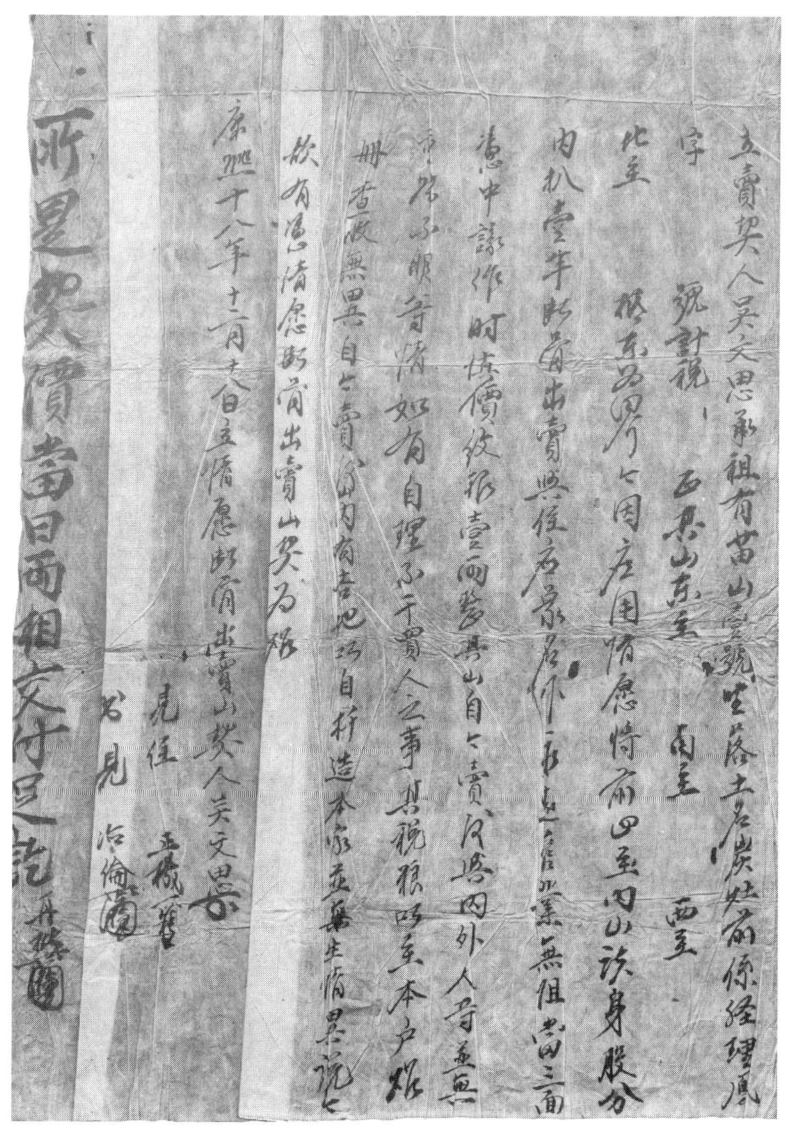

秋口镇鸿源吴家 126 · 康熙十八年 · 断骨出卖山契 · 吴文思卖与侄应象

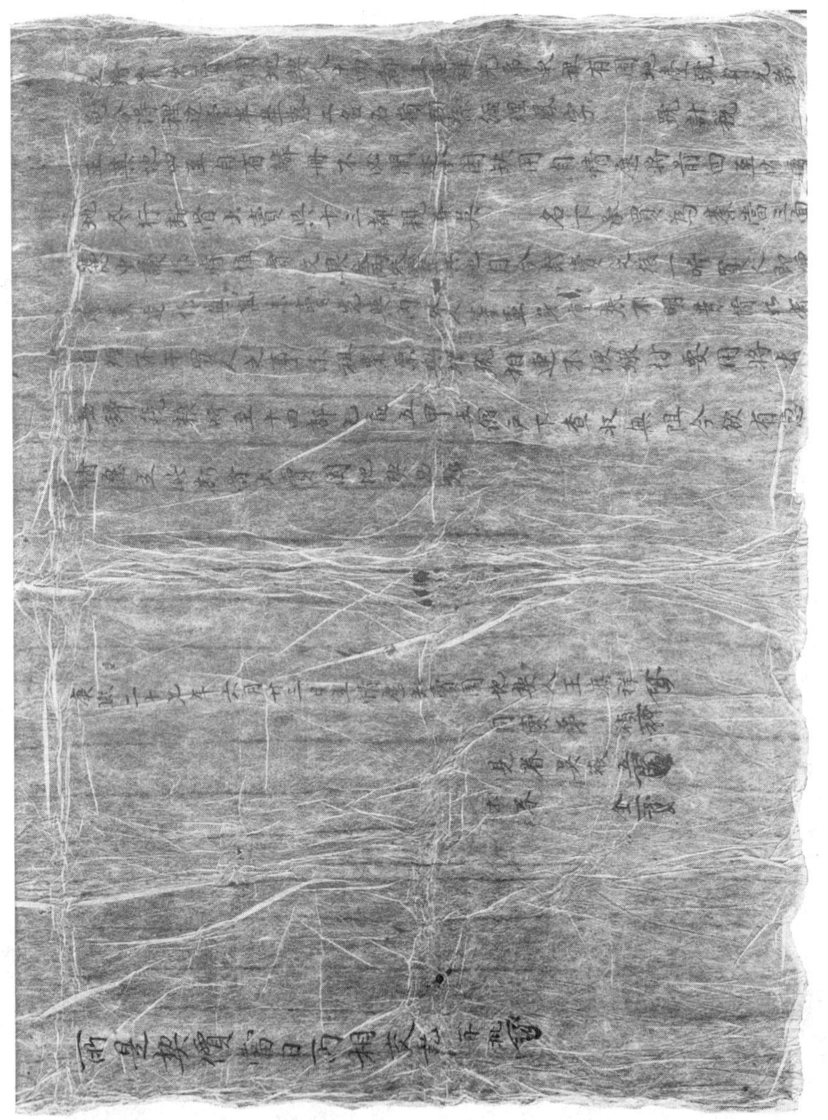

秋口镇鸿源吴家 144·康熙二十七年·断骨出卖园地契·王应祥卖与吴☐

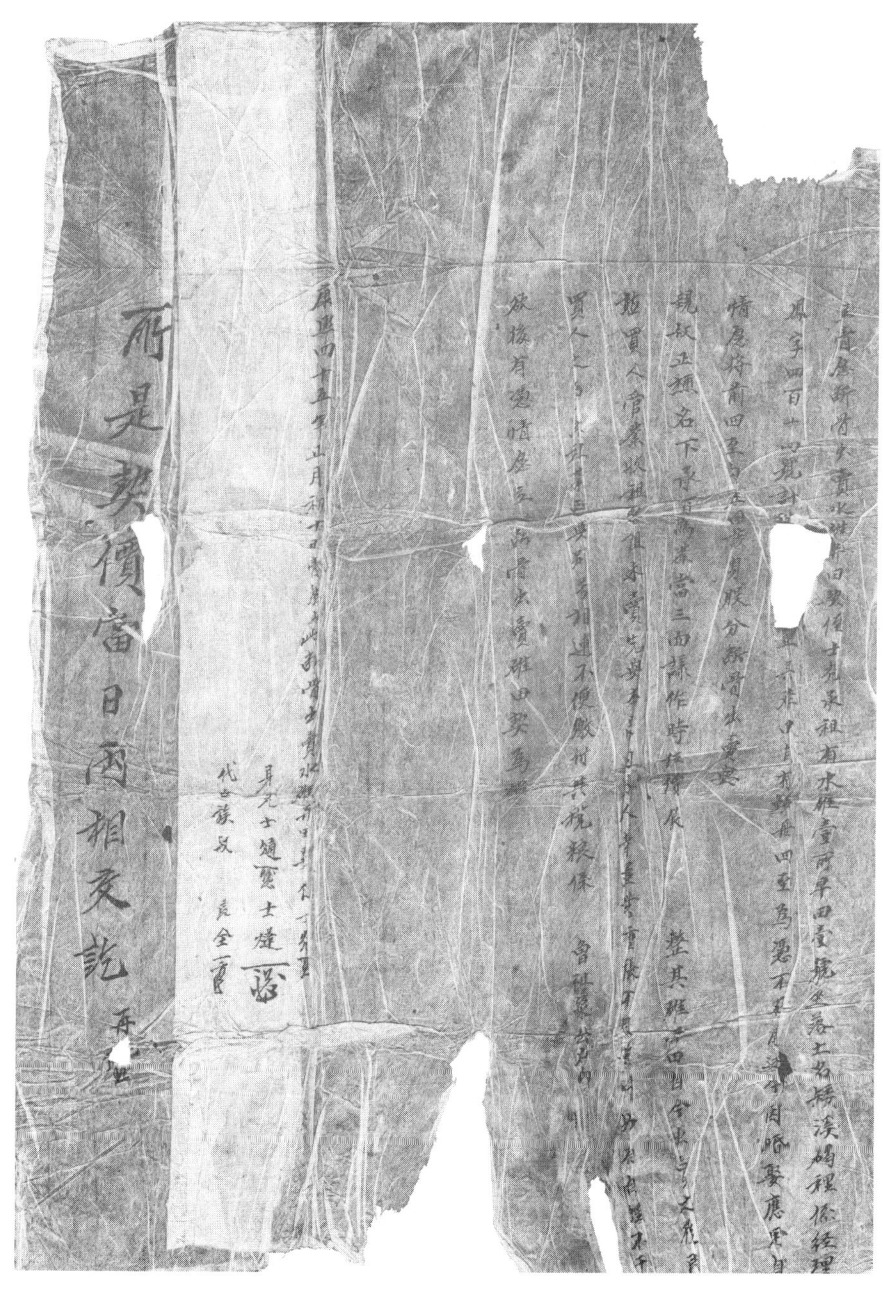

秋口镇鸿源吴家 113 · 康熙四十五年 · 断骨出卖水碓并田契 · 士究卖与正櫄

秋口镇鸿源吴家 98 · 康熙四十八年 · 断骨出卖春秋会契 · 吴士□卖与族叔☐

立出賣会契人天墒承爻有新灯会一芟今因急用情
愿托中出賣与房叔□□□□面議作時催值銀
銀伍錢正其会自今賣後一听買人爱業连年頒
无阻未賣之先因身人等無□□□□□昌一日之
寺情如有自理又平買人之事其会等上契係父士煥名
自尝賣後一听改名爱掌無得異說今欲有思立此
情愿断骨出賣会契為照

康熙罒九年十二月廿九日立此情愿斷骨出賣会契天墒○
　　　　　　　　　見敀江熠吉
　　　　　代書士建蹈

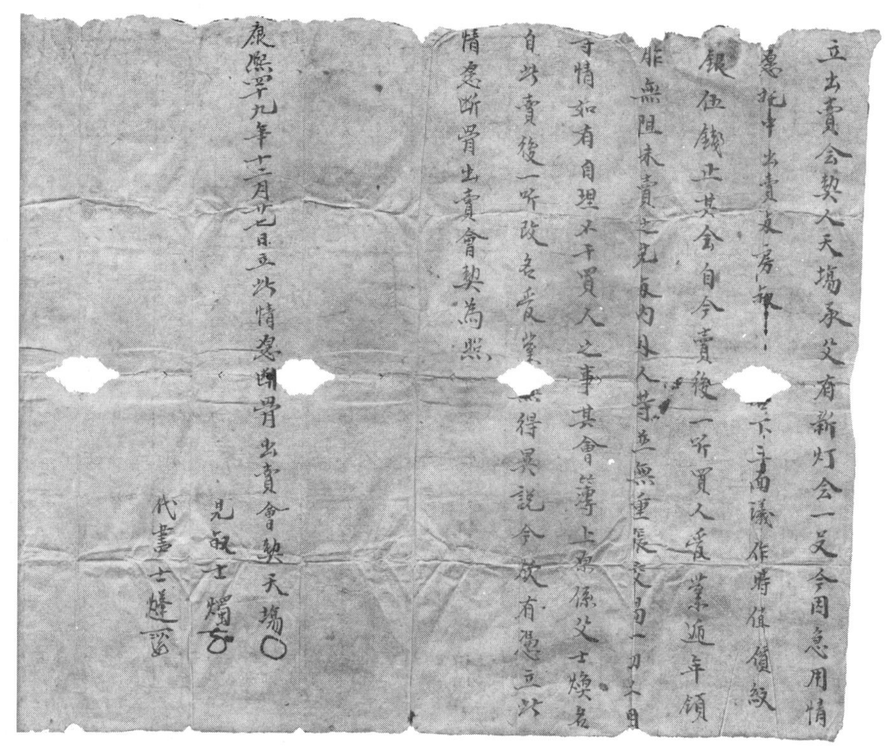

秋口镇鸿源吴家40·康熙四十九年·断骨出卖会契·天场卖与房叔□

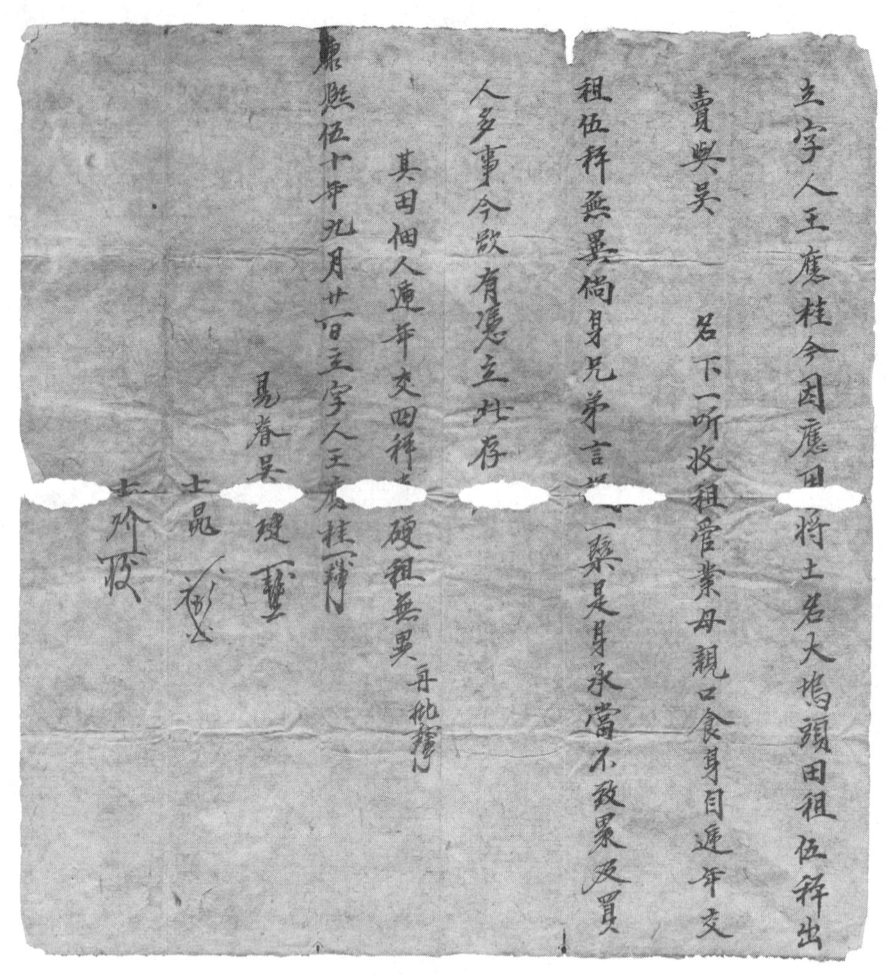

立字人王應桂今因應用將土名大塢頭田租伍秤出
賣與吴　　名下一所收租管業毋親口食身自逓年交
祖伍秤無異倘身兄弟言說□一槩是身承當不致累及買
人多事今欲有憑立此存
　其田佃人逓年交四秤□硬租無異　再批
康熙伍十年九月廿一日立字人王應桂
　　見眷吴□璉
　　士晁
　　士〔阶〕

秋口镇鸿源吴家63·康熙五十年·出卖田字据·王应桂卖与吴〼

秋口镇鸿源吴家 72 · 康熙五十年 · 断骨出卖地契 · 吴士焰卖与叔☐

秋口镇鸿源吴家 6 · 康熙六十一年 · 继单 · 吴詹两姓

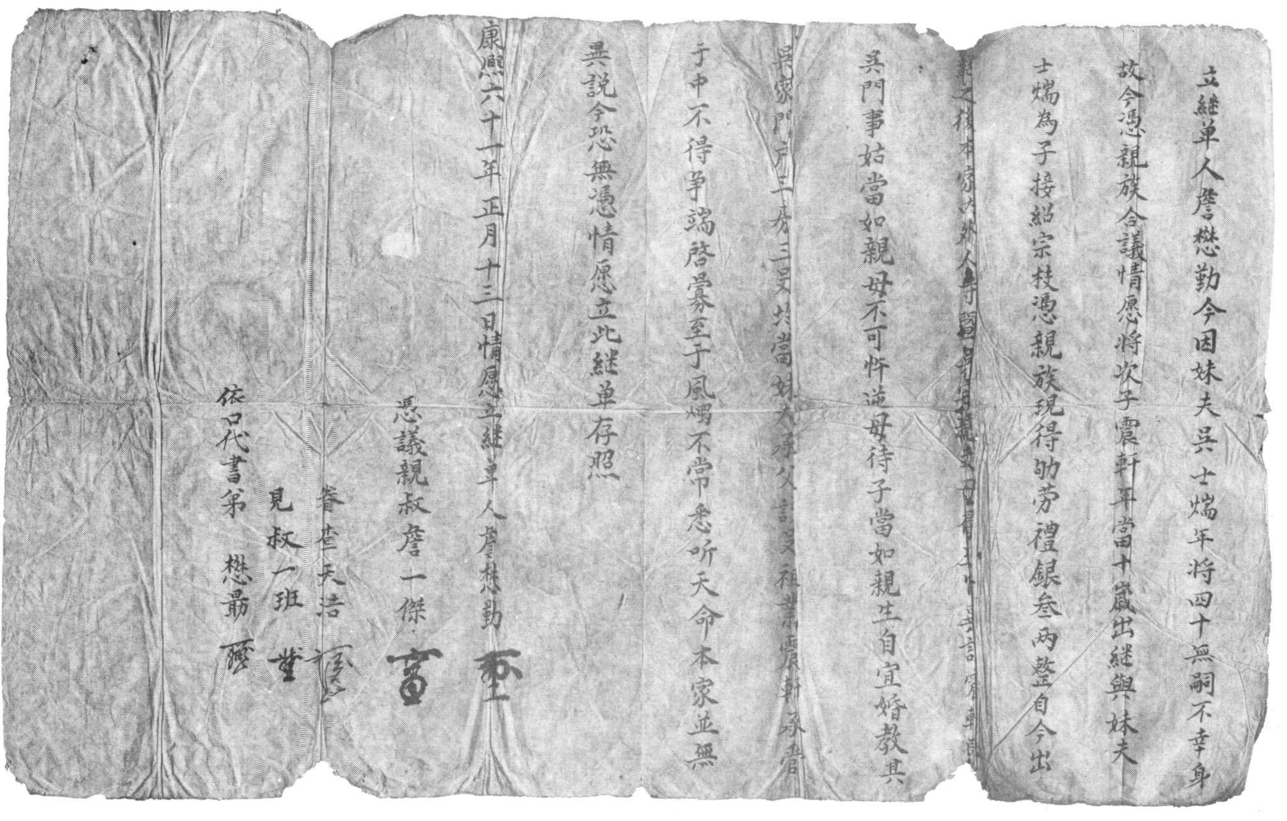

立継单人詹懋勤今因妹夫吴士煓年将四十無嗣不幸身
故今憑親族合議情愿将次子震軒年當十歲出継與妹夫
士煓為子接紹宗枝憑親族現得劬劳禮银叁两整自今出
継之後本家[illegible]
呉門事姑當如親母不可忤逆毋待子當如親生自宜婚教其
呉家門户[illegible]
子中不得爭端啓釁至于凨嫣不常悉听天命本家並無
異説今恐無憑情愿立此継单存照

康熙六十一年正月十三日情愿立継单人詹懋勤
憑議親叔詹一傑
眷査天吉
見叔一班
依口代書弟 懋勗

秋口镇鸿源吴家 9 · 康熙六十一年 · 继单 · 詹吴两姓

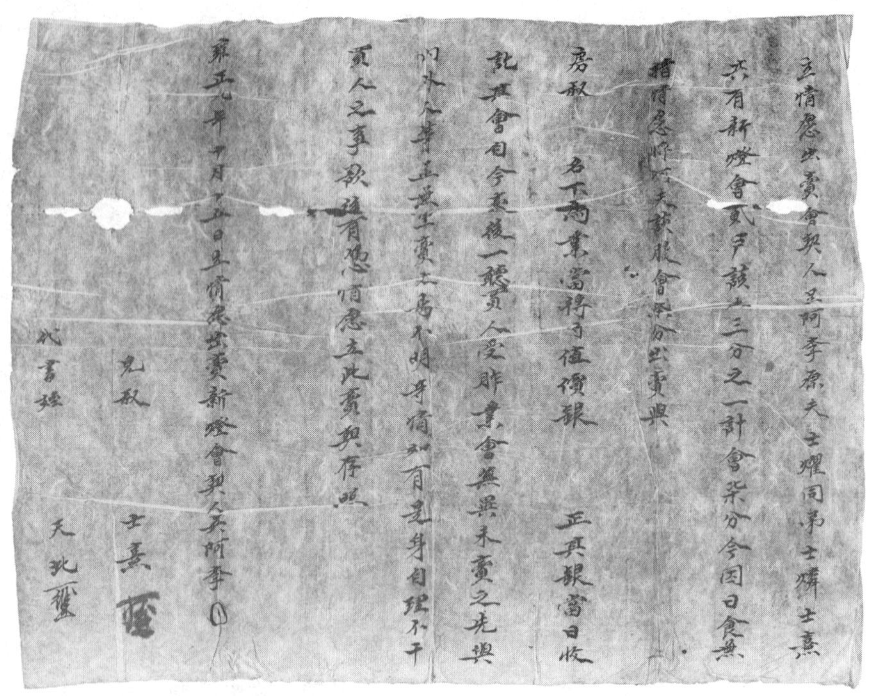

立情愿出賣會契人吳阿李原夫士耀同弟士[illegible]士熹
共有新燈會貳戶該[illegible]三分之一計會柒分今因日食無
措情愿將前夫該股會柒分出賣與
房叔　名下為業當得時值價銀　正其銀當日收
訖其會自今賣後一聽買人受胙業會無異未賣之先與
內外人等並無重賣不明等情如有是身自理不干
買人之事欲後有憑情愿立此賣契存照
雍正九年十月十五日立情愿出賣新燈會契人吳阿李
見叔　士熹
代書姪　天[illegible]

秋口镇鸿源吴家 33 · 雍正九年 · 断骨出卖新灯会契 · 吴阿李卖与房叔☒

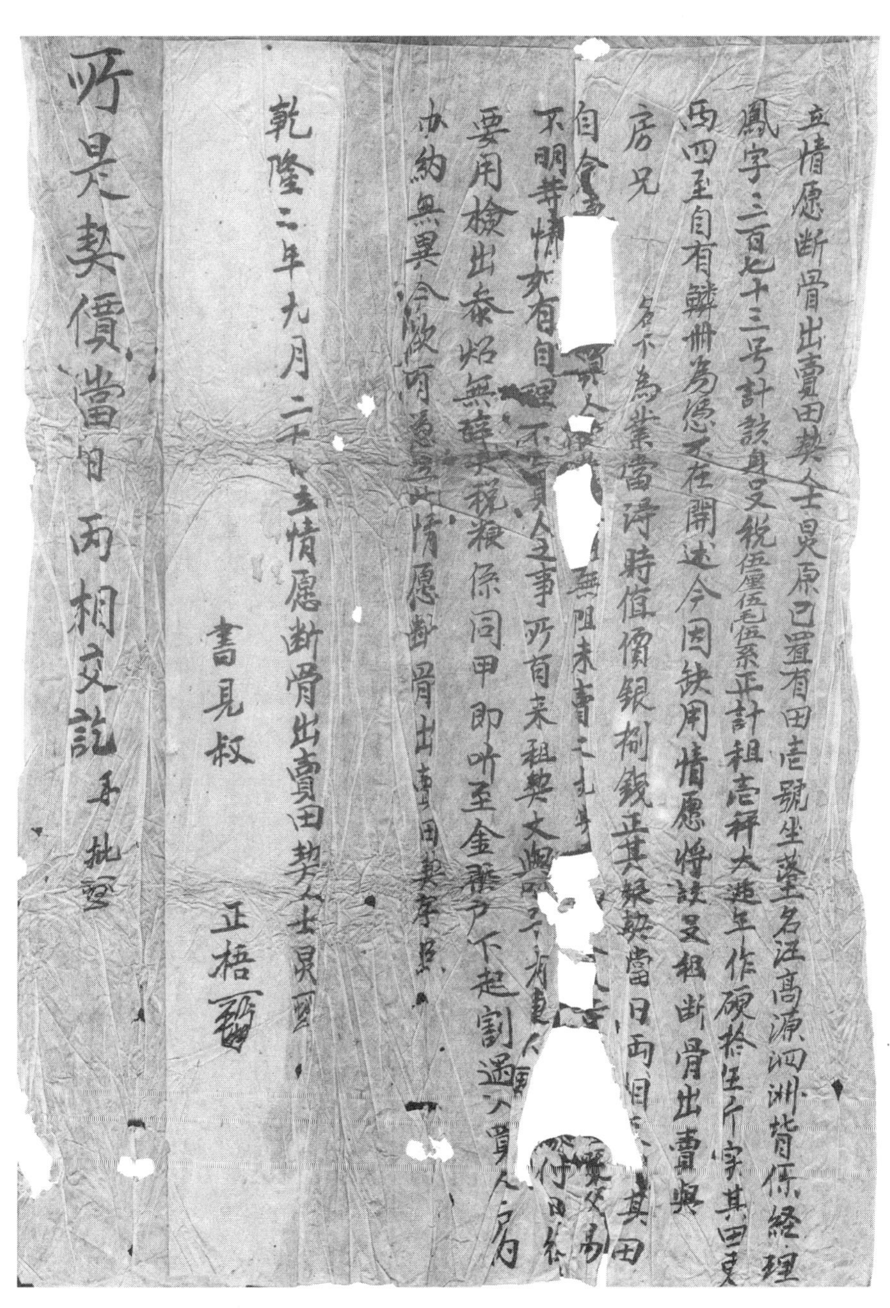

立情愿断骨出賣田契人士炅原已置有田壹號坐落土名汪高源四渊背係經理
鳳字三百七十三号計該身受税伍厘伍毛伍系正計租壹秤大進年作硬拾斤实其田受
西四至自有鱗册為憑不在開述今因缺用情愿将該受租断骨出賣與
房兄[illegible]名下為業當得時值價銀捌錢正其銀契當日兩相[illegible]其田
自今[illegible]買人[illegible]無阻未賣之先[illegible]
不明等情[illegible]有自理不干買人之事所有来租契文[illegible]有[illegible]付田[illegible]
要用檢出參炤無辞其税粮係同甲即听至金藏戶下起割遇入買人戶
办納無異今欲有憑立此情愿断骨出賣田契存照
乾隆二年九月二十[illegible]日立情愿断骨出賣田契人士炅（押）
書見叔　正梧（押）
所是契價當日兩相交訖　再批（押）

秋口镇鸿源吴家 110 · 乾隆二年 · 断骨出卖田契 · 士炅卖与房兄☐

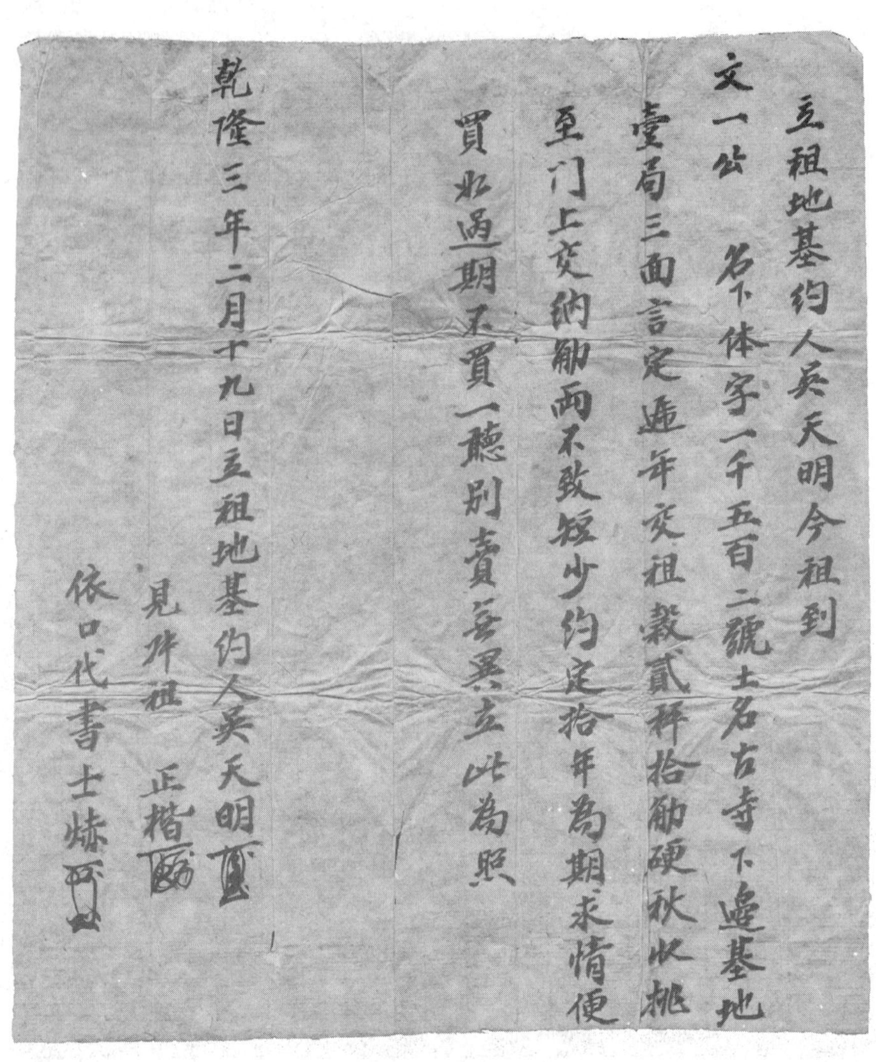

立租地基约人吴天明今租到
文一公 名下体字一千五百二號土名古寺下邊基地
壹局三面言定遞年交租穀貳秤拾觔硬秋收挑
至门上交納觔两不致短少約定拾年為期求情便
買如過期不買一聽別賣無異立此為照
乾隆三年二月十九日立租地基约人吴天明（押）
見佧租 正楷（押）
依口代書士𤒹（押）

秋口镇鸿源吴家 23 · 乾隆三年 · 租地基约 · 吴天明租到文一公

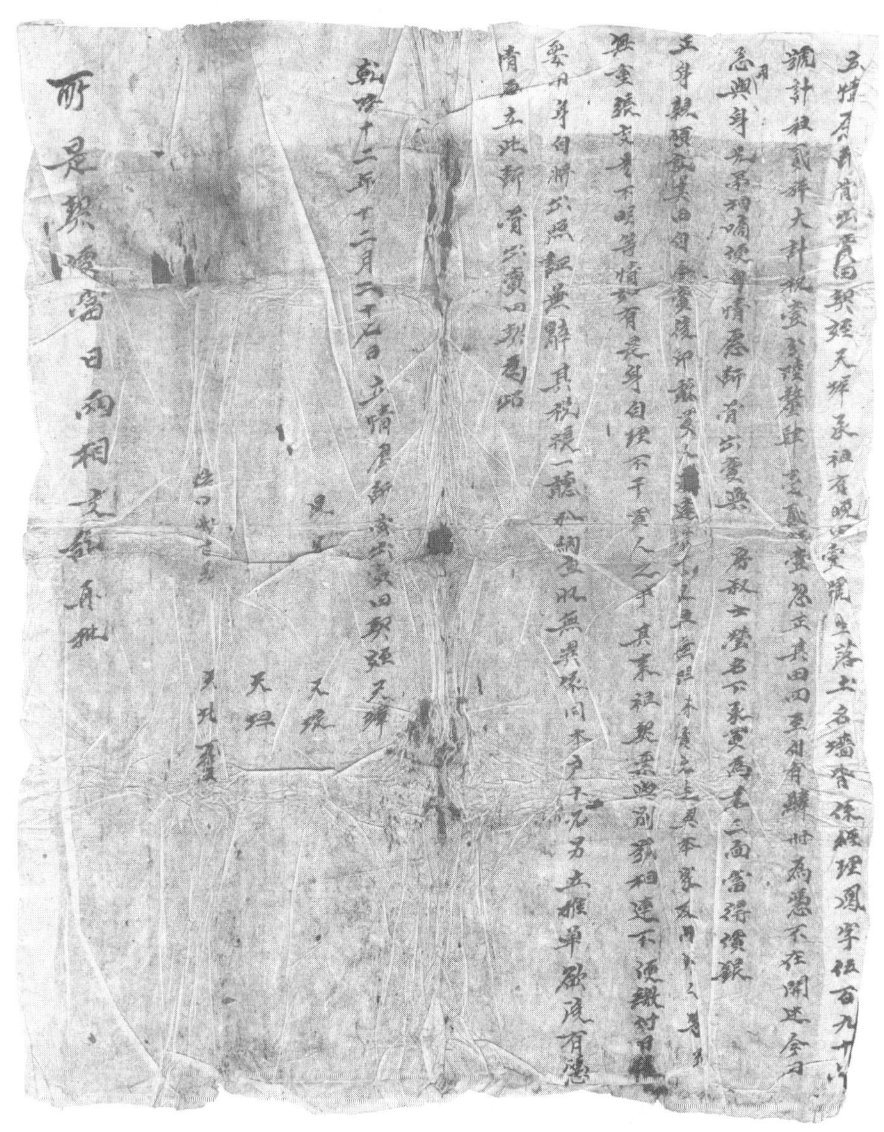

秋口镇鸿源吴家 57 · 乾隆十二年 · 断骨出卖田契 · 天辉卖与房叔士莹

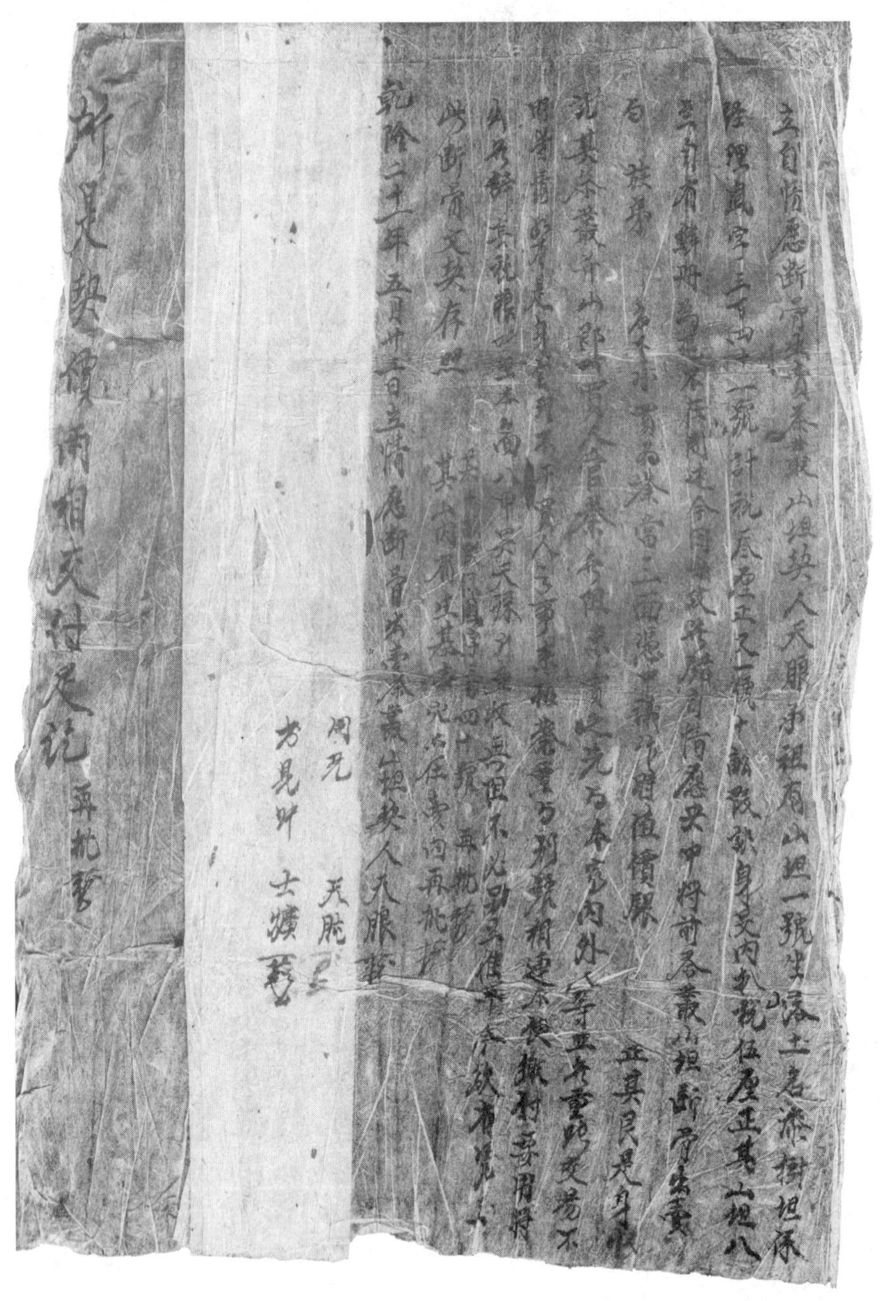

秋口镇鸿源吴家 73 · 乾隆二十一年 · 断骨出卖茶丛山坦契 · 天腺卖与族弟☒

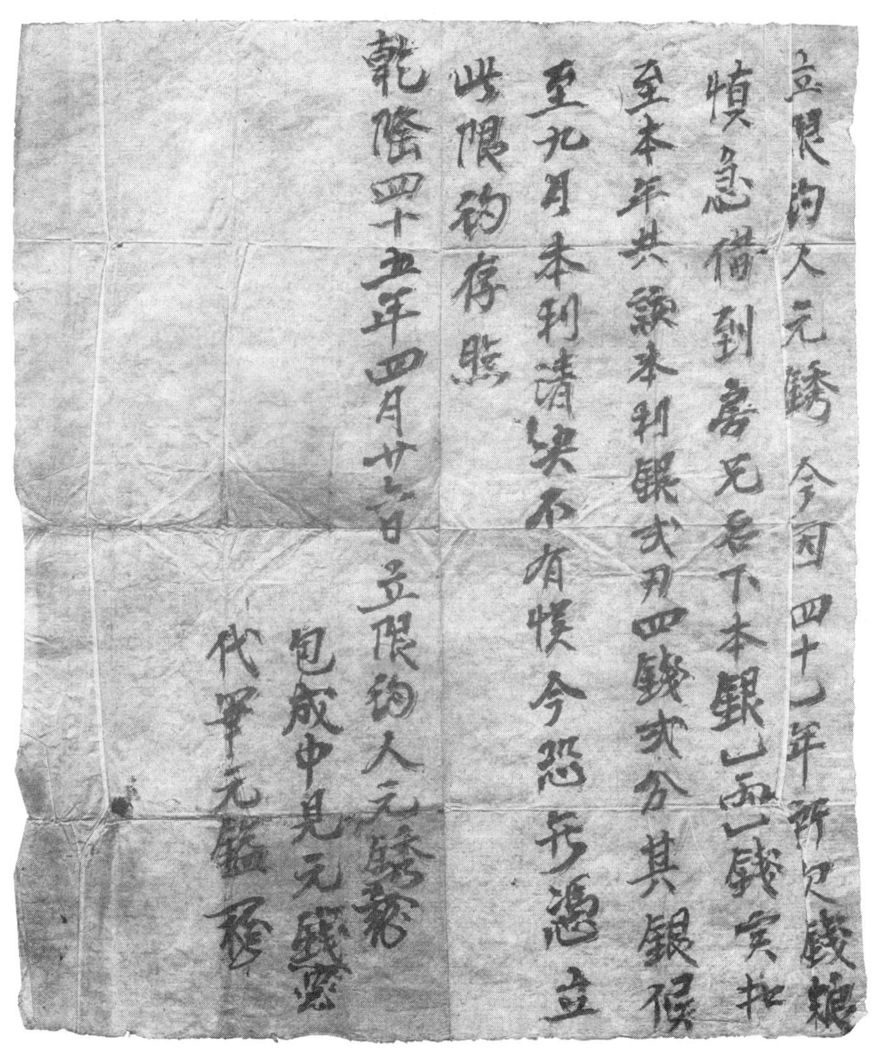

立限約人元銹，今因四十一年所欠錢粮
慎急借到房兄名下本銀一兩一錢，實扣
至本年共該本利銀式両四錢式分，其銀限
至九月本利清訖，不有悮。今恐無憑，立
此限約存照。
乾隆四十五年四月廿六日　立限約人元銹
包承中見元錢
代筆元鑑

秋口镇鸿源吴家 61 · 乾隆四十五年 · 限约 · 元锈借到房兄

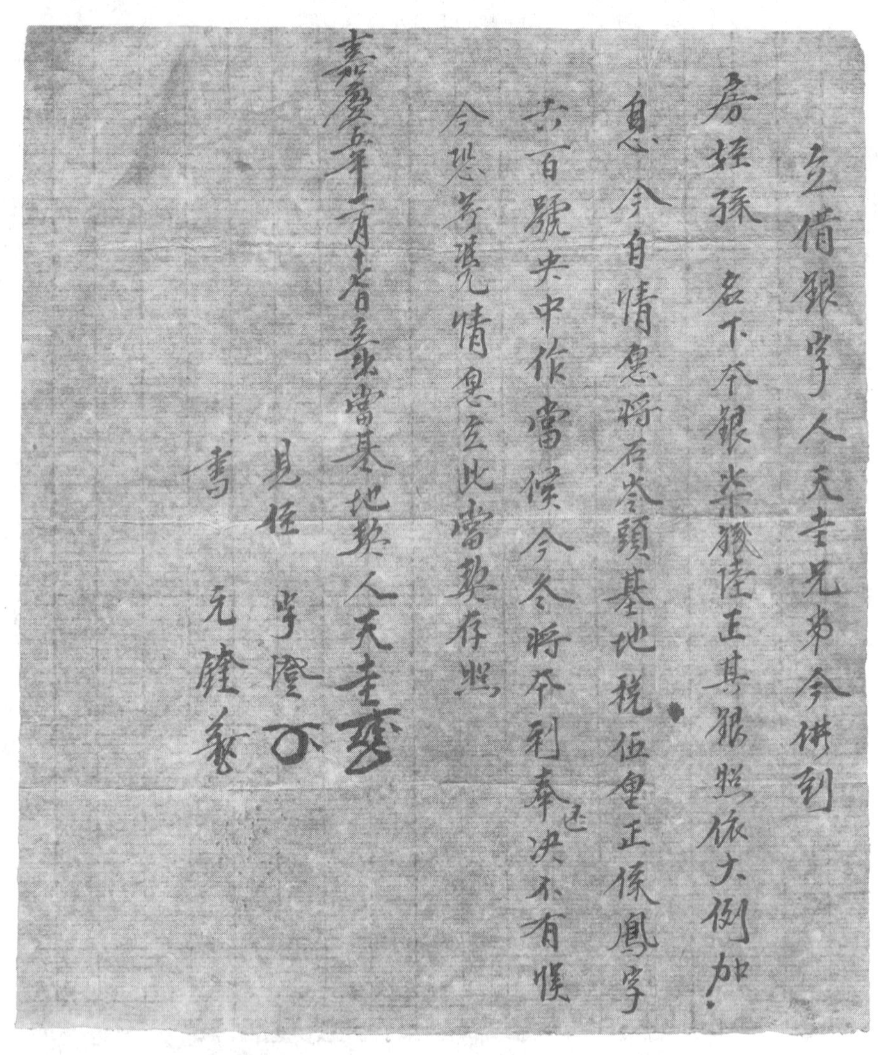

立借银字人天圭兄弟今借到
房侄孙　名下本银柒錢陸正其银照依大例加
息今自情愿将石岑头基地税伍厘正係凤字
六百號央中作當候今冬將本利奉还决不有悞
今恐無憑立此當契存照
嘉慶五年十一月十六日立出當基地契人天圭（押）
見侄　孚澄（押）
書　光鍵（押）

秋口镇鸿源吴家 60 · 嘉庆五年 · 借银字 · 天圭借到房侄孙☐

立自情愿断骨出卖田契人吴宇泠原承祖有田壹号坐落土名坚坛係徐风字五百九十五号計税叁亩叁毫情愿並尅对田壹坵今因应用自情愿断骨出卖與房弟宇油名下承買為業三面議作價銀　正其銀是日爲郎顧訖其田自今出賣之後憑聽買人前去耕種置業為阻共賣之先與本家内外人等並無至張交易不干買人之事其税粮听至本甲吴以和户下扒納查虫無阻其茶祖業票共引号相連不便繳付日後要用將出然無詳今日無憑立此斷骨出賣田契存照

嘉慶七年八月初五日立自情愿斷骨出賣田契人吴宇泠（押）

見九宇港（押）
親筆（押）

所是契價當即兩相交訖　再批是（押）

秋口镇鸿源吴家 142·嘉庆七年·断骨出卖田契·吴宇泠卖与房弟宇油

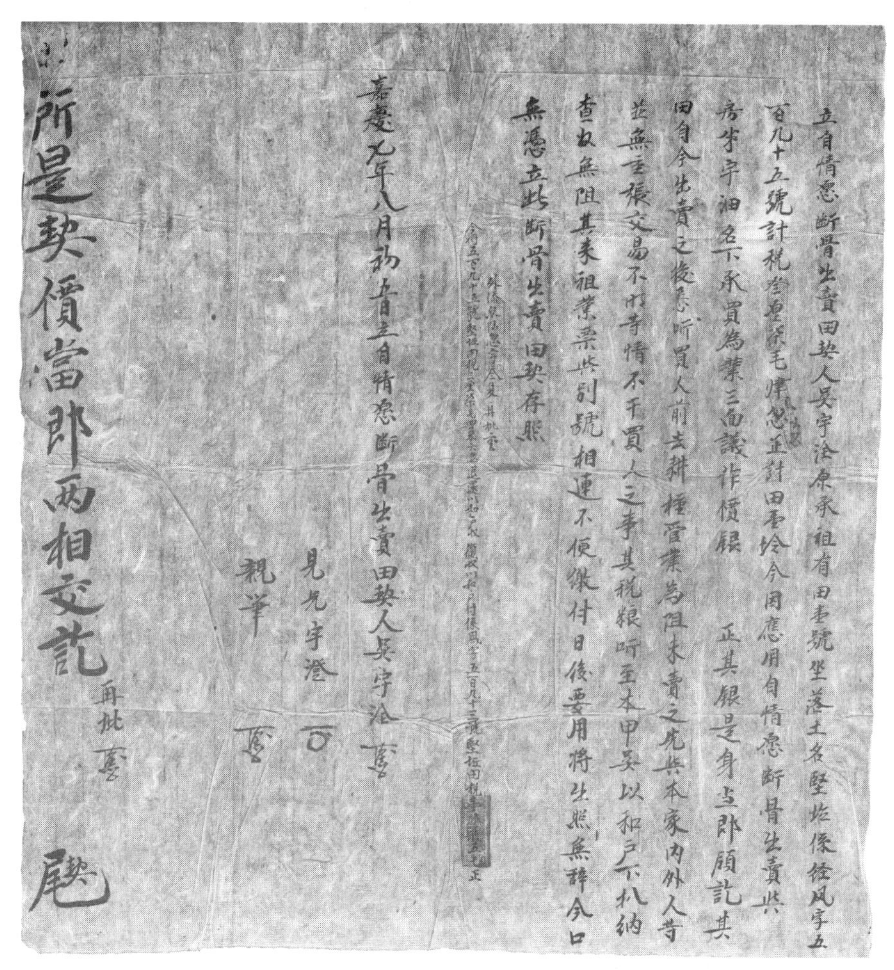

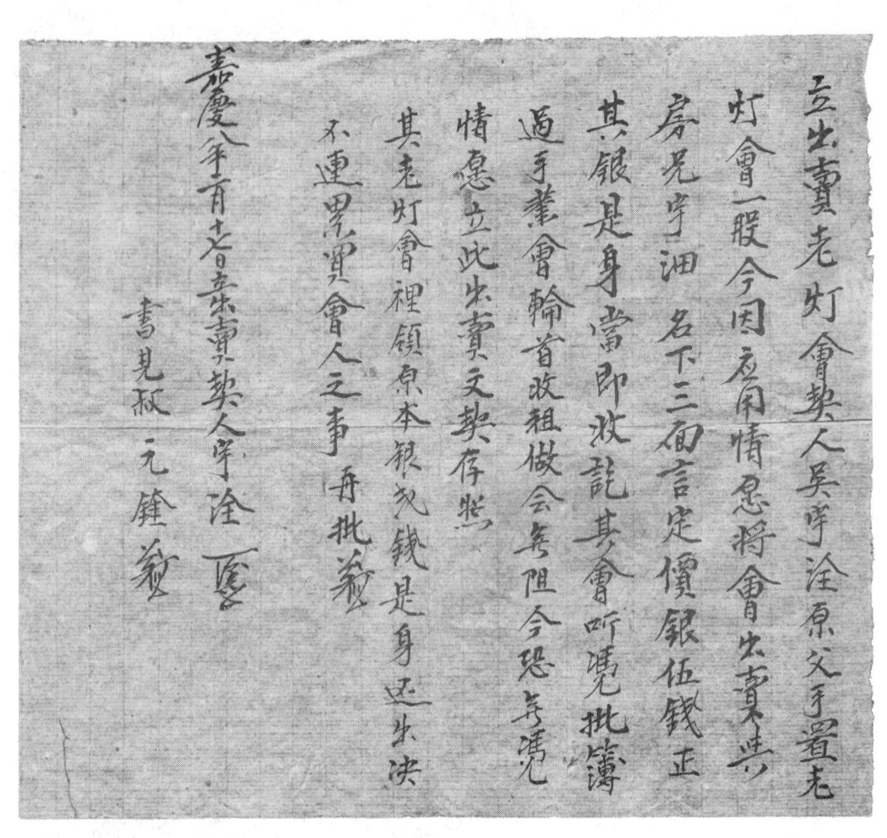

立出賣老灯會契人吴宇洤原父手置老
灯會一股今因应用情愿將會出賣與
房兄宇洇 名下三面言定價銀伍錢正
其銀是身當即收訖其會聽憑批簿
過手華會輪首收租做会無阻今恐無憑
情愿立此出賣文契存照
其老灯會裡領原本銀九錢是身还出決
不連累買會人之事 再批照
嘉慶八年十一月十七日立出賣契人宇洤（押）
書見叔 元鏈（押）

秋口镇鸿源吴家 39 · 嘉庆八年 · 断骨出卖老灯会契 · 吴宇洤卖与房兄宇洇

立自情愿断骨出卖田契吴宇澄、宇淦兄弟肯承祖有田一号係風字四号十二號坐落土名大墓塢計田一坵註租壹秤捌觔今因乏用自情愿將田断骨立契出賣至自有親朋為見不在閒走今問房名下永買為業三面議作價銀親手收訖其税糧听从知户下割納各取毋等事其田自賣之後其不事内外人等並無重張交易不明等情如有是身自理不干承買人之事其祖業票其别號相連未逼躲付日後要用將來燃證年辞今恐無凭自情愿立此斷骨出賣田契存炤

嘉慶十年青貳日自情愿立此斷骨出賣田契宇澄

同弟宇涂澄

見叔元針

書元銓

所是契價當日兩相交訖再批蓋

秋口镇鸿源吴家 133 · 嘉庆十年 · 断骨出卖田契 · 宇澄、宇淦卖与囗

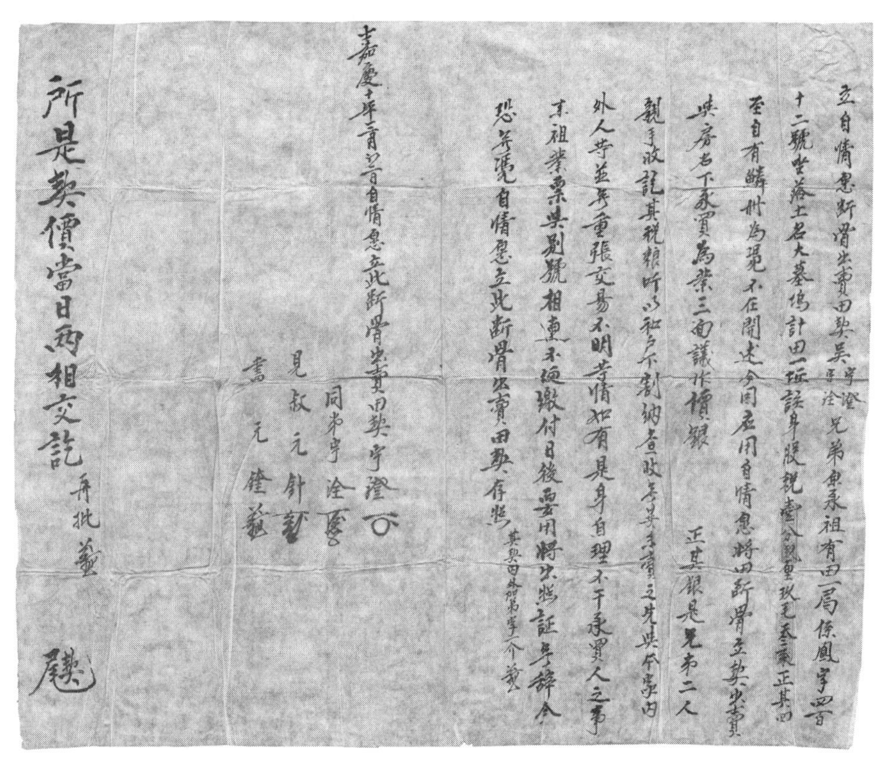

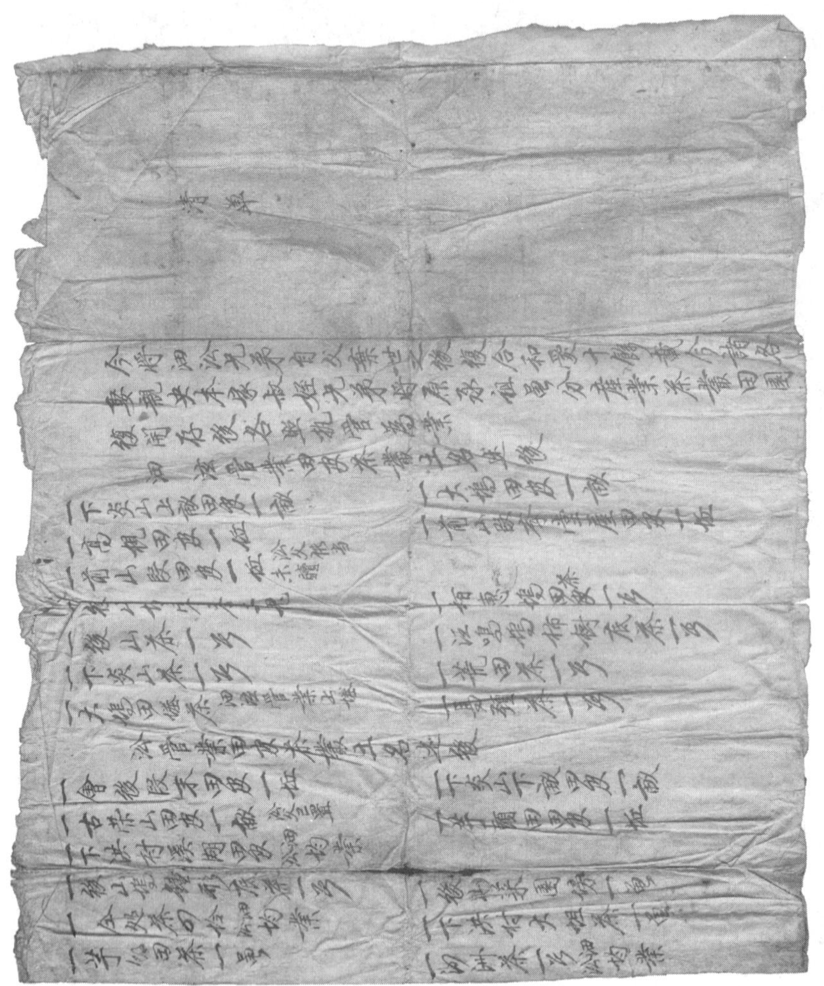

秋口镇鸿源吴家 11 · 嘉庆十一年 · 清单 · 吴宇洄同弟宇淞

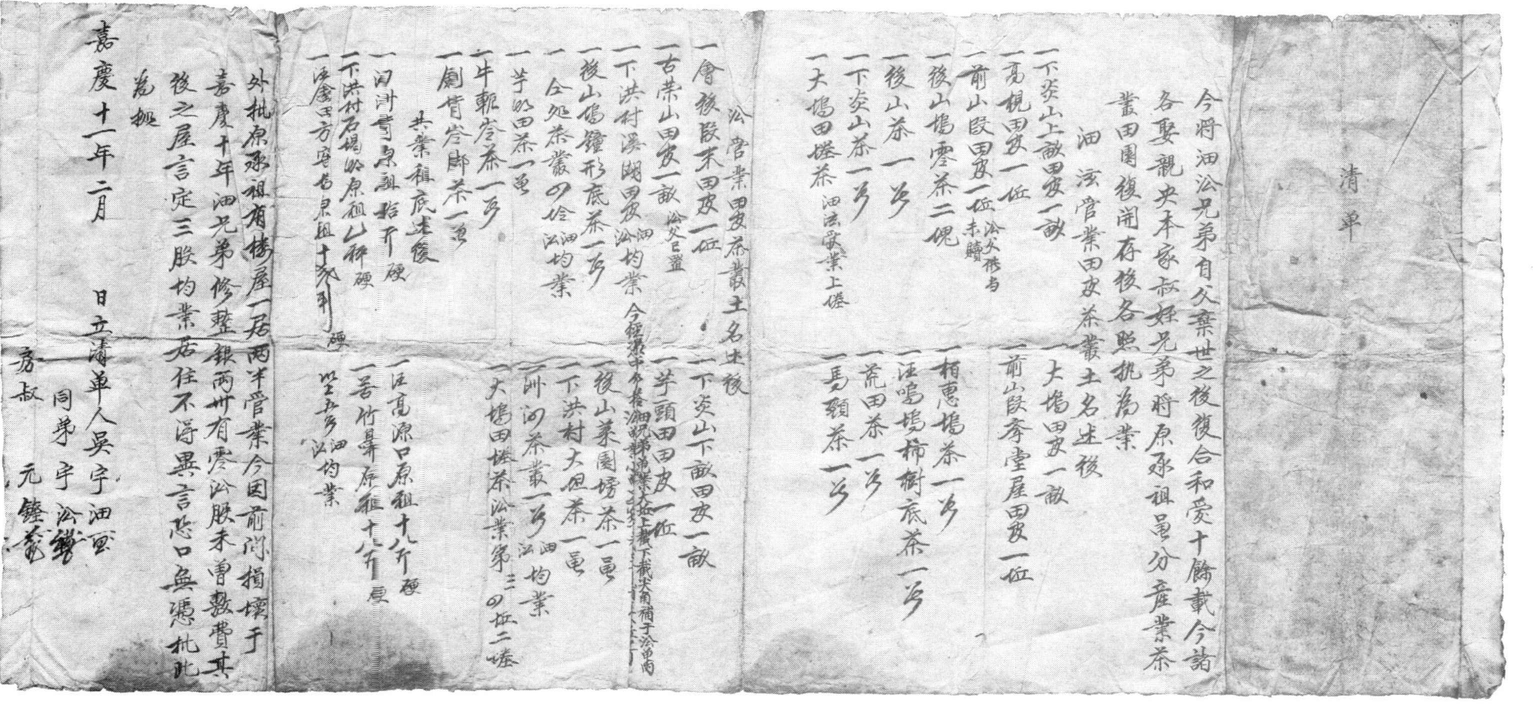

清单

今将洄浛兄弟自父弃世之后复合和爱十余载今请
各要亲央本家叔嫂兄弟将原承祖业分产业茶
丛田园复开存后各照执为业

洄 浛管业田皮茶丛土名述后

一下炭山上亩田皮一亩
一高枧田皮一丘
一前山段田皮一丘 浛父[illegible]未赎
一后山坞[illegible]茶二块
一后山茶一号
一下炭山茶一号
一大坞田塍茶 洄浛管业上塍

一大坞田皮一亩
一前山段寿堂屋田皮一丘
一柏惠坞茶一号
一汪坞坞柿树底茶一号
一荒田茶一号
一马头茶一号

浛管业田皮茶丛土名述后

一仓后段末田皮一丘
一古荣山田皮一亩 浛父已置
一下洪村溪湖田皮 洄浛均业
一后山坞钟形底茶一号
一仝处茶丛四股 洄浛均业
一芋头田茶一号
一牛轭岭茶一号
一侧背岭脚茶一号

共业祖底述后

一洄州背[illegible]硬
一下洪村石堨浛原祖山租硬
一汪金田方[illegible]硬

洄管业田皮茶丛土名述后

一下炭山下亩田皮一亩
一芋头田田皮一丘 [illegible]
一后山菜园塝茶一号
一下洪村大[illegible]茶一号
一洲河茶丛一号 洄浛均业
一大坞田塍茶 浛业第三四丘二塍

一汪高源口原祖十八斤硬
一吾竹[illegible]原祖十八斤硬
坐五号 洄浛均业

外批原承祖有楼屋一居两半管业今因前门损坏于
嘉庆十年洄兄弟修整银两卅有零浛股未曾数费其
后之屋言定三股均业居住不得异言恐口无凭批此
为据

嘉庆十一年二月 日立清单人吴宇洄（押）
同弟 宇浛（押）
房叔 元鍫（押）

秋口镇鸿源吴家 70 · 嘉庆十一年 · 清单 · 吴宇洄同弟宇浛

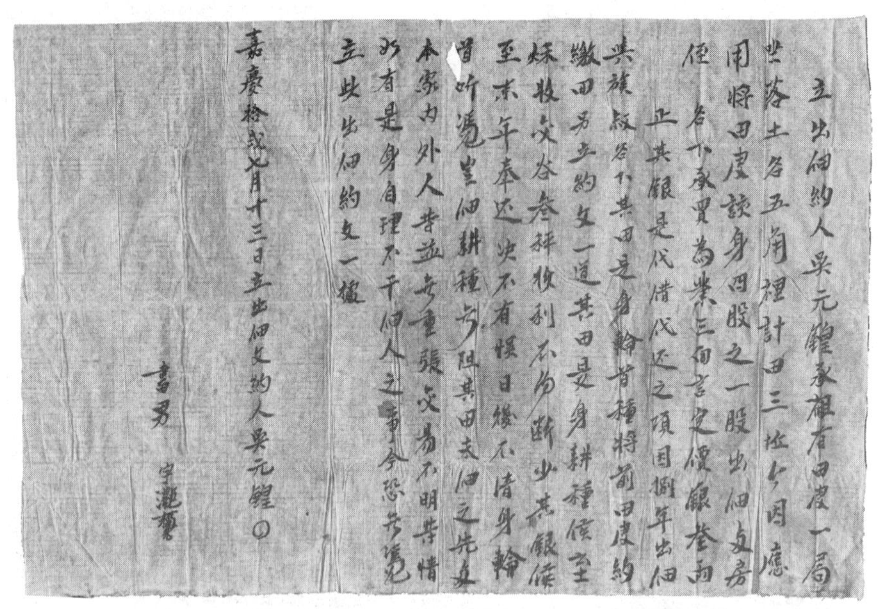

立出佃約人吳元鍠承祖有田皮一局
坐落土名五角裡計田三坵今因應
用將田皮該身四股之一股出佃與房
侄名下承買為業三面言定價銀叁兩
正其銀是代借代还之項因倒年出佃
與族叔名下其田是身輪首種將前田皮約
繳田另立約文一道其田是身耕種係至
妹妝交谷叁秤收利不與斷少其銀係
至本年奉还决不有悞日後不清身輪
首聽憑出佃耕種今阻其田未佃之先與
本家內外人等並無重張交易不明等情
如有是身自理不干佃人之事今恐無憑
立此出佃約文一據
嘉慶拾貳年七月十三日立出佃文約人吳元鍠 ○
書男 字瀧

秋口镇鸿源吴家 19 · 嘉庆十二年 · 出佃约 · 吴元锽当与房侄☐

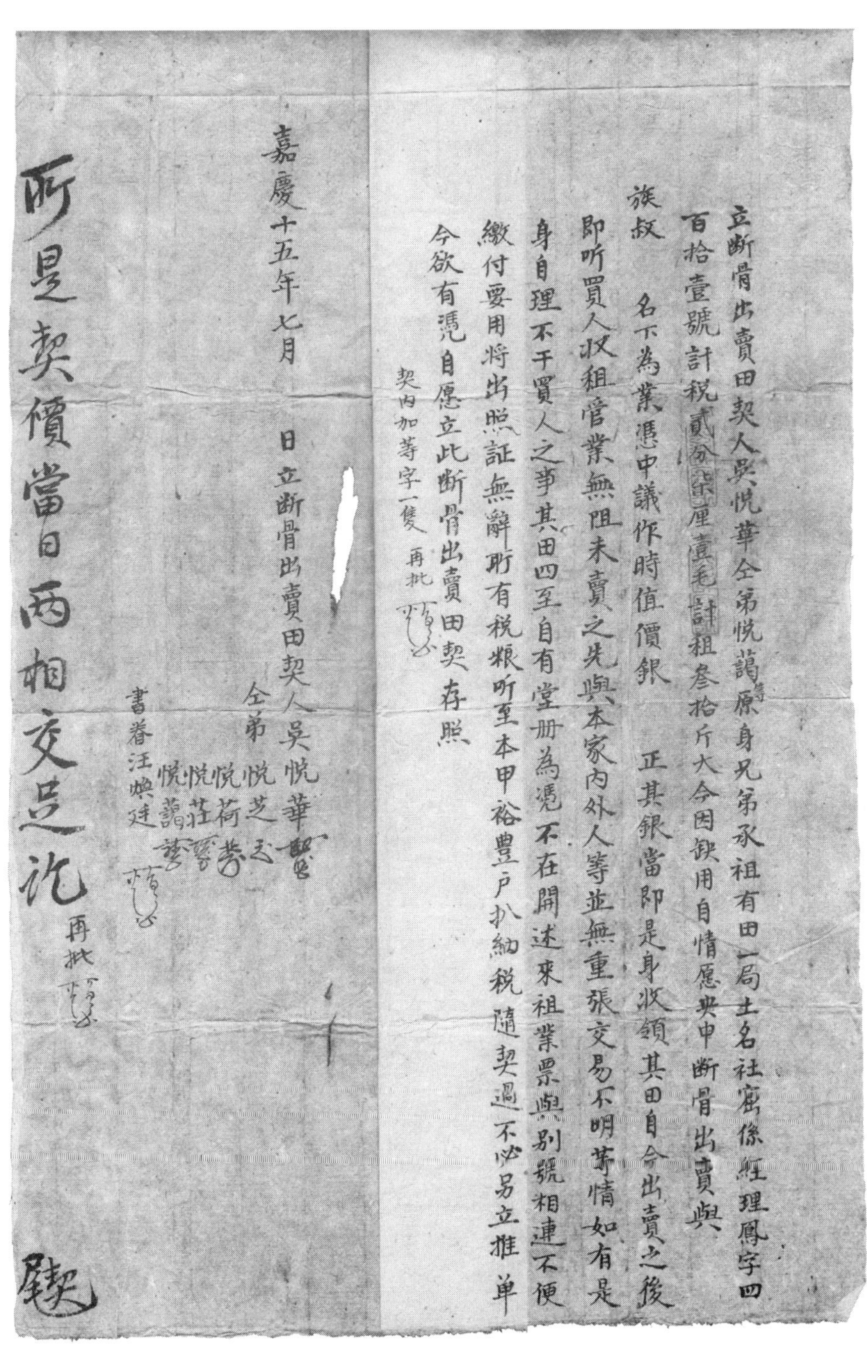

立断骨出賣田契人吴悦華仝弟悦藹原身兄弟承祖有田一局土名社窟係經理鳳字四百拾壹號計税貳分柒厘壹毛計租叁拾斤大合因缺用自情愿央中断骨出賣與族叔　名下為業憑中議作時值價銀　正其銀當即是身收領其田自今出賣之後即听買人收租管業無阻未賣之先與本家内外人等並無重張交易不明等情如有是身自理不干買人之事其田四至自有堂册為憑不在開述來祖業與别號相連不便繳付要用將出照証無辭所有税粮听至本甲裕豊户扒納税隨契過不必另立推单今欲有憑自愿立此断骨出賣田契存照

契内加等字一隻　再批

嘉慶十五年七月　日立断骨出賣田契人吴悦華

仝弟悦芝

悦荷

悦莊

悦藹

書巻汪焕廷

所是契價當日兩相交足訖　再批

秋口镇鸿源吴家 90 · 嘉庆十五年 · 断骨出卖田契 · 吴悦华同弟悦蔼等卖与族叔☐

立自情愿断骨出賣山契人吴士享兄弟承祖置得鳳字
三伯四十弍號坐落土名炭灶前計税壹分三厘正今因應用
自情愿央中將祖山断骨出賣與族侄 名下承買為業當得時值
價銀 正其銀當日是身領訖其山四至自有鱗册為
凭不在開述其税粮听從天兄户下扒納查收無阻税随契过
不必另立推單其祖業與別號相連不便繳付日後要
用將出始証無辭未賣之先與本家內外人等並無重張交
易不明等情如有是身自理不干買人之事今有無憑立此
斷骨出賣山契存照
契內外添骨承買為業伍字再批 照
本户存税弍厘養坟再批 照

嘉慶廿一年正月 立自情愿断骨出賣山契人吴士享

見 士京

中見人 吴元儁 士峒 悦杞

元倍 元明

書 吴字湖

所是契價當日兩相交訖 再批

秋口镇鸿源吴家 135 · 嘉庆二十一年 · 断骨出卖山契 · 吴士享卖与族侄☑

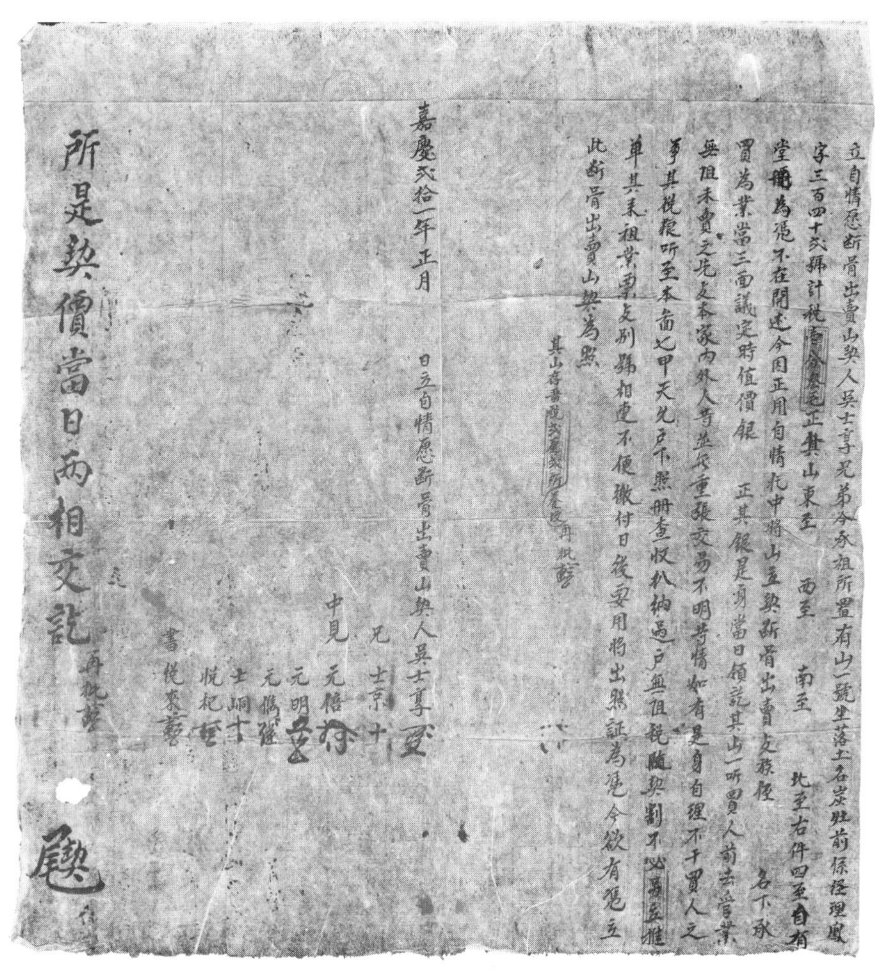

立自情愿断骨出賣山契人吴士享兄弟今承祖所置有山一號坐落土名炭灶前係經理處字三百四十弍號計稅 正其山東至 西至 南至 北至右件四至自有堂册為憑不在開述今因正用自情托中將山立契断骨出賣與族侄 名下承買為業當三面議定時值價銀 正其銀是身當日領訖其山一聽買人前去管業無阻未賣之先與本家內外人等並無重張交易不明等情如有是身自理不干買人之事其稅聽至本面之甲天允户下照册查收扒納過户無阻稅隨契割不必另立推單其來祖業與別號相連不便繳付日後要用將出照証為憑今欲有憑立此断骨出賣山契為照

其山存番號弍厘弍所 再批

嘉慶弍拾一年正月 日立自情愿断骨出賣山契人吴士享

兄 士京

中見 元倍 元明 元偶 士峒 恍杞

書 倪來

所是契價當日兩相交訖 再批

秋口镇鸿源吴家 136 · 嘉庆二十一年 · 断骨出卖山契 · 吴士享卖与族侄☐

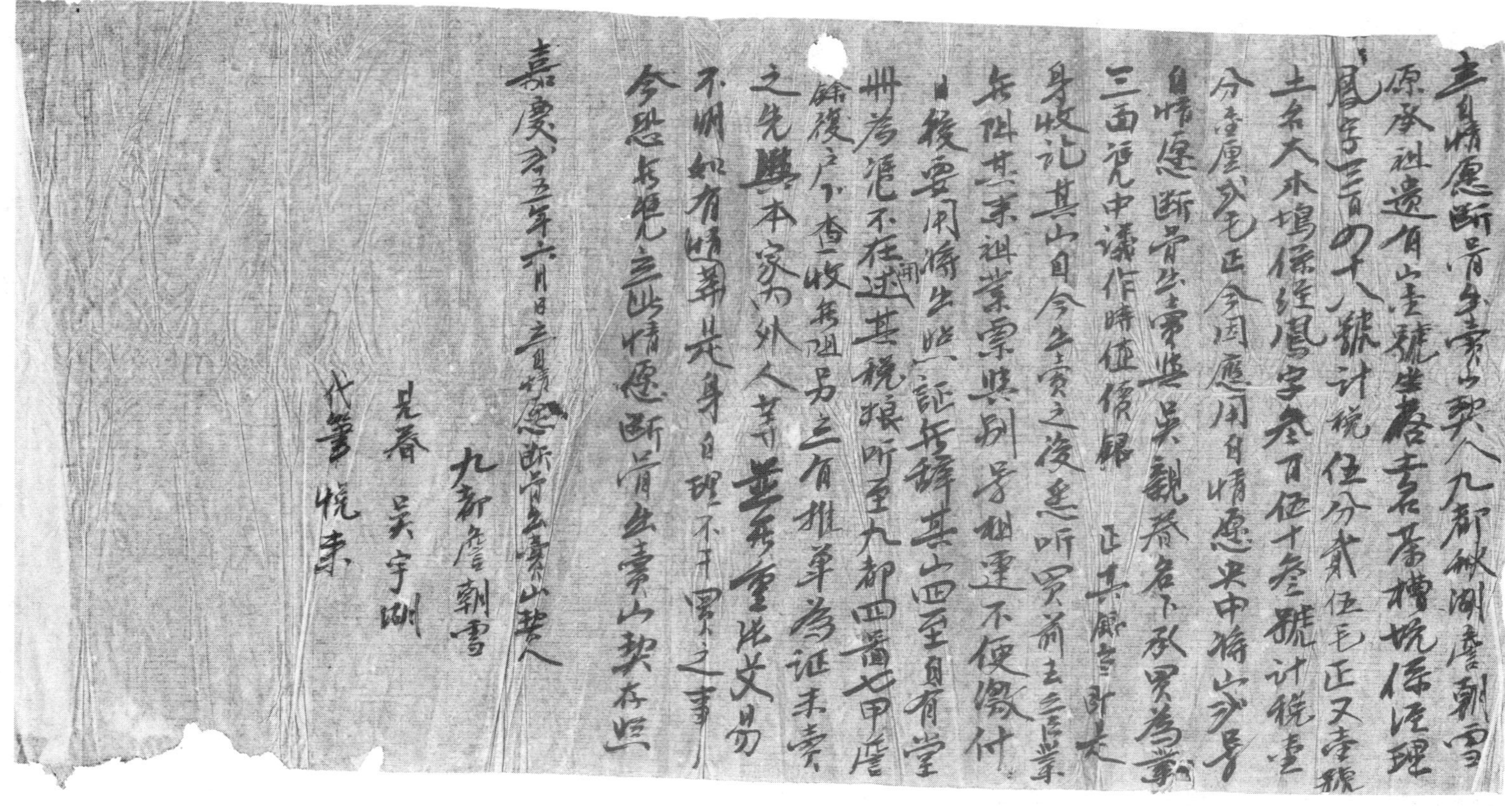

立自情愿断骨出賣山契人九都秋湖詹朝雪
原承祖遗有山壹號坐落土名茶槽坑係經理
鳳字三百四十八號计税伍分貳厘伍毛正又壹號
土名大木塢係經鳳字叁百伍十叁號计税壹
分壹厘貳毛正今因應用自情愿央中将山弍号
自情愿断骨出賣與吴親眷名下承買為業
三面言定中議作時值價銀　正其銀當即是
身收訖其山自今出賣之後悉听買前去管業
無阻其業祖業票與别号相連不便繳付
日後要用将出照証無辭其山四至自有堂
冊為憑不在開述其税粮所至九都四啚七甲詹
餘後户下查收過户另立有推单為証未賣
之先與本家内外人等並無重張交易
不明如有情弊是身自理不干買人之事
今恐無凴立此情愿断骨出賣山契存照

嘉慶貳拾五年六月　日立自情愿断骨出賣山契人
九都詹朝雪
見春　吴宇瑚
代筆　悦来

秋口镇鸿源吴家 35 · 嘉庆二十五年 · 断骨出卖山契 · 詹朝雪卖与吴亲眷

立自情愿断骨出賣山契人九都秋湖詹朝雪，原承祖遺有山壹號，坐名茶會坑，係經理鳳字叁伯肆拾捌號，計税伍分貳厘伍毛正；又壹號，土名天木塢，係經理鳳字叁伯伍拾叁號，計税壹分壹厘貳毛正。今因應用，自情愿央中將山貳號斷骨出賣與吳親眷名下承買為業，三面憑中議作時值價銀壹兩正。其銀當即是身收訖。其山自今出賣之後，悉听買人前去管業無阻。其來祖業契與别號相連，不便繳付，日後要用，將出照証。其山四至自有堂冊為憑，不在開述。其税银听至九都四圖七甲詹餘復户下查収無阻，另立有推單。詹□未賣之先，與本家内外人等並無重復交易。不明，如有，是身自理，不干買人之事。今恐無憑，立此情愿断骨出賣山契存照。

契内添重一隻　再批　押

嘉慶貳拾伍年六月　日立自情愿斷骨出賣山契人九都詹朝雪　押

見眷　吳宇湖　押

代筆　悦來　押

所是契價當即兩相交訖　再批　之　□

秋口镇鸿源吴家 56 · 嘉庆二十五年 · 断骨出卖山契 · 詹朝雪卖与吴亲眷

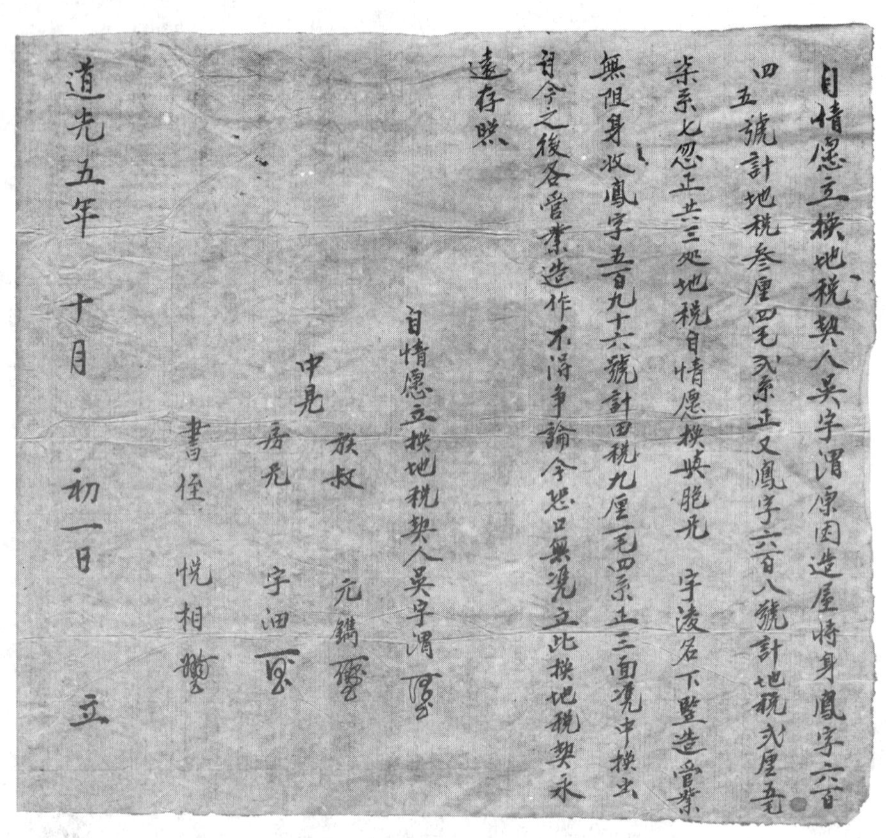

自情願立換地税契人吴宇渭原因造屋將身鳳字六百四五號計地税叁厘四毛貳系正又鳳字六百八號計地税貳厘叁毛柒系七忽正共三処地税自情願換與胞兄　宇淩名下豎造管業無阻身收鳳字五百九十六號計田税九厘一毛四系五忽三面憑中換出自今之後各管業造作不得争論今恐口無憑立此換地税契永遠存照

自情願立換地税契人吴宇渭（押）

族叔　元鑴（押）

中見　房兄　宇洄（押）

書侄　悦相（押）

道光五年十月初一日立

秋口镇鸿源吴家 32 · 道光五年 · 换地税契 · 吴宇渭当与胞兄宇凌

自情愿立断骨出賣山田契人吳宇洄缘承祖阄分得
有田壹號坐落土名前山段润坵係經理鳳字四百八十
號計税肆分柒厘伍毛正計骨租伍秤大計田皮貳秤大
又己買有竹園山壹號坐落土名大墓塢係經理鳳字
三百五十三號計税叁分柒厘玖毛捌系正該身壹半今
因應用自愿將田山出賣與 族叔元鐫名下承買爲
業當面議作價銀貳拾兩实足其銀是身當日收領其
山田自今賣後悉听買人前去管業無阻未賣之先與
本家內外人等並無重張交易不明等情如有是身自
理不干買人之事其税粮听至本圖七甲以賢户下扒納
查收無阻今欲有憑立此斷骨出賣契文爲照
其山田言定日後遠近年照依原價取贖無異 再批
道光七年六月初二日還過銀拾兩实 再批
道光三年六月初二日自情愿立斷骨出賣山田契人吳宇洄
廿四年十二月 繳田 中弟 宇法
書 宇淩
道光二十三年十二月本利还楚

秋口镇鸿源吴家 48 · 道光二十三年 · 断骨出卖山田契 · 吴宇洄卖与族叔元镌

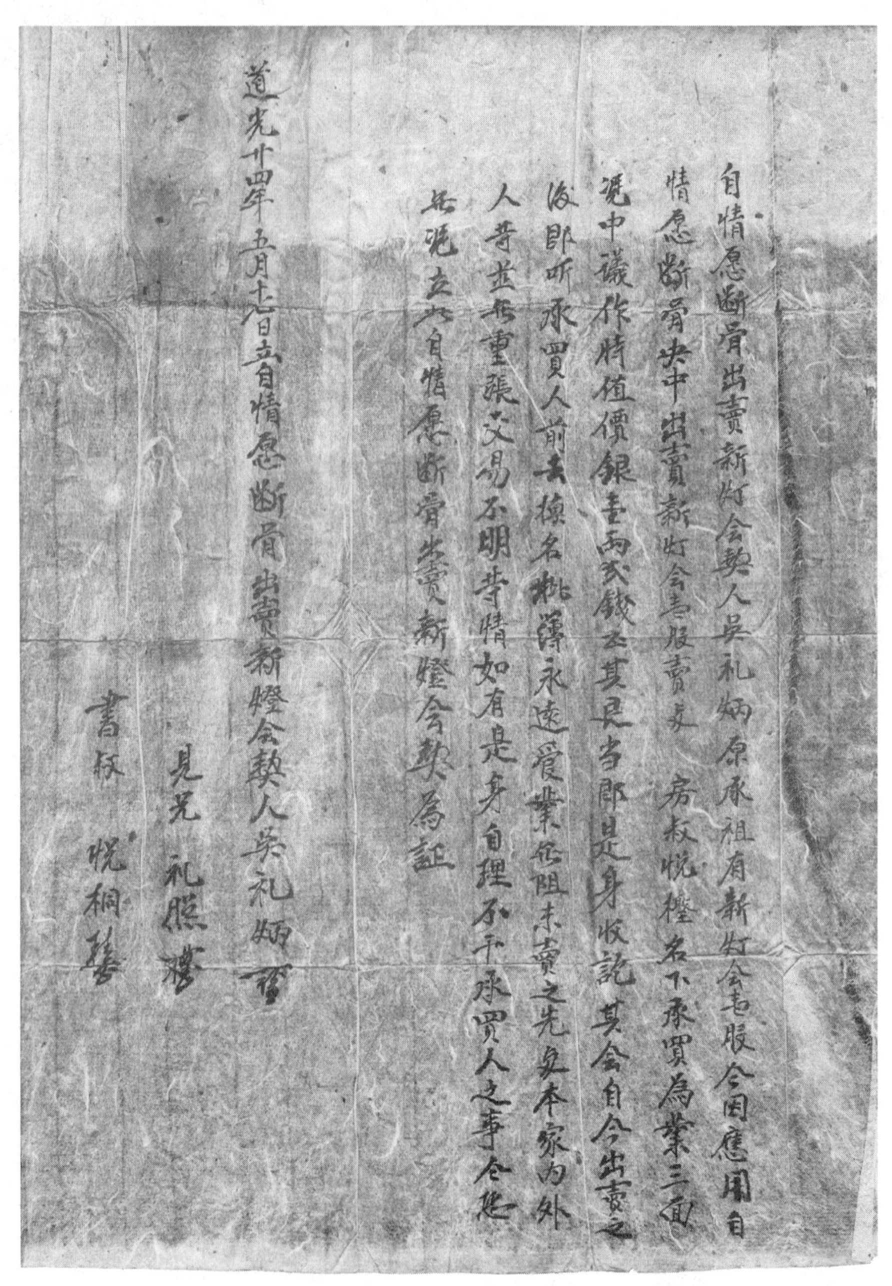
自情愿断骨出賣新灯会契人吴礼炳原承祖有新灯会壹股今因應用自
情愿断骨央中出賣新灯会壹股賣与房叔悦樫名下承買為業三面
憑中議作時值價銀壹两贰錢正其艮当郎是身收訖其会自今出賣之
後郎听承買人前去換名挑簿永遠管業無阻未賣之先與本家內外
人等並無重張交易不明等情如有是身自理不干承買人之事今恐
無憑立此自情愿断骨出賣新燈会契為証
道光廿四年五月十七日立自情愿断骨出賣新燈会契人吴礼炳（押）
見兄　礼照（押）
書叔　悦桐（押）

秋口镇鸿源吴家 111 · 道光二十四年 · 断骨出卖新灯会契 ·
吴礼炳卖与房叔悦柽

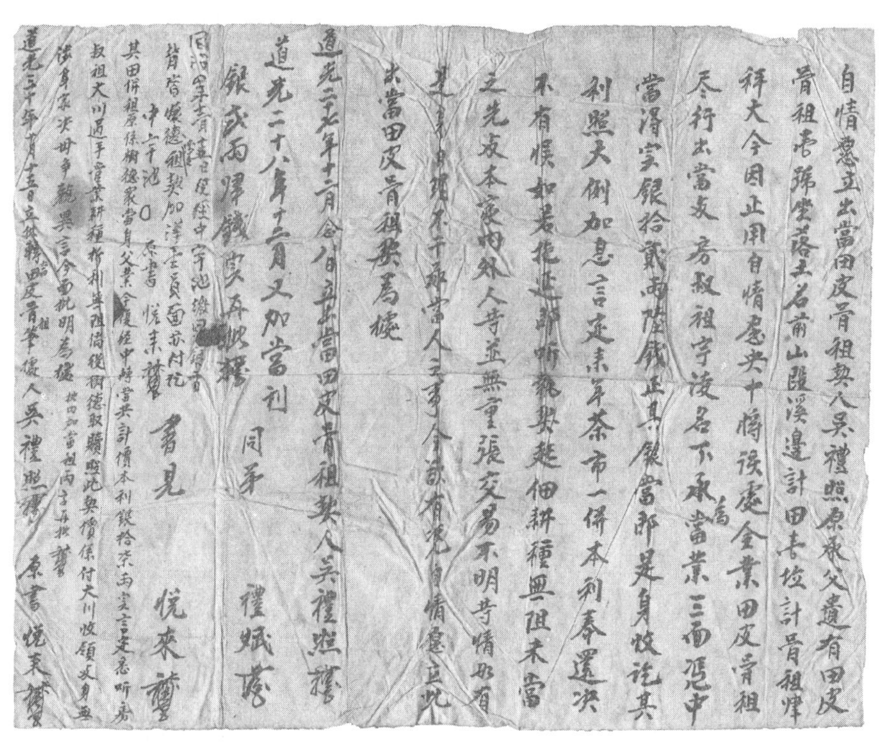

秋口镇鸿源吴家 28 · 道光二十六年 · 出当田皮骨租契 · 吴礼照当与房叔祖宇凌

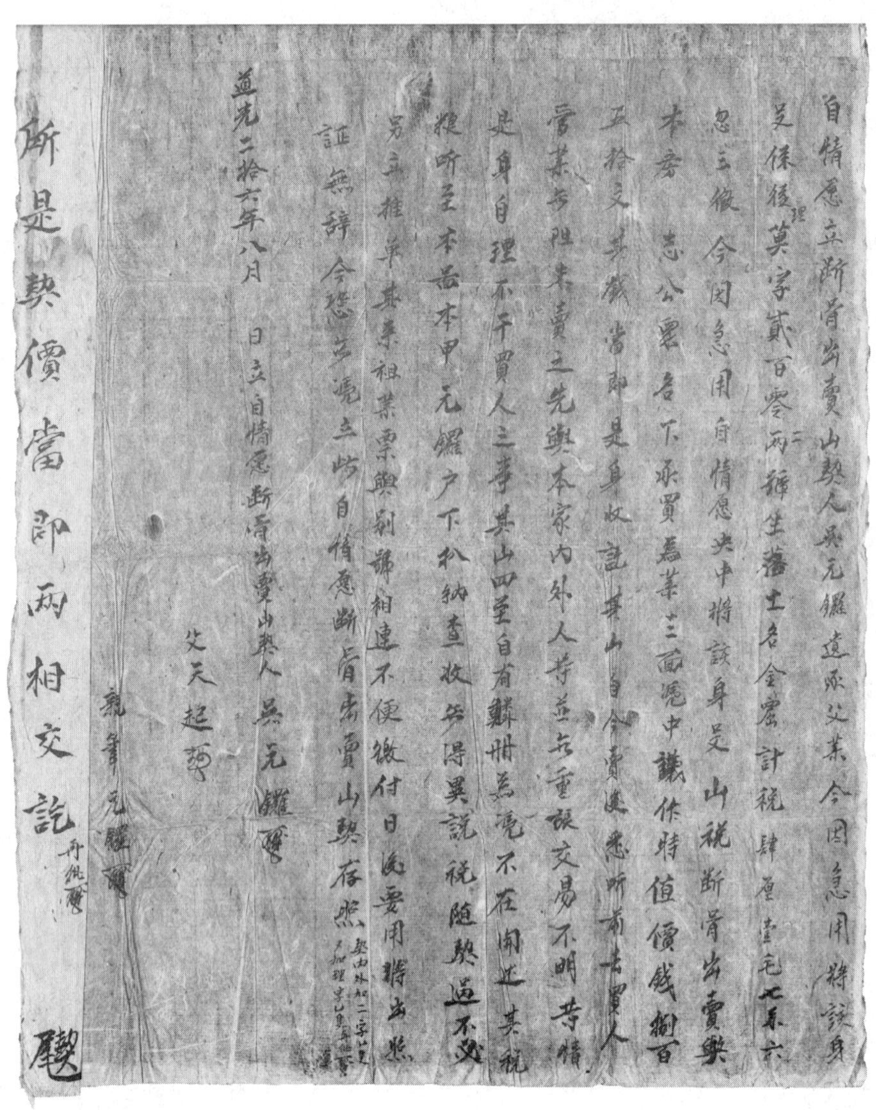

自情愿立断骨出卖山契人吴元耀，遵承父业，今因急用，将该身吴保后[理]莫字贰百零[二]两号，辞生藩土名全虎，计税肆厘壹毛七系六忽三微。今因急用，自情愿央中将该身己山税断骨出卖与本房志公众名下承买为业。三面凭中议作时值价钱捌百五拾文，其钱当即是身收讫。其山自今卖后，悉听前去买人管业。未卖之先，与本家内外人等并无重张交易，不明等情是身自理，不干买人之事。其山四至自有鳞册为凭，不在开述。其税粮听至本甲吴元耀户下扒纳查收，毋得异说。税随契过，不必另立推单。其来祖业票与别号相连，不便缴付，日后要用，将出照证无辞。今恐无凭，立此自情愿断骨出卖山契存照。

契内外加二字，又加理字，山契存照。

道光二拾六年八月　日立自情愿断骨出卖山契人吴元耀（押）

中见叔天起（押）

亲笔元耀（押）

断是契价当即两相交讫（押）

秋口镇鸿源吴家 96 · 道光二十六年 · 断骨出卖山契 · 吴元锣卖与本房志公众

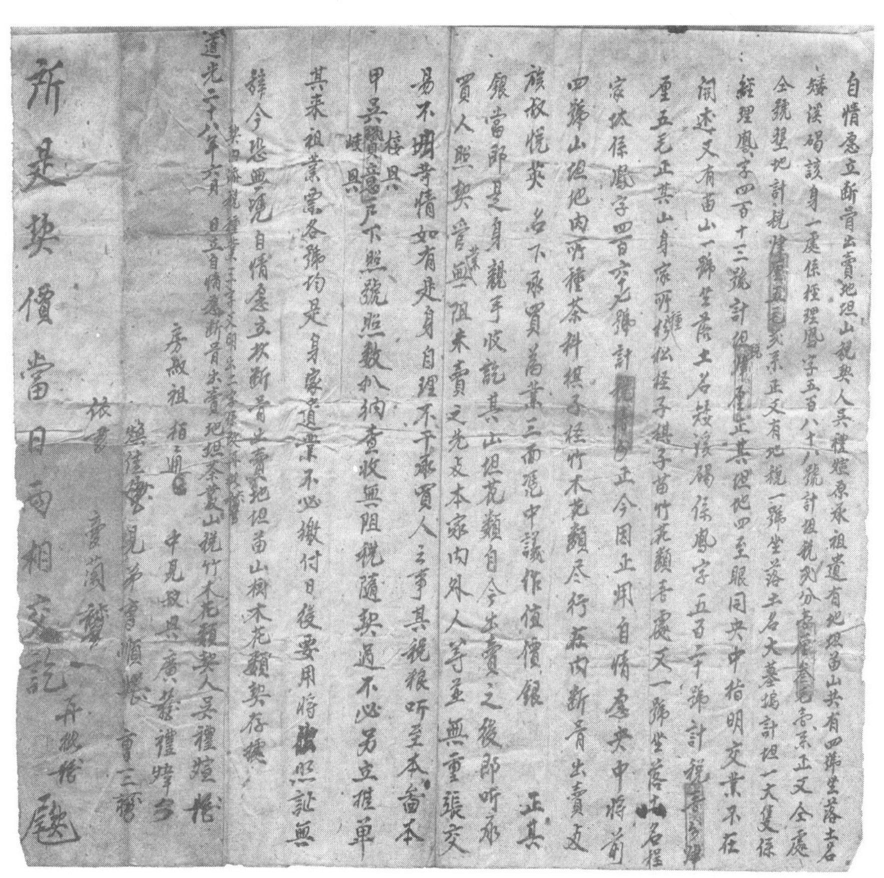

秋口镇鸿源吴家 79 · 道光二十八年 · 断骨出卖地坦山税契 ·
吴礼煊卖与族叔悦英

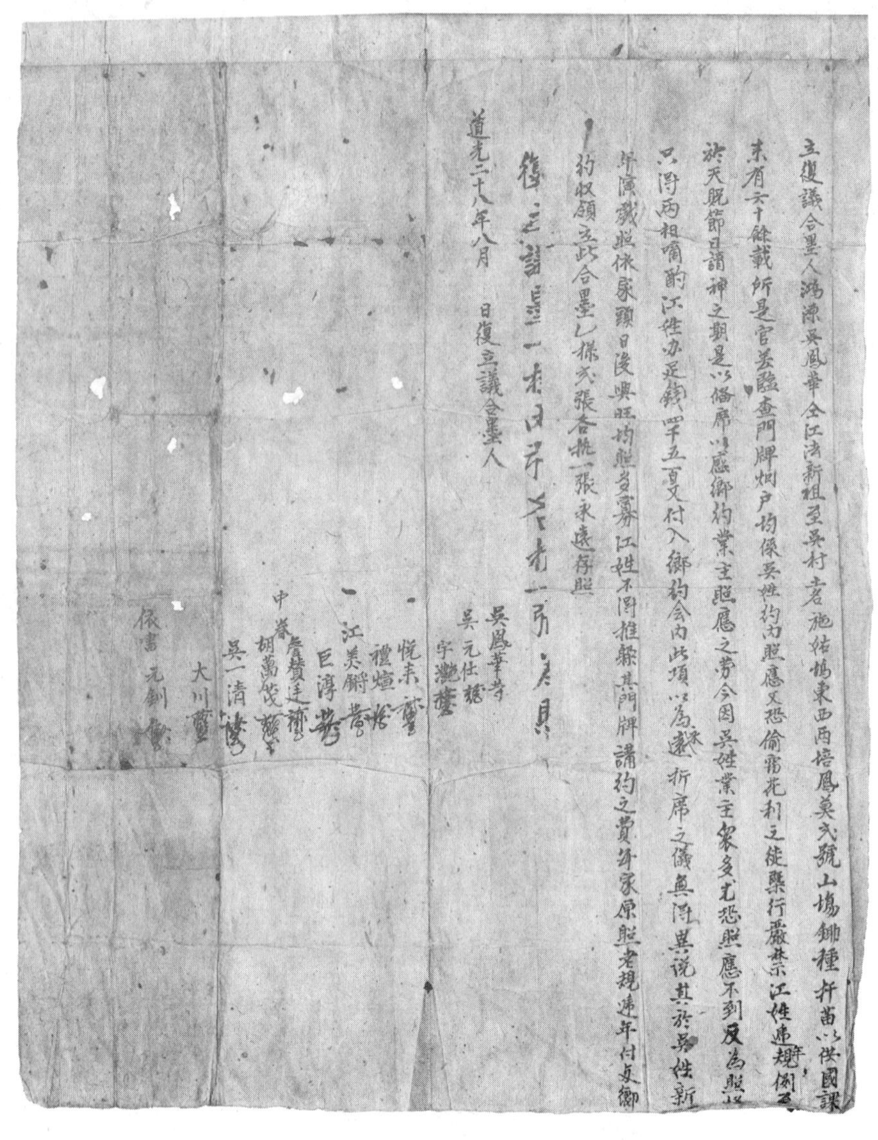
立復議合墨人鴻源吴鳳華仝江法新祖至吴村者施姑塢東西两培鳳英弍號山塢鋤種扦苗以供國課

未有六十餘載所是官差臨查門牌烟户均係吴姓約內照應又恐倫竊花利之徒槩行嚴禁江姓連規例不

於天既節日請神之期是以備席以慰鄉約業主照應之勞今因吴姓業主衆多尤恐照應不到反為照收

只得两相商酌江姓办足錢四千五百文付入鄉約会內此項以為遞年折席之儀無得異說其於吴姓新

幵源栽照依家頭日後興旺均照多寡江姓不得推躲其門牌請約之費係家原照老規遞年付交鄉

約收領立此合墨乙樣弍張各執一張永遠存照

道光二十八年八月　日復立議合墨人　吴鳳華　吴元仕　宇灉　悦来　禮煊　江美爵　巨淳

中見　詹贊廷　胡萬伐　吴一清　大川

依書　元釧

秋口镇鸿源吴家 148 · 道光二十八年 · 复议合墨 · 吴凤华等

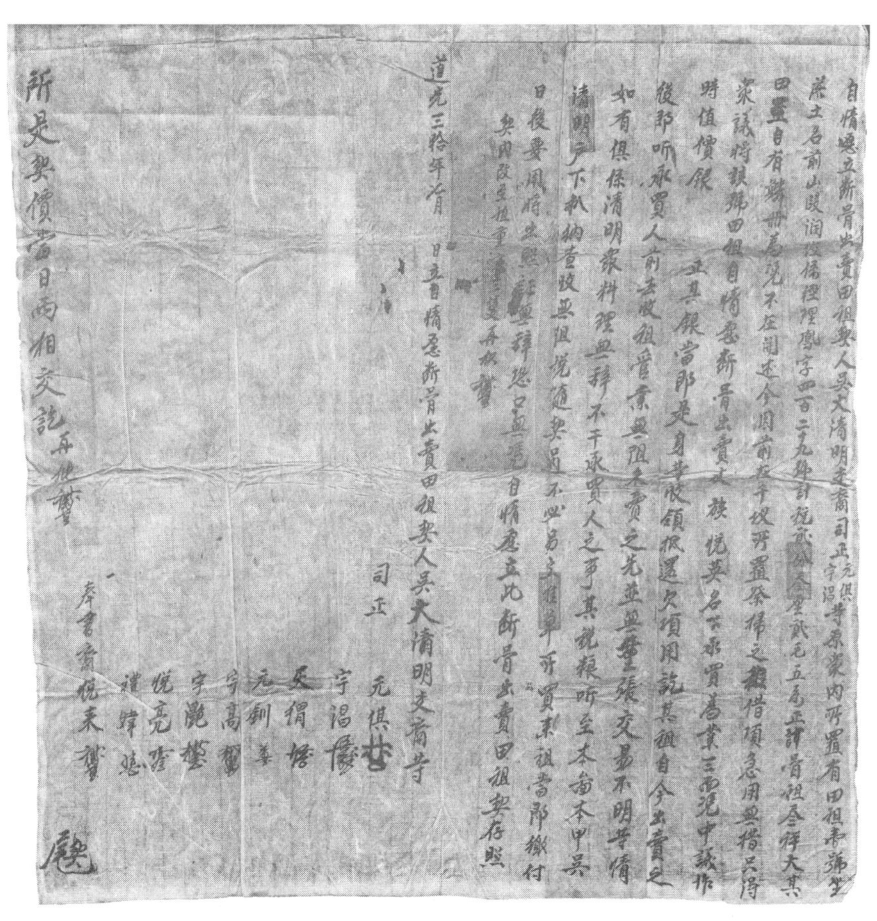

秋口镇鸿源吴家 76 · 道光三十年 · 断骨出卖田租契 ·
吴大清明支裔司正元俱、宇淐等卖与吴悦英

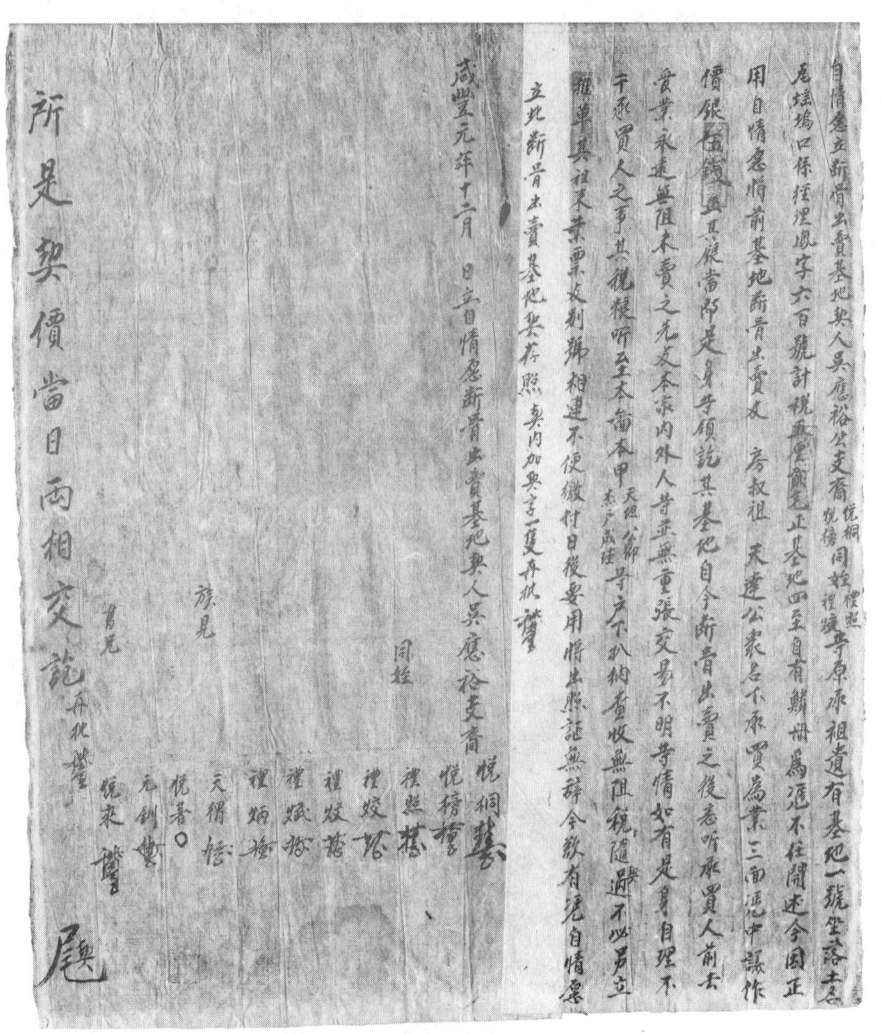

秋口镇鸿源吴家 143 · 咸丰元年 · 断骨出卖基地契 ·
吴应裕支裔悦桐等卖与房叔祖天达公众

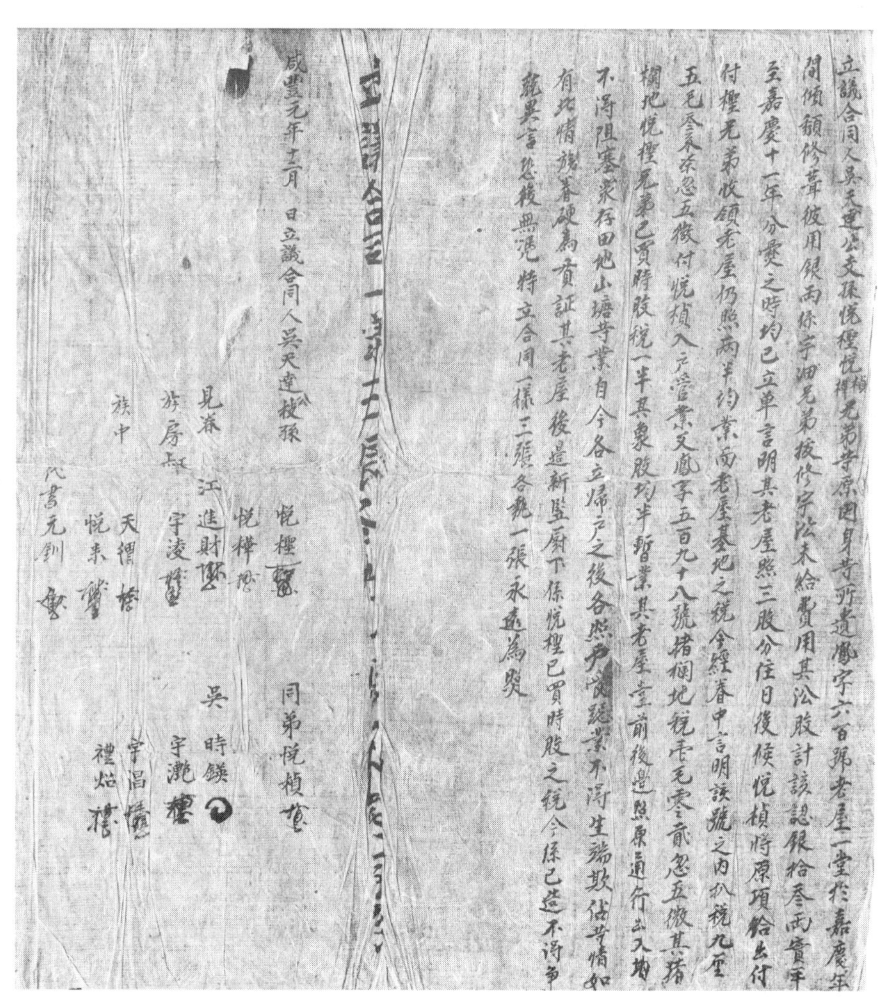

立議合同人吴天達公支孫悅梩悅樺悅楨兄弟等原因身等所遺廳字六百号老屋一堂於嘉慶年
間傾頹修葺彼用銀兩係宇泗兄弟按修宇泓未給費用其泓股計該認銀拾叁兩實平
至嘉慶十一年分爨之時均已立單言明其老屋照三股分住日後候悅楨將原項給出付
付梩兄弟收領老屋仍照兩半均業而老屋基地之稅今經眷中言明該號之內扒稅九厘
五毛叁系奈忽五微付悅楨入戶管業又廳字五百九十八號豬欄地稅壹毛零貳忽五微其豬
欄地悅梩兄弟已買時股稅一半其衆股均半暫業其老屋堂前後照原通行出入地
不得阻塞衆存田地山塘等業自今各立歸戶之後各照戶管業不得生端欺佔等情如
有此情聽眷硬為賣証其老屋後邊新豎廚下係悅梩已買時股之稅今係已造不得爭
競異言恐後無憑特立合同一樣三張各執一張永遠為照

咸豐元年十二月 日立議合同人吴天達公支孫 悅梩 同弟悅楨
悅樺
見議 江進財 吴時鏌
族房叔 宇凌 宇灔
族中 天灃 宇昌
悅來 禮焰
代書元釧

秋口镇鸿源吴家 146 · 咸丰元年 · 合同 · 吴天达公支孙悦梩等

立出当田皮约人吴悦桢原承父有田皮
壹伍坐落土名会溪段未斗田壹伍计
骨租三秤大今因急用自情愿央中将
田皮出当与　树德众人名下承当为
业三面当讫光洋三员整和家足讫
六钱肆分其洋是身当即收领其利
照依大例二分行息其本利候至来年
茶市奉还不误如有拖延欠利不尽听
凭众人执约起佃耕种折息无阻其田
未当之先与本家内人等并无重张
交易不明等情是身自理不干承当
众人之事今恐无凭立出当田皮约存
证其银众面抵悦桃还出其约缴还

咸丰二年六月廿三日立出当田皮约人吴悦桢

中见　悦耆

书见　悦桐

秋口镇鸿源吴家 24 · 咸丰二年 · 出当田皮约 · 吴悦桢当与树德众人

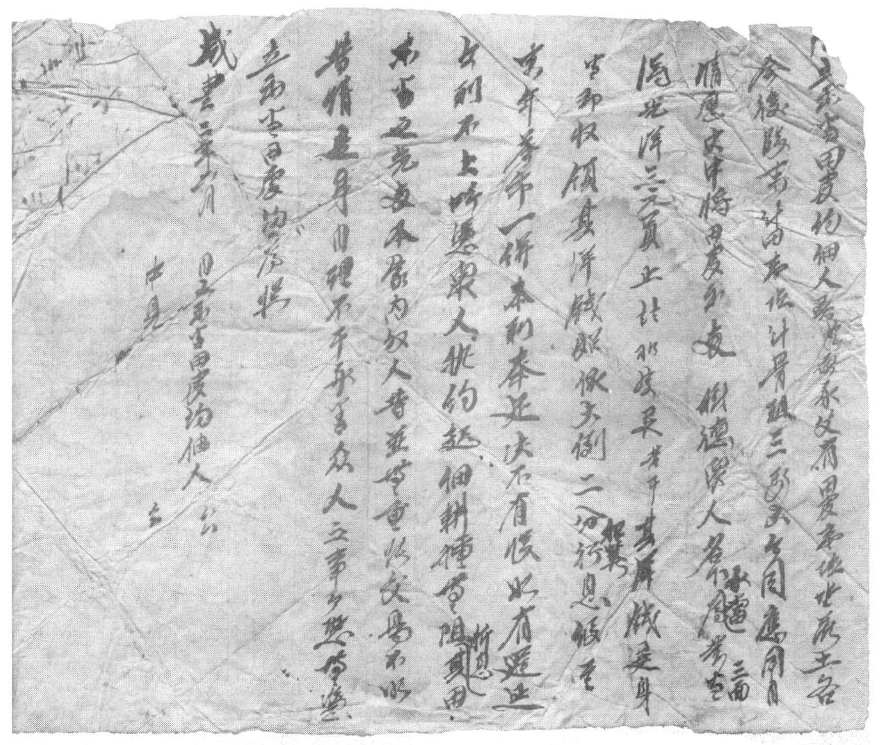

秋口镇鸿源吴家 25 · 咸丰二年 · 出当田皮约 · 吴口口卖与树德众人

立自情愿出轉當茶叢約人吴得来今因應
用有茶叢叁塊坐落土名東山坦又棟角又西山
术情愿托中將茶叢轉當與房侄二九名
下承當為業三面凭中議作當得價實錢
陸兩〇九分正其錢當即是身收訖其利照
依大例行息倘恐拖欠不清悉听承當人
遵手摘茶抵利無阻来當之先與本家内
外人等並無重張交易如有不明是身自
理不干承當人之事今欲有凭立此轉當
茶叢約為據

咸豐二年六月 日立自情愿轉當茶叢約人吴得来（押）

中見 侄德祿

依口代筆 兄永[illegible]

秋口镇鸿源吴家 26 · 咸丰二年 · 出转当茶丛契 · 吴得来当与房侄二九

立自情愿出当茶丛契人吴悦桢原身茶
丛坐落土名后山鸠口保经理膄吾菅字九
亩六升他花三厘七毫凭恳茶丛尽行出当
又长吴叔名下承当为业三面凭中当得
家艮癸丑四饿三分六厘其艮当郎足身收讫
其利照依大例加息其本利侯重来年茶本
奉还不悮如有迂期听凭凶甲四贤立之过
税艮紧无阻未当之先其本家内外人等
並无重张交易不明芽情見身自理不干承
当人之事今欲有凭立此出当茶丛契存
証

咸豐二年八月初日立自情愿出当茶丛契人吴悦桢 書

同治八年腊月念九日兑
央中吴悦模一弍另弍三川
徽钓賸面換
書兄 悦棋 書
見兄 悦桐 書

秋口镇鸿源吴家49·咸丰二年·出当茶丛契·吴悦桢当与长兴叔

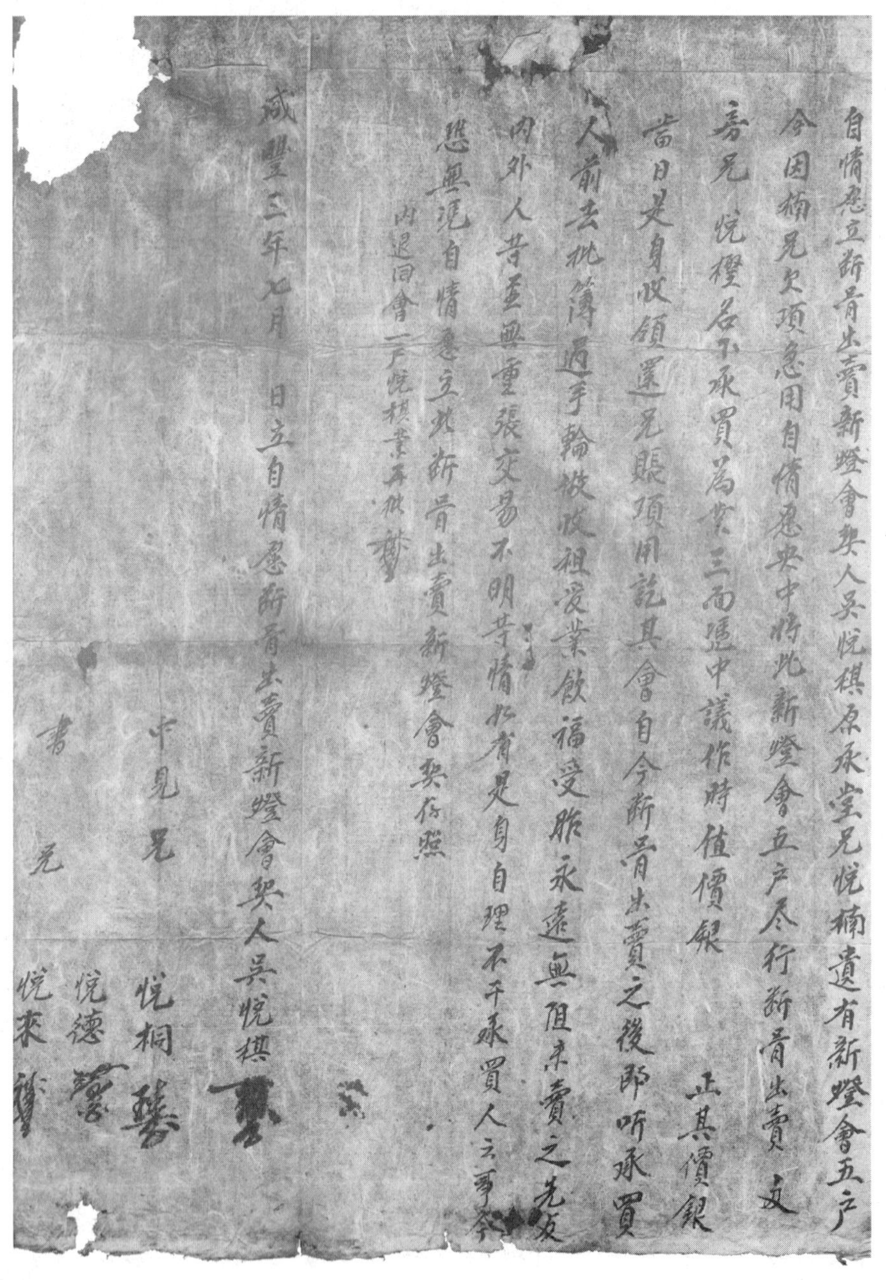

自情愿立斷骨出賣新燈會契人吴悦棋，原承堂兄悦楠遺有新燈會五户，今因楠兄欠項急用，自情愿央中將此新燈會五户尽行斷骨出賣與房兄悦桎名下承買為業，三面憑中議作時值價銀　正，其價銀當日是身收領，還兄賬項用訖。其會自今斷骨出賣之後，即听承買人前去批簿過手輪撥收祖受業，飲福受胙，永遠無阻。未賣之先，並內外人等並無重張交易、不明等情，如有，是身自理，不干承買人之事。今恐無憑，自情愿立此斷骨出賣新燈會契存照。

內退回會一户，悦棋業再批（押）

咸豐三年七月　日立自情愿斷骨出賣新燈會契人吴悦棋（押）

中見兄　悦桐（押）

　　　　悦德（押）

書兄　悦來（押）

秋口镇鸿源吴家 105 · 咸丰三年 · 断骨出卖新灯会契 · 吴悦棋卖与房兄悦柽

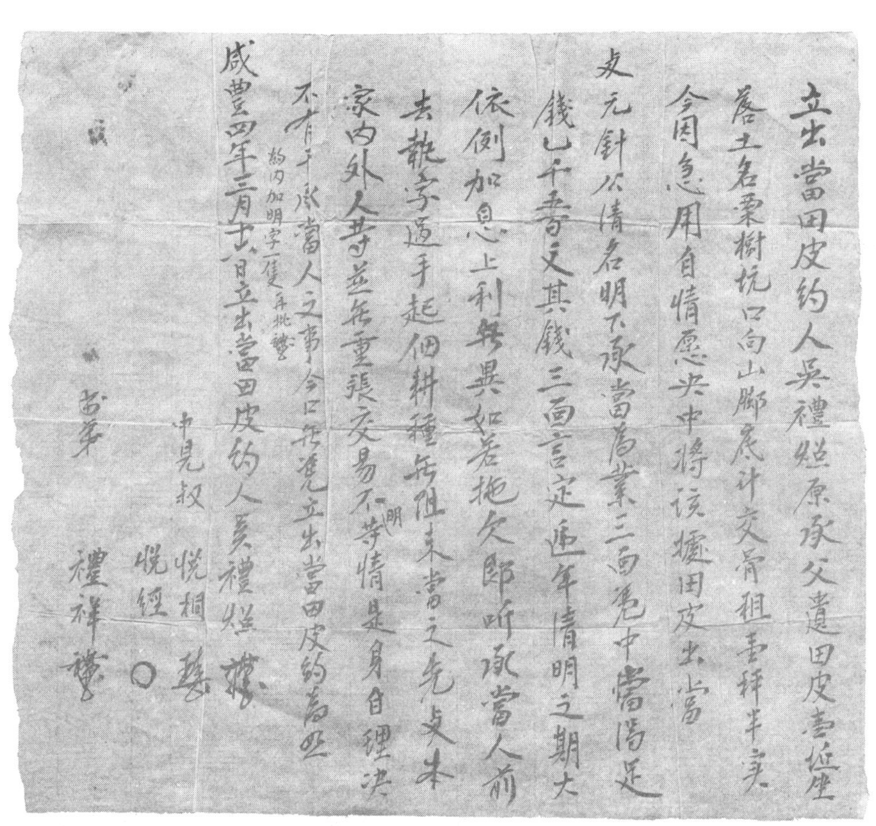

立出當田皮約人吴禮照原承父遺田皮壹坵坐
落土名栗樹坑口向山腳底計交骨租壹秤半实
今因急用自情愿央中將該塅田皮出當
與元針公清名明下承當爲業三面憑中當價足
錢[illegible]千壹文其錢三面言定逐年清明之期大
依例加息上利無異如若拖欠即听承當人前
去執字邀手起佃耕種無阻未當之先支本
家内外人等並無重張交易不明等情是身自理決
不干承當人之事今欲有憑立出當田皮約爲照
約内加明字一隻再批
咸豐四年三月十六日立出當田皮約人吴禮照
中見叔 悦相
悦經
書弟 禮祥

秋口镇鸿源吴家 58 · 咸丰四年 · 出当田皮约 · 吴礼照当与元针公清明

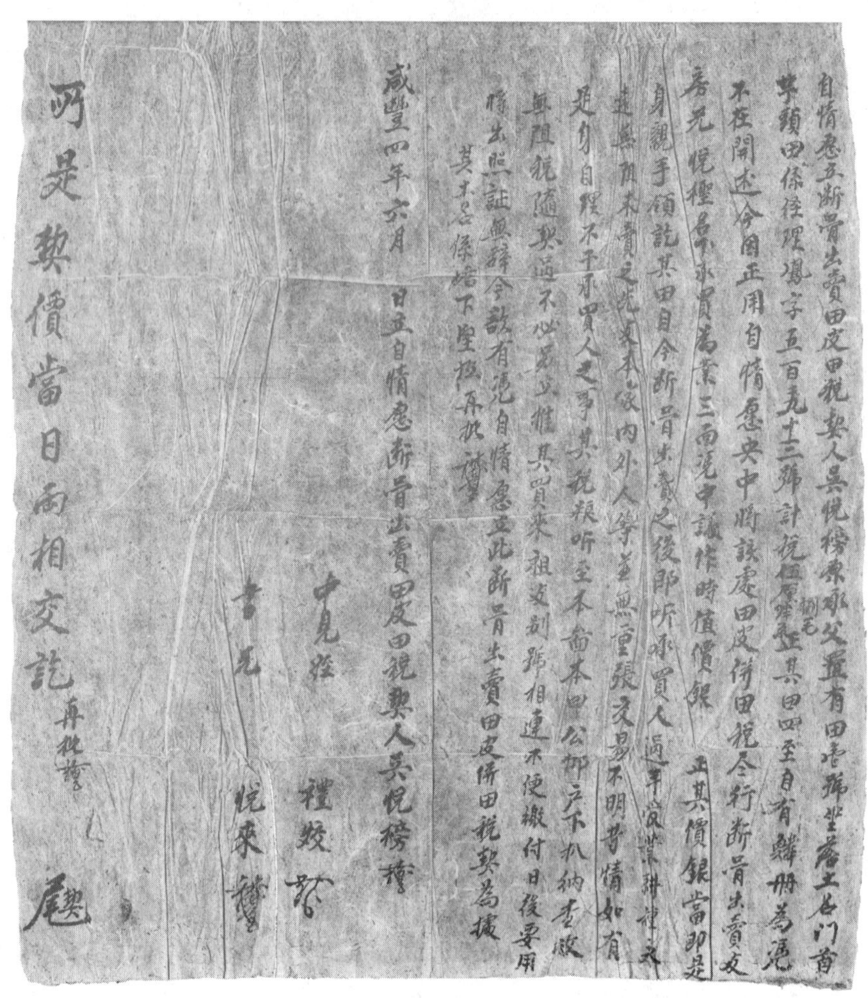
自情愿立断骨出賣田皮田税契人吴悦榜，承父置有田壹號，坐落土名門首
某頭田，係經理墈字五百九十三號，計税伍厘[illegible]正，其田四至自有鳞册為凴
不在開述。今因正用，自情愿央中將該處田皮併田税尽行断骨出賣支
房兄悦樫名下承買為業，三面凴中議作時值價銀　　　　正，其價銀當即是
身親手領訖。其田自今断骨出賣之後，即听承買人過手[illegible]耕種，
未賣之先，與本家內外人等並無重張交易不明。倘有[illegible]情，如有
是身自理，不干承買人之事。其税粮听至本甲本田公戶下扒納查收
無阻。税隨契過，不必另立推单。其買來祖支[illegible]號相連，不便繳付，日後要用
將出照証，無辭。今欲有凴，自情愿立此断骨出賣田皮併田税契為據。
其[illegible]係塘下[illegible]再批　　
咸豐四年六月　日立自情愿断骨出賣田皮田税契人吴悦榜
中見侄　禮焌
書兄　悦來
所是契價當日兩相交訖。再批。

秋口镇鸿源吴家 109 · 咸丰四年 · 断骨出卖田皮田税契 ·
吴悦榜卖与房兄悦樫

秋口镇鸿源吴家 30 · 咸丰六年 · 出当田皮骨租约 · 吴悦桢当与元俱

自情愿立断骨出賣田皮契人吴阿詹氏承祖遗當[illegible]有田皮壹[illegible]坐落
土名禾塲嶺脚楼塝上計田壹坵計交曾祖四秤半大今因長男香秀
娶外家情急用情愿托中将田皮出賣与　族公悦英名下[illegible]買
為業三面憑中議作時值價英銀拾陸兩正其銀當即是身收訖
其田皮[illegible]憑[illegible]自今賣後悉所承買人前去耕種[illegible]管業無阻未
賣之先與本家内外人等並無重張交易不明等情如有是身自
理不干承買人之事恐口無憑立此断骨出田皮契為照
其田日後照依原價取贖再批
其田皮曾因悦棋兄弟之父[illegible]
[illegible]
其[illegible]

咸豐六年拾月　日立自情愿断出賣田皮契人吴阿詹氏

見中　[illegible]

族公　元釧

懷[illegible]

礼[illegible]

守昌

秋口镇鸿源吴家 74 · 咸丰六年 · 断骨出卖田皮契 · 吴阿詹氏卖与族公悦英

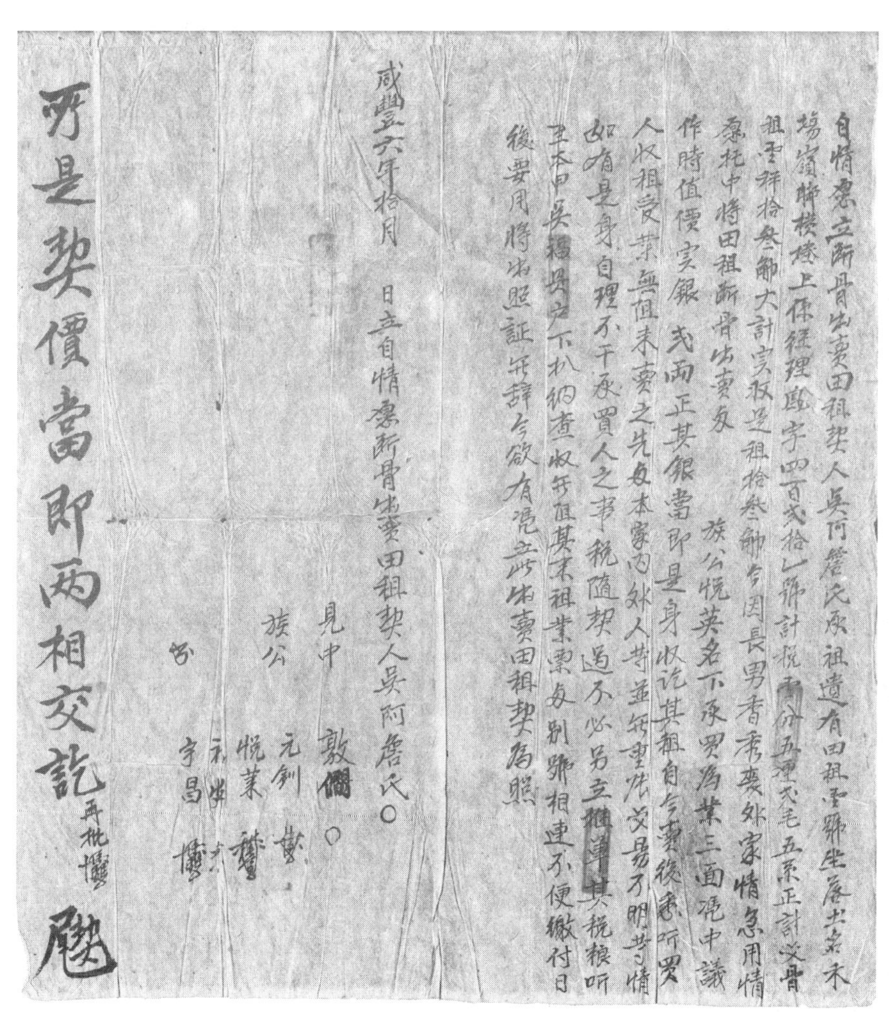

秋口镇鸿源吴家 100 · 咸丰六年 · 断骨出卖田租契 · 吴阿詹氏卖与族公悦英

立议分苞山合同人吴宇潮等原有清山重窑茔落土名高刀碛中苞东因尝主等各人上有根纳思念远庭山场不清丽光只凭亲主邀亲托中将土石株田苞面立安界目今央中立界批明分苞之后各管各业日後不清瓦無共本日央中侠凴亲鱼花顆人所認今發措甚立此一樣四張各执一張永遠為照

一苞業主開來
一电绍新税柴蒌叁毛六毛九
理玉贴老拚局憑不必細述 外主隨外薄紛段宜上玉降小尖
二苞紫玉宇潮税貳分叁吳秋毛柒来 一苞秋宇潮貳分叁吳秋毛柒来一苞
士地税冬風四毛又来五品 德新税壹厘四毛捌起 越南亲民玉氏四来五
理玉熊冬毛正 裡亲恨 宜上玉師小尖 外美小降宜上玉共養堆

参苞愿亲税冬分孝叁吴秋毛扒来 憑峙税陪彩叁亲 宇淩承業倒西未又元叁毛五 裡亲孫貳苞叁吳捌毛又叁来五

咸豐六年五月　日立議分苞山稅合同人吳　宇潮　時　宇淩等

中　　敕仰　傳　　　
　　悦英　　　　
　元悦　　　
　　悦德　　　
　悦元烏　　　
　悦精光　　　
　悦悍局　　　
　字淯　　　
　悦悦同　　　
　元悦佟祥　　　
　剖体安　　　

李

元

秋口镇鸿源吴家 150·咸丰六年·分闱山税合同·吴宇潮、吴宇凌等

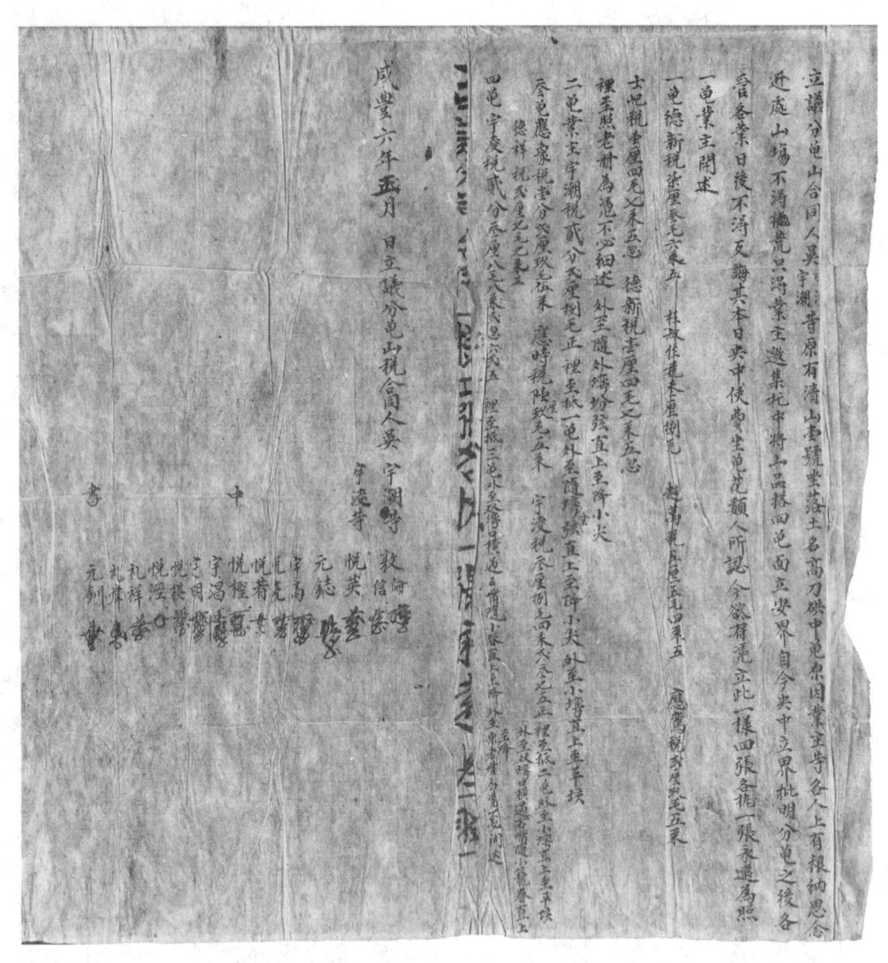

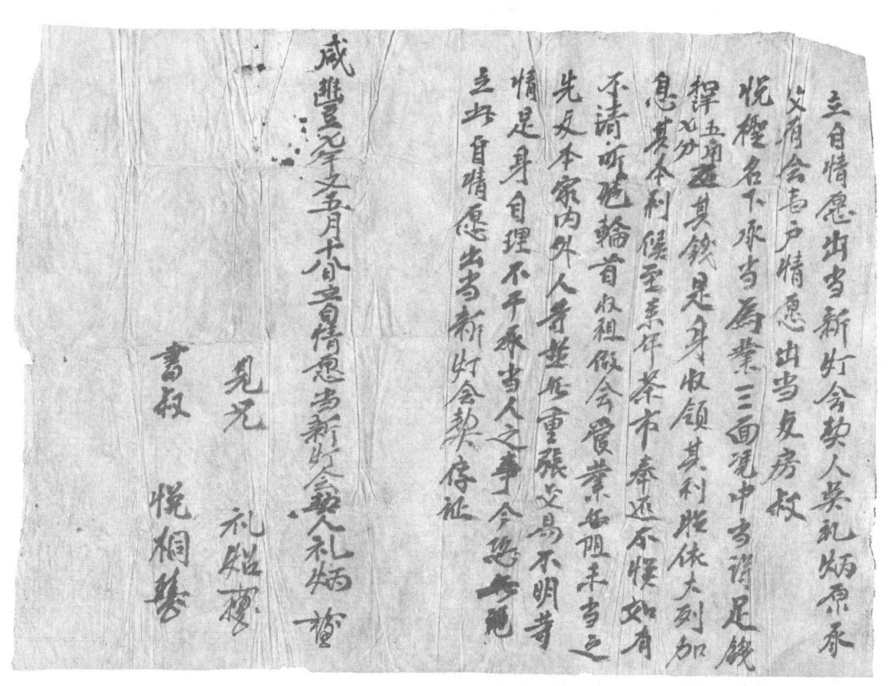
立自情愿出当新灯会契人吴礼炳原承
父有会壹户情愿出当与房叔
悦桎名下承当为业三面凭中当讫足钱
捌五角七分正其钱是身收领其利照依大例加
息其本利候至来年茶市奉还不悮如有
不清听凭轮首收租做会管业无阻未当之
先与本家内外人等并无重张交易不明等
情是身自理不干承当人之事今恐无凭
立此自情愿出当新灯会契存证
咸豐七年又五月十八日立自情愿当新灯会契人礼炳（押）
见兄 礼焰（押）
书叔 悦桐（押）

秋口镇鸿源吴家 41 · 咸丰七年 · 出当新灯会契 · 吴礼炳卖与房叔悦桎

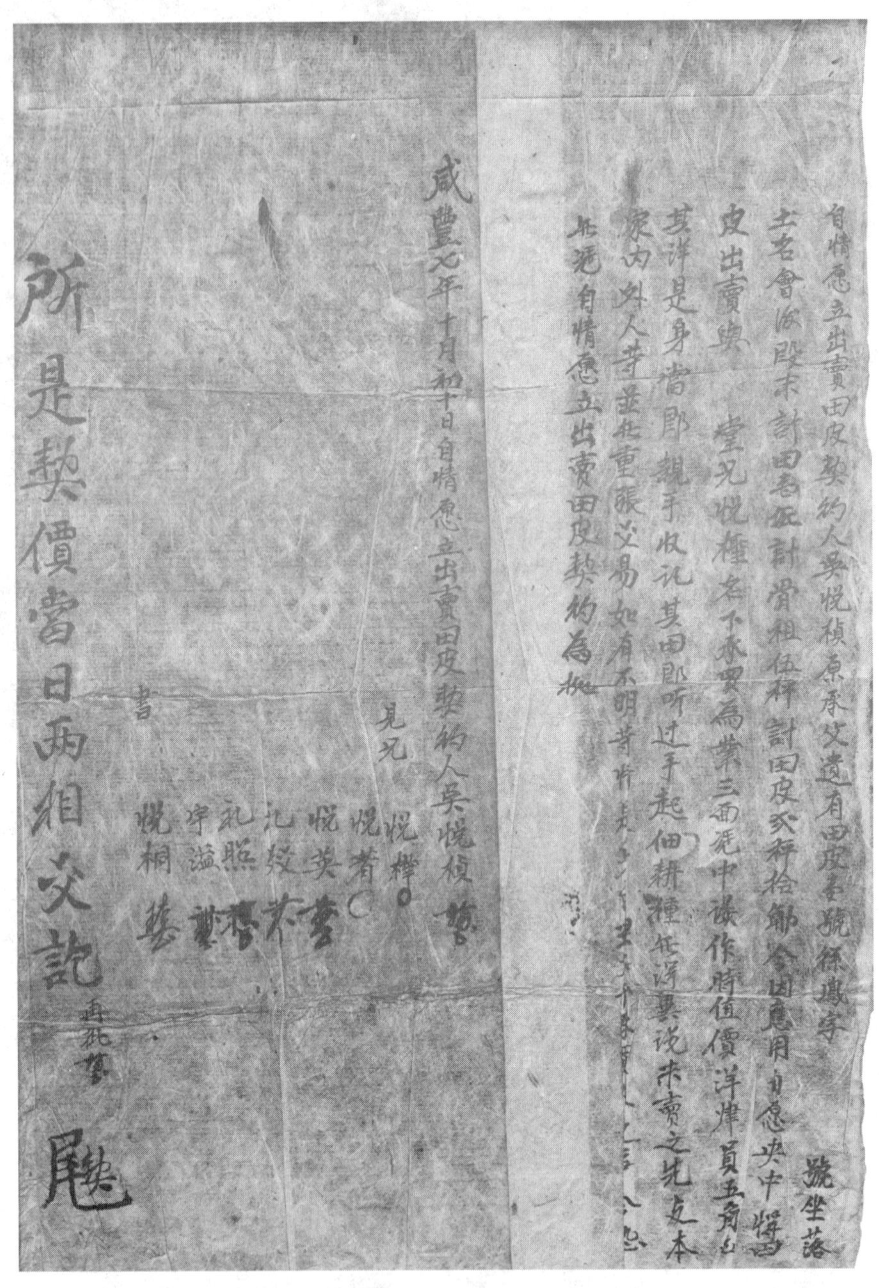
自情愿立出賣田皮契約人吴悦禎，原承父遺有田皮壹號，係鳳字　號，坐落土名會源段末，計田壹坵，計骨租伍秤，計田皮叁秤拾觔。今因應用，自愿央中將田皮出賣與
堂兄悦樫名下承買為業，三面憑中議作時值價洋肆員五角正。其洋是身當即親手收訖，其田即聽过手起佃耕種，無得異說。未賣之先，與本家內外人等並無重張交易，如有不明等情，[illegible]
無憑，自情愿立出賣田皮契約為據。

咸豐七年十月初十日自情愿立出賣田皮契約人吴悦禎

見兄　悦樺 ○
悦著 ○
悦英
礼發
礼照
守溢
悦桐
書

所是契價當日兩相交訖

再批

尾契

秋口镇鸿源吴家 75 · 咸丰七年 · 出卖田皮契 · 吴悦桢卖与堂兄悦柽

秋口镇鸿源吴家 99 · 咸丰七年 · 断骨出卖基地契 · 吴悦桢卖与兄悦柽

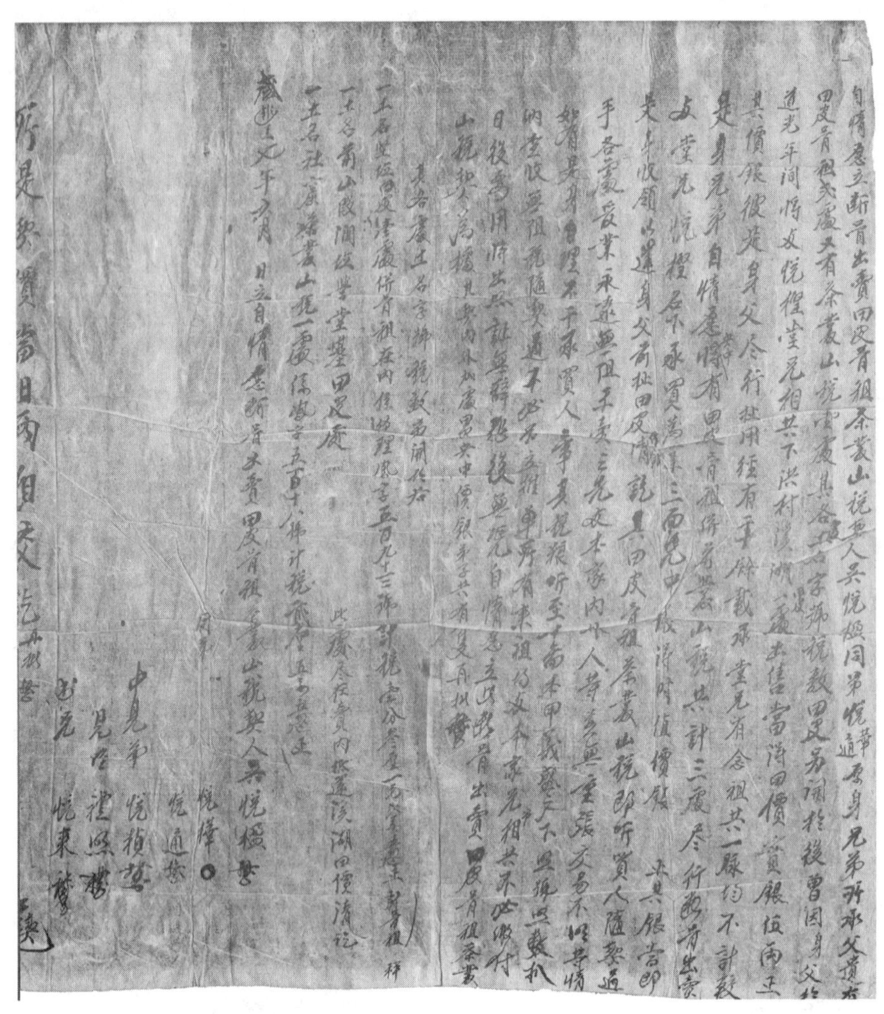

秋口镇鸿源吴家 128 · 咸丰七年 · 断骨出卖田皮骨租茶丛山税契 ·
吴悦楹卖与堂兄悦柽

自情愿立断骨出卖田租契人吴元银,今承祖遗邑分身股有租壹號坐落土名大坞自情愿立断骨出卖田租契人吴元银,京承祖遗邑分身股,有租壹號坐落土名大坞保经理七百十九號,計田稅柒分三厘柒毛六系二正,其四至自有舊册為憑,不在閒述,今因應用自情愿托中將田租壹處出賣与

價銀

正其銀當即是身親手叔領訖,其田租自今出賣之後,悉听永買人過乎當業收租血阻,其龕永賣之先,又未家内外人事並血重張交易,如有不明寺情是身自理不千買人之事,其說親听主本面二面英,月户下扒納查稅,重異稅隨契造不必另立推單,其未租契憑支别,現相連不侵,微付日後要用,情者恐証憑辞今欲有憑,立地出賣田租契為抵

咸豊八年八月　　日自情愿立断骨出賣田租契人吴元銀 押

中見弟　元鐘 禮

依書弟　元鑑 押

所是勢價當即兩相交訖 再批押

押

秋口镇鸿源吴家 130 · 咸丰八年 · 断骨出卖田租契 · 吴元银卖与囗

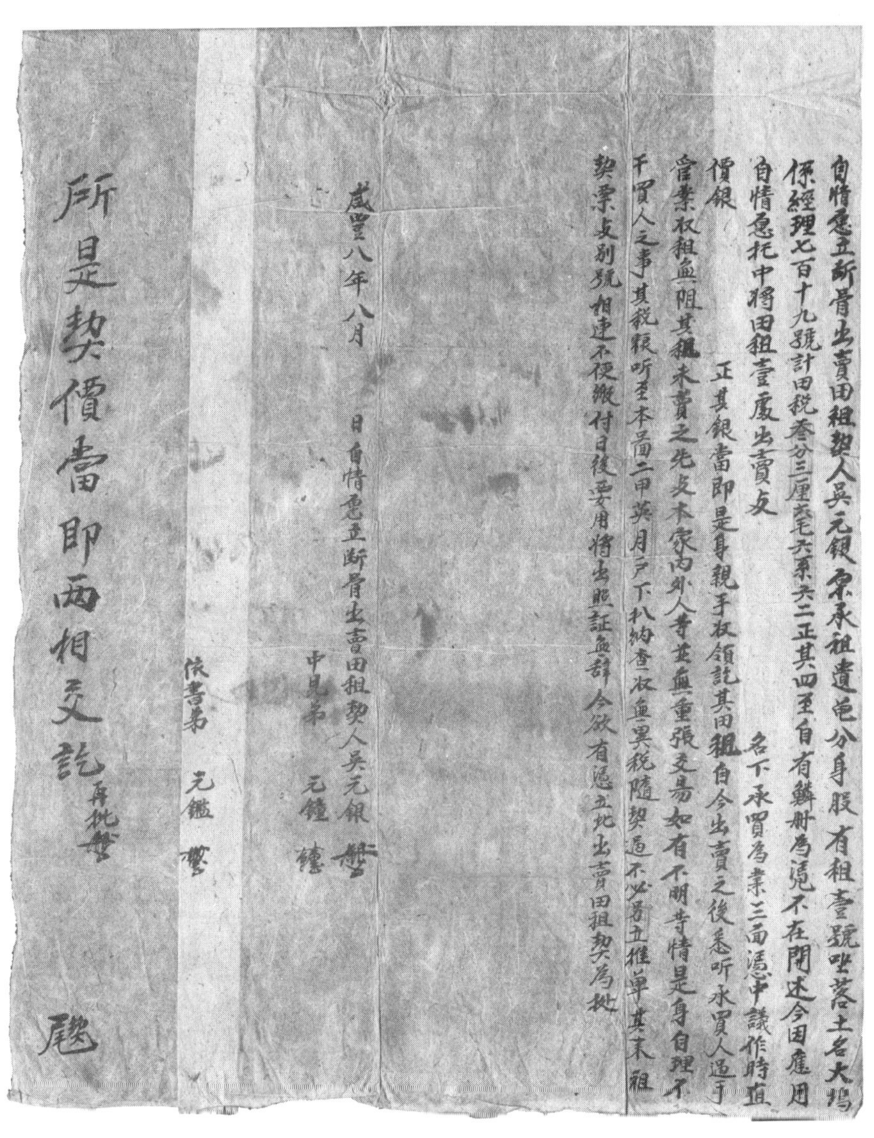

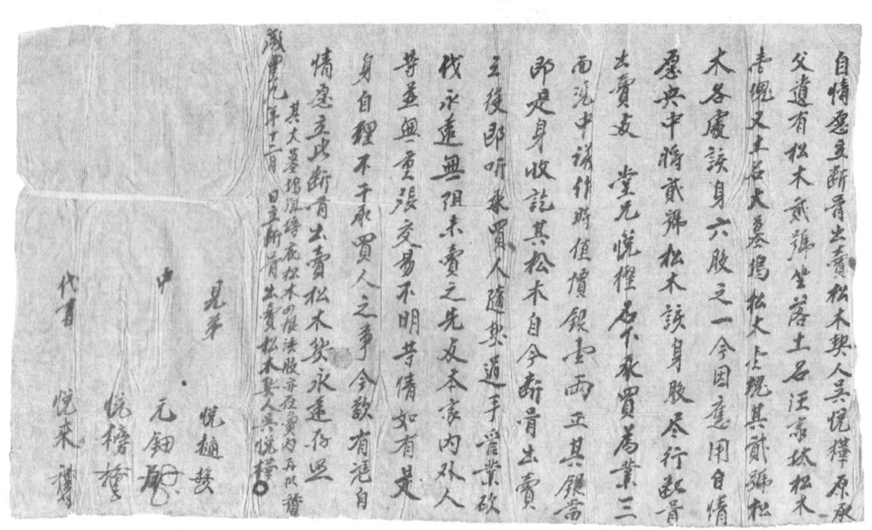

自情愿立斷骨出賣松木契人吳悅樺，原承
父遺有松木貳號，坐落土名汪家坞松木
壹號，又土名大墓塢松木壹號，其貳號松
木各處該身六股之一。今因應用，自情
愿央中將貳號松木該身股分盡行斷骨
出賣與 堂兄悅柽名下承買為業，三
面憑中議作時值價銀壹兩正。其銀當
即是身收訖，其松木自今斷骨出賣
之後，即聽承買人隨契管業砍
伐，永遠無阻。未賣之先，與本家內外人
等並無重張交易不明等情，如有是
身自理，不干承買人之事。今欲有憑，自
情愿立此斷骨出賣松木契永遠存照。
其大墓塢堺塝庇松木四根該股亦在內再批
咸豐九年十二月 日立斷骨出賣松木契人吳悅樺
見弟 悅樋
中 元鈿
悅檜
代書 悅來

秋口镇鸿源吴家 31 · 咸丰九年 · 断骨出卖松木契 · 吴悦桦卖与堂兄悦柽

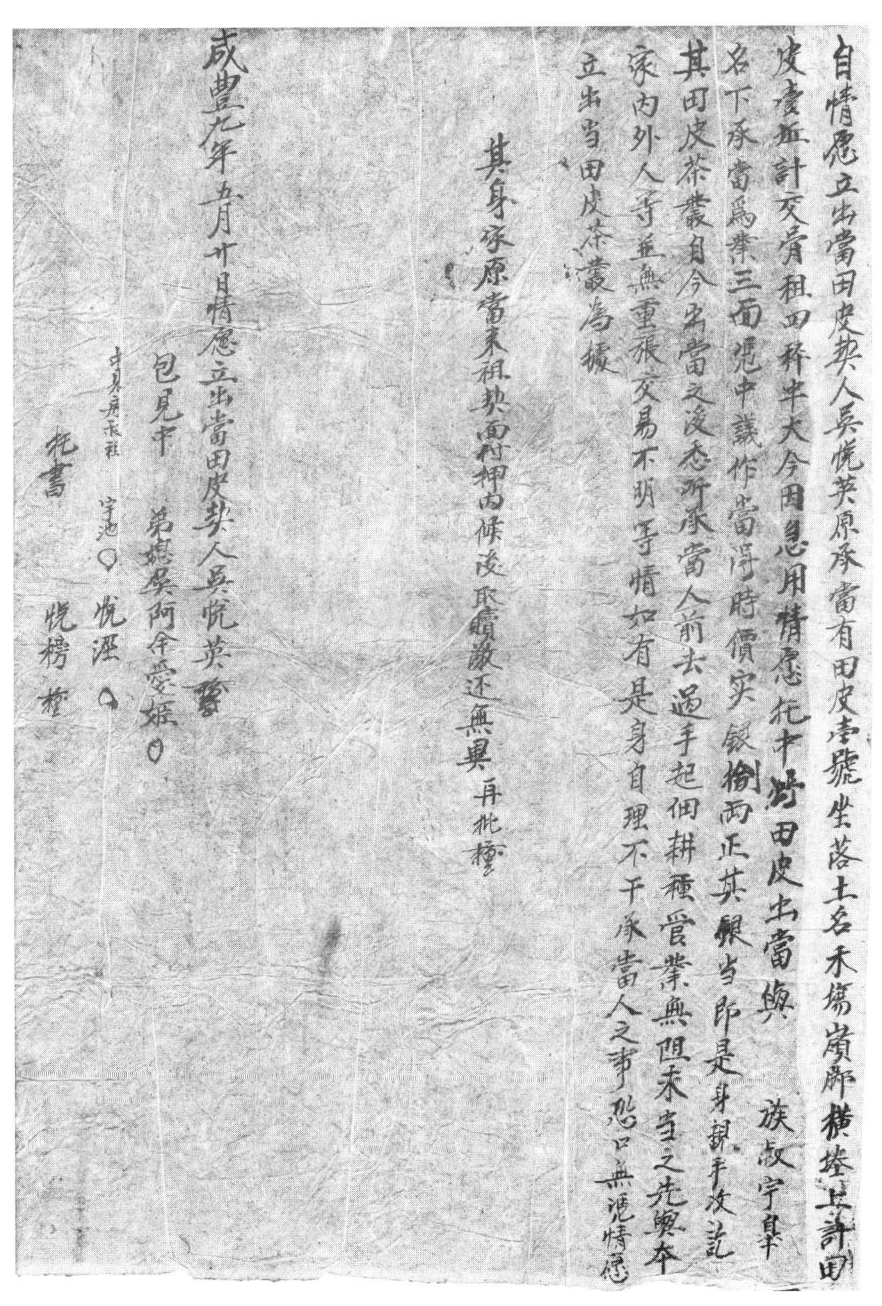

自情愿立出當田皮契人吳悅英原承當有田皮壹號坐落土名禾塢嶺腳横塝上計田
皮壹坵計交骨租四秤半大今因急用情愿托中將田皮出當與　族叔宇皋
名下承當為業三面憑中議作當得時價实銀拾兩正其銀当即是身親手收訖
其田皮茶叢自今出當之後悉听承當人前去過手起佃耕種管業無阻未当之先與本
家内外人等並無重張交易不明等情如有是身自理不干承當人之事恐口無憑情愿
立出当田皮茶叢為據

其身承原當來祖契面村押内條後取贖敬还無異　再批（押）

咸豐九年五月廿日情愿立出當田皮契人吳悅英（押）

包見中　弟媳吳阿余愛娌（押）

中見房叔祖　宇池（押）　悅涇（押）

托書　悅榜（押）

秋口镇鸿源吴家 118 · 咸丰九年 · 出当田皮契 · 吴悦英当与族叔宇皋

自情愿立断骨出卖田租契人吴悦英，原承父遗包分身己有田租一号，坐落土名不仿岭脚稀壕上，系经理凤字四百二十一号，计税 [illegible] 立 [illegible] 上计骨租叁拾叁斛大。其田四至自有鳞册为凭，不在开述。今因 [illegible] 用无措，自情愿央中将该号田租立契断骨出卖与族 宇华名下承买为业，三面凭中议作时值价银 正。其银当即是身亲手收讫。其租自今断骨出卖之后，即听承买人随契管业收租，永远无阻。未卖之先，成本家内外人等并无重复交易，不明等情。如有，是身自理，不干承买人之事。其税粮听至本甲本户下纳查收，无阻。税随契过，不必另立推单。原买来祖当面缴付，日后要用，缴出照证，无辞。今欲有凭，自情愿立断骨出卖田租为证。

咸丰九年二月 日立自情愿断骨出卖田租契人吴悦英（押）

兄弟悦樗（押） 悦源（押）

当兄悦东（押）

所是契价当即两相交讫（再批）（押）

秋口镇鸿源吴家 120 · 咸丰九年 · 断骨出卖田租契 · 吴悦英卖与吴宇华

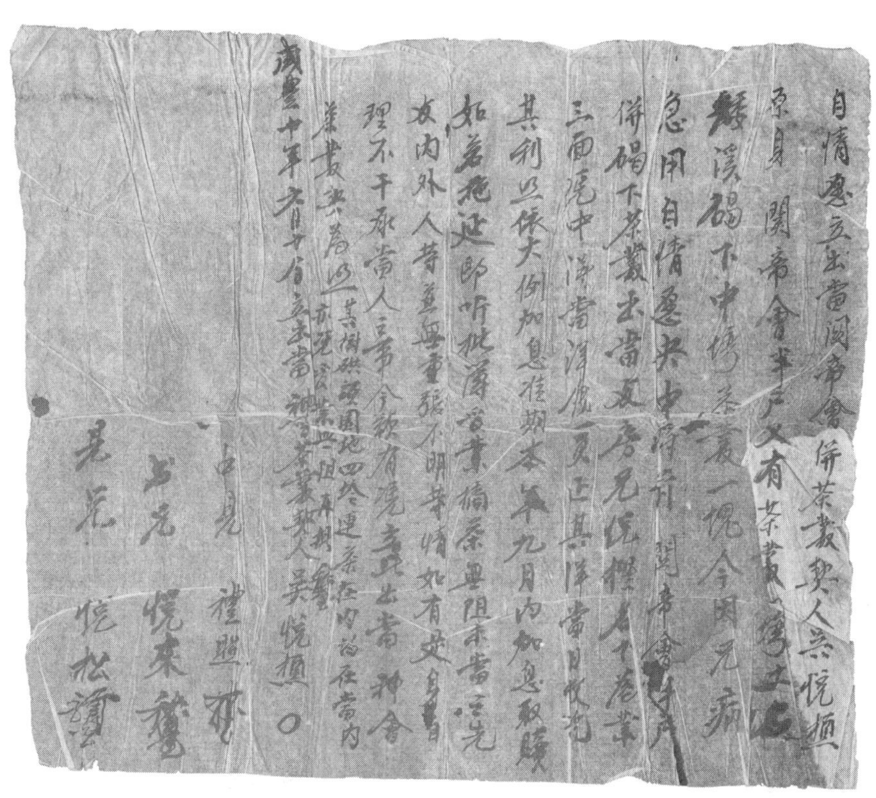

秋口镇鸿源吴家 43 · 咸丰十年 · 出当关帝会并茶丛契 · 吴悦樵当与房兄悦柽

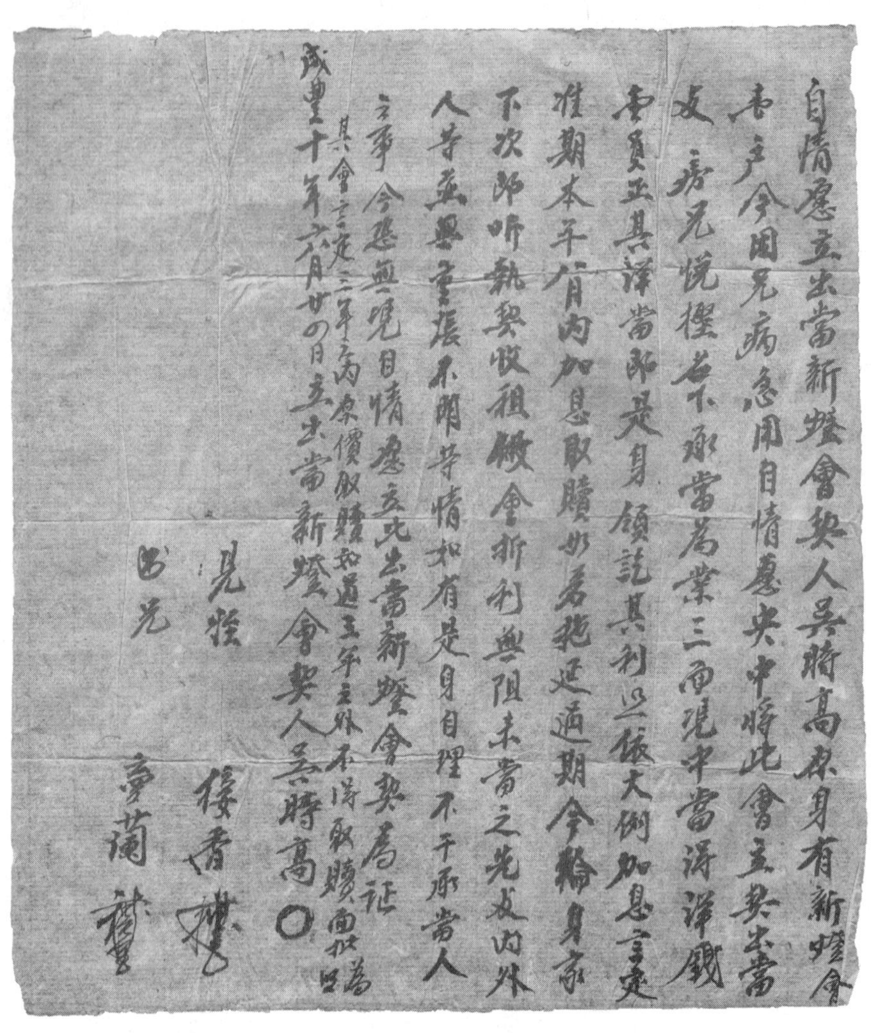

自情願立出當新燈會契人吳時高，本身有新燈會壹戶，今因兄病急用，自情願央中將此會立契出當與房兄悅樫名下承當為業，三面憑中當得洋錢壹員正，其洋當即是身領訖，其利以依大例加息，言定准期本年八月內加息取贖，如若延過期，今輪身家下次，即聽執契收租，繳會新利無阻。未當之先，並內外人等並無重張不明等情，如有，是身自理，不干承當人之事。今恐無憑，自情願立此出當新燈會契為證。

其會言定三年內原價取贖，如過五年之外，不得取贖，再批為照。

咸豐十年六月廿四日立出當新燈會契人吳時高 ○

見侄 梓香 押

出兄 夢蘭 押

秋口镇鸿源吴家 47 · 咸丰十年 · 出当新灯会契 · 吴时高当与房兄悦柽

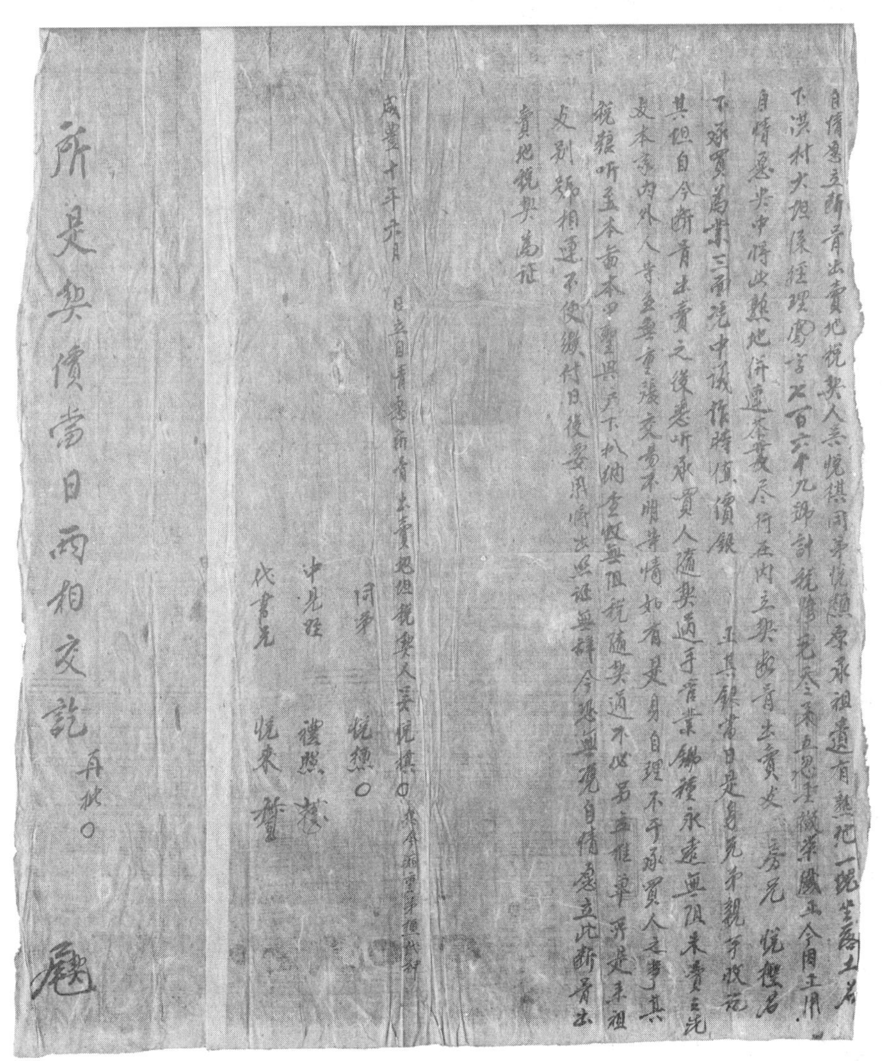

秋口镇鸿源吴家 125 · 咸丰十年 · 断骨出卖田皮骨租契 ·
吴悦棋、悦櫄卖与房兄悦柽

自情愿立断骨出賣基地契人吴悅德，原承父遺有基地壹號，坐落土名尧塅鳴口，係經
理學字六百號，計稅厘正，基地四至照依鱗冊為憑，不在開述。今因正用，自情愿央
中將該身基地立契斷骨出賣與 房姪禮焞名下承買為業，三面憑中議作時值
價銀洋 正，其銀當日是身親手收訖。其基地自今斷骨出賣之後，即听承買人過
手管業造作無阻。未賣之先，與本家內外人等並無重張交易不明等情，如有，是身
自理，不干承買人之事。其稅粮听至本圖本甲墅旺戶下扒納查收無阻，稅隨契
過，不必另立推單。其買來祖身家該辦存稅叁毛以養出路，不必繳付，日後要用，將出
照証無辭。今欲有憑，自情愿立斷骨出賣基地契存照。

契內加毛字一隻，又改照字一隻。再批。（押）

同治四年十二月 因需用不便，轉賣與 房伯悅徵名下永遠斷骨
為業，無異。其稅粮身家亦來收納，听至原賣主墅旺戶下
查收無阻，再批為據。 吴禮焞（押） 原業悅來（押）

咸豐十年七月 日立自情愿斷骨出賣基地契人吴悅德（押）

中見兄 悅松（押）
悅涇〇
悅煙〇
見禮 禮照（押）
如兄 悅来（押）

所是契價當日兩相交訖。再批。（押）

憑契

秋口镇鸿源吴家 138 · 咸丰十年 · 断骨出卖基地契 · 吴悦德卖与房侄礼焞

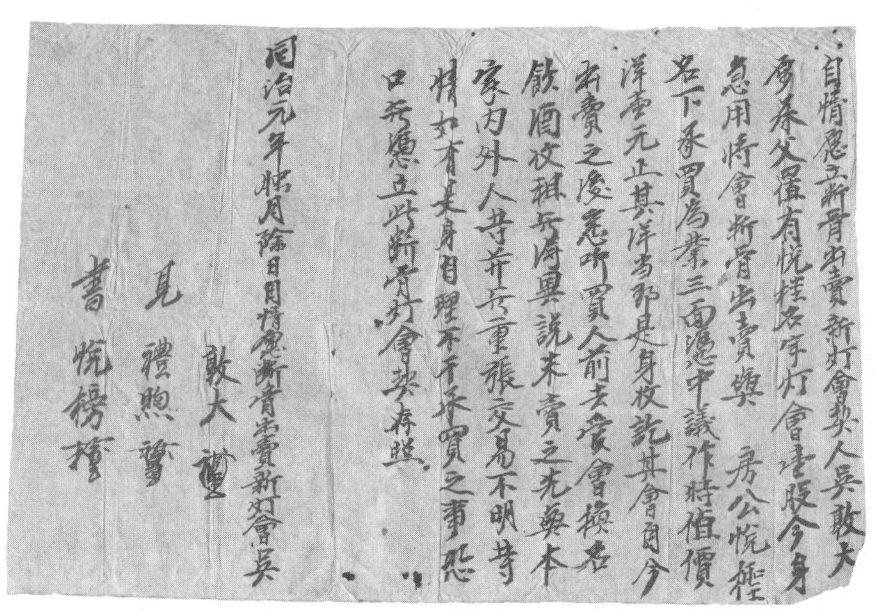

自情愿立断骨出卖新灯会契人吴敦大
今身承父置有悦桂名字灯会壹股，今身
急用，将会断骨出卖与　房公悦柽
名下承买为业，三面凭中议作時值價
洋壹元正，其洋当即是身收讫。其会自今
出卖之后，悉听买人前去當會换名
饮酒收租，无得異說。未賣之先，與本
家内外人等并无重張交易不明等
情，如有，是身自理，不干承買之事。恐
口无凭，立此断骨灯会契存照。

同治元年壯月除日自情愿断骨出卖新灯会吴　敦大（押）
见　禮煦（押）
书　悦榜（押）

秋口镇鸿源吴家 22 · 同治元年 · 断骨出卖新灯会契 · 吴敦大卖与房公悦柽

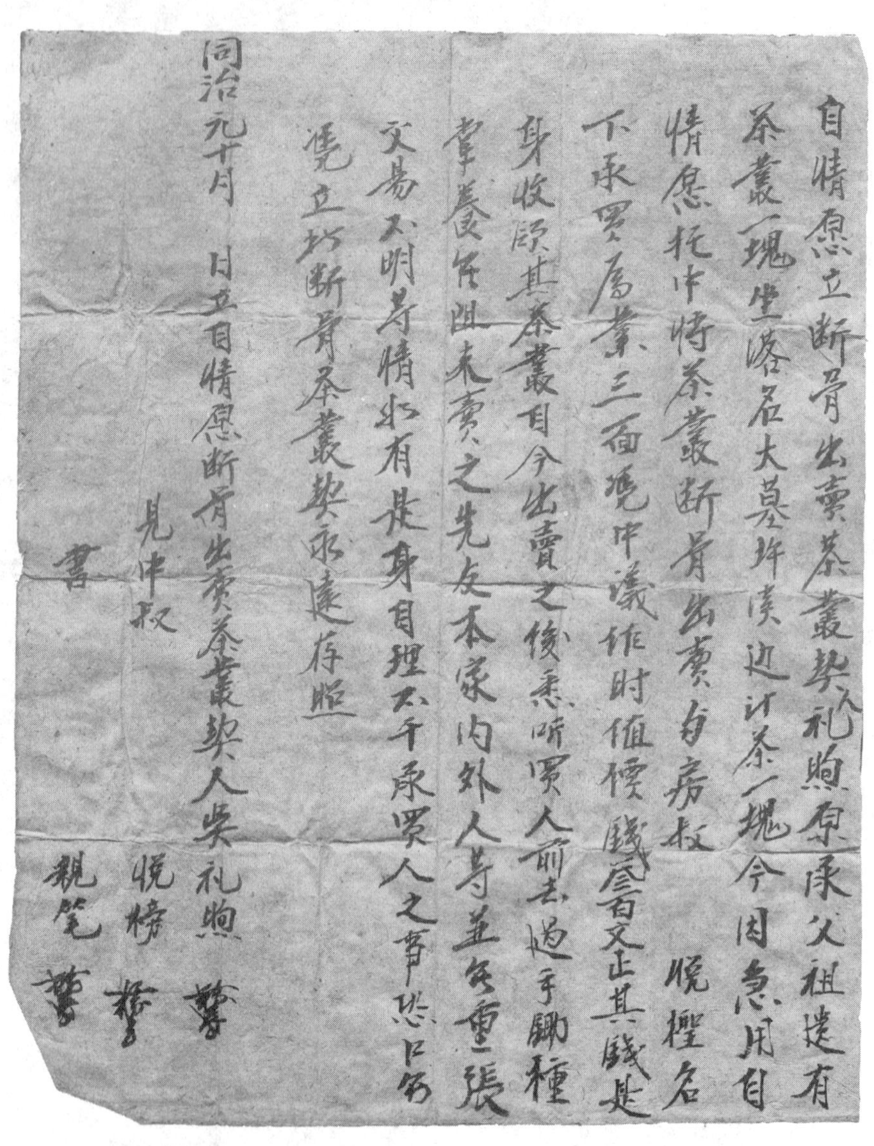

自情愿立断骨出賣茶叢契人礼煦原承父祖遺有
茶叢一塊坐落名大墓坪瀆边計茶一塊今因急用自
情愿托中将茶叢断骨出賣与房叔　悦樫名
下承買為業三面凭中議作時值價錢叁百文正其錢是
身收足其茶叢自今出賣之後悉聽買人前去過手耕種
掌養管業未賣之先無本家内外人等並無重張
交易不明等情如有是身自理不干承買人之事恐口無
凭立此断骨茶叢契永遠存照

同治元年十月　日立自情愿断骨出賣茶叢契人吳礼煦（押）

見中叔　悦樫（押）

書　親筆（押）

秋口镇鸿源吴家 59 · 同治元年 · 断骨出卖茶丛契 · 吴礼煦卖与房叔悦樫

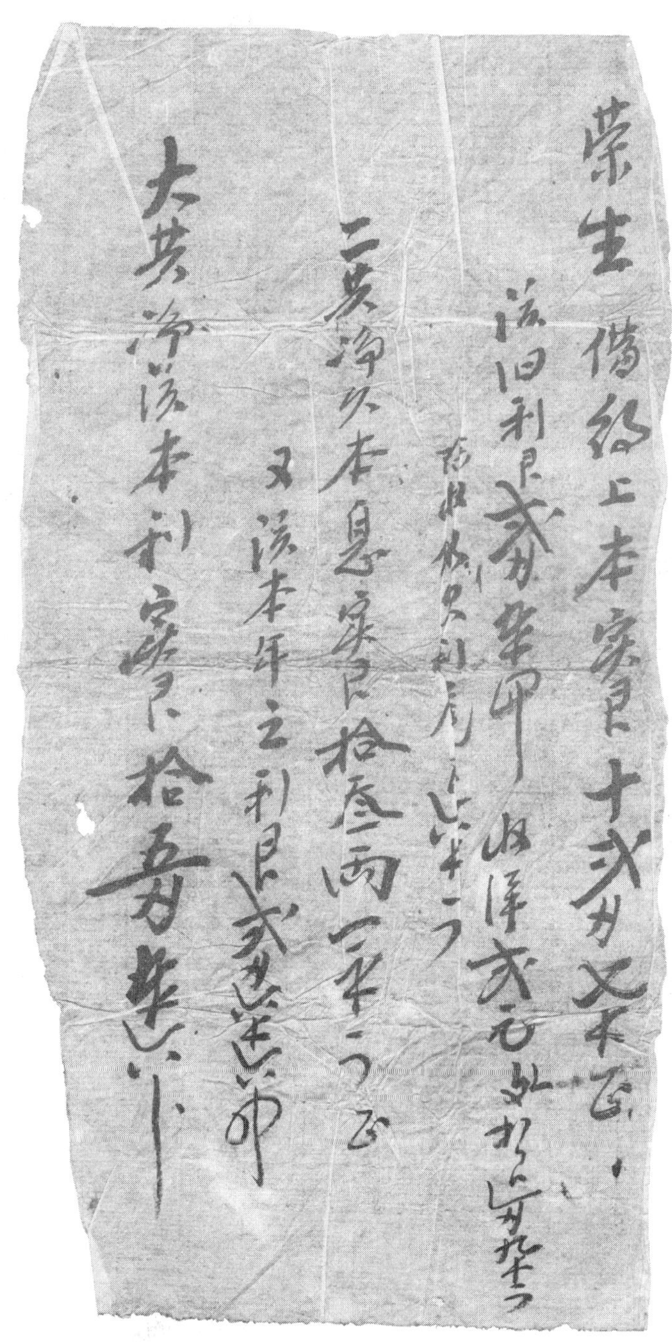

秋口镇鸿源吴家 64 · 同治元年 · 账单 · 荣生

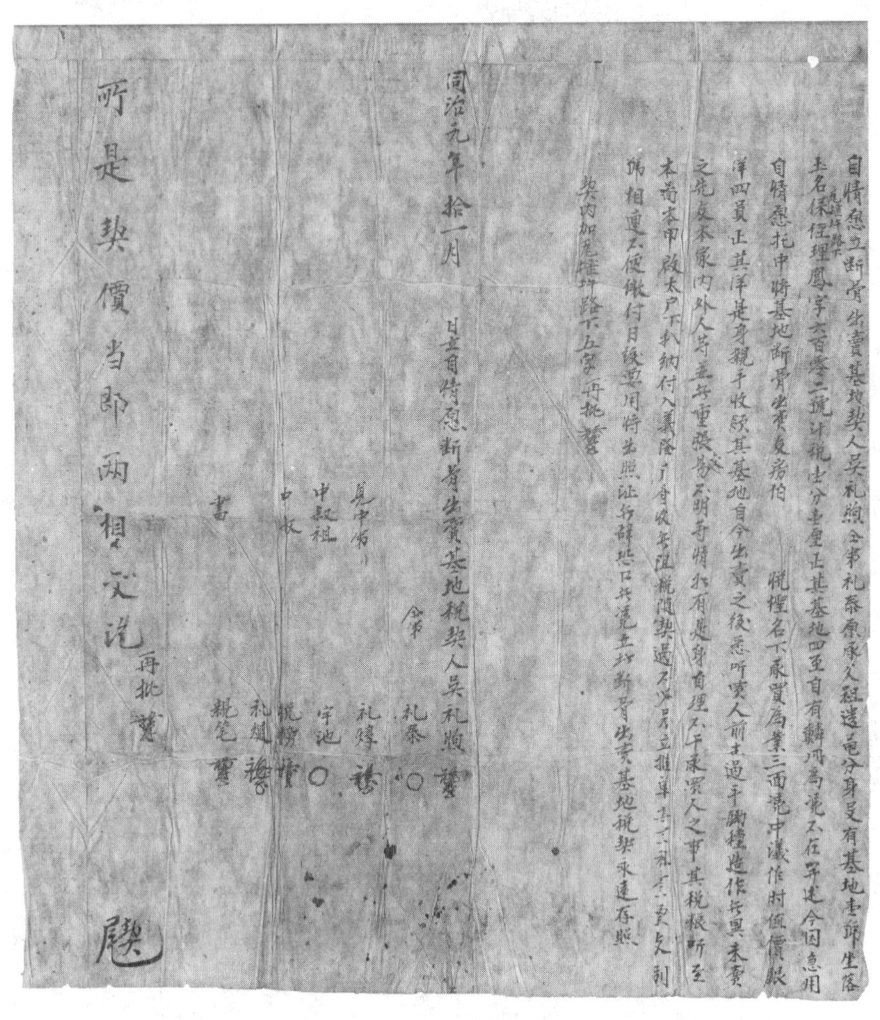

自情愿立断骨出賣基地契人吴礼煦仝弟礼泰原承父祖遗受分身見有基地壹節坐落
土名鬼堆坪路保任理鳳字六百零二號計稅壹分壹厘正其基地四至自有鳞冊為憑不在字述今因急用
自情愿托中將基地断骨出賣與房伯　悅樫名下承買為業三面憑中議作时值價銀
洋四員正其洋是身親手收訖其基地自今出賣之後悉听買人前去過手興種造作無異未賣
之先與本家内外人等並無重張交易不明等情如有是身自理不干承買人之事其稅粮听至
本甲本甲啟太戶下扒納付入義隆户會收無阻稅隨契遇不必另立推單[illegible]來歷交割
飾相連不便繳付日後要用將出照证無辞恐口無憑立此断骨出賣基地稅契永遠存照
契内加鬼堆坪路下五字再批（押）

同治元年拾一月　日立自情愿断骨出賣基地稅契人吴礼煦（押）
仝弟　礼泰　〇
見中弟　礼烽(?)　（押）
中叔祖　宇池　〇
中叔　稅樛(?)　（押）
書　礼熾(?)　（押）
親笔(?)　（押）

所是契價当即兩相交訖　再批（押）

秋口镇鸿源吴家 80 · 同治元年 · 断骨出卖地坦山税契 · 吴礼煦卖与房伯悦樫

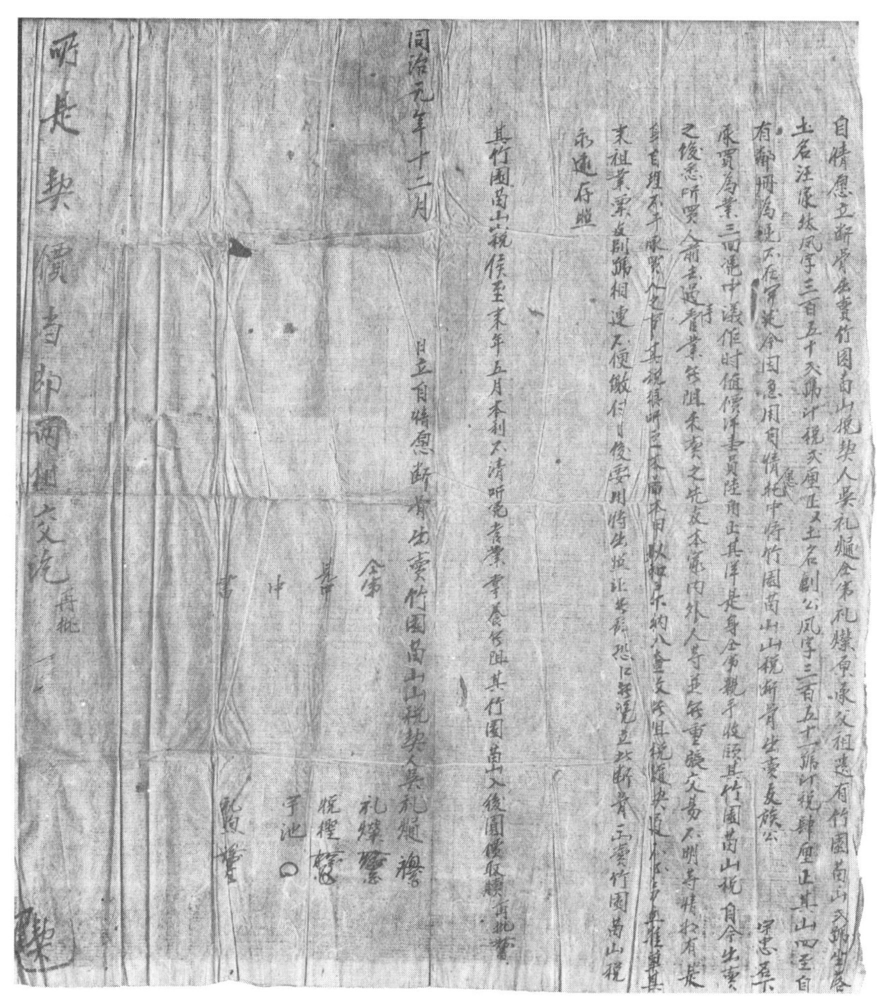

秋口镇鸿源吴家 108 · 同治元年 · 断骨出卖竹园苗山税契 ·

吴礼熥卖与族公宇忠

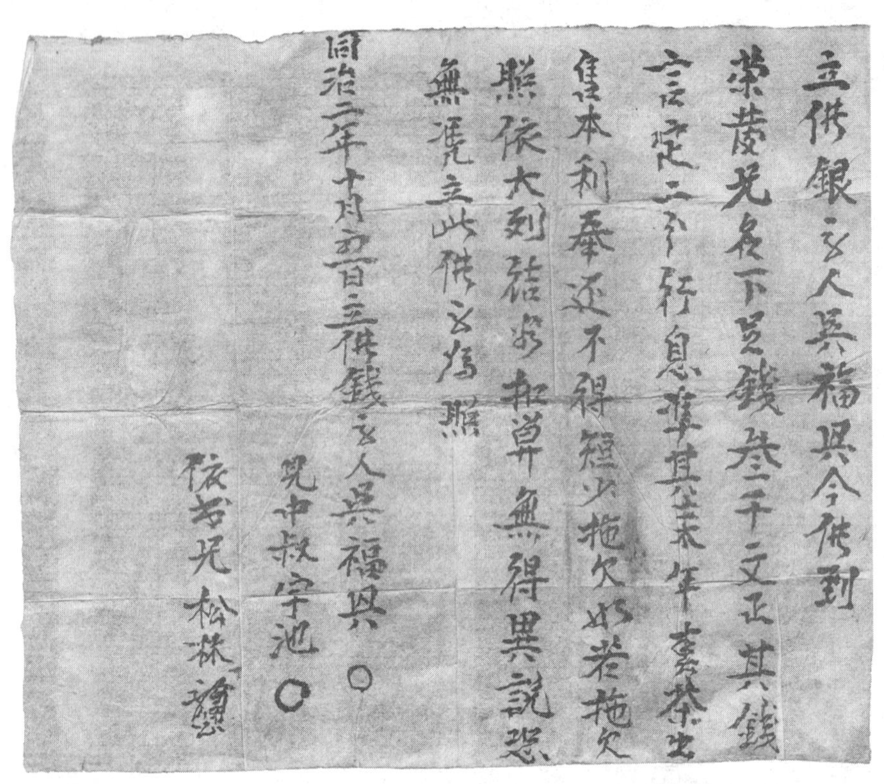

立借銀字人吴福興今借到
榮發兄名下足錢叁千文正其錢
言定二分行息準其本年冬季出
集本利奉还不得短少拖欠如若拖欠
照依大列請家扣算無得異說恐
無憑立此借字為照
同治二年十月廿五日立借錢字人吴福興 ○
見中叔宇池 ○
依书兄松林

秋口镇鸿源吴家 65 · 同治二年 · 借银字 · 吴福兴借到荣发兄

立斷骨出賣山稅契人吳禮炊原承父遺有山稅壹部坐落土名會後山係經理鳳字三百陸拾玖號計稅陸分正其山四至自有歸冊為照不在開述今因急用情愿央中將號內山稅斷骨出賣與房叔悅桱名下承買為業三面議作時值價紋鈔紋平陸百文正其錢當日親手收訖其山自今出賣之後恐听貫人前去過手營業無阻其夫賣之先業本承內外人等遙爭旅交易不明芽情如有是身自理不干承買人之事今欲有憑行立大里堆奉夕下扒的查收照婆這不必另立推單其東祖婆票奠剜號相連不便激付日後要用將出照証存辞恐口无凭立此斷骨出賣山契永遠存炤

同治贰年二月 日自情愿立斷出賣山稅契人吳禮炊 親筆
見房公 守池 ○
依書 悅榜樘

所是契價當即兩相交訖 再批筆
歷

秋口鎮鴻源吳家 84 · 同治二年 · 斷骨出賣山稅契 · 吳禮炊賣與房叔悅桱

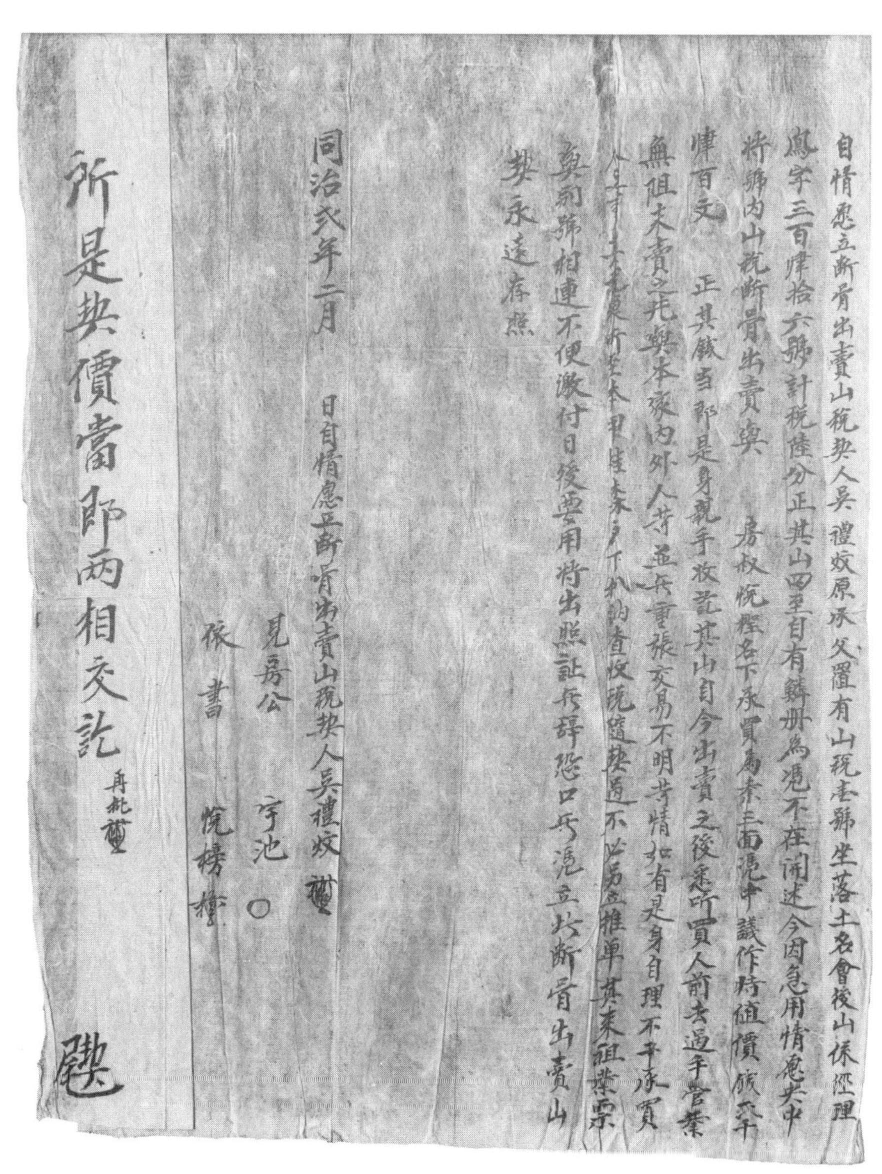

立自情愿断骨出卖茶丛地坦契人字灏原永债置地坦䒰東䩺坐落土各矮大墓堨係经理鳳字四十三號計坦䒰分貮畫止計坦叁基又重䩺坐落土各矮溪堨係鳳字五百八號計坦叁基兩處䒰坦の壹眼內指明不在開途今因用貲措自情愿出中將䒰坦兩處價䒰叁一綜在内出賣更房侄悦桱為業三面䒰中議作時值價銀陸兩正其銀是身當即收訖其䒰坦但自今卖之後惹听買人鋤種愛業各䒰一之先本承内外人等並無重複交易不明等情逺身自理不干買人事賣銀聼菜本都本番七甲以贞戶小松納畫收貯異不必另立推單随契過税筆閒其有祖業需憑別相連办便繳付日後要用歸居張誌各辞今戀貿憑立自情愿断骨出賣地坦䒰契房據同治貮年七月日立自情愿断骨出賣地坦契人字灏

中見

書 親筆

孫男 禮荷

禮熙

尾契

再是契價當日兩相交訖 再批

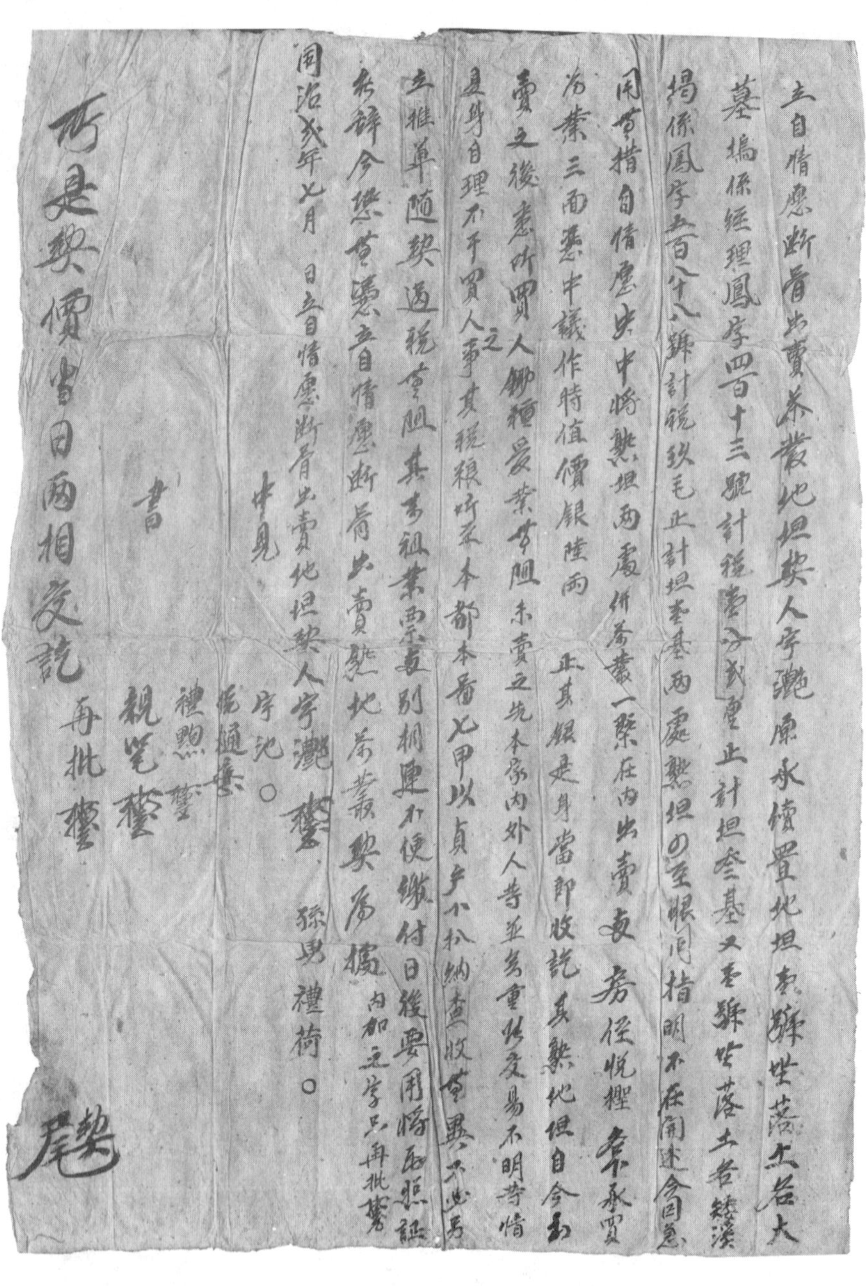

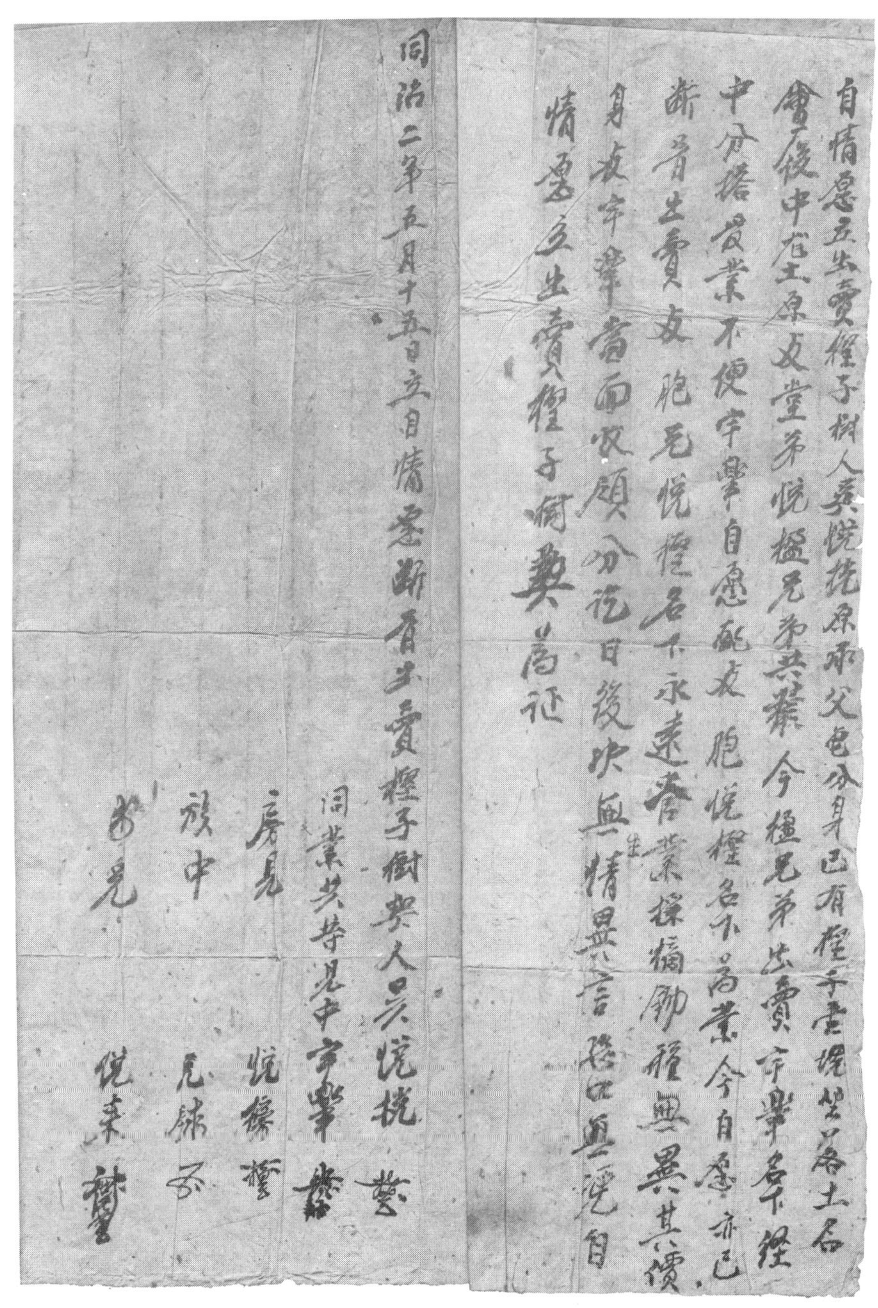

自情愿立出卖樫子树人吴悦桃，原承父已分身己有樫子壹块，坐落土名会坑後中坞土原，与堂弟悦樫兄弟共業，今樫兄弟出卖，于業各不经中分搭，共業不便守業，自愿配与 胞悦樫名下为業，今自愿亦已断骨出卖与 胞兄悦樫名下永远为業，採摘锄种无異，其價身亲守掌當面收領入分讫，日後决无生情異言，倘有異說，自情愿立出卖樫子树契为证。

同治二年五月十五日立自情愿断骨出卖樫子树契人吴悦桃（押）

同業共管見中 守掌（押）

房見 悦樑（押）

族中 兄 縣（押）

书見 悦来（押）

秋口镇鸿源吴家 103 · 同治二年 · 断骨出卖树契 · 吴悦桃卖与族兄悦樫

秋口镇鸿源吴家 107 · 同治二年 · 断骨出卖田租契 · 吴悦盈卖与族祖寄皋

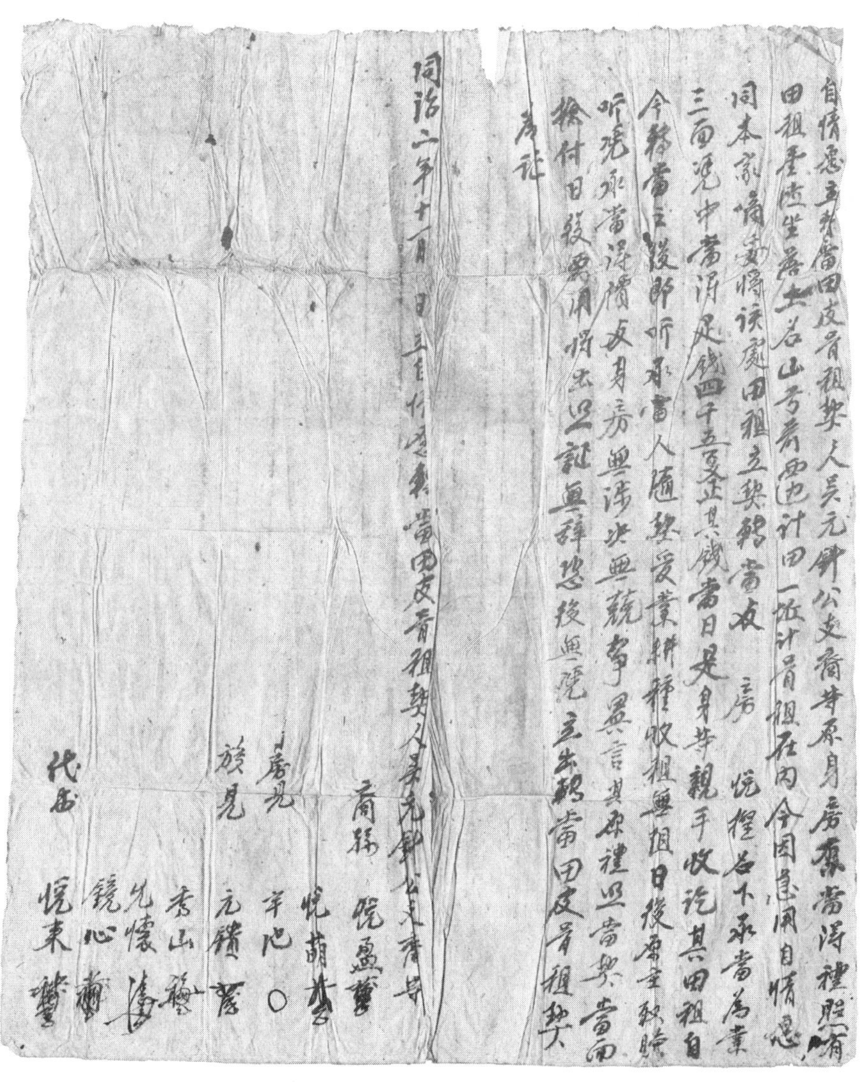

秋口镇鸿源吴家 119 · 同治二年 · 出当田皮骨租契 · 吴元钭公支裔等当与吴悦桂

立出當骨租契人吳村吳松林今有骨租□□□生豪土名□洪川三畝五分□□□
土五百二□計稅弍分五厘計骨租弍秤壹一秤零八斤實二號坐落土名下洪
溪湖係風五六百六十九號計稅三分七毫弍毛計骨租三秤實□租弍秤實今因家
目自願託中將骨租盡行出當與下族
問燈會平爻各當得光洋拾元正以和銀其洋當即是身收訖其利照族
大例加息泰送于稈疑火起欠如若施所憑桃子過手收租听利無阻怨□無
憑立出當骨租契為証
此契內有二畝坿□骨租□石交□□□八斤□□立有契在贖內
光緒伍年捻三月日
　　　　　　　佐約弟吳四德　烒筆
　　　　　　見中叔雅通烒筆
　　　　　　　　　義仍〇
同治二年十月□八日立出當骨租契人吳村吳松林　烒筆

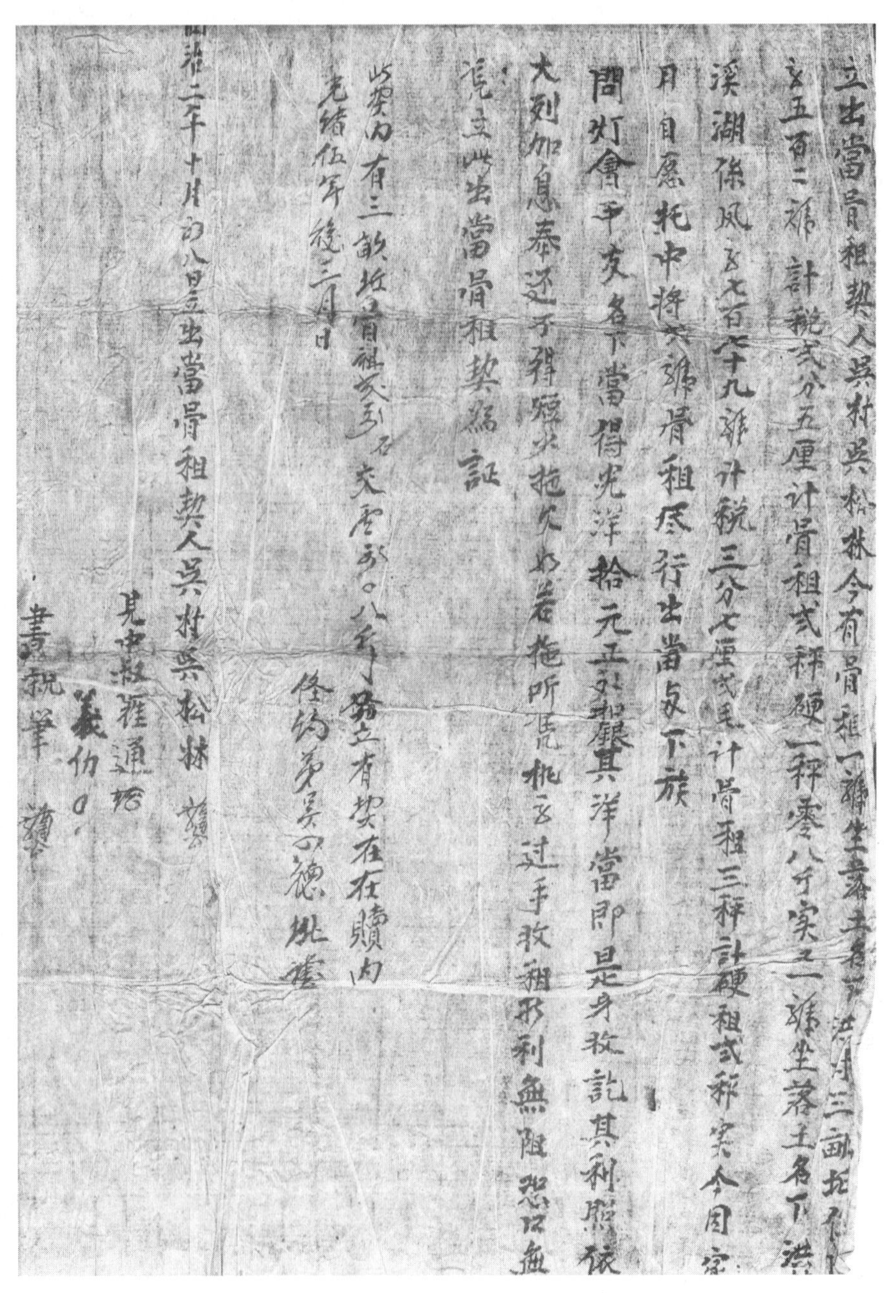

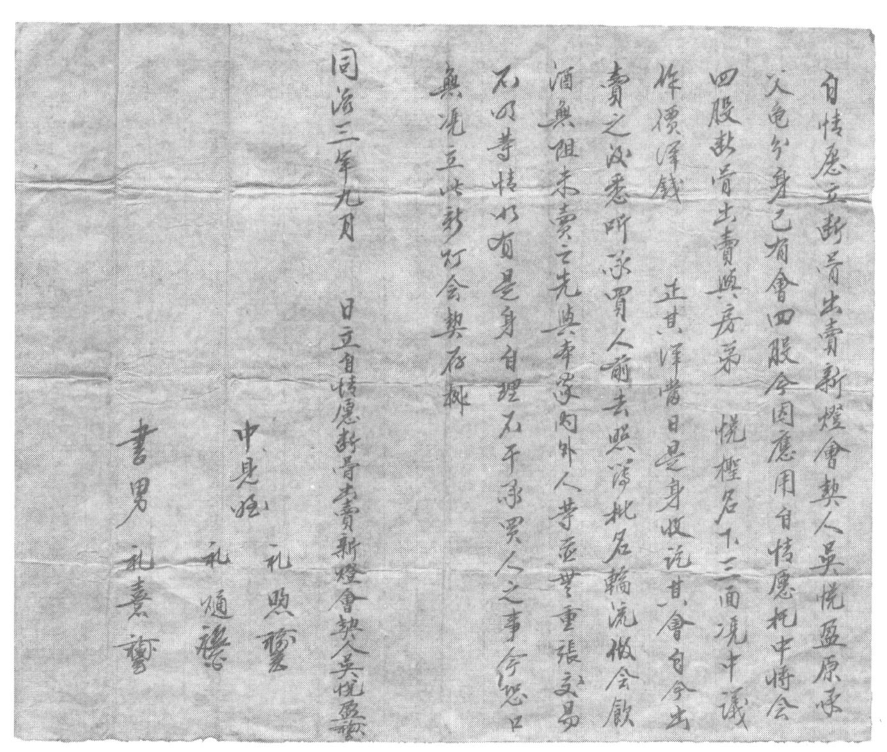

自情愿立断骨出賣新燈會契人吴悦盈原承
父阄分身己有會四股今因應用自情愿托中將会
四股斷骨出賣與房弟 悦樫名下三面憑中議
作價洋錢 正其洋當日是身收訖其會自今出
賣之後悉聽承買人前去照簿批名輪流做会飲
酒無阻未賣之先與本家内外人等並無重張交易
不明等情如有是身自理不干承買人之事今恐口
無憑立此新灯会契存照
同治三年九月 日立自情愿斷骨出賣新燈會契人吴悦盈
中見姪 礼熙
礼通
書男 礼熹

秋口镇鸿源吴家 36 · 同治三年 · 断骨出卖新灯会契 · 吴悦盈卖与房弟悦樫

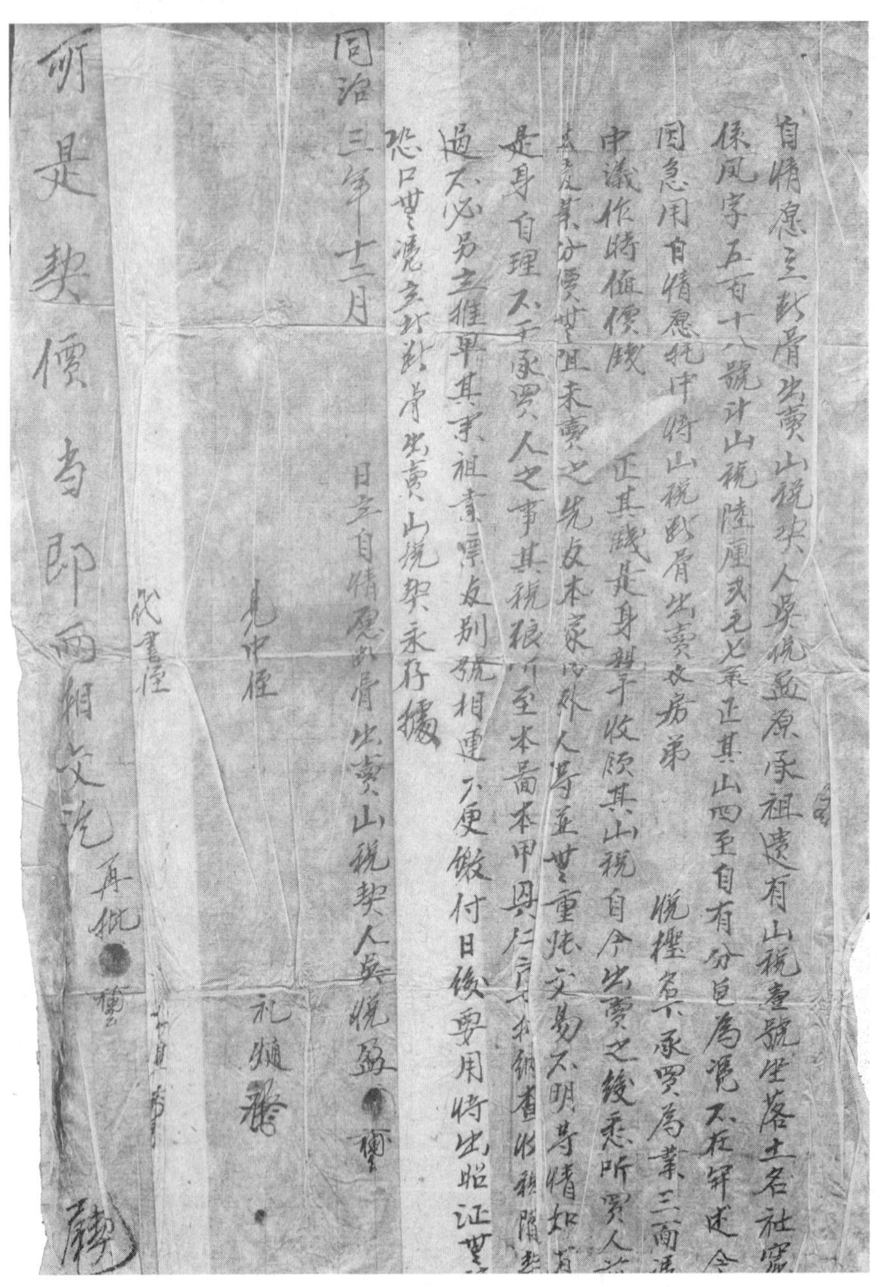

秋口镇鸿源吴家 78 · 同治三年 · 断骨出卖山税契 · 吴悦盈卖与吴悦柽

立自情愿断骨出卖大清明契人吴元钿原承祖遗有美
主正畔房清明一户今钱粮急俱无借自情愿央中将領
房本户清明立與断骨出賣與房侄悦桯荣
承買為業三面凭中議作時值價銀正其銀
當日是身親手收領無粮用說其清明自今断
骨出賣之後聽承買人逓手随契批筹輪首收
管迎年受邢永逺無限本家兄弟异无
重張交易倘有本家兄弟瑞生另端是身承管抵
理不干買人之事如恐後無凭自情愿立斷骨出賣大
清明契永遠存據

同治三年正月 日立自情愿断骨出卖大清明契人吴元钿親筆

见経　悦桯桯

宇池 ○

秋口镇鸿源吴家 92 · 同治三年 · 断骨出卖大清明契 · 吴元钿卖与房侄悦桯

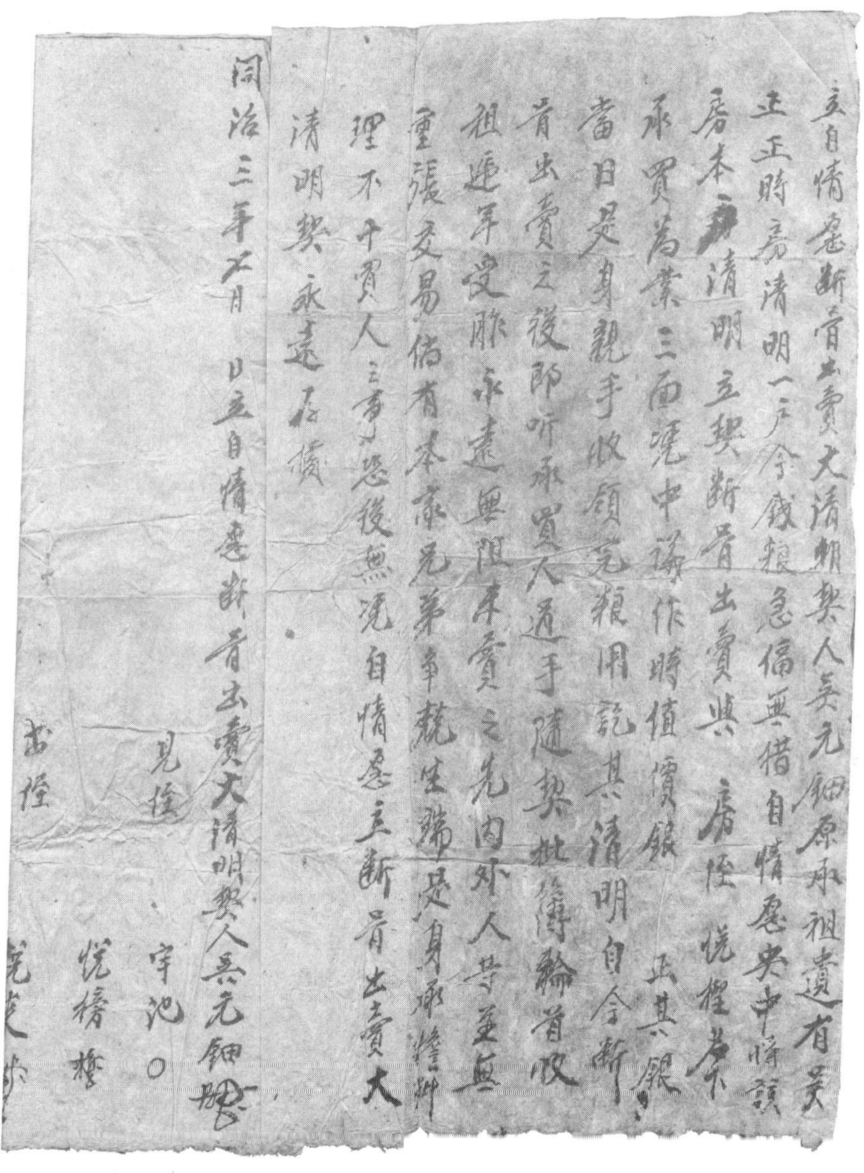

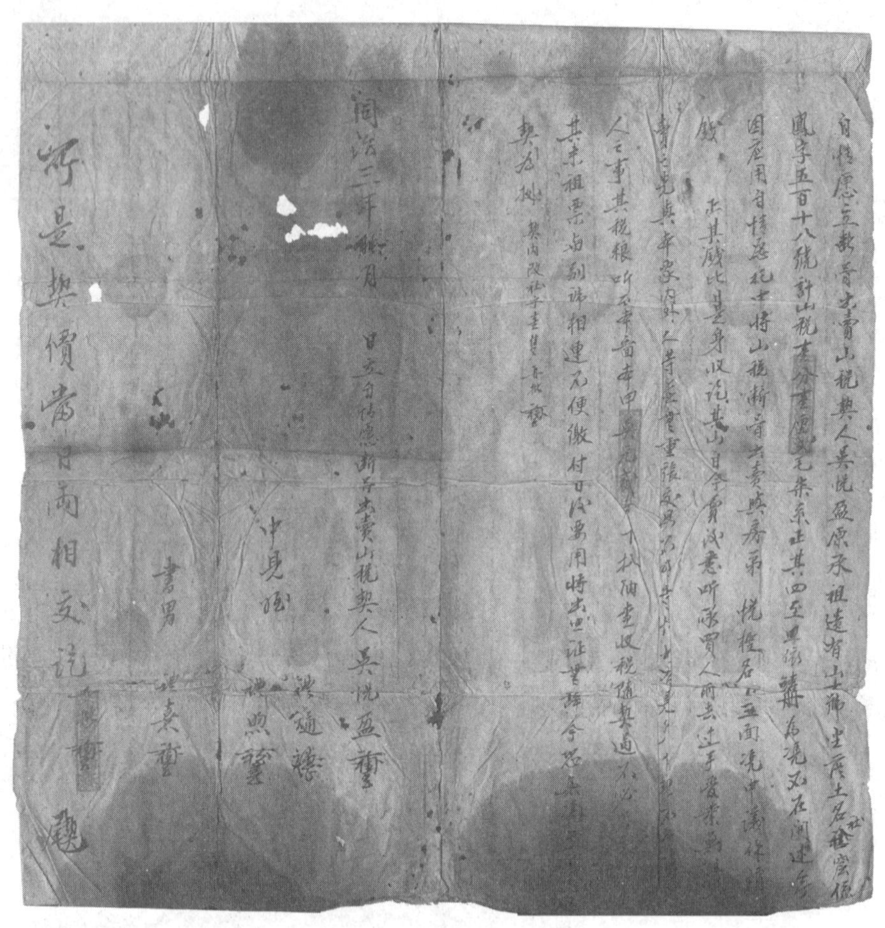

秋口镇鸿源吴家 97 · 同治三年 · 断骨出卖山税契 · 吴悦盈卖与房弟悦柽

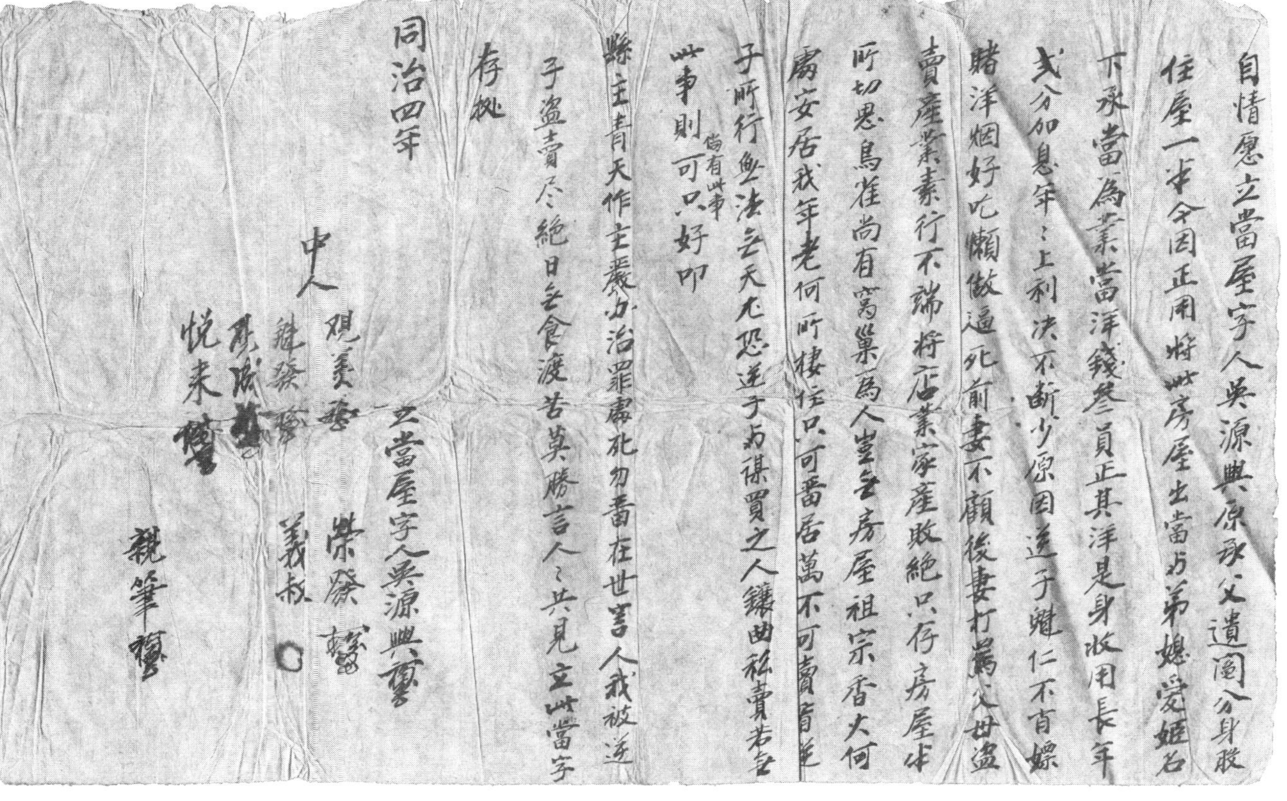

自情愿立當屋字人吳源興原承父遺鬮分身股
住屋一半今因正用将此房屋出當与弟媳愛姬名
下承當為業當洋錢叁員正其洋是身收用長年
弍分加息年年上利決不斷少原因逆子雖仁不肖嫖
賭洋烟好吃懶做逼死前妻不顧後妻打罵父母盜
賣産業素行不端将祖業家産敗絕只存房屋半
所切思鳥雀尚有窩巢為人豈無房屋祖宗香火何
處安居我年老何所棲住只可當居萬不可賣者並
子所行無法無天尤恐逆子与謀買之人謀曲私賣若無
（倘有此事）此事則可只好叩
縣主青天作主嚴加治罪處死勿留在世害人我被逆
子盜賣盡絕日無食渡苦莫勝言人人共見立此當字
存據

同治四年　立當屋字人吳源興（押）

中人　觀養（押）　崇發（押）　義叔
雞發（押）　聚城（押）　悅來（押）

親筆（押）

秋口镇鸿源吴家 16 · 同治四年 · 当屋字 · 吴源兴当与弟媳爱姬

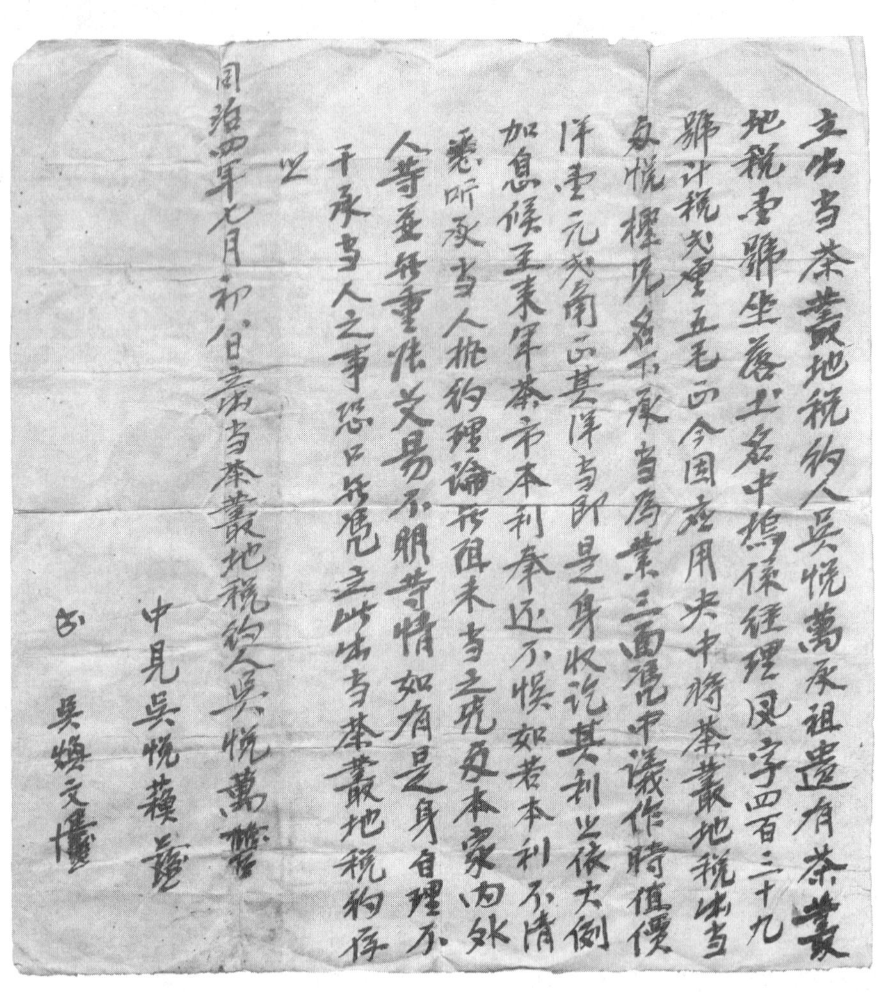
立出当茶叢地税约人吴悦萬承祖遗有茶叢
地税壹號坐落土名中塢係经理凤字四百三十九
號計税弍厘五毛正今因应用央中将茶叢地税出当
与悦樫兄名下承当為業三面憑中議作時值價
洋壹元弍角正其洋当即是身收訖其利照依大例
加息候至来年茶市本利奉还不悞如若本利不清
悉听承当人执约理論於阻未当之先並本家内外
人等並無重張交易不明等情如有是身自理不
干承当人之事恐口無憑立此出当茶叢地税约存
照
同治四年七月初八日立出当茶叢地税约人吴悦萬
中見吴悦藕
書 吴焕文

秋口镇鸿源吴家 18 · 同治四年 · 出当茶丛地税约 · 吴悦万当与吴悦柽

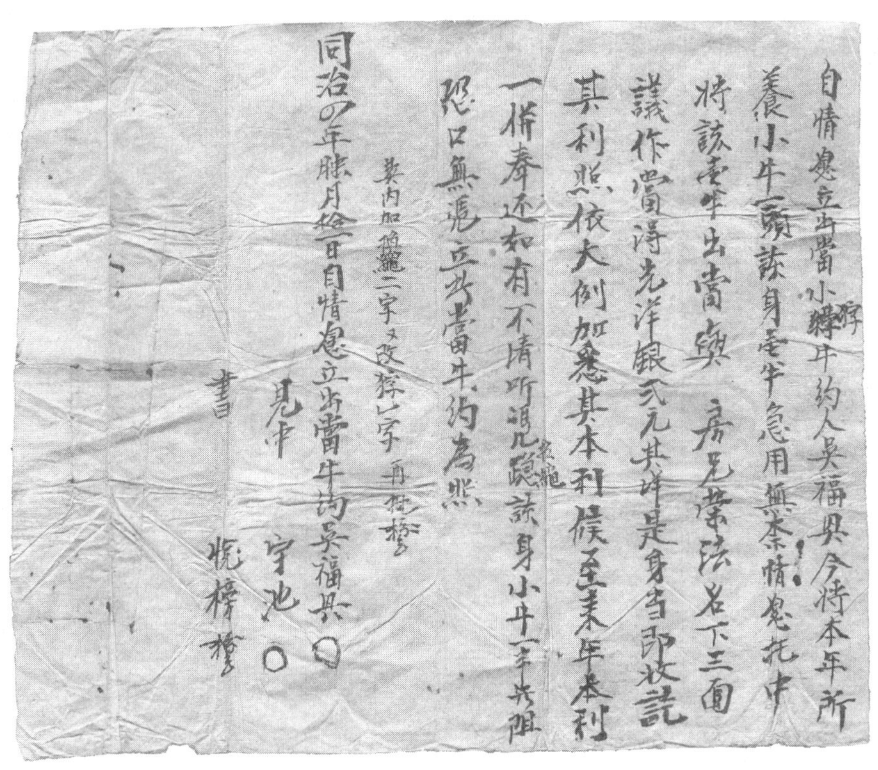

自情愿立出當小犉牛约人吴福興今將本年所
養小牛壹頭該身壹半急用無措情愿托中
將該壹半出當與　房兄荣法名下三面
議作當得光洋銀貳元其洋是身當即收訖
其利照依大例加息其本利候至來年本利
一併奉还如有不清听凭兄牽牽該身小牛一半無阻
恐口無凭立此當牛约為照
契内加牽牽二字又改犉字　再批　押
同治四年腊月拾一日自情愿立出當牛约吴福興 ○
見中　宇池 ○
書　悦樑　押

秋口镇鸿源吴家 20 · 同治四年 · 出当牛约 · 吴福兴当与房兄荣法

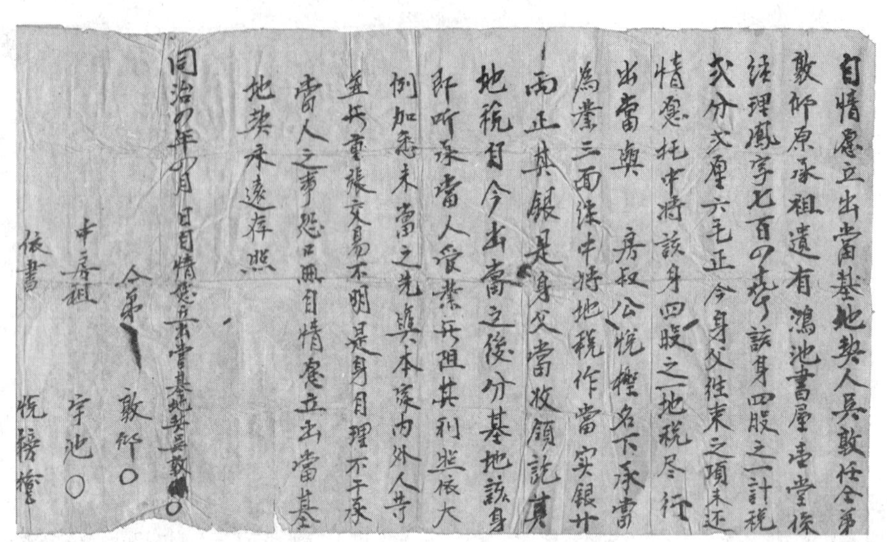

自情愿立出當基地契人吳敦任仝弟
敦仰原承祖遺有鴻池書屋壹堂係
經理鳳字七百〇十號該身四股之一計稅
貳分貳厘六毛正今身父往來之項未還
情愿托中將該身四股之一地稅盡行
出當與 房叔公悅桎名下承當
為業三面言中時地稅作當實銀廿
兩正其銀是身父當收領訖其
地稅自今出當之後分基地該身
即所承當人管業收租其利照依大
例加息未當之先與本家內外人等
並無重張交易不明是身自理不干承
當人之事恐口無憑自情愿立出當基
地契永遠存照
同治四年四月 日自情愿立出當基地契吳敦任○
仝弟 敦仰○
中房祖 宇池○
依書 悅穟[illegible]

秋口镇鸿源吴家 38 · 同治四年 · 出当基地契 · 吴敦任当与吴悦柽

月情愿立斷骨出賣山稅契人吳悅榜另承父鬮有山壹號坐落土名茶槽坑係經理
鬲字三百冬號計稅□畝□分□厘正其山早自有鬮册為准不在開述今因慈用月情愿央中将
該號山稅斷骨出賣與房兄名下悅膛承買為業永遠為山議作時值價艮□兩□钱□分正其
艮是身領訖其山自今賣之後悉聽買人前去管業永遠為阻其稅糧听至本甲
吳公你户下扣納銀收稅隨契價不必另立推單其未租與別號相連不便徵收日
後要用時出賍證无辞未賣之先與本家内外人等並無重張交易不明如有夫
自理不干承買人之事恐口无憑立有斷骨山稅契永遠存照

内省竹園山苓松杉二木俱在斷骨賣内再批謄

同治四年六月　日目情愿立斷骨出賣山稅契人吳悅榜　押

　　　　　　　　　　　　　　　　　悅未筆
　　　　　　　　　　　　　　　　禮照　押
　　　　　　　　書
　　　　　　　　　兄姪
　　　　　　　　　　　　致人華
　　　　　　　　　　　　　　說筆　押

所是契價當即兩相交訖　再批謄

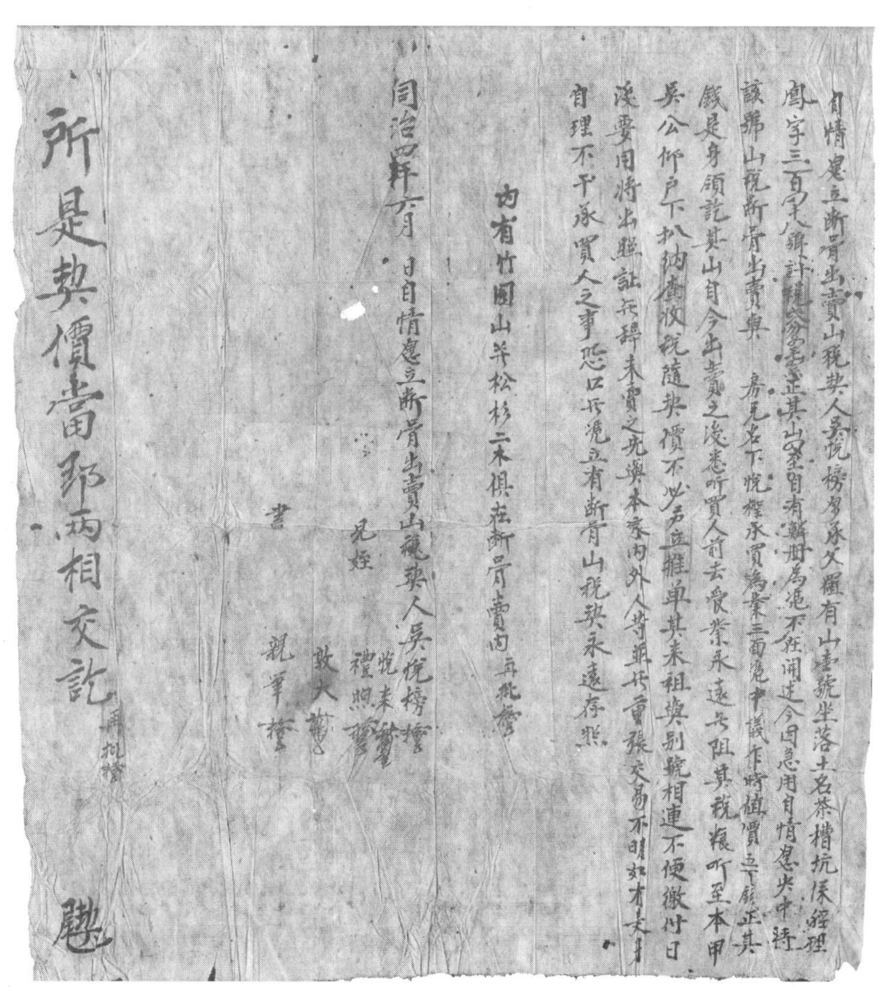

秋口镇鸿源吴家 114・同治四年・断骨出卖山税契・吴悦榜卖与房兄□

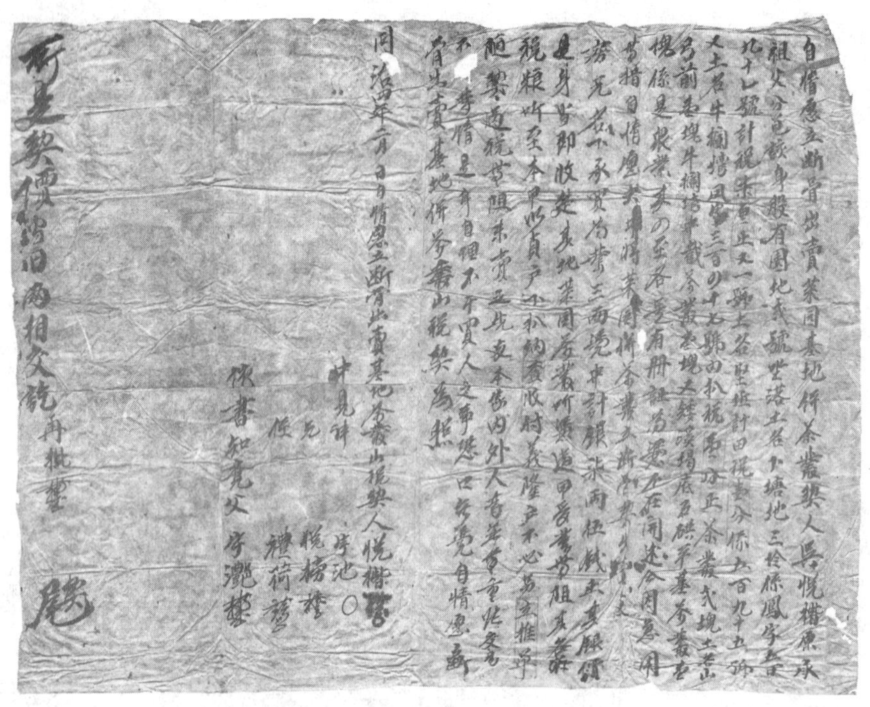

秋口镇鸿源吴家 123 · 同治四年 · 断骨出卖基地并茶丛山税契 ·
吴悦楷卖与房兄☐

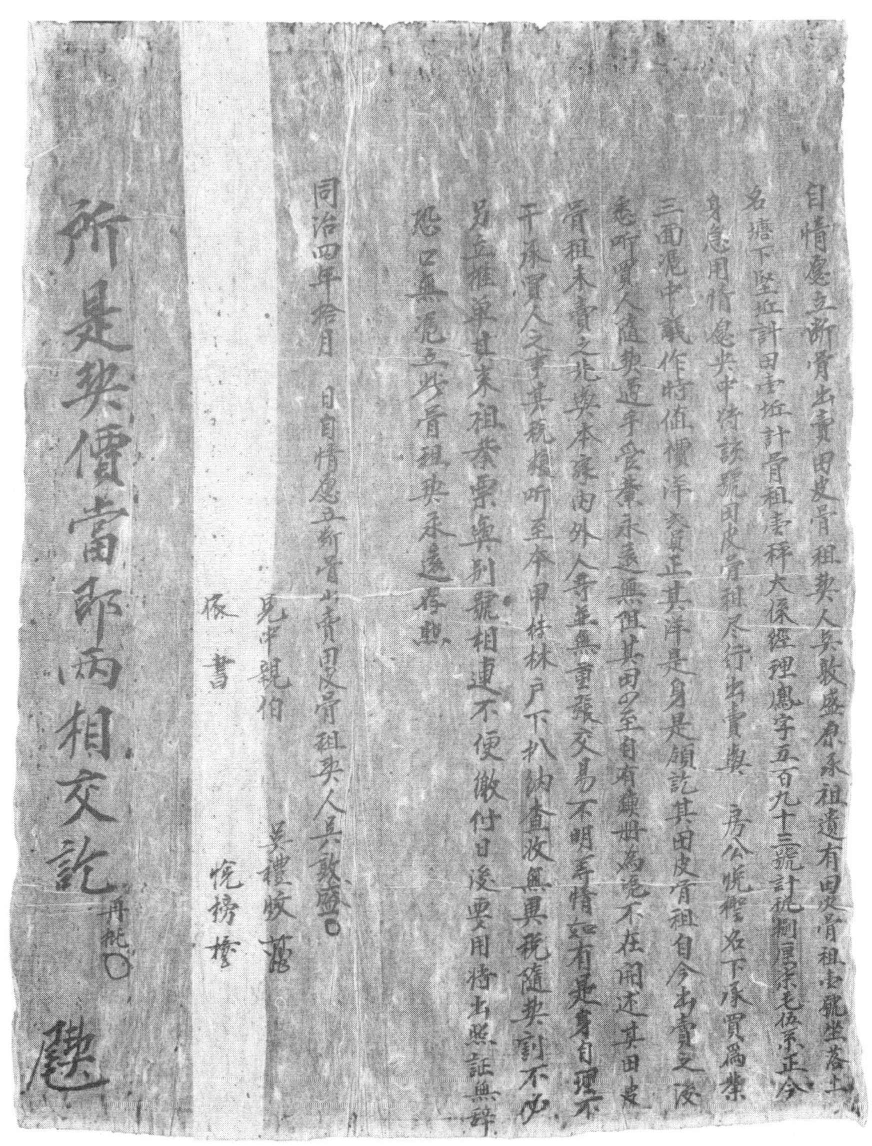

自情愿立断骨出賣田皮骨租契人吴敦盛，原承祖遗有田皮骨租壹號，坐落土
名塘下坚坵，計田壹坵，計骨租壹秤大，係经理鳥字五百九十三號，計稅捌厘伍毫伍系正，今
身急用，情愿央中将該號田皮骨租尽行出賣與　房公悦樫名下承買為業，
三面凭中議作時值價洋[illegible]員正，其洋是身是領訖，其田皮骨租自今出賣之後，
毛听買人随契过手管業，永遠無阻，其田四至自有鱗册為憑，不在開述。其田皮
骨租未賣之先與本家内外人等並無重張交易不明等情，如有是身自理，不
干承買人之事。其稅糧听至本甲[illegible]林户下扒納，査收無異，其稅随契割，不必
另立推單。其来祖帶票與別號相連，不便缴付，日後要用，将出照証無辞。
恐口無凭，立此骨租契永遠存照。

同治四年拾月　日自情愿立断骨出賣田皮骨租契人吴敦盛〇

見中親伯　吴禮姣　押

依書　悦榜　押

所是契價當即兩相交訖　再批〇

秋口镇鸿源吴家 124 · 同治四年 · 断骨出卖田皮骨租契 ·
吴敦盛卖与房公悦樫

立自情愿断骨玉壹两税併柽子树契人吴然生东承父遗己山税主號叁佰下行係風字貳首叄號計税戈壹正其山四至自有册為憑不在開生今因應用自情愿央中将山税併柽子樹及塊所骨玉壽去房伯 税契名下承買為業三面議作時值價銀壹两正其銀當即是身領說其山税併柽子樹述听買人过手掌業無阻葉山税憑啊入甲謀戈户礼納付本甲人義塞門金收說隨契主入必另立帳单其東租業業及別號俱連入遞繳付日後要用将到聽證無歸未賣之先及本家内外人等並無重張交易如兑不明系出賣人身自理不干承買人之事此係兩家甘愿各無逼勒今恐無憑立此所骨玉税契併柽子樹契根俱在為照

再批：

同治肆年氷月 日立自情愿所骨山濩山税併柽子樹契人吴然生（押）

中见 禮煦 （押）

筆见 禮亨 （押）

所是契價当即兩相交訖 再批

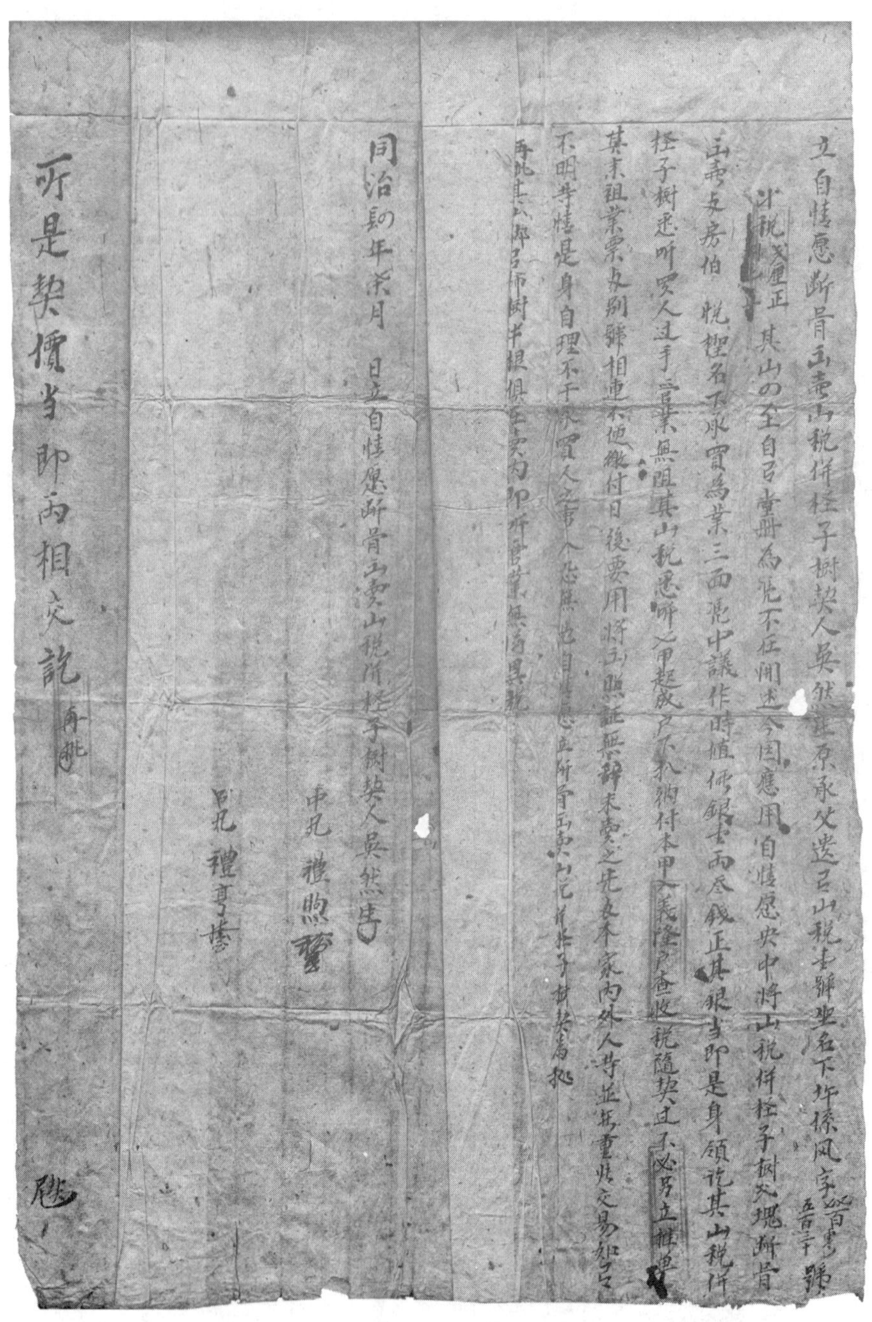

秋口镇鸿源吴家 131·同治四年·断骨出卖山税并柽子树契·
吴然生卖与房伯悦柽

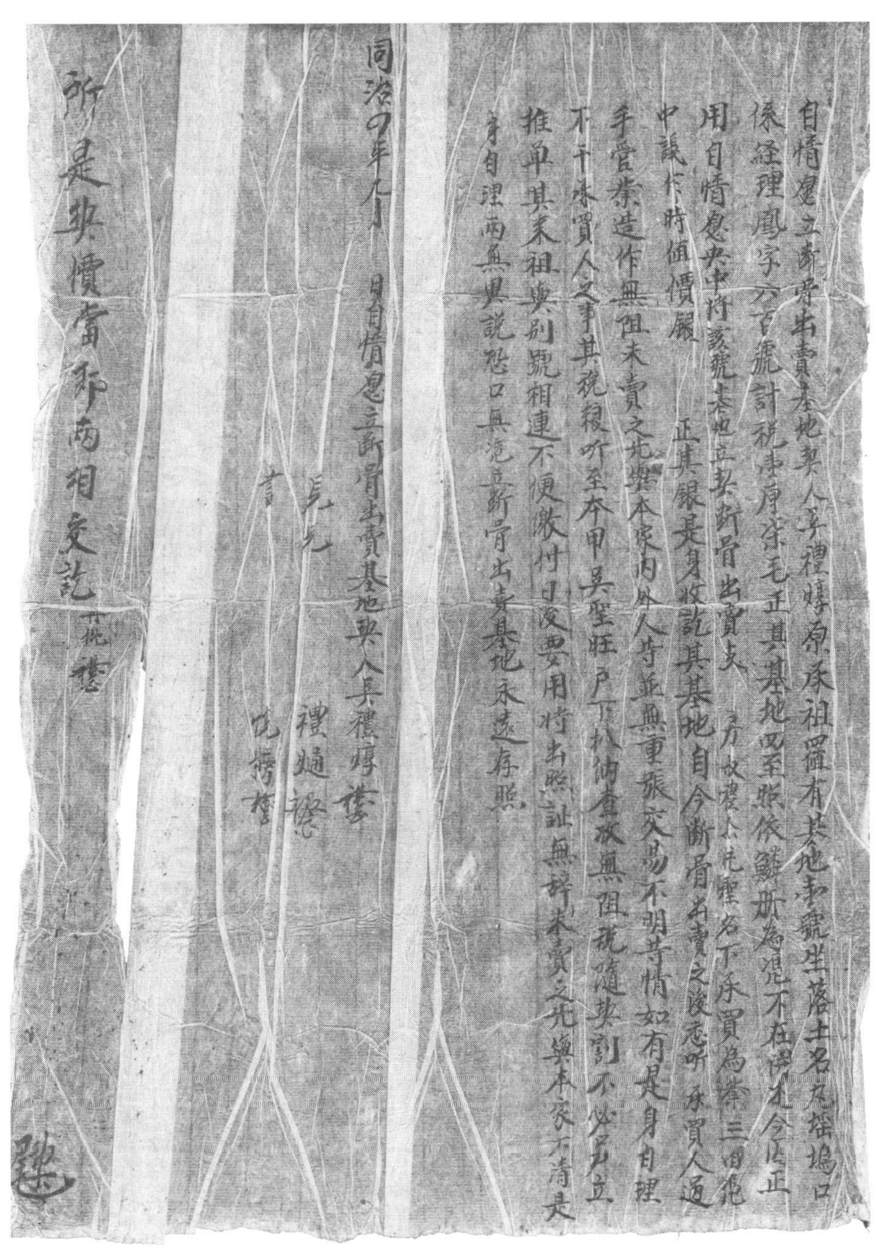

秋口镇鸿源吴家 140 · 同治四年 · 断骨出卖基地契 ·
吴礼焞卖与房叔礼泰、悦柽

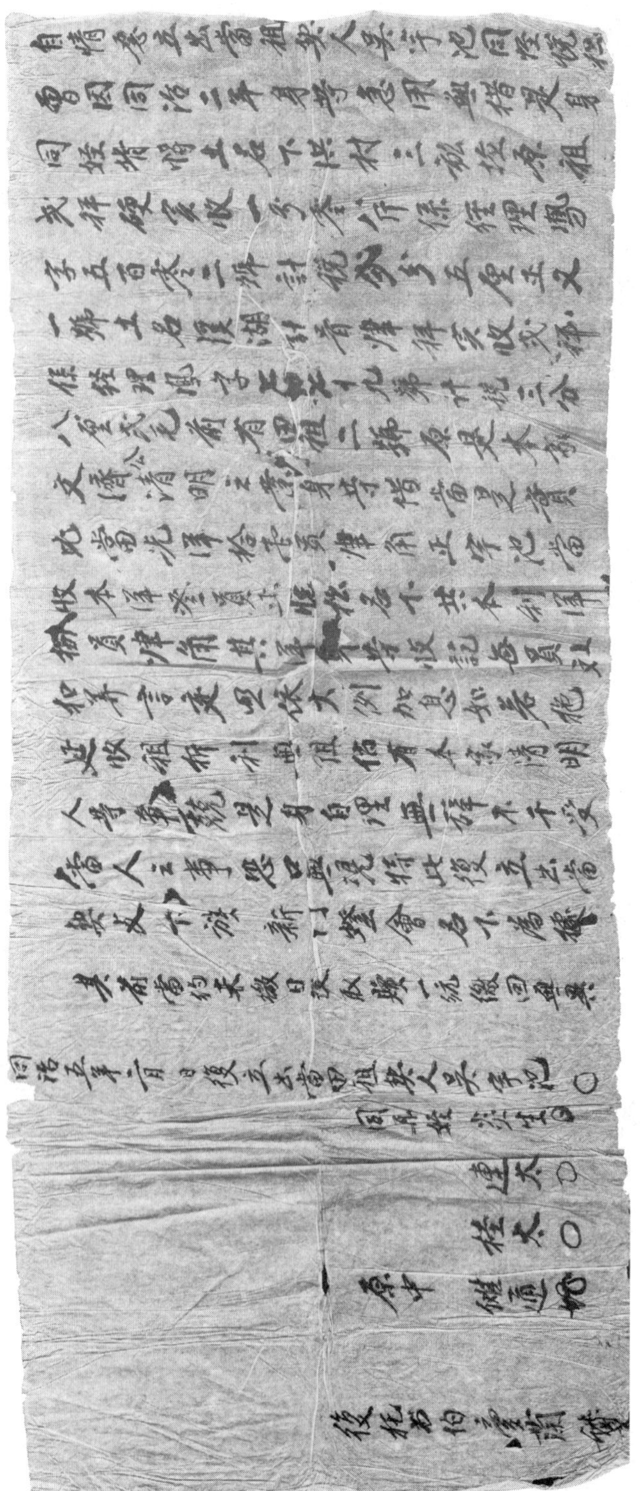

秋口镇鸿源吴家 37 · 同治五年 · 出当租契 · 吴宇池当与新门灯会

秋口镇鸿源吴家 129 · 同治五年 · 断骨出卖山税契 · 吴悦桄卖与胞兄悦柽

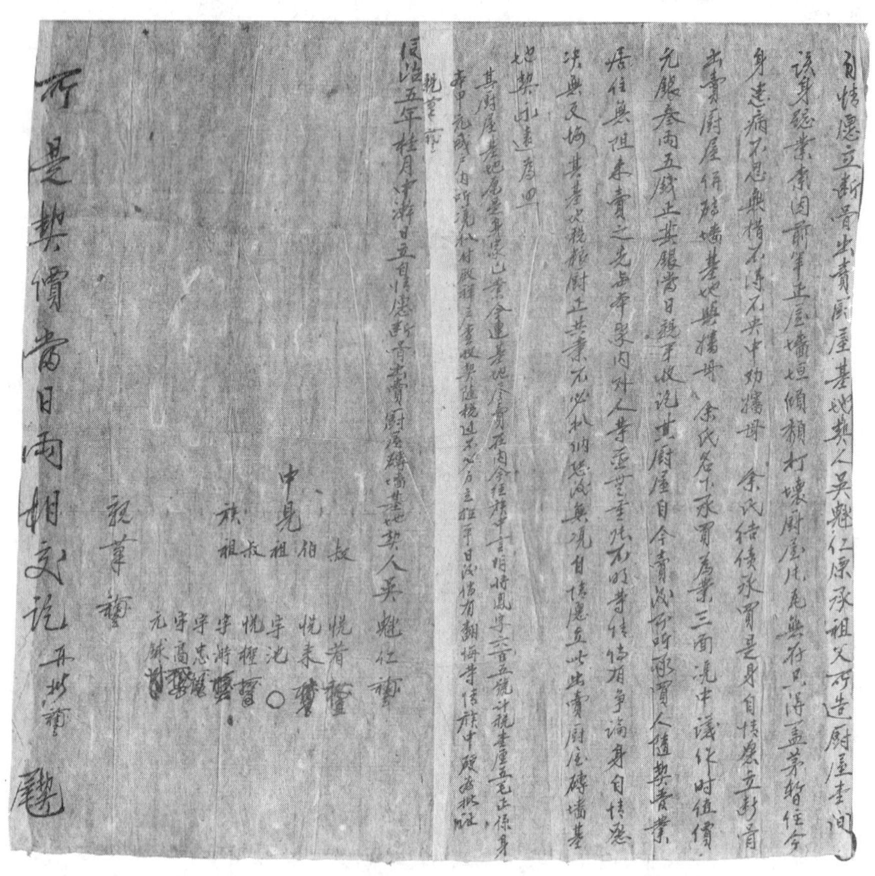

秋口镇鸿源吴家 137 · 同治五年 · 断骨出卖厨屋基地契 · 吴魁仁卖与婶母余氏

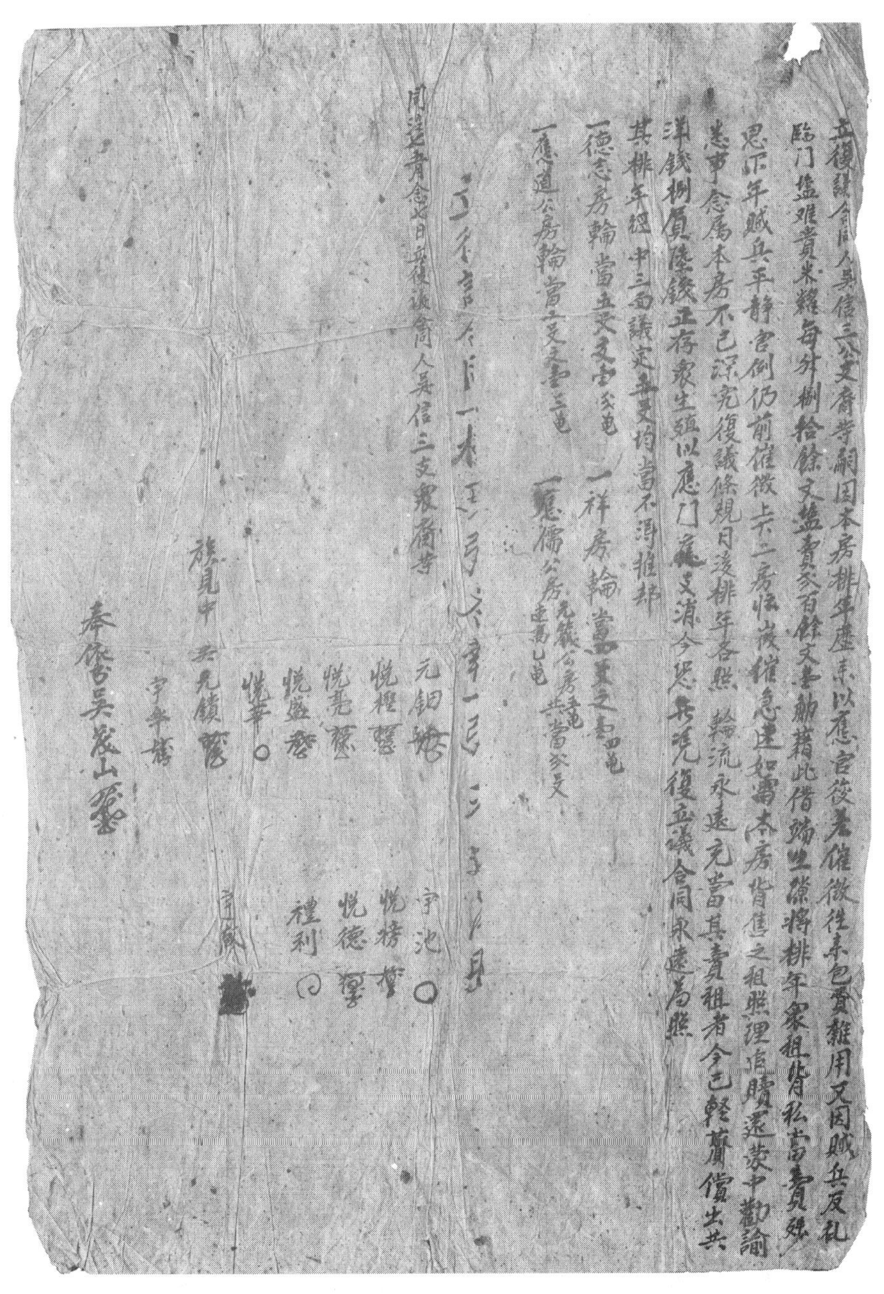

秋口镇鸿源吴家 145 · 同治七年 · 复议合同 · 吴信三公支裔等

立議分鬮合同人吴悦樫悦榅兄弟等原承父
叔所置有竹園杉松山壹號坐落土名大墓塢
係經理字三百五十三號計稅 正今兄弟
相商人多業繁屢被殘窃者多自情愿央托
聆耆知事等登山品搭兩半均分悦樫悦桄兄弟業
裡鬮東至降南至德美山嶺脊直下西至塍良
旱田直出北至本山坑心四季竹安石爲界悦榅悦櫃
兄弟業外鬮東至降南至坑心四季竹安石爲界
西至悦桄茶叢旱田爲界北至樹德堂山嶺脊直
下自今經中分龜以定嗣後各管各業毋得生情
反悔爭競等情今欲有憑立此鬮書一樣兩張
各執一張永遠爲証 其裡龜與承分亦歸兄悦榅兄弟管業茶叢
其裡外龜內倘有安葬祖墳亦憑照用不得爭競再執 批
同治八年七月 日立議分龜人吴悦樫 押 同弟悦榅 押
悦桄 押 悦櫃 押 侄禮銓 押
族耆 元鑽 押 悦明
禮煒 押 守池
書兄 悦釆 押

立議合同一樣兩張各執一張

秋口镇鸿源吴家 7 · 同治八年 · 分阄合同 · 吴悦柽、悦榅兄弟等

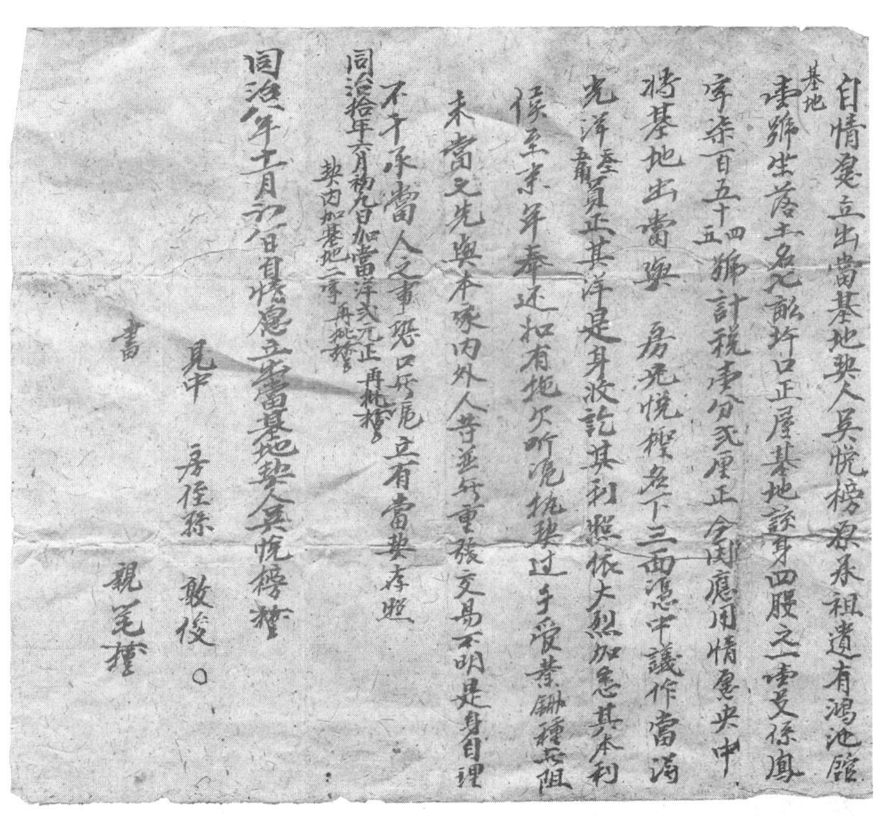
自情愿立出当基地契人吴悦榜今承祖遗有鸿池舘
基地
壹号坐落土名兄龢圩口正屋基地该身四股之一壹支系周
字柒百五十四
五号计税壹分贰厘正今因应用情愿央中
将基地出当与 房兄悦樫名下三面凭中议作当价
光洋叁
五员正其洋是身收讫其利照依大例加息其本利
俟至来年奉还如有拖欠听凭执契过手受业耕种无阻
未当之先与本家内外人等并无重张交易不明是身自理
不干承当人之事恐口无凭立有当契存照
同治拾年六月初九日加当洋弍元正 再批樫
契内加基地二字 再批樫
同治八年十一月初八日自情愿立出当基地契人吴悦榜樫
见中 房侄孙 敦俊 ○
书 亲笔樫

秋口镇鸿源吴家 17 · 同治八年 · 出当基地契 · 吴悦榜当与房兄悦樫

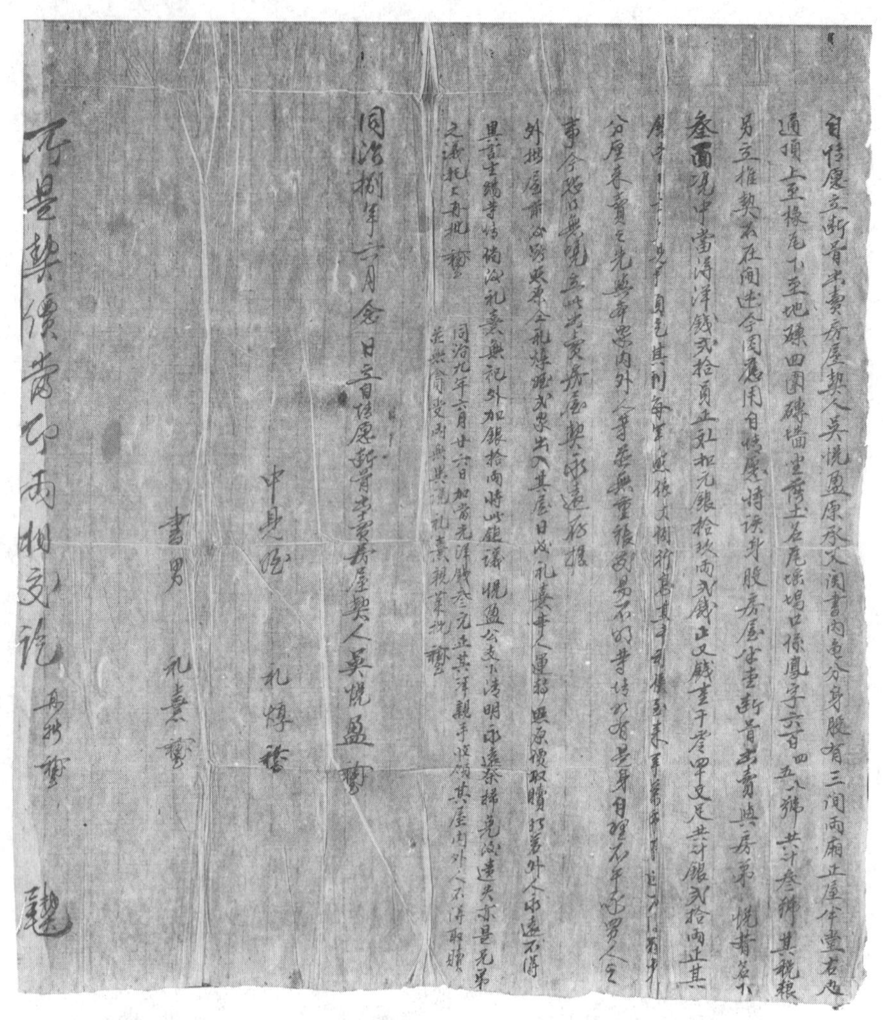

自情愿立断骨出卖房屋契人吴悦盈，原承父阄书内龟分身股有三间两厢正屋半堂右边
通项上至椽瓦，下至地磉，四围砖墙，坐落土名[illegible]，系凤字六百四五八号，共计叁号，其税粮
另立推契，本在阄述。今因应用，自情愿将该身股房屋半堂断骨出卖与房弟悦着名下
叁面凭中，当得洋钱贰拾员正，扣九七银拾玖两贰钱正，又钱壹千零四十文足，共计银贰拾两正。其
屋[illegible]其利每年[illegible]
分屋未卖之先，与本家内外人等并无重张交易，不明等情，如有，是身自理，不干受买人之
事。今恐无凭，立此出卖房屋契永远存据。
外批：屋前公路两家合行出入。其屋日后礼熹等人遵照原价取赎，与外人永远不得
異言生端等情。倘后礼熹与礼外加银拾两，时此从议，悦盈公支下清明永远祭扫，竟后远失，亦是兄弟
之谊。批上再批。押

同治九年六月廿六日加当光洋肆叁元正，其洋亲手收领，其屋内外人不得取赎，并无价更内与其礼熹执业，批。押

同治捌年六月念日立自情愿断骨出卖房屋契人吴悦盈 押

中见侄 礼惇 押

书男 礼熹 押

所是契价当即两相交讫 再批 押

秋口镇鸿源吴家 89 · 同治八年 · 断骨出卖房屋契 · 吴悦盈卖与吴悦着

自情愿立新骨出卖山税契人吴悦楲同弟樋姪禮銓今因父遗有山坐落望□堡龛堂保運理风字三百五十三號訊税贰分色為號不在闹迭今因正用自情愿此中偹肯誘鄉山税尽行立契断骨出賣与堂兄悦程名下取買為業三面凭中議作時價銀正其銀郎足身兄弟親手收訖恩山自今断骨出賣之後聽任買人随契遷手爰業永逺無阻其賣之先支本家内外人等並無重張交易不明等情如有是身自經不干承買人之事恐口無凭聽立賣断骨出賣山稅契永逺存照

其山內杉木竹在賣内湯已訖再根婚所買誘鄉正税仍有契內鄉存此

契內湯後家復再拔鄉恩尽在賣内再批義押抵

同治八年八月 廿五日情愿断骨吴卖山税賣人吴悦楲筆

　　　　　　同弟悦樋姪禮銓筆

見兄　悦燒塔悦傍修禮鉳筆

見叔　宇池口

族中　元鎮晉元餓梁

堂兄　悦來筆

秋口鎮鴻源吳家 115・同治八年・斷骨出賣山稅契・吳悅楲賣與堂兄悅桯

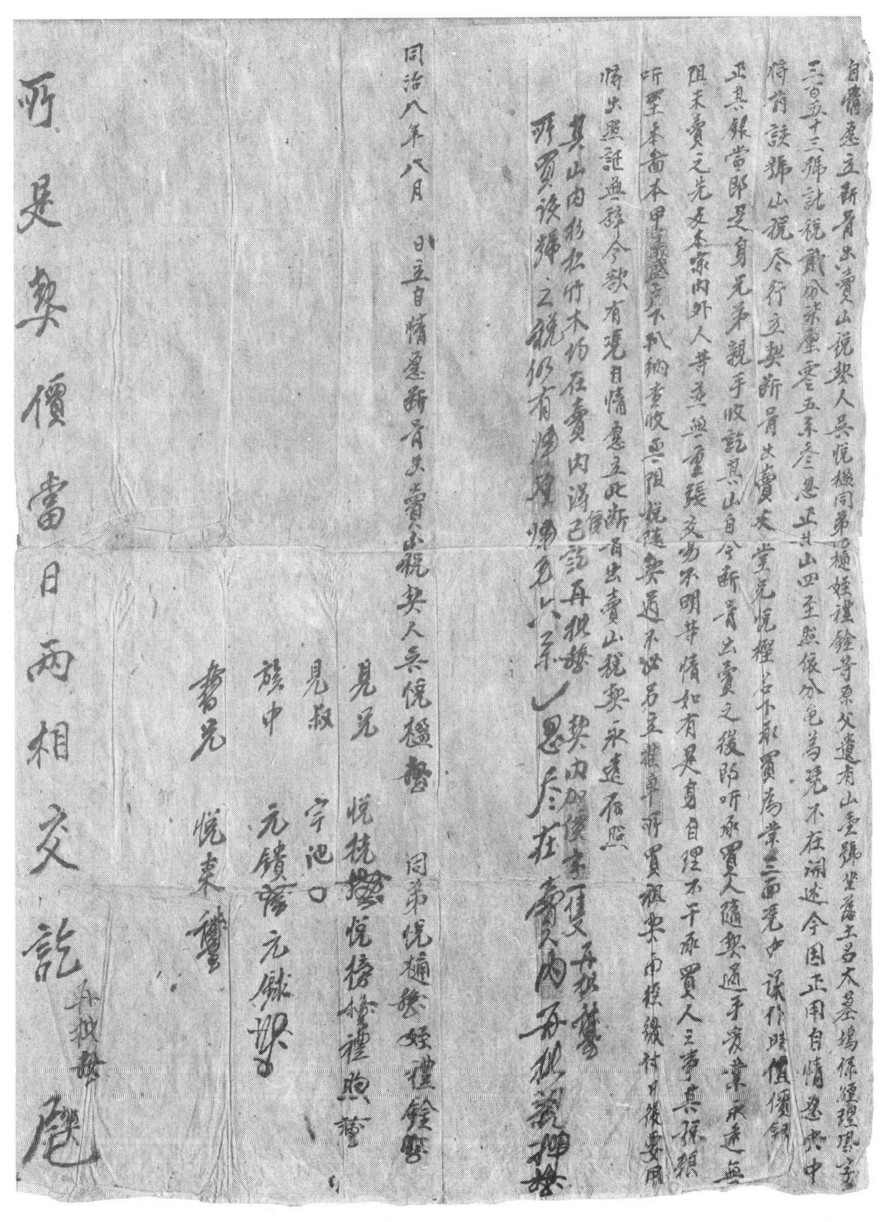

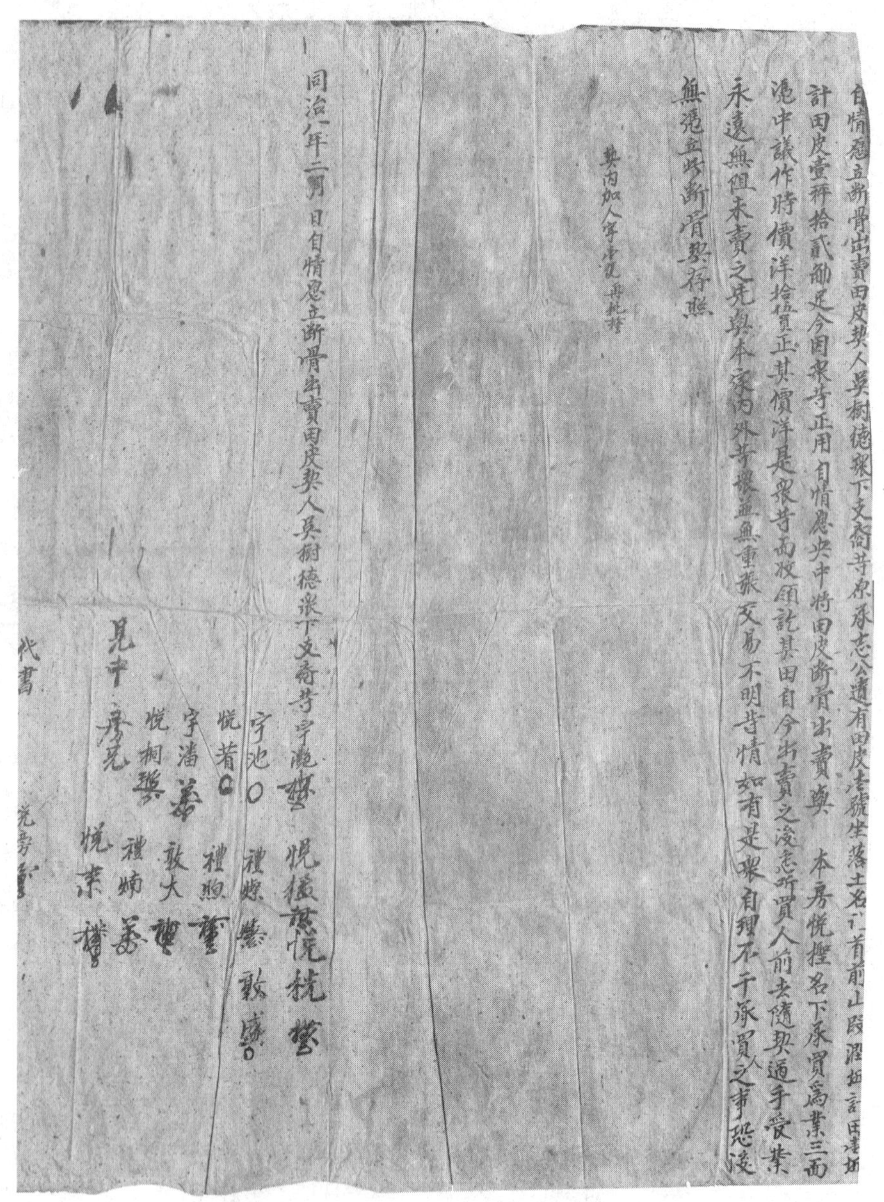

自情愿立断骨出卖田皮契人吴树德众下支裔等原承志公遗有田皮壹号坐落土名下首前山段涅坵計田壹坵

計田皮壹秤拾貳斤足今因众等正用自情愿央中将田皮断骨出卖与 本房悦椌名下承买为业三面

凭中議作時價洋拾伍員正其價洋是众等当收领讫其田自今出卖之後悉听买人前去随契过手受业

永远無阻未卖之先与本家内外等様並無重張交易不明等情如有是众自理不干承买人之事恐後

無凭立此断骨契存照

契内加人字壹个再批

同治八年二月 日自情愿立断骨出卖田皮契人吴树德众下支裔等 宇滟 悦樾 悦桄

宇池 禮蟟 敦盛

悦着 禮煦

宇潘 敦大

悦桐 禮婣

见中 房兄 悦棠

代書 悦

秋口镇鸿源吴家 122 · 同治八年 · 断骨出卖田皮契 ·

吴树德众下支裔卖与吴悦柽

自情愿立断骨出賣骨租契人吳樹德翼下文裔寺泉承志公祖遺有骨租壹號坐落土名門首前山段闊拑計同庚壹拑計骨租肆秤大條裡裡鳳字西百九號計税伍分叁毫壹正其田叚至目有辦朋為因不祔囬足人囬東五用情愿契中將骨租断骨出賣與本房悦樺讓作拼值價洋拾貝正其價洋是艮裔寺面收顧記其骨租目至断骨出賣之後悉所貝人前去隨契遁干玫租無異文裔無得異說其祝艮所至未甲異德甕尸不扒納查玫契隨祝割不必為証舉茅艿祖契艮契即遘不更澂付日後要用待出照証無許未賣亥先契本係内外人等並無重張交易不調等情如有亮艮裔自理不干承買人之重慝口恐无凴立断骨出賣契存照

所是契價當卽兩相交訖 [朔親筆]

同治八年二月日自情愿立断骨出賣骨租契人吳樹德艮支裔寺字艷璧

契内耙絟字連見又玟寔字貝再耙笔

敦大禮 悦梳䉳

字池◯ 禮照 禮 執璧◯

李淯蕃 禮源攀

悦桐繁 禮姊蕃

悦著◯ 悦搵嚟

見中 房兄 悦麀

代書 悦筹檀

[印]

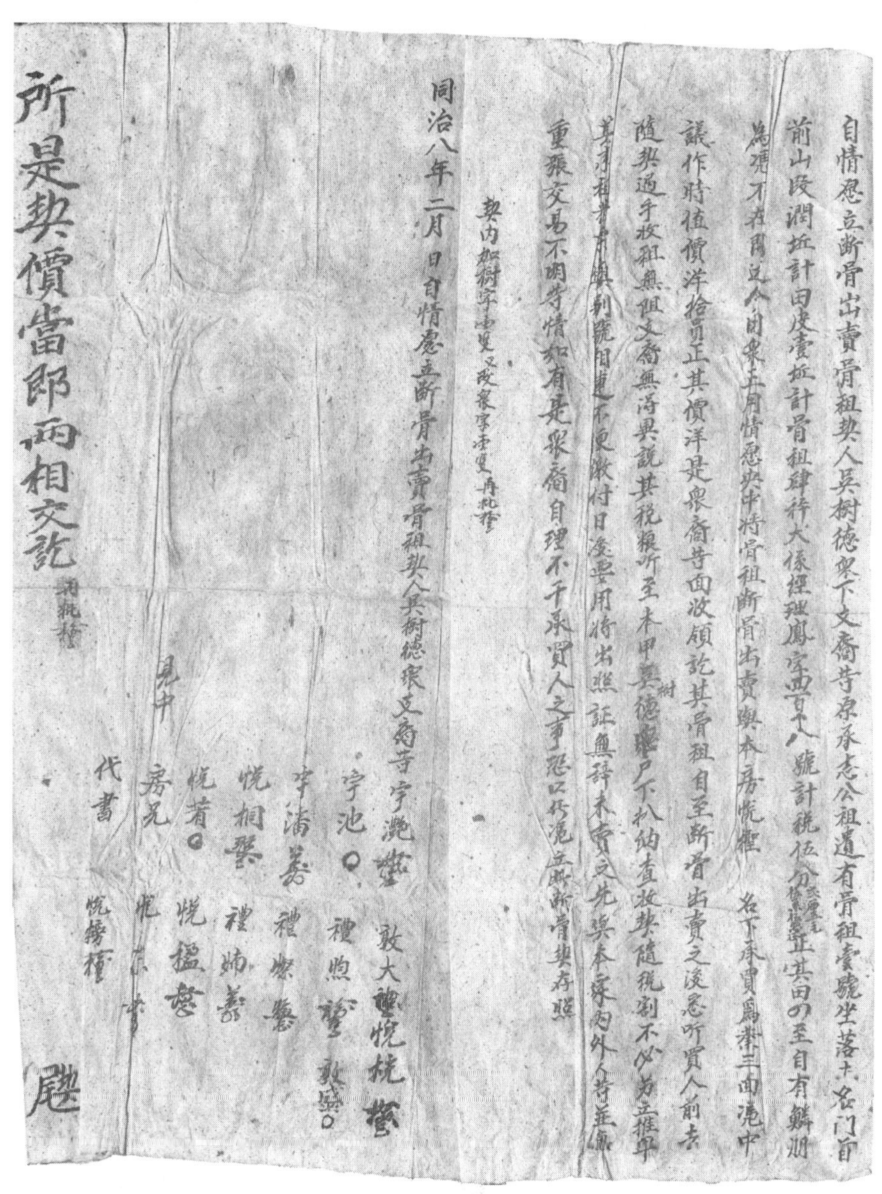

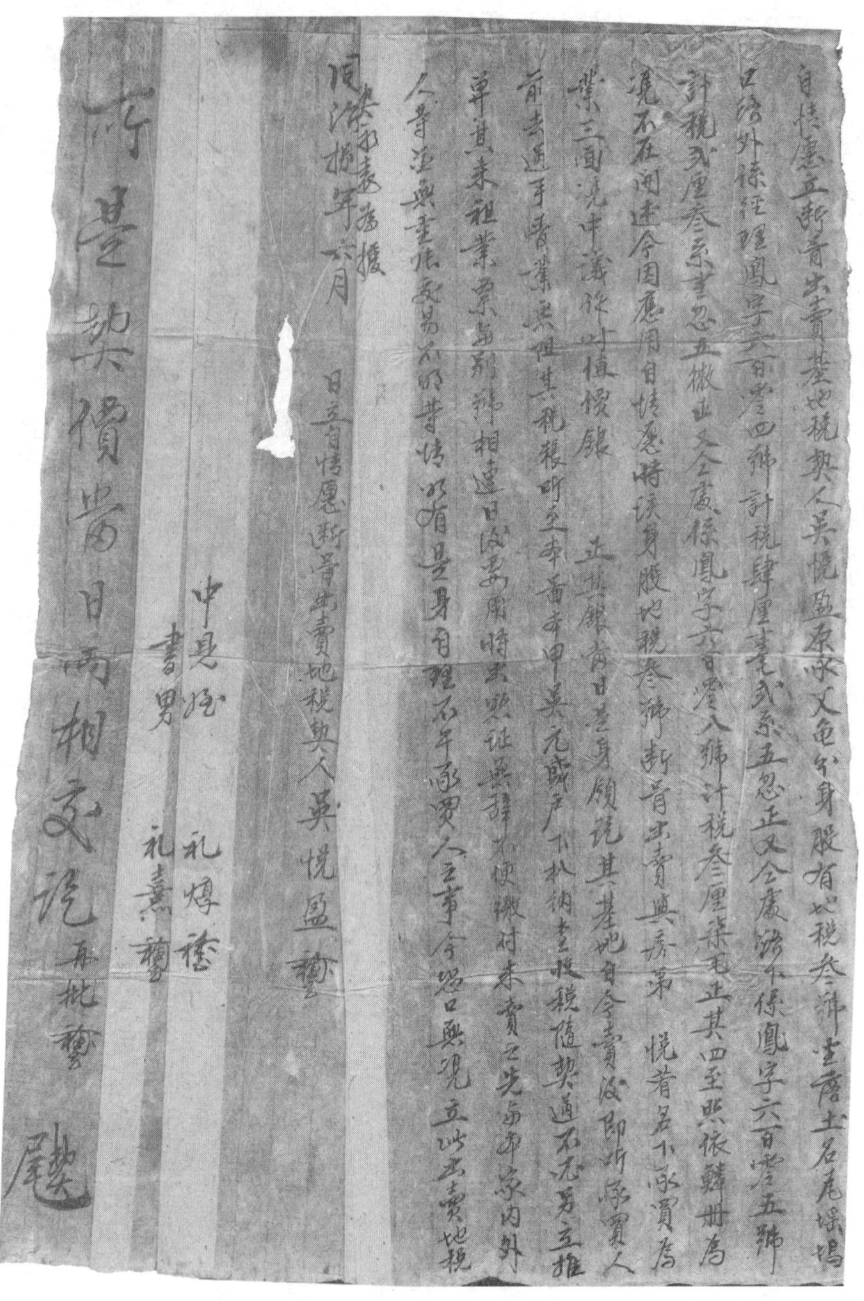

秋口镇鸿源吴家 139 · 同治八年 · 断骨出卖地税契 · 吴悦盈卖与房弟悦着

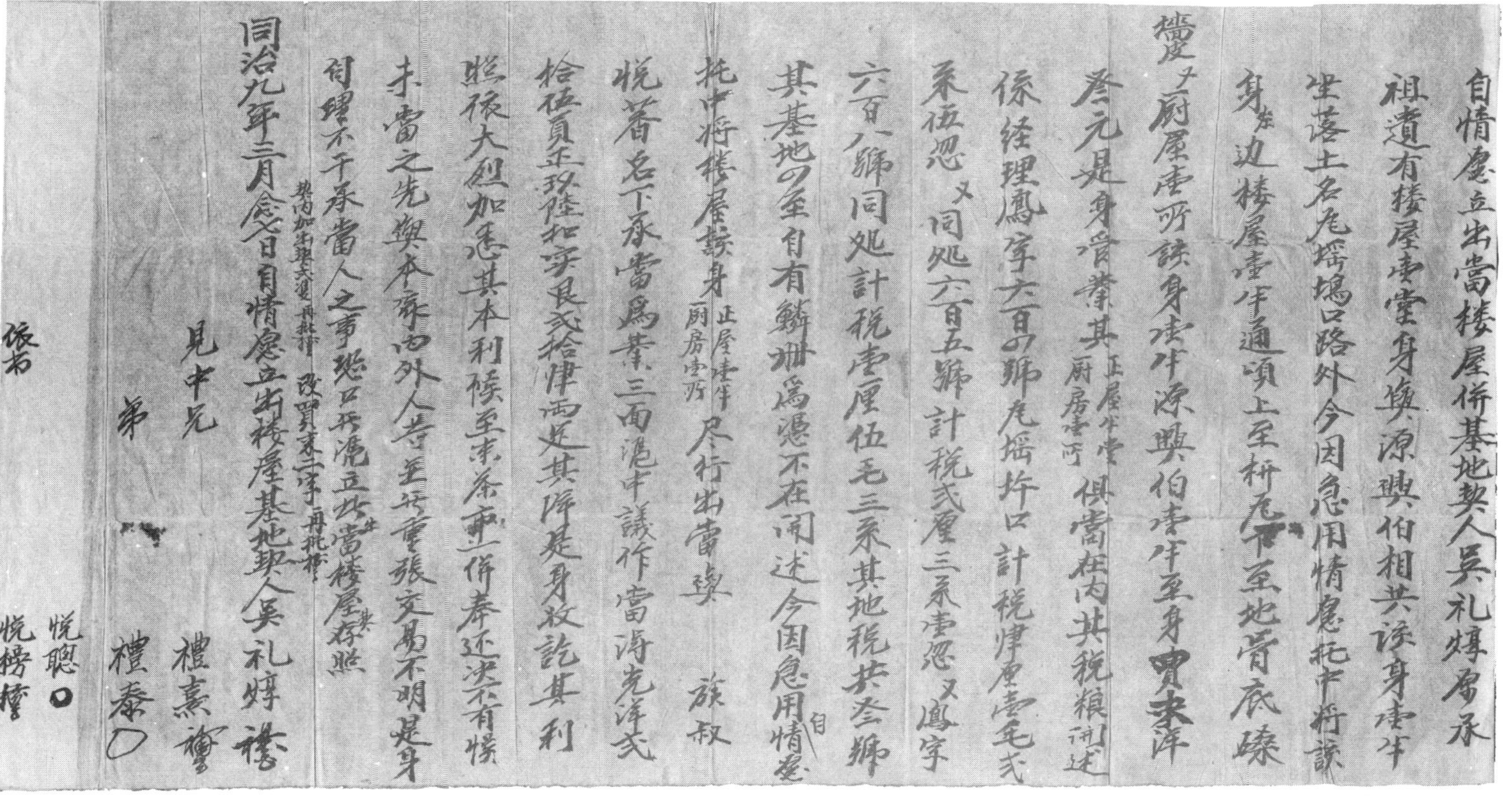
自情愿立出當樓屋併基地契人吴礼焞原承
祖遺有樓屋壹堂，身與源興伯相共，該身壹半，
坐落土名尾塢塢口路外。今因急用，情愿托中將該
身左边樓屋壹半，通頂上至桁尾，下至地骨底磉，
樓廈又廚屋壹所，該身壹半，源興伯壹半，至身實來洋
叁元，是身借菁，其正屋半堂、廚房壹所俱當在内。其税糧開述：
係經理鳳字六百四號，尾塢圻口，計税肆厘壹毛弍
系伍忽；又同處六百五號，計税弍厘三系壹忽；又鳳字
六百八號，同處計税壹厘伍毛三系；其地税共叁號，
其基地四至自有鱗冊為憑，不在開述。今因急用，情愿自
托中將樓屋該身正屋壹半、廚房壹所尽行出當與　族叔
悦蓄名下承當為業，三面憑中議作當價光洋弍
拾伍員正，玖陸扣實良弍拾肆两正，其洋是身收訖，其利
照依大例加息，其本利候至来年秋冬一併奉还，决不有悮。
未當之先，與本家內外人等並無重張交易，不明是身
自理，不干承當人之事。恐口無憑，立此當樓屋存照。
同治九年三月念七日自情愿立出楼屋基地契人吴礼焞[illegible]
見中兄　禮熹[illegible]
弟　禮泰
依书　悦聰
悦榜[illegible]

秋口镇鸿源吴家 13 · 同治九年 · 出当楼屋并基地契 · 吴礼焞卖与族叔悦蓄

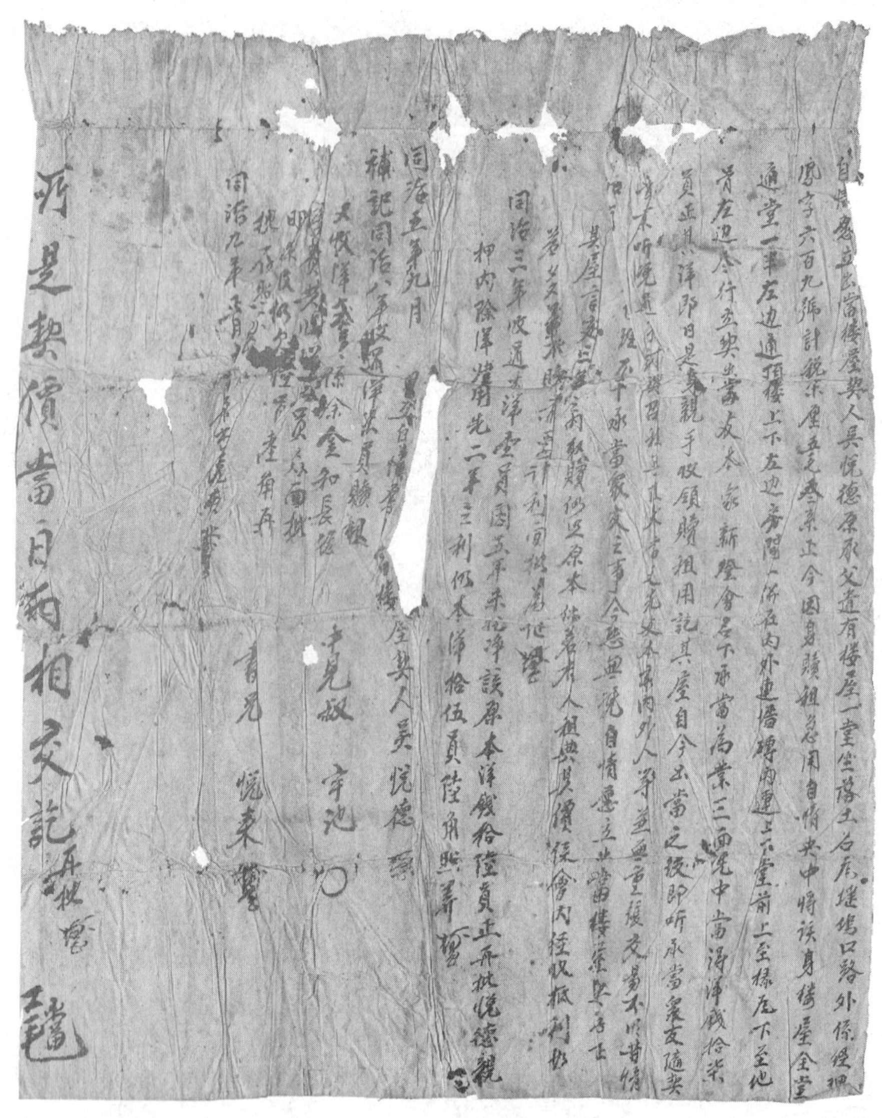

秋口镇鸿源吴家 82 · 同治九年 · 断骨出当楼屋契 · 吴悦德卖与房公悦柽

自情愿立出賣樓屋契人吳悅盈原承文色分身股有樓屋壹全坐係鳳字六百四五十號坐落土名尾操塢日路下跌身右左壹半連項上至棟牌屋瓦下至地掘石板前後墻園前心照墻讀身之股盡行出賣今因急用自情愿央中出賣與房弟　悅桎名下承買為業三面議作時值價洋錢貳拾捌元正其洋錢當日壹併收訖其屋目今賣後听承買人隨契進手過屋資業居住無阻賣人當即搬殷出屋與得異說其屋外漏水出簷係在賣肉未賣之先與辛肉外人芋無異重張父弟不明等情如有是身自理不干承買人之事今恐異冼立此出賣樓屋契而遠爲据

同治九年九月　日　立出賣情愿出賣樓屋契人吳悅盈

中見姪　辛沱
　　　弟　悅著
　　叔　禮祥
　　　　禮烻
　　　　禮烽　禮
　　　　　禮泰
　　　　禮煦
書男禮長會

所是契價當即兩相交訖　再批

秋口鎮鴻源吳家134·同治九年·出賣樓屋契·吳悅盈賣與房弟悅桎

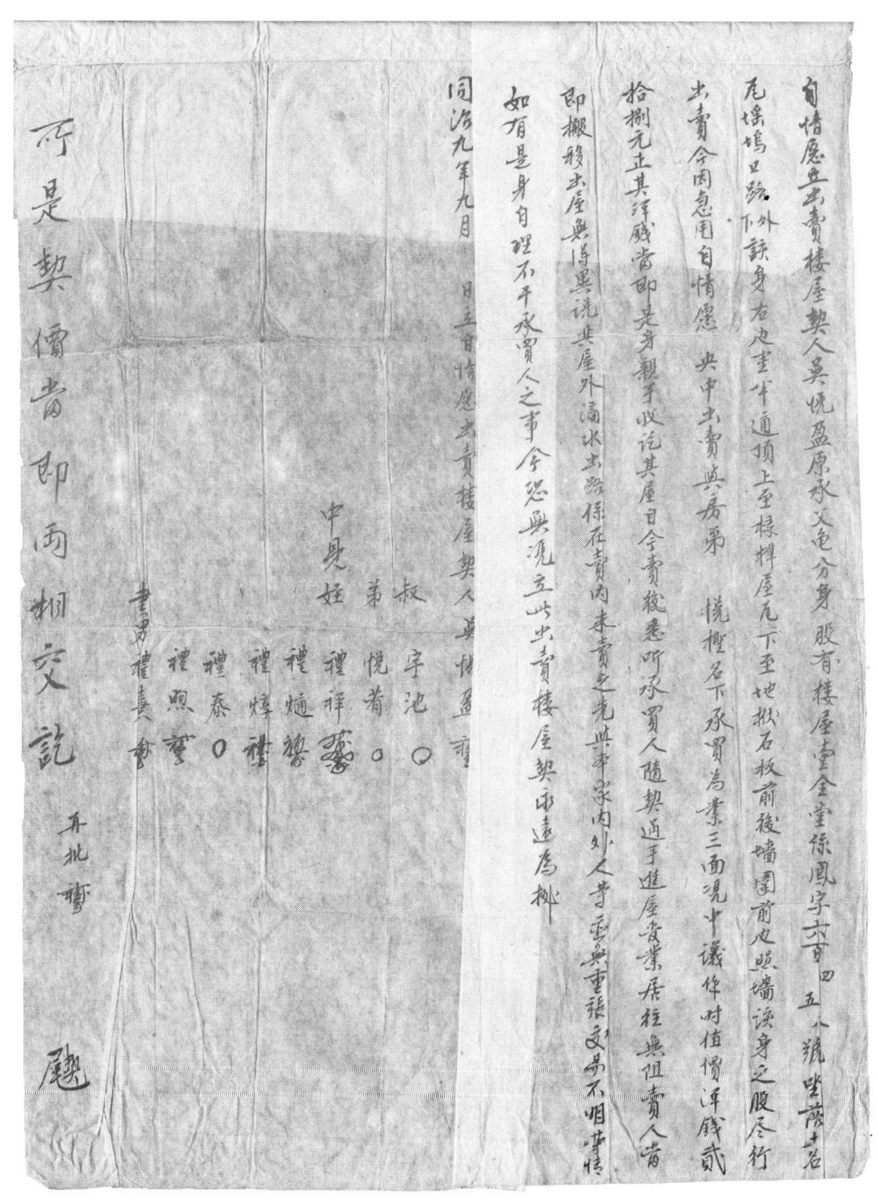

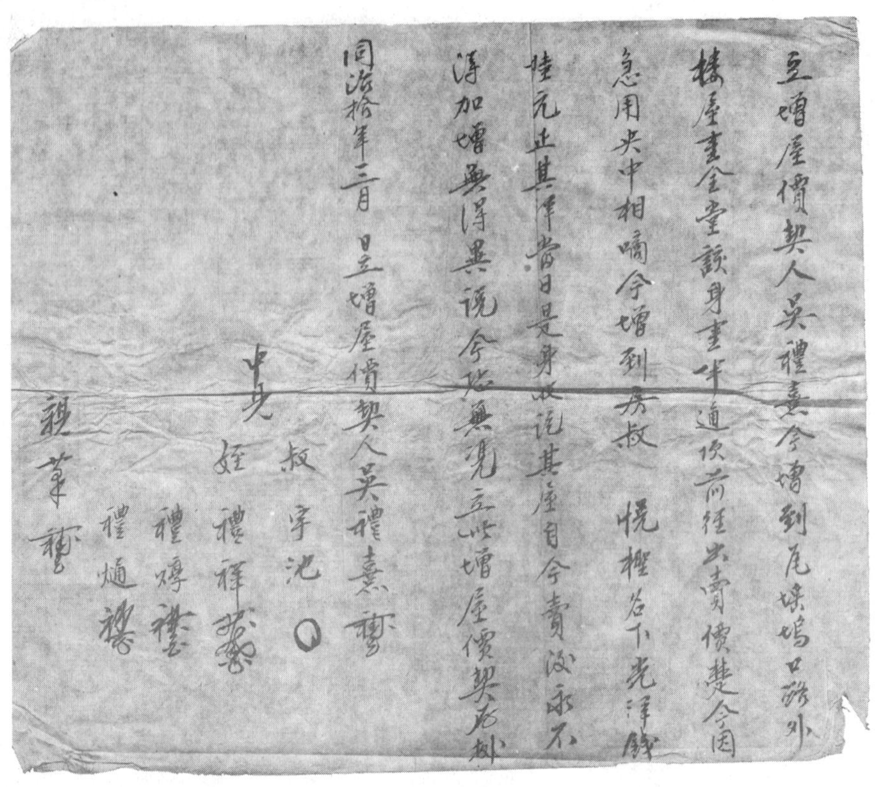

立增屋價契人吴禮熹今增到尾棟堨口路外
樓屋壹全堂該身壹半通伙前經出賣價楚今因
急用央中相商今增到房叔 悦檉名下光洋錢
陸元正其洋當日是身收訖其屋自今賣後永不
得加增異得異說今欲無憑立此增屋價契存照
同治拾年三月 日立增屋價契人吴禮熹
中見 叔 宇池
姪 禮祥
禮熿
禮熿
親筆

秋口镇鸿源吴家 45 · 同治十年 · 增屋价契 · 吴礼熹增到房叔悦柽

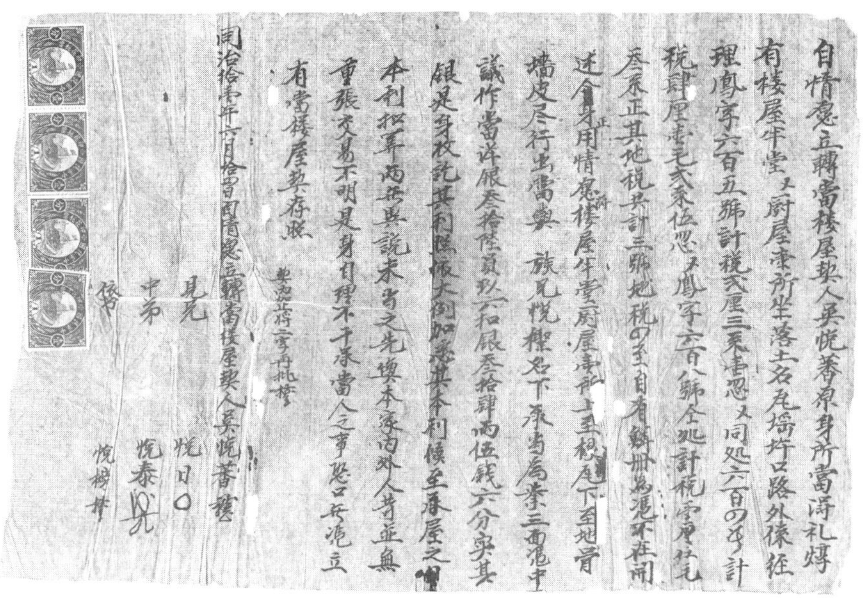

秋口镇鸿源吴家 21 · 同治十一年 · 转当楼屋契 · 吴悦菩当与族兄悦柽

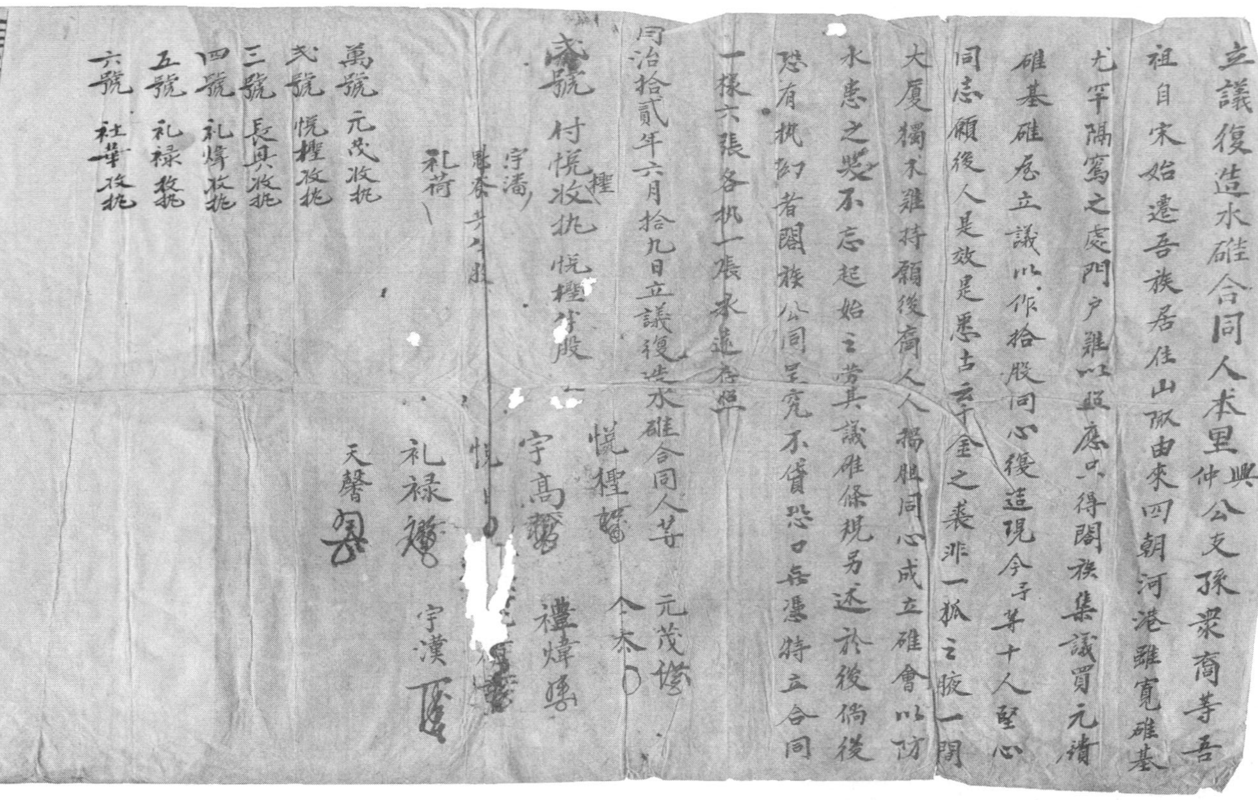

秋口镇鸿源吴家 14 · 同治十二年 · 议复造水碓合同 · 兴公、仲公支孙众裔

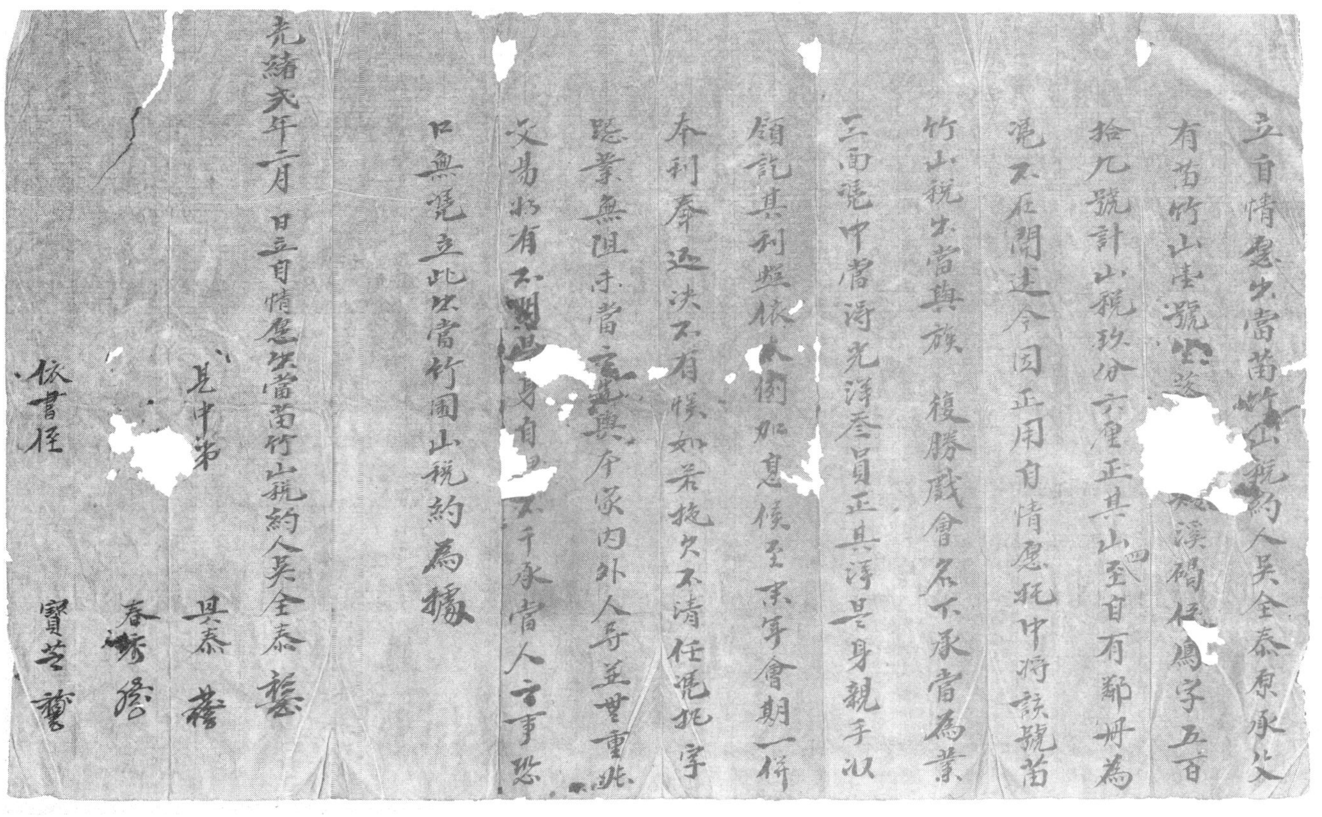

立自情愿出當苗竹山税約人吳全泰原承父
有苗竹山壹號坐落[illegible]溪碣任鵰字五百
拾九號計山税玖分六厘正其山四至自有鄰册為
憑不在開述今因正用自情愿托中将該號苗
竹山税出當與族 復勝戲會名下承當為業
三面憑中當得光洋叁員正其洋是身親手收
領訖其利照依大例加息候至來年會期一併
本利奉还決不有悮如若拖欠不清任憑托字
照業無阻未當之先與本家内外人等並無重張
交易如有不明是身自理不干承當人之事恐
口無憑立此出當苗竹園山税約為據
光緒式年二月 日立自情愿出當苗竹山税約人吳全泰（押）
見中弟 吳泰（押）
春嬌（押）
依書侄 寶芝（押）

秋口镇鸿源吴家 29 · 光绪二年 · 出当苗竹山税约 · 吴全泰当与本族复胜戏会

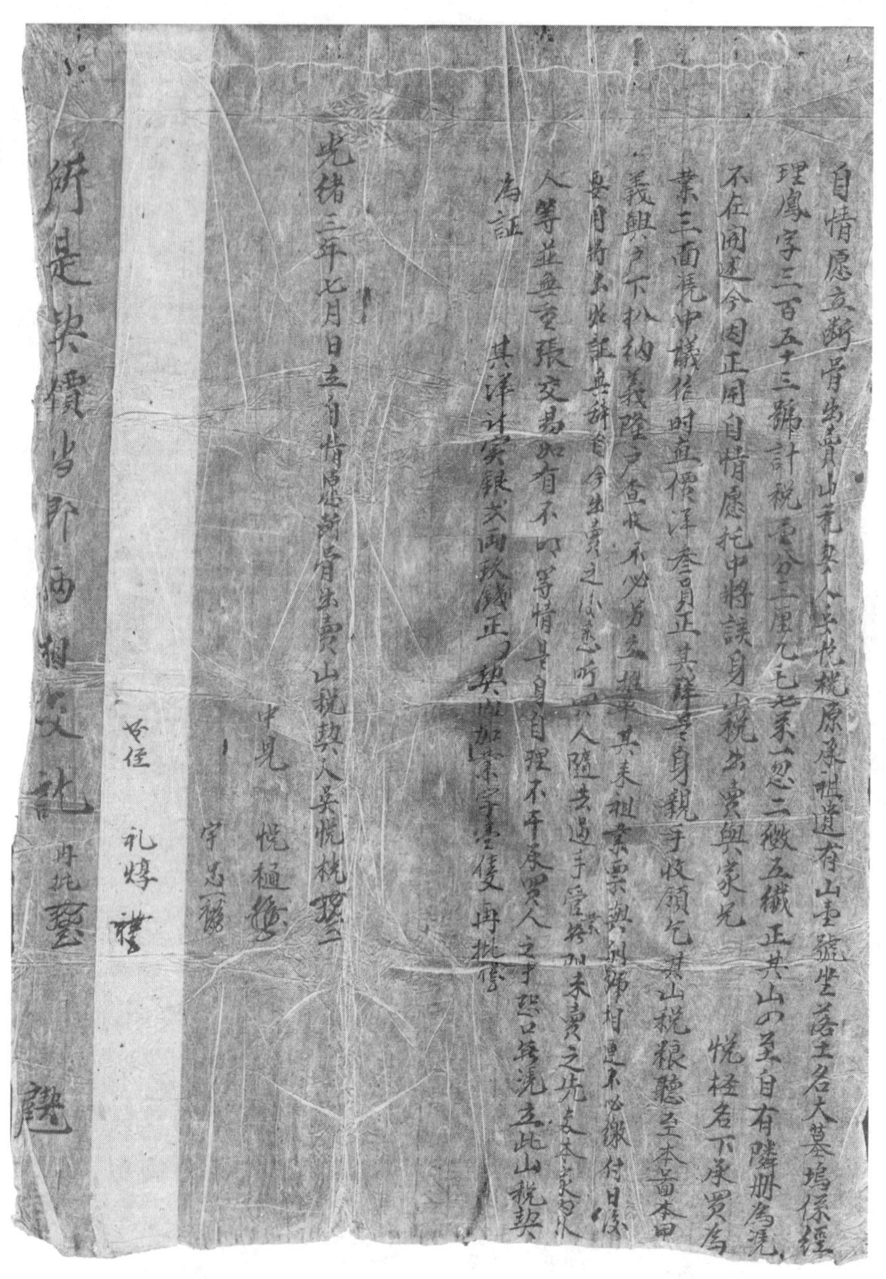

秋口镇鸿源吴家 91 · 光绪三年 · 断骨出卖山税契 · 吴悦桃卖与家兄悦柽

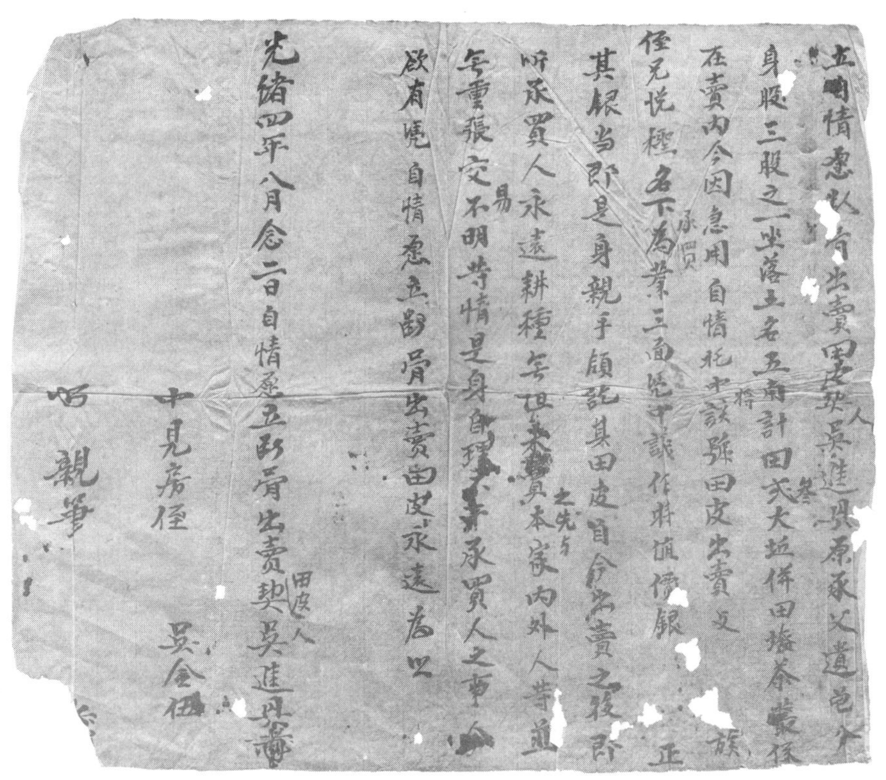
立自情愿人今有出賣田皮契人吴進興，原承父遺己分
身股三股之一，坐落土名五甫，計田式大坵叁，併田塝茶叢徐
在賣內。今因急用，自情托中將該號田皮出賣與族
侄兄悦樫名下承買為業。三面凭中議作時值價銀 正，
其銀當即是身親手領訖。其田皮自今出賣之後，聽
听承買人永遠耕種無阻。未賣之先與本家內外人等並
無重張交易不明等情，是身自理，不干承買人之事。今
欲有凭，自情愿立斷骨出賣田皮永遠為照。
光緒四年八月念二日自情愿立斷骨出賣田皮契人吴進興（押）
中見房侄 吴金伍
代 親筆

秋口镇鸿源吴家 55 · 光绪四年 · 断骨出卖田皮契 · 吴进兴卖与族侄兄悦柽

立自情愿断骨出卖田皮契人吴进兴其承父遗田分身叚三股之一坐落土名五亩计叁坵併田塝茶叢俱在卖内今因意用自情愿托中将该号田皮出卖与旋侄兄吴悦椪名下承买为業三面凭中議作時值價銀正其銀当即是身親手領訖其田皮自今出卖之後听从承買人永远耕種卒世未卖之先与本家内外人等並无重张交易不明等情是身自理不干承買人之事今欲有凭自情愿立断骨卖出卖田皮契永远为凴

契内如因畫隻再批

光緒四年八月念二日自情愿立断骨卖田皮契人吴進兴
　　　中見胞兄吴峯高
　　　　　　　中見胞侄吴春陳
　　　　　　　　　房伯吴金伍
　　　　親筆

秋口镇鸿源吴家83·光绪四年·断骨出卖田皮契·吴进兴卖与族侄兄吴悦椪

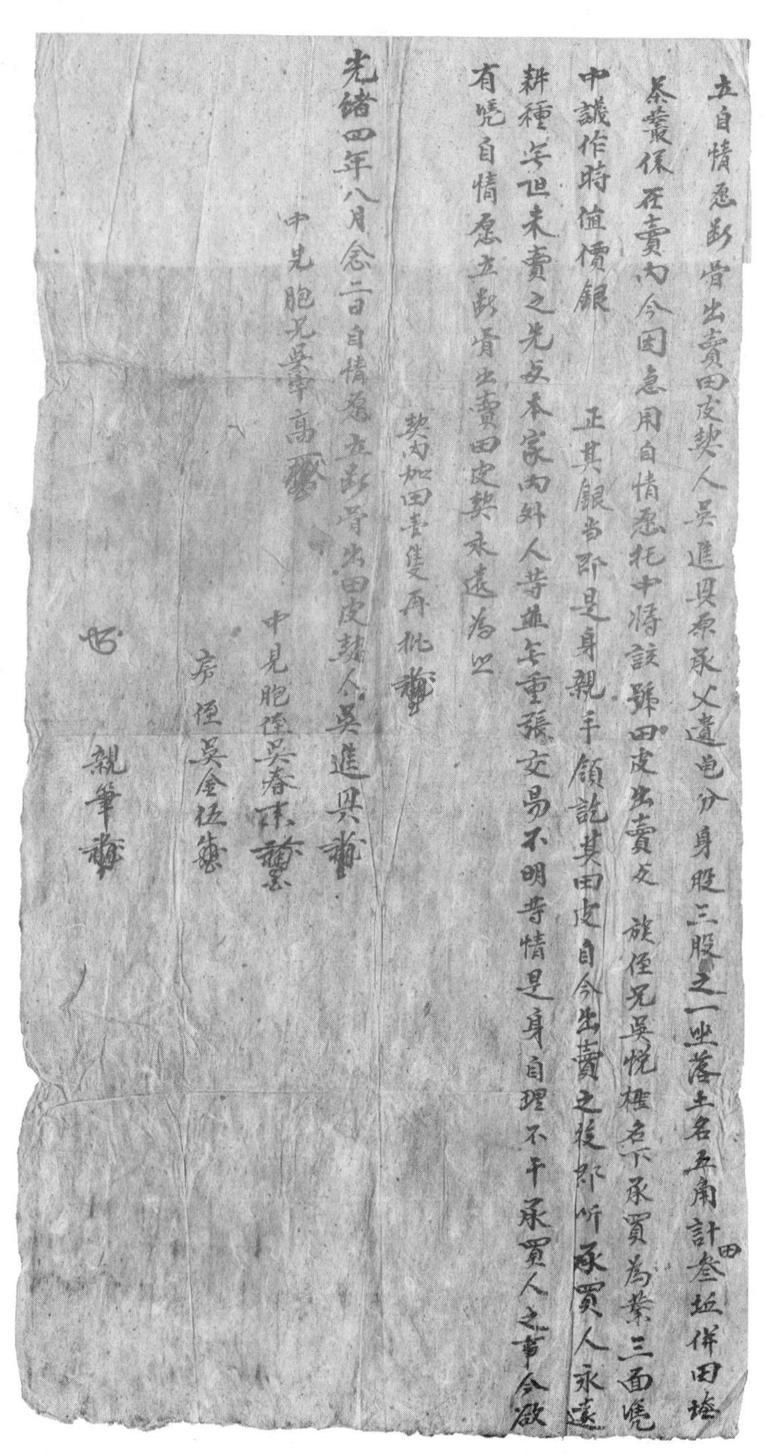

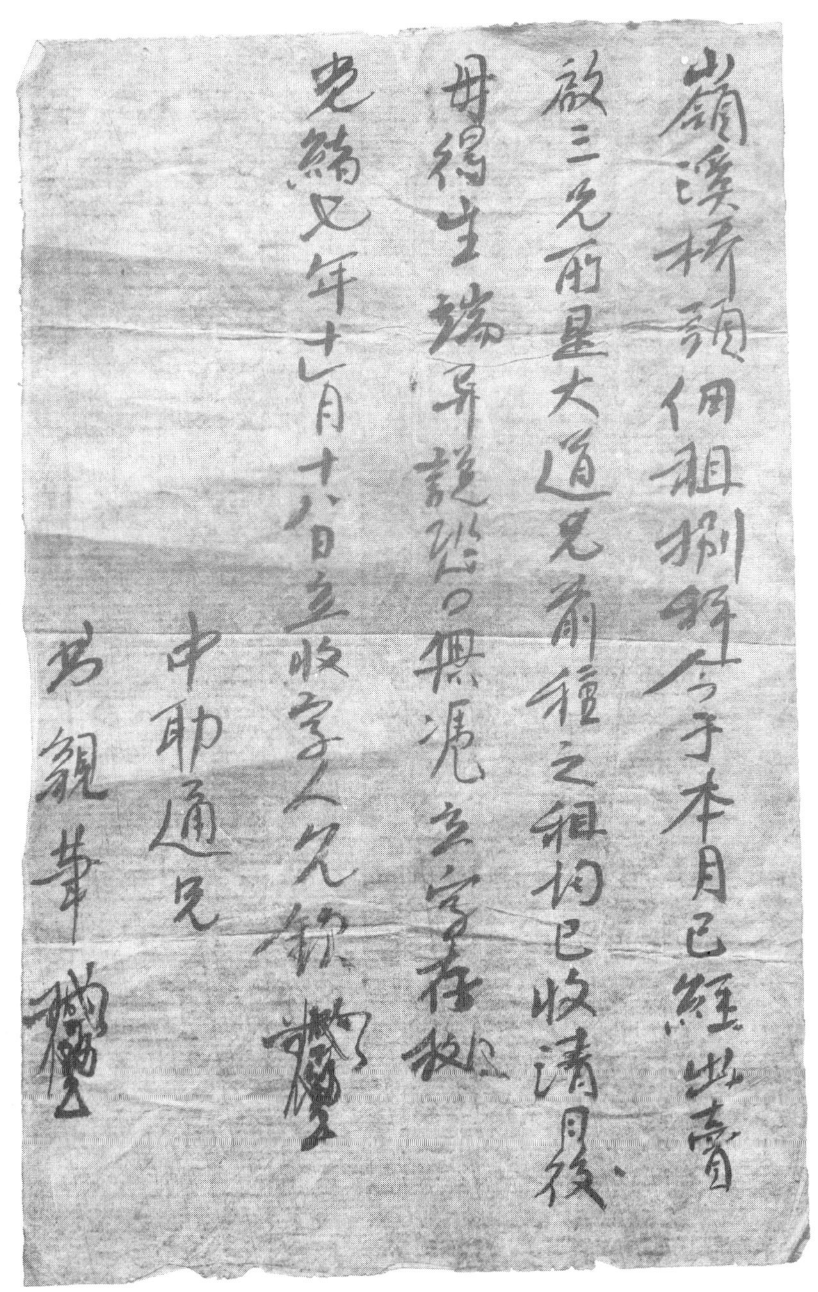

嶺溪橋頭佃租捌斛，今于本月已經出賣

啟三兄、甫星、大道兄前，種之租均已收清，日後

毋得生端异說，恐口無憑，立字存據。

光緒七年十二月十六日立收字人允欽（押）

中助通兄

書親筆（押）

秋口镇鸿源吴家69 · 光绪七年 · 收字 · 允钦

立自情愿断骨出卖山税契人吴元铢承祖遗置有旗身之股山税叁号坐落土名寒竹坞儒凤字伍伯伍拾牌就计山税贰重正又土名会后牛轭岑傑凤字叁伯牌玲陆号计山税壹重正又土名牛栏坪儒凤字叁伯牌玲伍号计山税贰分正又土名牛栏坪儒凤字叁伯牌玲陆号山税四至自有堂册为凭不必开述今因正事应用自情愿央中将叁号诀处山税断骨出卖与族侄礼杰名下承买为业三面议中今时值烟洋玖礼杰名下承买为业三面议中今时值烟洋玖正其洋即是身亲手收领讫其山税目今出卖之后义陆产查收税过契时不必另立推单其秋票与别号相连不便缴付开後要用時出照証無辞未卖之先与本家内外人等並无重张交易如有不明系悮是身自理不干承买人之事今欲有憑是此斷骨出賣山稅契爲據 契内共改字叁隻悮稅慈母批嚢

光緒拾壹年三月　日　有情愿断骨出卖山税契人吴元铢（押）

　　　　　　　　　　依書　詹益文（押）
　　　　　　　　　　見中　旗侄字忠發（押）

所是契價當日兩相交訖 再批（押）

秋口镇鸿源吴家 85 · 光绪十一年 · 断骨出卖山税契 · 吴元铢卖与族侄礼杰

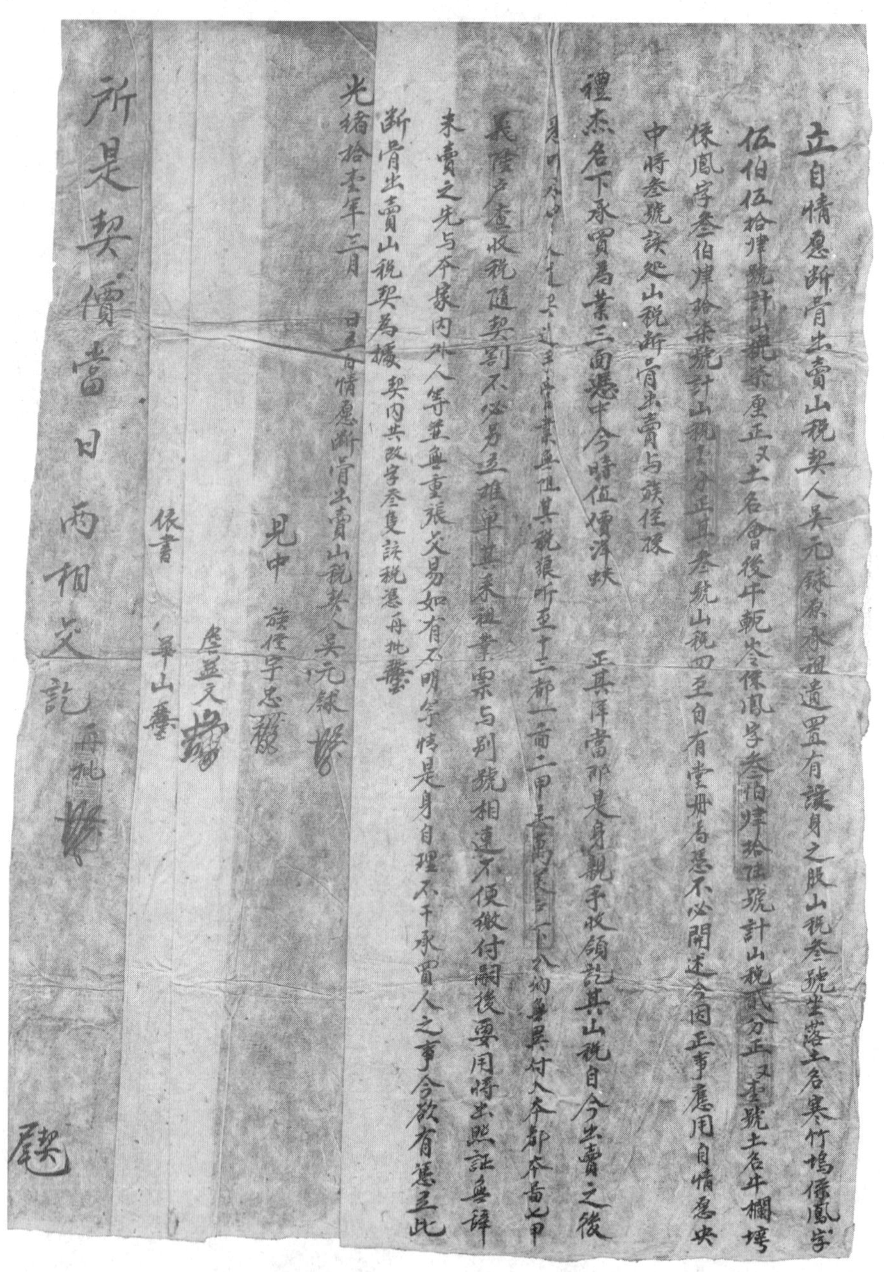

立自情愿出当杉苗并山税契人吴元铢原身置有苗
山壹號坐落土名筜竹坑 徑理鹹字二百五十一號計
山税捌分弍厘正其山四至自有量册為凭不在開述
邑分身股又有合墨為擄不必指明今因正事急用
情愿央中將詠鷄杉松二禾年山税尽行自情愿
當与族侄 炳林名下承當為業三面凴中當得光
洋壹元正其俱是身親手收頒訖其利照依大例行
息其本利候至來年茶市奉還不悮知其拖欠不
清任凴承當人过手當業出捱杉松二禾折利無
得異說來當之先与本家內外人等並無重張交
易知不明等情是身自理不干承當人之事恐口
無凭 立此自情愿出當杉苗并山税契為擄
 又批字為改玖字壹雙簽
光绪十二年十月日立自情愿出當杉苗契人 吴財喜
 中見 華山 签
 親筆 義源 签

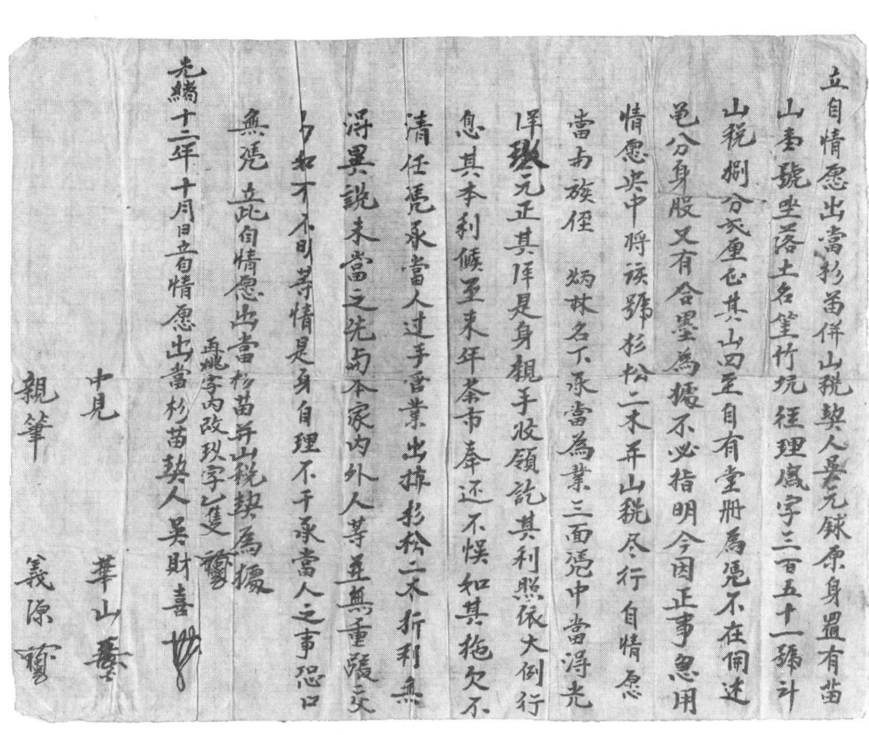

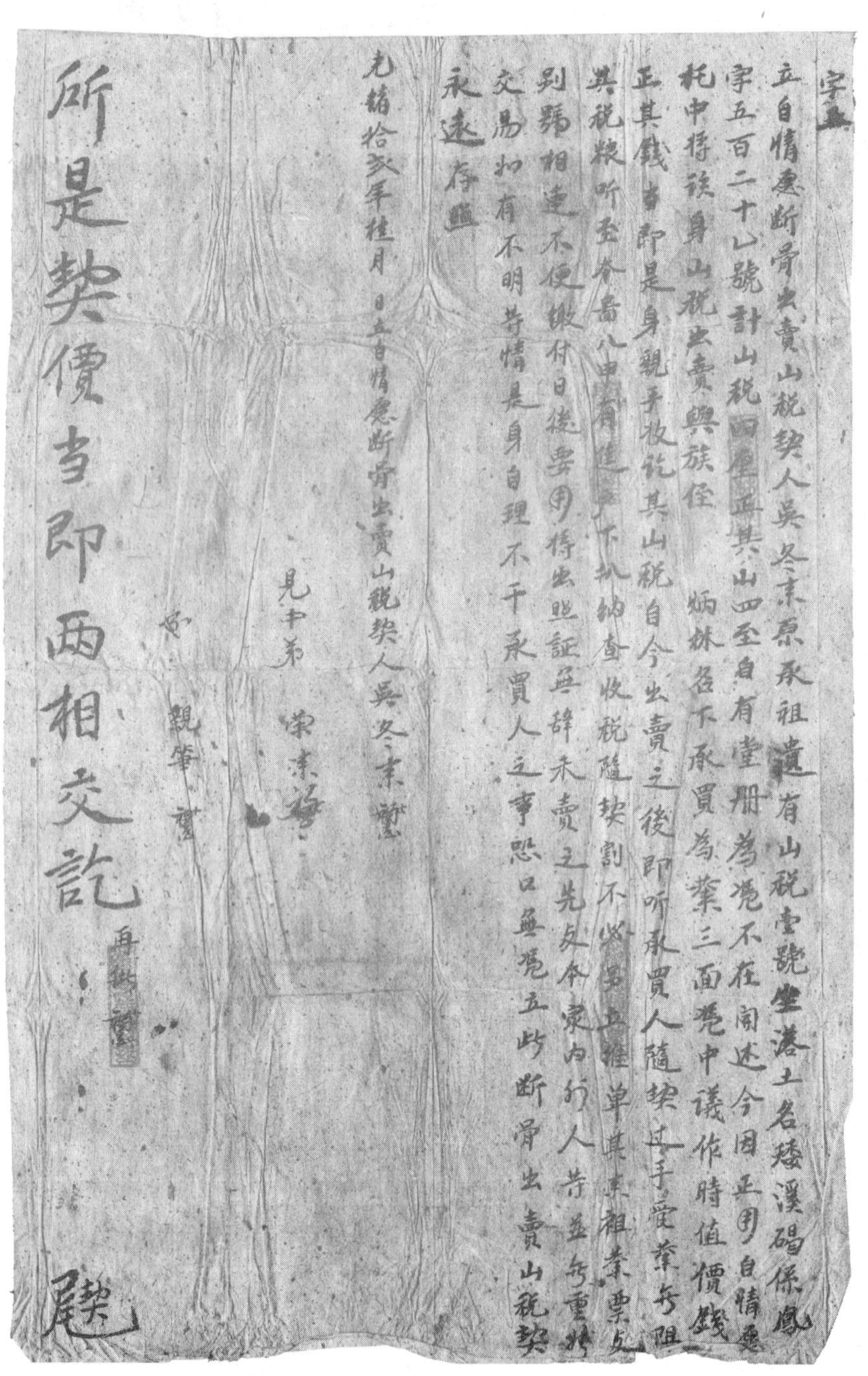
字五

立自情愿断骨出賣山稅契人吳冬來原承祖遺有山稅壹號坐落土名㮣溪碣係鳳
字五百二十山號計山稅壹□正其山四至自有壹册為凭不在開述今因正用自情愿
托中将該身山稅出賣與族侄炳林名下承買為業三面凭中議作時值價錢
正其錢當即是身親手收訖其山稅自今出賣之後即听承買人隨契過手管業無阻
其稅粮所歪各圖八甲有進□下扒納查收稅隨契割不必另立推單其來祖業票文
别號相連不便繳付日後要用将出照証無辞未賣之先及本家內外人等並無重複
交易如有不明等情是身自理不干承買人之事恐口無凭立此断骨出賣山稅契
永遠存照

光緒拾貳年桂月　日立自情愿断骨出賣山稅契人吳冬來（押）

見中弟　榮來（押）

代　親筆（押）

所是契價當即两相交訖　再批（押）

契

秋口镇鸿源吴家 86 · 光绪十二年 · 断骨出卖山税契 · 吴冬来卖与族侄炳林

立自情愿断骨出卖山税契人吴发来原承祖遗有山税壹号坐落土名矮溪碣係凤字五百三正号计山税壹陇毛租不等恐无凭藏正具山四至自有鄰册为凭不在词述今因正用自情愿托中将该处山税断骨出卖与族侄炳林名下承买为業三面亂中议作时值价钱 正其钱是身亲手收领讫其山税自今断骨出卖之后即听承买人前去栽种耕锄种养阻未卖立与本家内外人等並无重复交易以有不明等情是身自理不干承买人之事其山税粮听至本甲八甲文仁户下扣纳查收随契过不妨另买人立事其山税粮听至本甲（契内独兰票字另注再批壹）
毫五断骨出卖山税契永远为据
立批单其東祖卣別號相連不便徽付入後要囲将出照証世辞怨口世
光绪拾弍年九月 日立自情愿断骨出卖山税契人吴发来母

所是契价当即两相交讫 再批壹 毫

见中兄 春林（押）
依世弟 冬林（押）

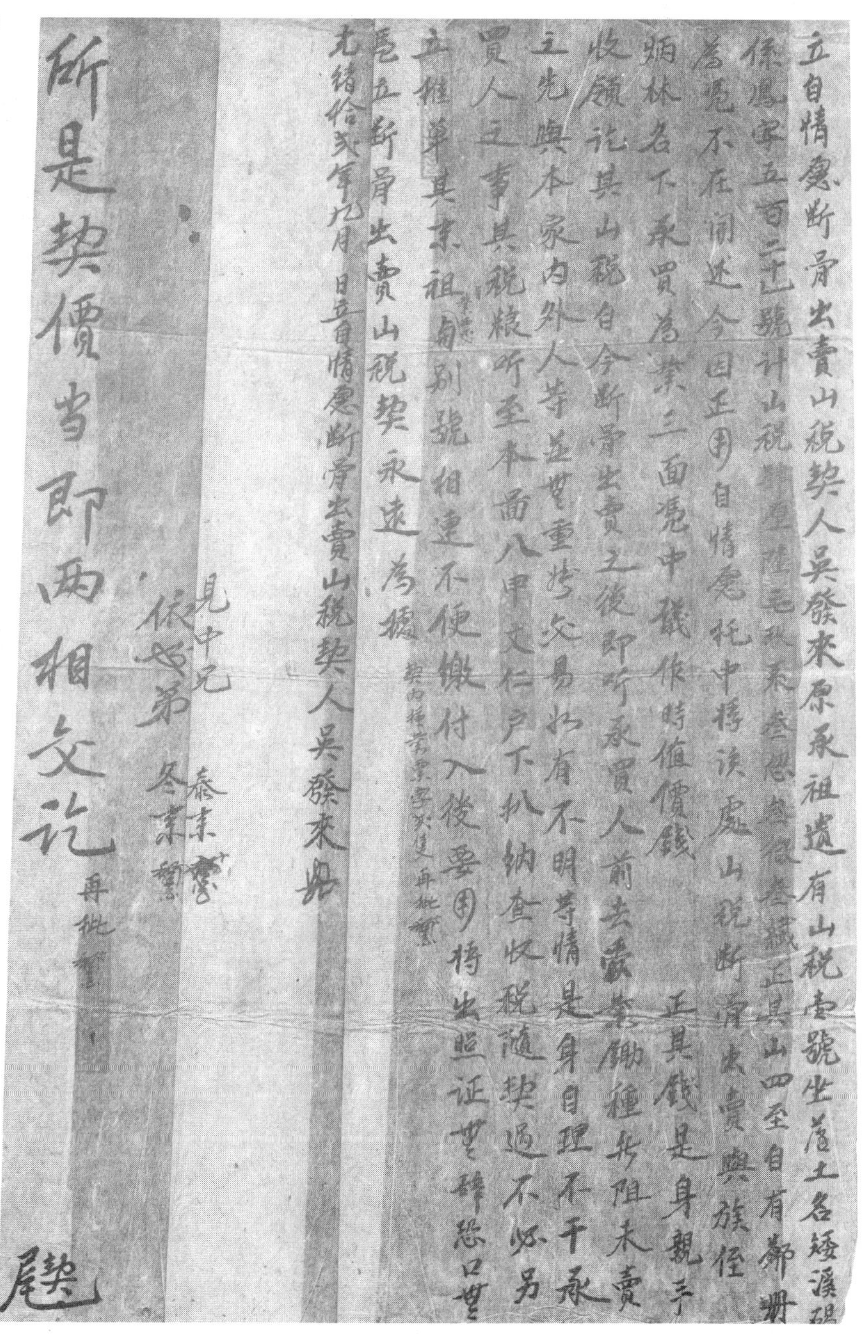

秋口镇鸿源吴家 104·光绪十二年·断骨出卖山税契·吴发来卖与族侄炳林

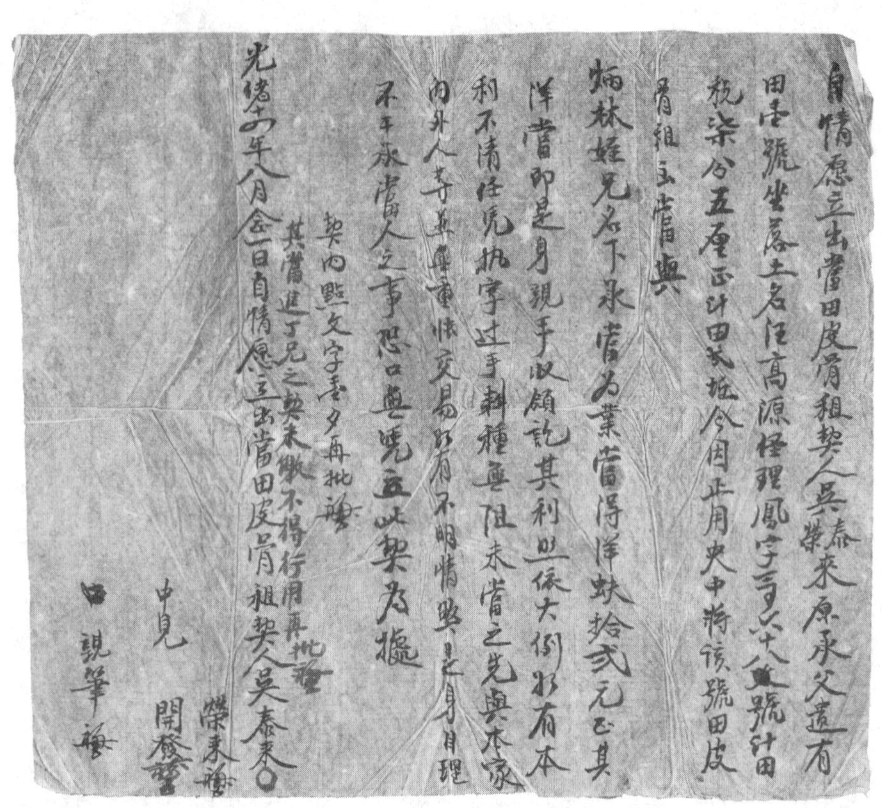

自情愿立出當田皮骨租契人吳榮泰来原承父遺有田壹號，坐落土名汪高源，經理鳳字三百六十八號，計田稅柒分五厘正，計田弍坵。今因正用，央中將該號田皮骨租立當與炳林姪兄名下承當為業，當得洋蚨拾弍元正。其洋當即是身親手收領訖，其利照依大例。如有本利不清，任凭執字过手耕種無阻。未當之先，與本家内外人等並無重複交易，如有不明情由，是身自理，不干承當人之事。恐口無凭，立此契為據。

契内點文字壹夕，再批（押）。

其當進丁兄之契未繳，不得行用，再批（押）。

光緒十四年八月念一日自情愿立出當田皮骨租契人吳泰来（押）、榮来（押）

中見 開發（押）

親筆（押）

秋口镇鸿源吴家 51 · 光绪十四年 · 出当田皮骨租契 ·
吴泰来、吴荣来当与炳林侄兄

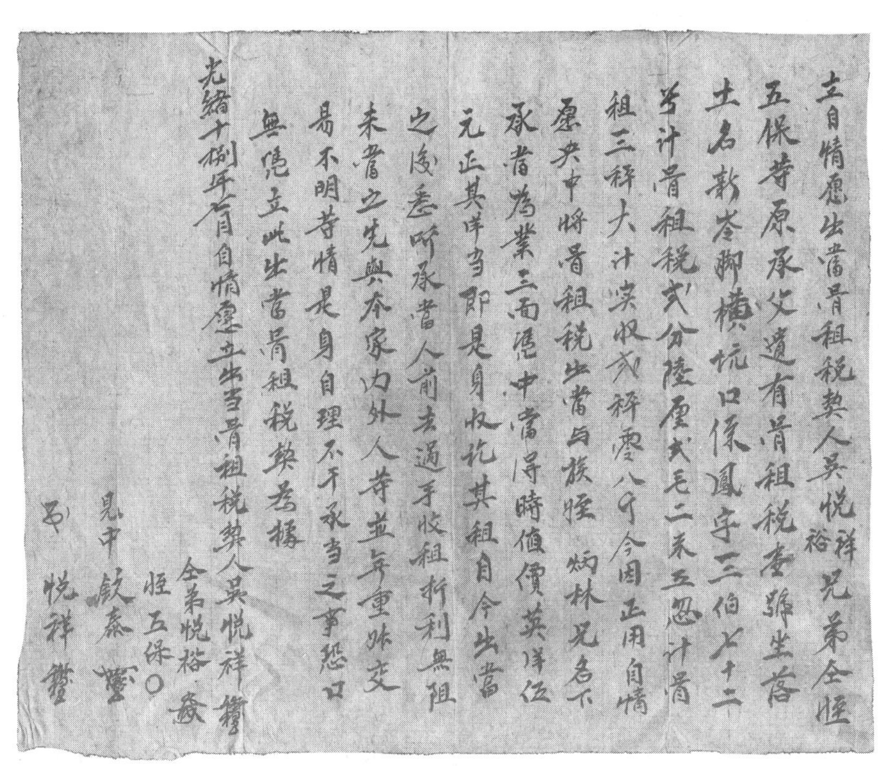

立自情愿出當骨租稅契人吴悦祥裕兄弟仝侄
五保等原承父遺有骨租稅壹號坐落
土名新岺脚横坑口係鳳字三伯七十二
号计骨租稅弍分陸厘弍毛二系五忽计骨
租三秤大计实收弍秤零八斤今因正用自情
愿央中將骨租稅出當與族侄炳林兄名下
承當為業三面憑中當得時值價英洋伍
元正其洋当即是身收訖其租自今出當
之後悉听承當人前去過手收租折利無阻
未當之先與本家內外人等並無重張交
易不明等情是身自理不干承当之事恐口
無憑立此出當骨租稅契為據

光緒十捌年　月　自情愿立出当骨租稅契人吴悦祥（押）
仝弟悦裕（押）
侄五保○
見中　欽泰（押）
书　悦祥（押）

秋口镇鸿源吴家 68 · 光绪十八年 · 出当骨租税契 · 吴悦祥、
吴悦裕兄弟同侄五保等典与族侄炳林

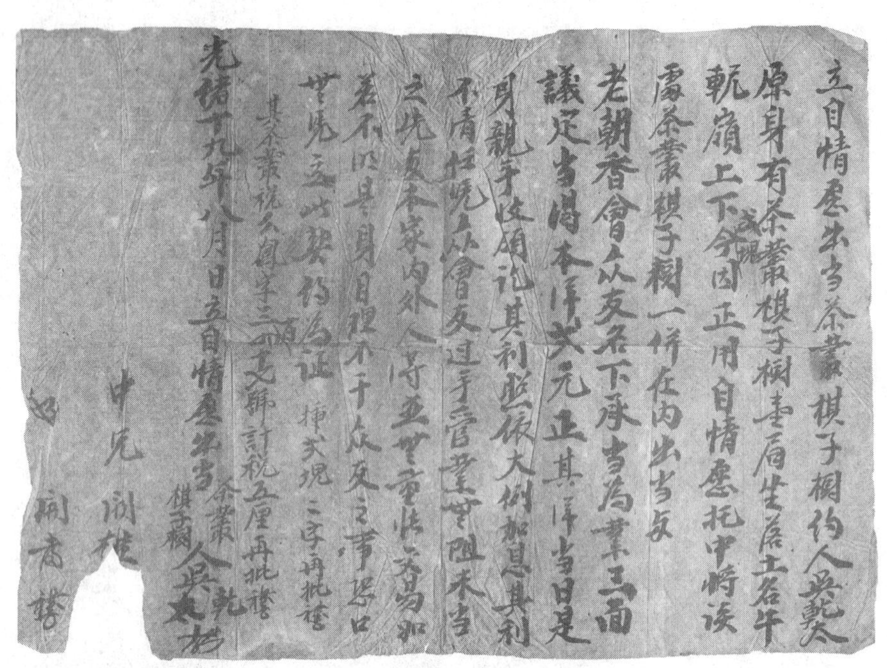

立自情愿出当茶丛棋子树约人吴乾太
原身有茶丛棋子树壹局坐落土名午
軏岭上下戊坝今因正用自情愿托中将该
处茶丛棋子树一并在内出当与
老朝香会众友名下承当为业三面
议定当得本洋弍元正其洋当日是
身亲手收领讫其利照依大例加息其利
不清任凭众会友过手管业无阻未当
之先及本家内外人等并无重张交易如
有不明具身自理不干众友之事恐口
无凭立此当约为证 挿式现二字再批據
其茶丛税在甸字三[illegible]文归讨税五厘再批據
光绪十九年八月日立自情愿出当茶丛棋子树人吴乾太（押）
中见 刚桂
代笔 刚高

秋口镇鸿源吴家 27 · 光绪十九年 · 出当茶丛、棋子树约 ·
吴乾太当与老朝香会众友

立自情愿出当茶丛园地田租契人吴魁旺
承身承祖遗有茶丛园地田租六处坐落
土名字号在后今因正月目情愿托中将该
身承茶丛园地田租出当与本族老朝气会
众定名下承当为业三面议作当得英洋
伍员正其洋当日是身亲手领其利业
依大例加悉其本利候至来年茶市一俱
奉还不得拖欠听凭不异照原
遗手新利世间未当之先另本保内外人
等並世贾张云买易均有不阴寸身自理
不干承当人之事恐口世凭立此契约存据

計開土名
大墓坞 茶丛南塊 堅圩田租 声庆
會候木 茶丛南魂 堅埪园地 艾岭
相慧坞 茶丛南处 五角园地 声岭

一热人吴魁旺笔
光绪拾九年五月念四日立自情愿出当茶丛园地田租

見中 正胜茎
也兄 魁喜誊

秋口镇鸿源吴家42·光绪十九年·出当茶丛园地田租契·
吴魁旺当与本族老朝香会众友

1319

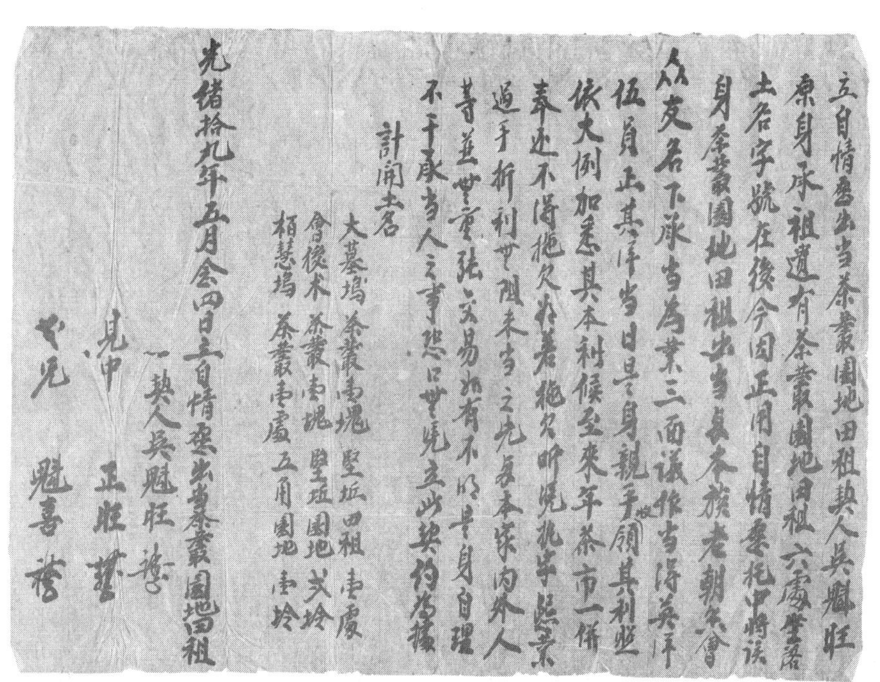

立自情愿断骨出卖屋契人吴礼焞承祖遗下杂屋壹所身浮左边一半坐
落土名见城塥口路外路下偈理圎字六百四号骐其屋四至东至门口川圆塝
脚四至小路南至右边屋北至天路文墙滴水至路房界自有鳞册为凭不必细
载因正用墨托央中将左边真居一半浮卖上左边的相房正房上至橡椽毛
竹木下至正房相房地板地板地骨其堂前石板门方又门外石极地石阶
砂砖断四至浮水屋房器皿一倂□□行卖卖反
第侄敦夫名下当堂三面九中议作时价偹洋　正其洋当即足身收盤
其屋即听受业人随契造□自豐任凭百祖居偹造作无阻其税粮听主李帶
本甲支办户办入　　　户收的无涉未卖房先与本家以外人等並无重张典荅
不明等情是卖身自理不干买人之事刻未祖一佴即寻悠口无尽立此断
左边房屋契存照

光緒金四舞拾一年□月□□日賣契人吴禮焞筆

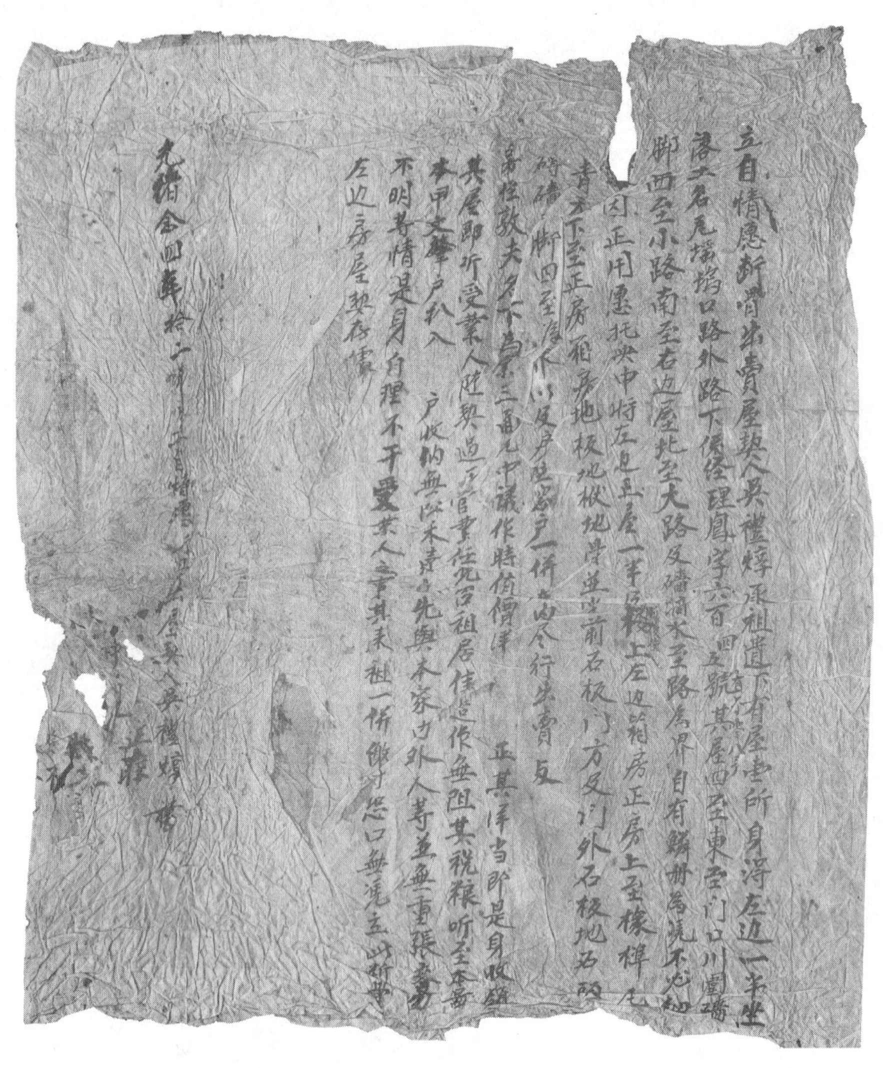

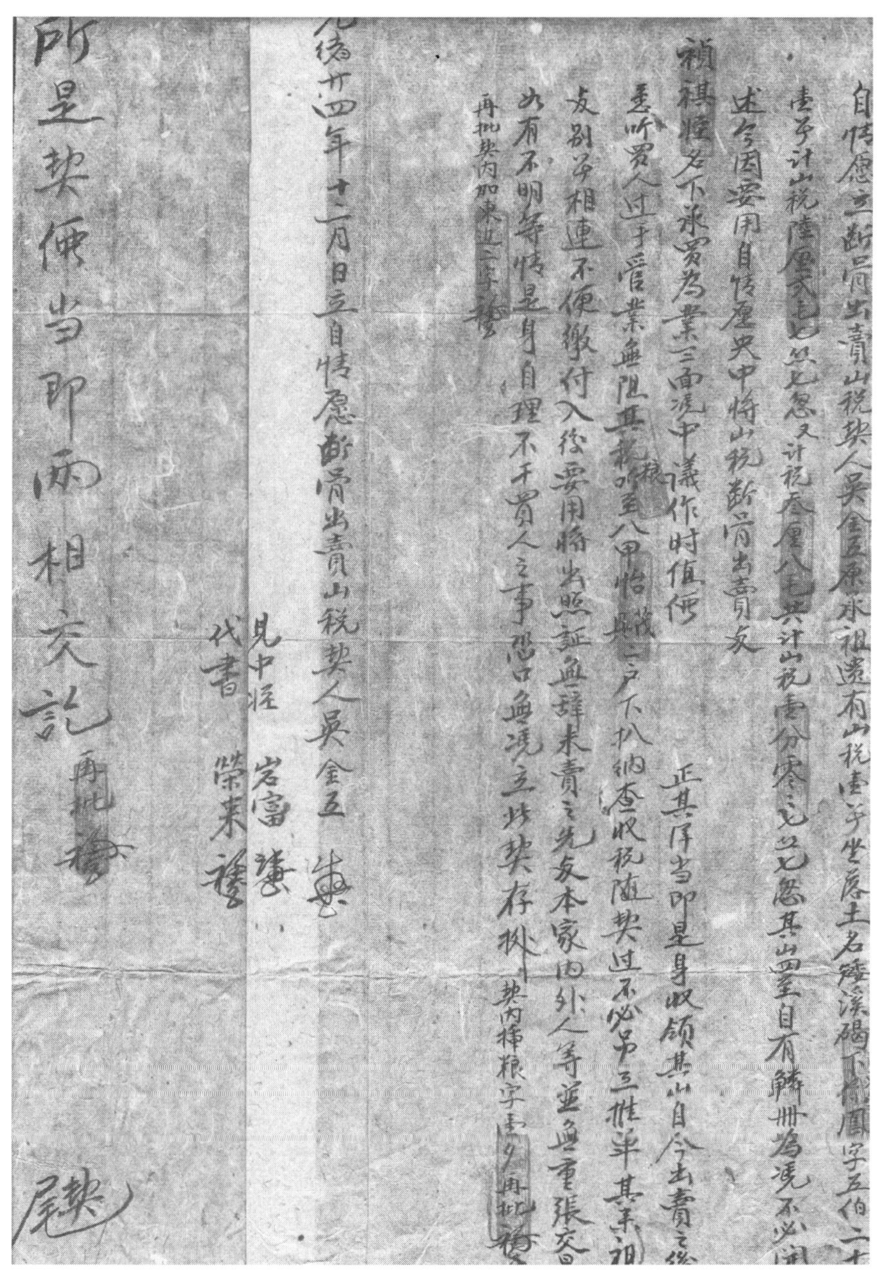

秋口镇鸿源吴家 77 · 光绪二十四年 · 断骨出卖山税契 · 吴金五卖与祯祺

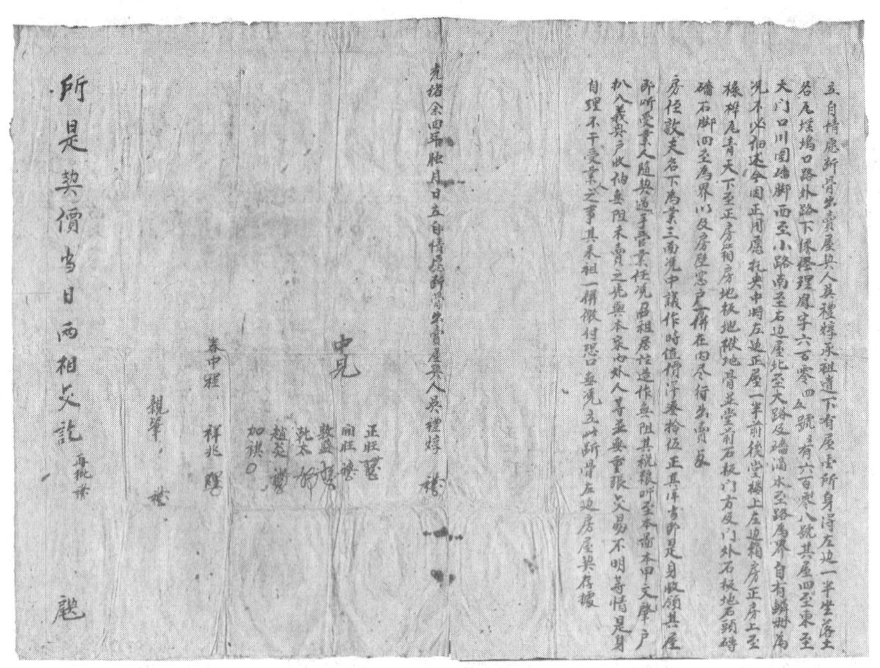

秋口镇鸿源吴家 116 · 光绪二十四年 · 断骨出卖屋契 · 吴礼焞卖与房侄敦夫

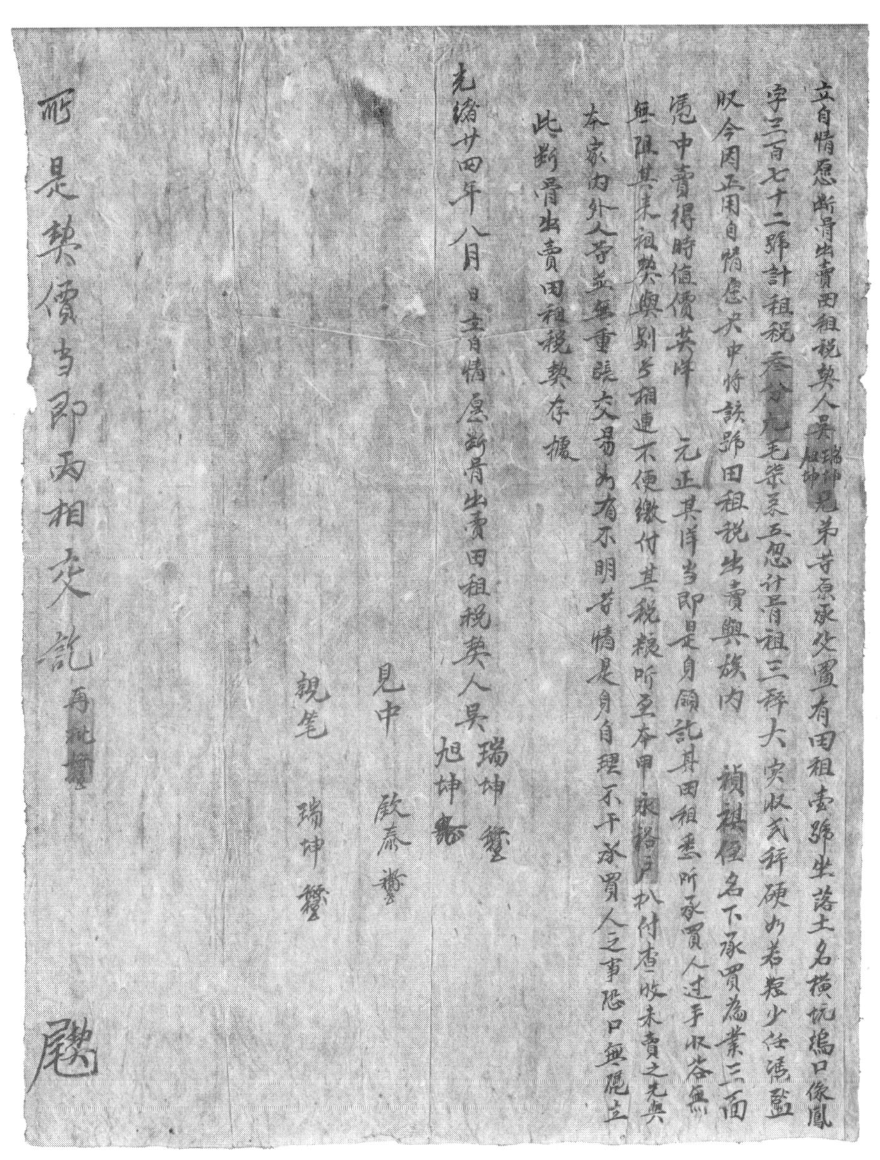

立自情愿断骨出賣田租税契人吴瑞坤、旭坤兄弟等，原承父置有田租壹號，坐落土名横坑塢口，係鳳字三百七十二號，計租税叁分九毛柒系五忽，計骨租三秤大，实收弍秤硬，如若短少，任凭监收。今因正用，自情愿央中将該號田租税出賣與族内禎祺侄名下承買為業，三面凭中賣得時值價英洋　元正，其洋当即是身領訖，其田租悉所承買人过手收苓無阻。其来祖契與别号相連，不便缴付，其税粮听至本甲永裕户扒付查收。未賣之先，與本家内外人等並無重張交易，如有不明等情，是身自理，不干承買人之事。恐口無憑，立此断骨出賣田租税契存據。

光緒廿四年八月　日立自情愿断骨出賣田租税契人吴瑞坤（押）

旭坤（押）

見中　欽泰（押）

親笔　瑞坤（押）

所是契價当即两相交訖。再批（押）

秋口镇鸿源吴家 132 · 光绪二十四年 · 断骨出卖田租税契 · 吴瑞坤、旭坤卖与吴祯祺

自情願立斷骨出賣田皮契人吳舜卿原承父出遺有田皮壹丘坐落土名墻背五南係風字五伯九十六号計稅壹畝六分計田二坵計田皮該身玉股之壹今因安用自情愿央中將該身田皮並灰塔茶業一併出賣與

禎祺族侄名下承買為業三面說中議時值價洋
其田皮自今出賣之後憑聽買人隨契過手耕種管業無阻未賣之光衆本家內外人等並無重交易如有不明等情是身自理不干承買人之事恐口無凭立此斷骨出賣契為証

契內棵張字一隻𢫾 正其洋當即是身親手收領張

光緒廿七年七月 日立自情愿斷骨出賣田皮契人吳舜卿 𢫾

　　　　　　　　　見中 春樹 𢫾
　　　　　　　　　書親筆 𢫾

所是契價當即兩相交訖 再批𢫾

尾契

秋口鎮鴻源吳家 102 · 光緒二十七年 · 斷骨出賣田皮契 · 吳舜卿賣與禎祺族侄

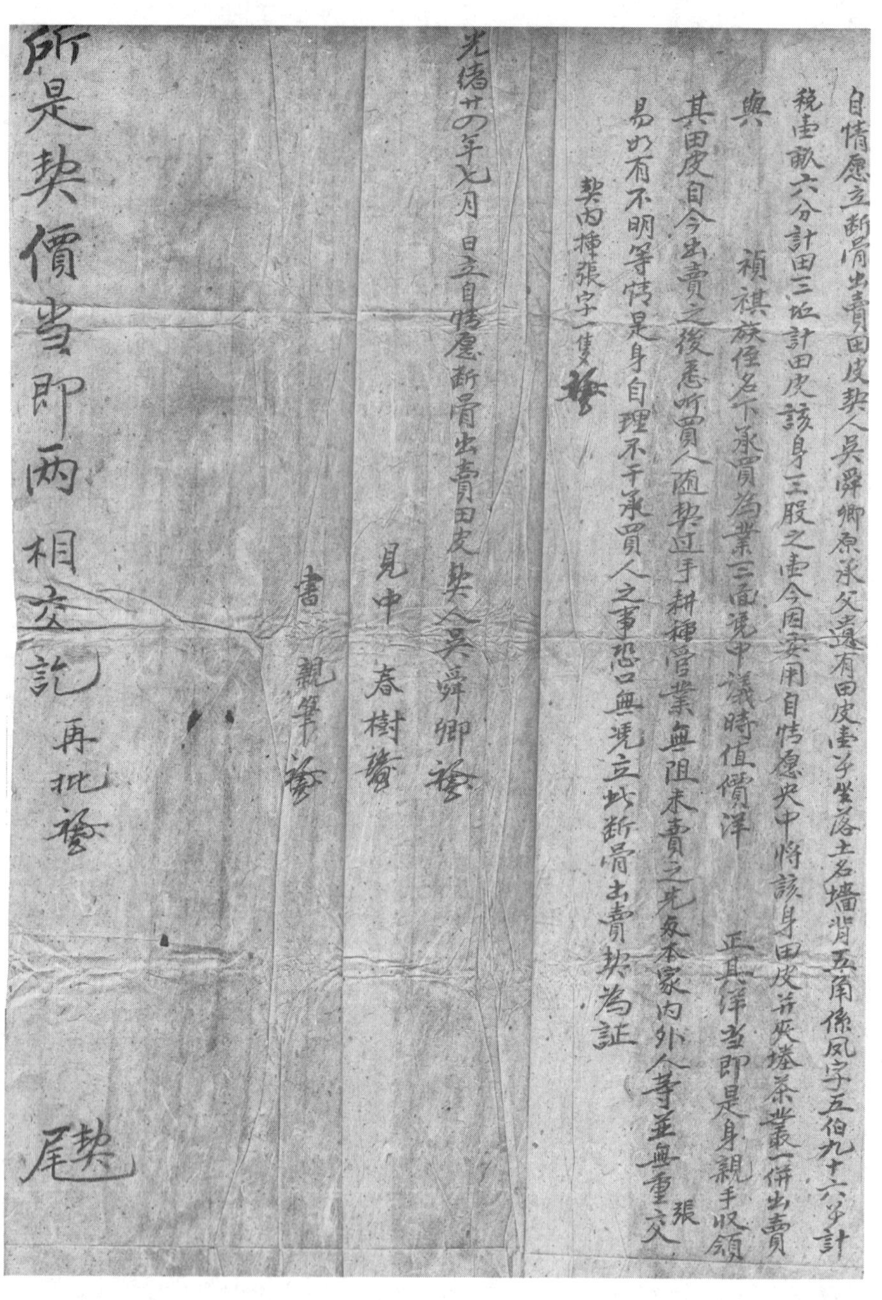

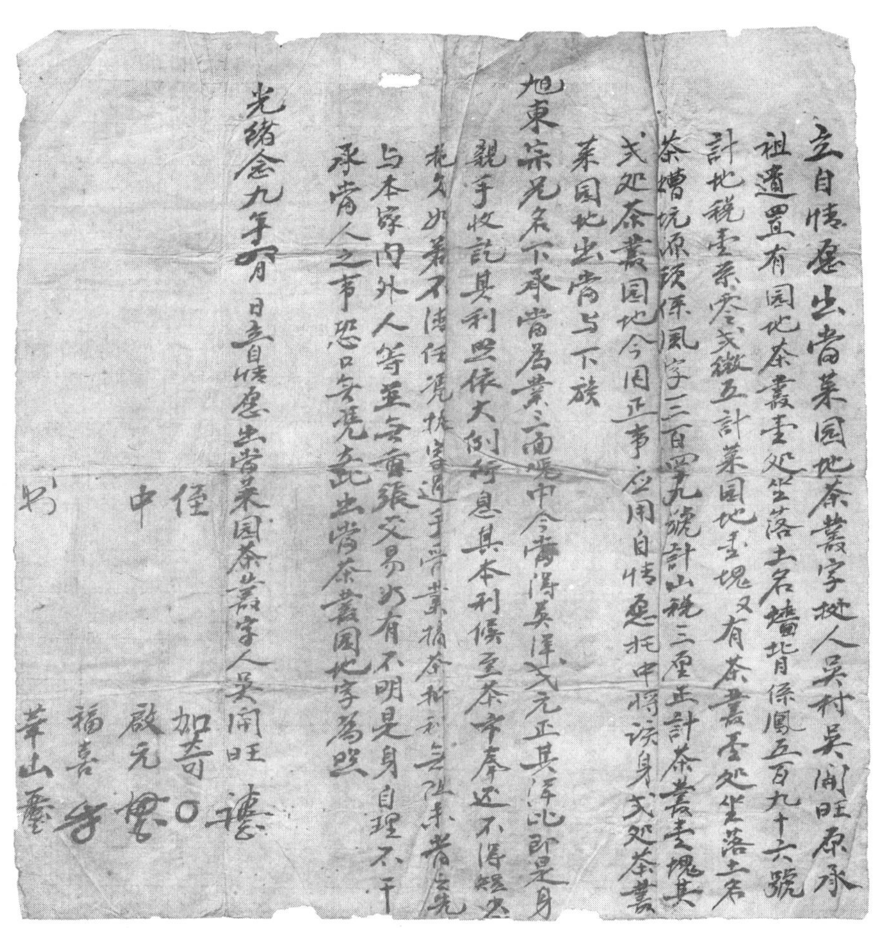

立自情愿出当菜园地茶丛字据人吴村吴开旺原承
祖遗置有园地茶丛壹处坐落土名墙坞背系凤五百九十六号
计地税壹亩零贰微五计菜园地壹块又有茶丛壹处坐落土名
茶塆坑源头系凤字三百四十九号计山税三厘正计茶丛壹块其
贰处茶丛园地今因正事应用自情愿托中将该身贰处茶丛
菜园地出当与下族
旭东宗兄名下承当为业三面议中今当得英洋贰元正其洋比即是身
亲手收讫其利照依大例行息其本利俟至茶市奉还不得短少
如欠此着不清任凭族宗进手管业摘茶抵利无阻承当无异
与本家内外人等并无重张交易如有不明是身自理不干
承当人之事恐口无凭立此出当茶丛园地字为照
光绪廿九年 月 日立自情愿出当菜园茶丛字人吴开旺（押）
侄 加奇（押）
中 启元（押）
福喜（押）
书 华山（押）

秋口镇鸿源吴家 44 · 光绪二十九年 · 出当菜园地茶丛字据 ·
吴开旺当与族旭东宗兄

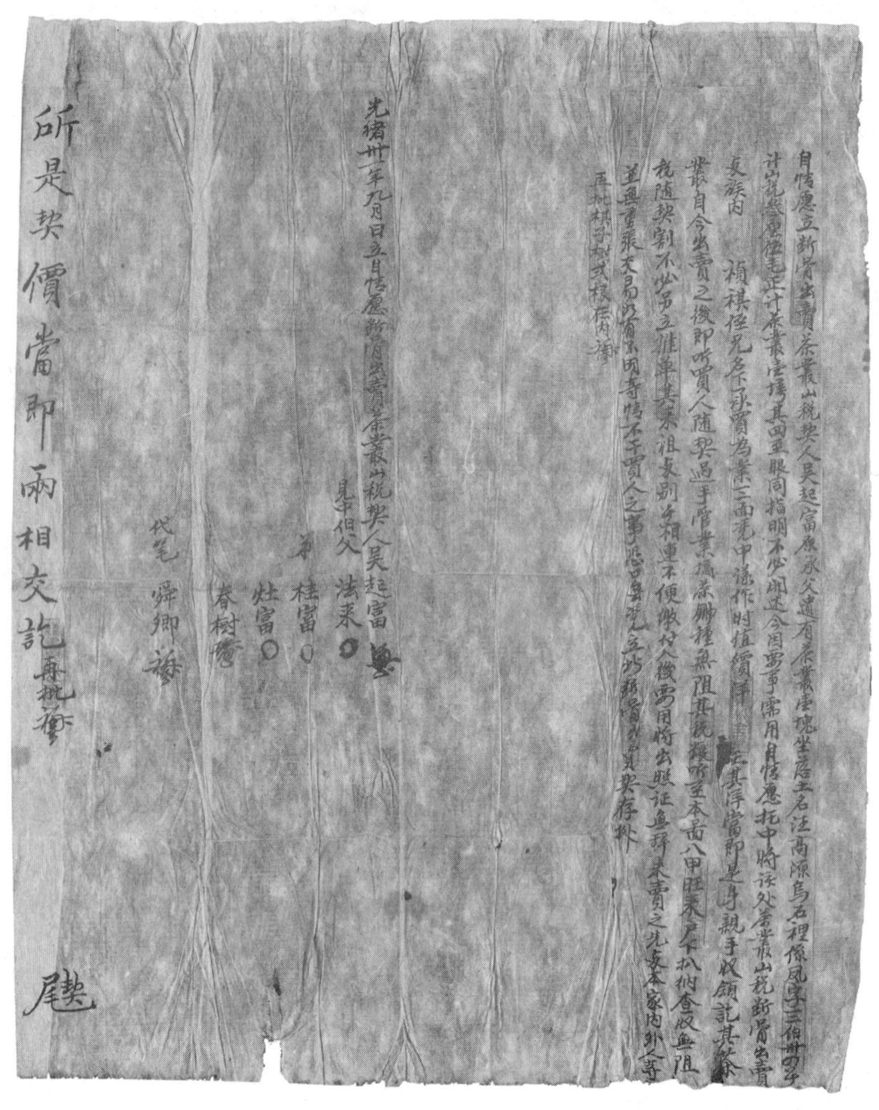

秋口镇鸿源吴家 141 · 光绪三十一年 · 断骨出卖茶丛山税契 ·
吴起富卖与祯祺侄兄

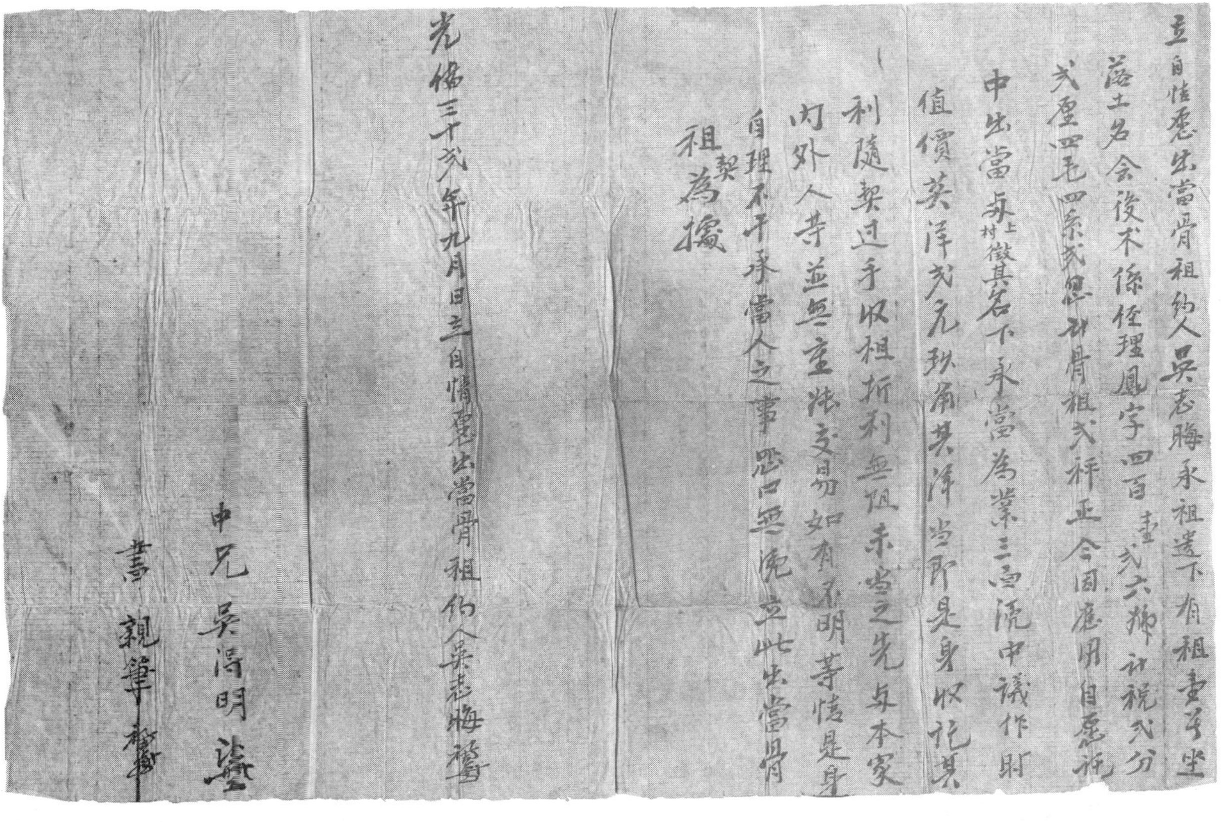

立自情愿出当骨租约人吴志晦承祖遗下有祖业坐
落土名会后朮係佳理鳳字四百壹弍六号计税弍分
弍厘四毛四系弍忽计骨租弍秤正今因應用自愿将
中出当与上村徵其名下承当為業三面憑中議作時
值價英洋弍元玖角其洋当即是身收讫其
利随契过手收租折利無阻未当之先与本家
内外人等並無重張交易如有不明等情是身
自理不干承当人之事恐口無憑立此出当骨
租契為據

光緒三十弍年九月 日 立自情愿出当骨租约人吴志晦押

中兄 吴得明押

書 親筆押

秋口镇鸿源吴家 53 · 光绪三十二年 · 出当骨租约 · 吴志晦当与征其

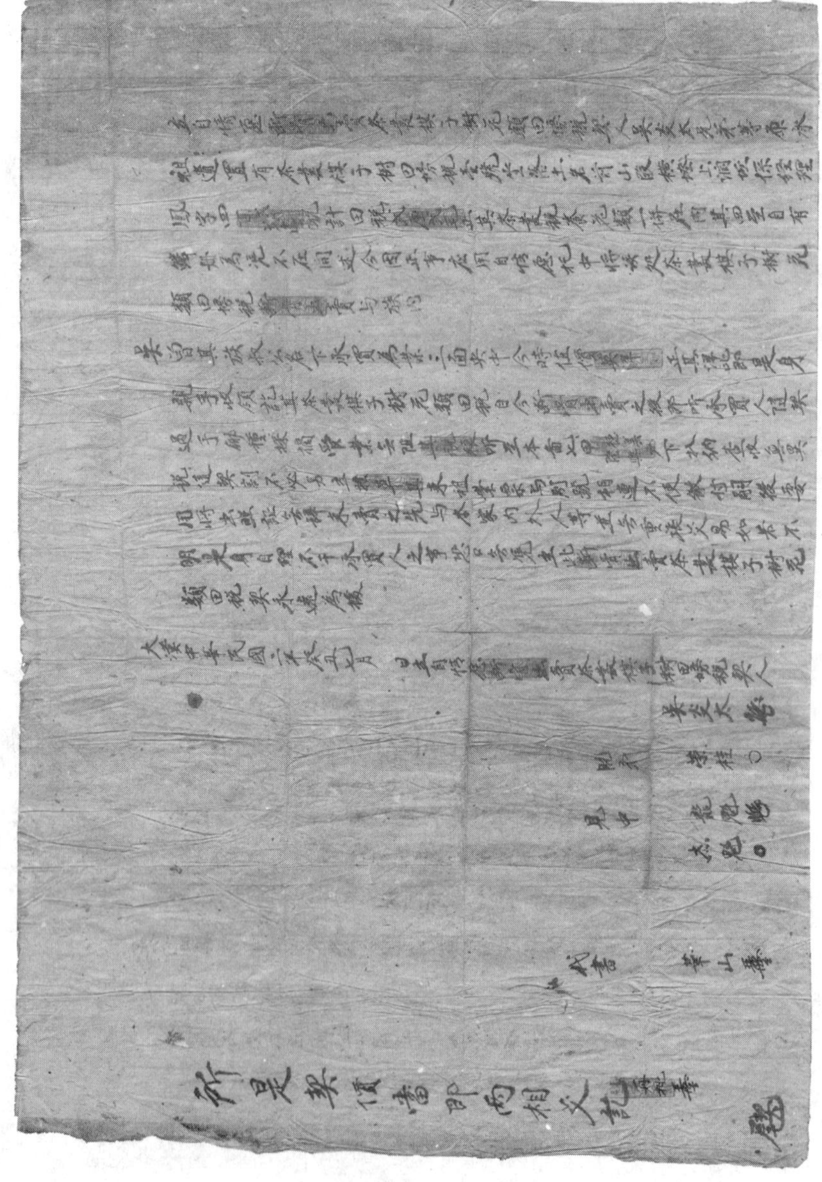

秋口镇鸿源吴家 106 · 民国二年 · 断骨出卖茶丛、树、田塝税契 · 吴炎太卖与吴曾其

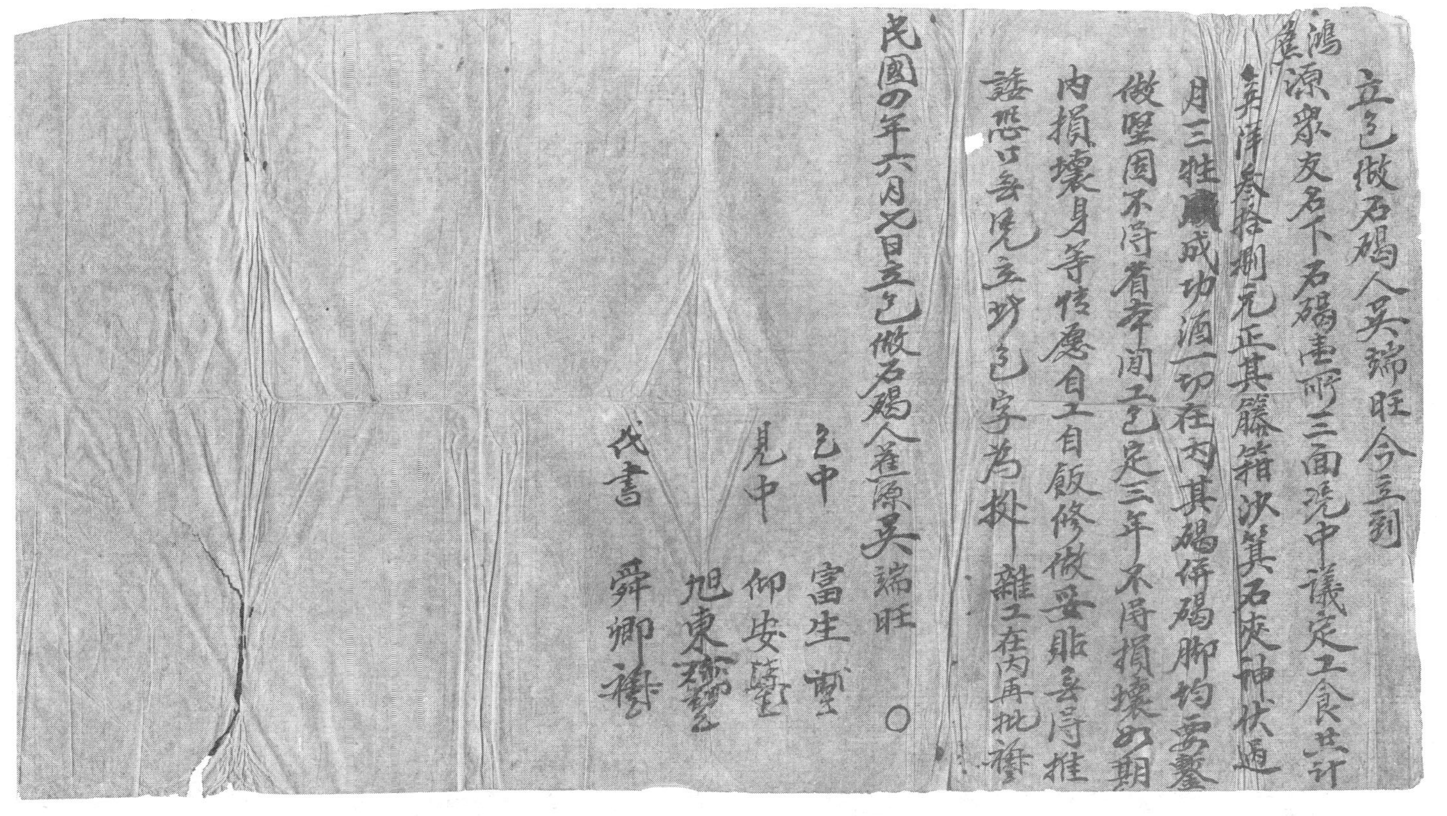

立包做石碣人吴端旺今立到
鸿源众支名下石碣壹所三面凭中议定工食共计
英洋叁拾捌元正其籐箱泆箕石灰神伏通
月三牲 成功酒一切在内其碣併碣脚均要鏨
做坚固不得着本间工包定三年不得损坏如期
内损壤身等情愿自工自饭修做无辞无得推
诿恐口无凭立此包字为据　雜工在内再批据
民国四年六月七日立包做石碣人崖源吴端旺　○
包中　富生
見中　仰安　旭東
代書　舜卿

秋口镇鸿源吴家 15 · 民国四年 · 包做石碣契 · 吴端旺

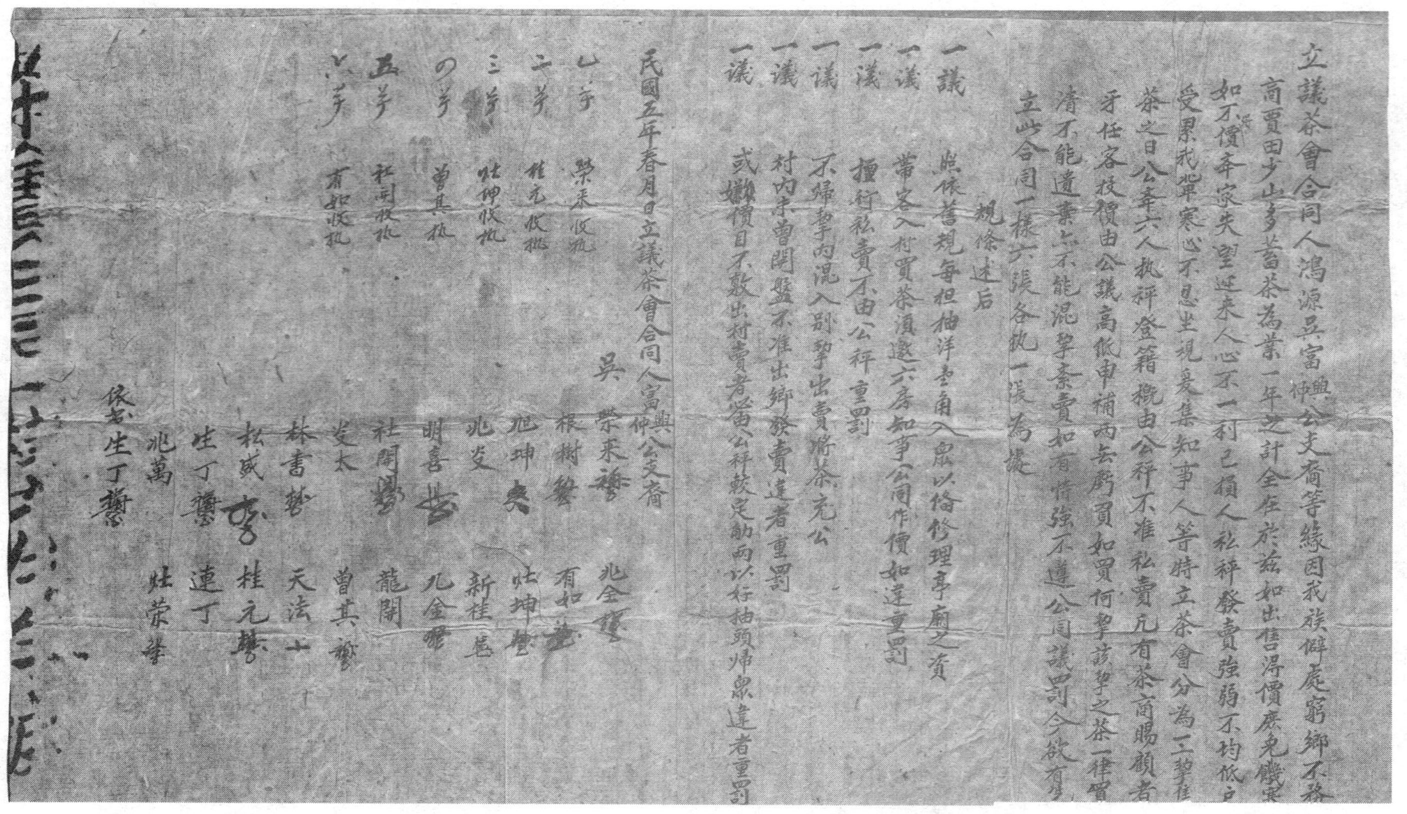

立議茶會合同人鴻源吴富興仲公支裔等，緣因我族僻處窮鄉，不務[illegible]
商賈，田少山多，蓄茶為業，一年之計全在於茲。如出售得價，庶免饑寒[illegible]
如不得價，奔家失望，延來人心不一，利己損人，私秤發賣，強弱不均，低[illegible]
受累我輩，寒心不忍坐視，爰集知事人等特立茶會，分為二挈，住[illegible]
茶之日，公舉六人執秤登簿，概由公秤，不准私賣。凡有茶商賜顧者，
牙任客投，價由公議，高低申補兩告，所買如買何挈，該挈之茶一律買
清，不能遺棄，亦不能混挈索賣。如有情強不遵，公同議罰。今欲有憑，
立此合同一樣六張，各執一張為據。

規條述后

一議 照依舊規，每担抽洋壹角入衆，以備修理亭廟之資
一議 帶客入村買茶，須邀六房知事公同作價，如違重罰
一議 擅行私賣，不由公秤，重罰
一議 不歸挈内混入别挈出賣，將茶充公
一議 村内未曾開盤，不准出鄉發賣，違者重罰
一議 或嫌價目不敷，出村賣者，當公秤較定，勒兩以好抽頭歸衆，違者重罰

民國五年春月日立議茶會合同人富興仲公支裔

一字 榮來收執
二字 桂元收執
三字 灶坤收執
四字 曾其收執
五字 社開收執
六字 有如收執

吴 榮來 兆全
根樹 有如
旭坤 灶坤
兆发 新桂
明喜 九金
社開 龍開
文太 曾其
林書 天法
松盛 桂元
灶丁 連丁
兆萬 灶荣

依書 生丁

秋口镇鸿源吴家 147 · 民国五年 · 议茶会合同 · 富兴、富仲公支裔

秋口镇鸿源吴家 112　民国六年　断骨绝卖地契 · 吴灶富卖与曾其兄

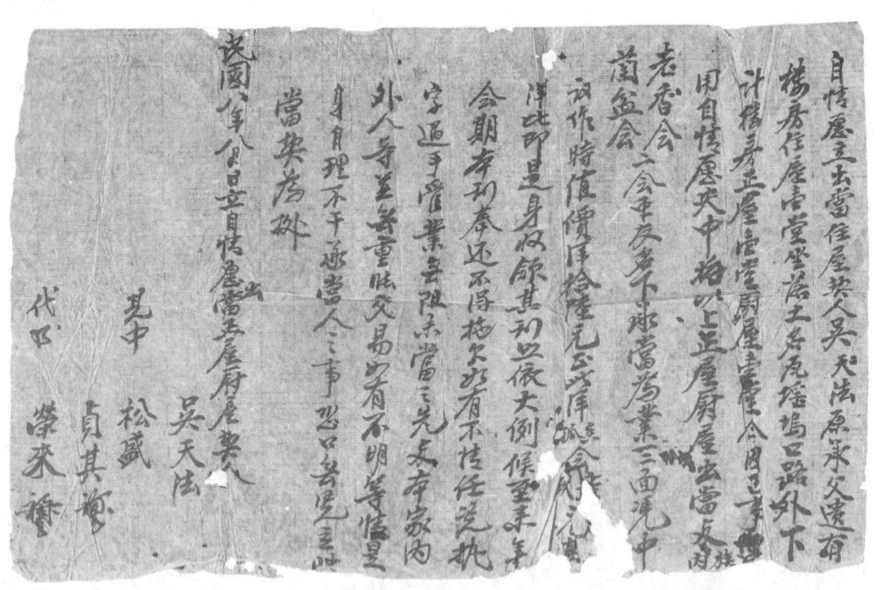
自情愿立出當住屋契人吳天法原承父遗有
楼房住屋壹堂坐落土名瓦窑塢口路外下
计楼房正屋壹堂厨屋壹堂今因正事[illegible]
用自情愿央中将以上正屋厨屋出當与本族
老香会、
蘭盆会二会年友名下承當為業三面凭中
議作時值價洋拾陸元正其洋[illegible]
洋比即是身收領其利照依大例候至来年
会期本利奉还不得拖欠如有不清任从执
字过手管業無限未當之先與本家内
外人等並無重張交易如有不明等情是
身自理不干承當人之事恐口無凭立此
當契為据
民國八年八月日立自情愿當正屋厨屋契人 吳天法
見中 松盛 貞其
代筆 榮來

秋口镇鸿源吴家 52 · 民国八年 · 出当住屋契 · 吴天法当与老香会、兰盆会

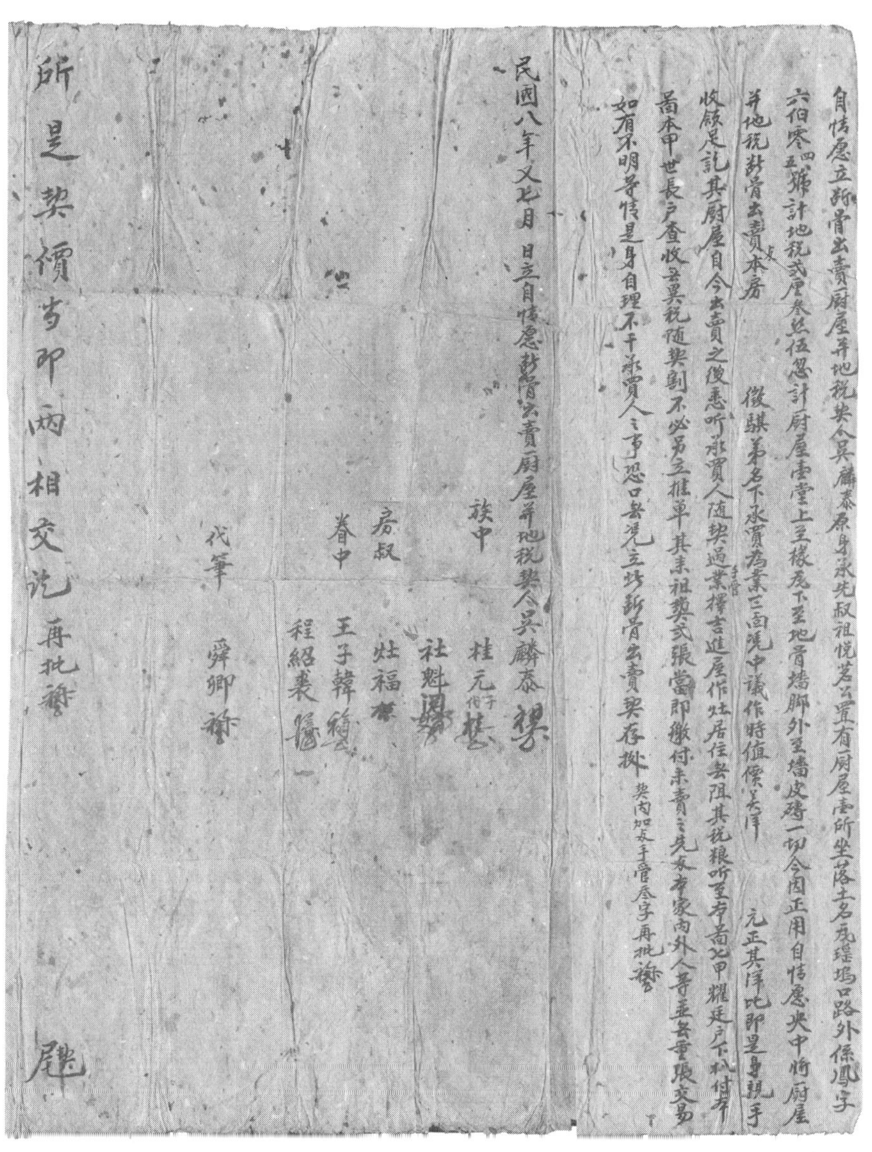

秋口镇鸿源吴家 127 · 民国八年 · 断骨出卖厨屋并地税契 ·
吴麟泰卖与本房征骐弟

自情愿立断骨出賣骨租契人吴元尧，原承祖遗陆貞股有骨租壹號，
坐落土名七畝塢，係岳鳳字柒佰伍拾號，計税壹分伍厘正，自情愿托中將該
貞股骨租出賣與上村 吴徵騏兄名下承買為業，三面凴中
議作時值價洋　正，其洋当即是身親手收訖，其税粮听至本啚五
甲仁茂扒付中義吳戶查收，其來祖業票与別號租連，不便繳付，日後要
用將出照証無辭。其四至自有鱗册為凴，不必開述。未賣之先与本家
內外人等並無重張交易，如有不明，是身自理，不干承買人之事。恐
口無凴，立此出賣骨租稅契為據。
再批揷計別字大[illegible] 押
民国九年捌月日立自情愿断骨出賣骨租契人吴元尧 押
見中 吴開泰 押
書 親筆 押

所是契價當即兩相交訖 再批 押 押

秋口镇鸿源吴家 81 · 民国九年 · 断骨出卖地坦山税契 · 吴元尧卖与吴征骐

立断绝出卖骨租税契人吴元尧原承祖遗有谈月股骨租壹号坐落土名七畈墙深
坵係凰字柒百捌拾號計骨租壹秤半其四至有鳞册為憑不必用述
今因正事慈用自情愿托中將該身股骨租拾俵齐硪出賣与上村
吴微駆兄名下承買筮筭三面凭中议作時值價洋　　正共此即是身親手收訖
足其朱祖与别駞相連不便級付税隨契此不以另立推事其税款听里本郡本画五
甲仁義代付七甲義圖茶收日後要用悉出此批無辞其税款悉叫買人隨契此手
畜業收祖無阻未責与先占本家内外等並無重張交易如有来明此身自認不干
買人之事怒日無凭立聟出賣骨租稅契為據

民国九年捌月日　自情愿断骨出賣骨租稅契人鴻源吴元尧（押）
　　　　　　　　　　　見中　吴用恭（押）
　　　　　　　　　　　書　　　親筆（押）

所是契價當即两相交訖

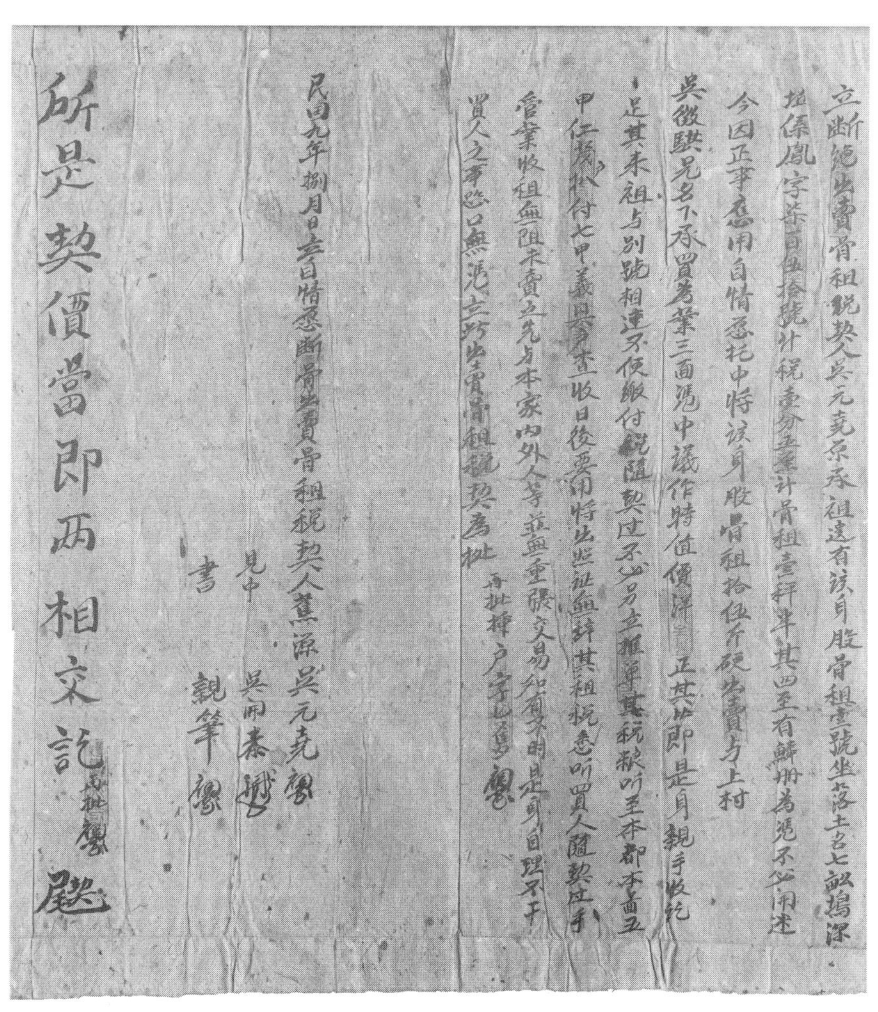

秋口镇鸿源吴家 101 · 民国九年 · 断骨出卖骨租税契 · 吴元尧卖与吴征骐

立議承種字約人吴上保今承種到村内
新灯会衆友名下有山壹号坐落土名高刀硔西边塝山一局上至面咒
中衆面言定山皮工杉松雜木一併貼種山人取用其山鋤種之後
訂定扦苗以後新苗連苗腦生發之苗一齊成材出拚照依工例
6以均分山主人得六分種山人四分山内苗竹成林照竿生發之竹
一三兄均分種山人得一三分山主人得二分此山苗竹均要山主衆人合
守时常出拚無論山主種山人兩面议定活作錢山内有桂子另貼
種山人採摘其山鋤種三年之後中人工山面看備有不扦新苗
所是苗腦生發之苗日後出拚要種人無涉恐口無憑立此承
種永遠為證

民国拾壹年蔭月吉日立承種字約人吴上保 押

中見 兆全 押

灶坤 押

親筆 押

秋口镇鸿源吴家 149 · 民国十一年 · 承种字 · 吴上保种到新灯会众友

自情愿立出當田皮骨租茶叢園地契人吴天法
原身承祖遗有田皮骨租壹号坐落土名墙背係鳳
字五伯九十六号计税式厘九毛捌丝式忽计田壹坵园
地茶叢在内又屋门口园地并棋子树壹根一并在内
其四至眼同指明不必開述今因正事要用自情愿
央中將以上田皮骨租园地茶叢棋子木一并出當
与族内
新朝香众友名下承当為業三面凴中议作時值
价洋拾元正其洋当即是身仝中親手收訖足
讫其利照依大例行息俟至来年茶市本利一併
奉还不得拖欠如有不清任凭众友挑字過
手管業無阻未当之先並本家内外人等並
無重張交易如有不明等情是身自理不干
承当人之事恐口無凴立此当契為据
契内加中年本三字再批
民國十二年八月日立自情愿出當田皮骨租园地茶
叢棋子木契人吴天法
見中兄 林太
代筆 榮来

秋口镇鸿源吴家 34 · 民国十二年 · 当田皮骨租茶丛园地契 · 吴天法当与新朝香众友

立自情愿断骨出卖田皮税契人吴春树原承叔置坐落土名古莹辛田计皮柒秤係莫字二百十號计税六厘正其田四至自有鄰册為凴不必開今因正事應用自情愿將田皮租稅出賣交上下房新灯會甲友名下為業三面凴中議作時價洋顧訖其稅願聽至本番本甲德戚戶孔付德字戶魚收其未賣之先為本家内外人等並無重地交易如敫付調俊要用將此照証辭未賣之先立此出賣田皮税契為據有不明等情是身自理不干買人之事恐日多凴立此出賣租皮稅契為據

外加稅值契到不多另主推異住另買人迁手耕種不阻再批簽
有田一號又上截　再批簽

民國甲子年假月　日立自情愿出賣田皮租稅契人吳春樹簽

見中　紅坤鎮
明意
志坤鎮
新莊　灶田
代書　微其　簽

所是契價言即兩相交訖　再批簽

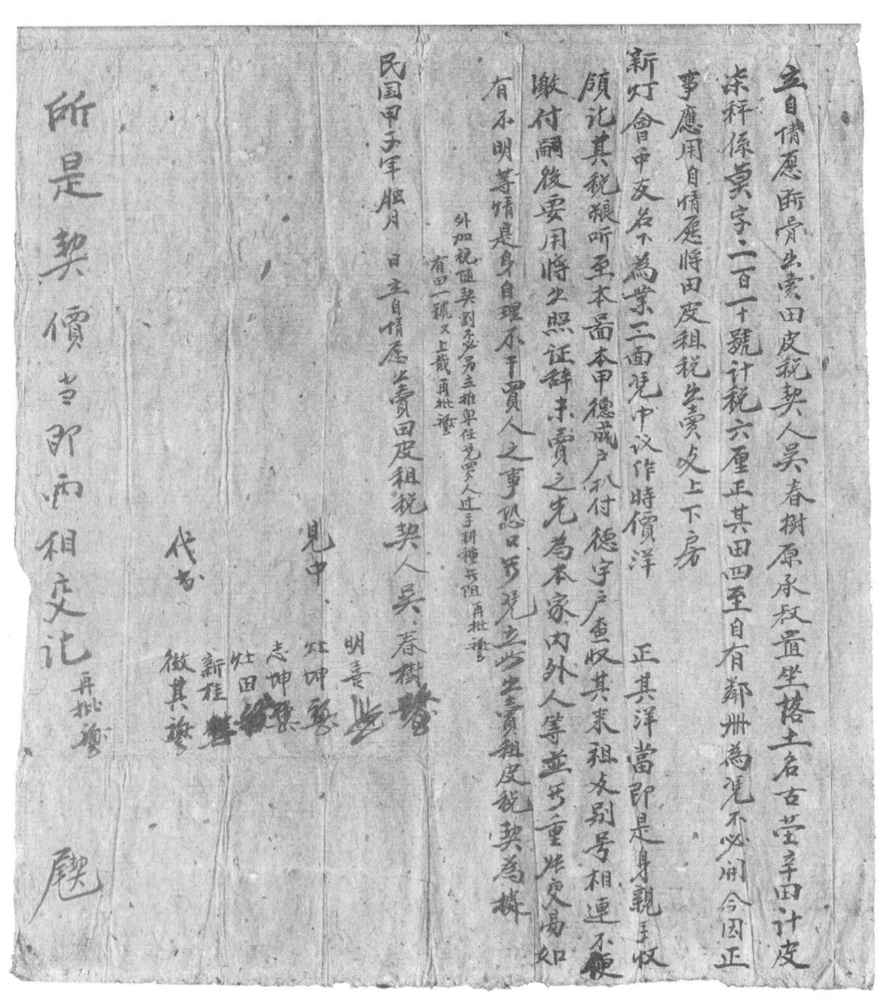

秋口镇鸿源吴家 94 · 民国十三年 · 断骨出卖田皮税契 · 吴春树卖与新灯会众友

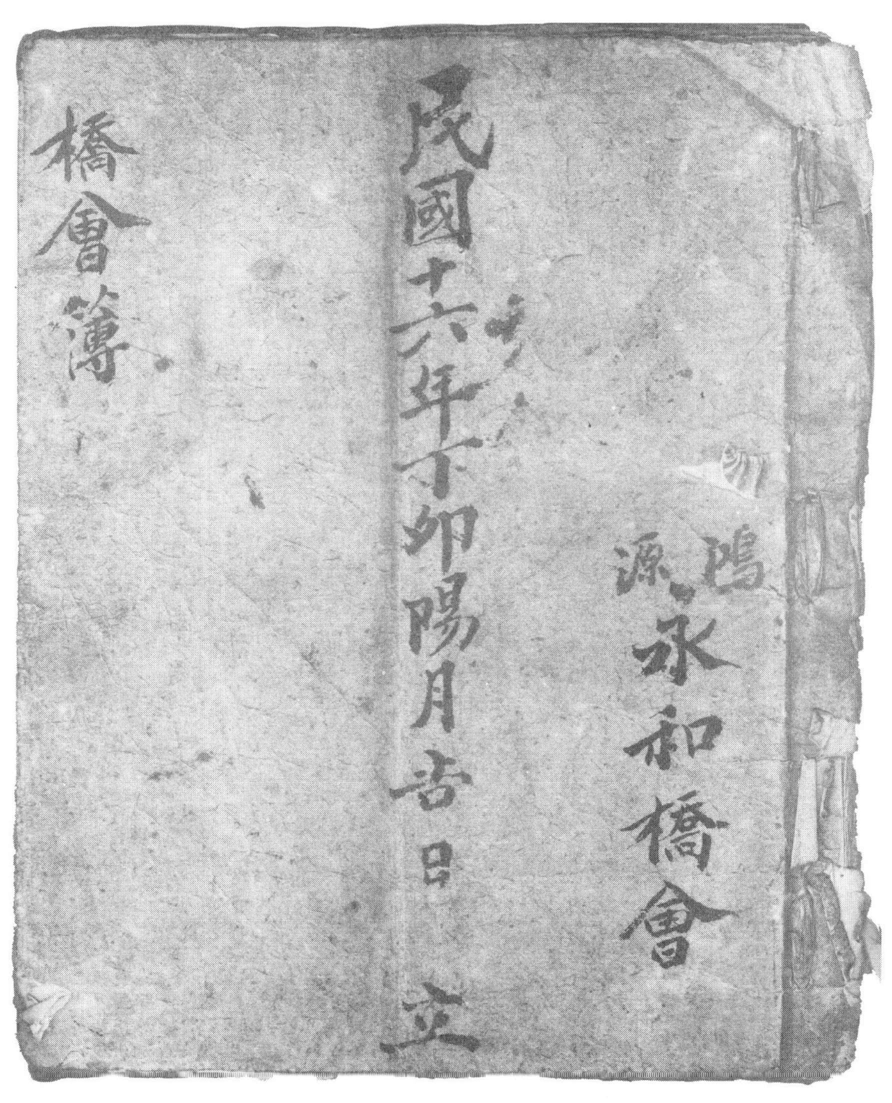

秋口镇鸿源吴家 1-1 · 民国十六年至三十年 · 鸿源永和桥会簿

民國十六年丁卯歲六陽月初一日橋會照

依老簿甲頭抄錄

一甲 岩林 兆富(淦業) 吐坤 榮松

二甲 兆焱(日上森做) 榮太(業) 吐坤(侄) 岩喜(侄叔)

三甲 榮春 有恆 新桂(保梓) 新年

四甲 法丁(業)(归福和日樹青做) 吐福 新荣 裕興

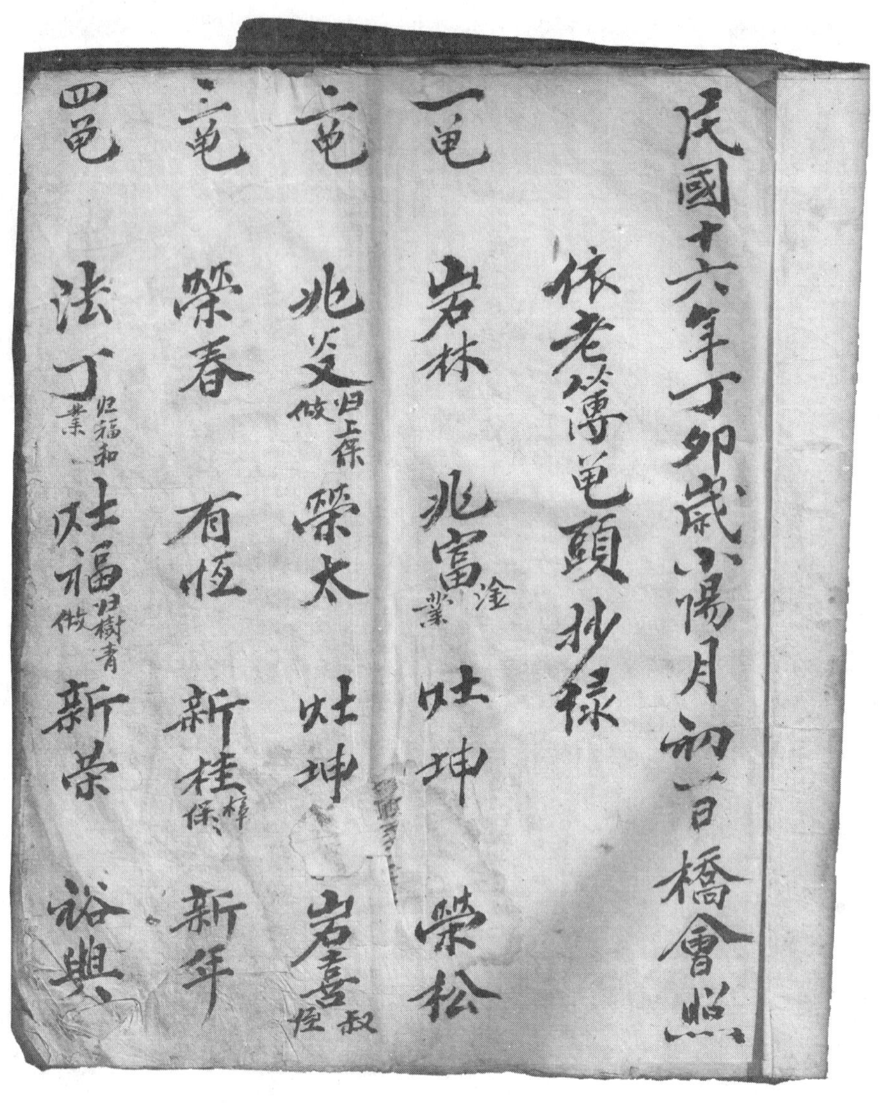

秋口镇鸿源吴家 1-2·民国十六年至三十年·鸿源永和桥会簿

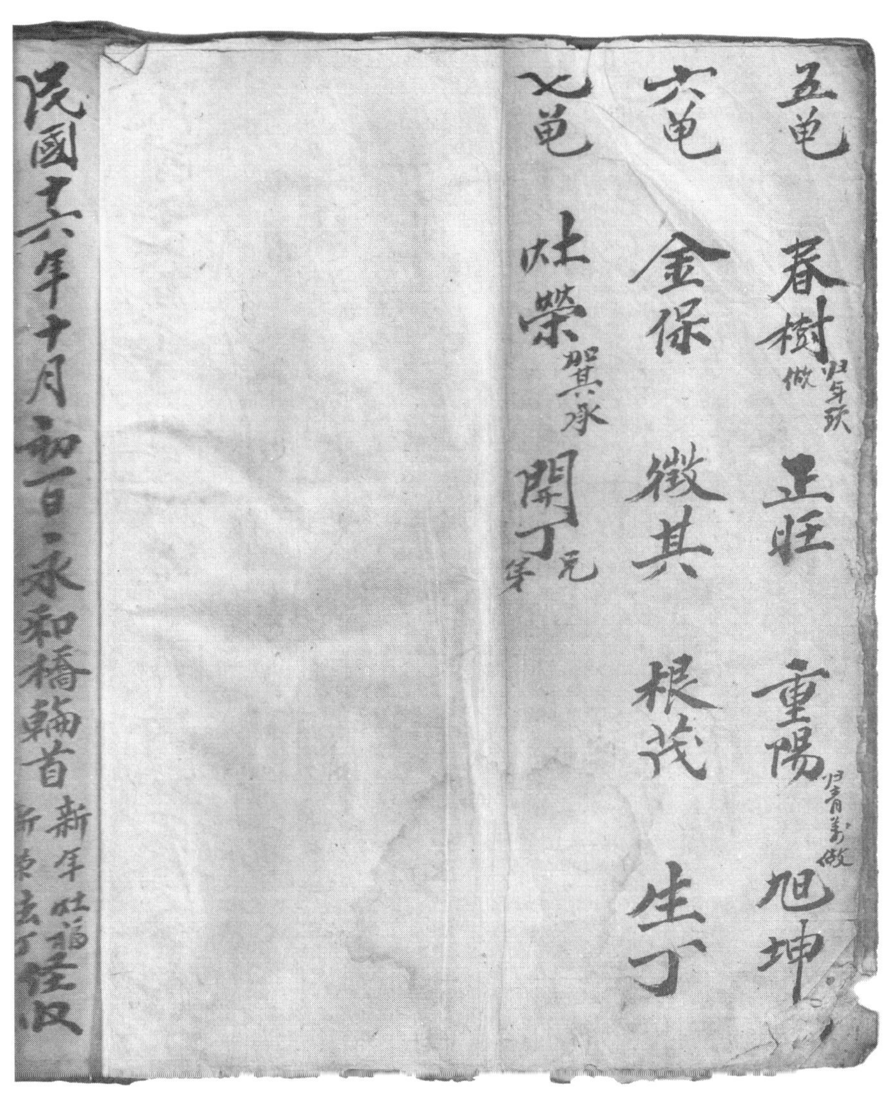

秋口镇鸿源吴家 1-3 · 民国十六年至三十年 · 鸿源永和桥会簿

民國卄六年十月初百永和橋輪首新年吐福新榮法丁經收

欠項人名

一工保 該美洋五元代墊

一冠化 該美洋五元 該利洋元低進元收進元

一旺榮 該美三元 該利洋六角收

一勝林 裡雄茶租洋七角 勁收八角 收

租額于后

一貞其 個會後堘裡租之戈彩辰米七斤

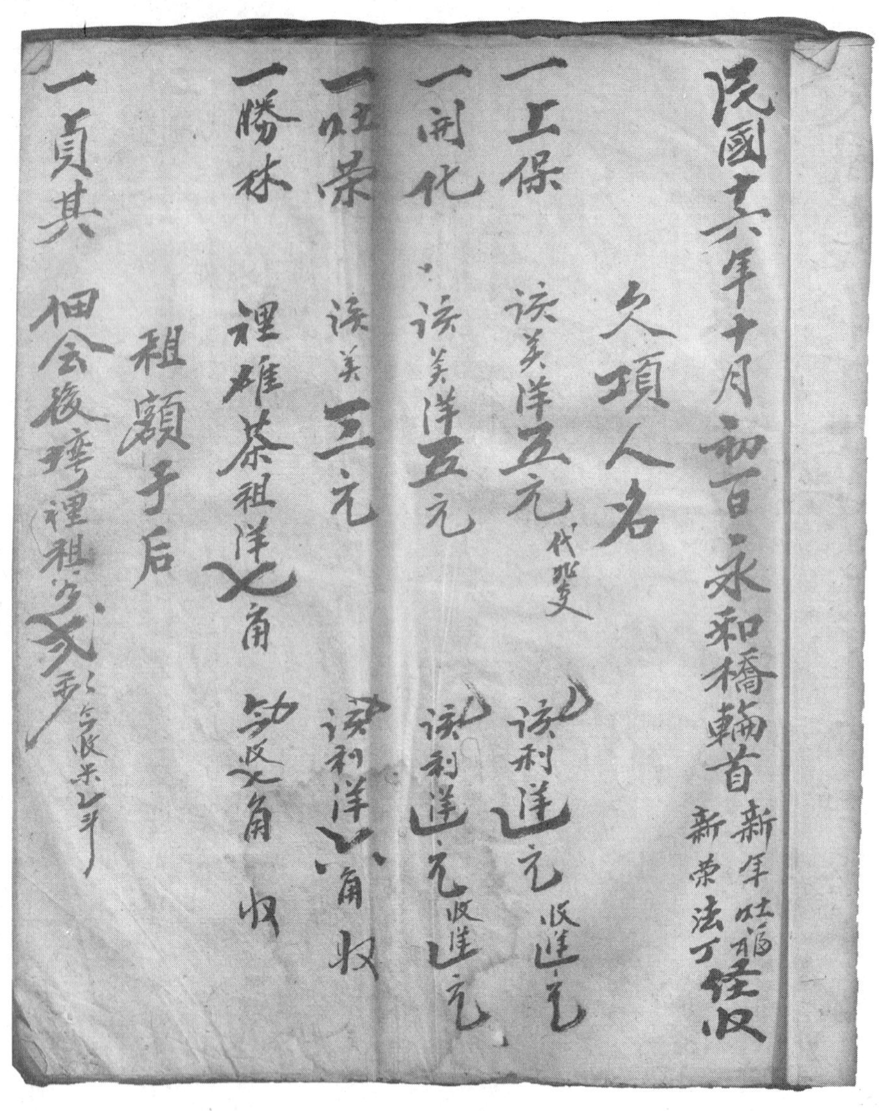

一吐福 二畝垯取贖 美洋拾弍元
一兆全 二廿 兆全借轉
注高山正圩祖谷乙秤零四斤 氣弍 美拌尽
一兆全 新借
誤美洋九元五角 該利洋元九角
收利洋美元揽本洋水
支消述后
支洋弍元 奈亥弍千 支毛多十文 一挫迪

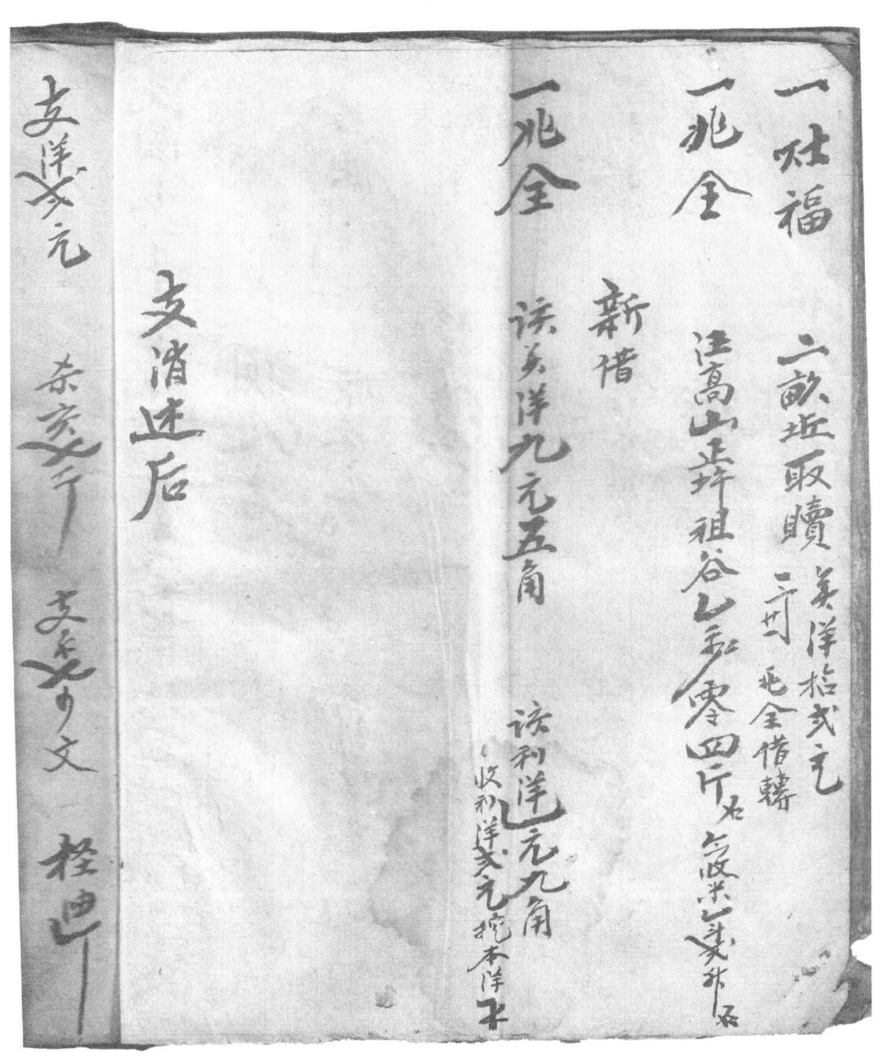

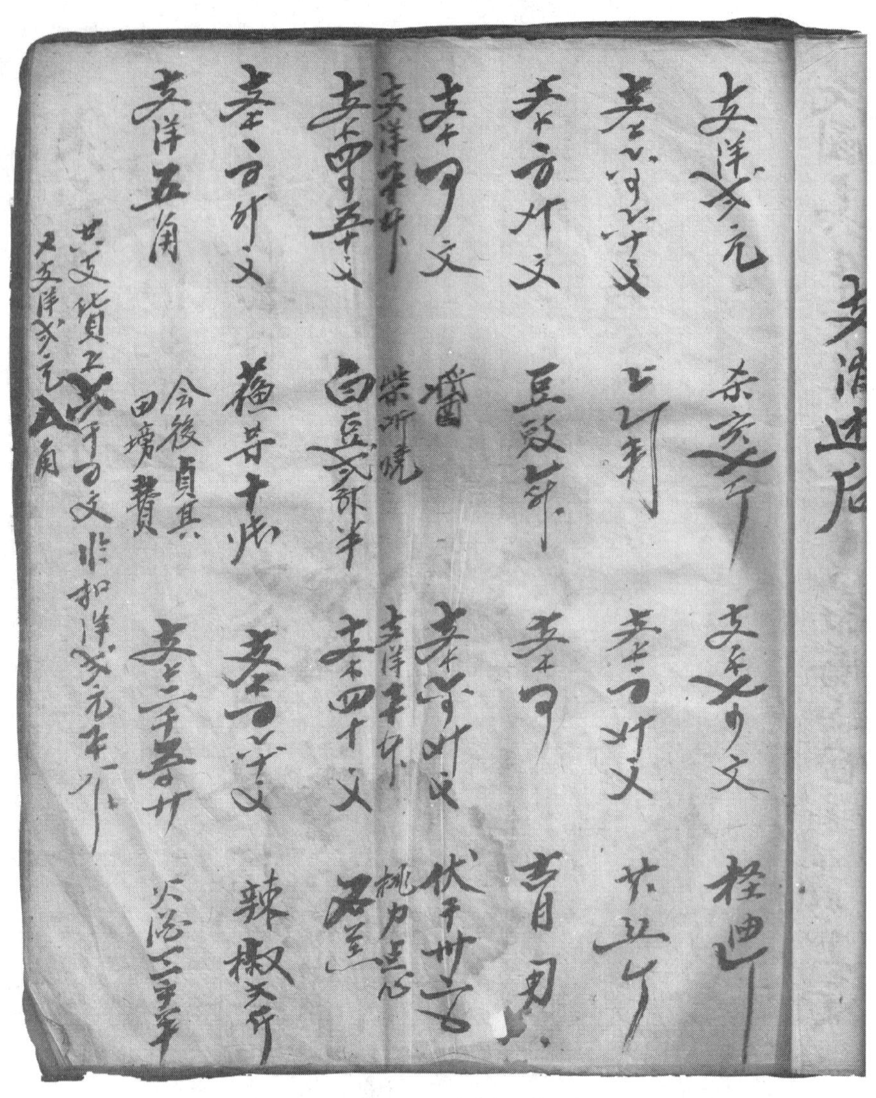

秋口镇鸿源吴家 1–6 · 民国十六年至三十年 · 鸿源永和桥会簿

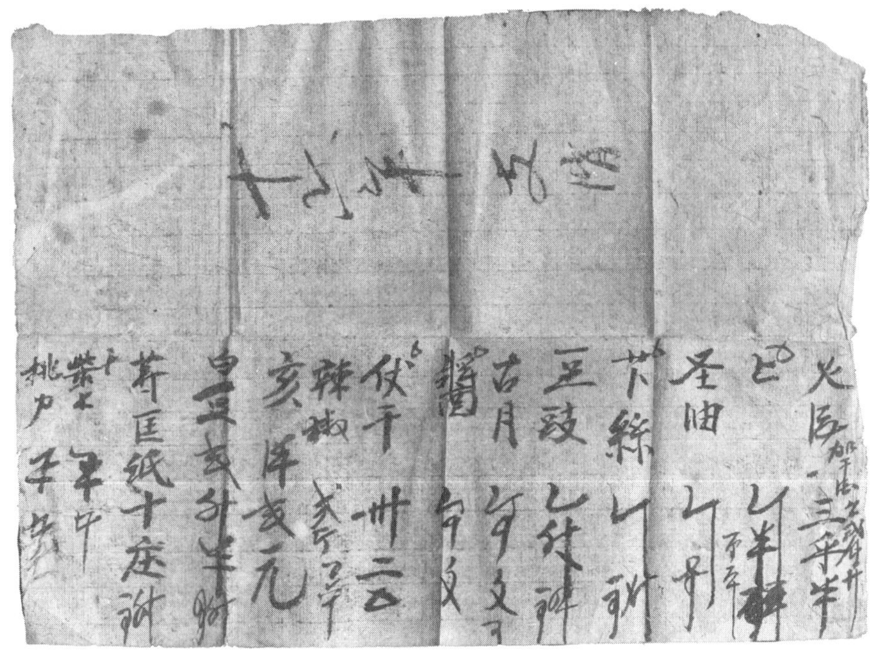

秋口镇鸿源吴家 1-7 · 民国十六年至三十年 · 鸿源永和桥会簿

大廿政運利洋五元三夆
除费用仍多洋二平六
外收叢搭橋工叢洋平丅
仍多洋八角存灶崇候交粮算

丁卯年十月廿六眾面照依老簿抄下原老簿乙本
歸原兆全收执 前尚契式只、兆交契乙只、灶崇呆祖六只 崇春收执
甲年当契二只 存生丁执

卖用进洋四元九七八下
仍荣五斤出柰洋一平三
老簿存保金収执

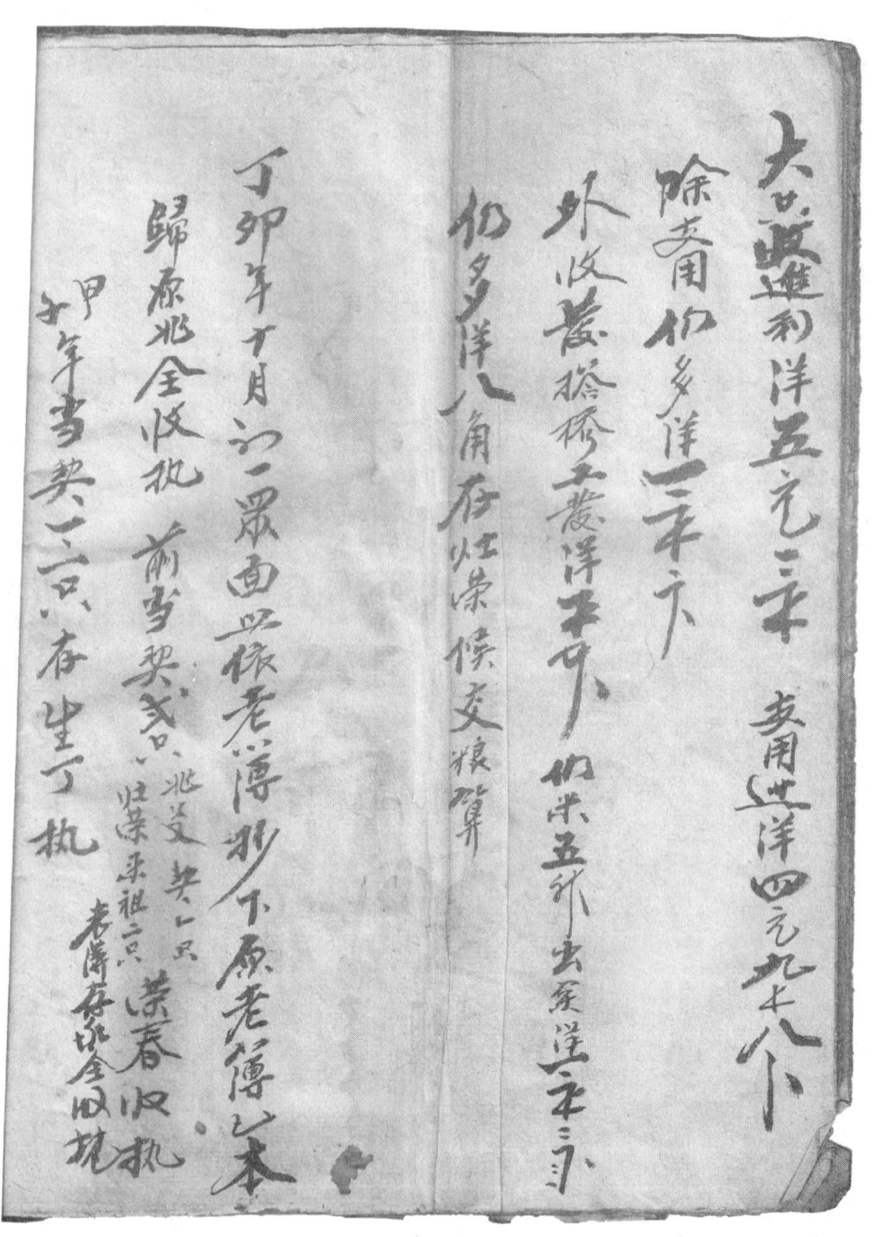

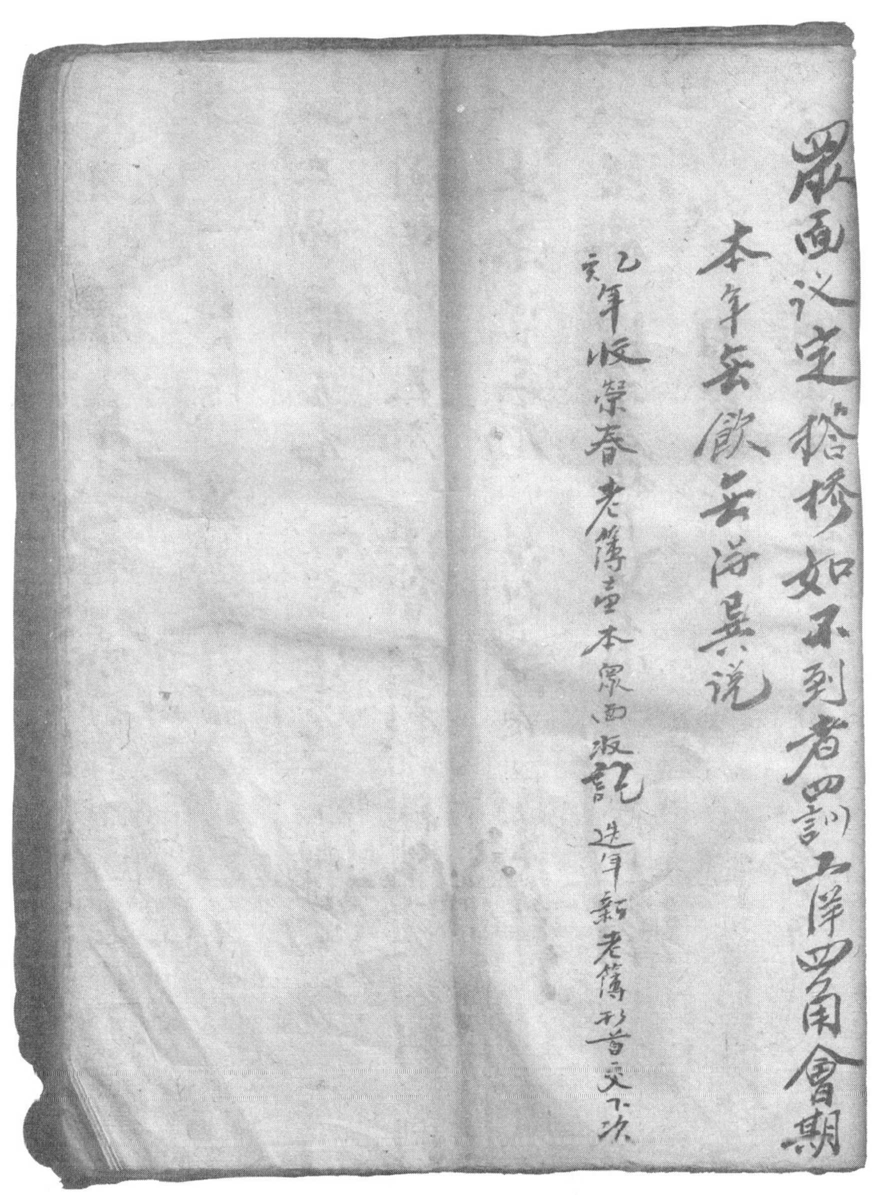

衆面议定搭桥如不到者罰工洋四角會期

本年每歡每洋吴说

乙亥年收榮春老簿壹本衆面收訖 迭年新老簿移首交下次

秋口镇鸿源吴家 1-9 · 民国十六年至三十年 · 鸿源永和桥会簿

民國十六年青普永和橋齡首 禮旺春樹
正旺重陽 經收長利

欠項人名開述

一工保 詳銀五元 詳利長壹元 收利近元
一開化 詳銀五元 詳利長壹元 收利近元
一炷荣 詳銀二元 詳利長六角 收利許不平
一聖林 詳裡雅秦祖眜七角 ㇏ 延文角
祖穀丁△胚
一貝奇 細會後婿裡祖谷 △多 ◯△七斗

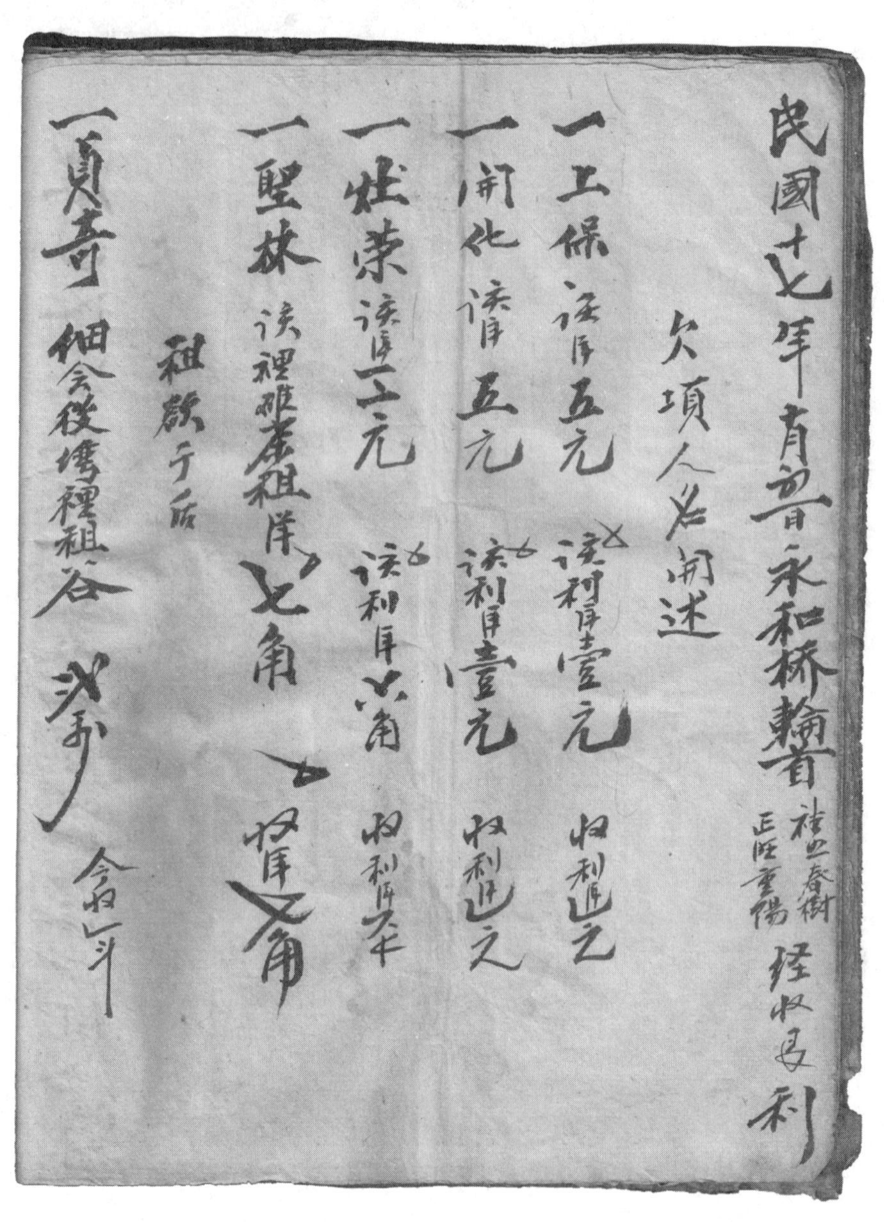

一兆全 何注意洄正地租谷

一兆全 新借去洋九元五角了不稻元余八 收利迴元米八

支消開述

支洋戏元 京兴前

支洋斋了 蒂曲了

支洋五斤 醬一斤

支洋金利 岩石一斤

支子一斗 黄兰一斤

支子一斗 古月

支子一斗 言灵开

支子了 醬

支子了 只茨开

支子升 石兰

支本芋 伏干卅五

支本芋升

大共支本二元柒灯 胩加丹萃一斤

共支洋西元米斤

青莒芋一

支洋姜一 荣呀烧

辣椒兴了

挑力

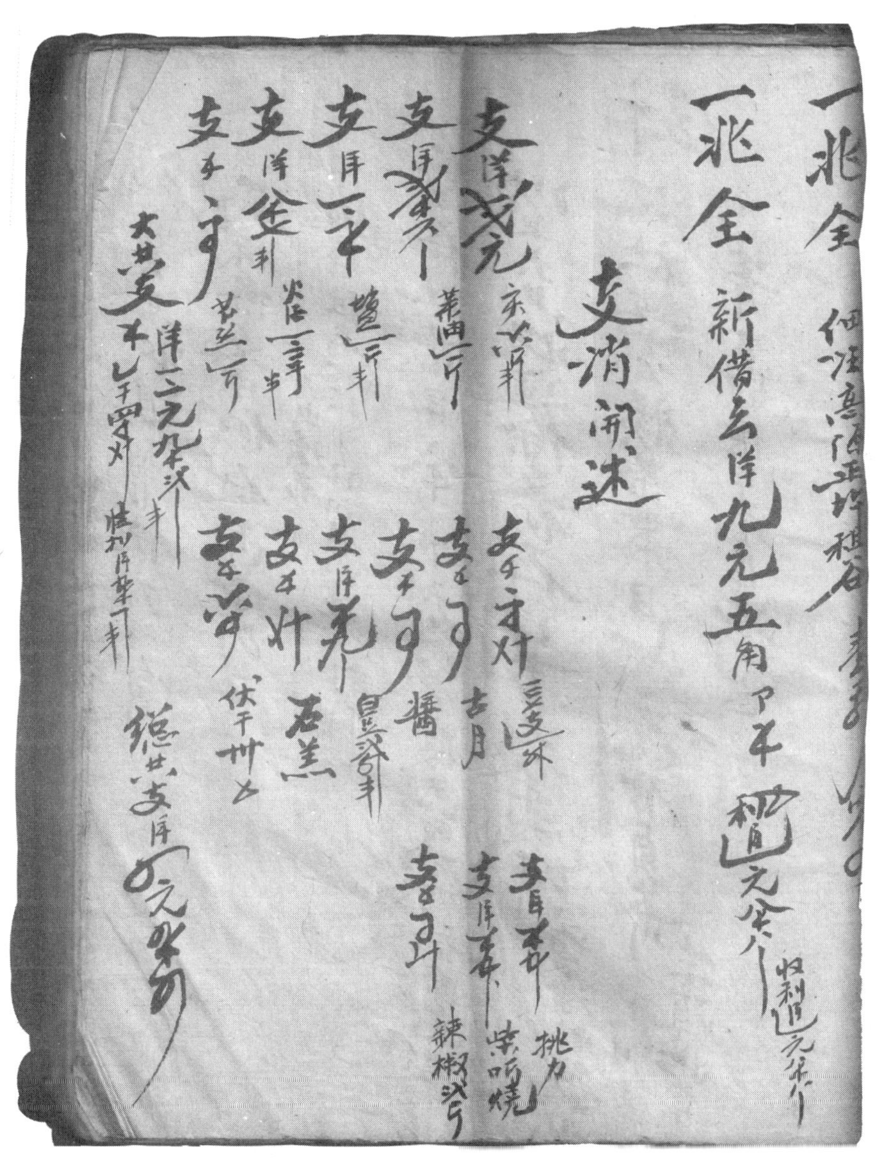

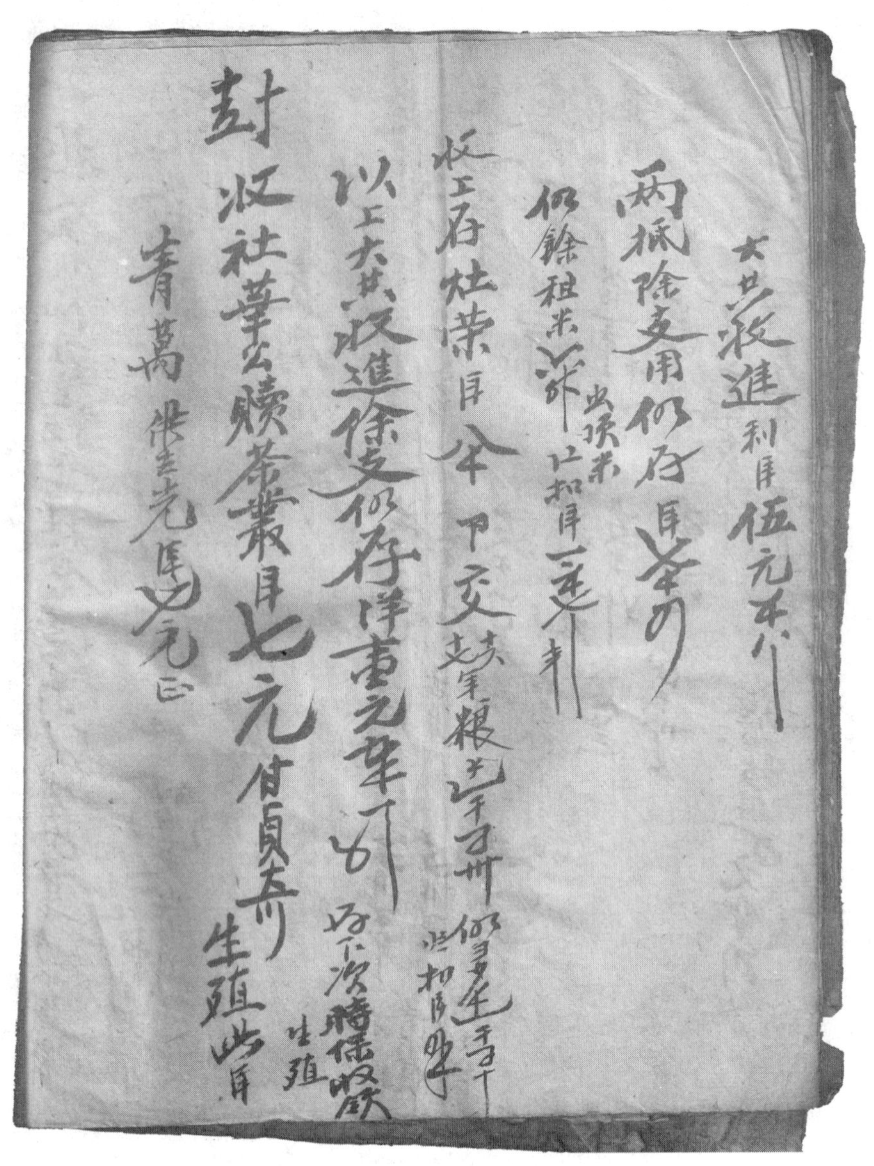

秋口镇鸿源吴家 1-12 · 民国十六年至三十年 · 鸿源永和桥会簿

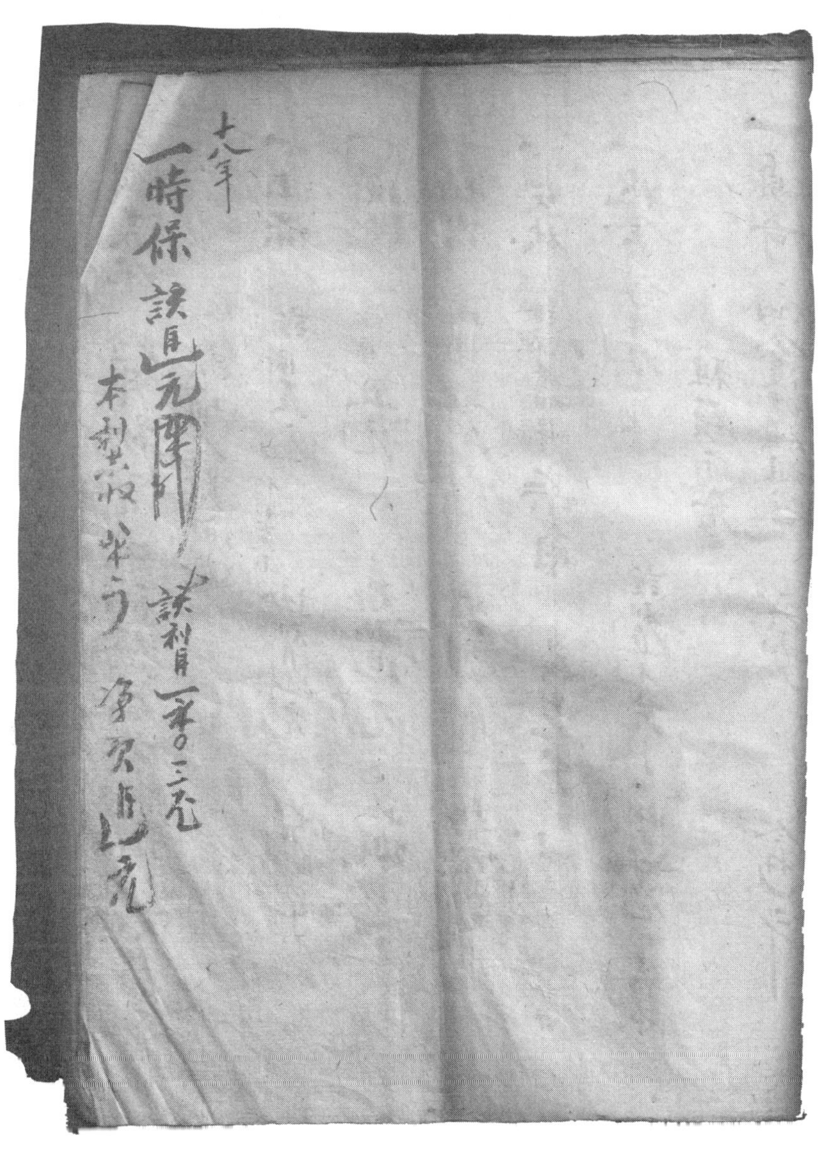

秋口镇鸿源吴家 1-13 · 民国十六年至三十年 · 鸿源永和桥会簿

民國六年拾月初一日永和橋輪首時保 金傑 貞奇 根茂 經如 良利

誤項人員開述

一工保 誤洋五元 代兆芝下 誤利息○元 共○元
一闹化 誤洋五元 誤利息○元 共○元
一快棠 誤洋叁元 誤利息不用
一堅林 誤裡碓茶租洋柴角 謀息足子
一兆全 誤洋九元半 誤利進元余一 如月阿本
一貞奇 佃會浚碼裡租谷 租穎于后 今○斗

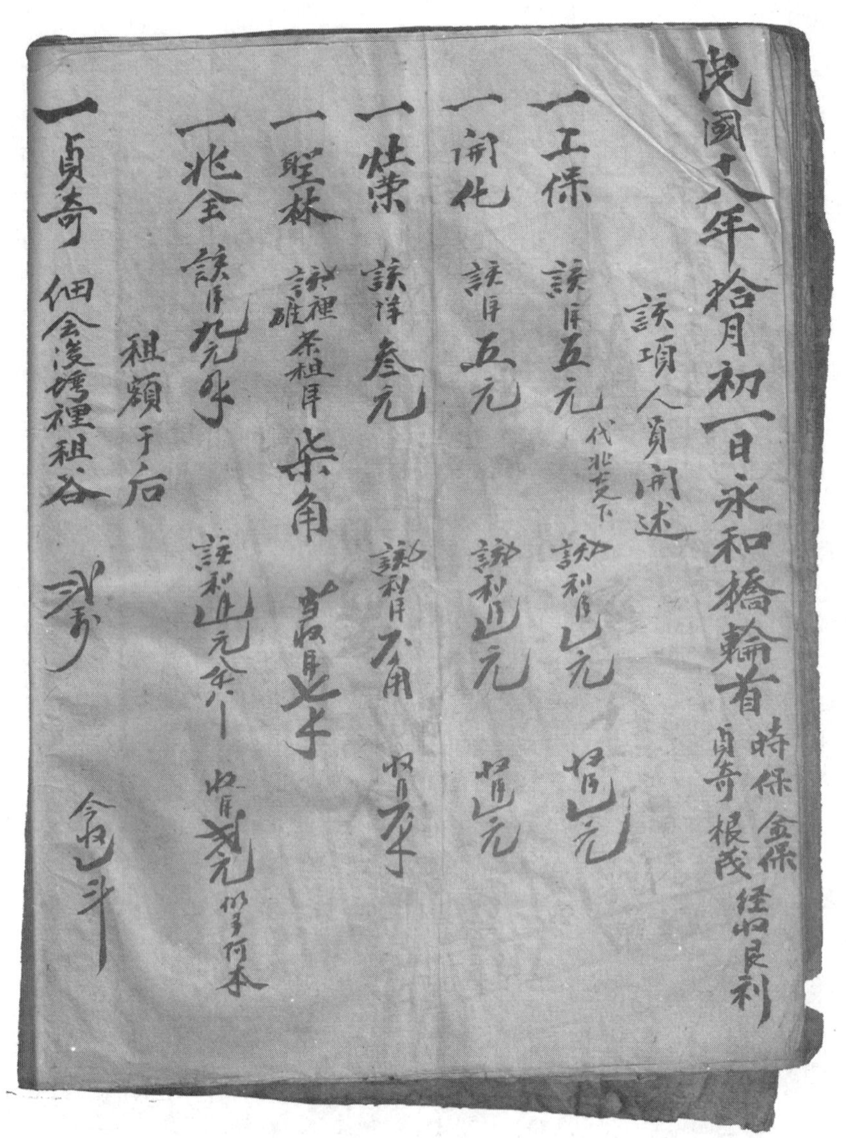

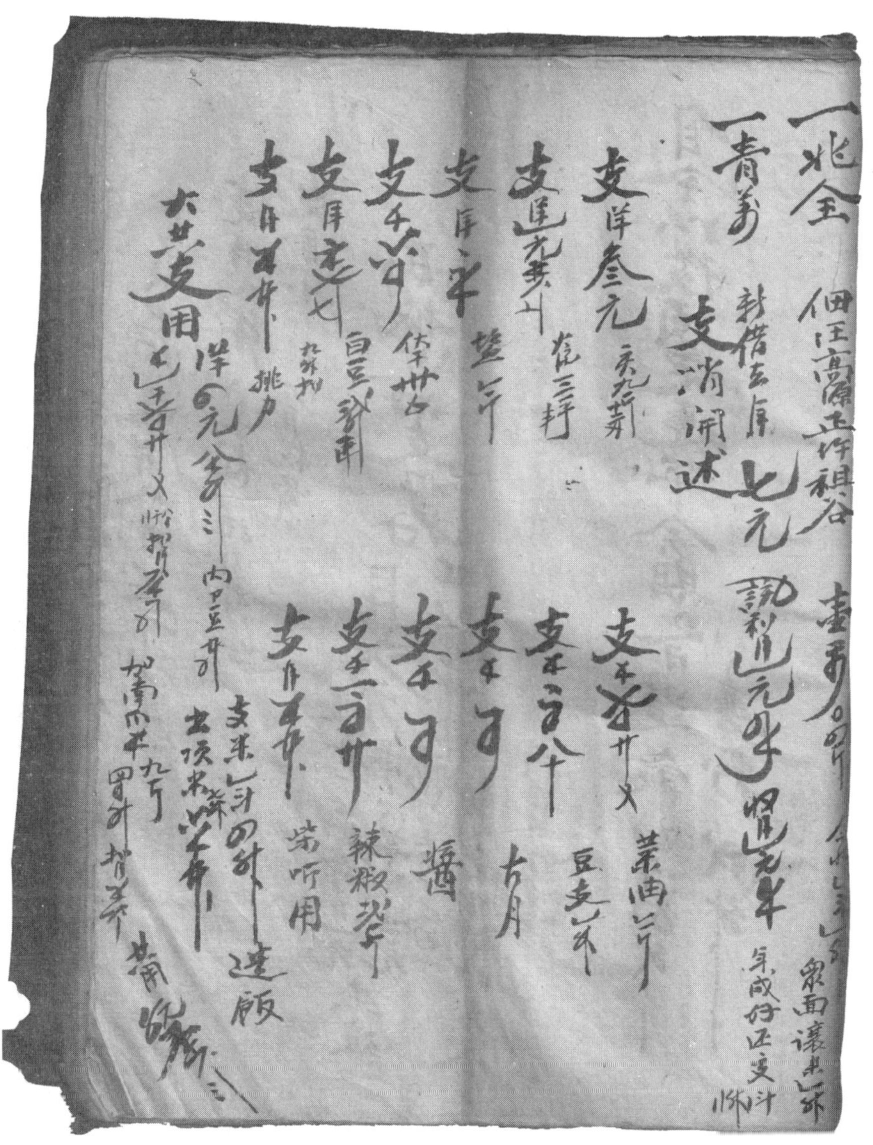

秋口镇鸿源吴家 1-15 · 民国十六年至三十年 · 鸿源永和桥会簿

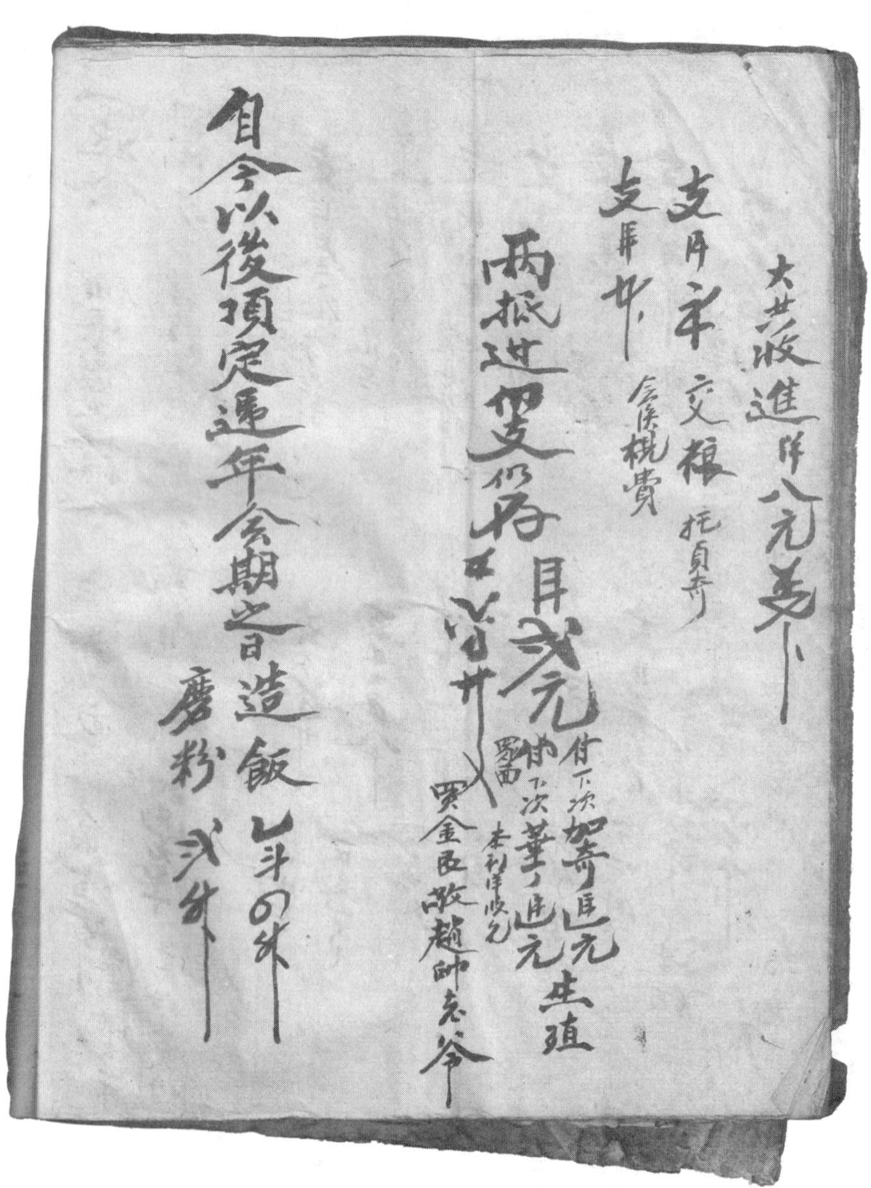

秋口镇鸿源吴家 1-16 · 民国十六年至三十年 · 鸿源永和桥会簿

大共收進洋八元為下
支丹年交粮托負奇
支厓廿会溪柁費
兩抵迎受仍存貳元□□□付下次賀奇匡元生班
　　　　　　　　　　　付下次董○匡元
　　　　　　　　　　　本利津收訖
　　　　　　　　　　　賈金臣啟趙帥克爺

自今以後頂定逐年会期之日造飯山斗四外
磨粉貳升

民國十九年十月初一永和橋輪首丁艷丁策加其 經收銀利

一 上保 該洋五元 該項處各 誤利洋乙元 收洋乙元
一 閗化 該洋五元 誤利洋乙元 收洋乙元
一 灶榮 該洋三元 誤利洋六角 收
一 聖林 裡碓茶祖洋七大 收洋七大
一 兆金 該洋九元茶介 該利洋七元八七五十
　　　　　祖額于后 如陸成元
一 真其 佃祭後灣裡祖谷多秤 收米乙斗

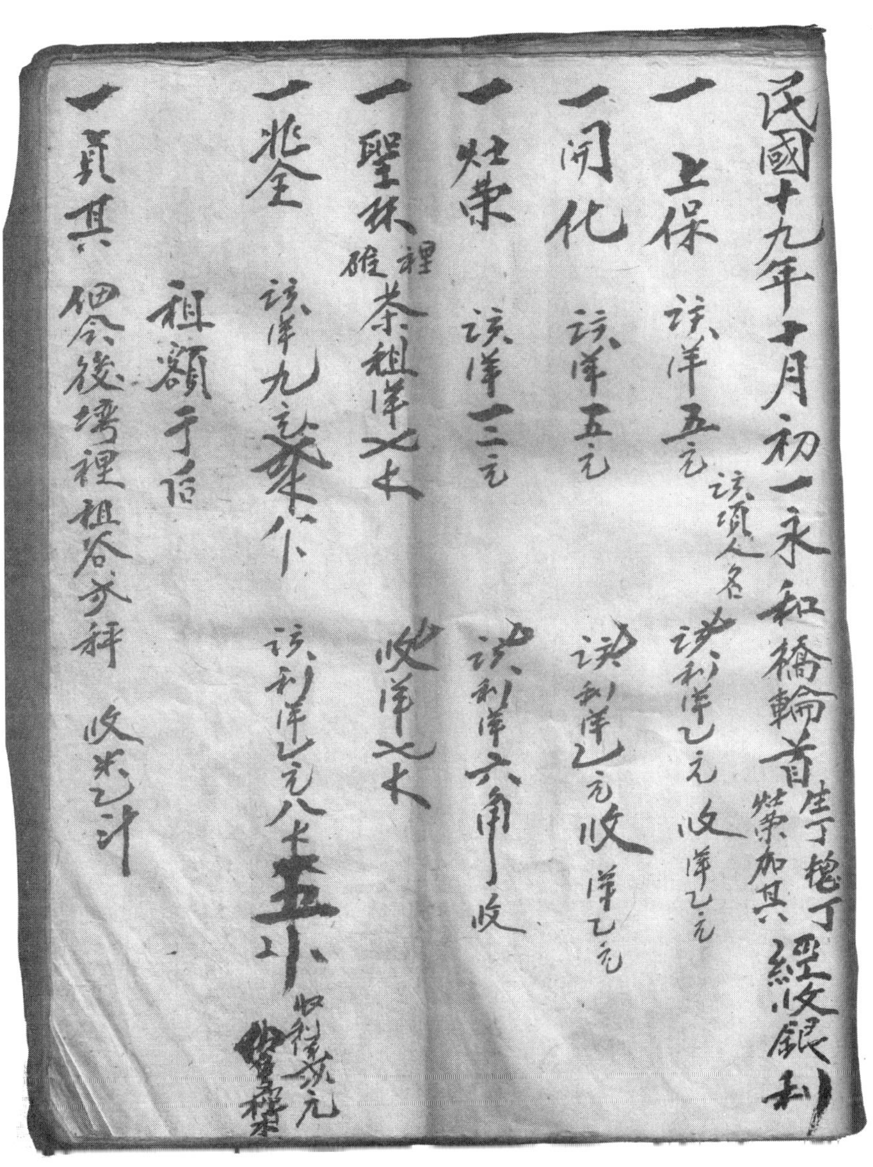

一兆全 佃汪高源玉坪租谷壹秤○四斗○六size山罗

一青仰 該滩火元 該利滩山元米收滩山元水

一加其 該滩山元 李章未收 該利滩分南 加利滩分南

一丫坐丁 該滩五南 該利滩木

一丁槐丁 該滩五南 該利滩木 總收木利滩乙元一未

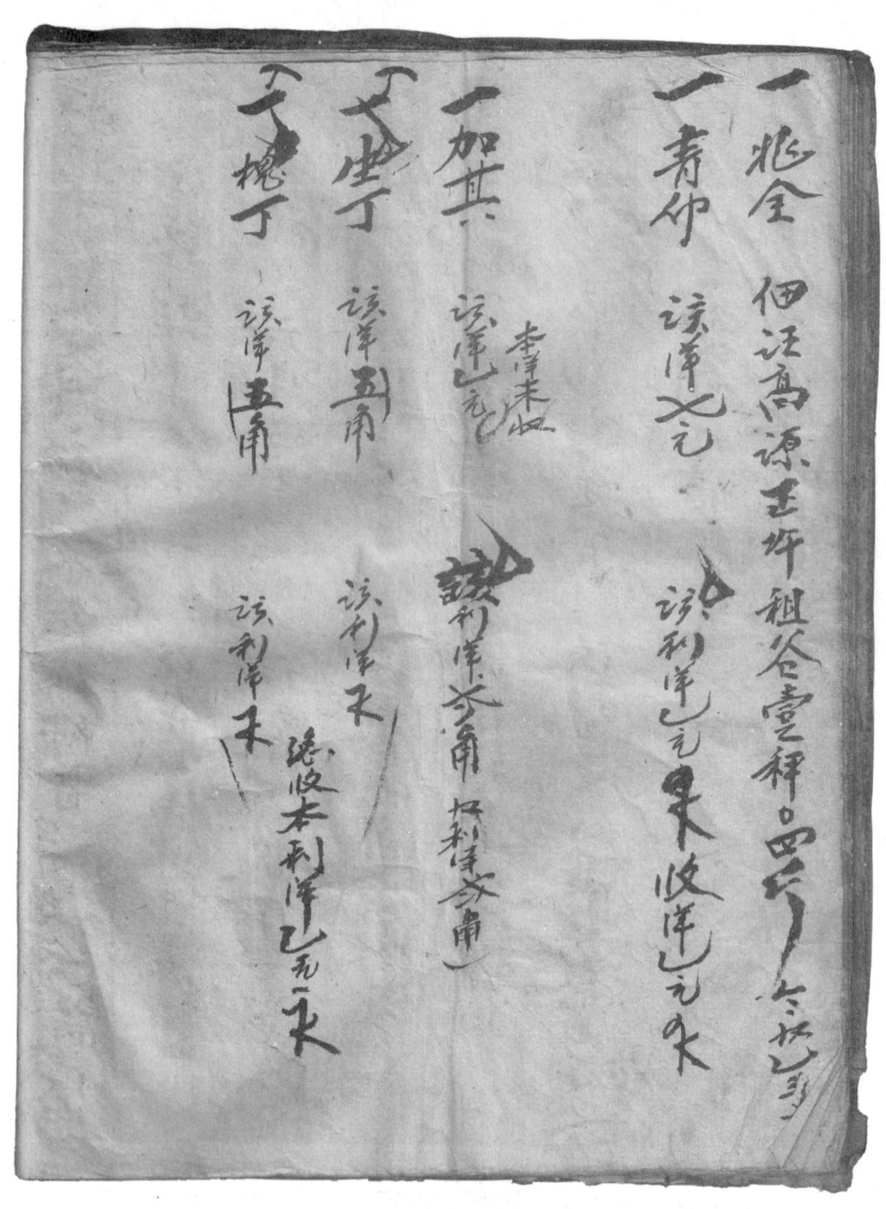

秋口镇鸿源吴家 1-18·民国十六年至三十年·鸿源永和桥会簿

支消开述

支消火酒三斤 支洋壹元千0外 菜油壹斤

查九百文 盐壹斤 支洋五百参外文 白豆参外半

支洋二千外 石菜 支洋五百文 六月 萝箕十五斤

支本百文 伏于廿五0 支本九百五十文

支本百五十文 辣椒二斤 支本0百外 力衣

支洋千0文 柴听用 支洋千0

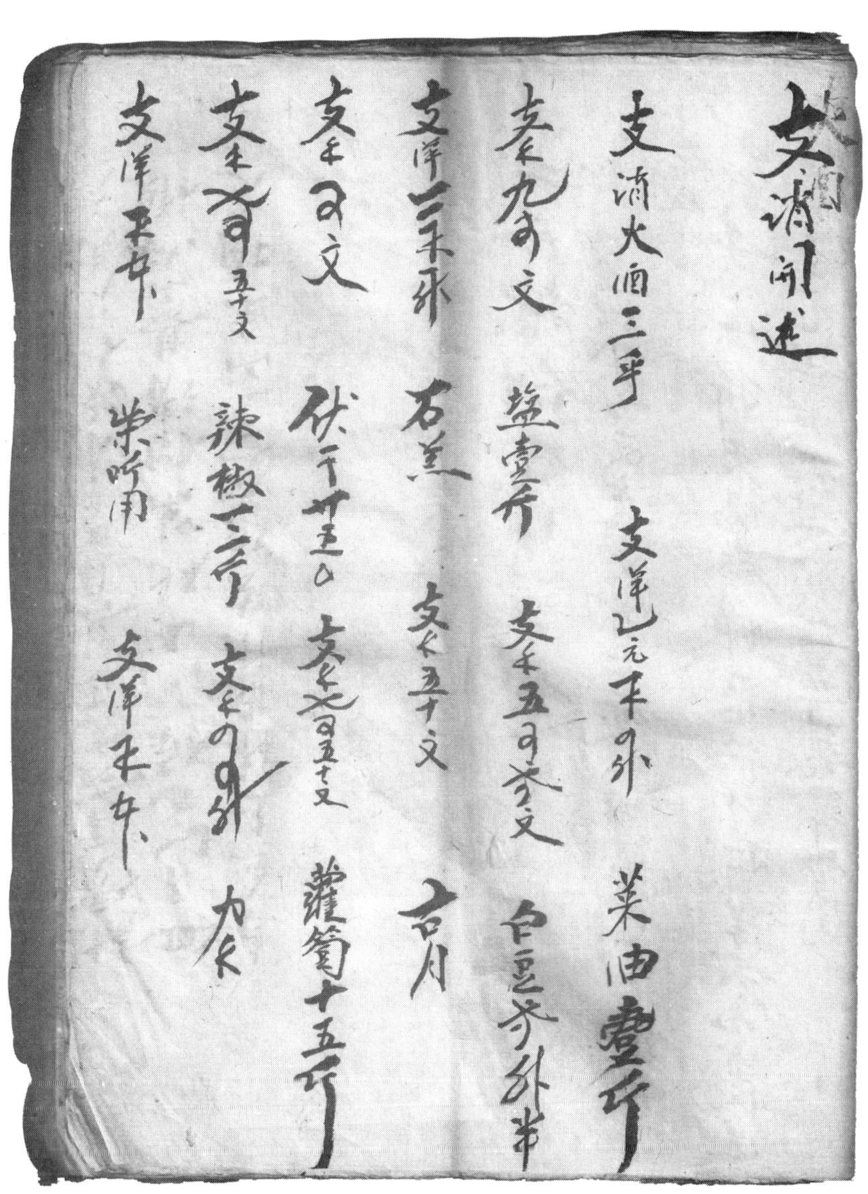

秋口镇鸿源吴家 1-19·民国十六年至三十年·鸿源永和桥会簿

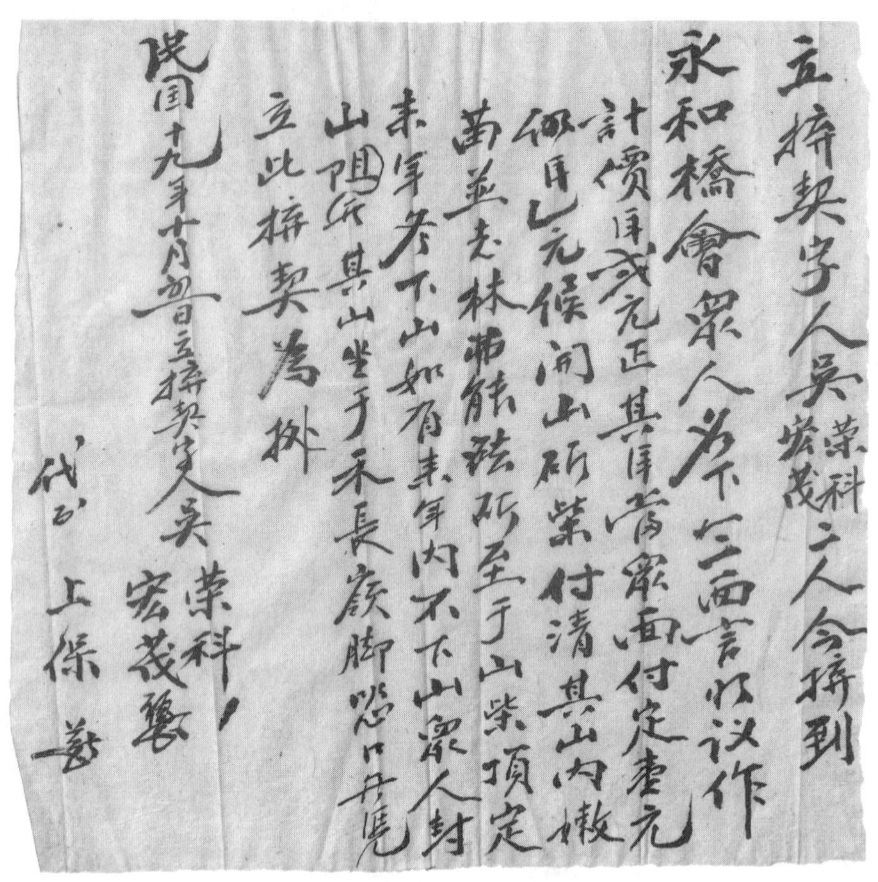
立掭契字人吴荣科宏茂二人今掭到
永和桥会众人名下，三面言议作
计价洋弍元正，其洋当众面付定讫元
倘洋元候开山所柴付清，其山内撤
苗并未林带能弦所至于山柴，须定
来年冬下山，如有来年内不下山，众人封
山阻（押）其山坐于禾长嵌脚，恐口无凭
立此掭契为据
民国十九年十月廿日立掭契字人吴荣科、宏茂（押）
代书 上保（押）

秋口镇鸿源吴家 1-20 · 民国十六年至三十年 · 鸿源永和桥会簿

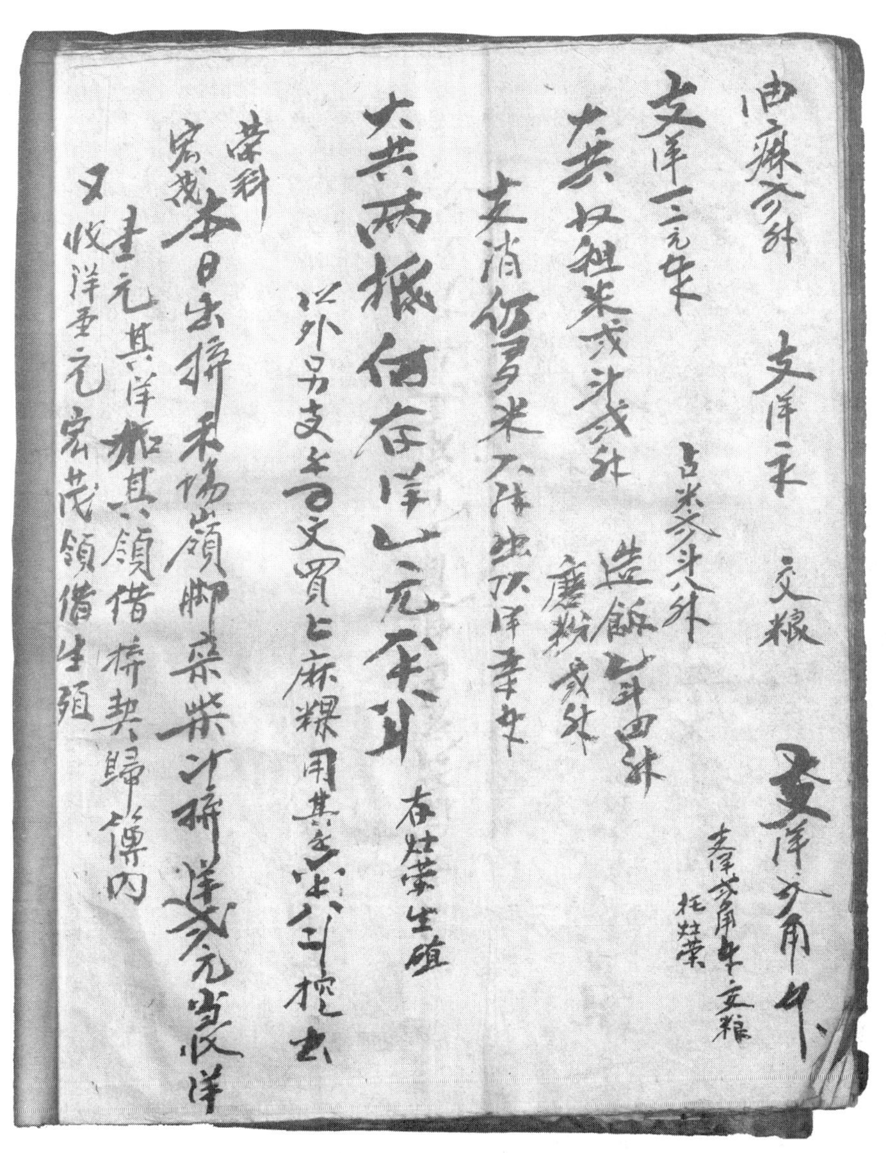

秋口镇鸿源吴家 1-21 · 民国十六年至三十年 · 鸿源永和桥会簿

民國貳十年青五一日永和橋輪首兆當 灶坤 經收良利
黃松 上保

該款開述于左

一上保 該作五元 誅利作山元收
一開化 該作五元 誅利作山元收
一灶棠 該作二元 誅利作全收
一兆全 該作九元半斗 誅利作全过收此
一青壽 該作柴元 誅利作山元半呼收
一時保 該作山元半 誅利作半西收半
一加奇 舊共該作戎元 誅利作半呼收
一聖樣 送席祖年 柴二角

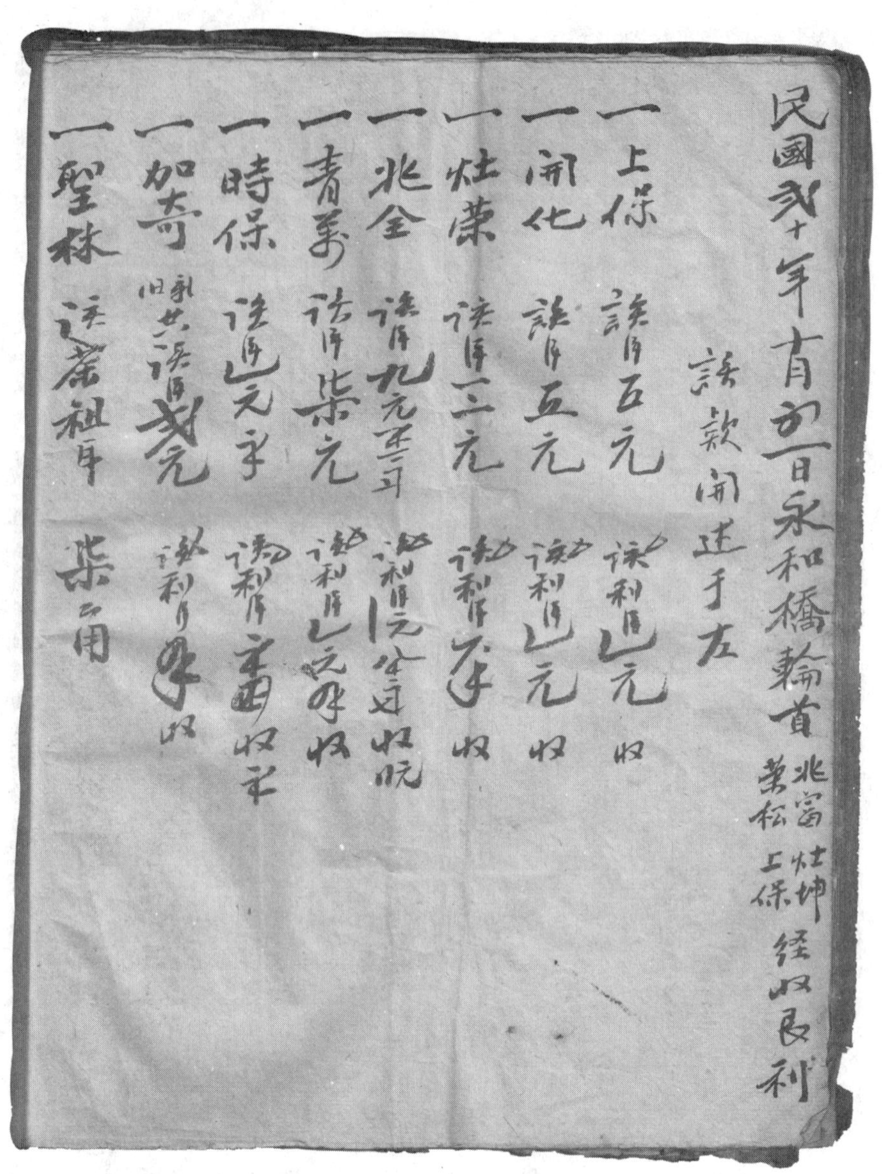

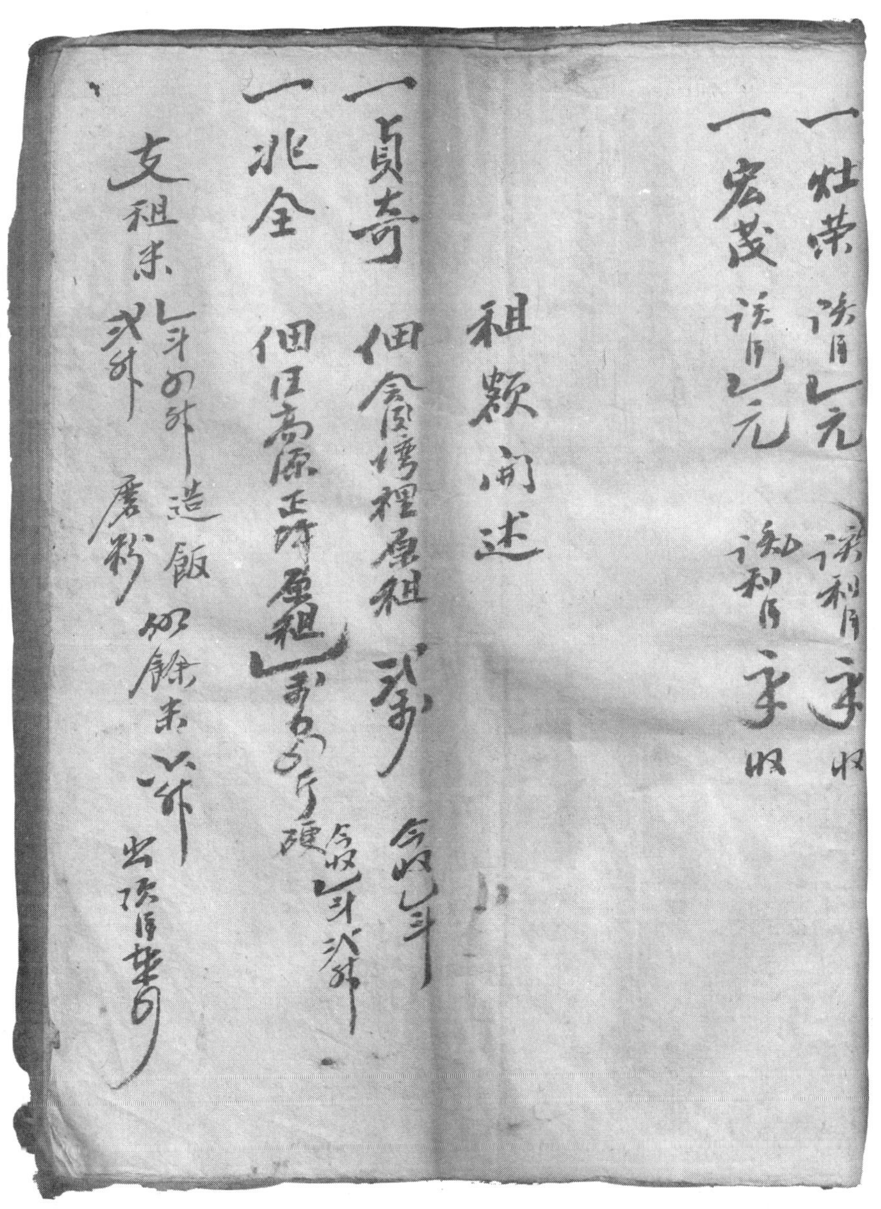

秋口镇鸿源吴家 1-23 · 民国十六年至三十年 · 鸿源永和桥会簿

支滑依例開述

支迬完亲 當三亓 支香菜 白豆 豉刋
支用工亲 菜油一斤 支亲廾 石羔
支亲廾廾 醬亓 支亲廾 古月
支亲廾汁 笋苃塊 支亲亓 豆支亲
支亲亓亓 菫夹亓 支亲亓亓又 小糓亲
支亲一亓八又 辣椒袈刋 支亲亓亓 柴听用
支亲一亓八又 挑力 支斤亲
支亲不卌

大共支用洋戈元正亲柴分
㤙拍買元壹〇

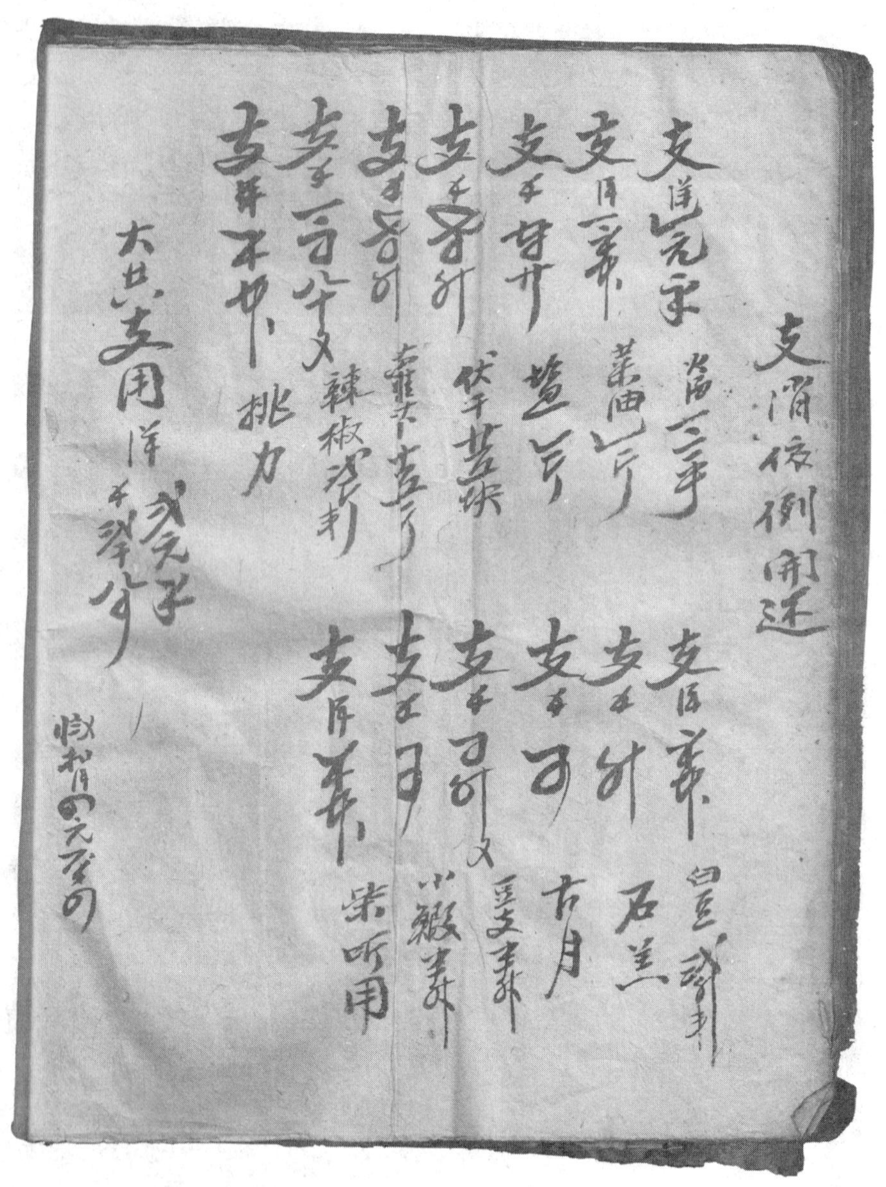

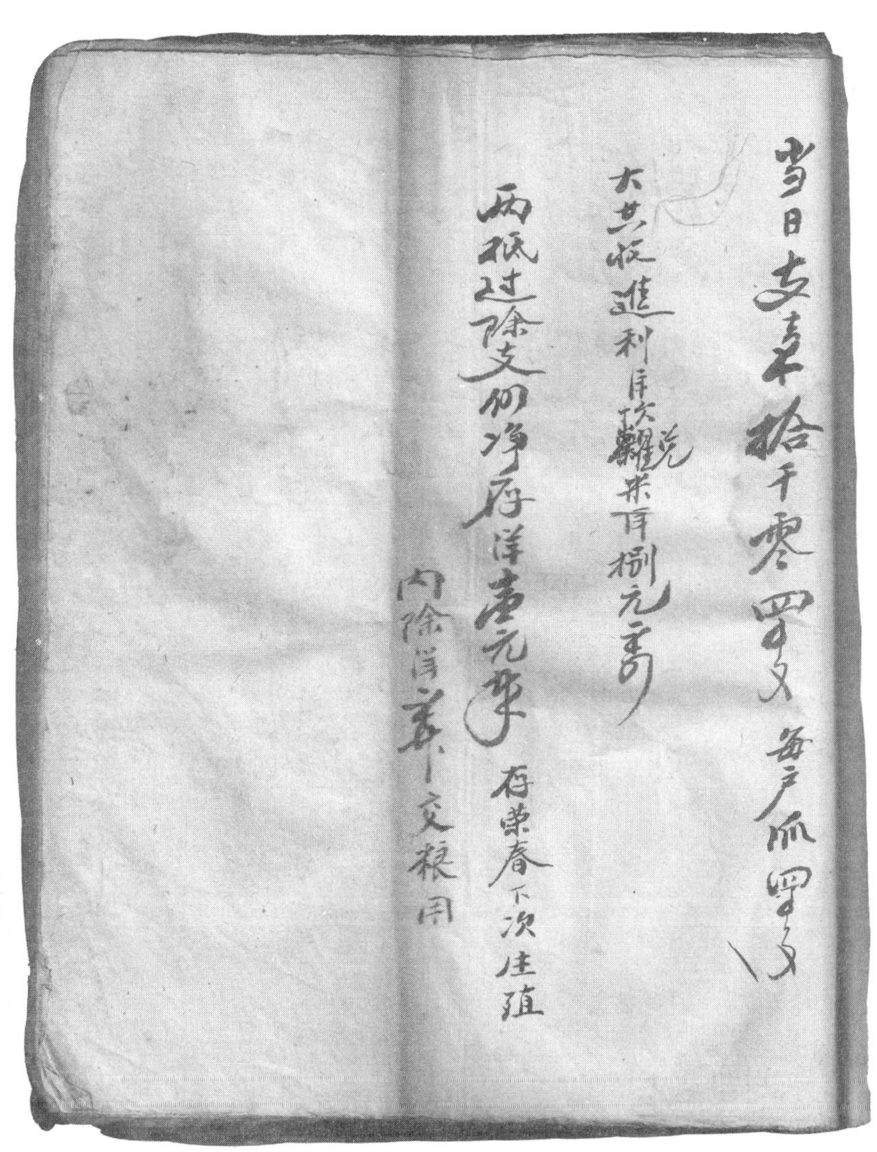

秋口镇鸿源吴家 1-25 · 民国十六年至三十年 · 鸿源永和桥会簿

民国三十六年有智日永和桥轮首荣太社坤丹林荣春 任收銀利

该项于右

一上宝 該簽五元 證刋山元收

一前化 族簽五元 證刋山元收

一社荣兇 該簽四元 該刋八角收

一荣春 該簽八元 該利山元零二收

一青萬 該簽柴元 該利山元收

一時保 證刋元零 該利山洋角三收

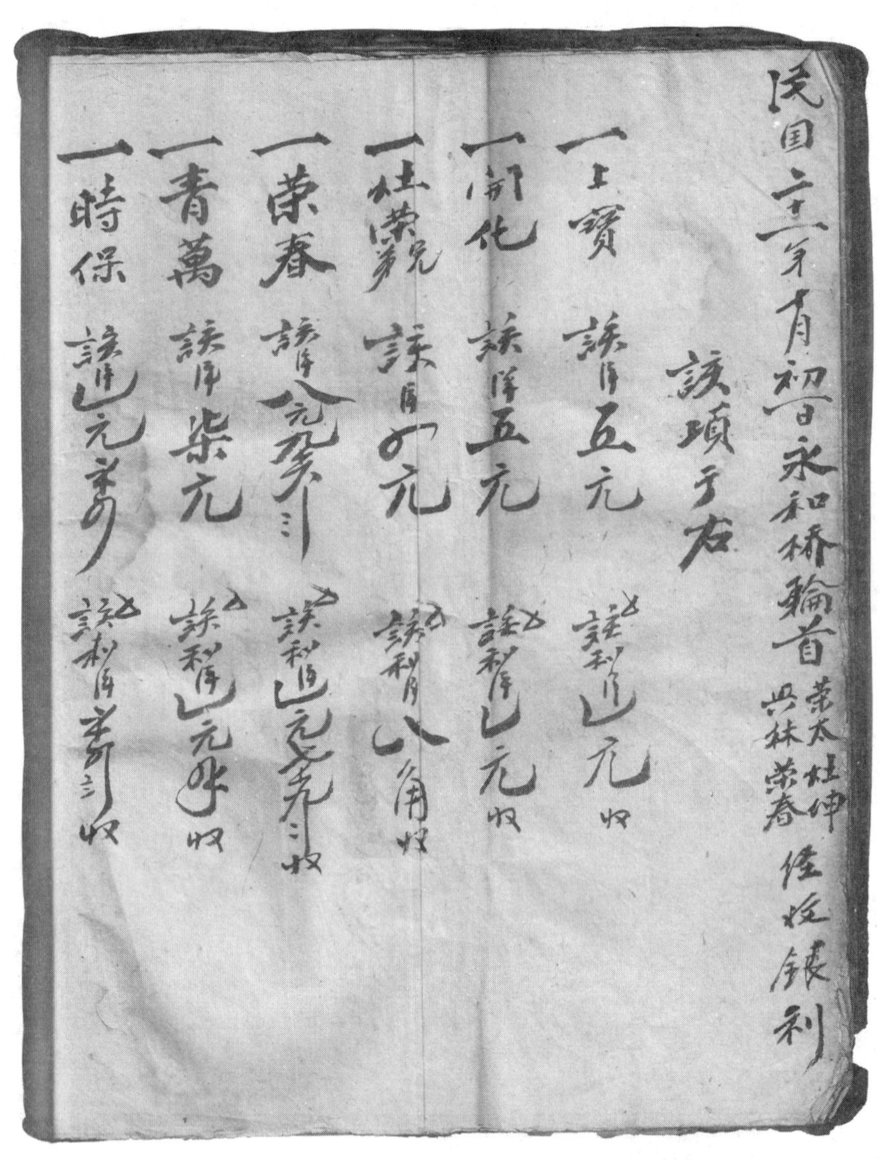

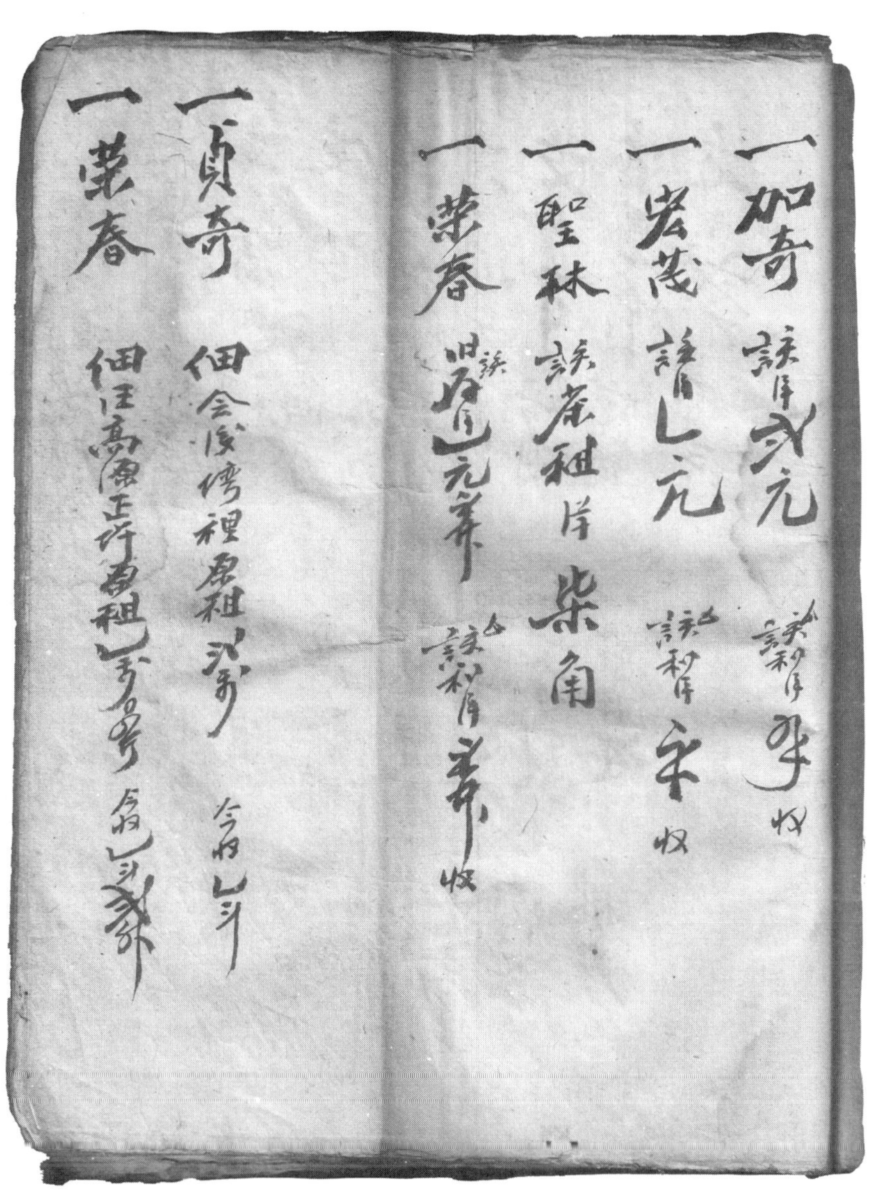

秋口镇鸿源吴家 1-27 · 民国十六年至三十年 · 鸿源永和桥会簿

一加奇 誅俸貳元
一宏茂 諸 七元 誅租俸 ◯ 收
一聖林 誅慶租岸 柴角 誅租俸 ◯ 收
一榮春 唱路 元年 誅租俸 ◯ 收
一貞奇 佃會後灣裡原租 ◯ 今收七斗
一榮春 佃汪高原正行耳租 ◯ 今收七斗

支用开述

支洋壹元 火油三斤
支卅文 豆豉三手半
支玖拾文 菜油一斤
支卅 豆兰
支伍拾 盐二斤
支寺升 古月
支寸古月
支壹车 菜啃用
支洋贰元 贡五斤

支壹刂 豆支半外
支寸 乡皮
支寿升 伏千廿豆
支一百八十文 辣椒沙斤
支千八十文 东瓜文斤
支壹文八十文 南瓜文斤
支洋壹车 挑力

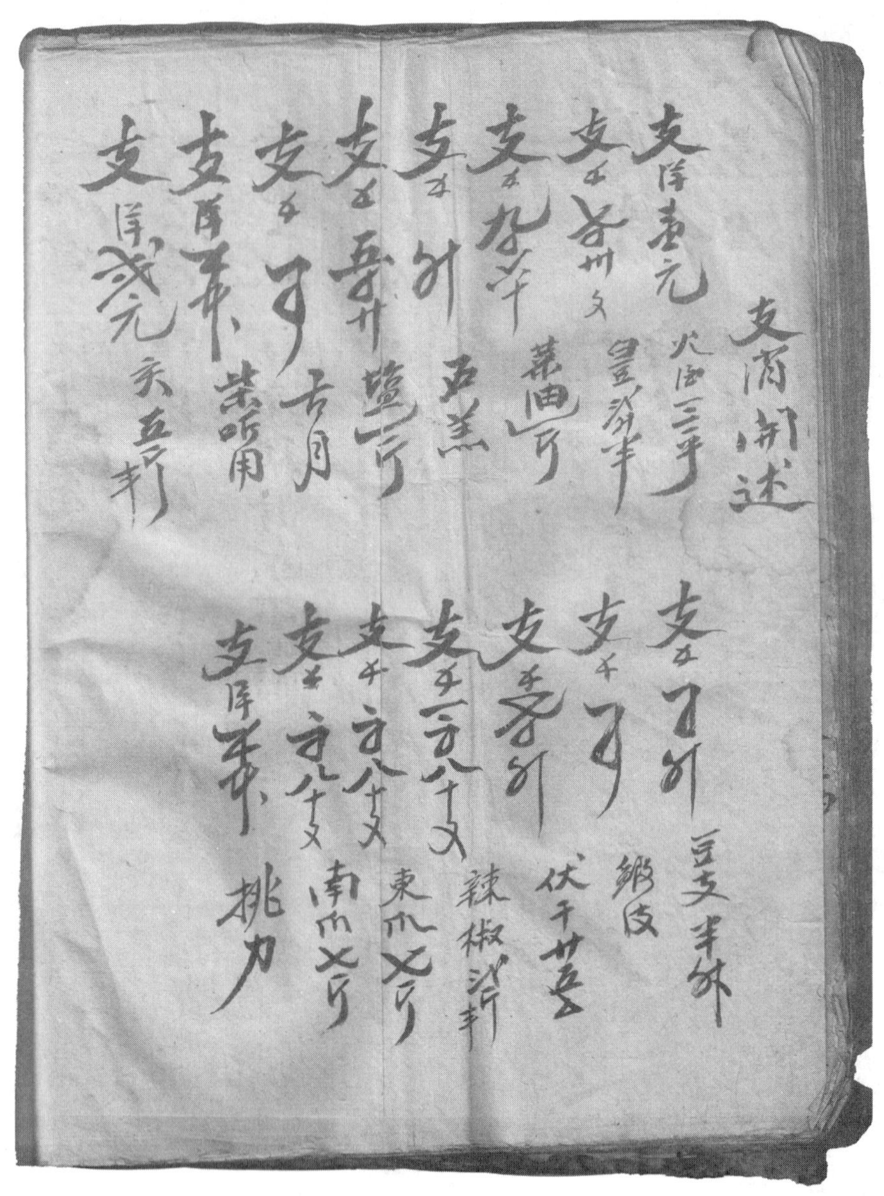

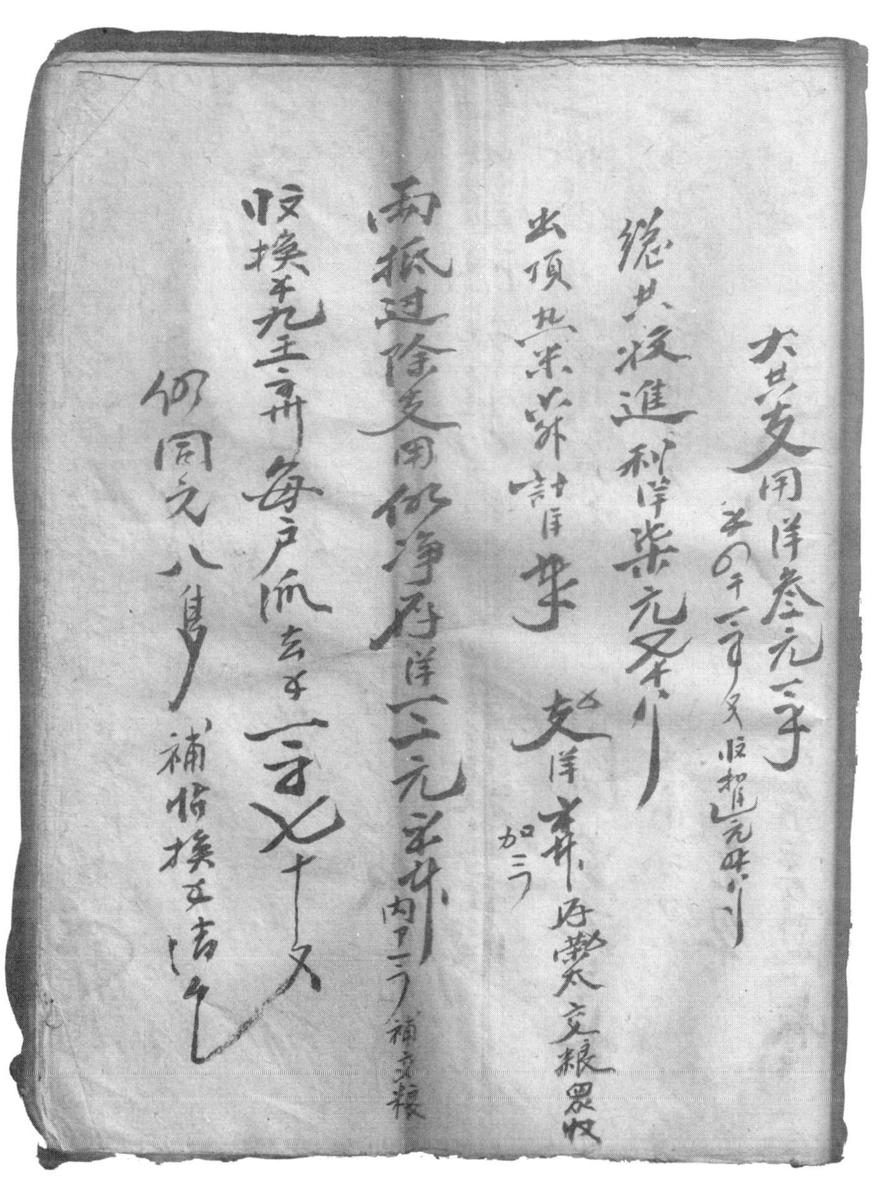

秋口镇鸿源吴家 1-29 · 民国十六年至三十年 · 鸿源永和桥会簿

民國念六年捐初一日承祀塚金輪商人名下有能新建凭新桂好奴受租顏

人蔻述左

一出保 謹置五元 誤和匠五元

一鬧化 謹當五元 誤程逃元收

一柱梁花 謹習馬元 誤租匠八保收

一塋唇 謹軍項八元座加斗 謹陷元二の斗

一青品 謹頂謀六元 謹陷元二の斗

一時侄 謹陷建三君の 謹租匠再斗 收

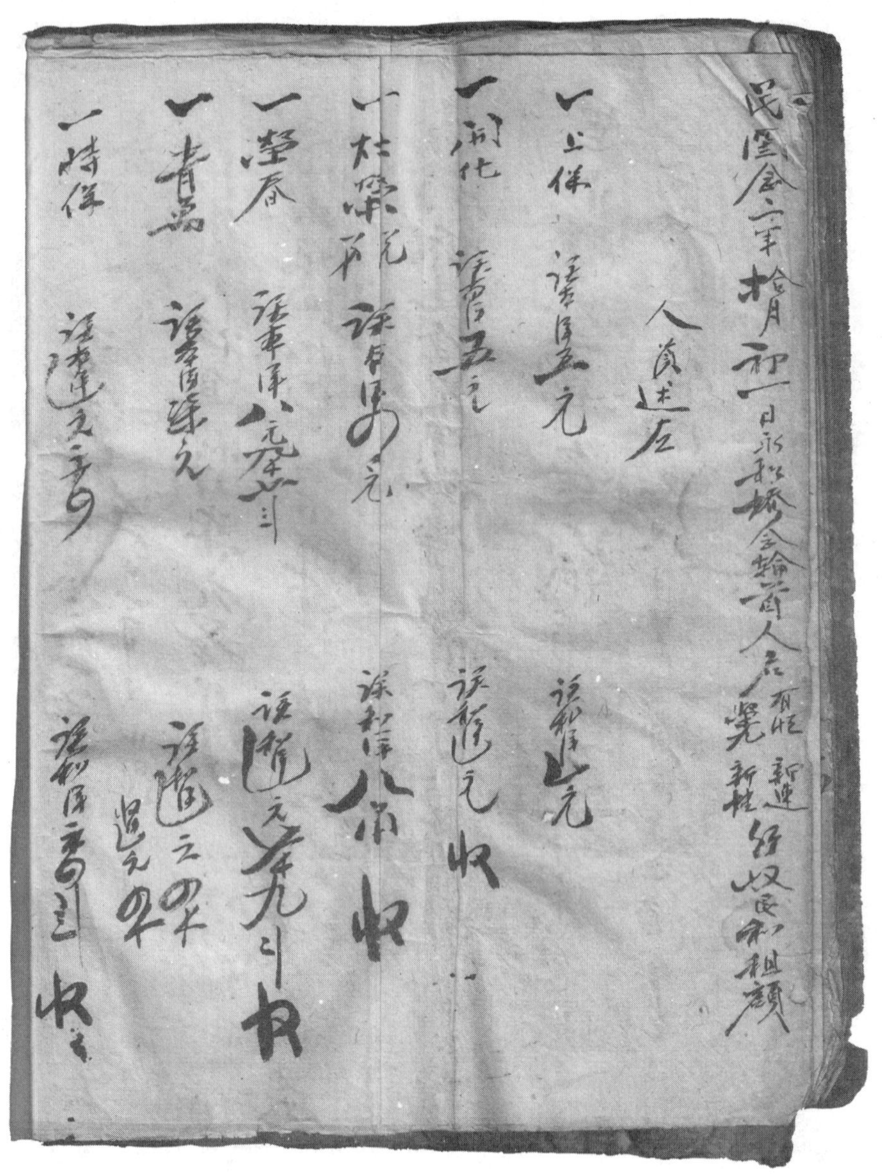

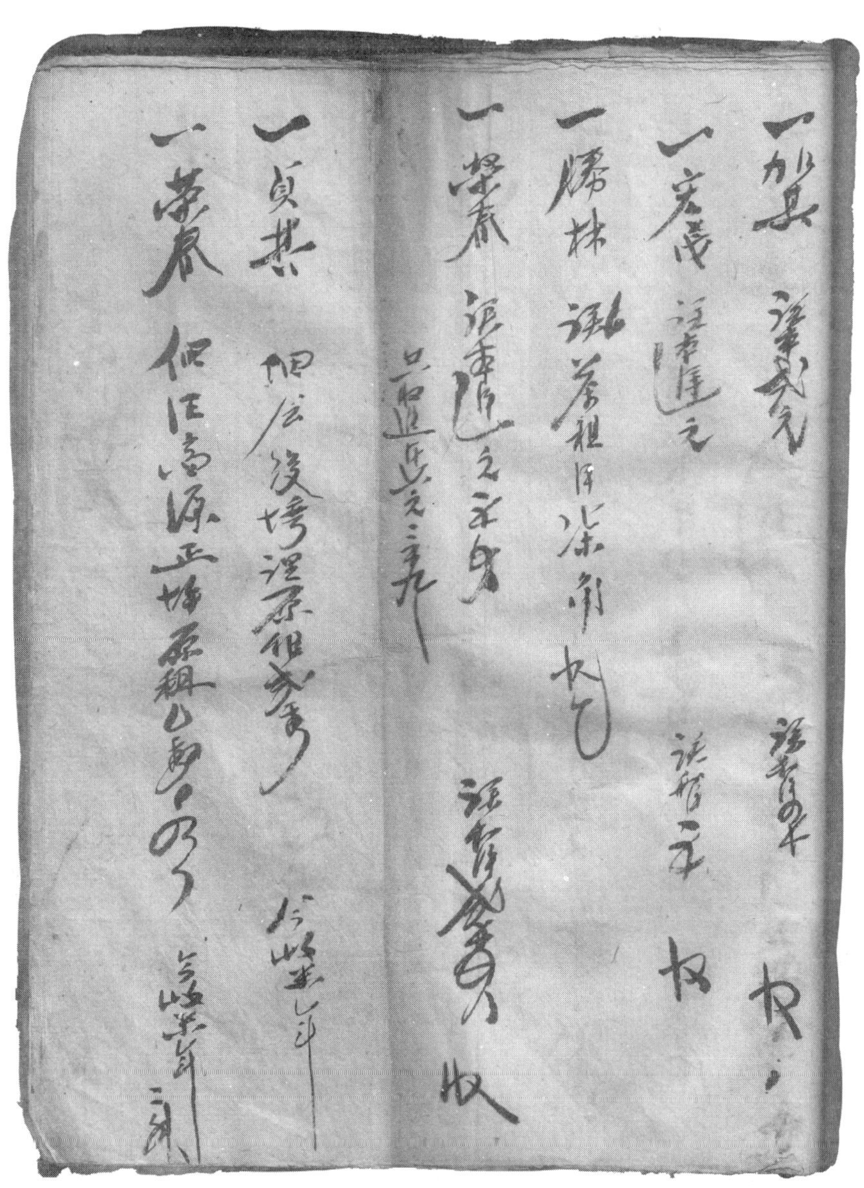

秋口镇鸿源吴家 1-31 · 民国十六年至三十年 · 鸿源永和桥会簿

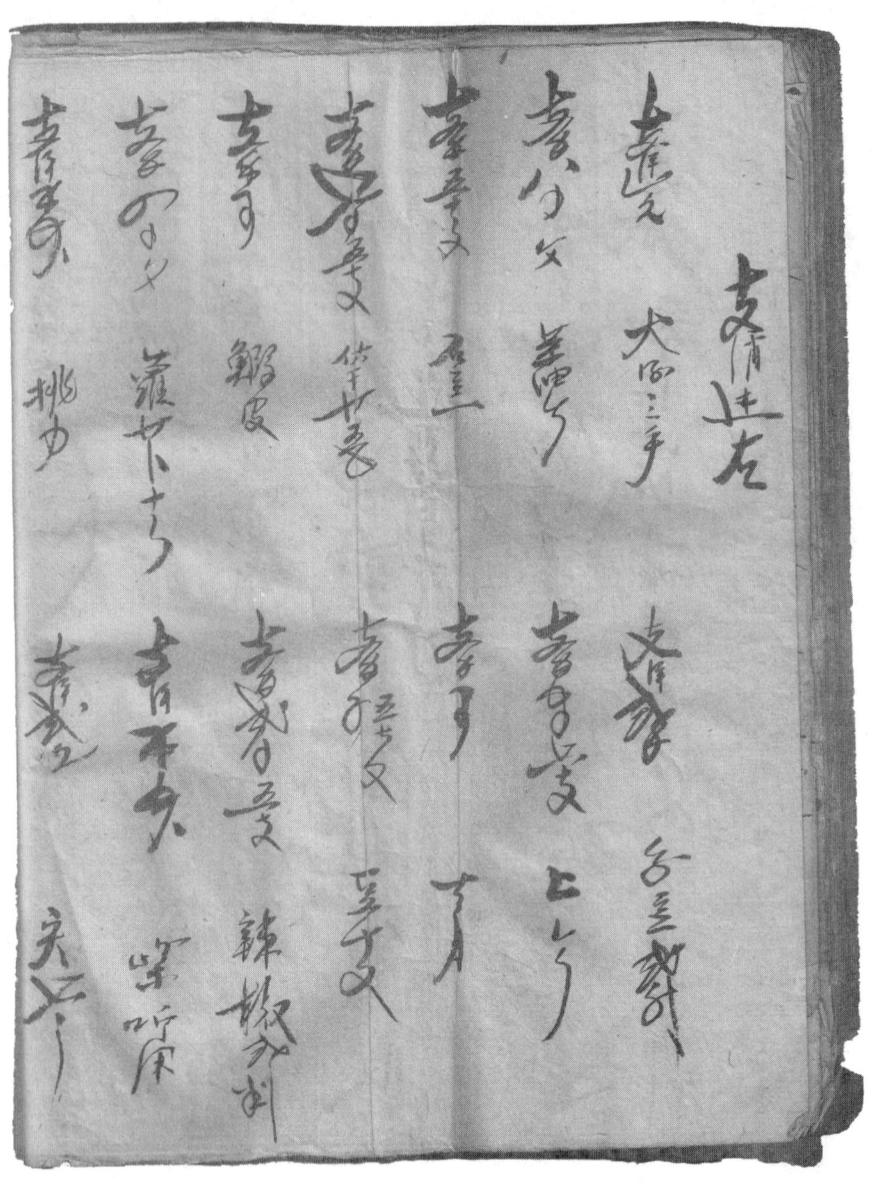

秋口镇鸿源吴家 1-32 · 民国十六年至三十年 · 鸿源永和桥会簿

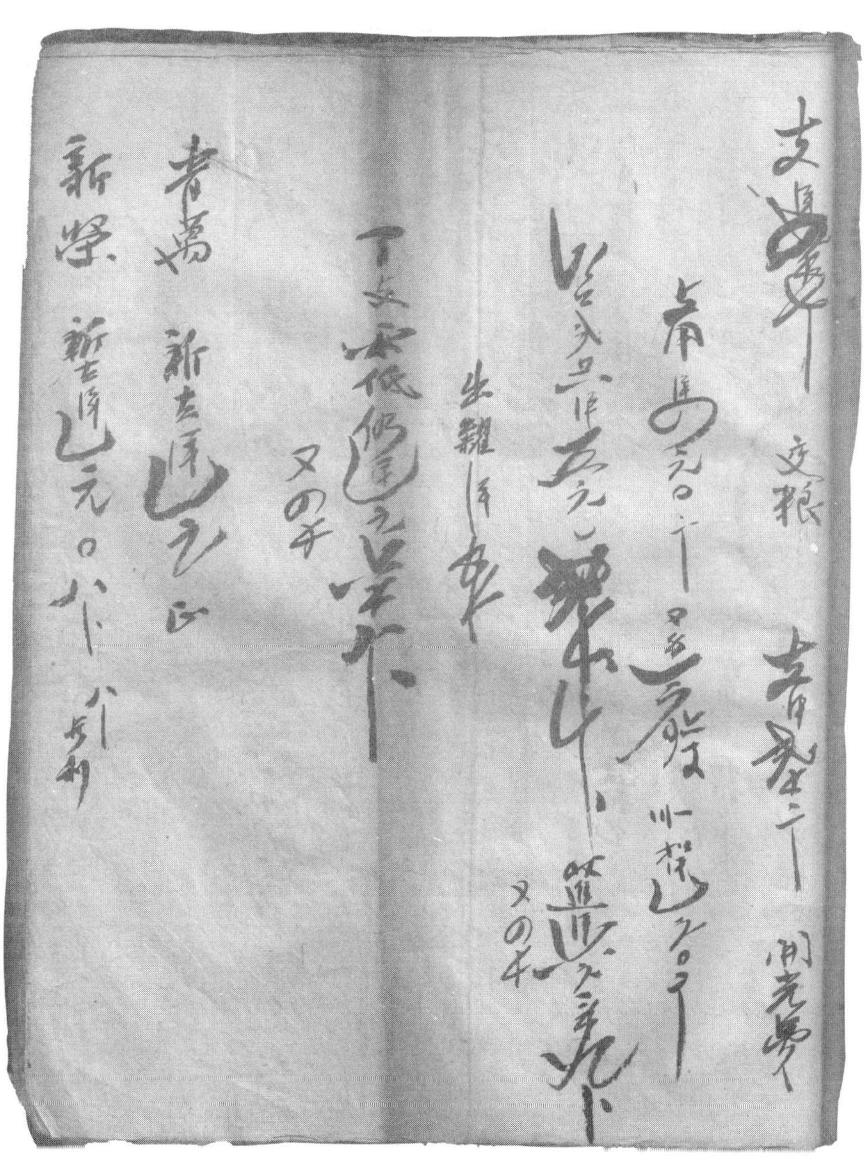

秋口镇鸿源吴家 1–33 · 民国十六年至三十年 · 鸿源永和桥会簿

民國二十三年拾月初一日永和橋會輪首人員響新柴柴典集條繼收良利租頒

人員述左

一上寶　該厘八元　該利厘一元半 收厘一元半

一前化　該厘五元　該利厘壹元 收厘

一灶榮第二次　該厘六元　該利厘捌角 收厘

一榮春　該厘八元弍弎　該利弌元弎弎

一青第　該厘柒元　該利厘弌元 收厘包

一時保　該厘元半　該利厘半 收厘

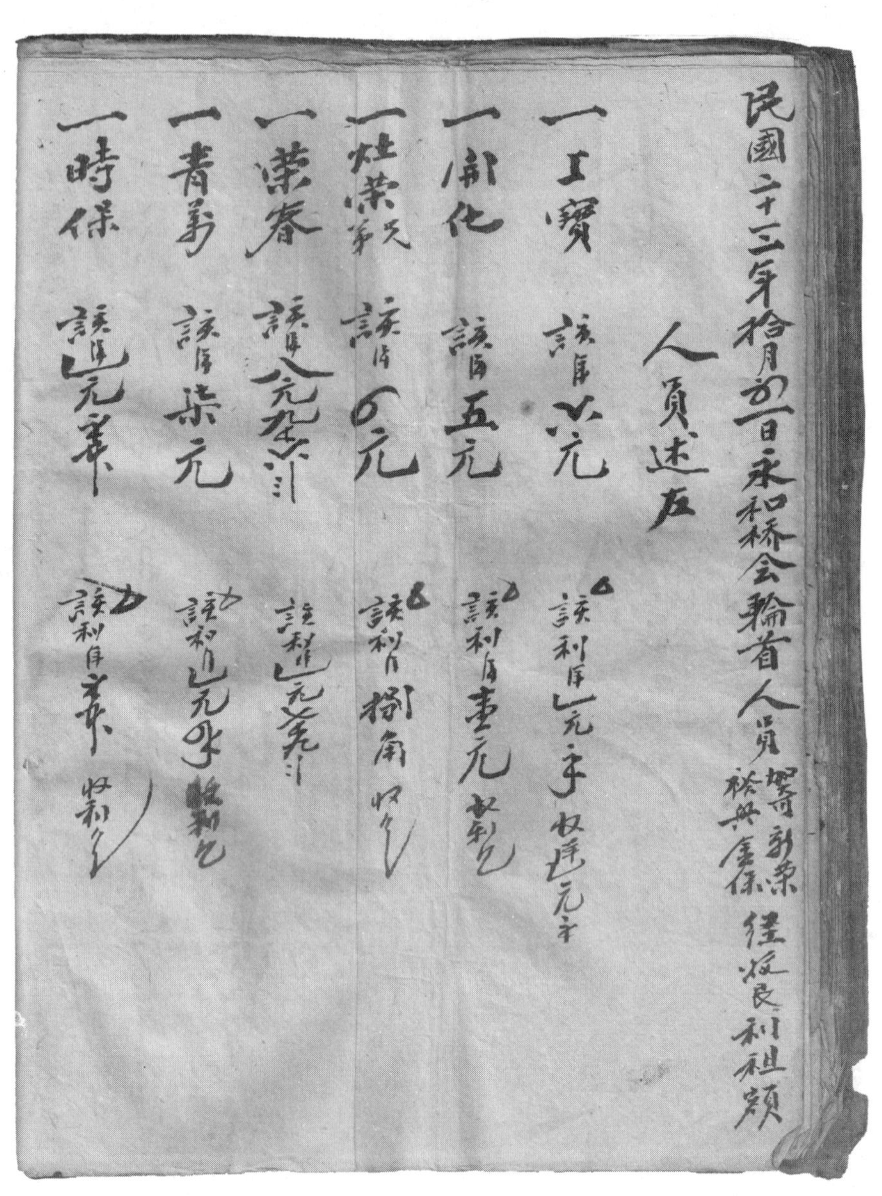

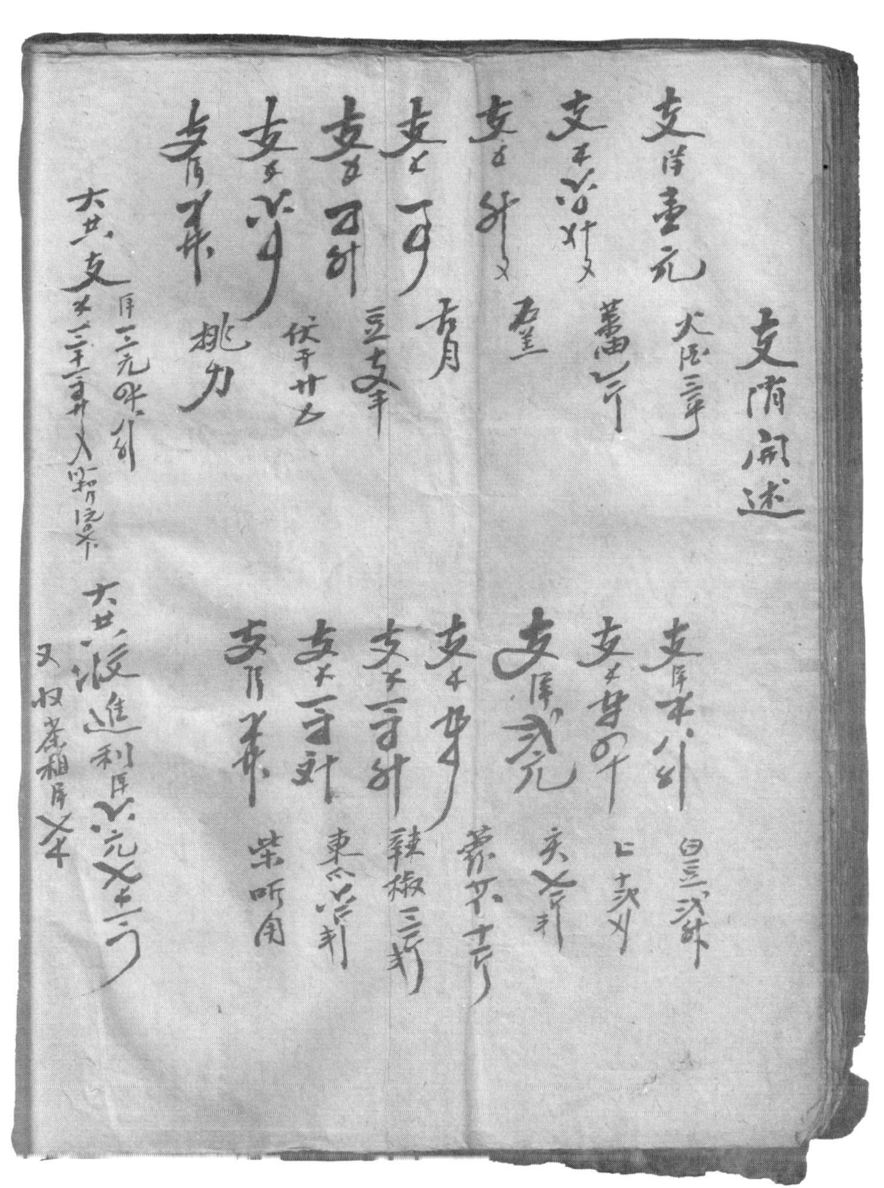

秋口镇鸿源吴家 1-35 · 民国十六年至三十年 · 鸿源永和桥会簿

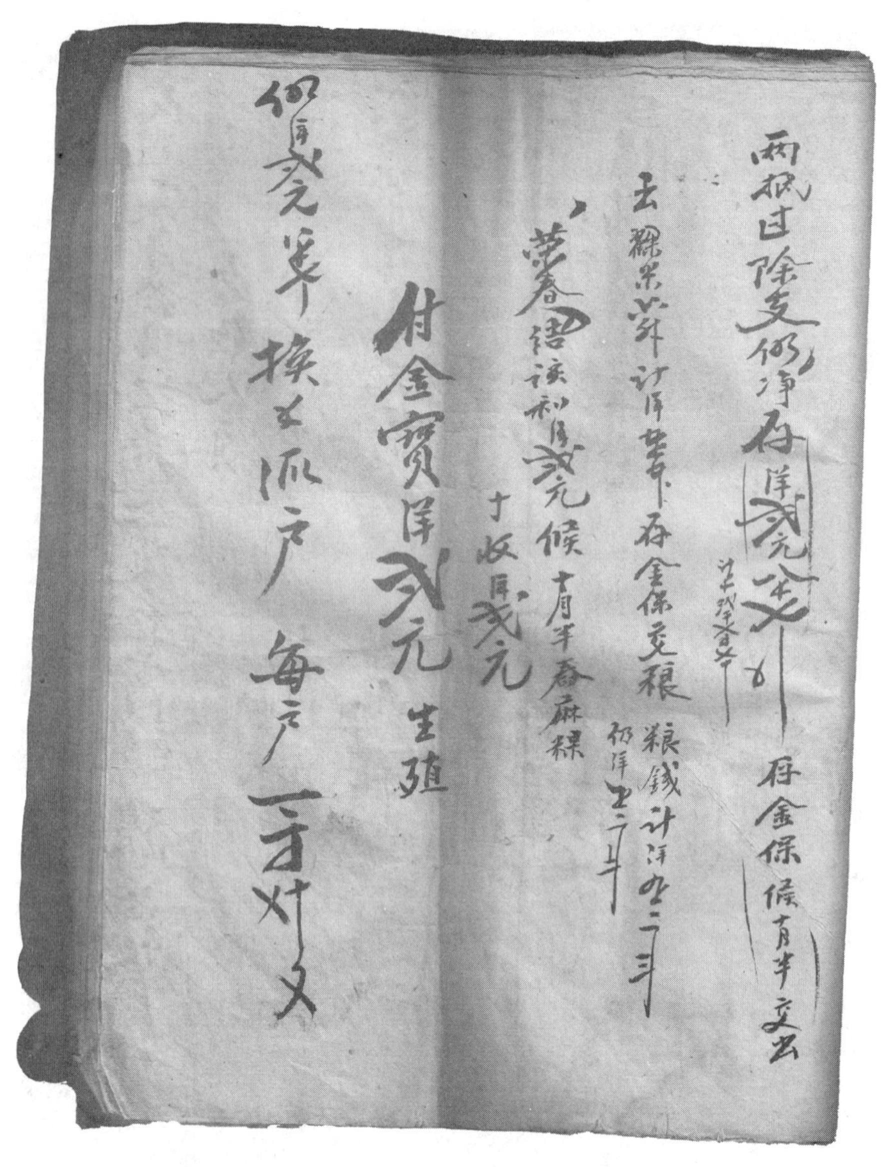

秋口镇鸿源吴家 1-36 · 民国十六年至三十年 · 鸿源永和桥会簿

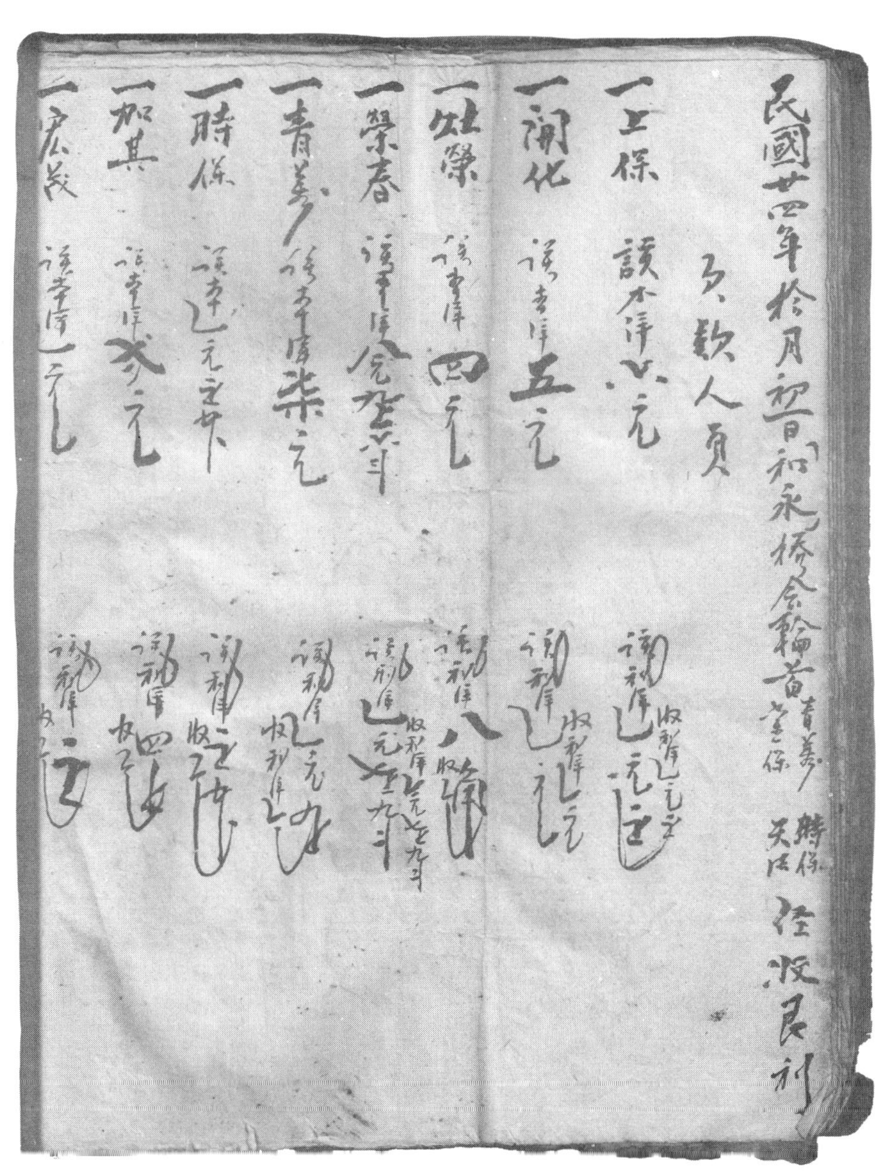

民國廿四年拾月初□日「和永」橋會輪首青荿

負欠人員

一上保 該本洋

一開化 該本洋五元

一灶榮 該本洋四元

一榮春 該本洋

一青荿 該本洋柒元

一時保 該本洋

一加其 該本洋

一宏茂 該本洋一元

秋口镇鸿源吴家 1-37 · 民国十六年至三十年 · 鸿源永和桥会簿

一勝林 謝義祖洋榮角 收譯

一榮春 謝幸運元正年

一青美 謝幸洋堂乙巳 金保謝幸参元

一職山 謝幺 祖額入賣

一貢其 佃會後摔裡原祖父参 27收束乙年戌外

一榮春 佃注高原正培原祖乙秀 乙收束乙年戌外

支洋堂元 大陸二年口三申 支玉甘文 荣油乙

支清涌述

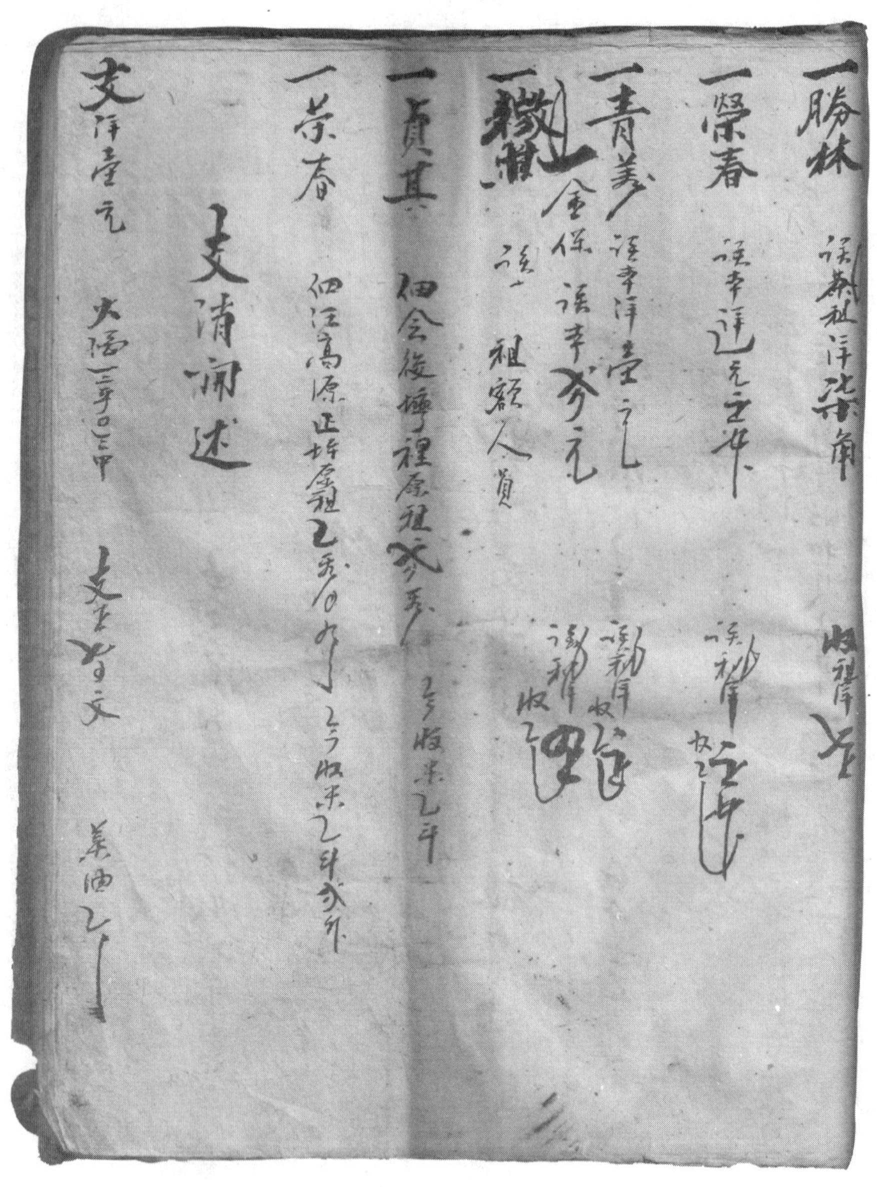

支出柒二文 玄支半斤 吉月

支出弎分文

支出弎分文 盧

支出二分肆文 白盐半斤

支出弎分正斤 文粮

支出四元 鲜支叁斤 支洋五斤

支洋壹十 柴听用 壹百五十分文 快千廿五〇

支洋壹

大共支出洋五元壹二十二千〇对文昭扣洋人上六斤

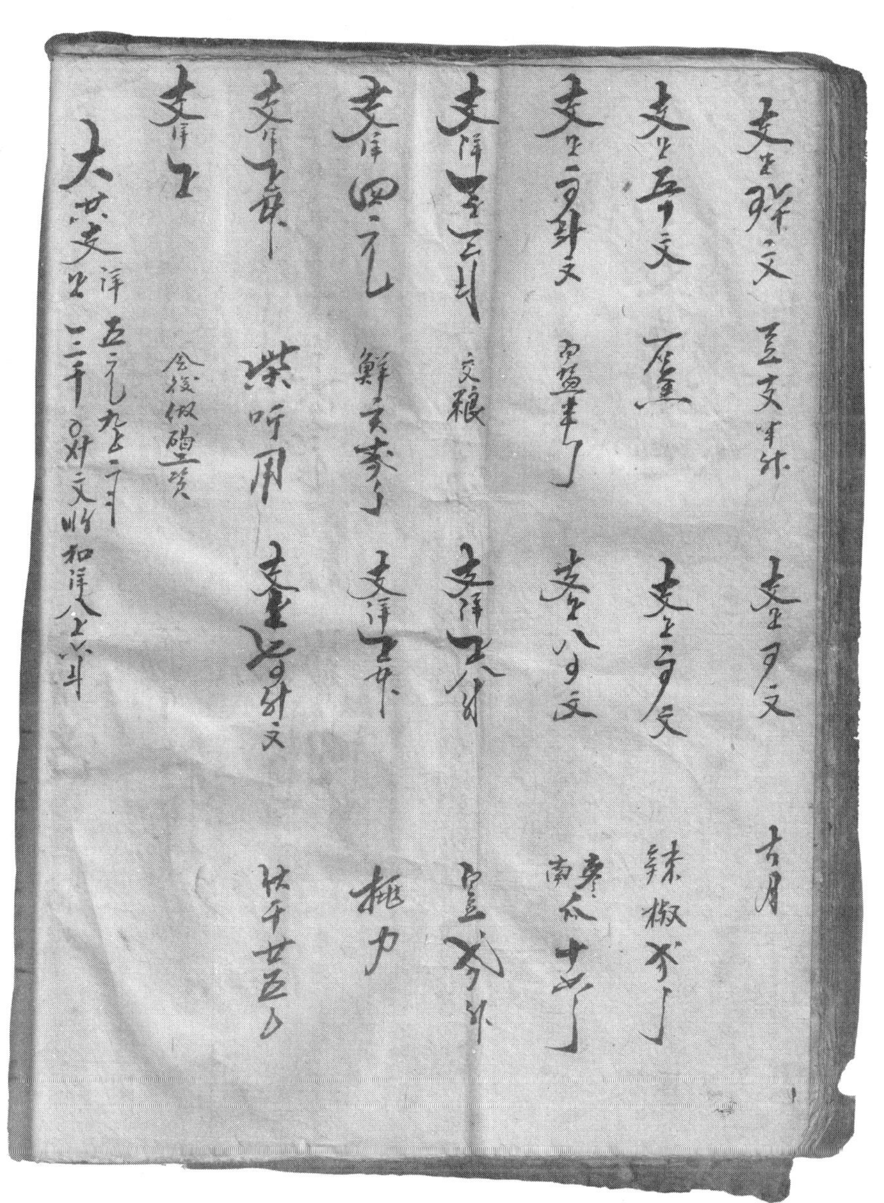

大共収進利洋茶祖洋八元贰角九分二除支伍洋壹元八角○三厘

共贩進祖米或斗贰升四巳斗九升造餛糖彩仍柒五升出售洋二元□□

収□餘洋二元

大共除支仍洋叁元壹八丁换錢□庋个支散户每户俗□二□

仍多钱又个支附嘉洋并付員其不生殖

今庚国江水冲倒桥墩各户兴工自做

桥墩顧爾多支洋叁元柒贰散户

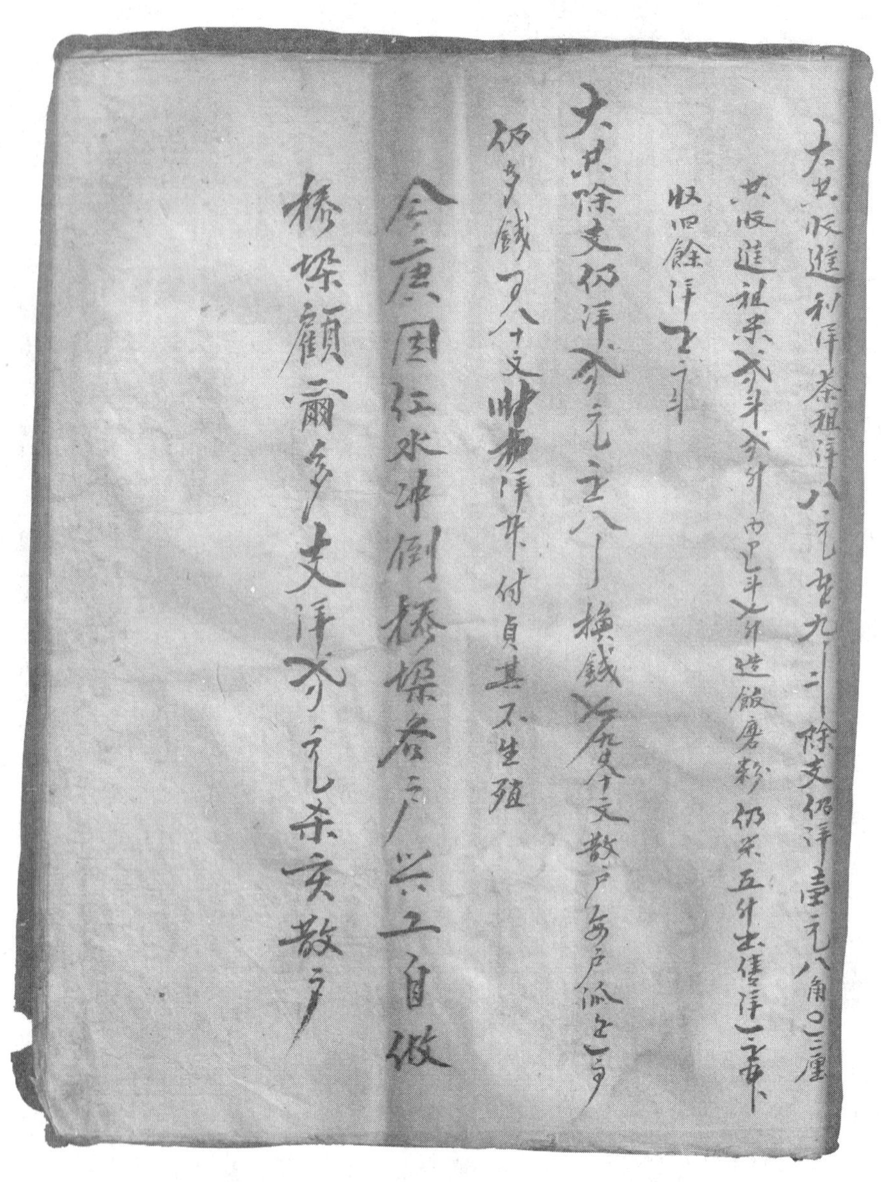

秋口镇鸿源吴家 1-40·民国十六年至三十年·鸿源永和桥会簿

民國廿五年拾月初二永祀橋輪首 貞其生丁根茂萬壽 慶良利祖米

欠欵人名

一上保　　　誤秀洋七元
一開化　　　誤春五元　　　　　誤穀五元良收
一妊蒙　　　誤春洋四元　　　　誤穀八元良收
一榮春　　　誤本洋四元　　　　誤穀八元收
一青萬　　　誤年洋八元九斗三　誤穀七元十九斗收
一宏茂　　　誤本洋四元　　　　誤穀数斗收

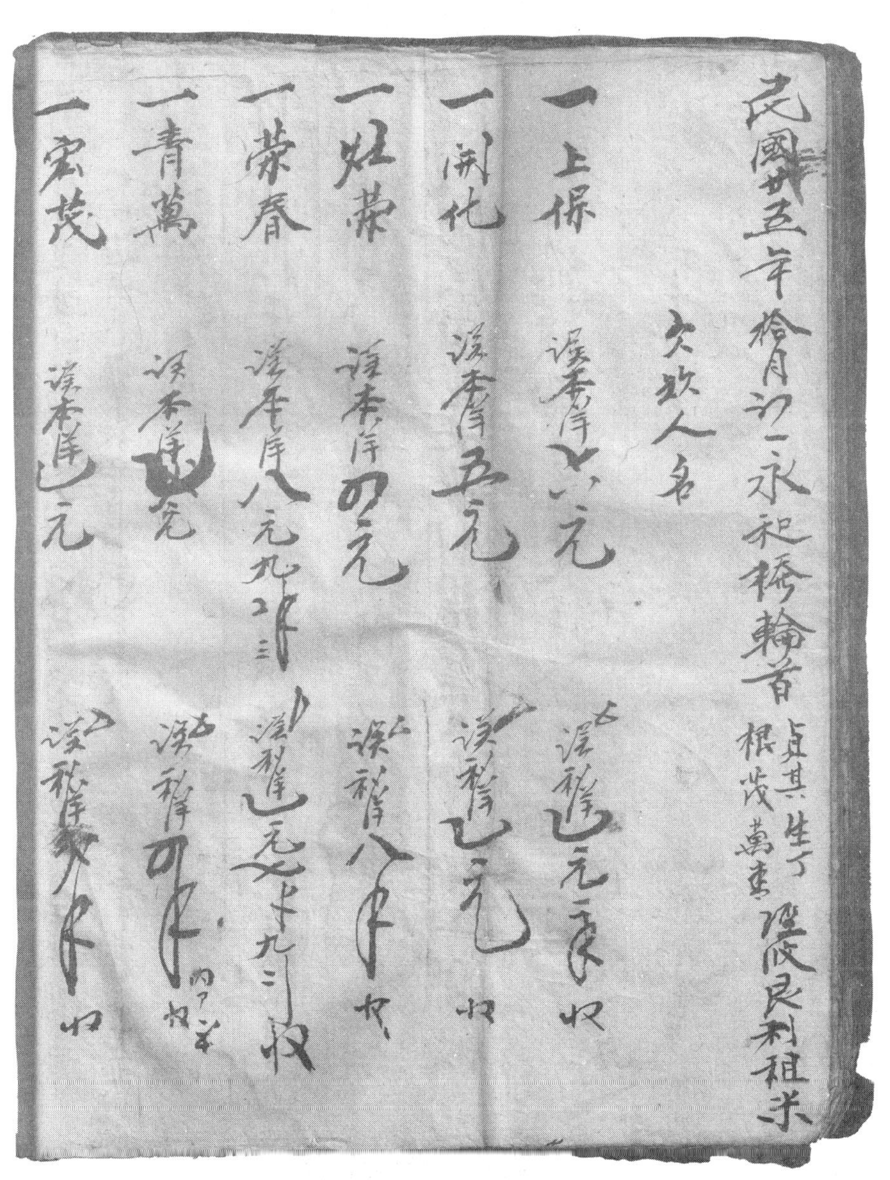

一時保　　誤本洋＊元＊角分　誤穀＊米升收
一青萬　　誤本洋＊元　　　誤穀元可斤
一勝林　　誤本洋＊角　　　誤穀＊角茶收
一榮春　　誤本洋＊角　　　誤穀＊斤末收
一萬喜　　誤本洋＊元　　　誤穀＊斤收
一金保　　誤本集＊元　　　誤穀＊斤收
一貞其　佃　租米　　　＊家會收七斤
一榮春　佃　汪高源正斫原租　乙家。０斗丁　　集分
　　　　　會後木塝裡原租

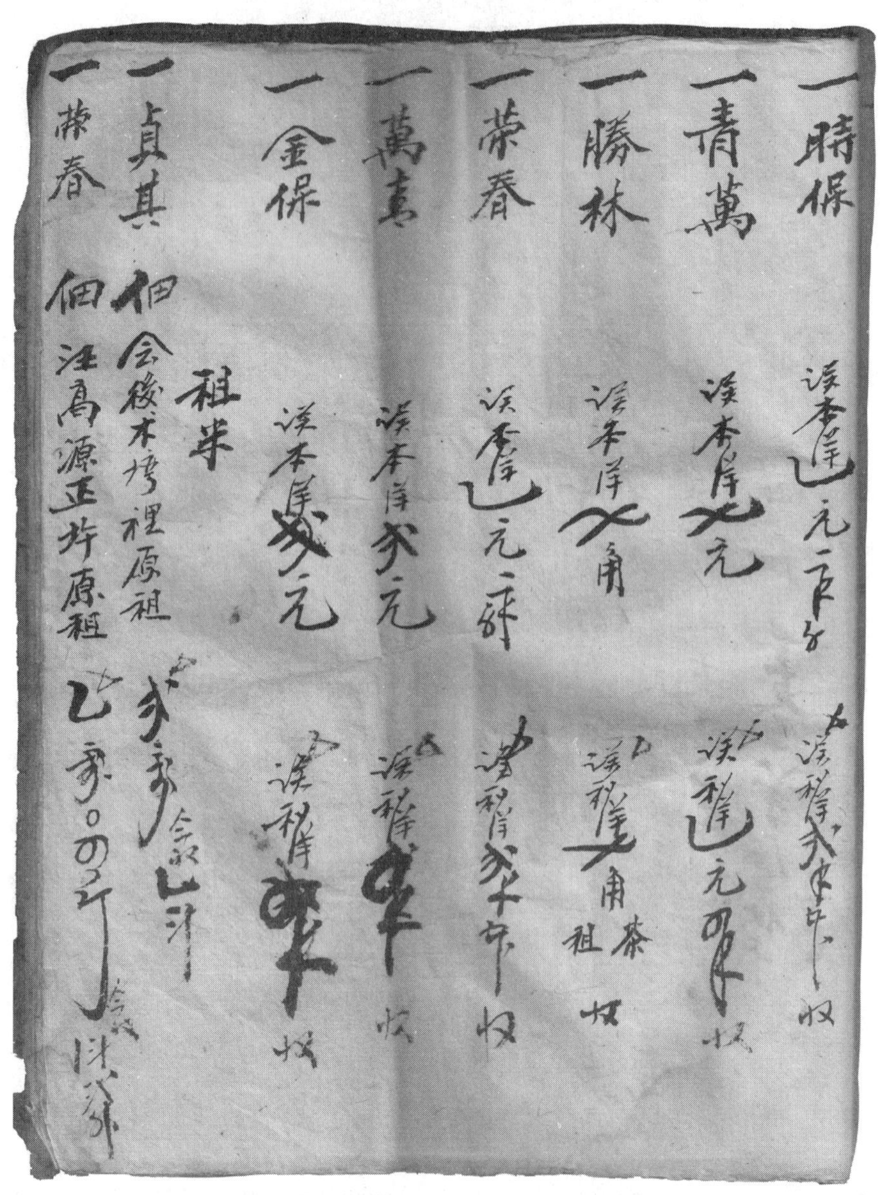

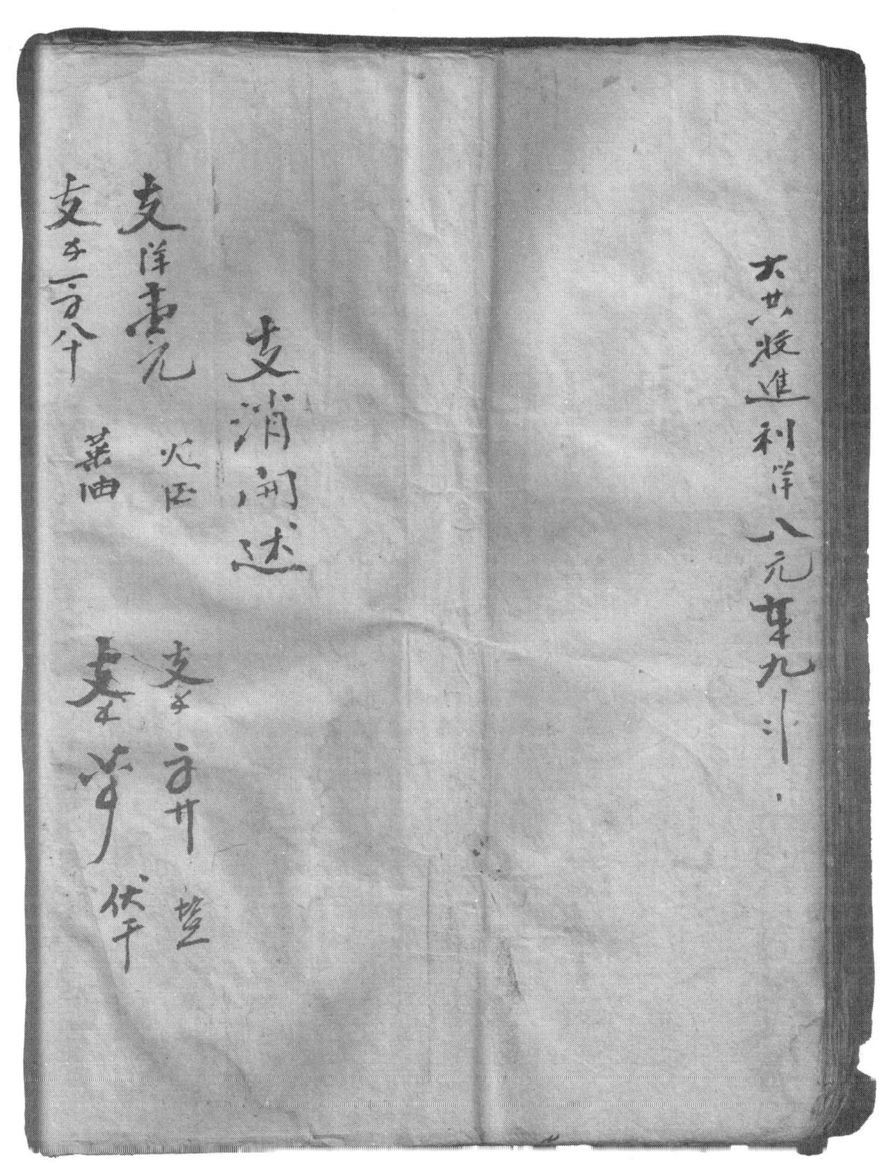

秋口镇鸿源吴家 1-43 · 民国十六年至三十年 · 鸿源永和桥会簿

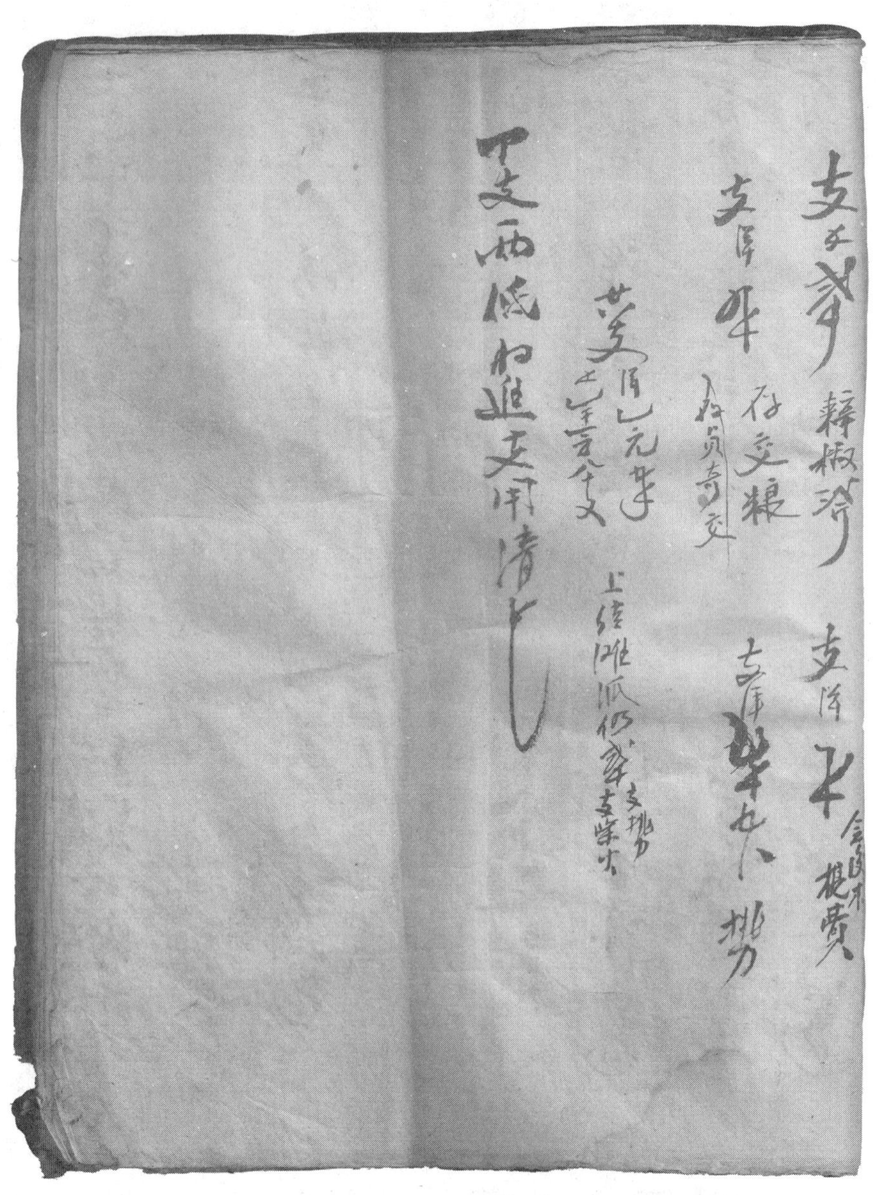

秋口镇鸿源吴家 1-44 · 民国十六年至三十年 · 鸿源永和桥会簿

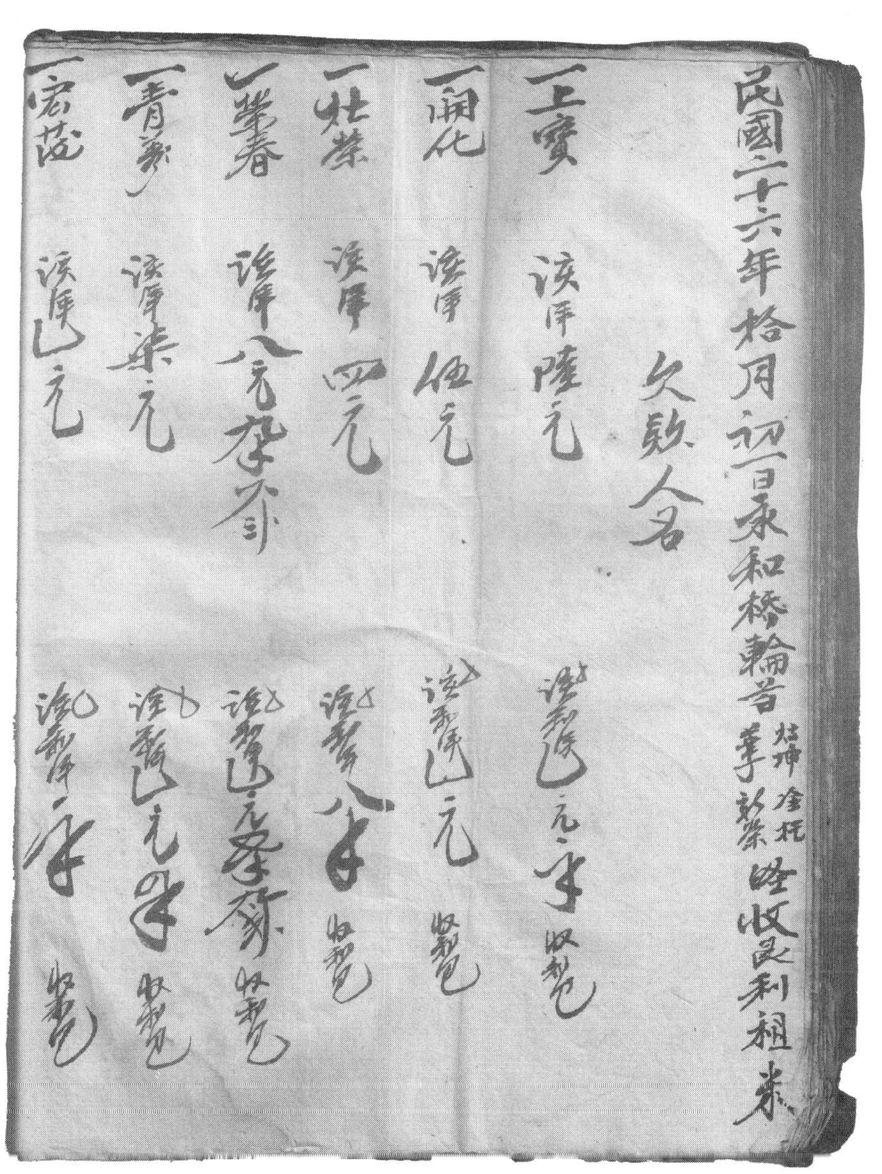

秋口镇鸿源吴家 1-45 · 民国十六年至三十年 · 鸿源永和桥会簿

民國二十六年拾月初一日永和橋輪著□□金托照收是利租米

欠賬人名

一王寶　　該洋隆元
一開化　　該洋伍元
一壯業　　該洋四元
一肇春　　謹八元堂？
一青勲　　該洋柒元　　該洋八元堂收訖
一宏茂　　該洋山元　　該洋一□

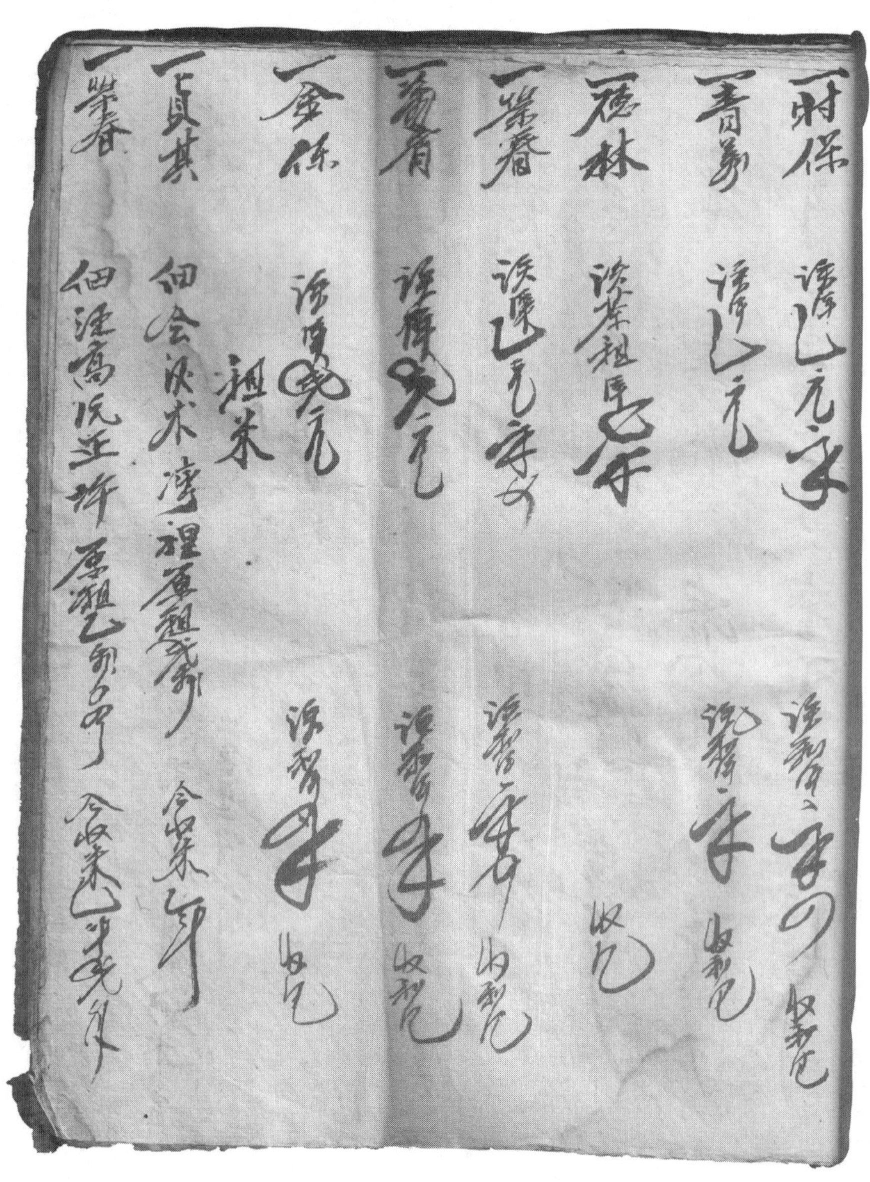

秋口镇鸿源吴家 1-46 · 民国十六年至三十年 · 鸿源永和桥会簿

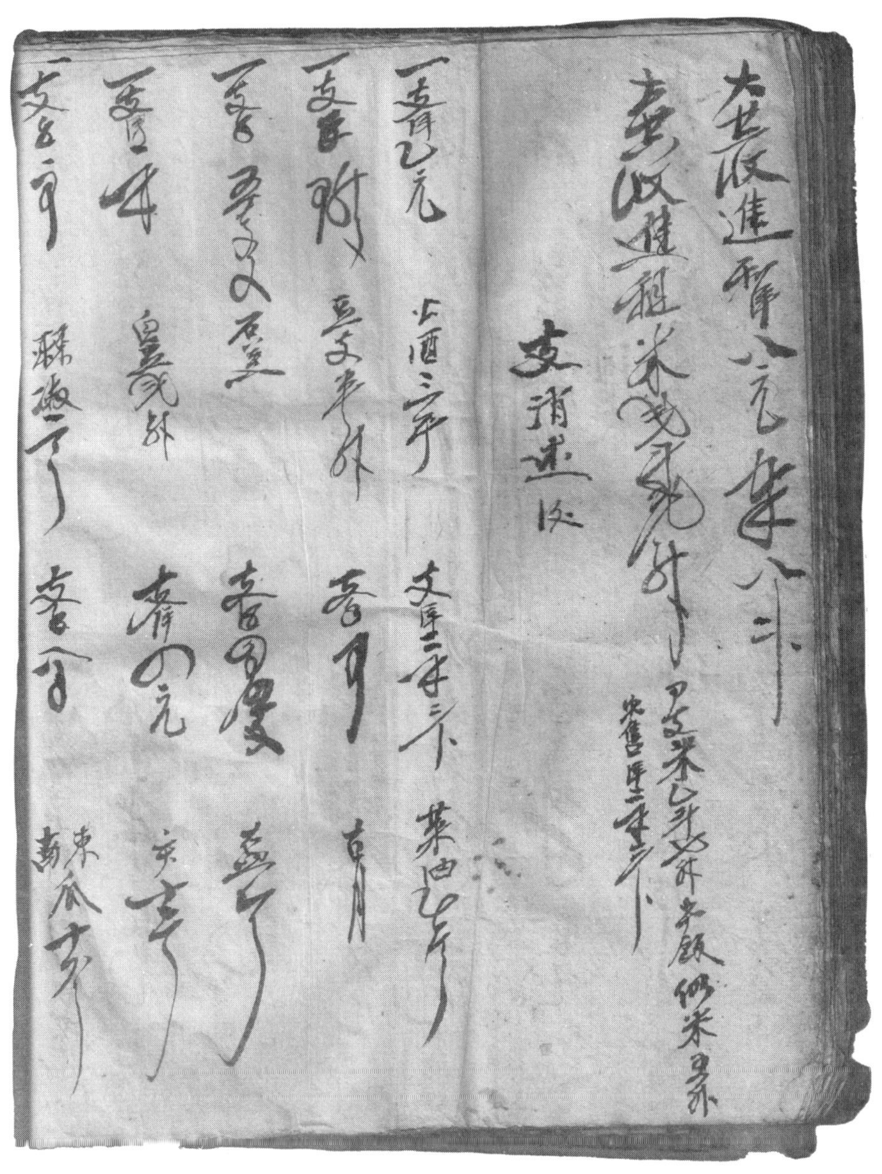

秋口镇鸿源吴家 1-47 · 民国十六年至三十年 · 鸿源永和桥会簿

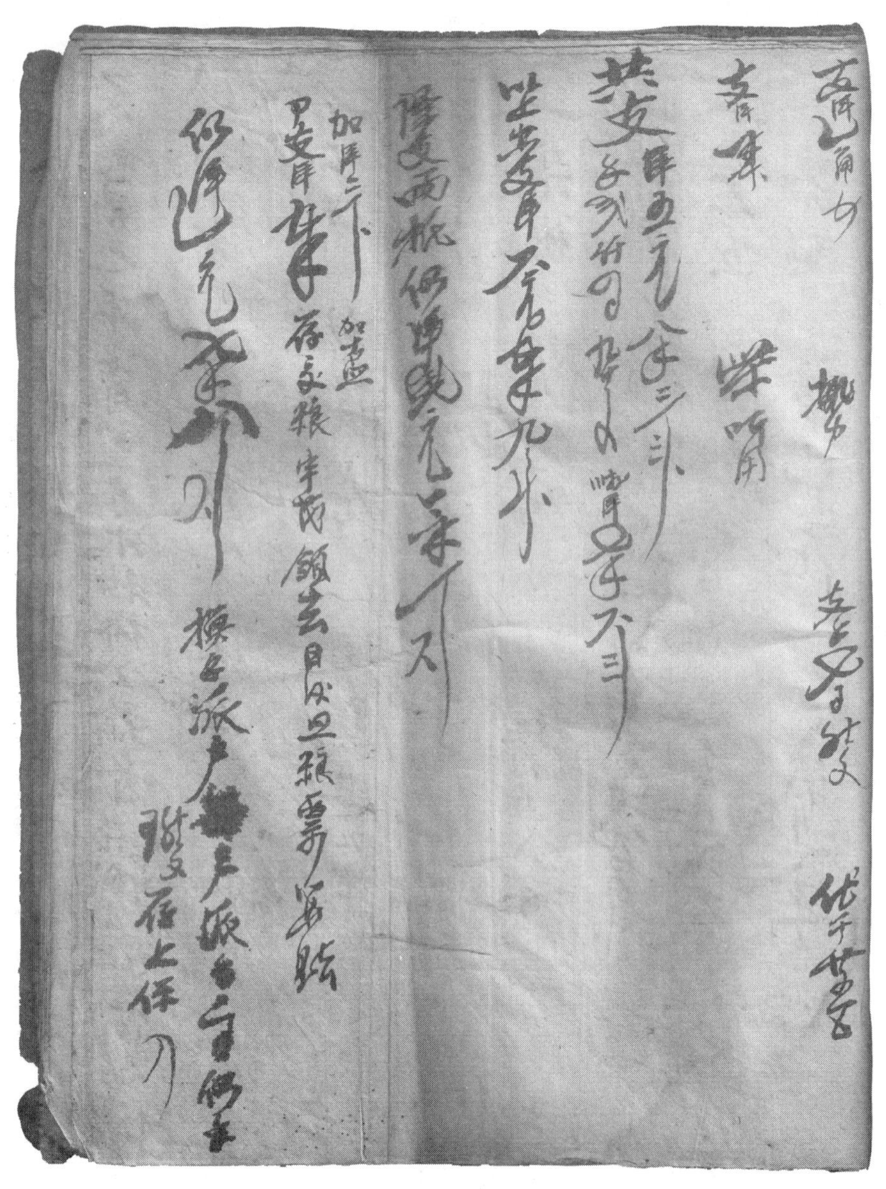

秋口镇鸿源吴家 1-48 · 民国十六年至三十年 · 鸿源永和桥会簿

民國廿七年月日永和橋會輪當范松上保
詠歡人員述压 榮大春茂繼繳艮利

一上保 謹洋六元

一開化 謹洋五元 謀利洋□元半

一張彬 謹洋□元 謀利洋□元

一榮春 謹洋拾元〇丰三 謀利洋八丰

一老五 謀洋捌元 謀和洋〇元〇丰

一宏茂 謀洋〇元 謀和洋〇元半

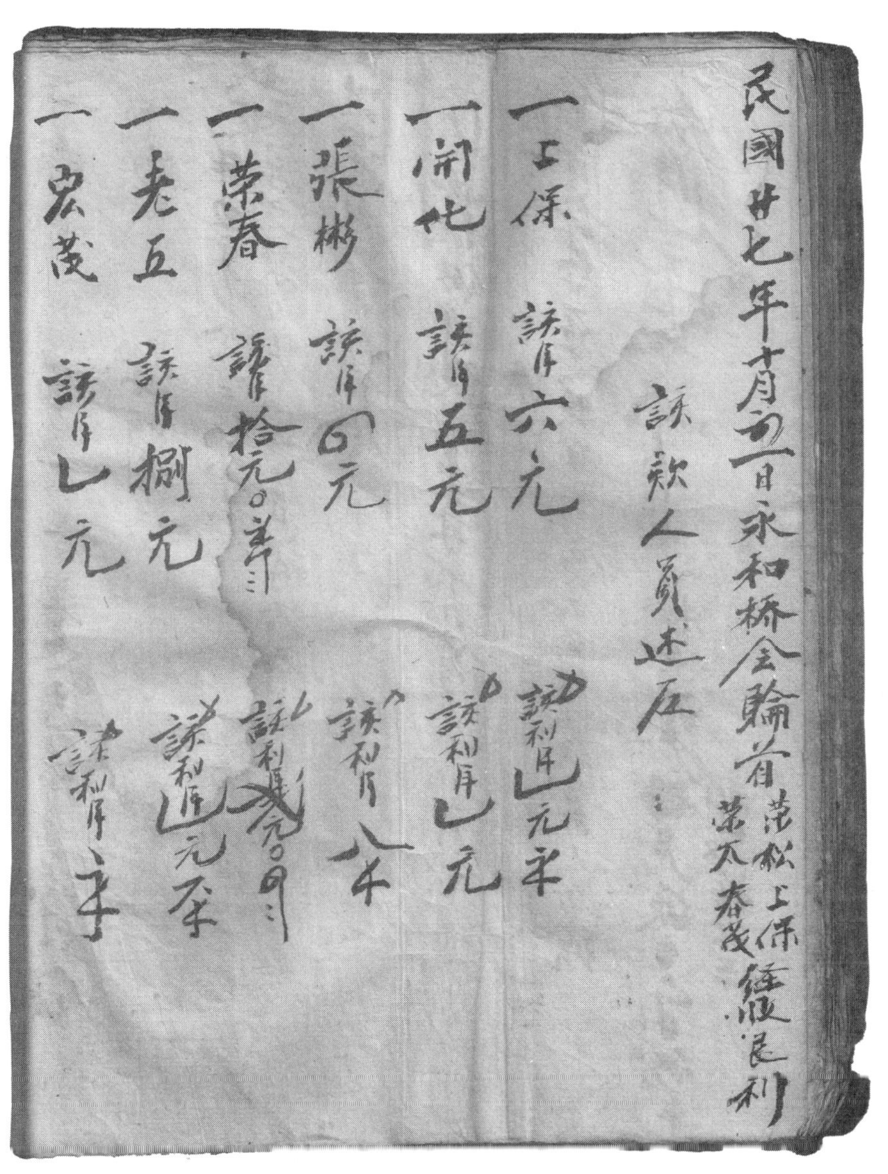

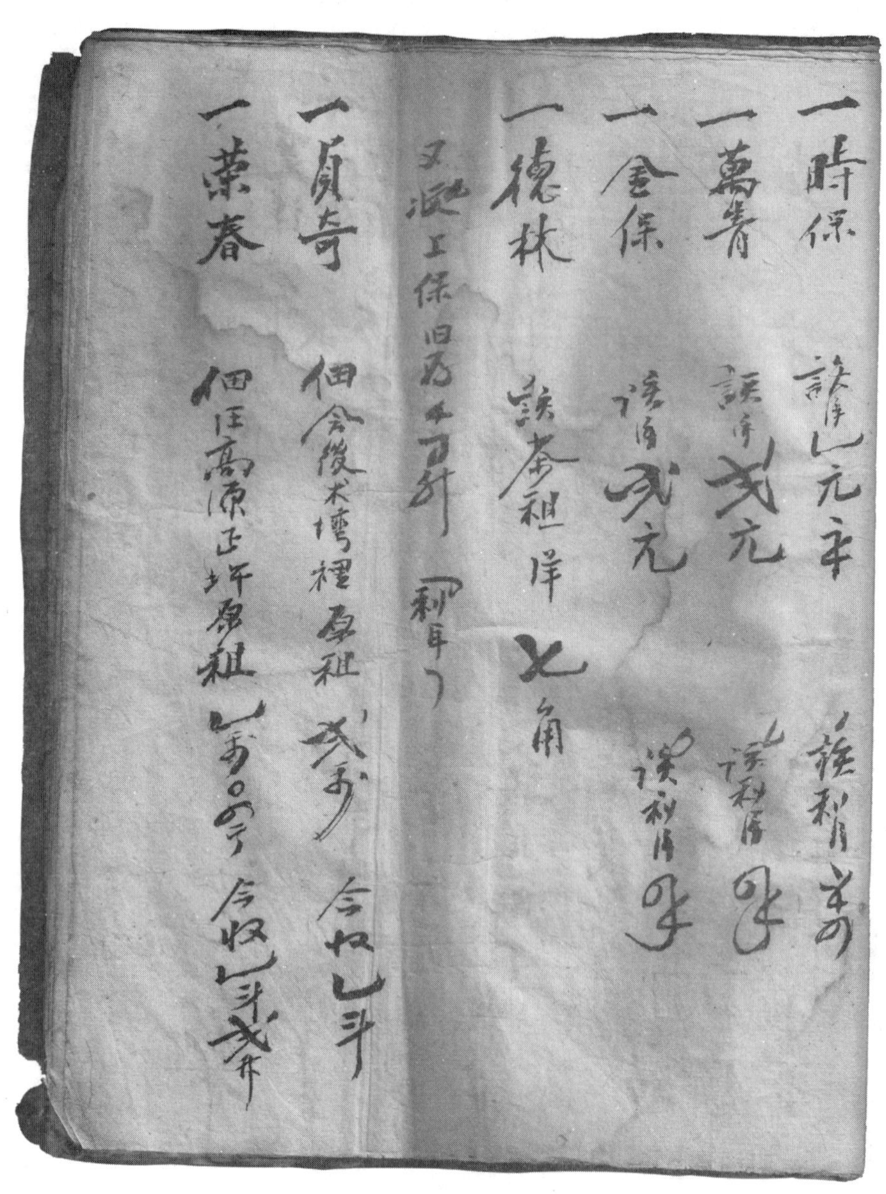

秋口镇鸿源吴家 1-50 · 民国十六年至三十年 · 鸿源永和桥会簿

一時保 該山元年 該利息式角

一萬青 誤□戊元 誤利□□

一全保 該□戊元 誤利□□

一德林 該李祖洋七角

又□工保舊曆五月七升（利息）

一員奇 佃俊木場裡原祖戊□今收七斗

一棠春 佃任高源正圻原祖一斗○升今收七斗戊年

支消開述

支洋一角半 火因三千
支洋束刂 菜油二斤
支洋半斤 竹笘一斤
支洋廿斤 豆支卅斤
支洋五十口 皇戊卅
支洋卅口 石羔
支七个 細鍛

支洋三元 宗奉
支七十斤 伙千廿五
支七十 辛椒三斤
支洋半斤 蘿卜斤
支洋半斤 柴听用
支洋半斤 秋口用
支洋半元 占卡什菜
支洋戊元 油席戊斤
支洋十斤

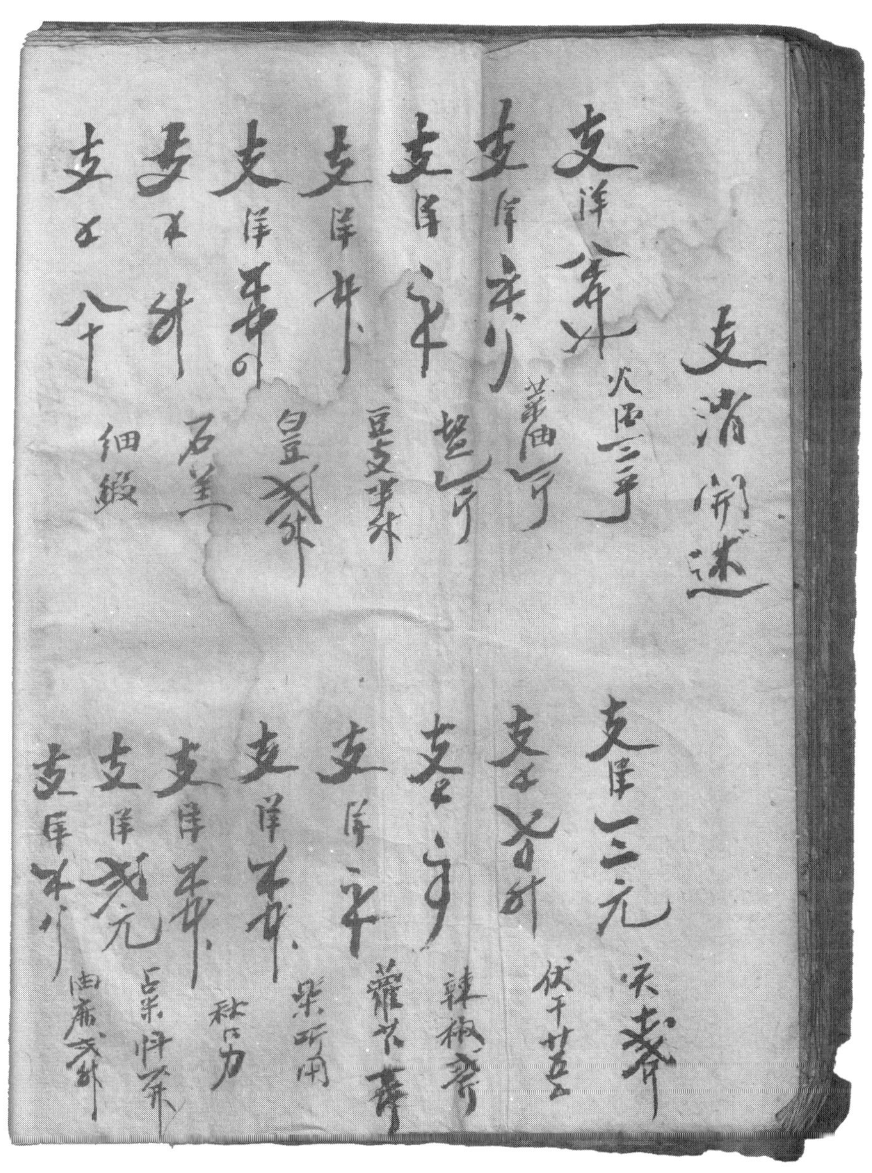

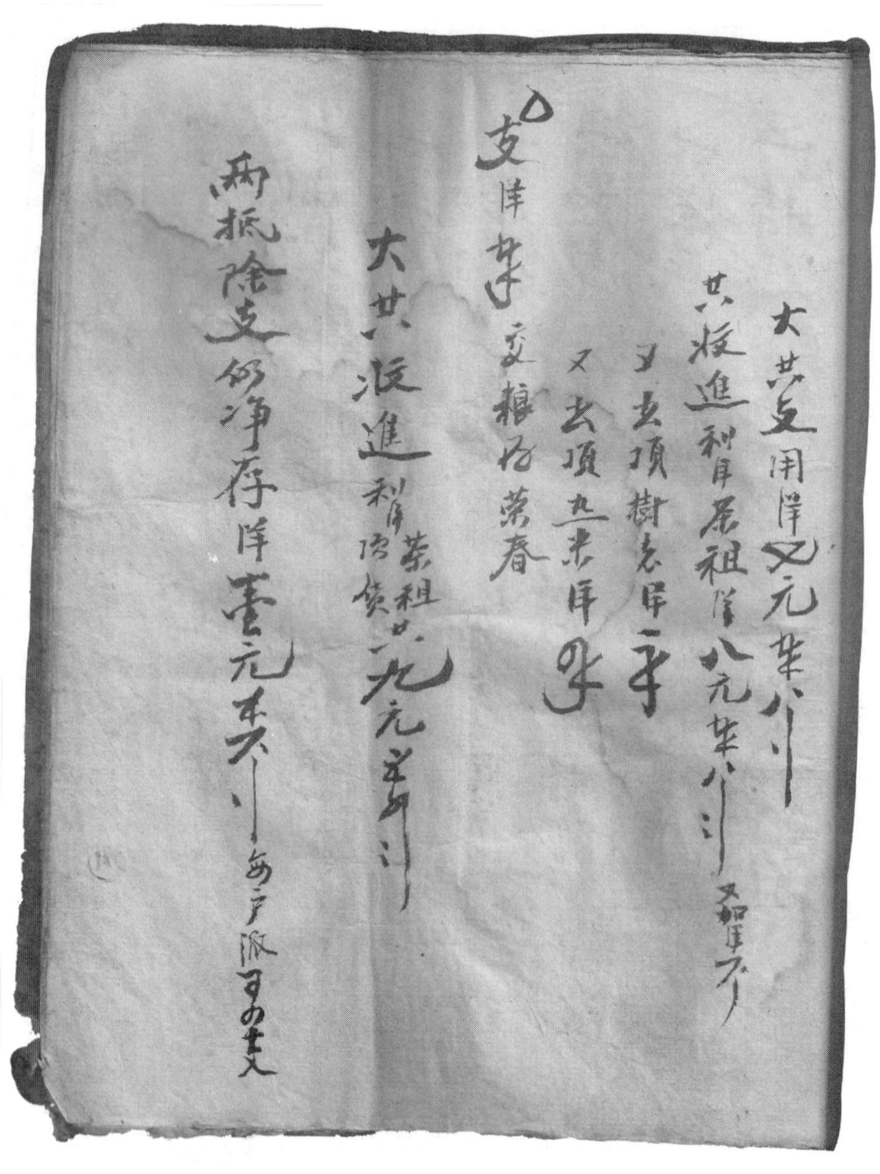

秋口镇鸿源吴家 1-52 · 民国十六年至三十年 · 鸿源永和桥会簿

大共艾用洋又元柒八川
共发進利谷居祖谱八元柒八川又細洋？
又去項樹老兄一千
又去項九去耳川

支洋毕交粮石菜春

大共派進利稽陪资共九元卅川

兩抵除支餘净存洋壹元陸川 每户派？？生又

民國廿八年十月初日晉、永和橋會輪首興林承連茶春百恆經收艮利

一工保 議隌六元 地山元永收利讫
一邪化 議隌五元 稻七元永割讫
一張彬 議隌0元 稻什元
一榮春 議隌拾0元 秋義元收利讫
一老五 議隌捌元 稻完元收利讫
一宏茂 議隌毒元 稻辛元收利讫
一時保 議隌山元辛 稻辛の收利讫

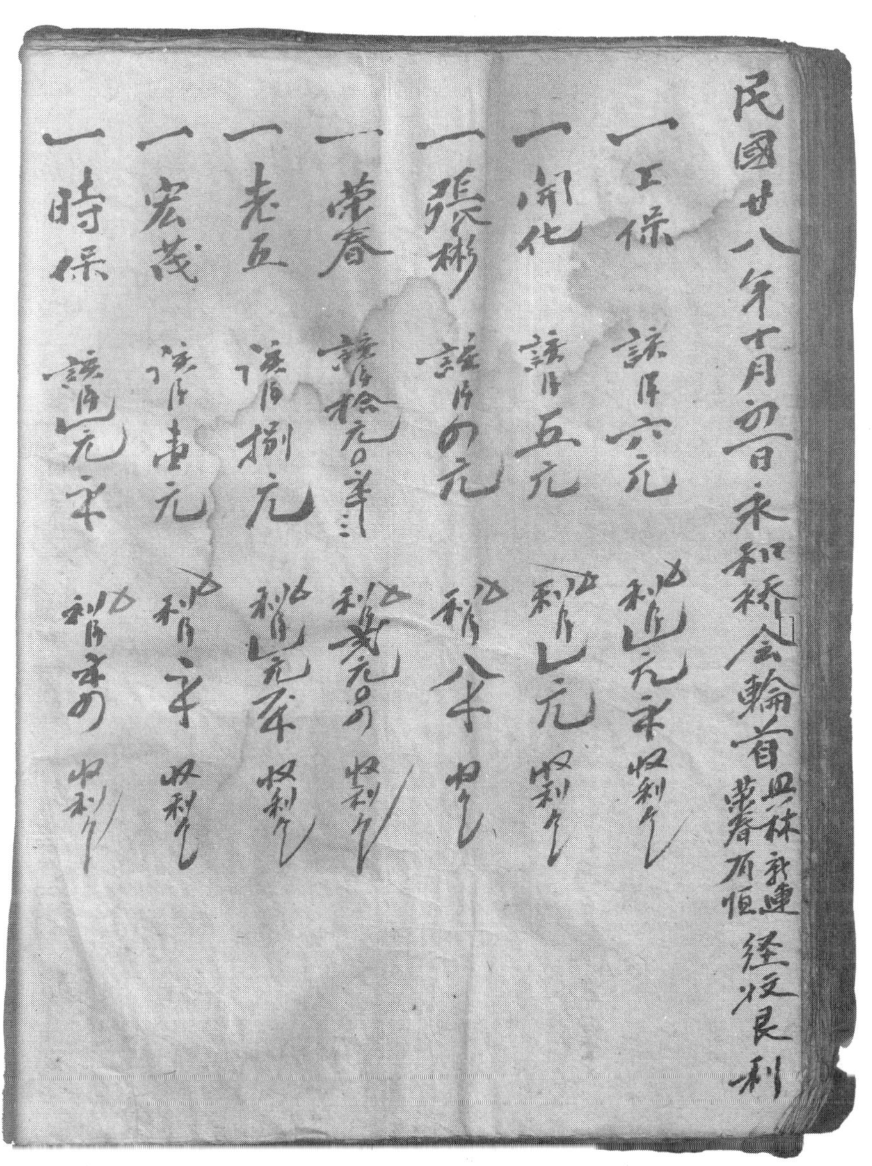

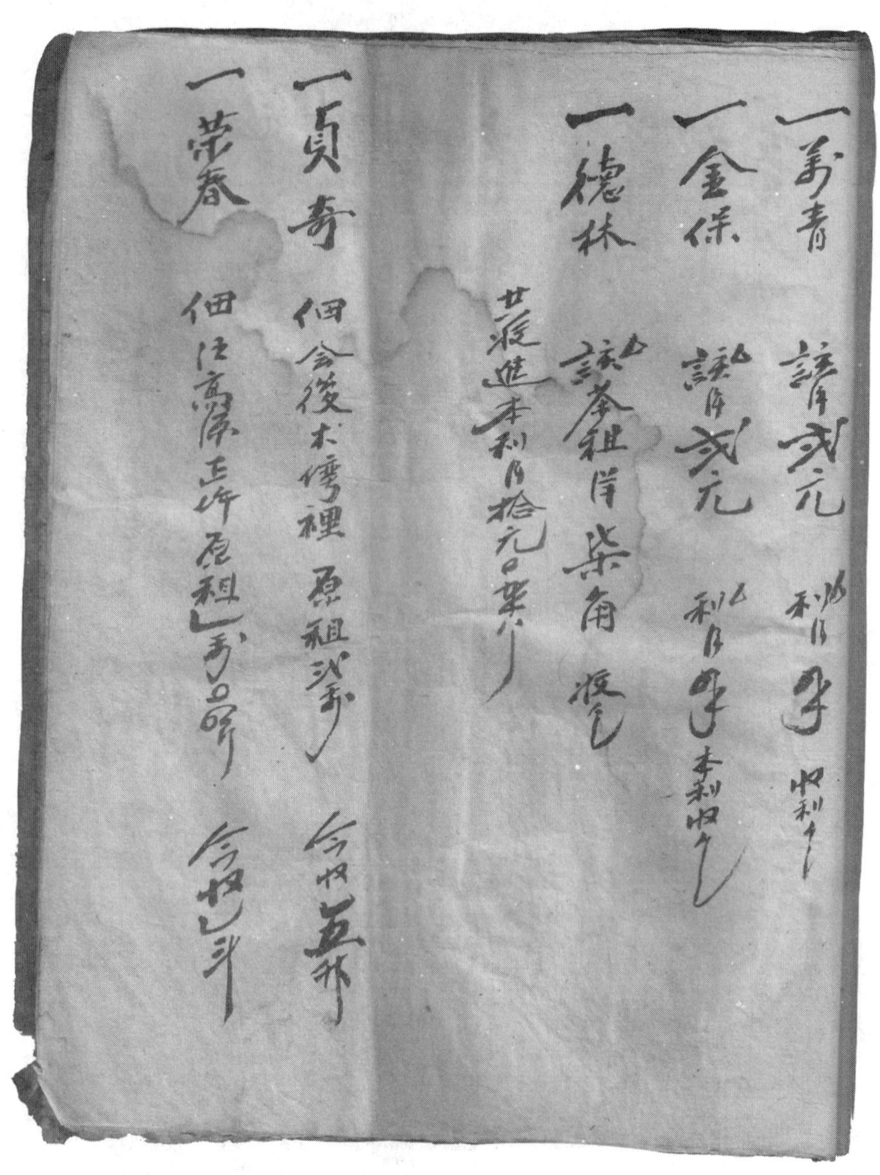

秋口镇鸿源吴家 1-54 · 民国十六年至三十年 · 鸿源永和桥会簿

一菜春 佃江高潭正峰原租〇千〇觔
一貞壽 佃余俊木傳裡原租弍秤 今收五秤
一德林 誠拳祖洋柒角渡已 廿菽進本利弌拾元〇棠✓
一金保 議作弍元 利作〇半 本利四〇
一芳青 譚弍元 利作〇半 中利四

支消开述

支洋八崙 火出銮字
支洋叭八 菉油一厅
支洋一斤 监□二厅
支洋[?]斤 豆支一斤
支洋木米 豆□□□
支洋叮 小煅壽
支洋米 仕干廿五[?]
支洋[?] 五米廿五斤
支洋□元

支洋三元 买听用
支[?] 二斤 鞋椒三[?]
支洋□斤 南瓜六厅
支洋[?]米 東瓜□□
支洋木米 秋□斤
支洋木米廿 菜听用
支洋斤 石灰
支洋斤
支洋□斤 由麻卅斤

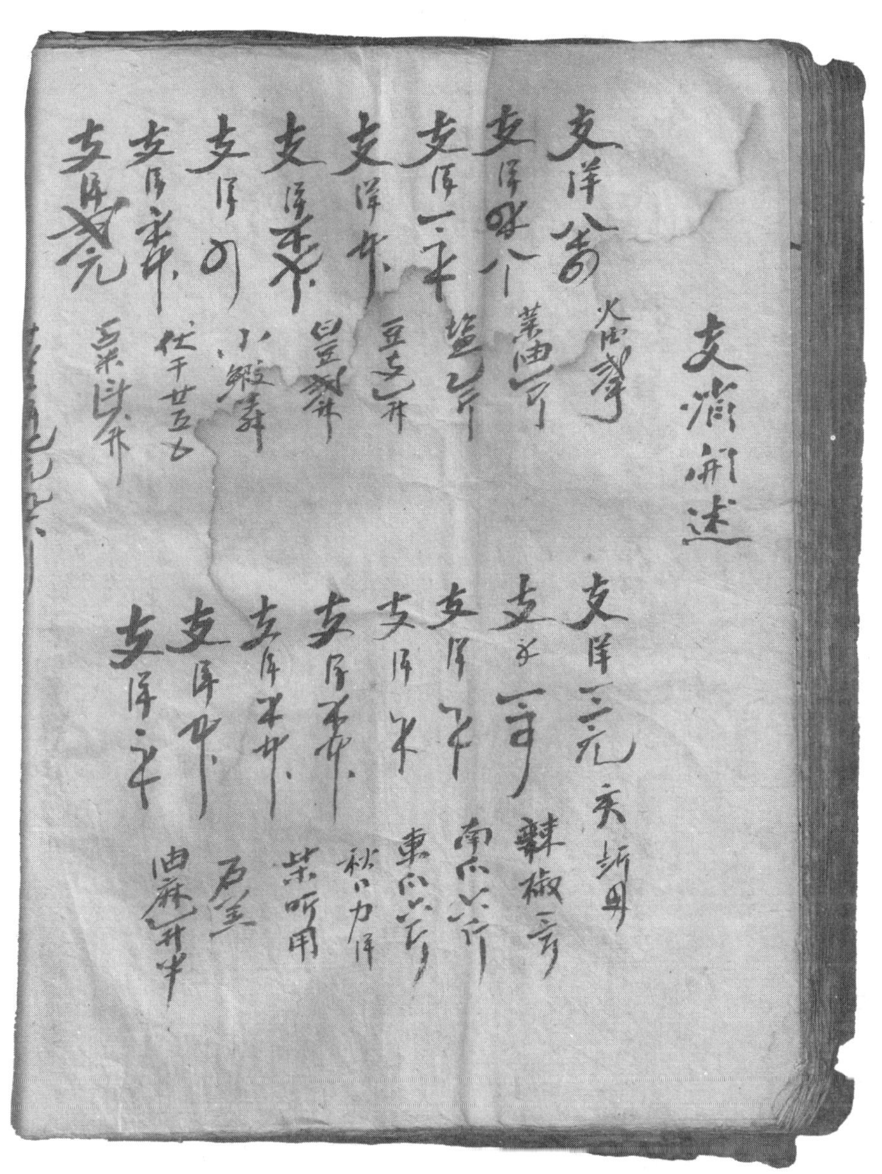

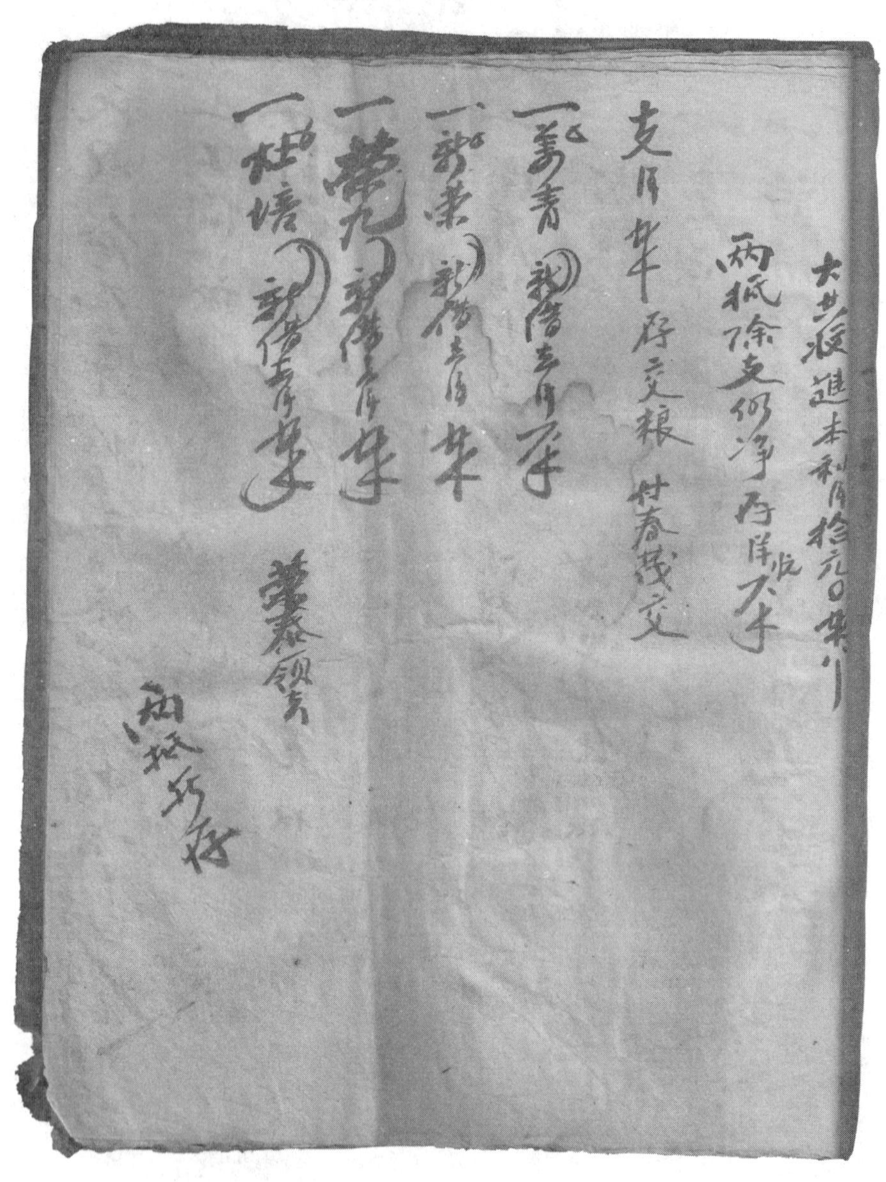

秋口镇鸿源吴家 1-56 · 民国十六年至三十年 · 鸿源永和桥会簿

大共收進本利谷拾元〇集川

兩抵除支何淨存庠收大羊

支月廿羊存支粮 廿春戌交

一葛青 新修廿月冬
一葛柒 新修壹房柒
一葦九 新修壹房羊
一柱塘 新修壹房羊

董泰領去

兩抵竹存

民國念九年拾月五日永和橋會輪首姜青新來經收

一上保 謹benz付六元 謹秄作山元正 收
一開花 謹付五元 謹秄作壹元 收
一張樹 謹付○元 謹秄作八角 收
一滋春 謹付拾元○算 謹秄作念元○□ 收
一新農 謹付八元 謹秄作山元年 收
一宏茂 謹付壹元 謹秄作年 收
一特保 謹付山元年 謹秄作半算 收

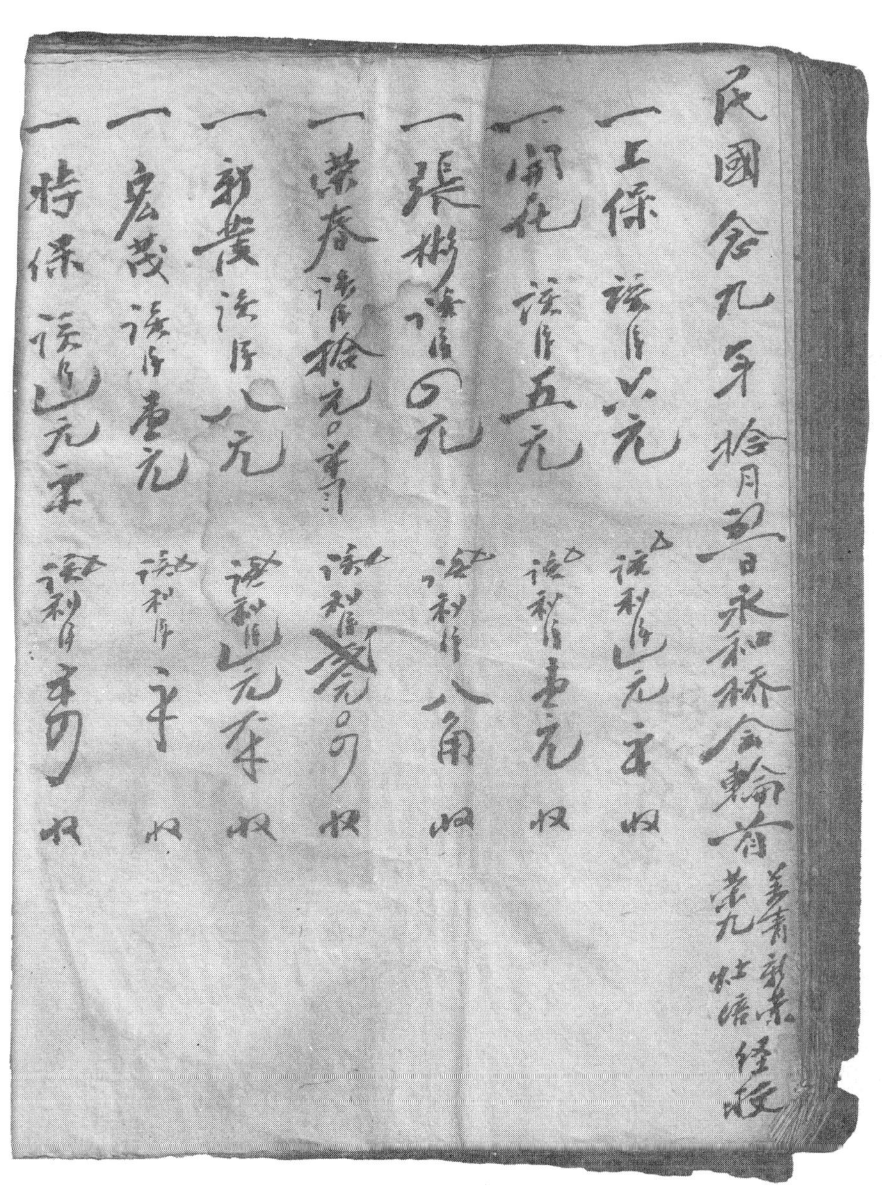

秋口镇鸿源吴家 1-57・民国十六年至三十年・鸿源永和桥会簿

一萬青 讀任戊元 讀利任叩四
一德林 讀荃祖任七角四乞
一昌青 讀身本 讀利半乞 本利归乞
一新榮 讀任本 読督本 本利归乞
一英九 讀任半本 読督半 本利归乞
一灶膳 讀任半子 讀利干 未利归乞
一員青 佃会後木燈裡 原祖弎乞 奴五木續貝汶参千
一萬春 佃注萬原正哼 原祖山苐乞号 取賡去

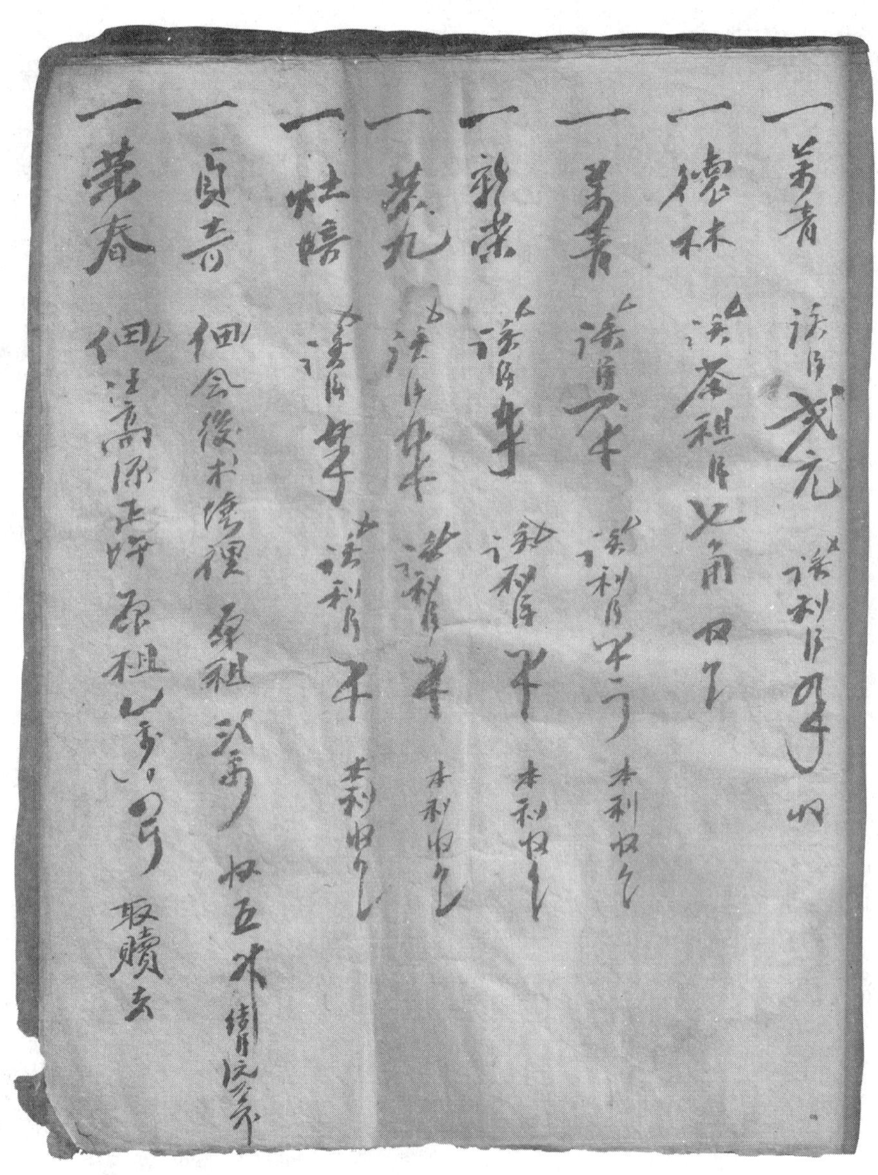

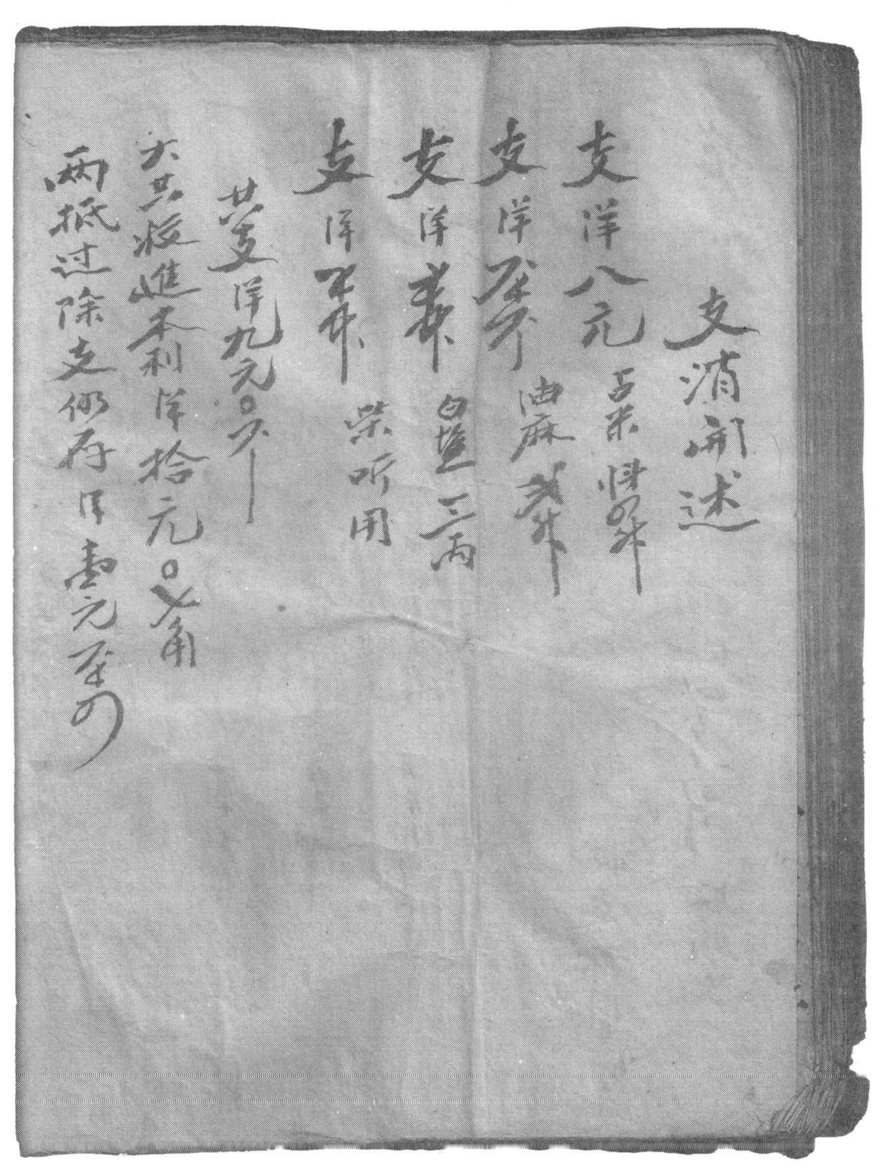

秋口镇鸿源吴家 1-59 · 民国十六年至三十年 · 鸿源永和桥会簿

支消开述

支洋八元 玉米悟斤

支洋△元 油麻叁斤

支洋叁元 白盐三两

支洋贰元 柴听用

支洋九元○分 其短进本利洋拾元○捌角

大共短进本利洋拾元○捌角

两抵过除去他存仟零元零分

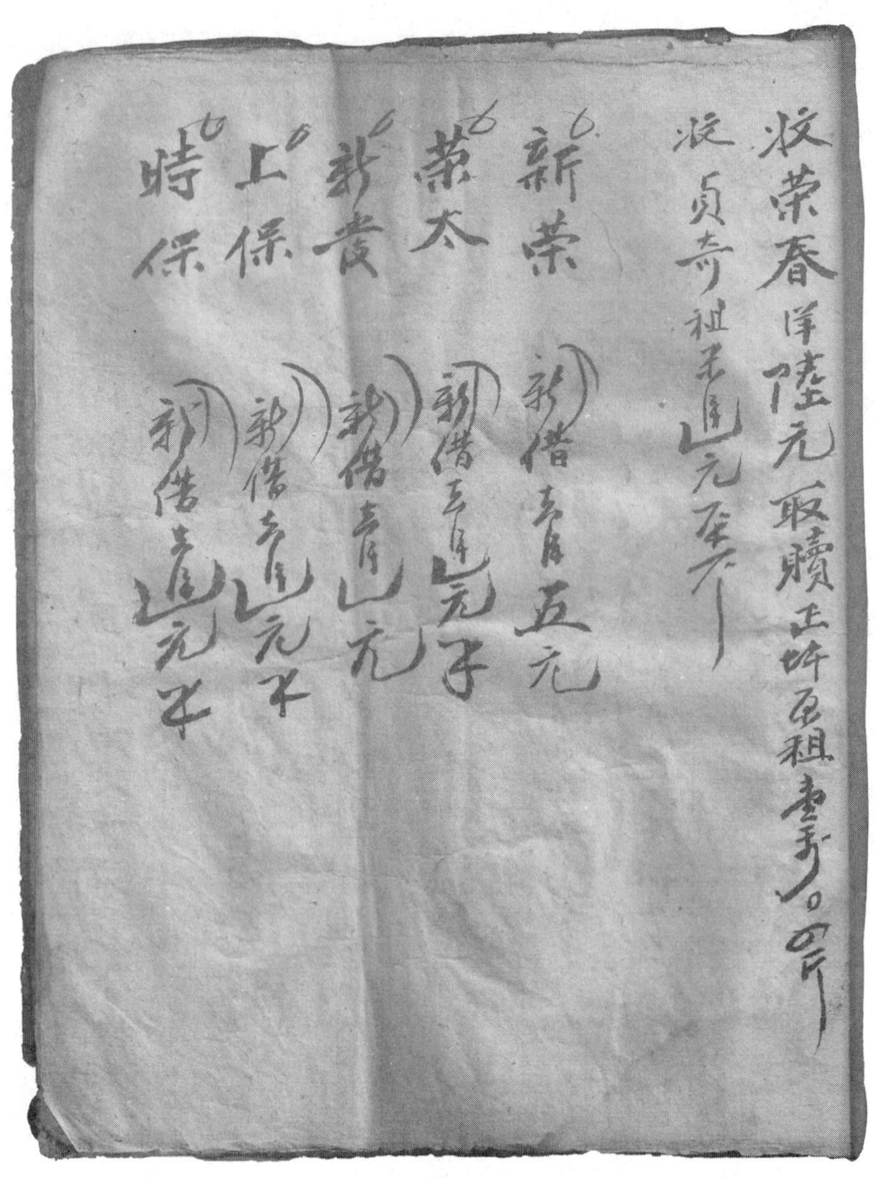

秋口镇鸿源吴家 1-60 · 民国十六年至三十年 · 鸿源永和桥会簿

收榮春洋陸元 取贖正峰瓦租
收員奇祖玉圍山元至不一

新榮 新借青五元
榮太 新借三年山元子
新貴 新借青山元
上保 新借壹元不
時保 新借壹山元不

民國叁拾年拾月初旬永和橋會輪首上保 新發 特保

一 上保 議洋六元 議利山元平收
一 開化 議洋五元 議利洋捌角收
一 張彬 議洋○元 議利洋捌角收
一 榮春 議洋拾元 議利戊元○收
一 新發 議洋八元 議利山元不收
一 宏茂 議洋肆元 議利洋不收

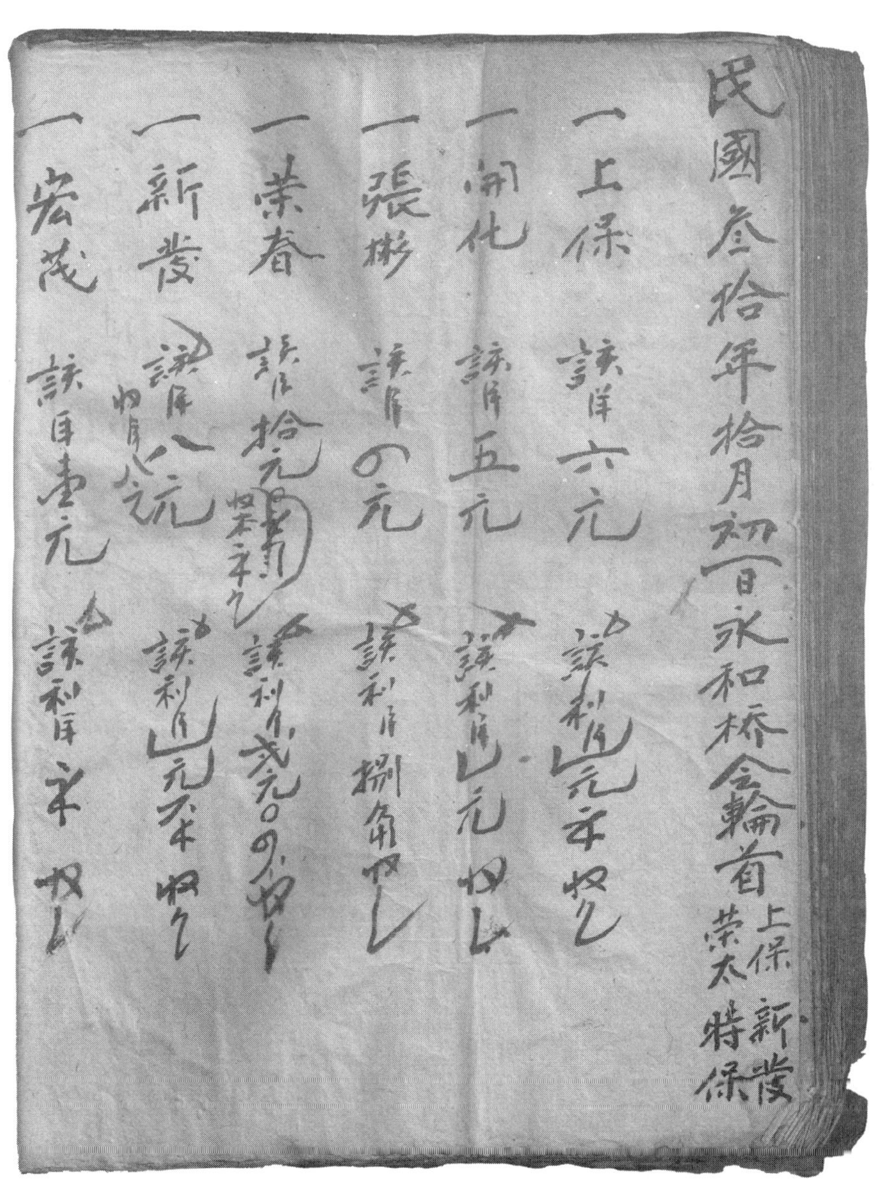

一時保 議作山元禾議程茶四收乙
一芳青 議作戈元 議利匯0乙
一德嬌 議茶祖學柴角收乙角
一新榮 新議會 五元 議利匯山元收乙
一榮太 新議作山元禾議利程李西本利收乙
一工俤 新議作山元禾議利作本利收乙
一新發 新議作山元議利作本利收乙
一時俤 新議作山元禾議利作本利收乙

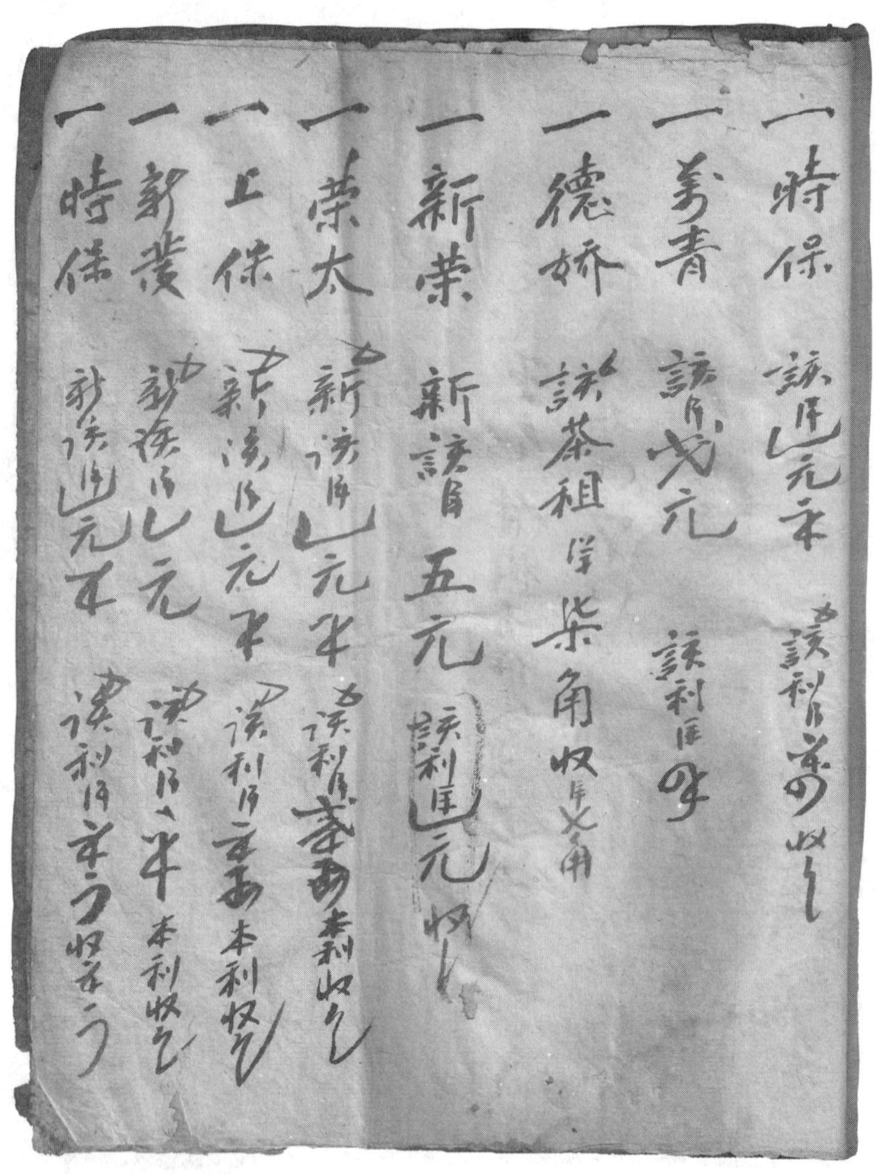

大共收進本利洋卅元四乎
除支搭橋去大无伩日半
計用之元半
除支伩淨存年拾三元九半
当支陸重元付樹青保長員完钱
伩洋拾贰元九角 存上保生頭
卅二年元月拾六日本利共洋拾五元四乎八十土保交出歸移營半

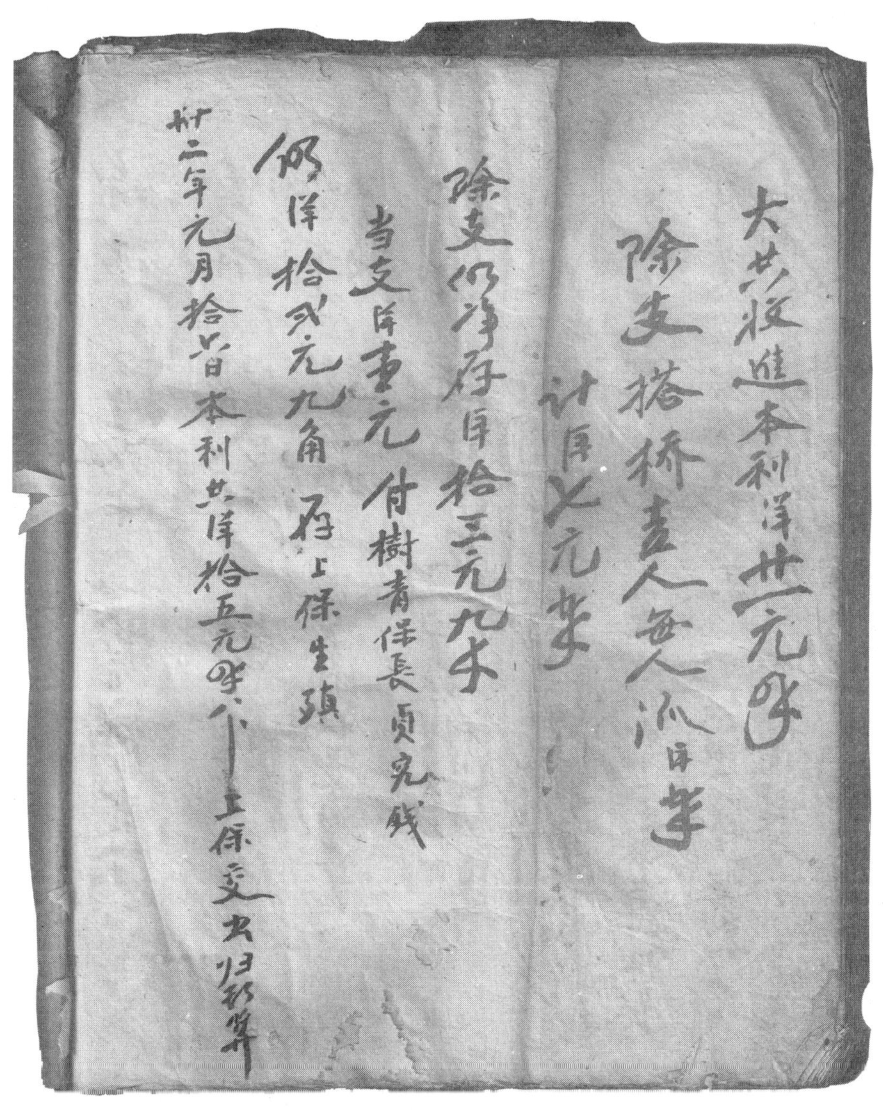

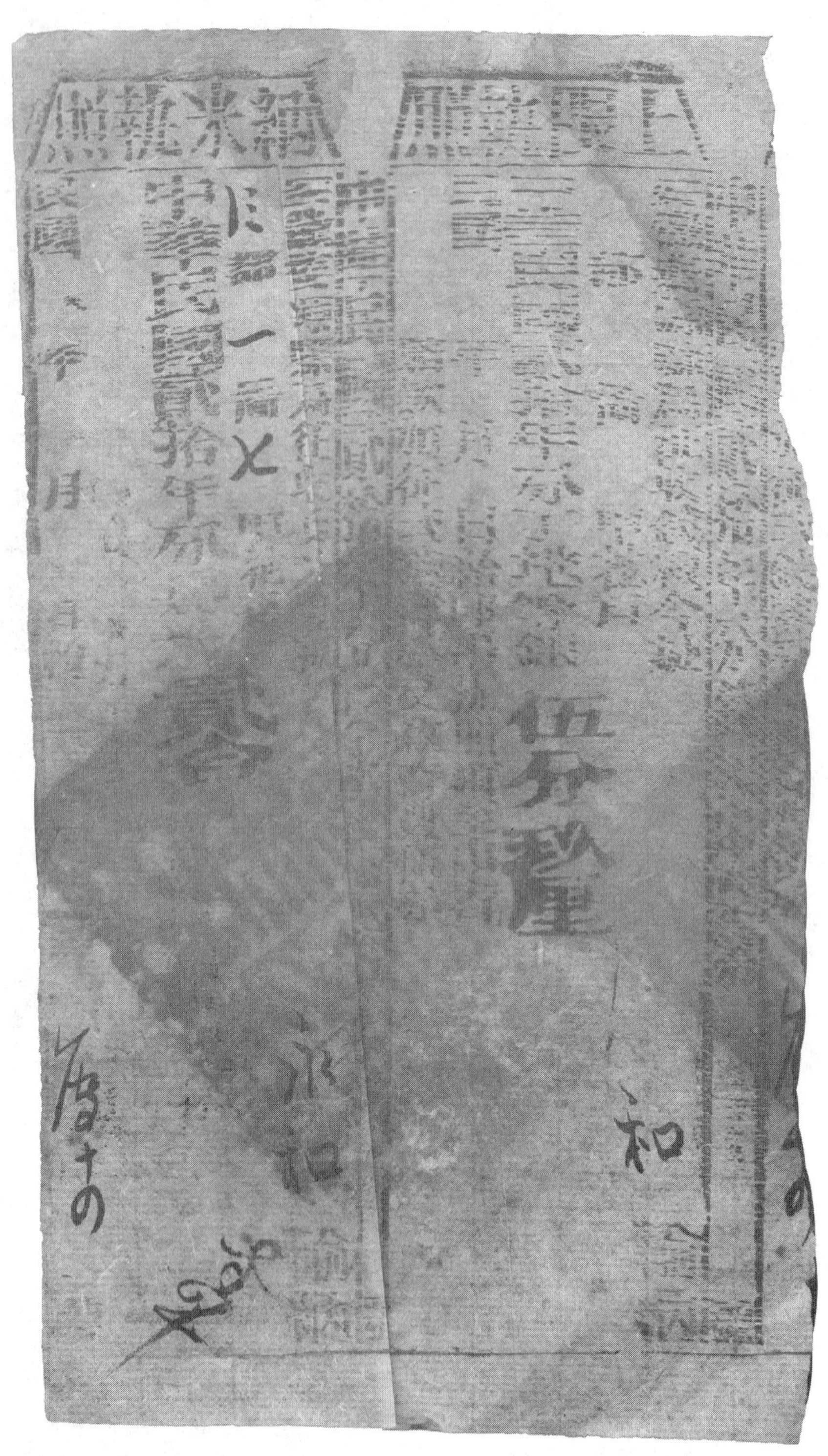

秋口镇鸿源吴家 2 · 民国二十年 · 纳米执照 · 永和

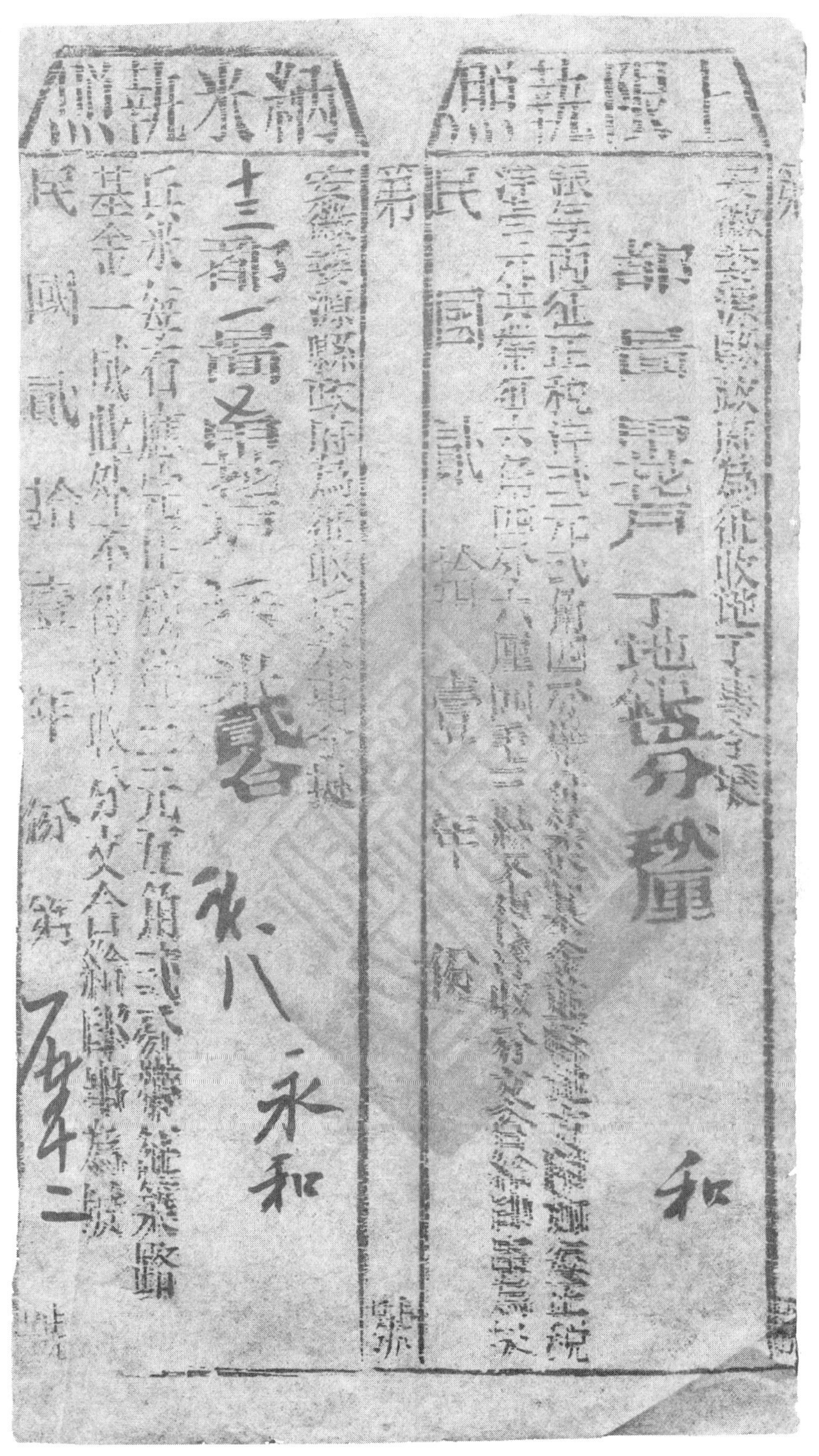

秋口镇鸿源吴家 3 · 民国二十一年 · 纳米执照 · 永和

立自情愿断卖骨税祖契人吴樟保原承祖遗下有田壹號坐落土名下洪村長條坵係月字柒拾柒號計税壹分壹厘正計實谷早秈大其田四至有鄰册為憑不必開述今因正事意用自情願央中將骨税祖出賣與徵其叔名下承買為業三面憑中議作時價洋郎是身親手收足託其骨祖税仕憑買人隨契過手營業收租扭限其來祖文剔號相迎不便繳付其税糧票不必另立推單其税糧本甲本鄉户下扒付今查收日後要兩無論証另解未賣之先其本家內外人菁並無異言爭端如有不明等情是身自理不干承買人之事恐口无憑故情愿断骨税契為據

所是欵價当即兩相定託

中華民國二十二年正月日賣情愿断绝出賣曾祖税契人吳樟保

見中 兄吳得林

正其澤比

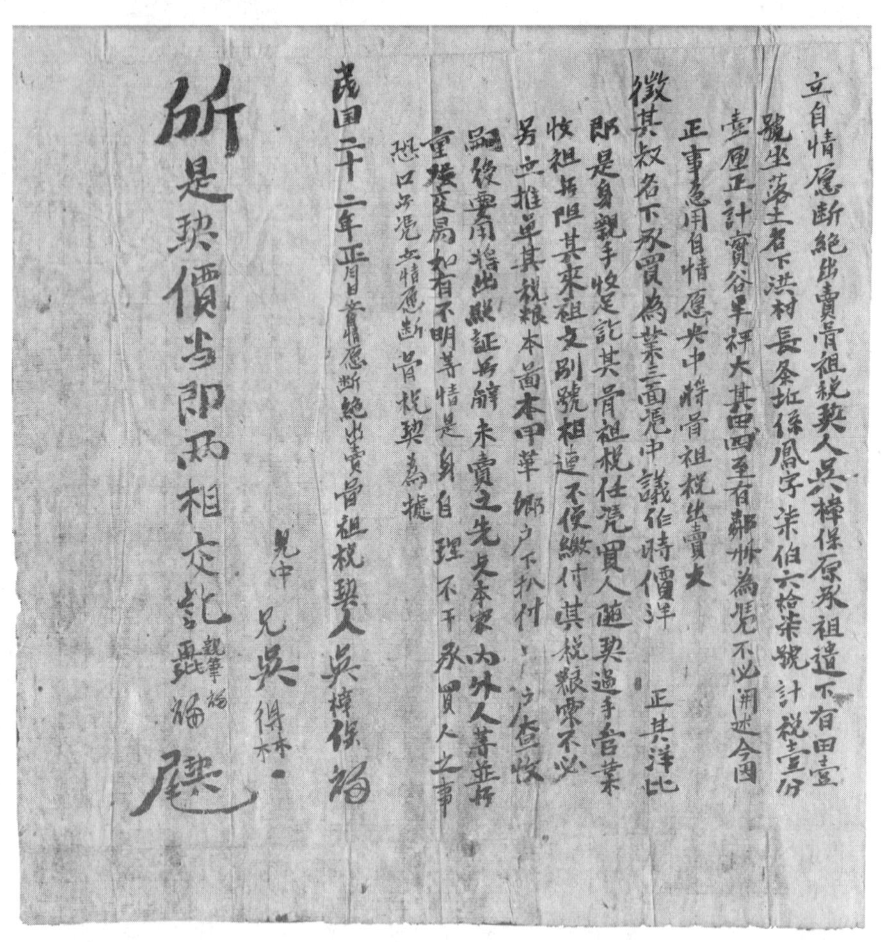

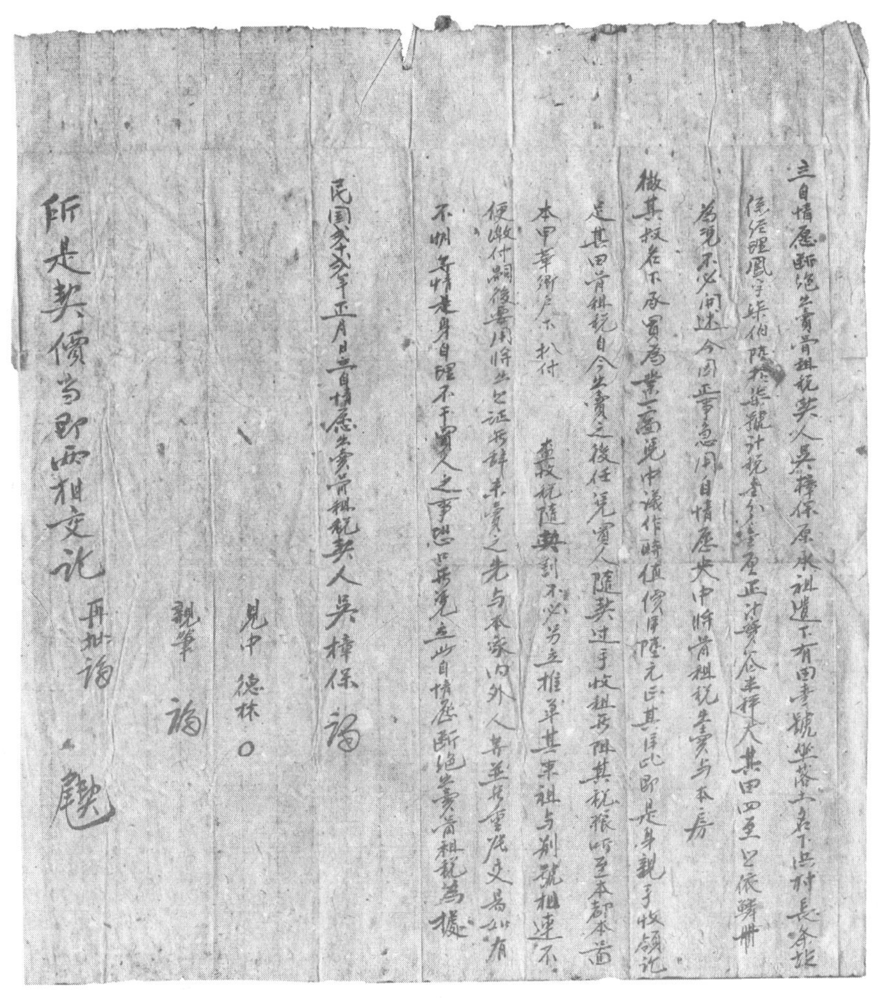

秋口镇鸿源吴家 95 · 民国二十二年 · 断绝出卖骨租税契 · 吴樟保卖与征其叔

自情愿立断骨绝卖骨祖契人吴季文等原身会有骨租壹砠坐嫲坐蔴土名荆山旺坵計四坵坵計前租……租壹砠给众与計税本分四厘叙毛保经理凰字四翟元楙今因会內應用情愿将骨租出賣與六族微其芽名下承買為業二面凭中議作時值價洋 元正其洋壹即會肉民領其租一任凭承買人随契過手既租無異其四至目有鱗册為凭不必再述其稅粮應至本甲夏秋听本會作甲世長應置民完納未賣之先與本會門久等无干如不……肉自理不干承買人之爭恐口無凭立此断骨绝卖骨祖契為証

民國廿四年歲次乙亥季秋中月肉情愿立断骨绝卖骨祖契人吴季文響
中 吴咸太禧
吴光遠譽
書 吴季文譽

所是契價西相交訖再批譽

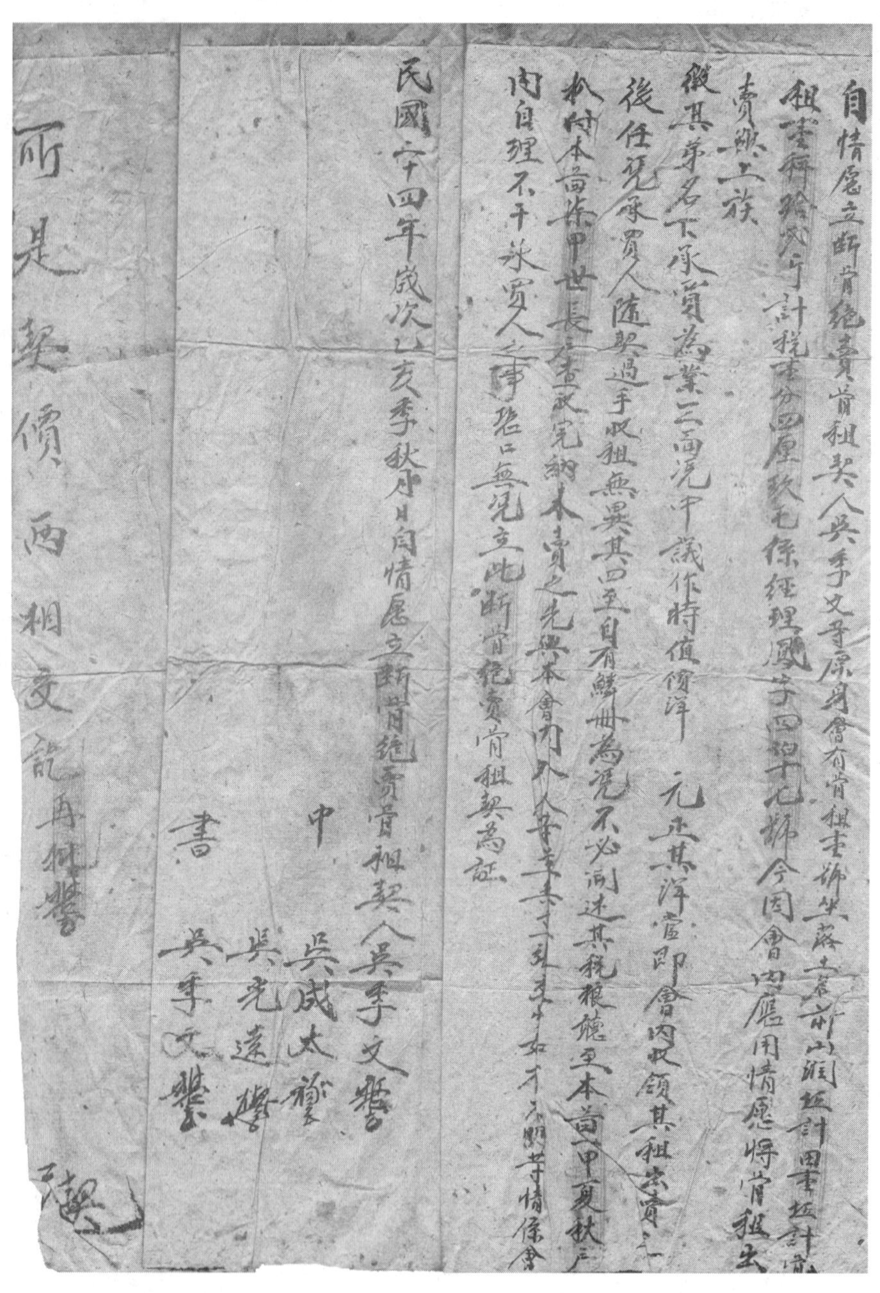

秋口镇鸿源吴家 93·民国二十四年·断绝出卖骨租契·吴季文等卖与征其

立字情愿出當居住屋半堂契人吳新年今因急事正用自愿將祖遺下有座
佳屋半堂地稅連牛門首猪欄路通高自情愿托中出下村
旭東兄名下為業三面凴中當淂英洋五元正其洋當即親手令中收記其利照依茶
約行息其本利不清法凴承當过手恐業无銀能愿下無湯立此出當居住屋契病外
民國四年十一月廿四日加當屋英洋拾五元其洋親手收訖其利照大例行息
恐口無憑立此契出當屋字為據親筆瑩
外再批加佳屋地稅係鳳字六百壹十名號坐落土名洪村佳基計稅壹厘戈毛八坐
落土名洪村佳湖計稅六毛戈係鳳字元百計批號六厘俱在當收親筆批瑩
光緒廿三年立出當妻佳屋契契人吳新年瑩
民國戈十四年歲次臘月日立加當大洋拾元正其洋是身收訖書親筆瑩

中促 陽熙瑩

書親筆瑩

秋口鎮鴻源吳家 117 · 民國二十四年 · 出當居住屋半堂契 · 吳新年當與旭東兄

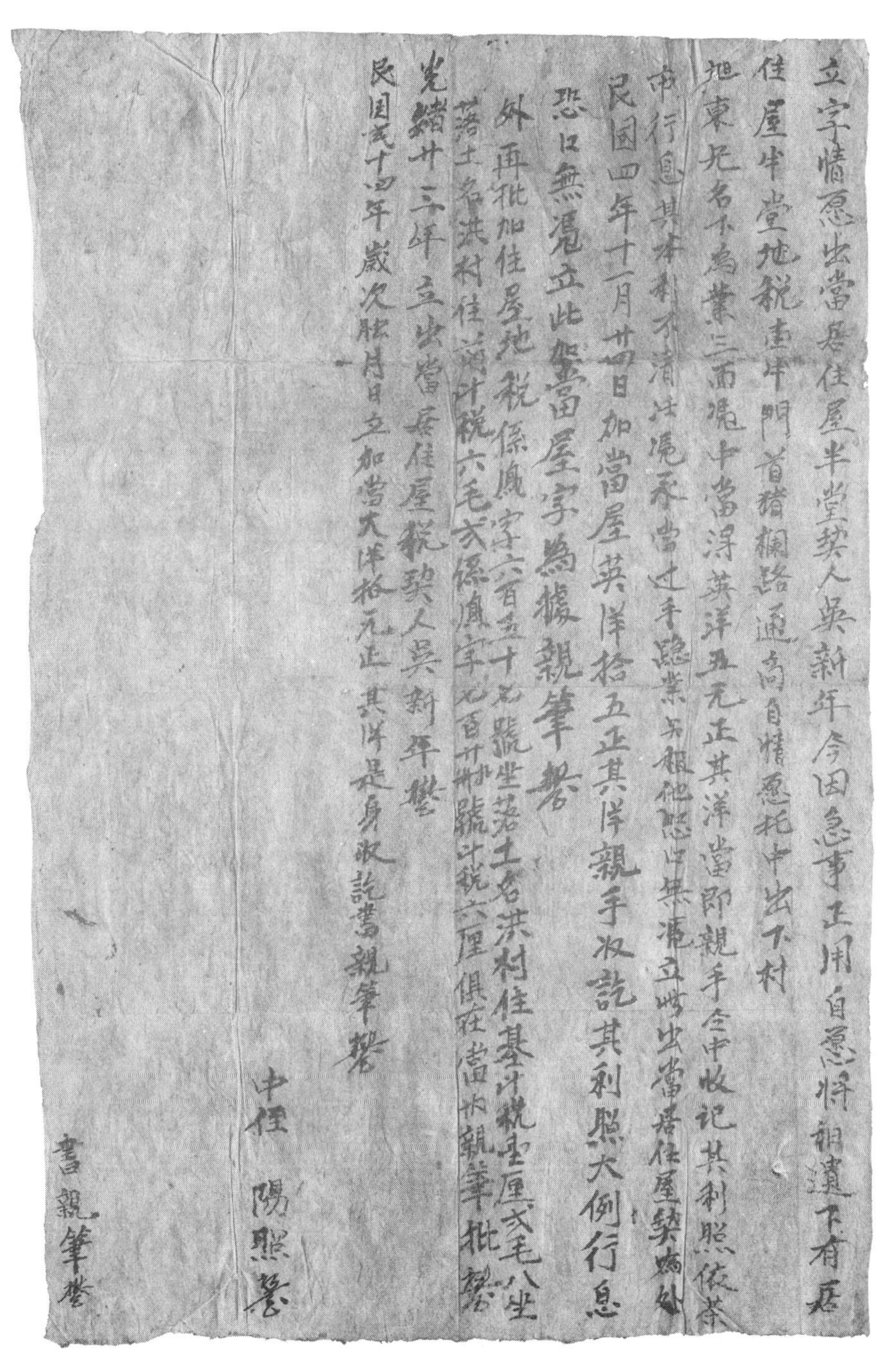

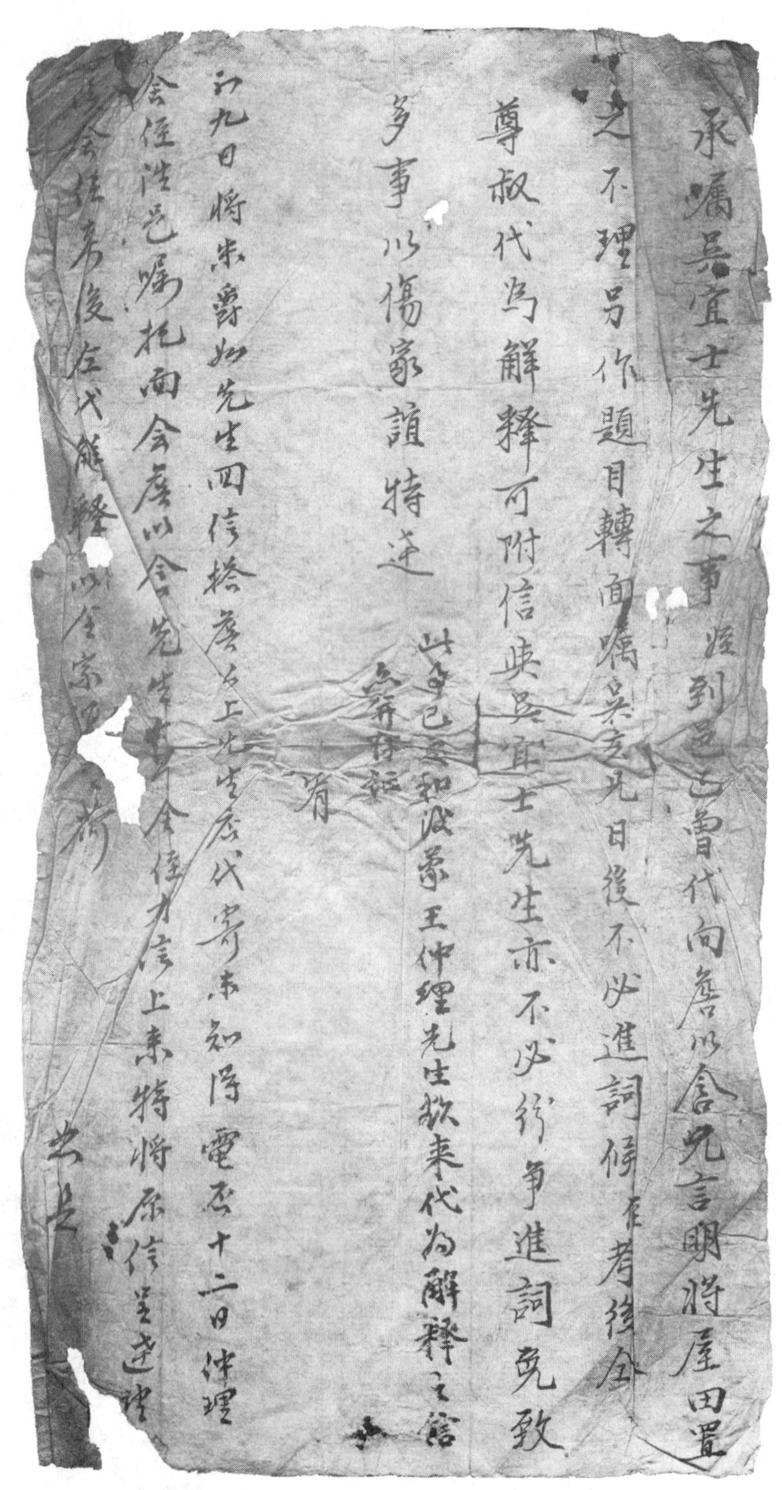
承屬吳宜士先生之事，姪到邑已曾代向唐以舍先言明，將屋田置
之不理，另作題目轉向屬吳宜先日後不必進詞，俟在考後，令
尊叔代為解釋，可附信與吳宜士先生，亦不必紛爭進詞，免致
多事以傷家誼。特述
此事已函知汲蒙王仲理先生欲來代為解釋之信
並祈轉知
肯
初九日將朱爵如先生回信搭唐以上先生處代寄來，知得電否？十二日仲理
舍侄陸邑嘱托向舍唐以舍先生暨舍侄力言上來，特將原信呈述，望
令舍侄考後在代解釋，以全宗誼，為荷
此上

秋口镇鸿源吴家 5 · 书信

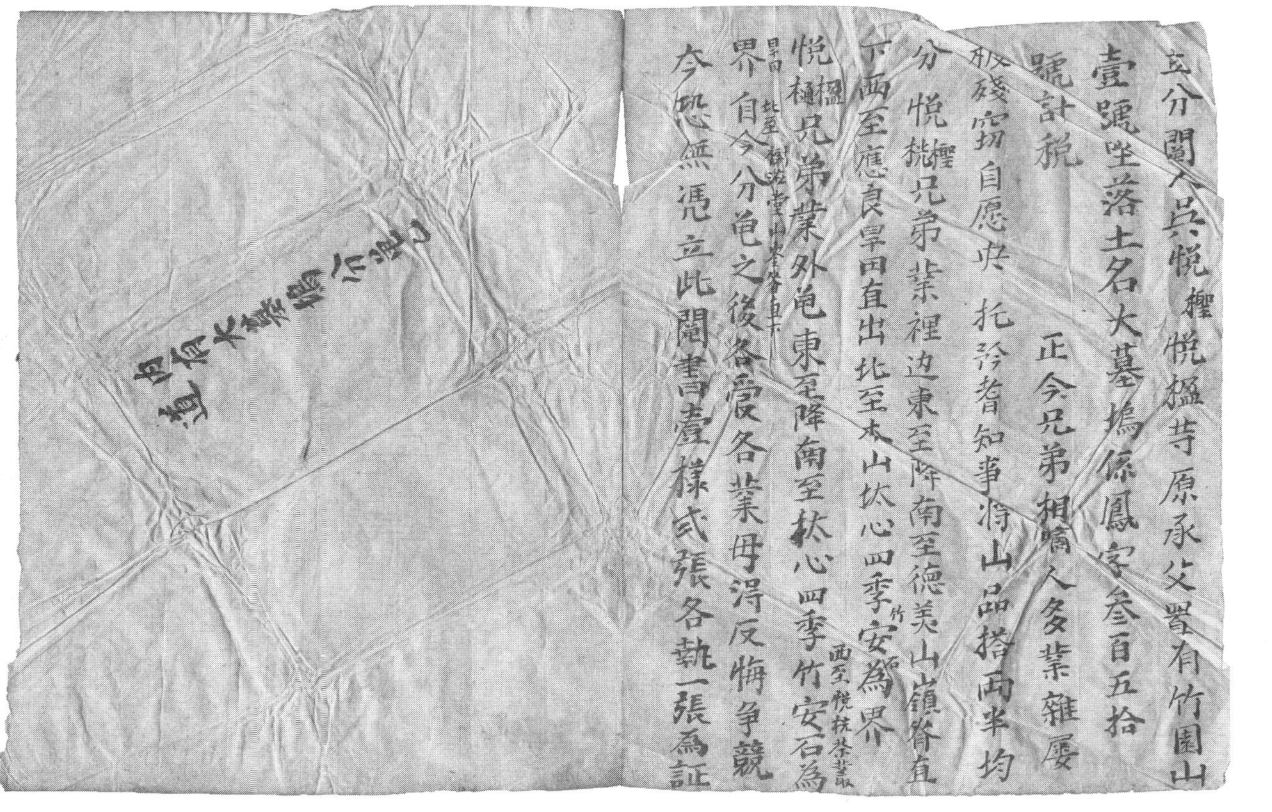

立分閹人吴悦檉、悦楹等原承父置有竹園山

壹號坐落土名大墓塢係鳳字叁百五拾

號計稅 正今兄弟相商人多業雜屢

被殘窃自愿央 托仝耆知事將山品搭兩半均

分悦檉兄弟業裡边東至降南至德美山嶺脊直

下西至應良旱田直出北至本山坎心四季竹安為界

悦楹兄弟業外邊東至降南至坎心四季竹安石為（西至悦扶茶蓬脚）

界（北至樹滋堂山墓脚直下旱田）自今分邑之後各管各業毋得反悔爭競

今恐無憑立此閹書壹樣式張各執一張為証

內有大墓塢分單一道

秋口镇鸿源吴家 8 · 分阄书 · 吴悦柽、吴悦楹等

秋口镇鸿源吴家 10 · 流水账

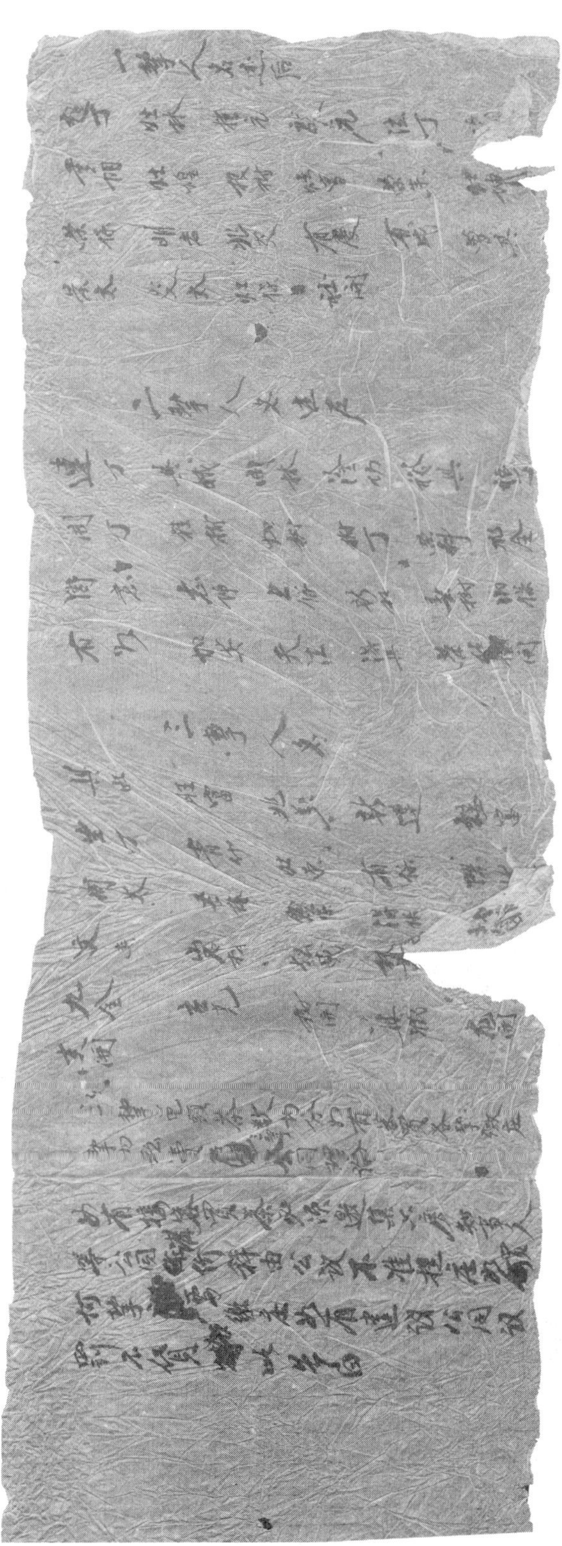

秋口镇鸿源吴家 12 · 买茶人名单

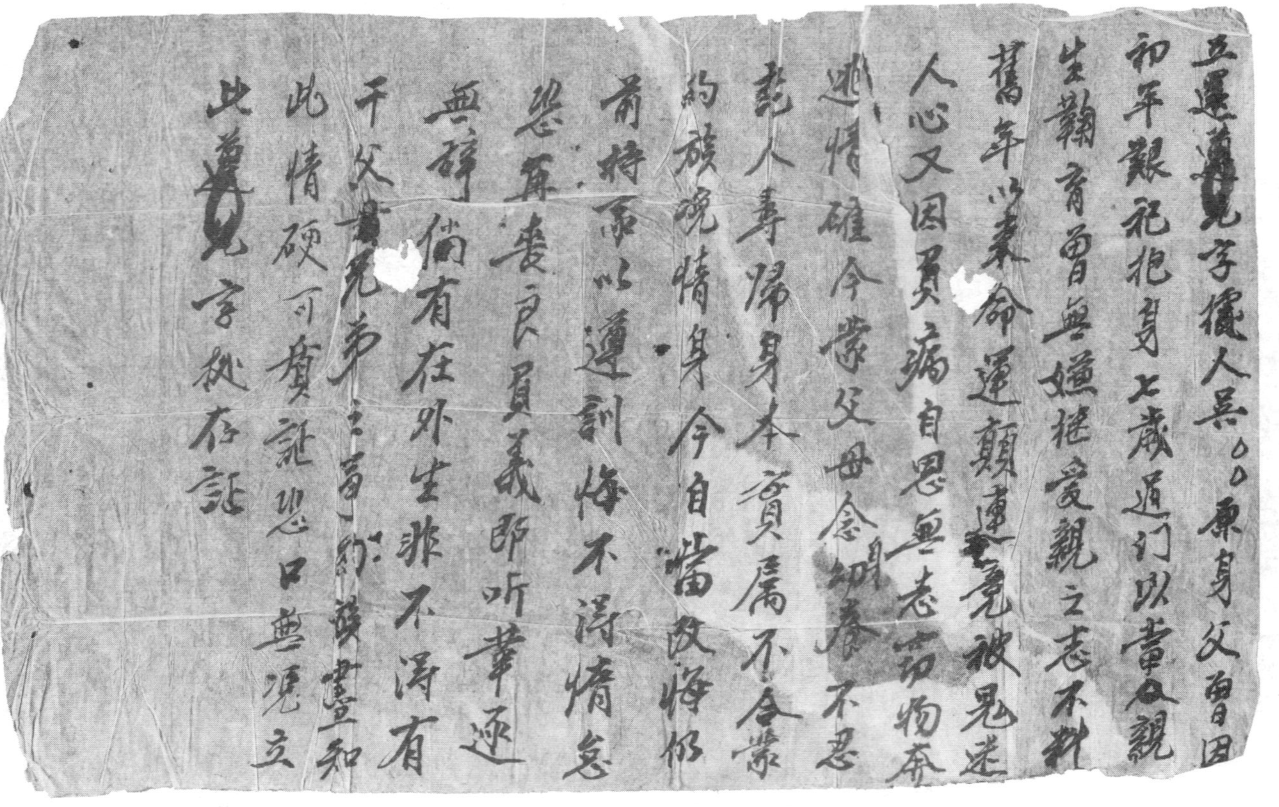

秋口镇鸿源吴家 62 · 还字据 · 吴□□

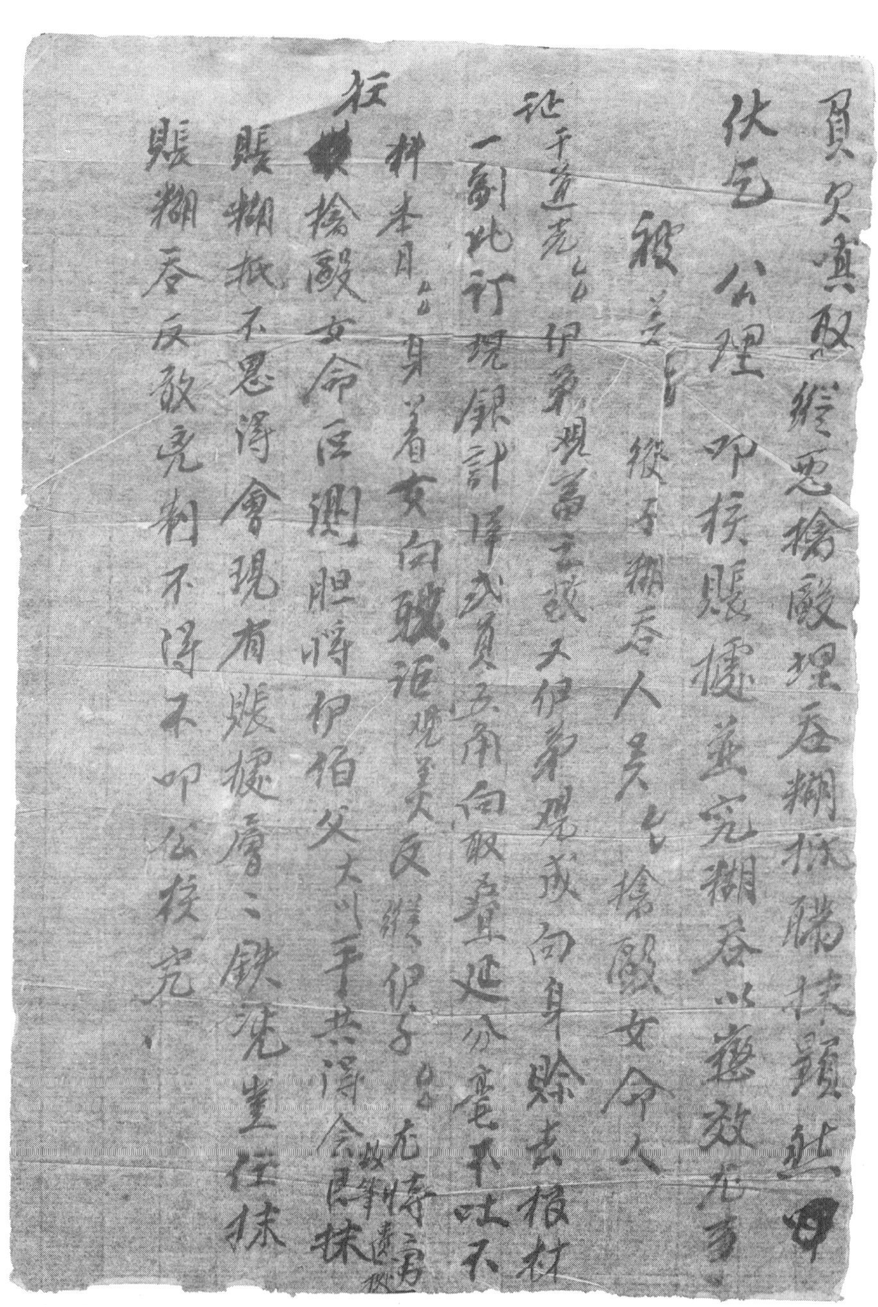

具只真叔縱惡搶毆埋吞糊抵賠扶鑽然[illegible]

伏乞

公理叩核賬據並究糊吞以懲效尤事

竊生[illegible]縱子糊吞人吴七搶毆女命人

証于道光七七伊弟現當未載又伊弟現成向身賒去梗材

一副比訂現銀計洋弍員爰承向取疊延分毫不吐不

料本月七七身着女向取詎現吴友縱伊子七七尤特[illegible]故筆遺戳

枉[illegible]搶毆女命匡測胆將伊伯父大以千其得会良抹

賬糊抵不思得會現有賬據層二欽凭豈任抹

賬糊吞反敢竟利不得不叩公核究

秋口镇鸿源吴家 66 · 具状词

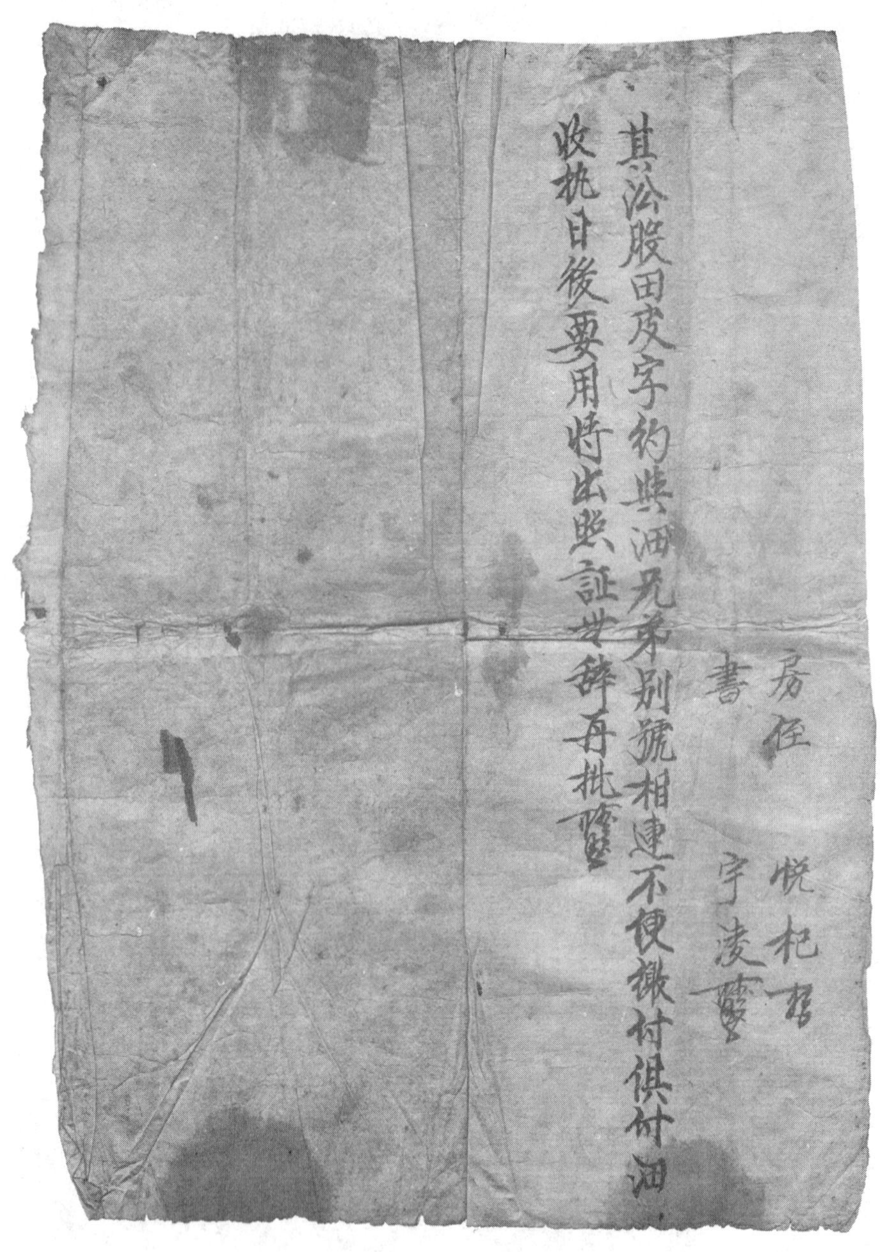

其沿股田皮字约與洒兄弟别號相連不便撤付俱付洒
收執日後要用將出照証毋辞再批（押）
房侄　悦杞（押）
書　字凌（押）

秋口镇鸿源吴家 67 · 沿股田皮字约

秋口镇金盘村 1—116

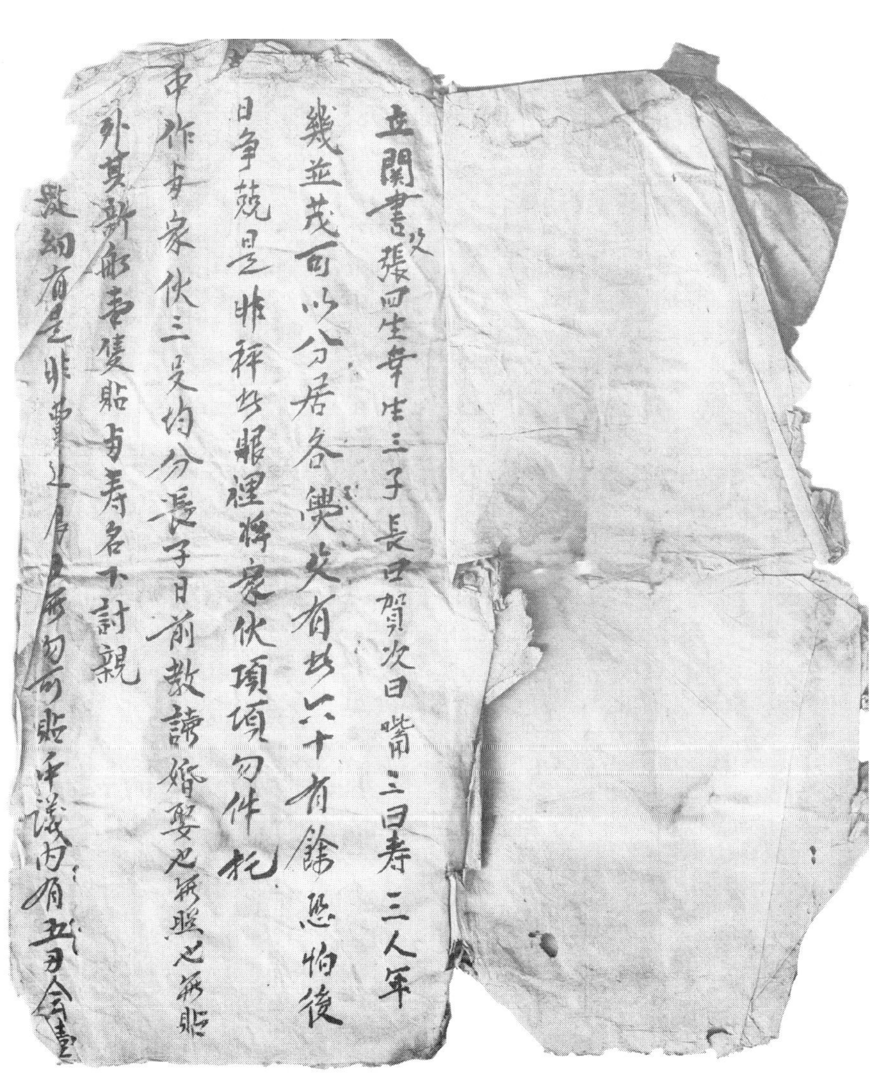

立閹書父張四生幸生三子長曰賀次曰嵩三曰寿三人年
幾並茂可以分居各爨矣有歲六十有餘恐怕後
日爭競是非拜出眼裡將家伙項項勿件杷
平作分家伙三大均分長子目前教讀婚娶也無盤也無貼
外其新屋貼与寿名下討親
……

秋口镇金盘村 19-1 · 乾隆十三年 · 分关文书 · 张四生

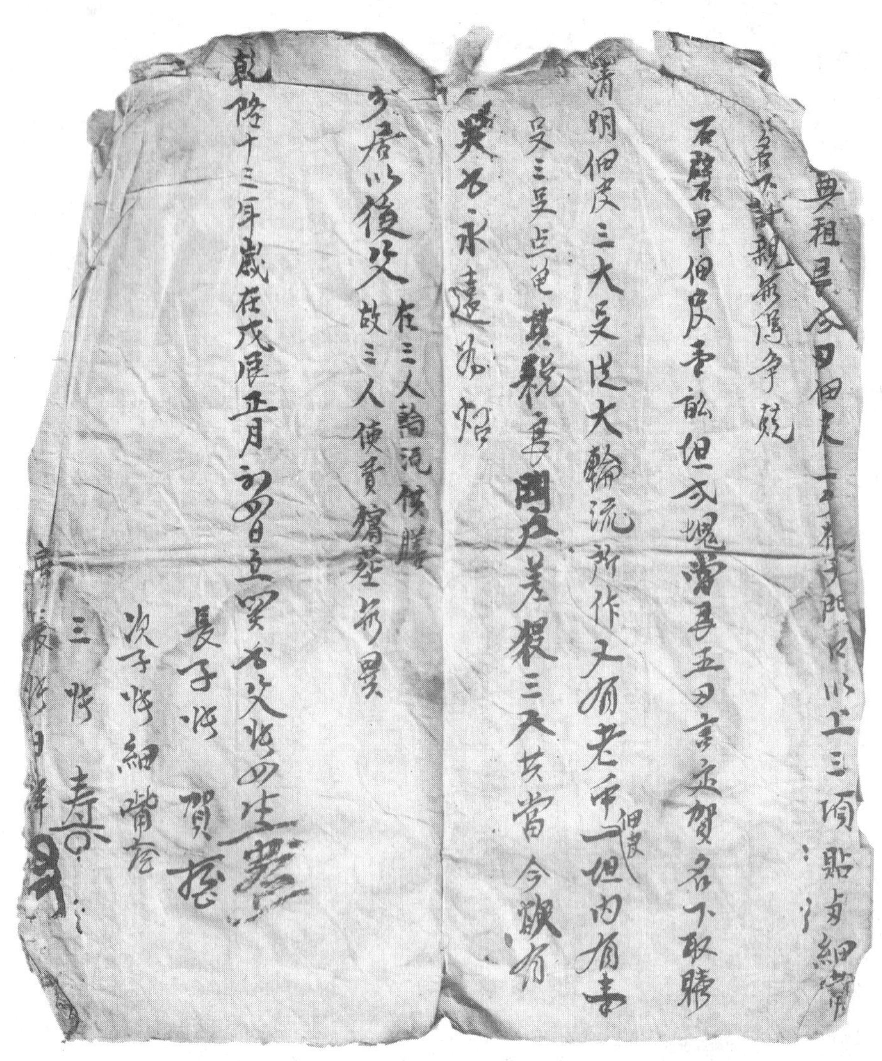

秋口镇金盘村 19-2 · 乾隆十三年 · 分关文书 · 张四生

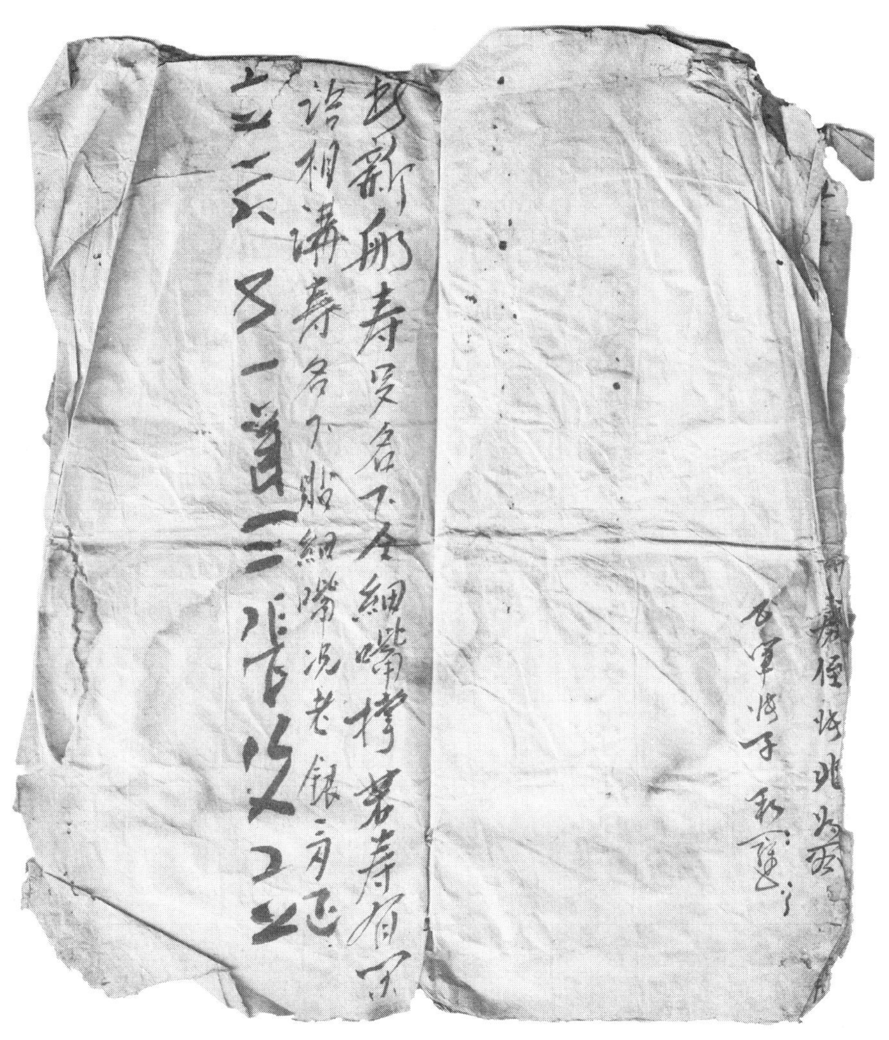

秋口镇金盘村 19-3 · 乾隆十三年 · 分关文书 · 张四生

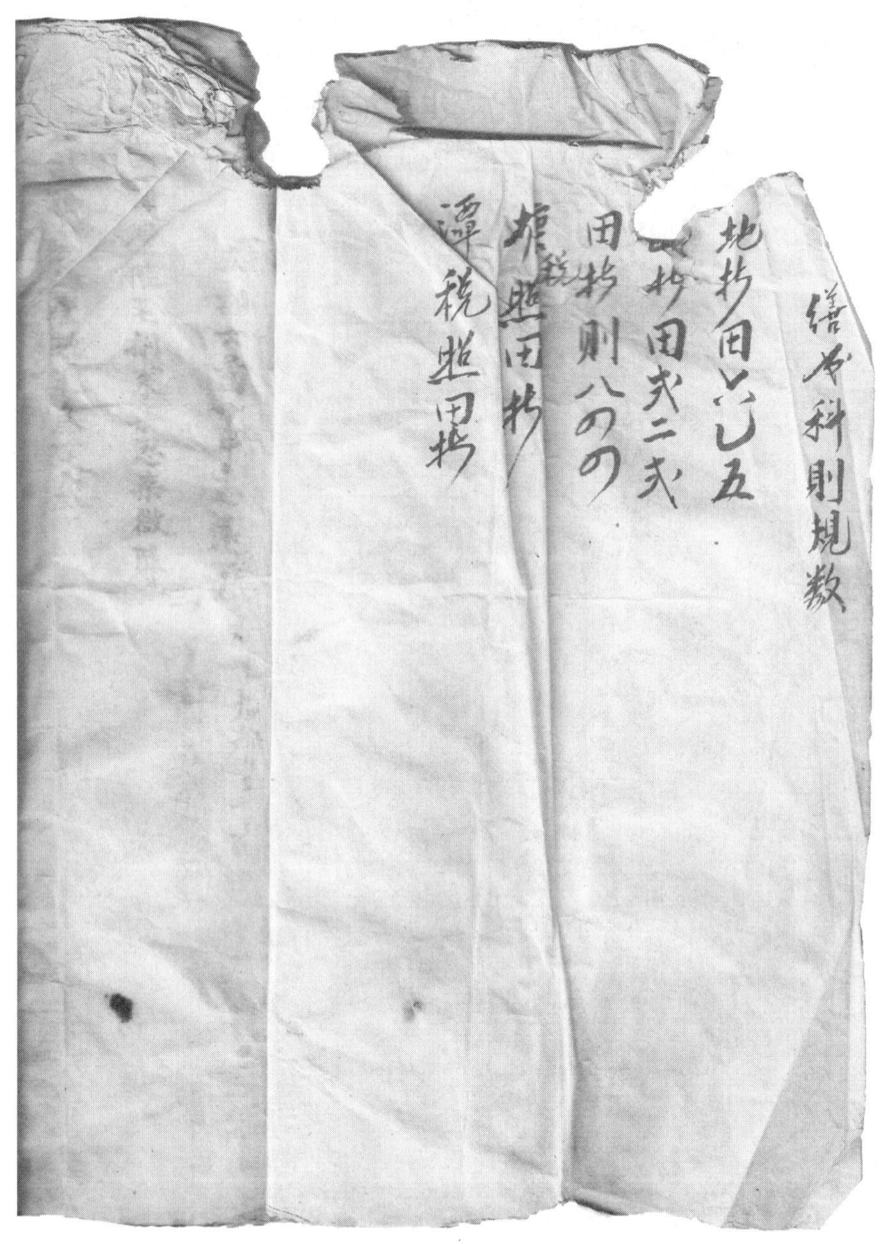

秋口镇金盘村 13-1 · 乾隆五十二年 · 田税单 · 俞成悦

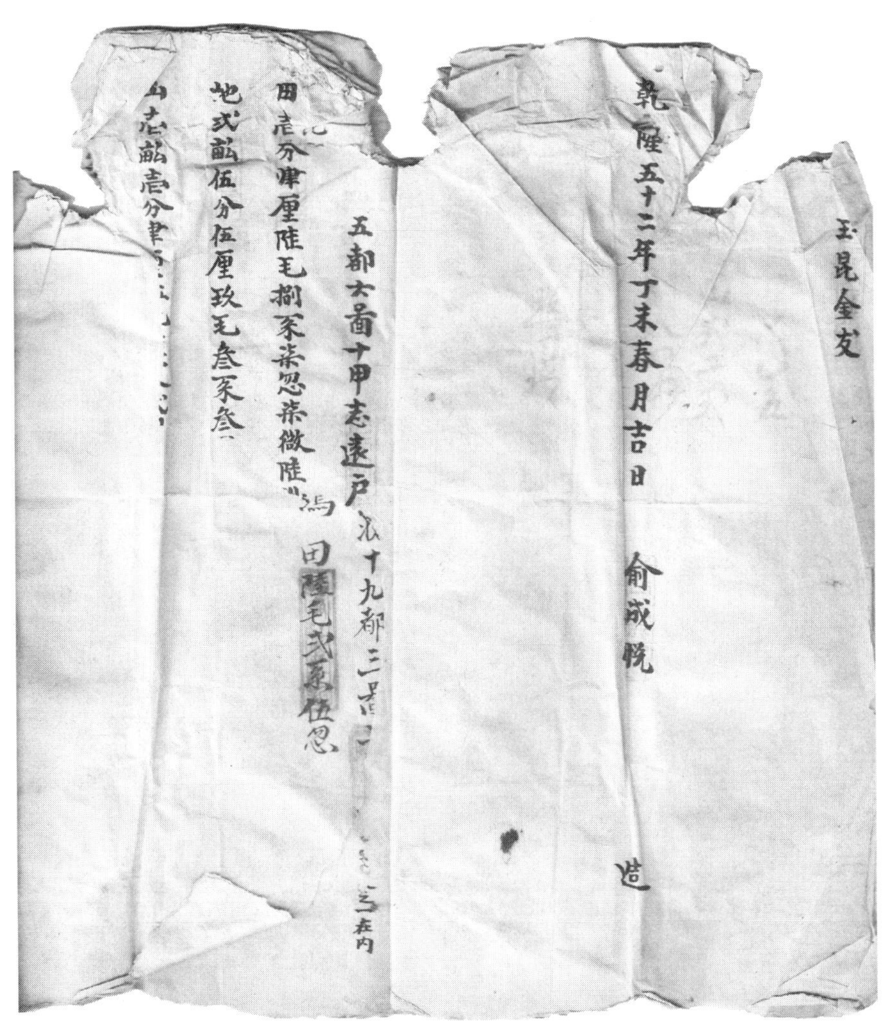

秋口镇金盘村 13-2 · 乾隆五十二年 · 田税单 · 俞成悦

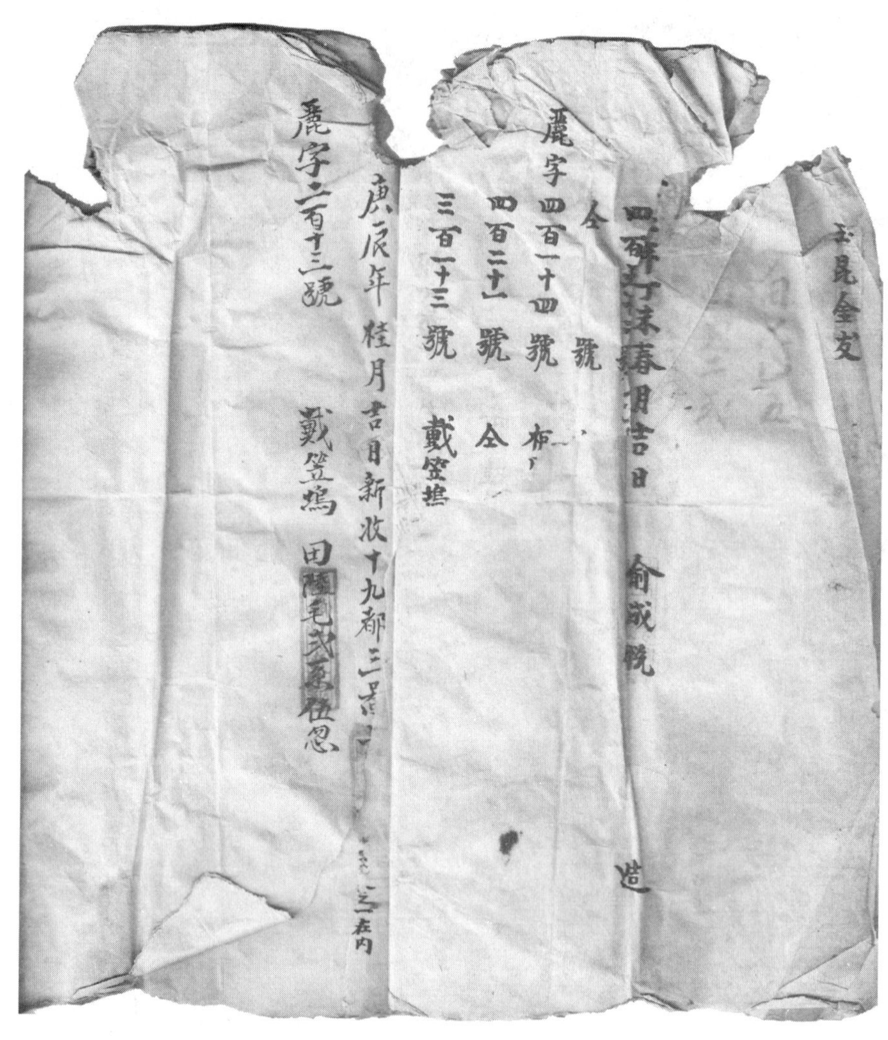

秋口镇金盘村 13-3 · 乾隆五十二年 · 田税单 · 俞成悦

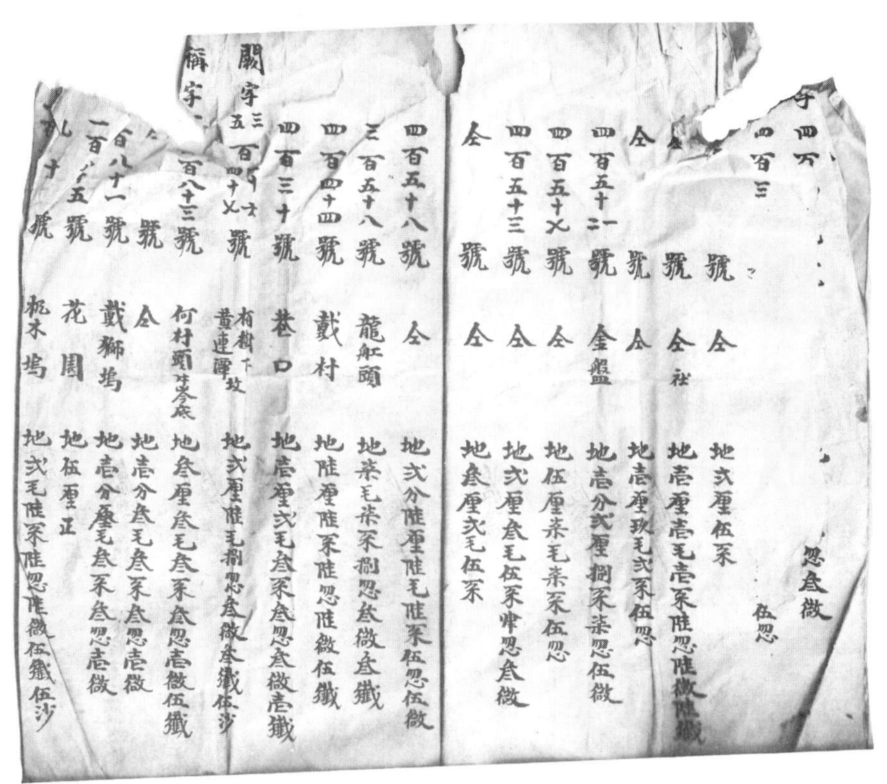

秋口镇金盘村 13-4 · 乾隆五十二年 · 田税单 · 俞成悦

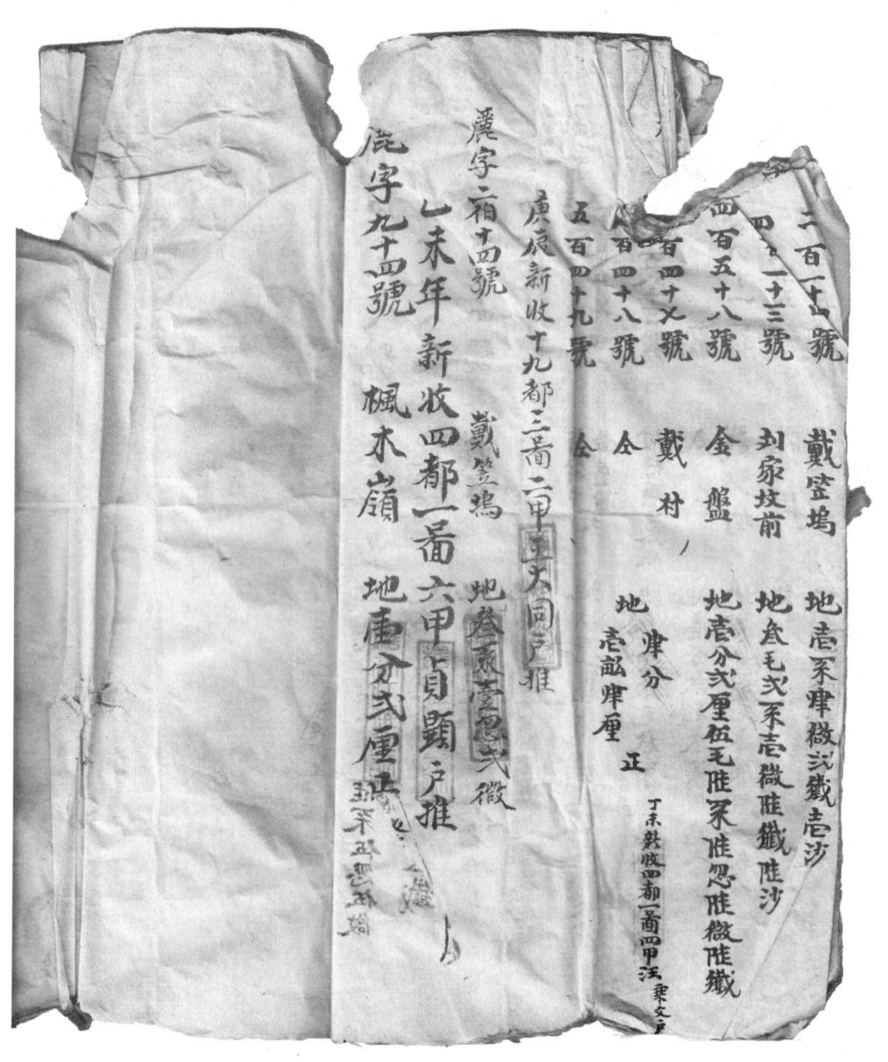

秋口镇金盘村 13-5 · 乾隆五十二年 · 田税单 · 俞成悦

一百六十二號	一百五十八號	一百二十八號	一百八十一號	一百□□九十四號	一百二十一號	四百三十四號	四百三十三號	二百九十一號	二百二十一號	二百六十八號	一百二十二號	一百二十一號	山
朱山塢頭	仝 朱山塢	黃連潭坞 柏樹下	赤株塘	戴獅塢	井上塘塢	松樹坳、肥槟樹塢、江坑	對蕃塢	下塢	戴䇿塢	柜田坑 王家坑	冲棚塢	青山塢 青山塢口	青山塢
山伍分陸厘壹毛捌朶叄忽叁微		山肆厘正	山壹厘贰毛贰朶伍忽叁微壹鐵沙	山壹厘陸毛陸朶伍忽伍微	山贰厘柒毛柒朶忽叁微壹鐵沙	山壹厘捌毛伍朶忽壹微	山壹厘伍朶捌忽伍微壹鐵	山柒毛伍朶	山壹分伍厘陸朶	山贰厘柒毛贰朶叄微伍鐵	山陸厘贰毛伍朶捌忽叁微叄鐵伍沙	山陸厘肆毛伍朶捌忽叁微叁鐵伍沙	

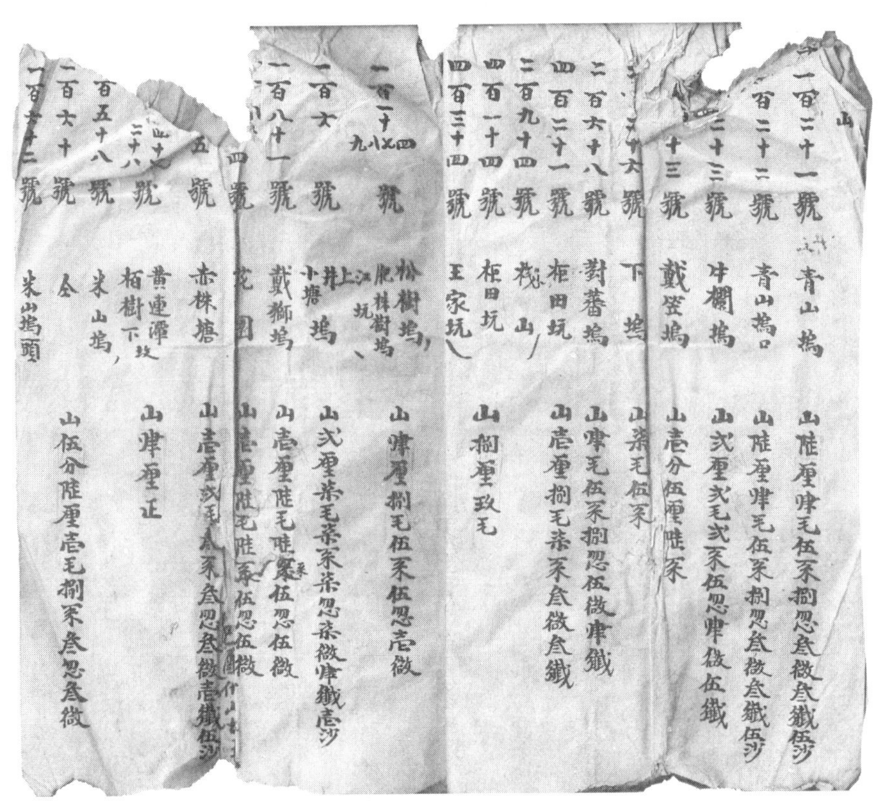

秋口镇金盘村 13-6 · 乾隆五十二年 · 田税单 · 俞成悦

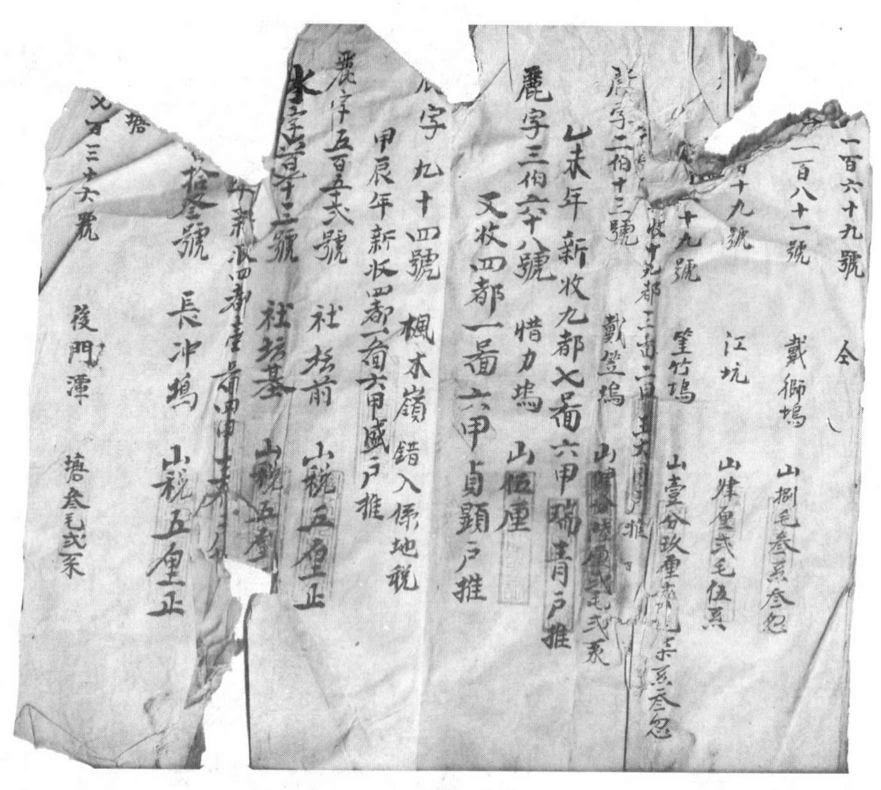

秋口镇金盘村 13-7 · 乾隆五十二年 · 田税单 · 俞成悦

秋口镇金盘村 13-8 · 乾隆五十二年 · 田税单 · 俞成悦

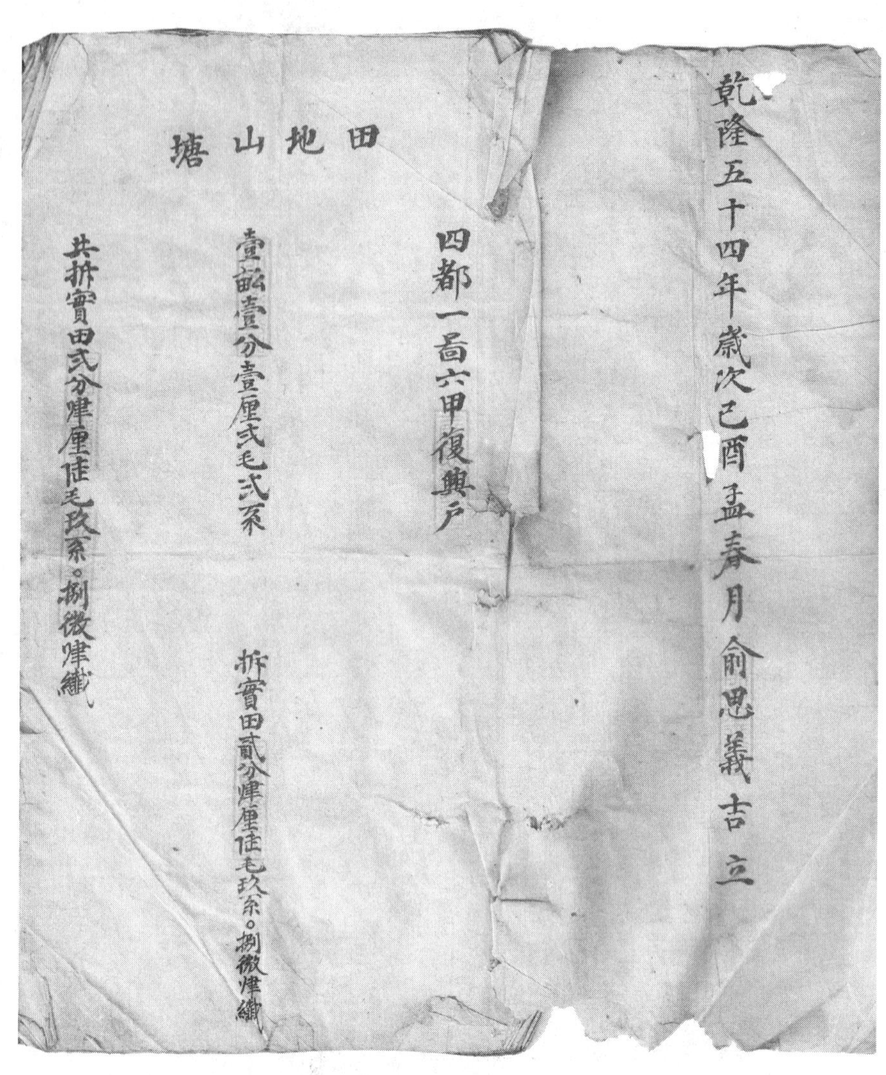
乾隆五十四年歲次己酉孟春月俞思義吉立

四都一啚六甲復興戶

田地山塘

壹畝壹分壹厘弍毛弍系

折實田貳分肆厘陸毛玖系。捌微肆纖

共折實田弍分肆厘陸毛玖系。捌微肆纖

秋口镇金盘村 14-1 · 乾隆五十四年 · 税粮实征册 · 俞思义

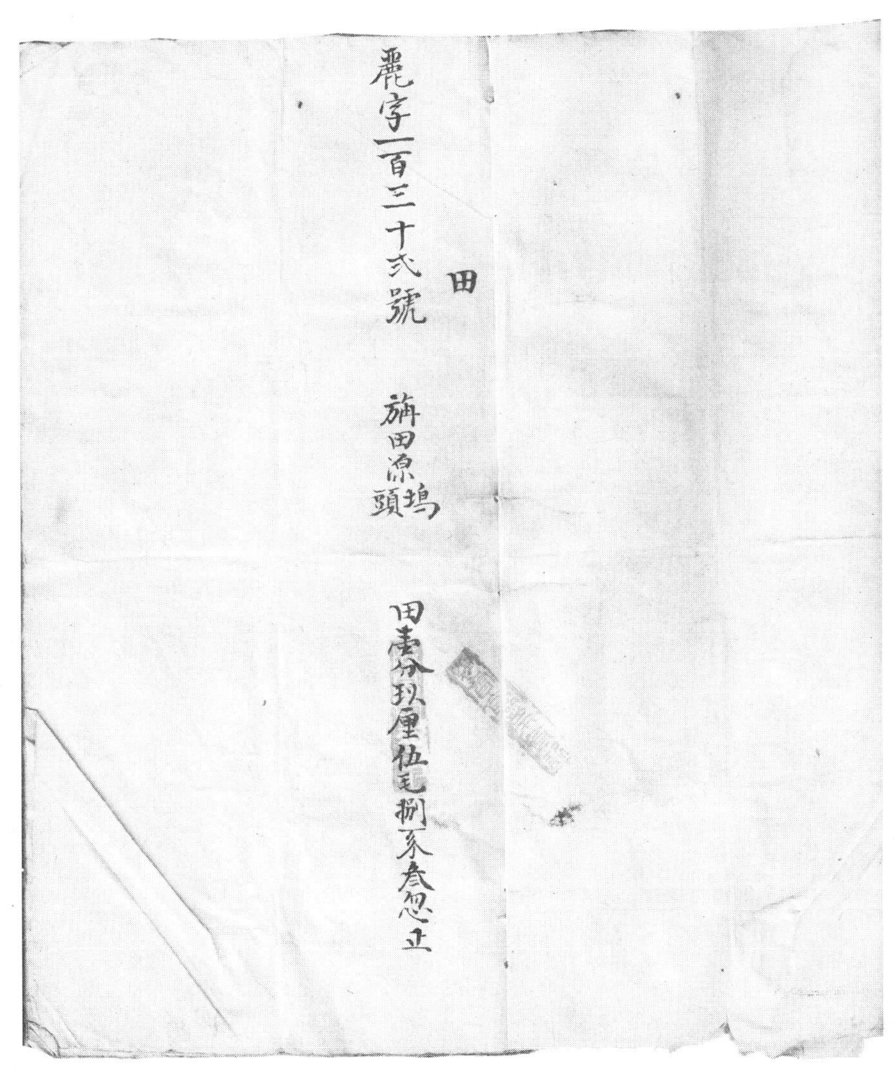

秋口镇金盘村 14-2 · 乾隆五十四年 · 税粮实征册 · 俞思义

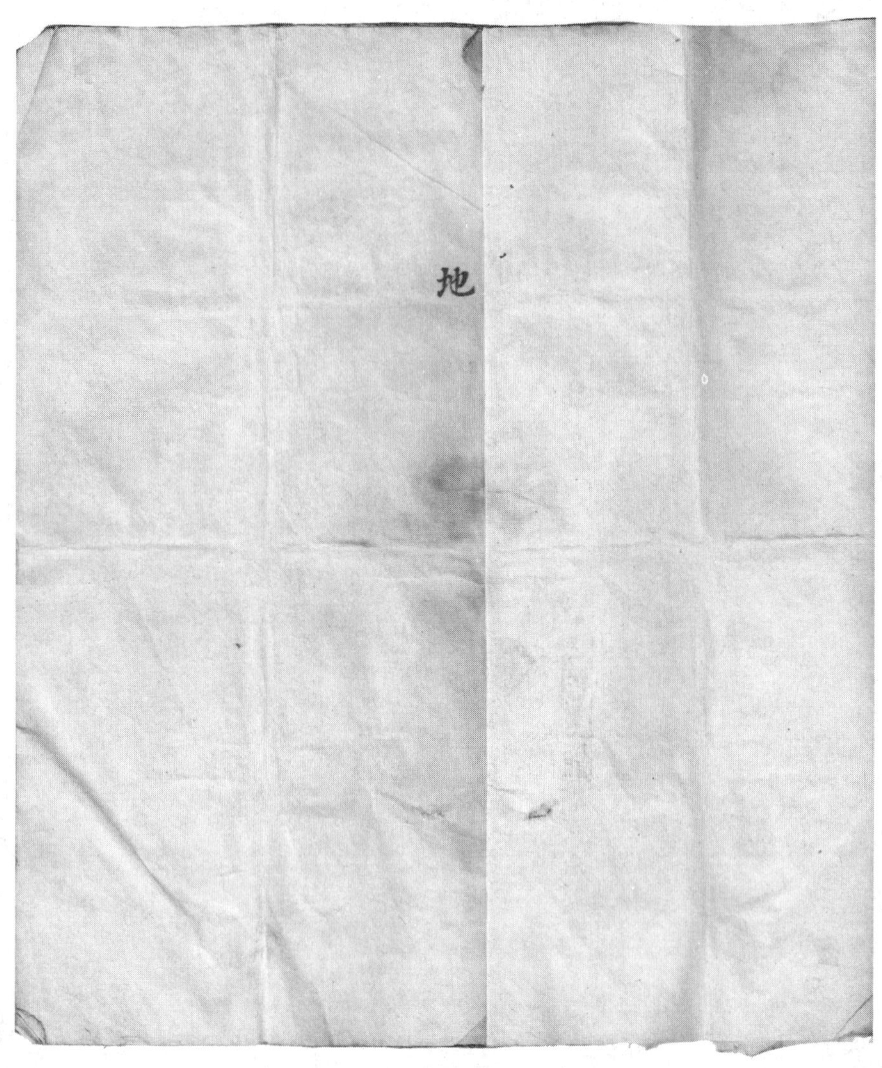

秋口镇金盘村 14-3 · 乾隆五十四年 · 税粮实征册 · 俞思义

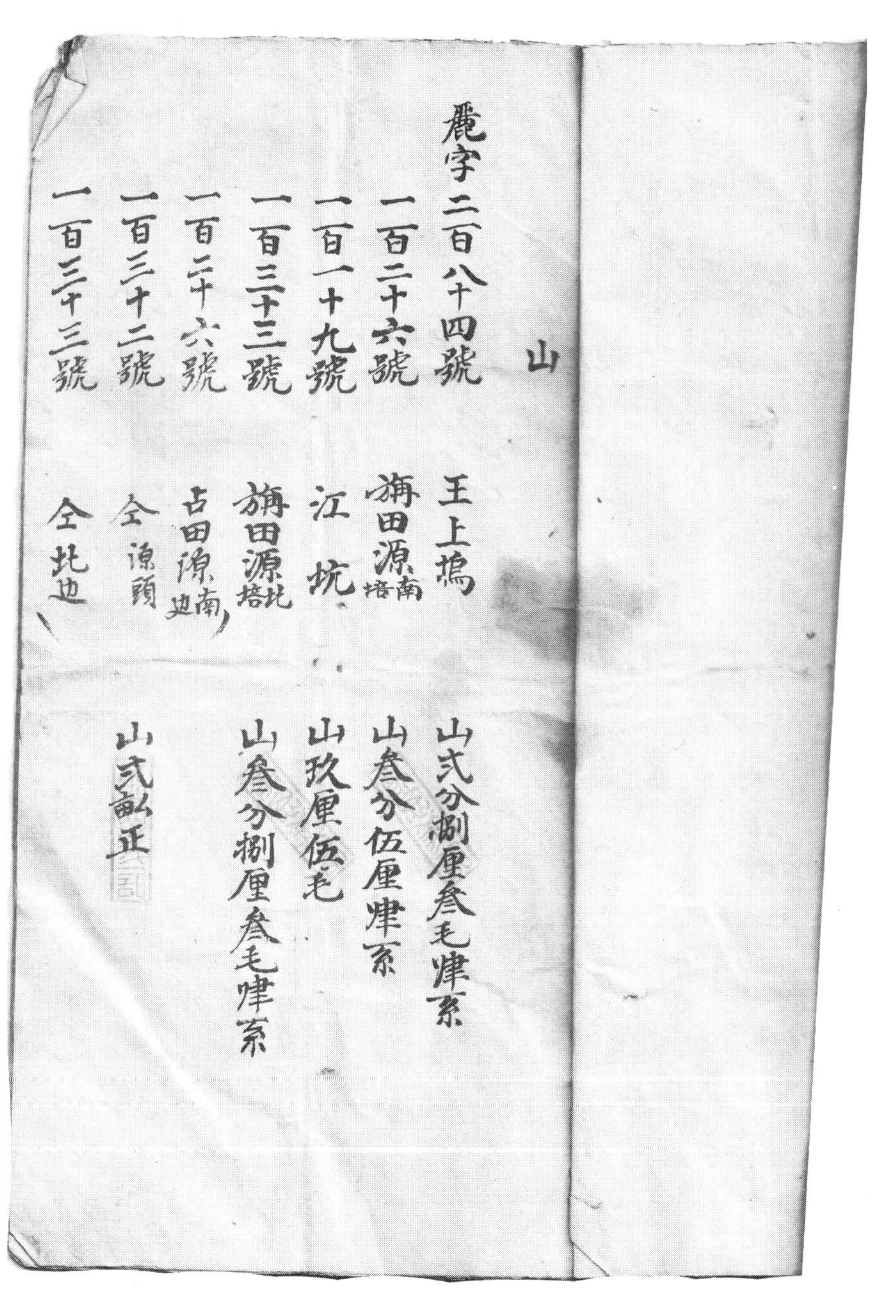
麗字二百八十四號　山
一百二十六號　王上塢　山弍分捌厘叁毛肆系
一百一十九號　旃田源培南　山叁分伍厘肆系
一百三十三號　江坑　山玖厘伍毛
一百二十六號　旃田源培北　山叁分捌厘叁毛肆系
一百三十二號　古田源南边
一百三十三號　仝源頭　山弍畝正
仝北边

秋口镇金盘村 14-4 · 乾隆五十四年 · 税粮实征册 · 俞思义

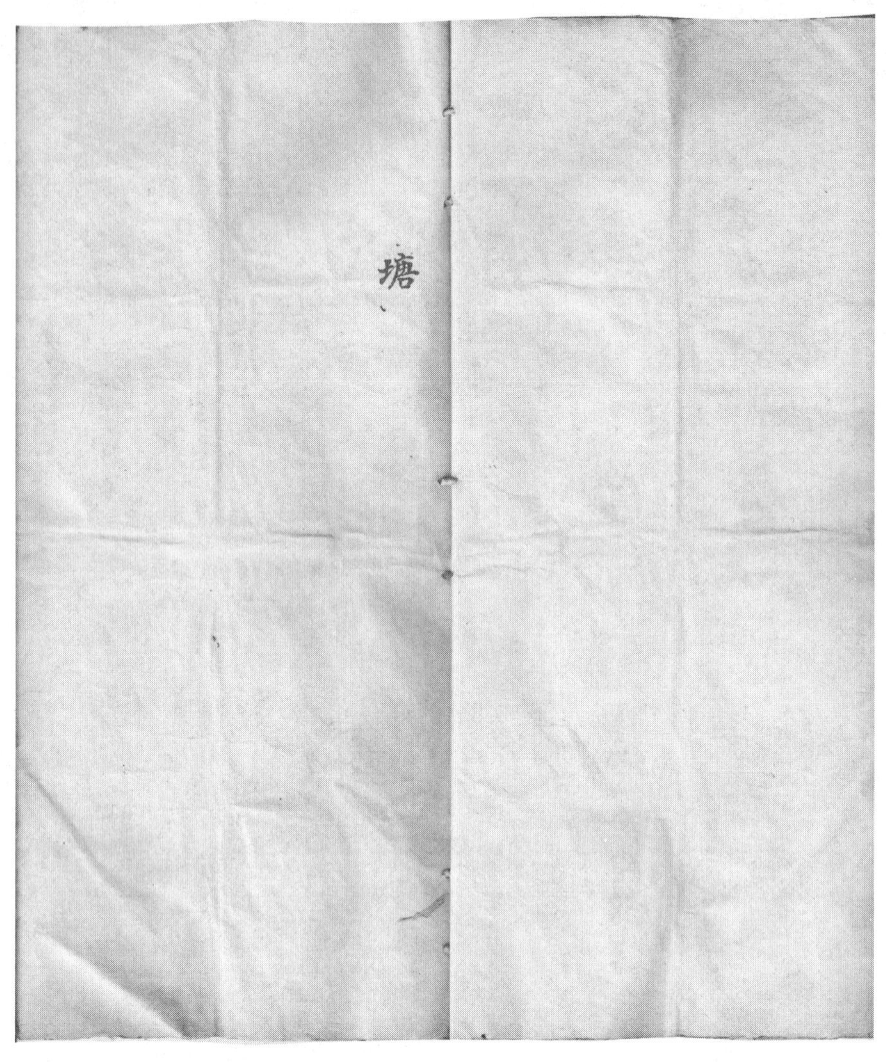

秋口镇金盘村 14-5 · 乾隆五十四年 · 税粮实征册 · 俞思义

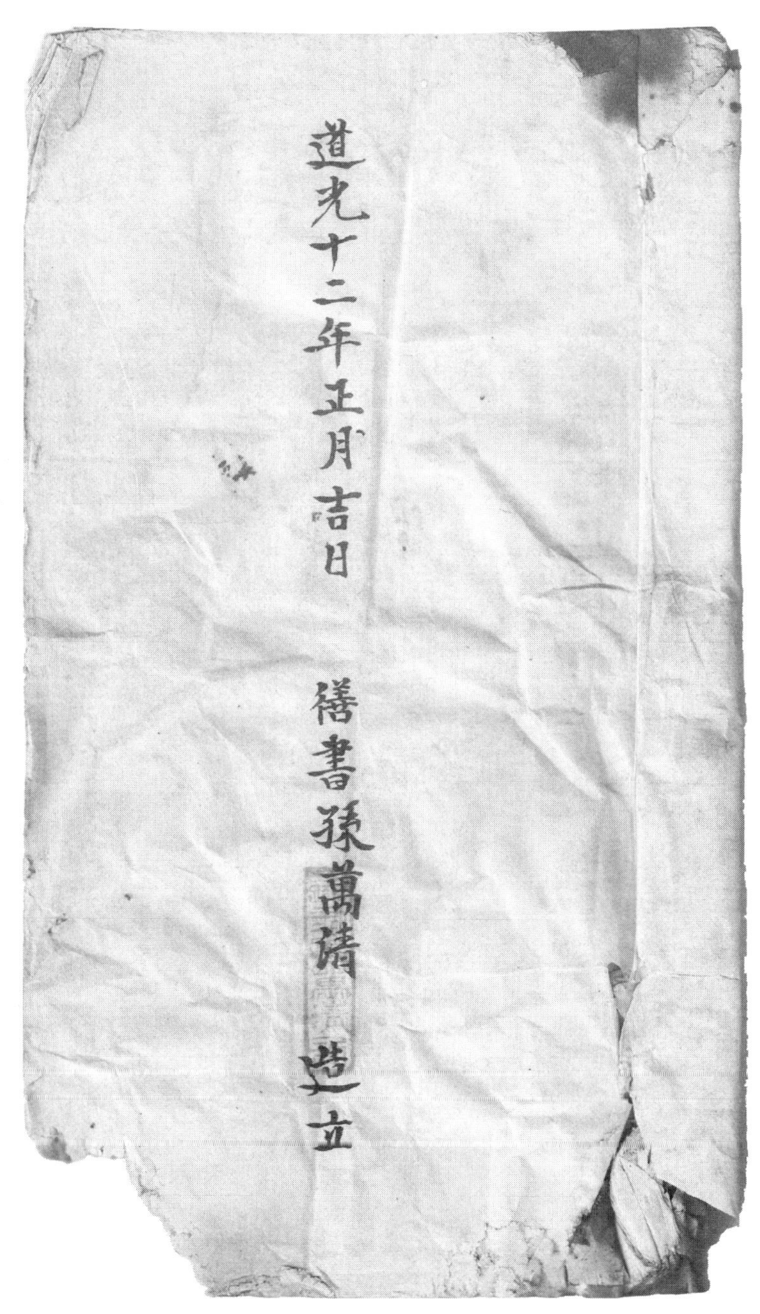

秋口镇金盘村 7-1 · 道光十二年 · 税粮实征册 · 俞囗户

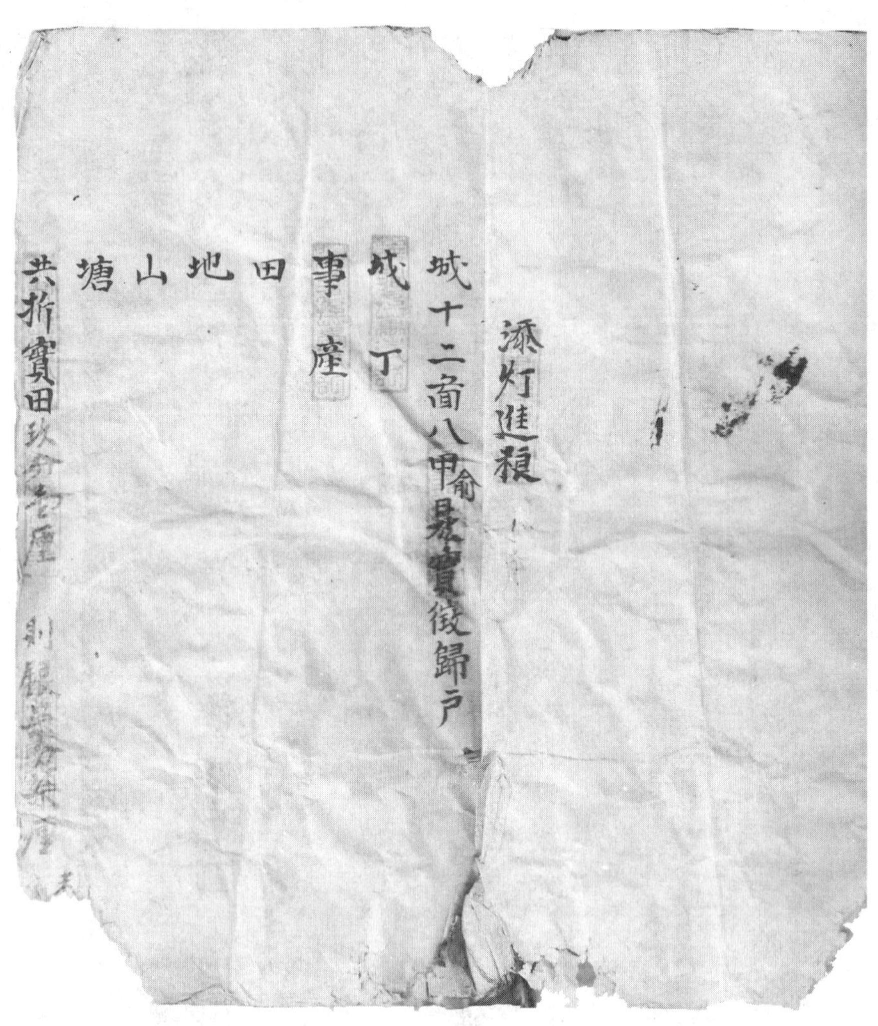

秋口镇金盘村 7-2 · 道光十二年 · 税粮实征册 · 俞☒户

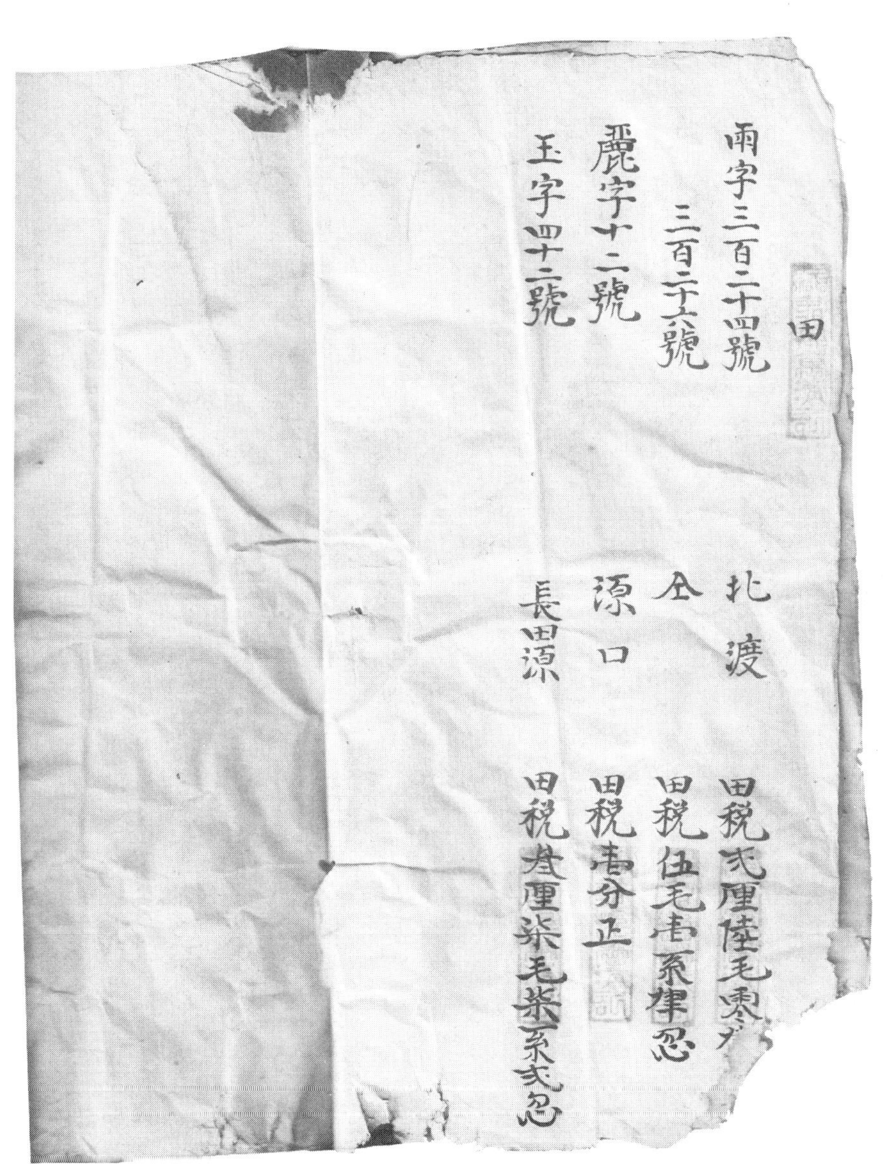

秋口镇金盘村 7-3 · 道光十二年 · 税粮实征册 · 俞〼户

雨字三百二十四號 田 扎渡 田稅貳厘陸毛零□
三百二六號 仝 田稅伍毛肆系肆忽
麗字十二號 源口 田稅壹分正
玉字四十二號 長田源 田稅叄厘柒毛柴系貳忽

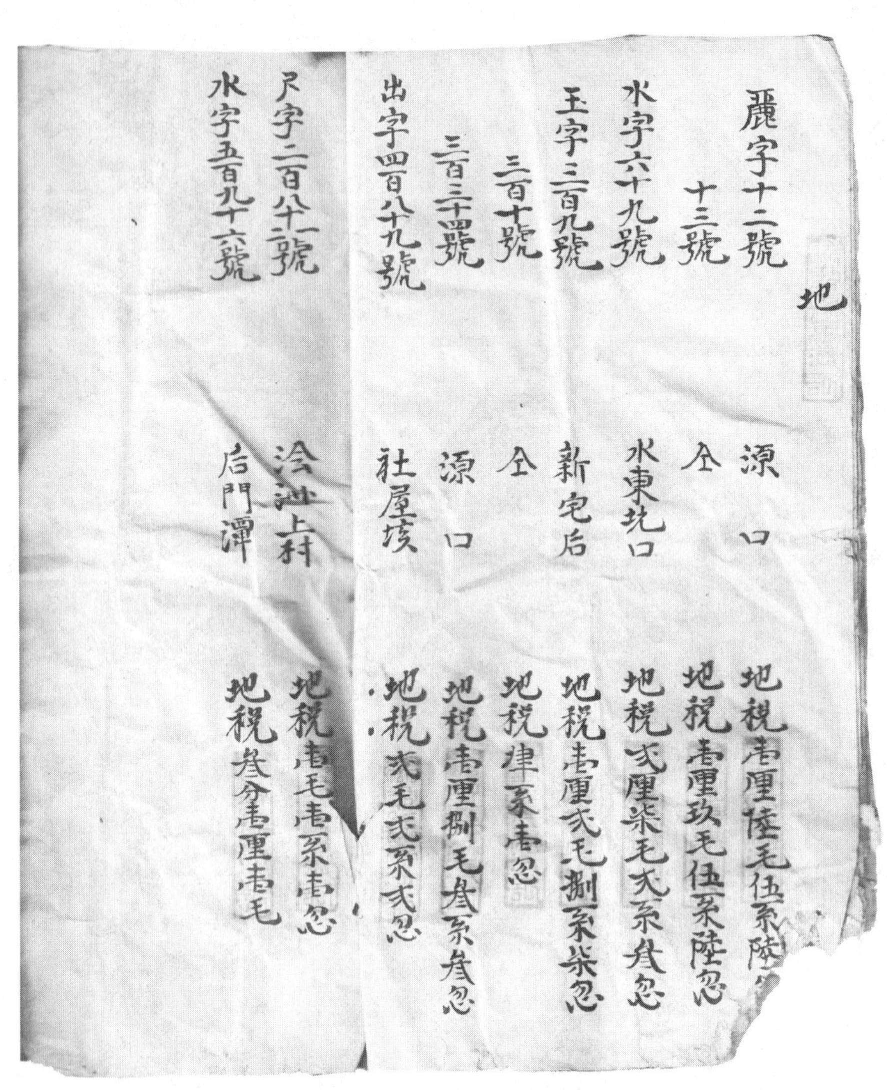

地

麗字十二號　源口　地稅壹厘陸毛伍系陸[illegible]
十三號　仝　地稅壹厘玖毛伍系陸忽
水字六十九號　水東坑口　地稅弍厘柒毛弍系叁忽
玉字三百九號　新宅后　地稅壹厘弍毛捌系柒忽
三百十號　仝　地稅肆系壹忽
三百三十四號　源口　地稅壹厘捌毛叁系叁忽
出字四百八十九號　社屋塆　地稅弍毛弍系弍忽
尺字二百八十一號　淦溪上村　地稅壹毛壹系壹忽
水字五百九十六號　后門潭　地稅叁分壹厘壹毛

秋口镇金盘村 7-4 · 道光十二年 · 税粮实征册 · 俞〇户

山

性字四十九號　花山前　山税捌毛叁系
結字五百五十號　余納塢　山税伍毛伍系叁忽
金字一百四十七號　孔家庄　山税伍毛伍系伍忽
生字一百八十三號　王家塢口　山税弍毛弍系弍忽
一百八十五號　刘家塢　山税弍毛柒系捌忽
二百八十二號　箬箕坞　山税叁毛肆系叁忽
二百八十四號　茶培塢　山税叁毛弍系肆忽壹微
二百八十九號　仝　山税叁分肆厘壹毛肆忽
麗字六十七號　方家塢　山税弍分柒厘
四百四號　黄家下塢　山税壹毛弍系叁忽
玉字二十四號　大塢　山税弍分捌厘叁毛肆系
三百十號　青龍嘴　山税肆毛壹系陆忽
三百十號　仝　山税伍毛伍系肆忽
三百二十號　戴家塢　山税叁厘叁毛叁
崗字六十七號　畢家墓　山税弍毛柒系捌

秋口镇金盘村 7-5 · 道光十二年 · 税粮实征册 · 俞☒户

月字一百六十三號　澮洲上村　山稅壹厘柒毛壹忽

二百三十號　仝　山稅伍糸肆忽

玉字八十六號　社塢　山稅壹分壹厘柒毛

麗字七號　黃尾山　山稅柒厘正

六十八號　方家塢　山稅壹分弍厘伍毛

玉字十三號　大塢　山稅貳分玖厘正

仝三百四十號　三谷塢　山稅伍厘甚

麗字十八號　源口　山稅壹分正

仝二百二十三號　下塢　山稅壹分壹厘壹毛柒糸陸忽正

水字七百四十號　后門潭　潭稅式毛捌糸陸忽

玉字三百七號　新宅前　塘稅柒毛貳糸柒忽

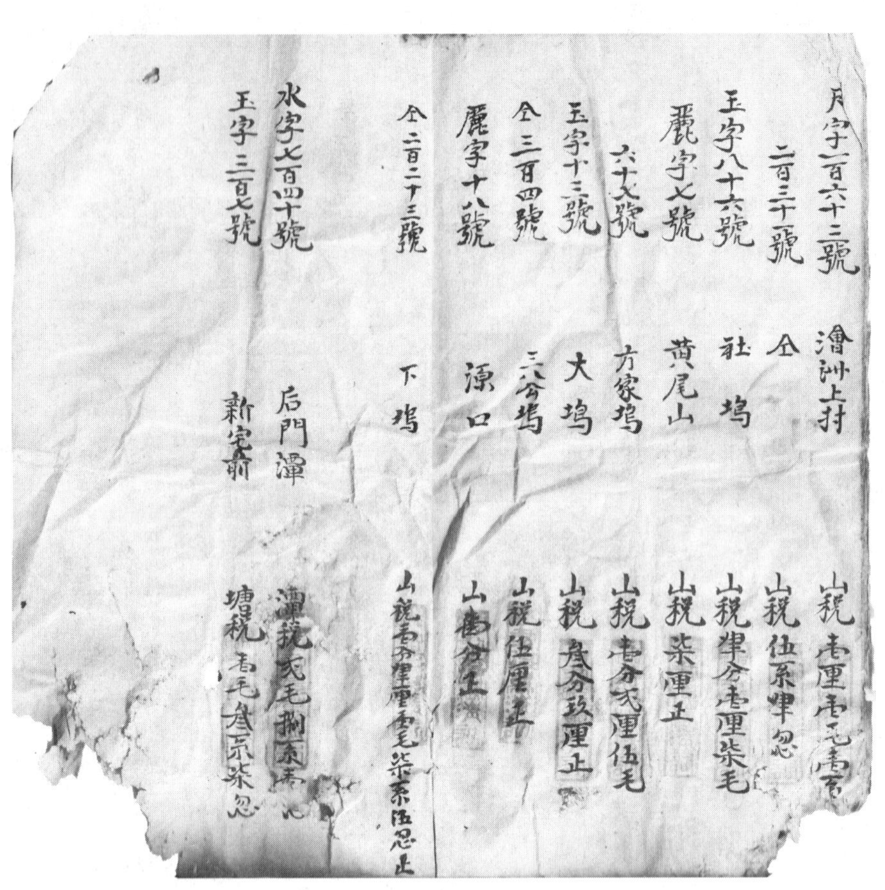

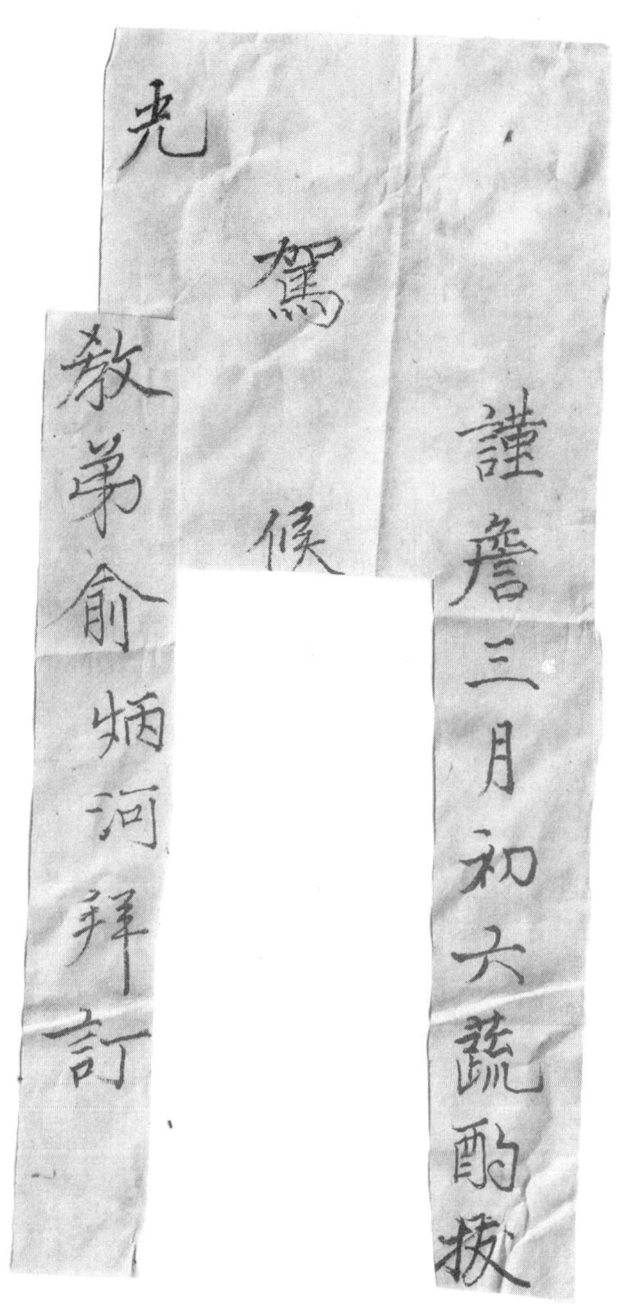
謹詹三月初六蔬酌拔
駕候
光
敎弟俞炳河拜訂

秋口镇金盘村 7-7 · 道光十二年 · 税粮实征册 · 俞□户

源口

光前裕後

秋口镇金盘村 5-1 · 道光二十七年 · 税粮实征册 · 俞才镕户

道光二十七年十月吉日　繕書孫萬清造立
城十二啚八甲俞才鎔户
田
地
山
塘
共折實在田

秋门镇金盘村 5-2 · 道光二十七年 · 税粮实征册 · 俞才镕户

雨字三百二十四號　北渡　田稅壹畝玖毛陸絲捌忽

仝　三百二十六號　仝　田稅肆毛捌絲伍忽伍微

玉字四十七號　長田源　田稅叄畝捌毛叄絲叄忽伍微

水字五百八十三號　戴村　田稅捌分柒厘　門內屏彥厘

麗字五十三號　楓木岑　田稅壹分戊毛玖絲陸忽

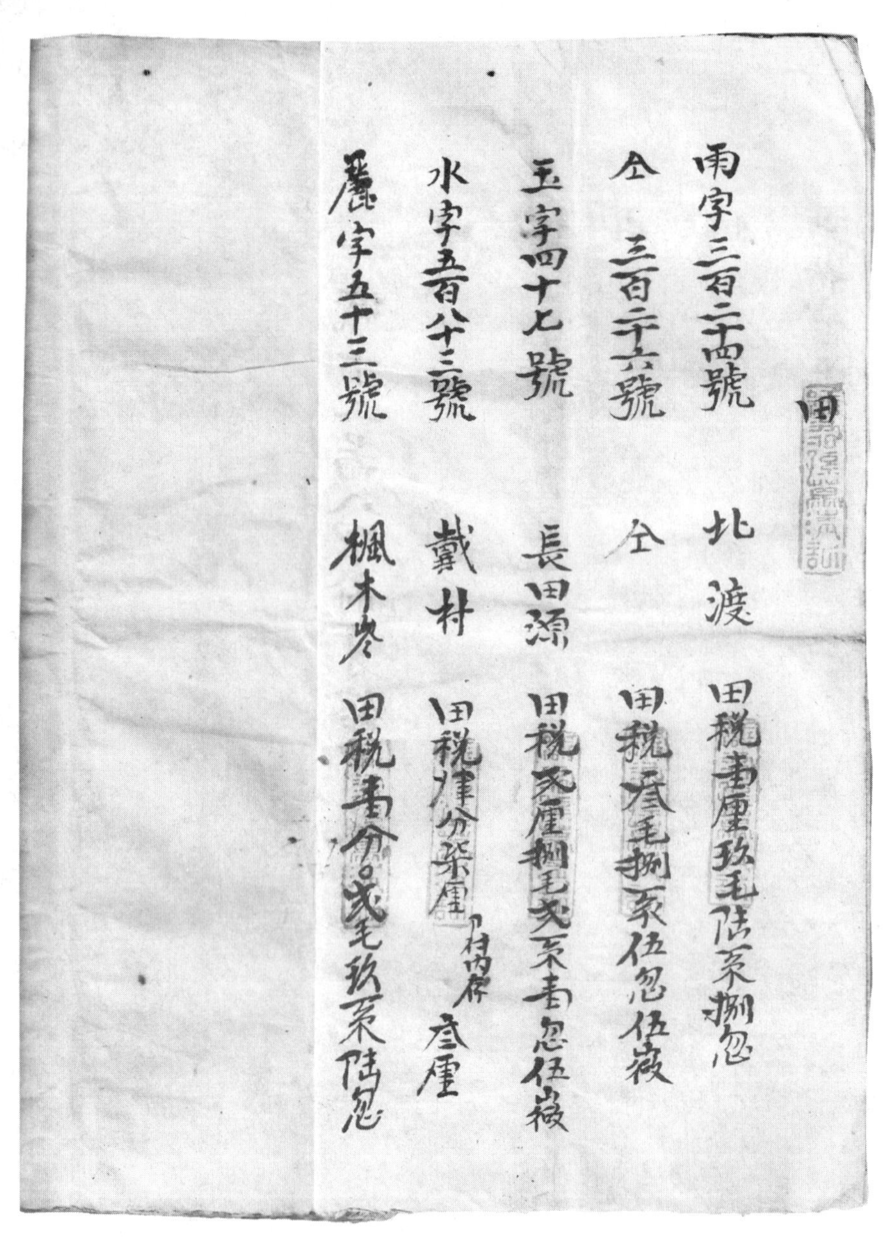

地

生字二百八十四號 茶塔圻 地税壹毛玖系

玉字三百〇九號 新宅后 地税壹厘肆毛叁系陆忽

仝 三百〇十號 花园圻口 地税叁系壹忽

仝 三百二十五號 戴家圻口 地税肆毛伍系

出字四百八十九號 社屋塝 地税弍毛伍系

月字三百三十二號 滄洲 地税弍毛伍系

玉字三百〇九號 新宅后 地税壹厘肆毛叁系陆忽

仝 三百〇十號 仝 地税叁系壹忽伍微

仝 三百三十四號 源口 地税壹分陆厘肆毛捌系陆忽

仝 三百二十五號 戴家圻口 地税肆毛伍系

出字四百八十九號 社屋塝 地税弍毛伍系

秋口镇金盘村 5-4 · 道光二十七年 · 税粮实征册 · 俞才镕户

尺字二百三十二號 滄洲 地稅叄毛伍系

玉字三百三十四號 源口 地稅貳厘正

水字四百四十四號 源口 地稅叄厘正

生字二百八十四號 庄前 地稅叄厘正

茶檳圩 地稅壹厘玖毛

仝 三百三十四號 源口 地稅柒厘正

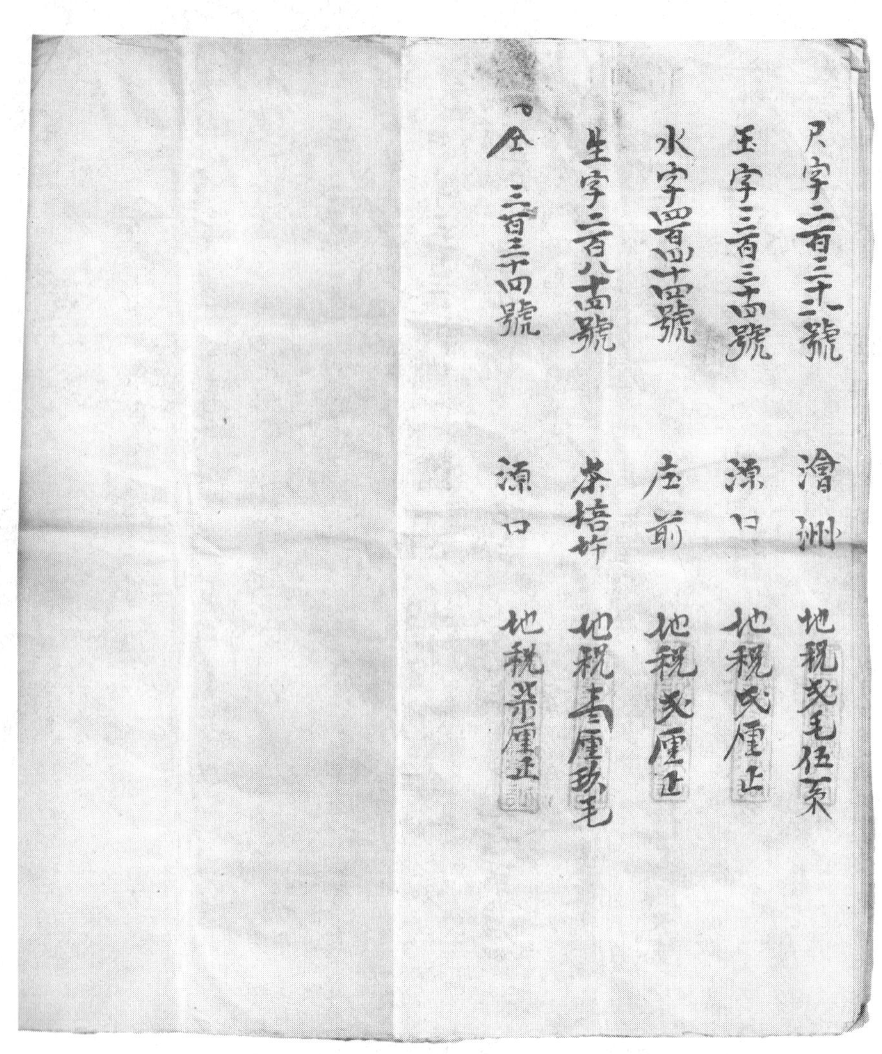

往字四十九號　花山前　山税陆厘捌毛柒系伍忽

霜字一百六十二號　迎恩岑　山税叁厘壹毛捌系贰忽

生字一百八十三號　王家坞口　山税叁毛叁系叁忽

仝　一百八十五號　刘家坞　山税肆毛○玖忽

仝　二百八十二號　箬箕塆　山税贰厘肆毛玖系贰忽伍微

仝　二百八十四號　茶培坞　山税肆厘捌毛陆系伍忽

仝　二百九十一號　仝　山税壹分柒厘柒毛

麗字四百二號　黄家下坞　山税壹毛捌系陆忽

玉字二十四號　大坞　山税壹分肆厘壹毫柒系

仝　二十五號　小坞　山税壹分伍厘捌毛玖系

仝　五十五號　前仰坞　山税壹分陆厘陆毛陆系陆忽

秋口镇金盘村 5-6 · 道光二十七年 · 税粮实征册 · 俞才镕户

玉字卅號	麓字七號	仝二百九十一號	生字一百七十五號	仝三百十號	仝三百十一號	仝三百卅號	仝三百十號	仝二百九十三號	仝八十六號	仝五十五號	
大坵	黃尾山	仝	官山坵	戴家坵	新宅后	青龍嘴	戴家坵	花園坵	程仙坵衆嗣	社坵	前坵坵

道光十三年於良洛子收

道光十八年照戶付甫元符戶收

秋口镇金盘村 5-7 · 道光二十七年 · 税粮实征册 · 俞才镕户

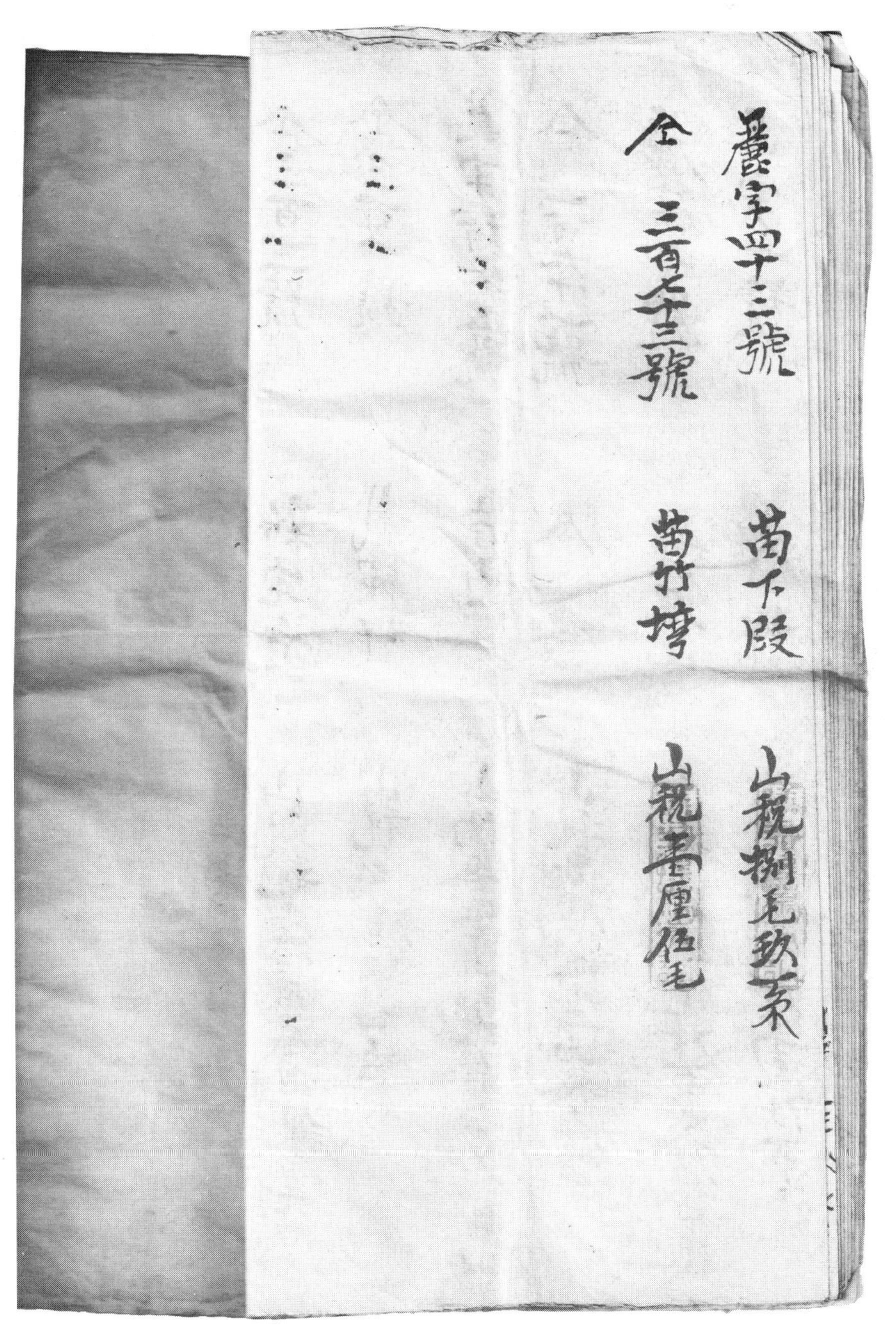

秋口镇金盘村 5-8 · 道光二十七年 · 税粮实征册 · 俞才镕户

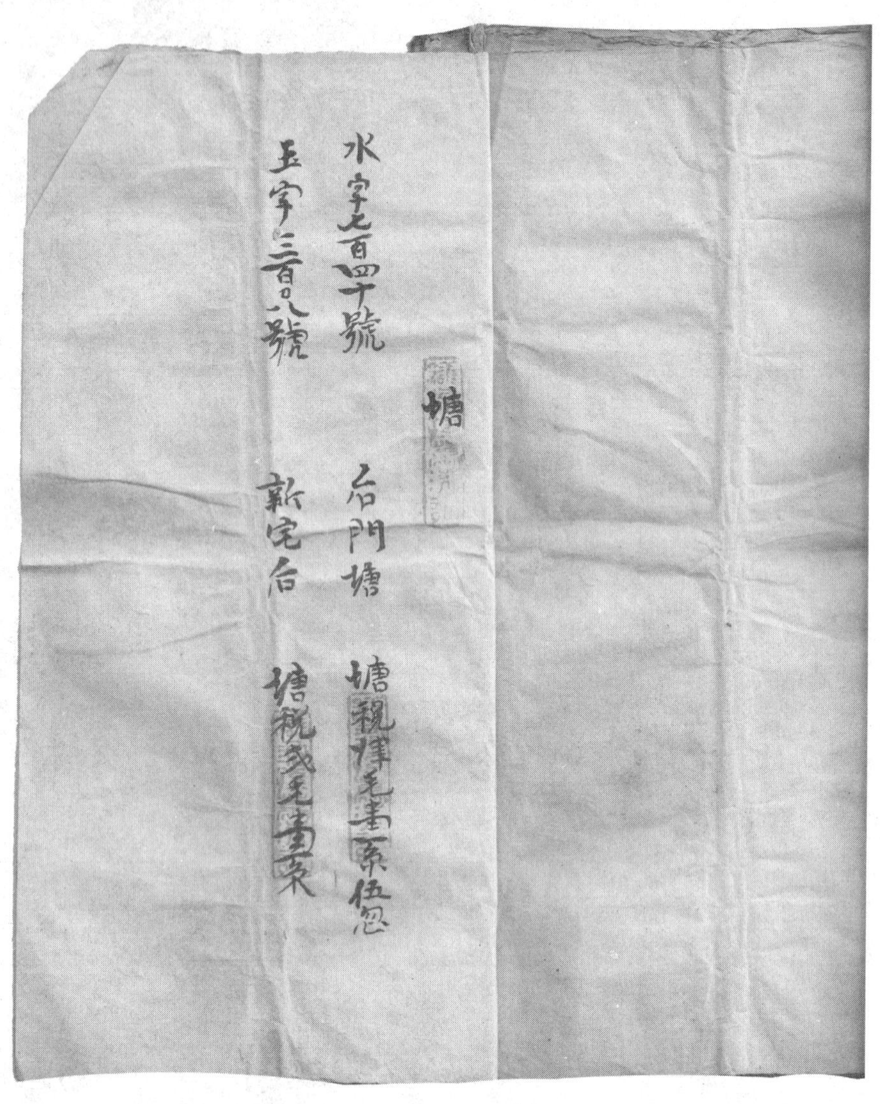

秋口镇金盘村 5-9 · 道光二十七年 · 税粮实征册 · 俞才镕户

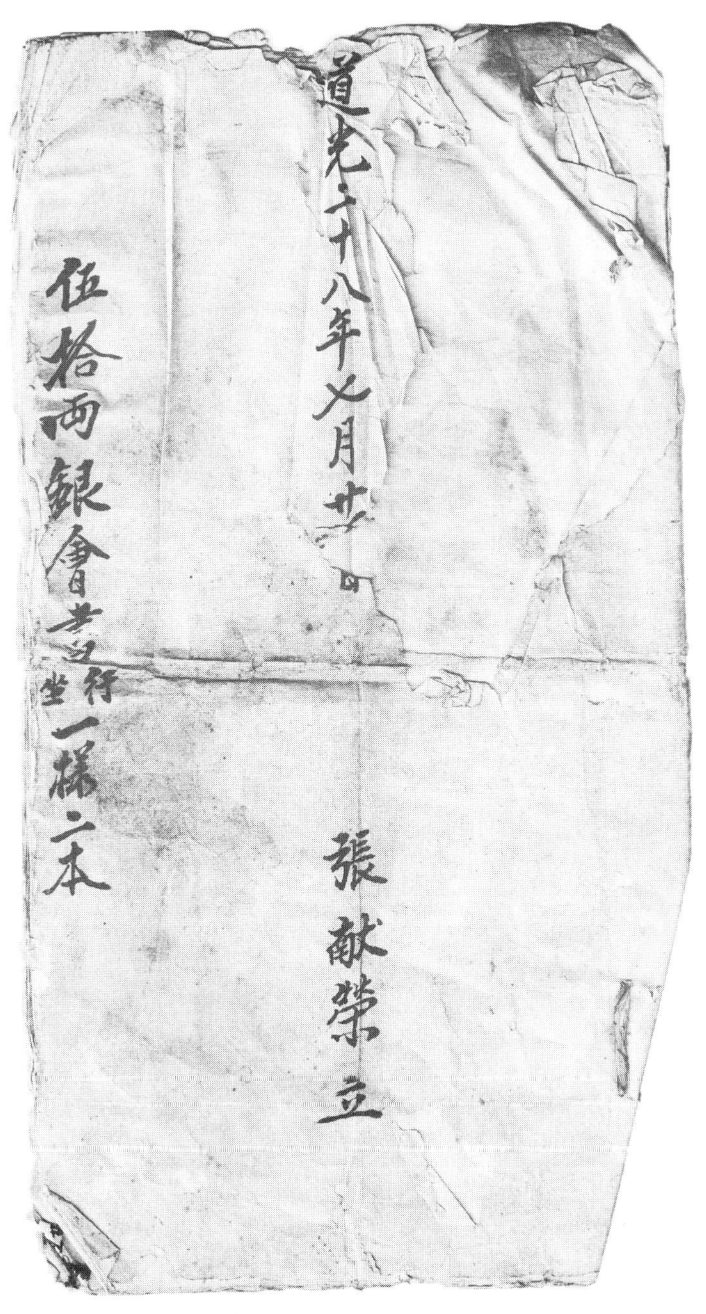

秋口镇金盘村 15-1 · 道光二十八年 · 五十两银会会书 · 张献荣

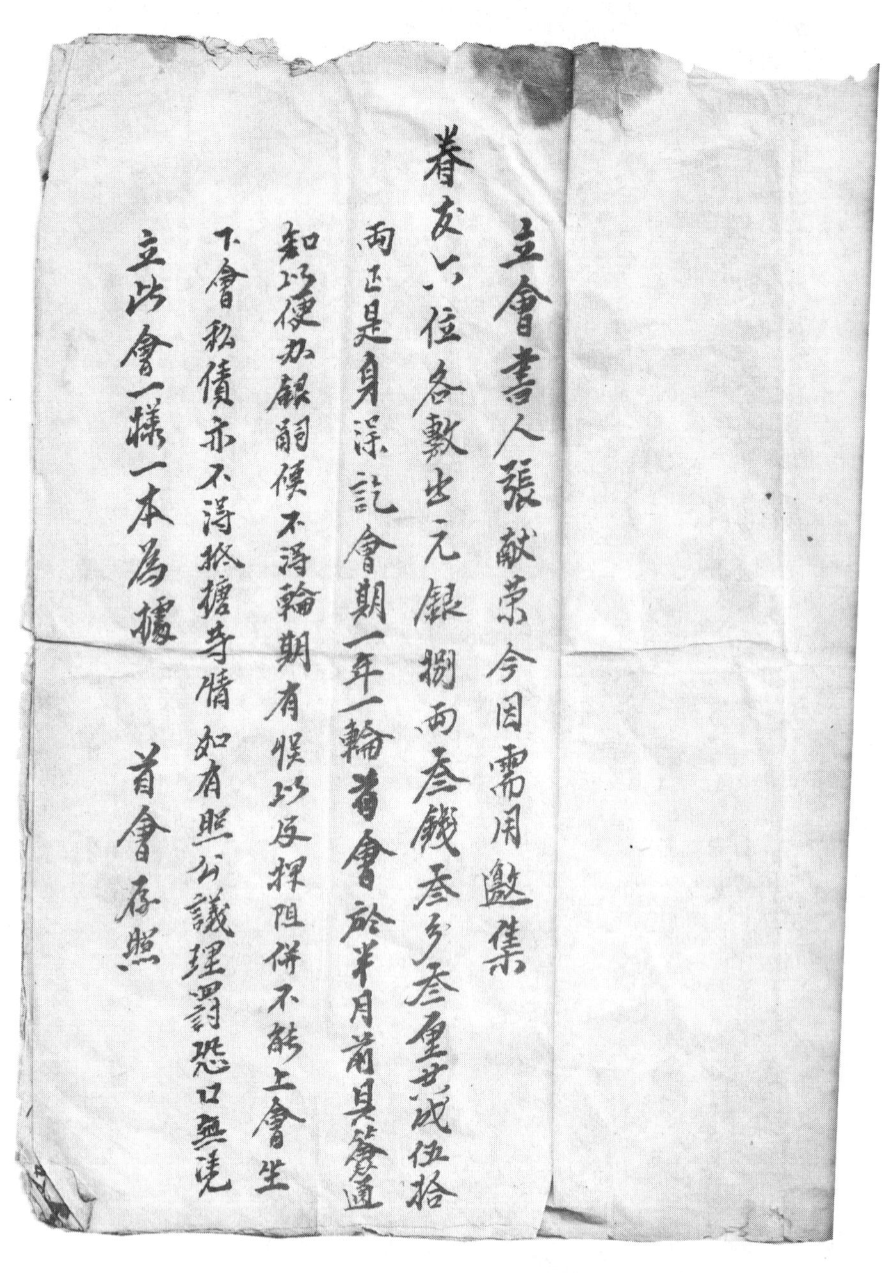
立會書人張献荣今因需用邀集
眷友六位各數出元銀捌兩叁錢叁分叁厘共成伍拾
兩正是身深託會期一年一輪首會於半月前具簽通
知以便办銀到僕不得輪期有悞以及推阻併不能上會生
下會私債亦不得搭搪等情如有照公議理罰恐口無凭
立此會一樣一本為據
首會存照

秋口镇金盘村 15-2 · 道光二十八年 · 五十两银会会书 · 张献荣

會友芳名

俞于漢　俞萬有　李亮成
俞元升　刘亮南　胡順章

一會証　會書為凭
一會席　言定中飯
一會規
一會銀照市獻銀言定獻祭彩內之期
首會各數出獻元銀捌兩叁錢叁分叁厘共成伍拾兩付首會得
二會首應出銀拾伍兩正五位各數出獻銀柒兩正共成伍拾兩付二會得
三會首應出銀拾伍兩正四位各數出銀伍兩正共成伍拾兩付三會得
四會首應出銀拾伍兩正三位各數出獻元銀捌兩二錢二分八厘共成伍拾兩付四會得
五會首應出銀拾伍兩正二位陸拾兩將五拾兩付五會得仍拾兩將留等補○合
六會○○五各應出銀拾伍兩正共成陸拾兩將五拾兩付六會得仍拾兩補○合將方長補

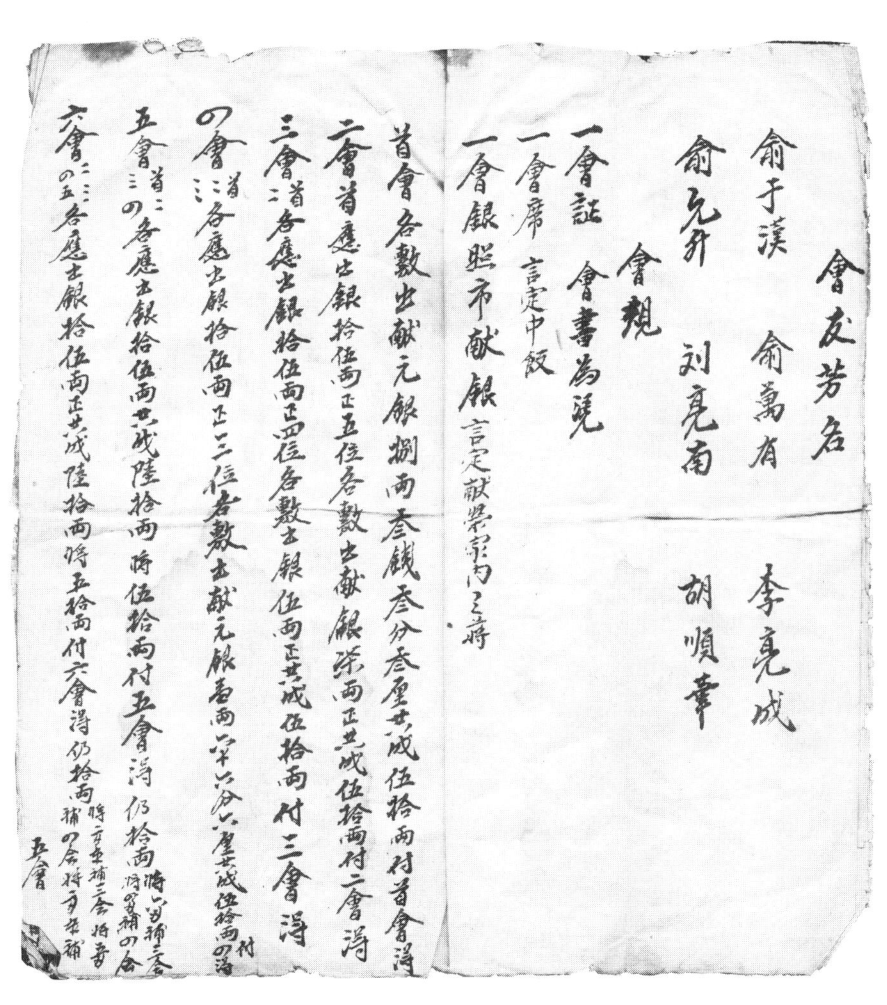

七會三○各應出銀拾伍兩共成陸拾兩正將伍合兩付荅得㐧拾兩補㐧各得可定補去荅照可禧六合會

道光二十九年七月廿七日 胡順 章得 驚

道光卅年七月廿七日 三會李子亮咸得 驚

咸豐元年七月廿七日 俞萬有兄深愿 驚

咸豐二年七月廿七日 俞先升 驚

咸豐二年七月廿七日 㐧亮南 俞子溪 二位各得廿五兩正

咸豐四年七月廿七日 會 俞子溪㐧亮南二位各得廿五兩正

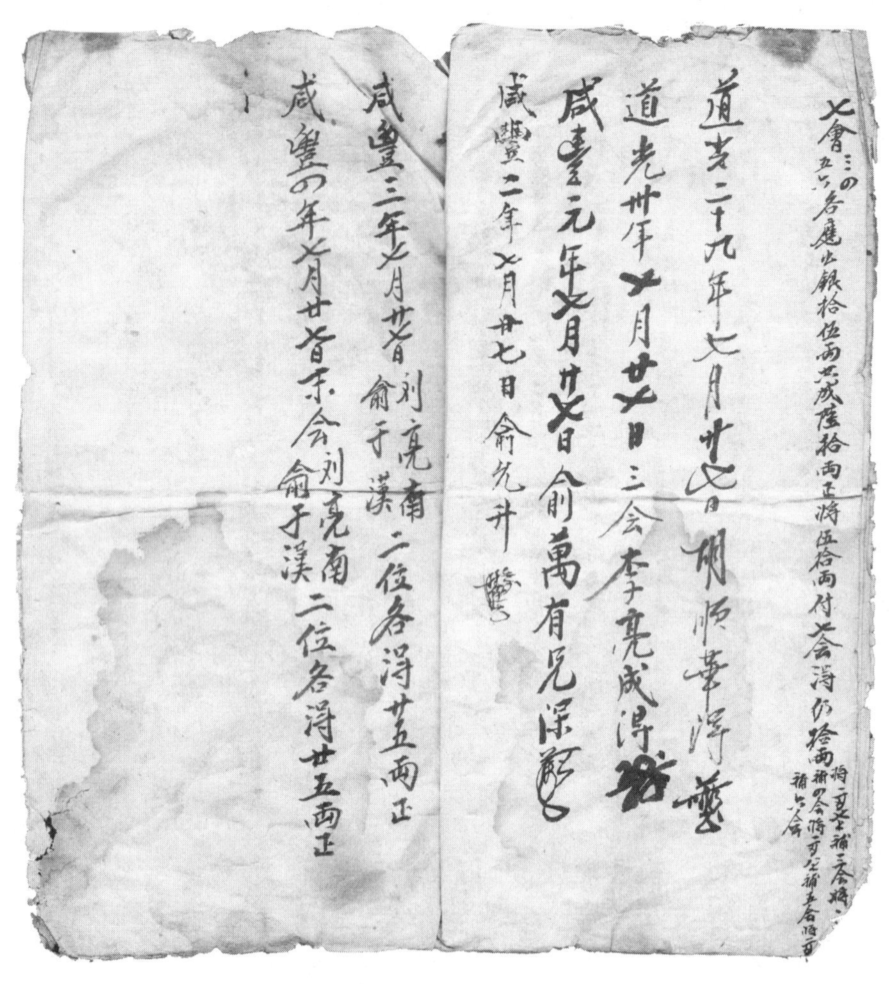

秋口镇金盘村 15-4·道光二十八年·五十两银会会书·张献荣

秋口镇金盘村 18-1 · 同治十三年 · 税粮实征册 · 懋禄户

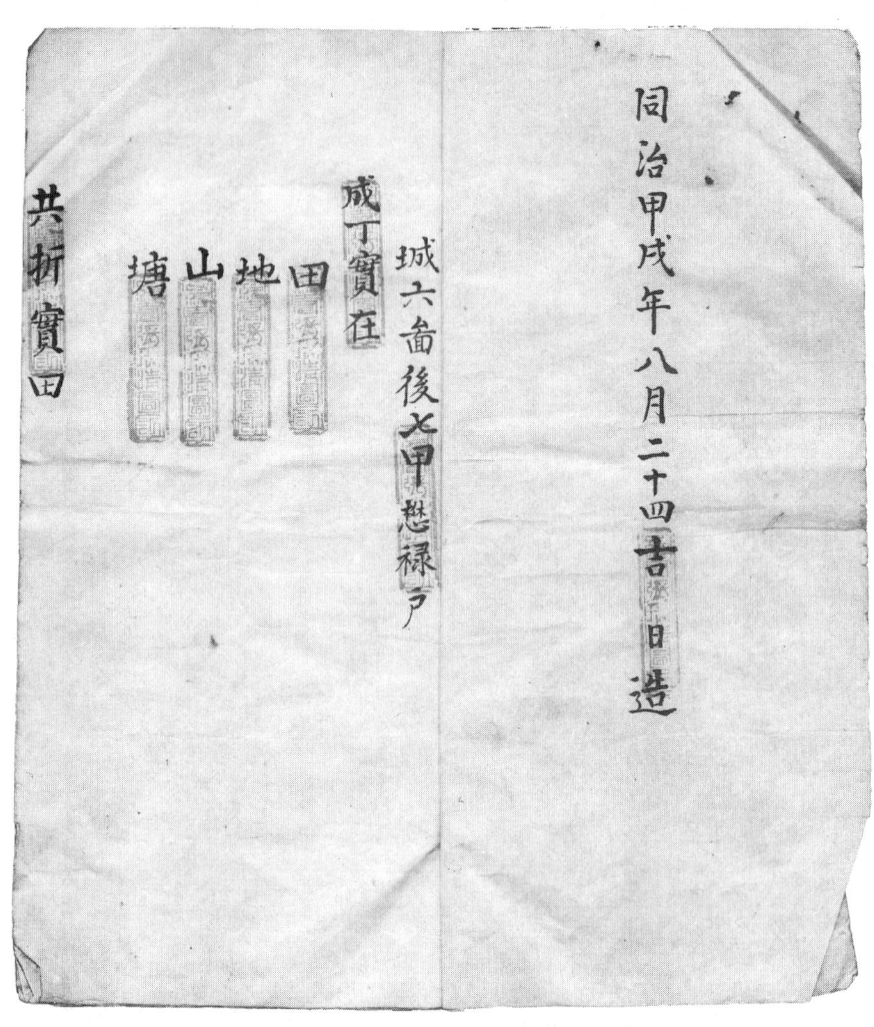

秋口镇金盘村 18-2 · 同治十三年 · 税粮实征册 · 懋禄户

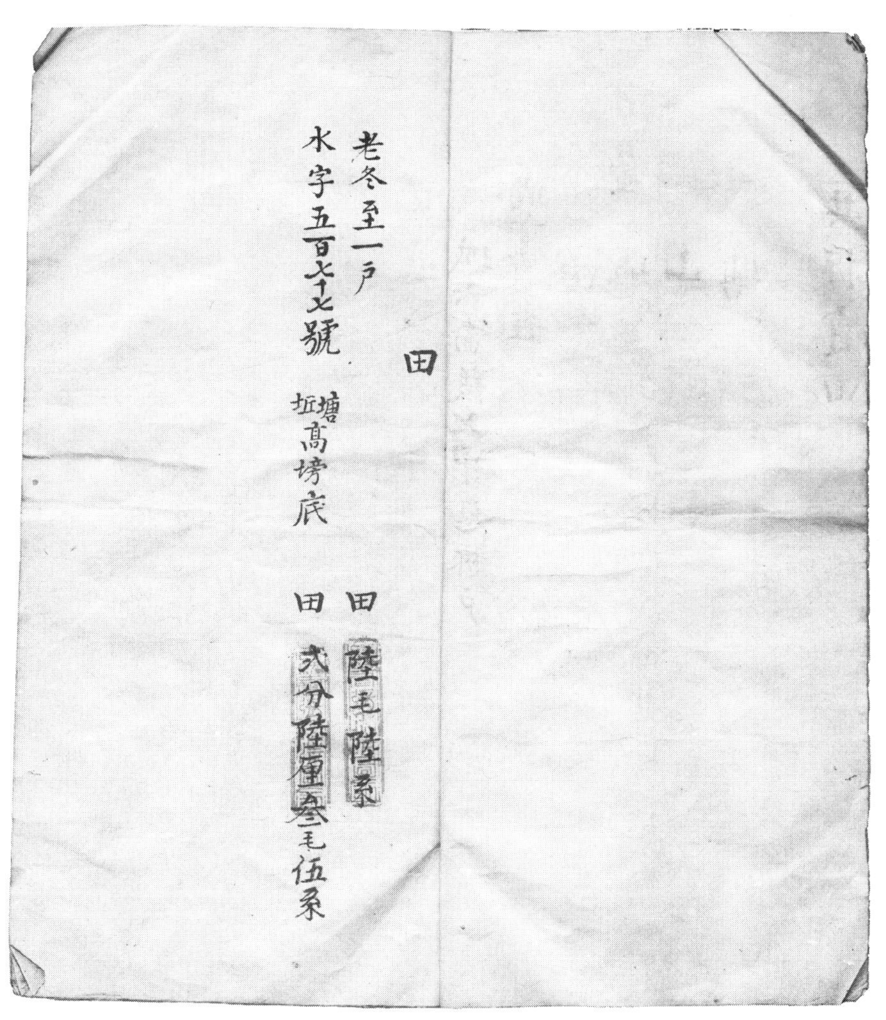

秋口镇金盘村 18-3 · 同治十三年 · 税粮实征册 · 懋禄户

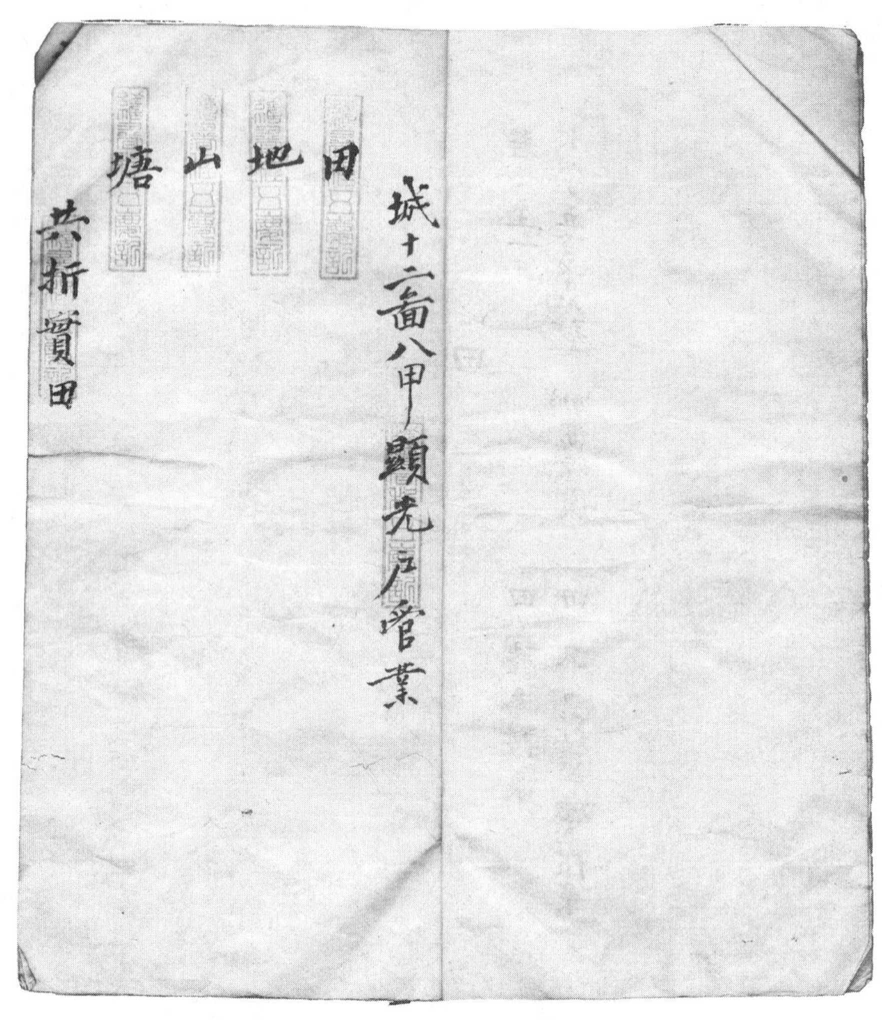

秋口镇金盘村 18-4 · 同治十三年 · 税粮实征册 · 懋禄户

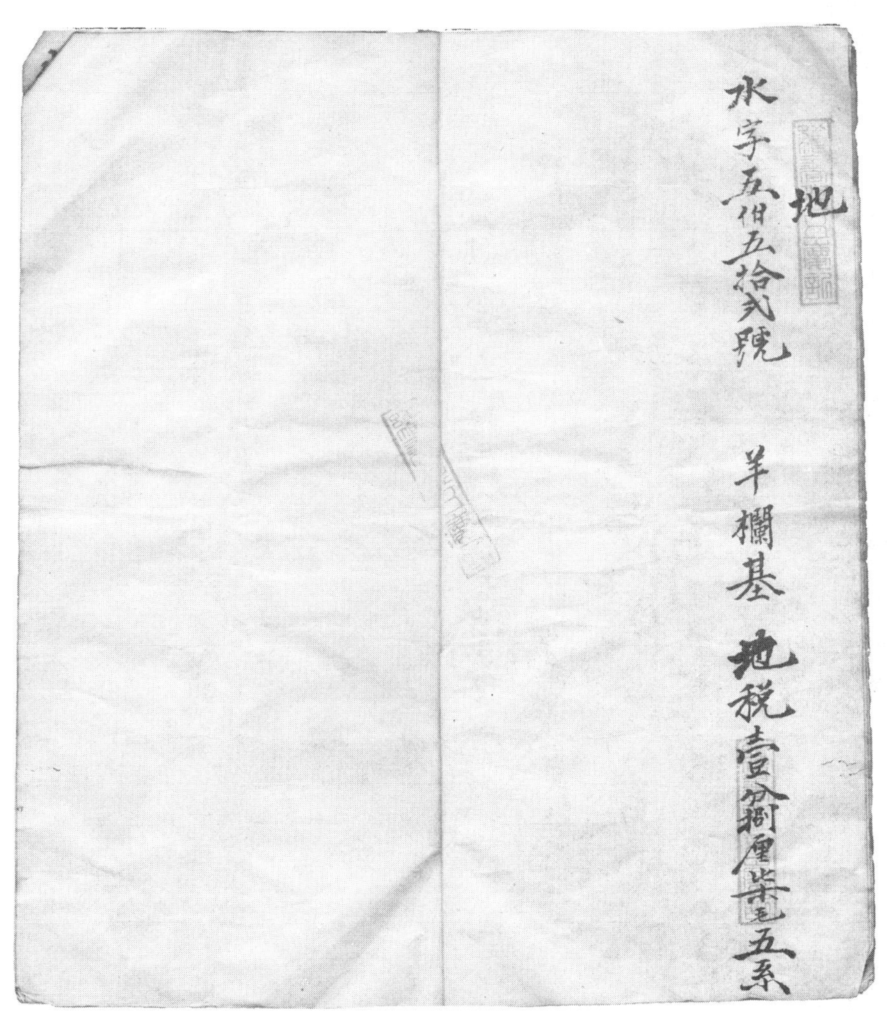

秋口镇金盘村 18-5 · 同治十三年 · 税粮实征册 · 懋禄户

地

水字五百五十六號 下 地叁分贰厘伍毛

水字五百五十二號 羊棚基 地贰分壹厘伍毛

水字五百八十五號 后门滩 地壹分零贰毛柒丝伍忽

水字六百十三號 水坑口 地柒分陆厘伍毛

水字五百九十分号 後門潭 地六分四厘八毛正

道光廿九年卯三月廿九日起永收

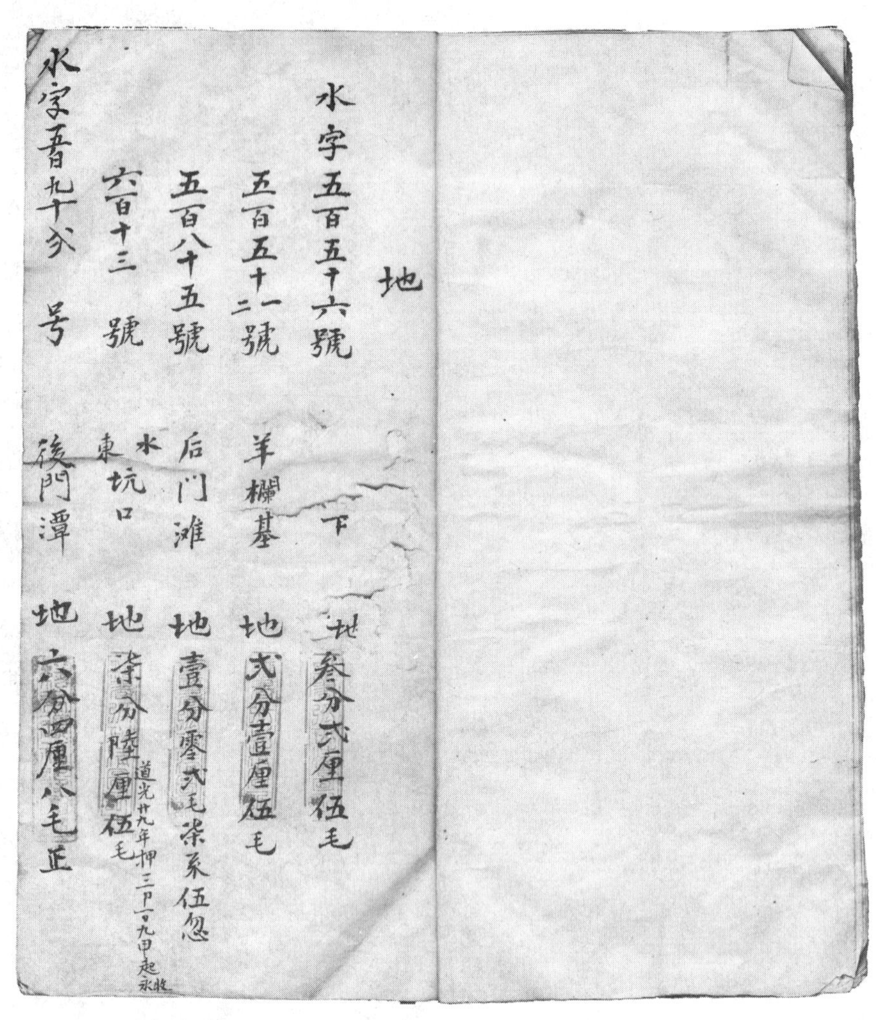

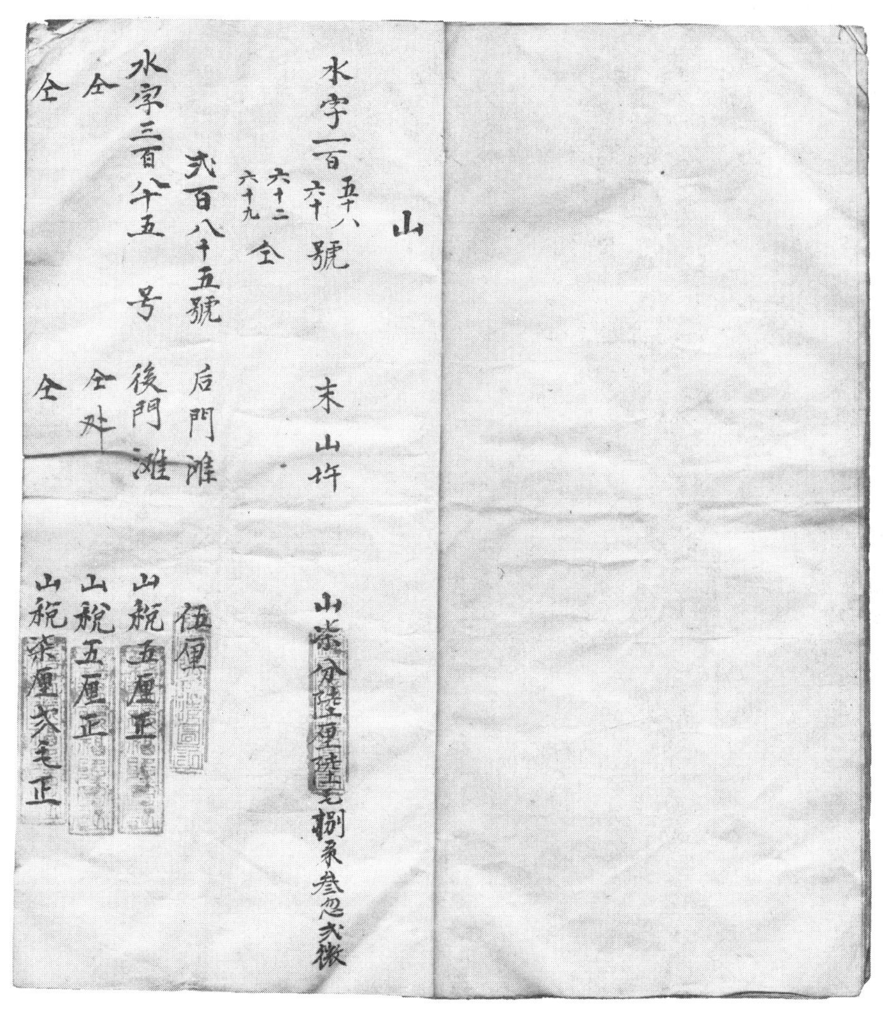

秋口镇金盘村 18-7 · 同治十三年 · 税粮实征册 · 懋禄户

水字一百五十八號 山
六十二
六十九 全 末山垇

山嶺分陸裡陸壹毛捌糸叄忽陸微

弍百八十五號 后門灘
全씨

水字三百十五號 後門灘
全 全씨

伍厘
山税五厘正
山税五厘正
山税叄厘玖毛正

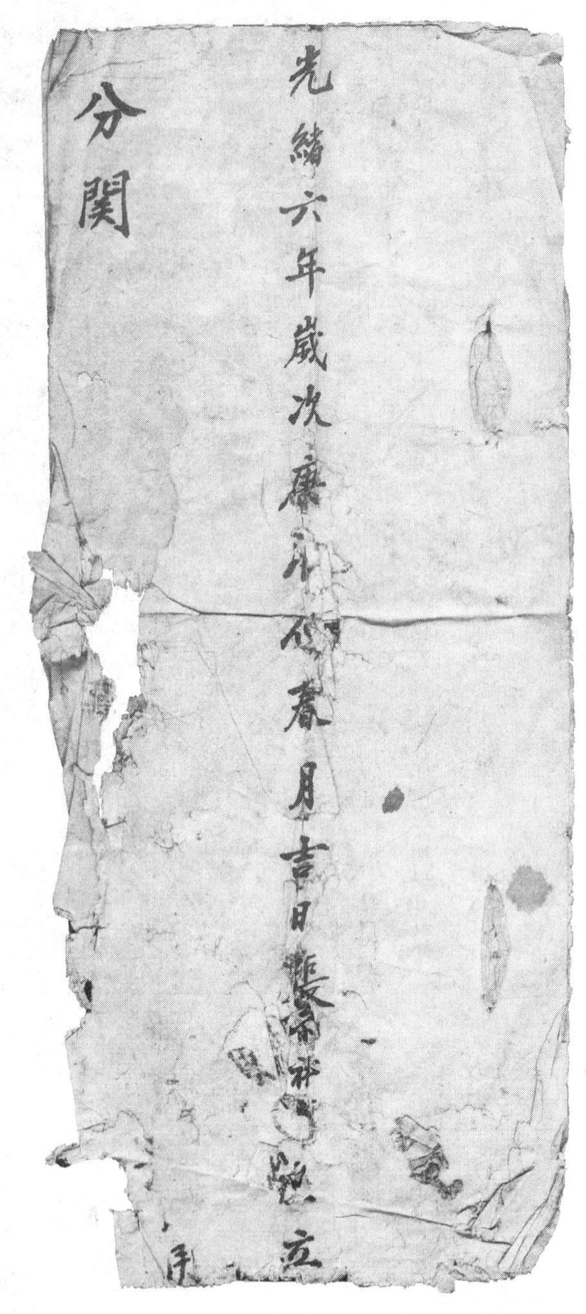

秋口镇金盘村 6-1 · 光绪六年 · 分关文书 · 张思德堂裔克铣、克铭兄弟

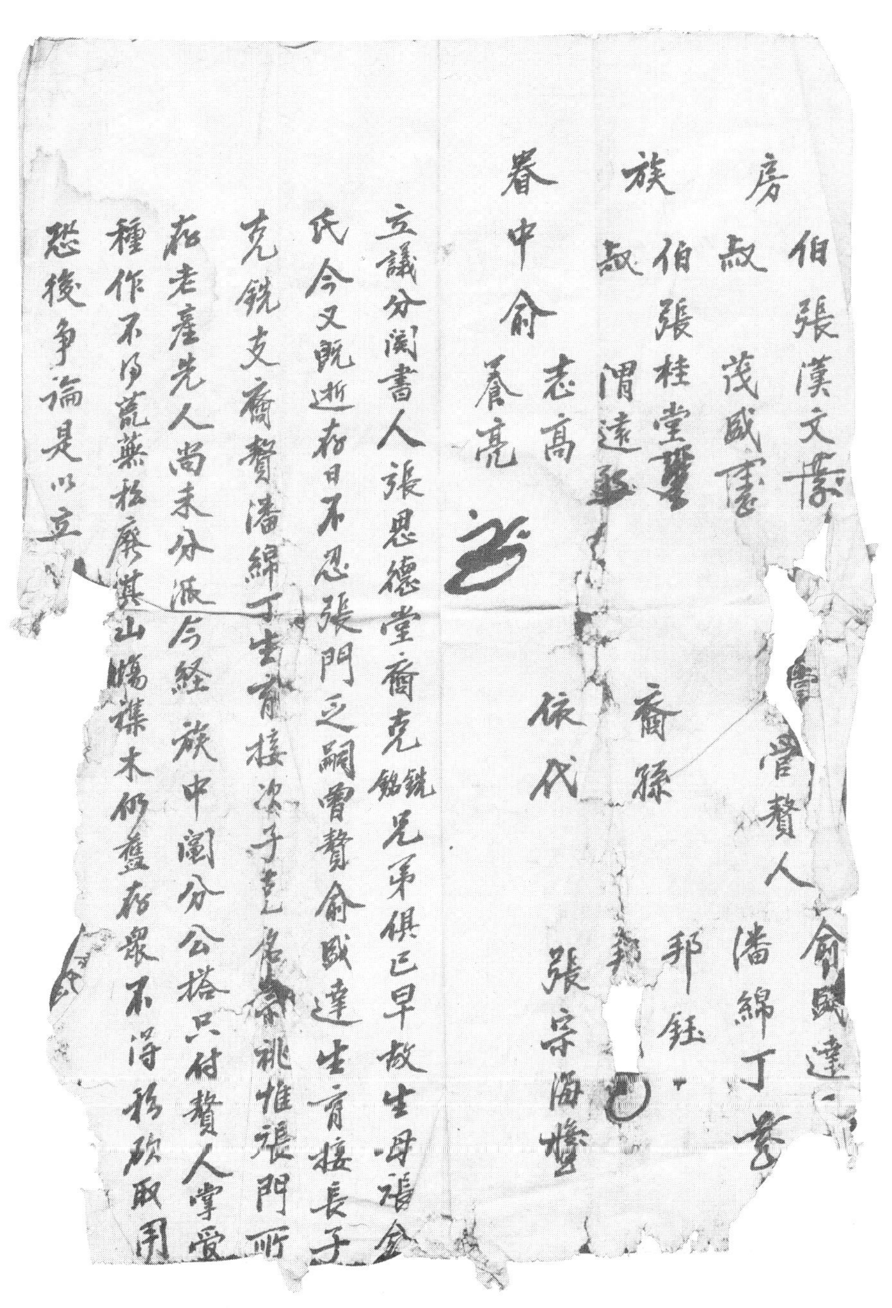

房伯　張漢文（押）　曾贅人　俞盛達（押）
房叔　茂盛（押）　潘綿丁（押）
族伯　張桂堂（押）　裔孫　邦鈺
族叔　渭遠（押）　邦[illegible]（押）
眷中　志高　依代　張宗海（押）
眷中　俞養亮（押）

立議分閹書人張思德堂裔克銚、銘兄弟俱已早故，生母張金氏今又既逝，於日不忍張門乏嗣，曾贅俞盛達生育接長子克銚支裔，贅潘綿丁生育接次子克銘承祧。惟張門所在老屋先人尚未分派，今經族中閹分公搭，只付贅人掌管種作，不得荒蕪拋廢。其山塢樵木仍蓄於眾，不得私砍取用。恐後爭論，是以立

秋口镇金盘村 6-2 · 光绪六年 · 分关文书 · 张思德堂裔克铣、克铭兄弟

屋基田地茶叢計

一余坦屋基餘地茶叢闊分俞盛達全義弟邦鈺居住
此業因克銘公當致榮堂克鍾公嗣同柱造
一塘坂高塝底右遷屋基闊分潘綿丁全繼男邦蘭居住
一土名坑口坦熱坦東片対搭各半克鈍克銘营左坦种
一土名坑口坦茶叢壹大片対搭各半克鈍克銘营右边
一土名後門潭茶叢弍片各营一片克銘上片营業無异
一土名余坦熟墾大片対搭各半克铣下片营業無异
一土名大球圻晚田皮壹畝此田废翁公作養在內
一土名尾片撤早田皮半畝克銘左邊同直营业無异
一土名尾片撤皮骨半畝其田塘茶叢
　　　　　　　　會从是年约半种作戊癸未
一土名分房壹一棟
明

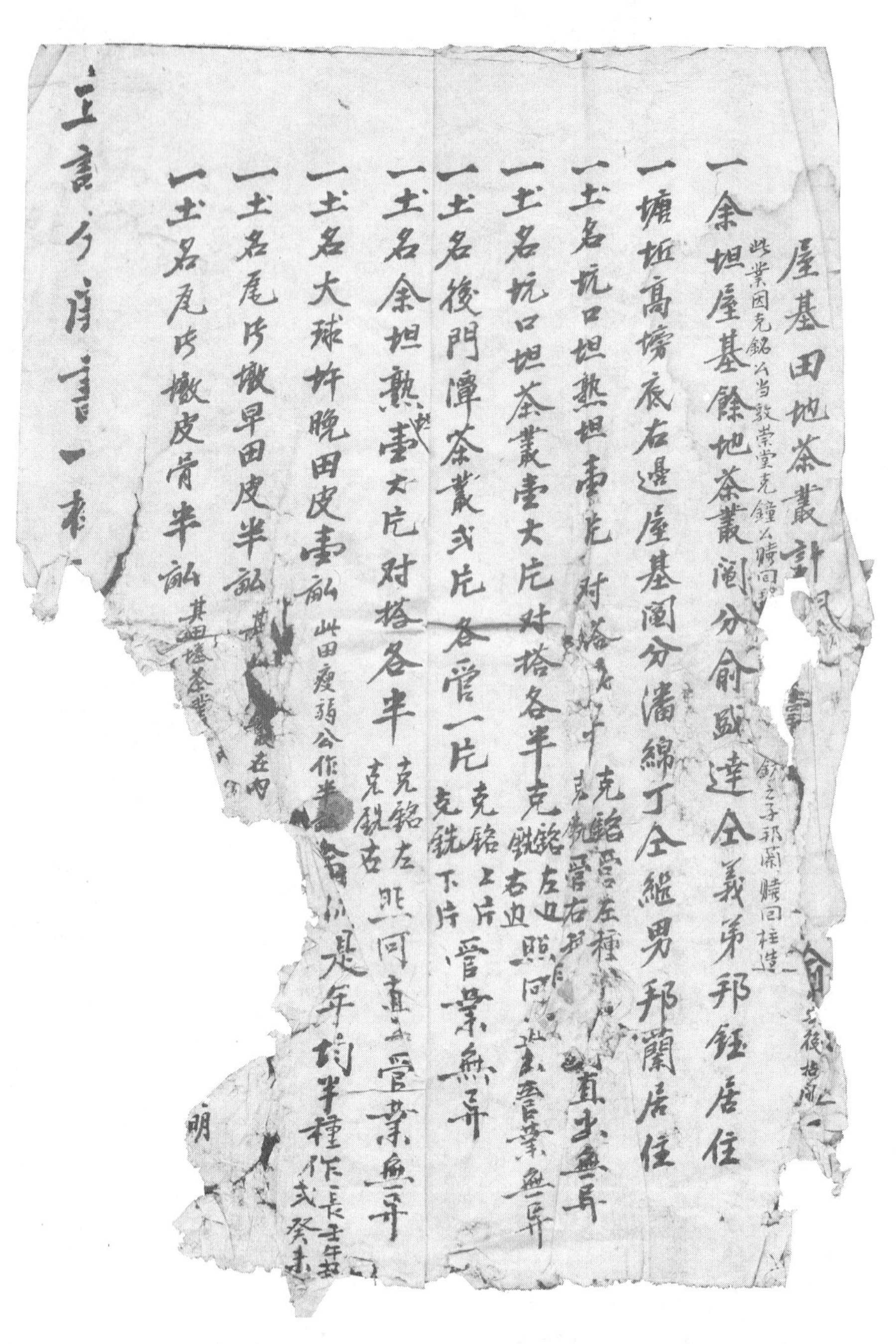

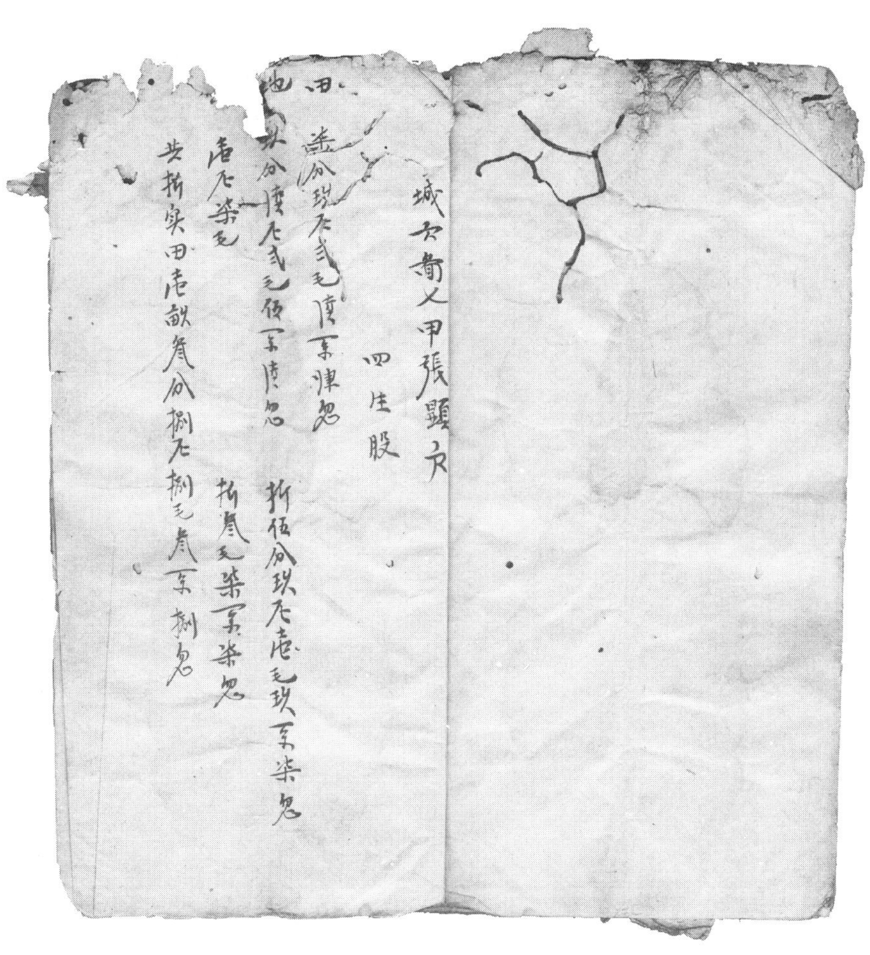

秋口镇金盘村 6-4 · 光绪六年 · 分关文书 · 张思德堂裔克铣、克铭兄弟

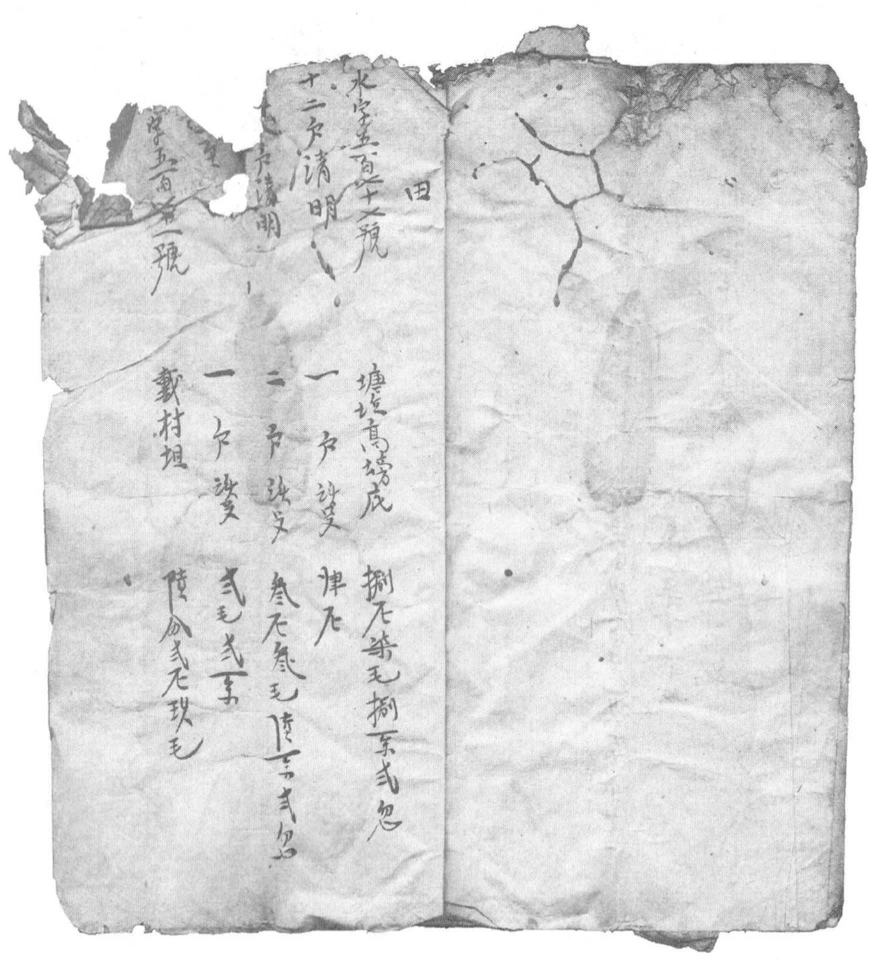

秋口镇金盘村 6-5 · 光绪六年 · 分关文书 · 张思德堂裔克铣、克铭兄弟

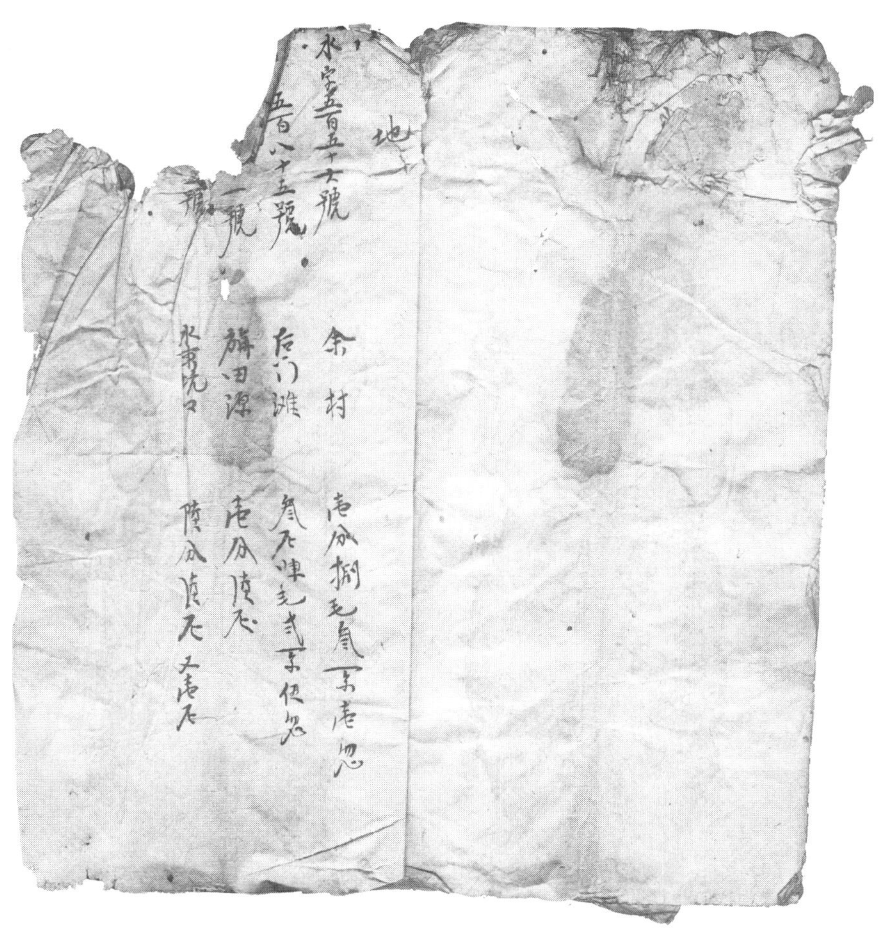

秋口镇金盘村 6-6 · 光绪六年 · 分关文书 · 张思德堂裔克铣、克铭兄弟

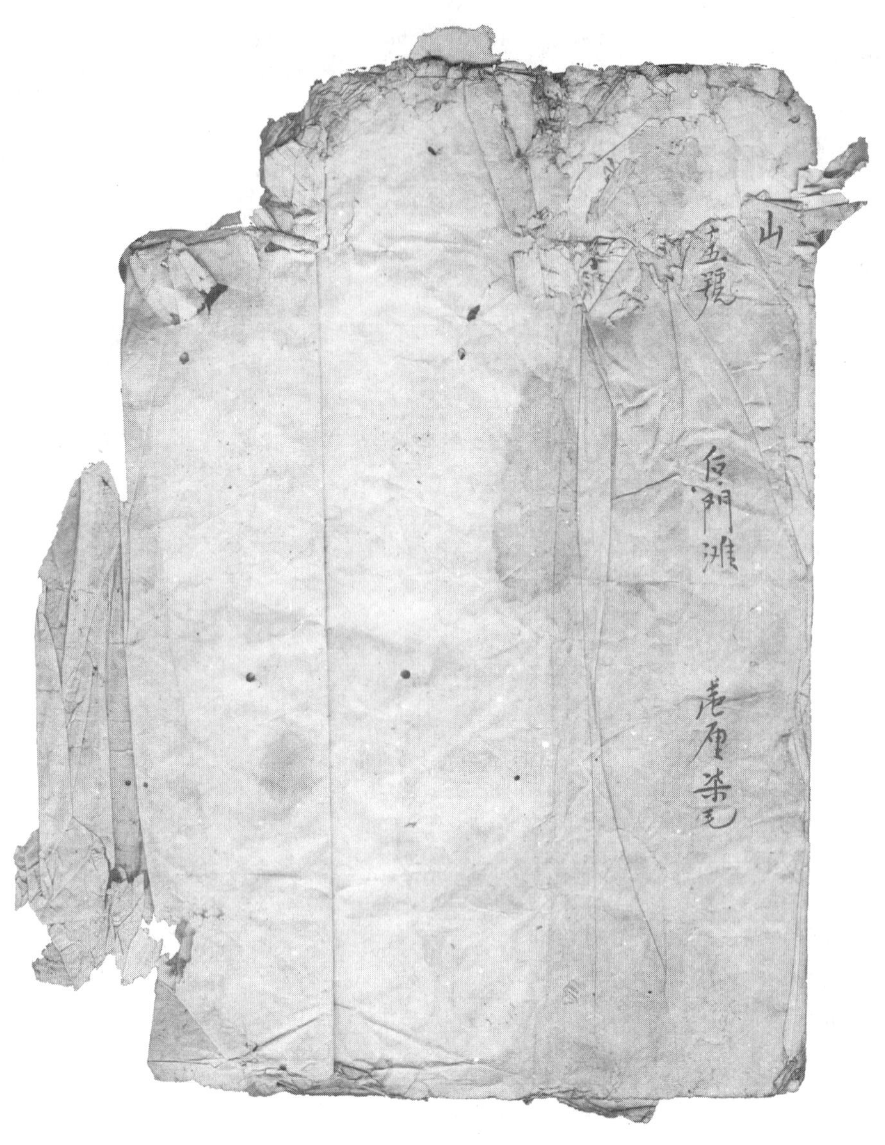

秋口镇金盘村 6-7 · 光绪六年 · 分关文书 · 张思德堂裔克铣、克铭兄弟

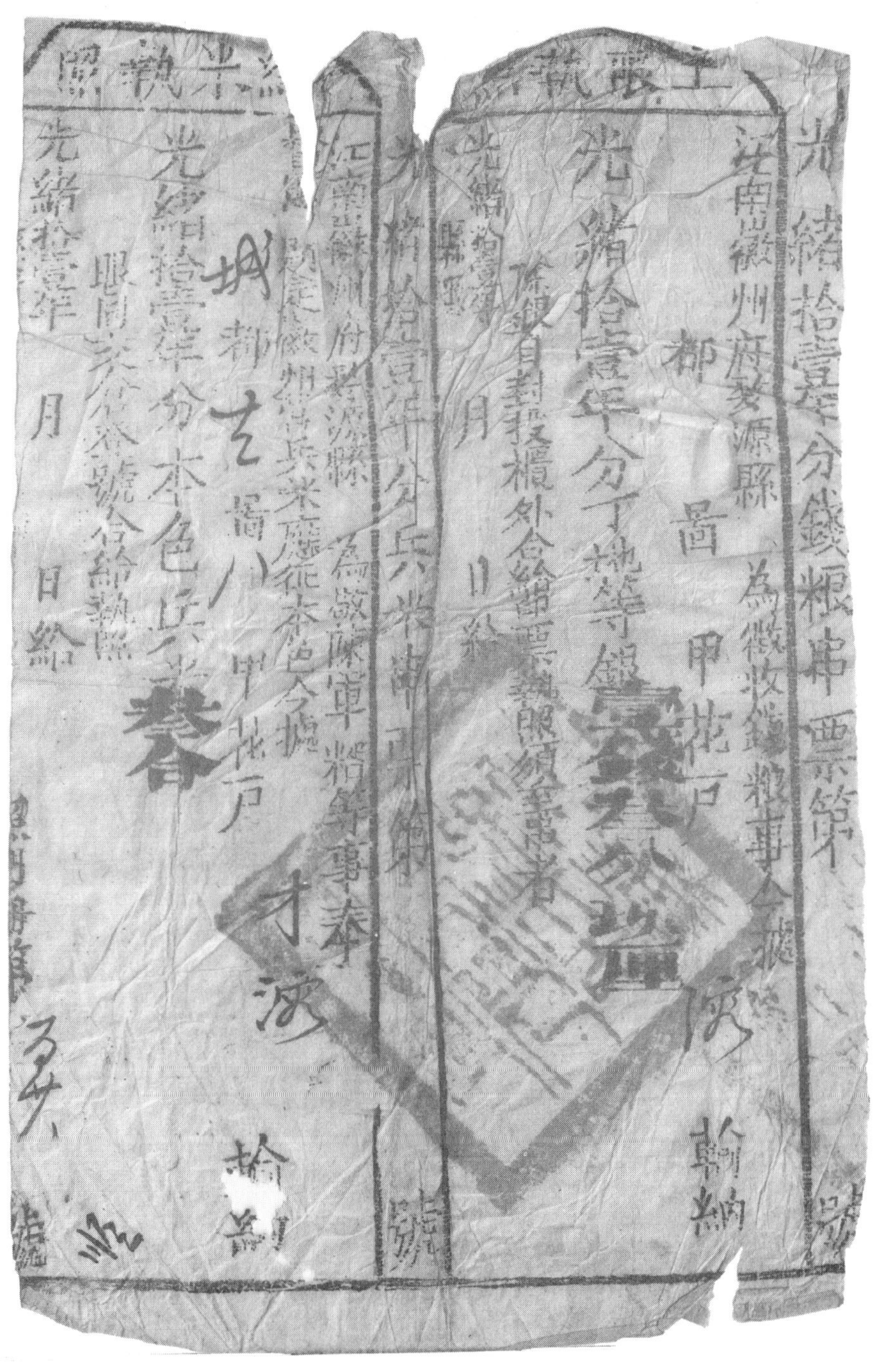

秋口镇金盘村 43 · 光绪十一年 · 纳米执照 · 才溶

秋口镇金盘村 4-1 · 光绪十二年 · 分关关书 · 张茂盛

立分家書人張茂盛緣父系出吳姓幼把張门家往貧寒早失
怙恃俯仰維艱及壯操舟偕母俞氏備嘗辛苦勤儉經營由此成家立
業置屋創造深費苦心猶幸年均壽考相繼而逝水源之思深恩罔
極未報涓埃撫育吾侄孤兒多方調護稍度全備爲吾娶妻王氏中年
吾之夫婦協理家政頗稱小康奈近年運舛業茶遭蝕虧空日深困
手家庭尚念早年上一承答房缺充當敘載奉公守法公门清淡六娇

秋口镇金盘村 4-2 · 光绪十二年 · 分关关书 · 张茂盛

痴袖清風不幸今春吾往上洋家遭不造痛妻王氏病故及秋梓里家

多内顧吾又常纏痰病且幸二子年皆長成俱已婚教長子邦福現生

三子次子邦祥近亦婚娶亦將蛋產切念樹大枝分是以央請眷族公議所

是父親存日及吾所置田地山塲茶地樹木清明會次等項除坐吾口食存立

父母清明及解債外所餘若干剖搭無偏拈阄各得阄後各管各業毋得

起爭勿听婦言致傷手足注此门户各立而熾而昌是吾至瘍厚望焉爰

立阄書兩本每本一樣四篇各执為照

今將各得產業及存祀房屋并厨下各項開述于左

邦福股阄後

一住居土庫樓屋左边并厨下及房倉在内 并隔墙厮屋

一土名山背塘旱田皮弍畝 一戴村中期田皮壹畝半田壄茶在内

秋口镇金盘村 4-3 · 光绪十二年 · 分关关书 · 张茂盛

郡祥股開左

一后门潭裡边并上埠頭茶藂地共贰片 一会处藝坦贰片
一会處河边樹木下栽
一水東坑藝坦壹片又小坦茶地壹片 屬西边
一水東坑旱田皮壹畝并塔茶貼長孫启河
一余坦下山右边壹局中有凳至

一住屋正厝桂屋右边并牛欄屋全堂在内 并厨下直過
一吉启水東坑中期田贰畝 真田塔塔上大木子樹壹根又小杉武根輸收

一后门潭外边莕藂地壹片 并河边樹木上栽 一会处茶藂地止边叁片 一会处旱田皮壹畝半并塔茶在肉

一会处藝坦兩片
一余炟下山左边壹局中有凳至
一水東坑熟坦并坦珪茶壹条 属南边
一戴村園茶地裡边 并牛欄塔茶 其地内樟樹茶根又牛欄坦茶根 各分武根其牛欄边茂樟 其地根归邪祥股

一洞公清眠壹户 旗音壹户
一枯牛壹頭
一樟樹贰根 一栗子樹輪剖均声明郡祥股内

秋口镇金盘村 4-4·光绪十二年·分关关书·张茂盛

1469

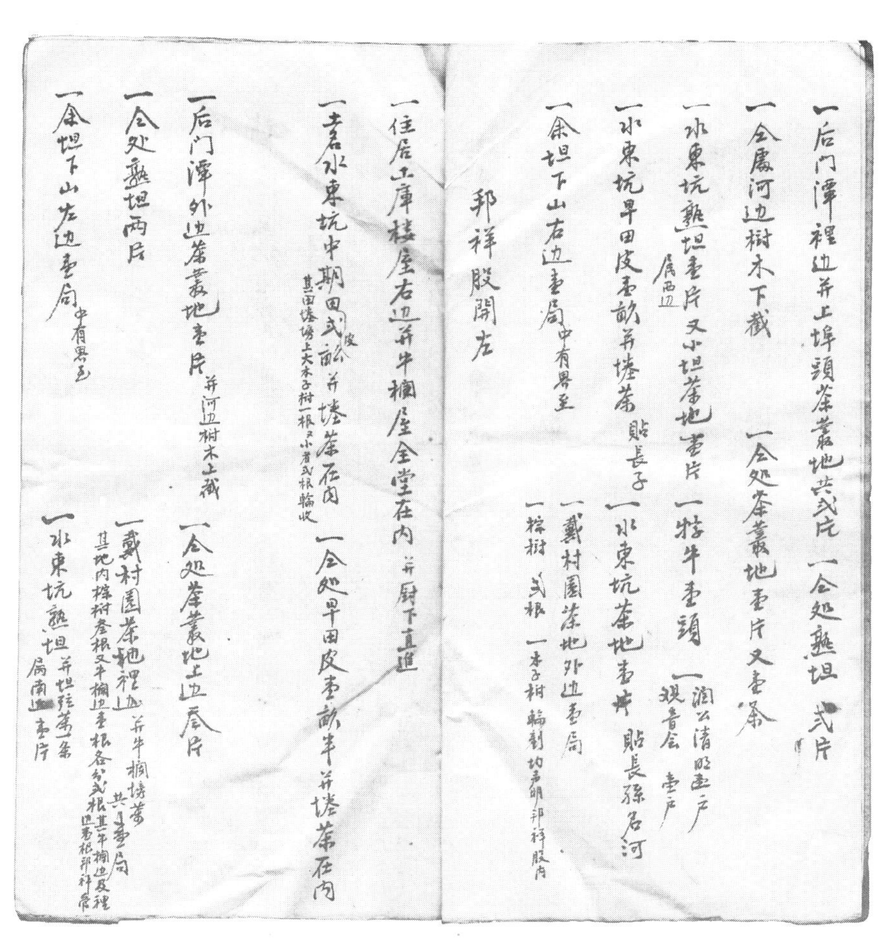

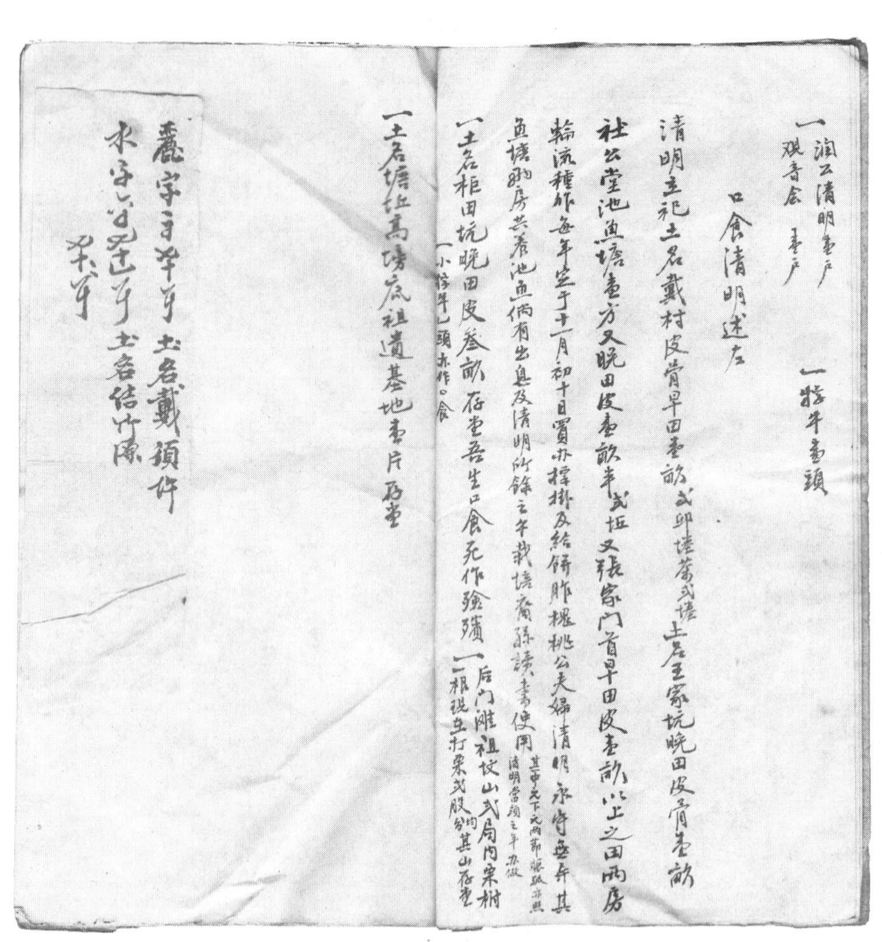

秋口镇金盘村 4-5 · 光绪十二年 · 分关关书 · 张茂盛

光绪十二年八月廿一日之吉立分家书人张茂盛

男邦福
邦祥

族　汉文
　　渭远英
眷俞根成琶
代书宗焕光鐙

一批　光绪八年许邦祥牛栏屋地自斋包兄之手光洋陆元乙目没配用无异子孙等不贵

一批　光绪廿年邦祥将后门潭茶地押庄包兄之手光本洋陆元乙加利音听兄过手算利

一批　年邦祥将势段履迈有茶押包兄名下光本洋四元陆角加利方呾昆管业无异

一批　年邦祥诖股肩早田重段主义水未坑不敢丰　押庄源口现庆司手本洋拾弐元言定年不悟即算断骨吞异自

押之时赏业五年邦祥见业邮骨洋见眼赠以迳托中骨断及兄邦福名下邦祥托手光
洋三元原傅拾弐元乙共吉本光洋拾伍元乙邦福赔辖管业无异

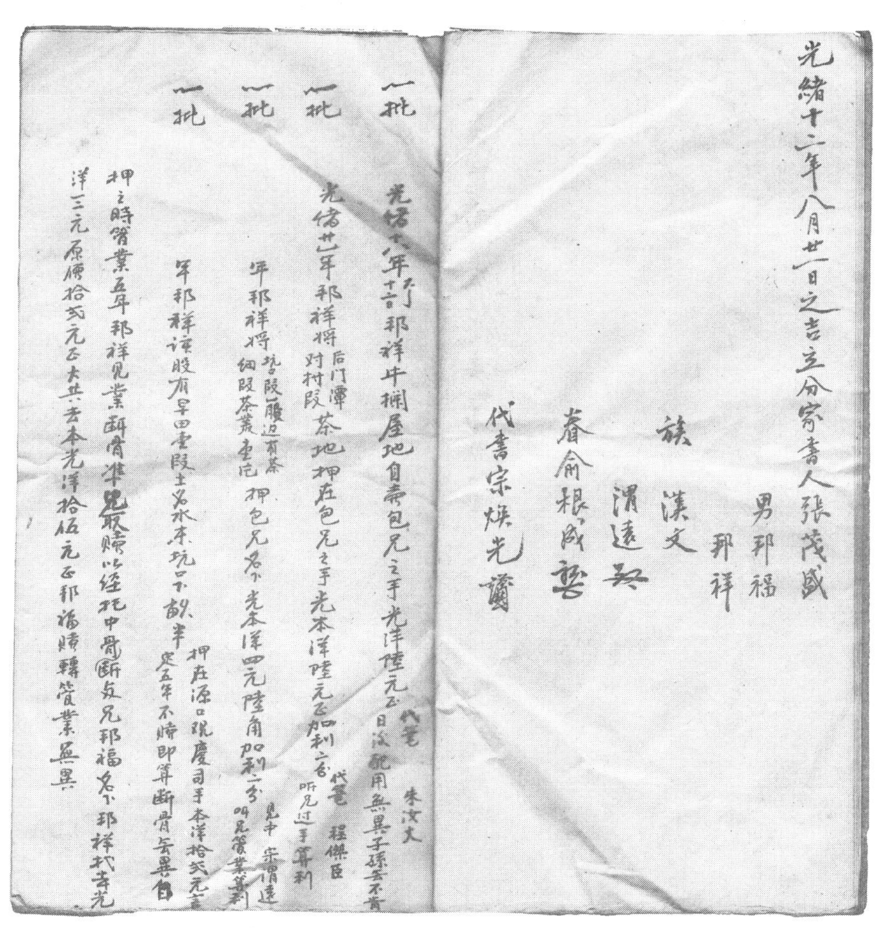

秋口镇金盘村4-6·光绪十二年·分关关书·张茂盛

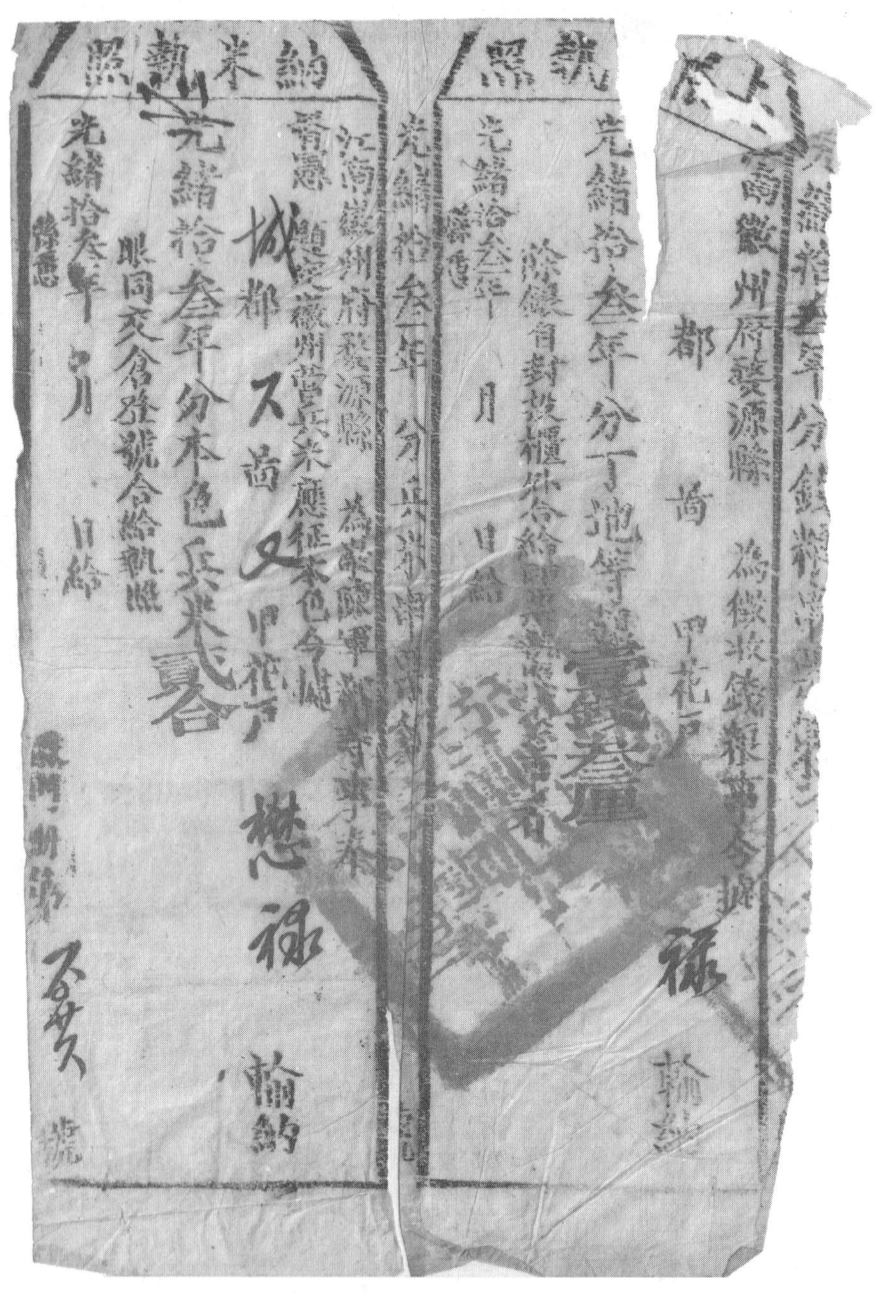

秋口镇金盘村 61 · 光绪十三年 · 纳米执照 · 懋禄

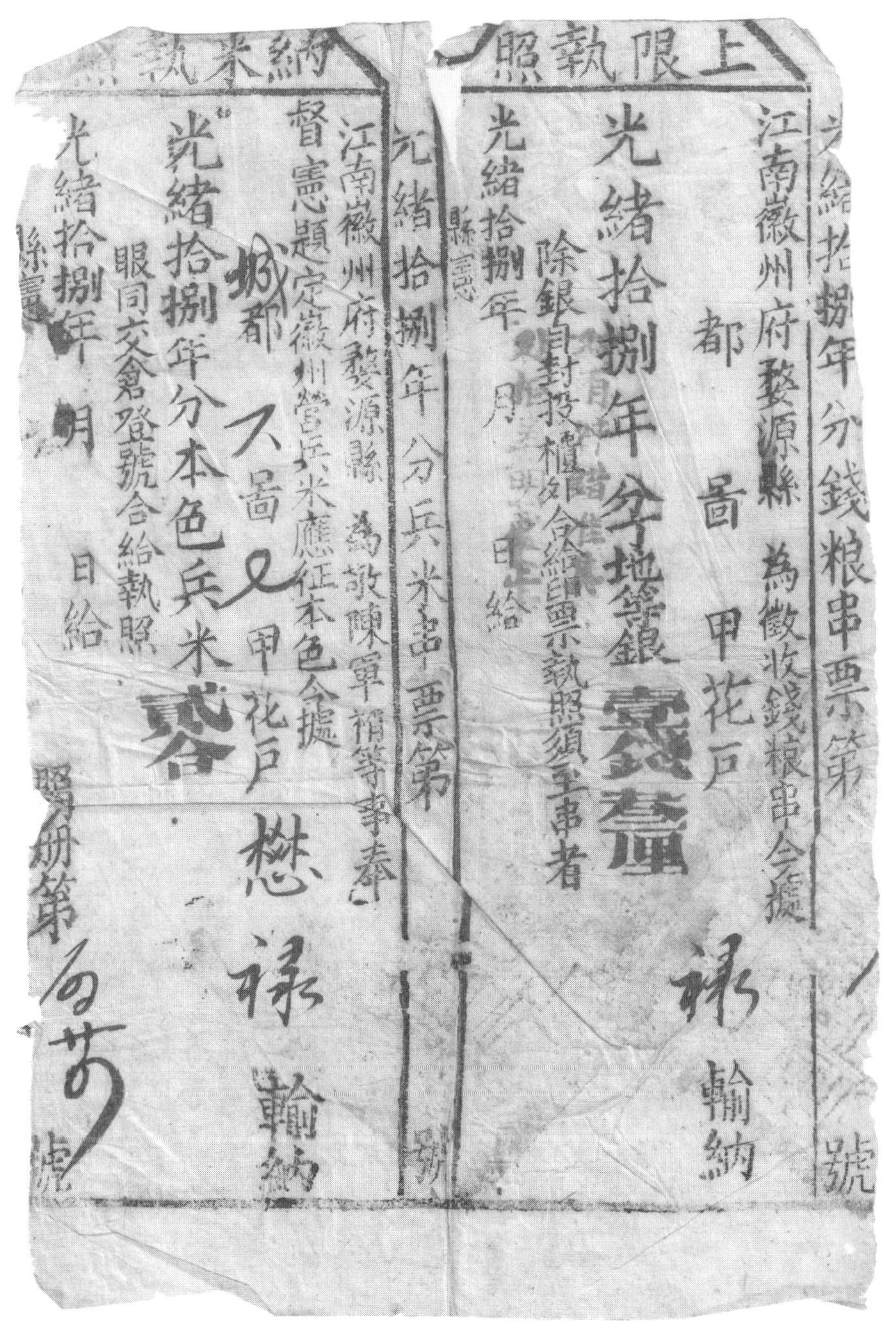

上限執照

光緒拾捌年分錢粮串票第　號

江南徽州府婺源縣　為徵收錢粮串票事，今據

都　啚　甲花戶　　　祿輸納

光緒拾捌年分地丁銀　　

除銀自封投櫃外，合給串票執照，須至串者

光緒拾捌年　月　日給

縣憲

光緒拾捌年分兵米串票第　號

納米執照

江南徽州府婺源縣　為敬陳軍糈等事，奉

督憲題定徽州營兵米應征本色，今據

都　啚　甲花戶　懋祿輸納

光緒拾捌年分本色兵米

眼同交倉登號，合給執照

光緒拾捌年　月　日給

縣憲

照册第　號

秋口镇金盘村 105 · 光绪十八年 · 纳米执照 · 懋禄

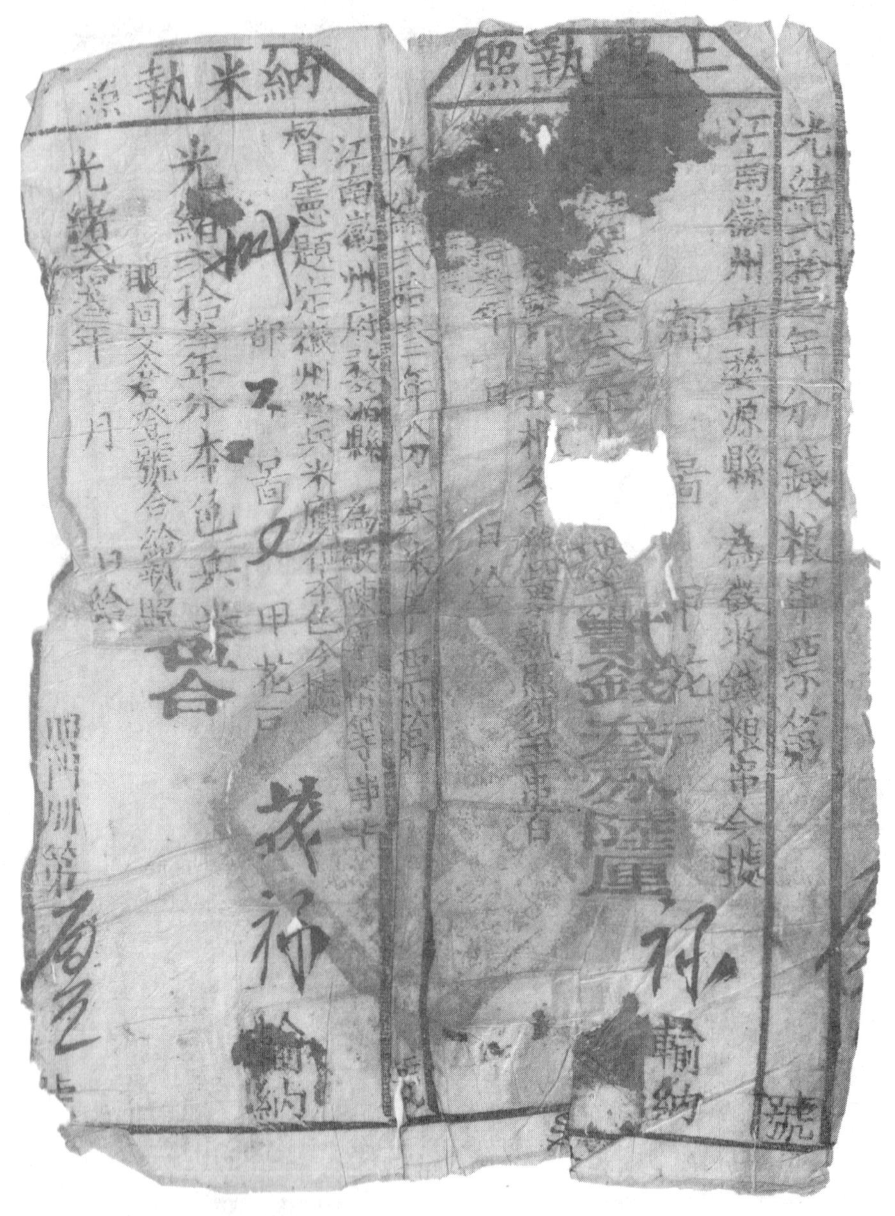

秋口镇金盘村 60 · 光绪二十年 · 纳米执照 · 茂禄

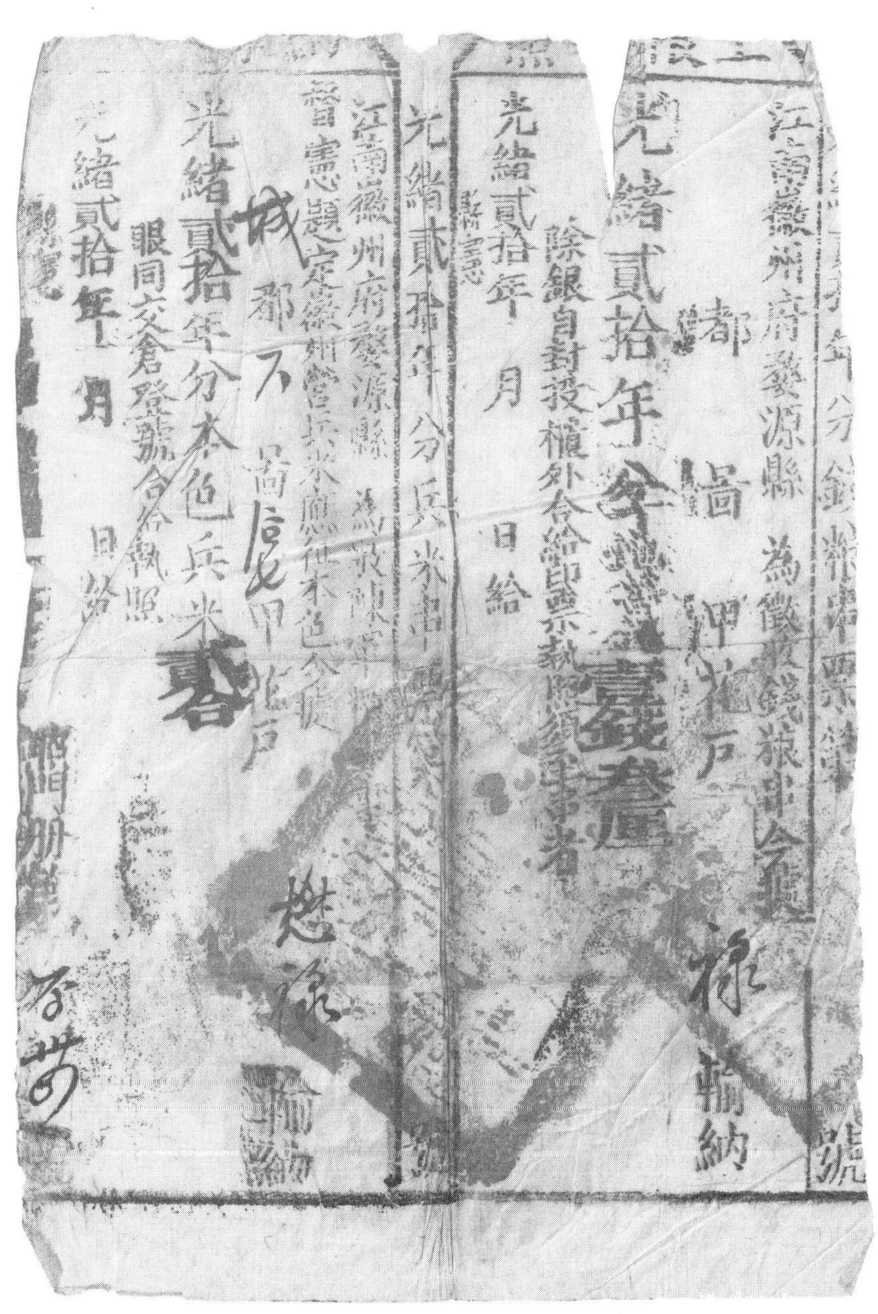

秋口镇金盘村 65 · 光绪二十年 · 纳米执照 · 懋禄

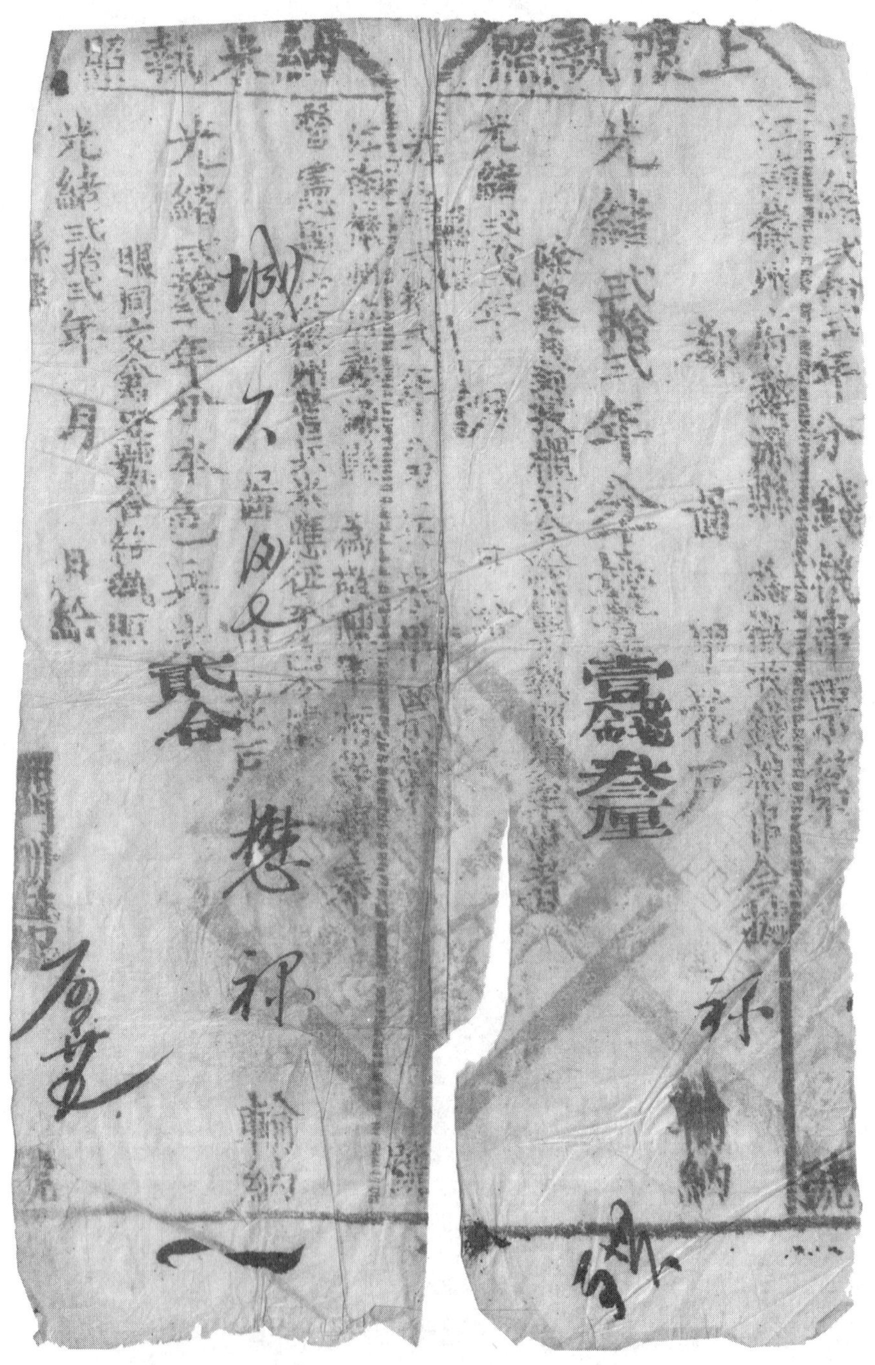

秋口镇金盘村 64 · 光绪二十二年 · 纳米执照 · 懋禄

江南徽州府婺源縣為徵收錢糧事今據

都圖甲戶

光緒二十四年分丁地等糧銀壹

光緒二十四年六月 日給 廿 年糧則照經迯納訖

除銀自封投櫃外合給印票執照通查曄者

江南徽州府婺源縣為嚴陳軍糈等事奉

督憲題定徽州營兵米應徵本色今據

咸都人圖

光緒二十四年分兵米單照第

光緒二十四年分本色兵米

光緒二十四年 月 日給執照

眼同委倉登量合給執照

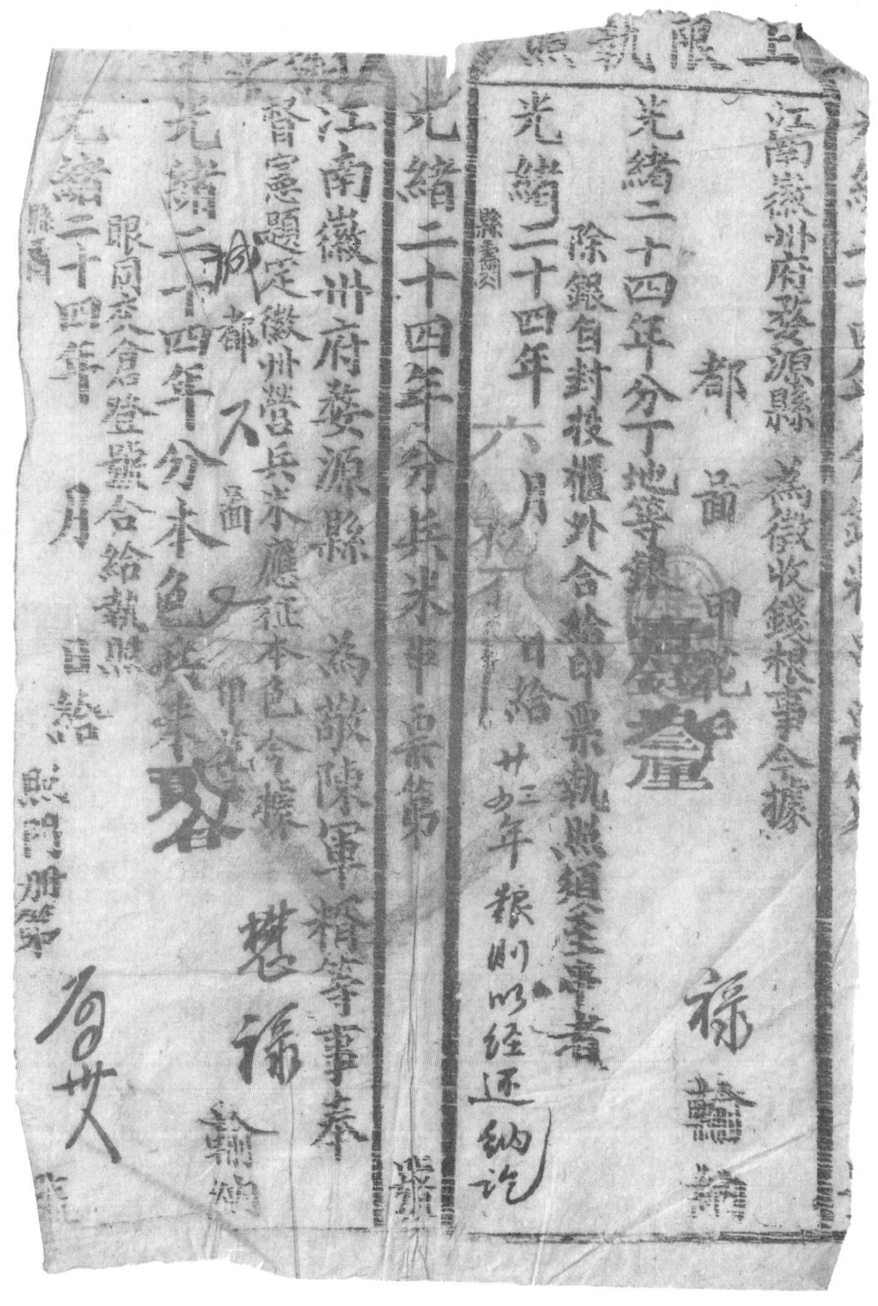

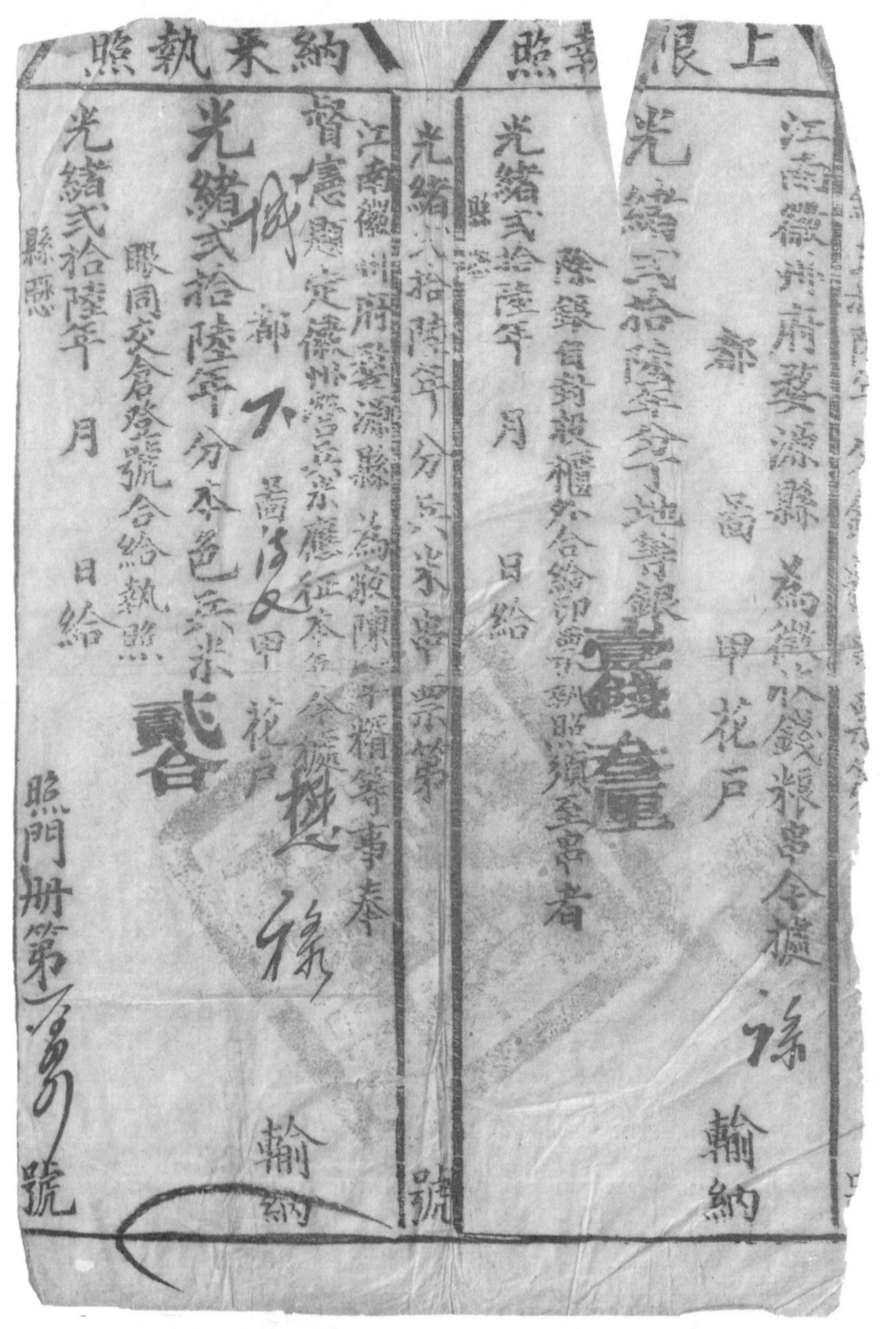

秋口镇金盘村 62 · 光绪二十六年 · 纳米执照 · 懋禄

秋口镇金盘村 2-1 · 光绪二十八年 · 税粮实征册 · 显光居户

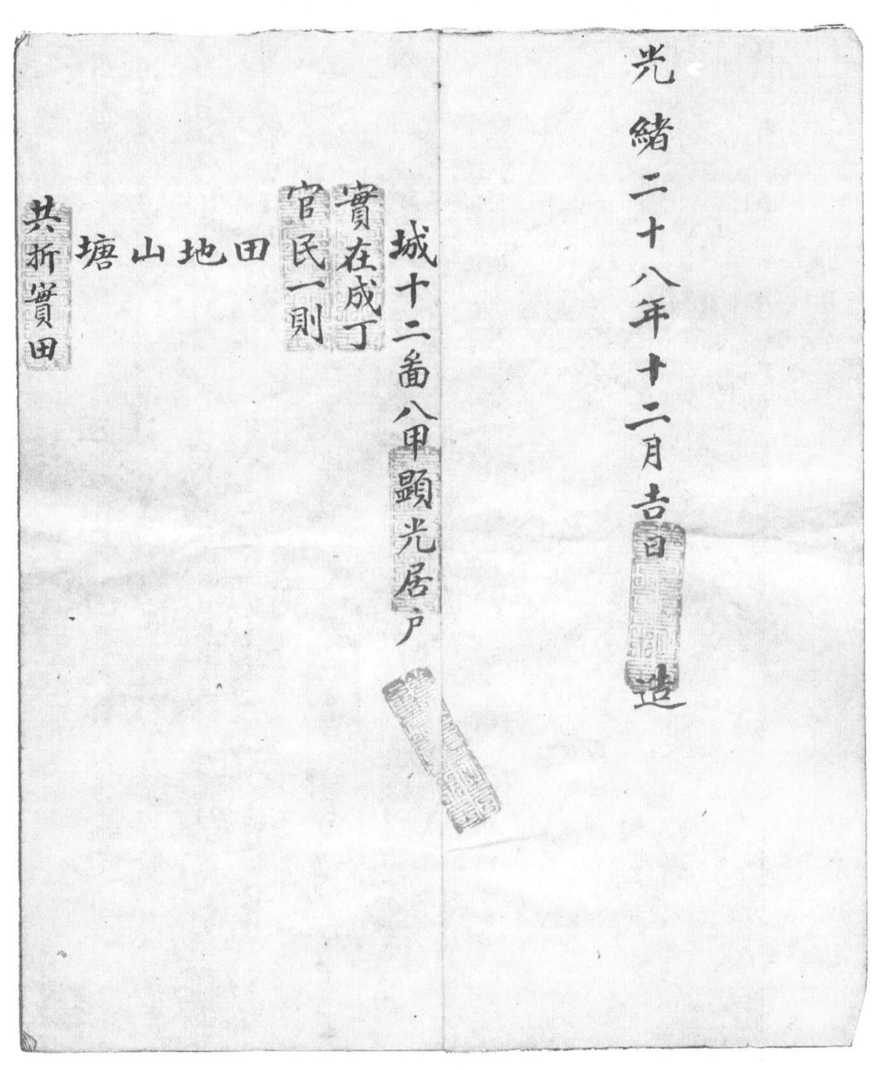

光緒二十八年十二月吉日造

城十二畨八甲顯光居户

實在成丁

官民一則

田

地

山

塘

共折實田

秋口镇金盘村 2-2 · 光绪二十八年 · 税粮实征册 · 显光居户

水字陸伯伍拾陸號　庄前　田壹畝弍分肆厘伍毛　庚午扒入季壽

仝　陸伯陸拾伍號　社公堂　田壹畝弍分　庚午扒入季壽

麗字伍伯伍拾肆號　老春橋　田弍畝零零肆毛肆系肆忽　辛酉扒入伯福户交納

水字伍伯叁拾捌號　王大坵　田叁分伍厘正　辛酉扒入伯福户交納

仝　伍伯柒拾柒號　乱片墩　田壹畝柒分弍厘正　辛酉扒入季壽户交納

仝　肆伯零玖號　龍船頭　田柒分弍厘正　辛酉扒入仲孫户交納

仝　伍伯弍拾捌號　王大坵　田捌分正　辛酉扒入伯福户交納

麗字肆拾伍號　俞家門首　田壹畝陸分壹厘捌毛肆系伍忽

仝　肆伯拾肆號　乱田源　田叁畝壹分陸厘伍毛伍系　辛酉扒入季壽户交納

仝　壹伯拾肆號　仝　田伍分捌厘柒毛　辛酉扒入季壽户交納

仝　肆拾陸號　楓木坦　田肆分壹厘柒毛　庚午扒入伯福

水字陸伯肆拾玖號　乱片墩　田肆分捌厘

秋口镇金盘村 2-3 · 光绪二十八年 · 税粮实征册 · 显光居户

水字陸伯陸拾伍號　祉屋後　田伍分正庚年於入伴禮

仝　陸伯伍拾玖號　長垅　田捌分柒厘陸毛 辛酉於入何良义納

仝　伍伯叁拾陸號　王大垅　田伍分玖厘叁毛伍系 辛酉於入伯福玄納

麓字壹伯柒拾柒號　尾山圲　田壹畝又分玖厘叁系叁忽 辛酉於入仲孫义納

仝　弍伯零四五號　戴筀塢　田壹畝弍厘弍毛伍系 辛酉當事入仲孫义納

水字伍伯陸拾肆號　戴村　田壹畝壹分正庚於季方

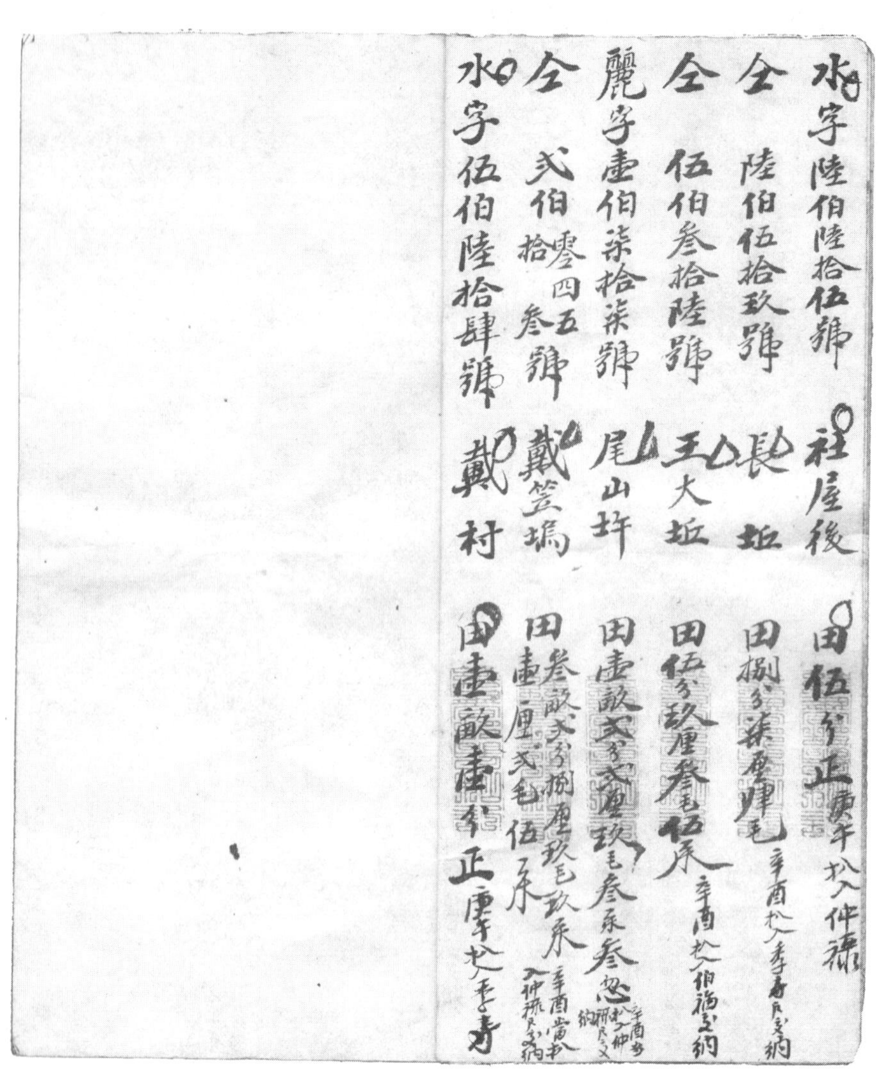

地
水字陸伯拾伍號
水東坑口
地弍分伍厘正
辛酉社人季壽户交納

秋口镇金盘村 2-5 · 光绪二十八年 · 税粮实征册 · 显光居户

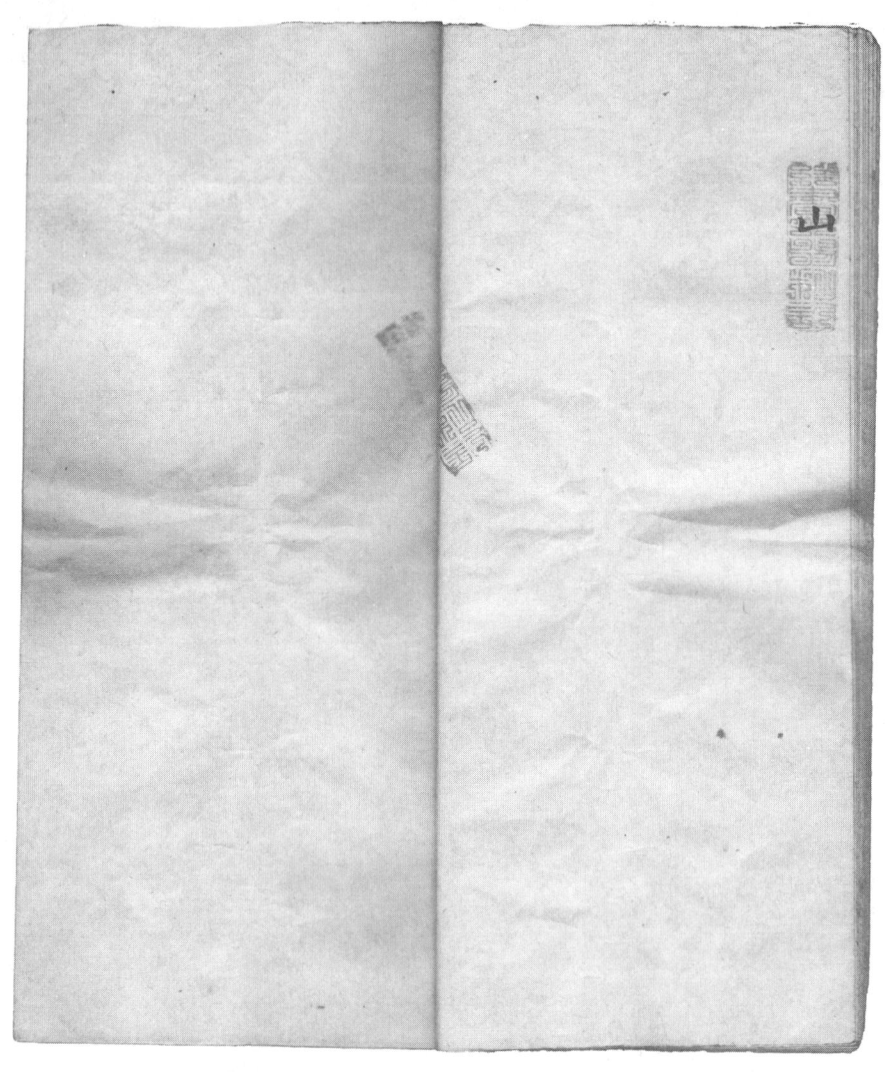

秋口镇金盘村 2-6 · 光绪二十八年 · 税粮实征册 · 显光居户

秋口镇金盘村 2-7 · 光绪二十八年 · 税粮实征册 · 显光居户

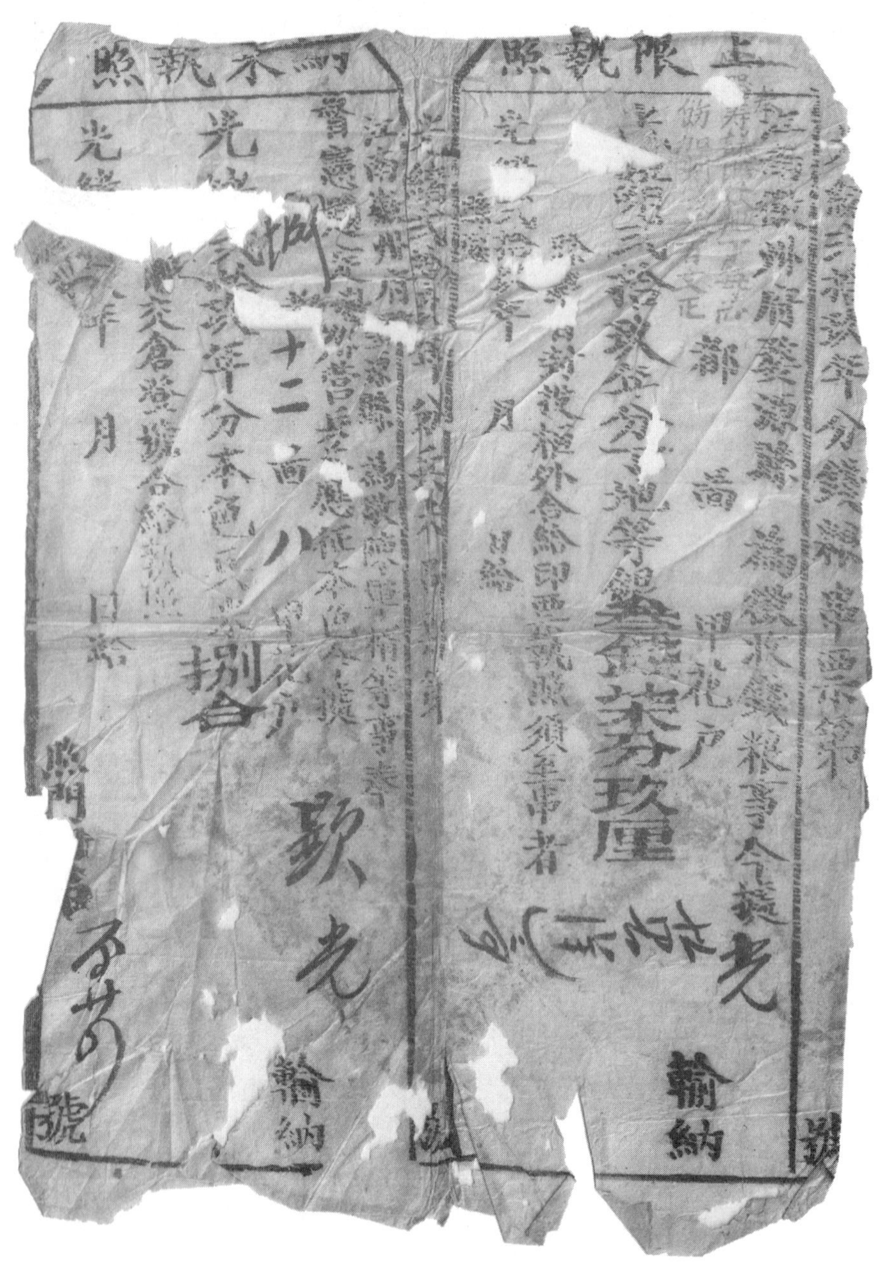

秋口镇金盘村 32 · 光绪二十九年 · 纳米执照 · 显光

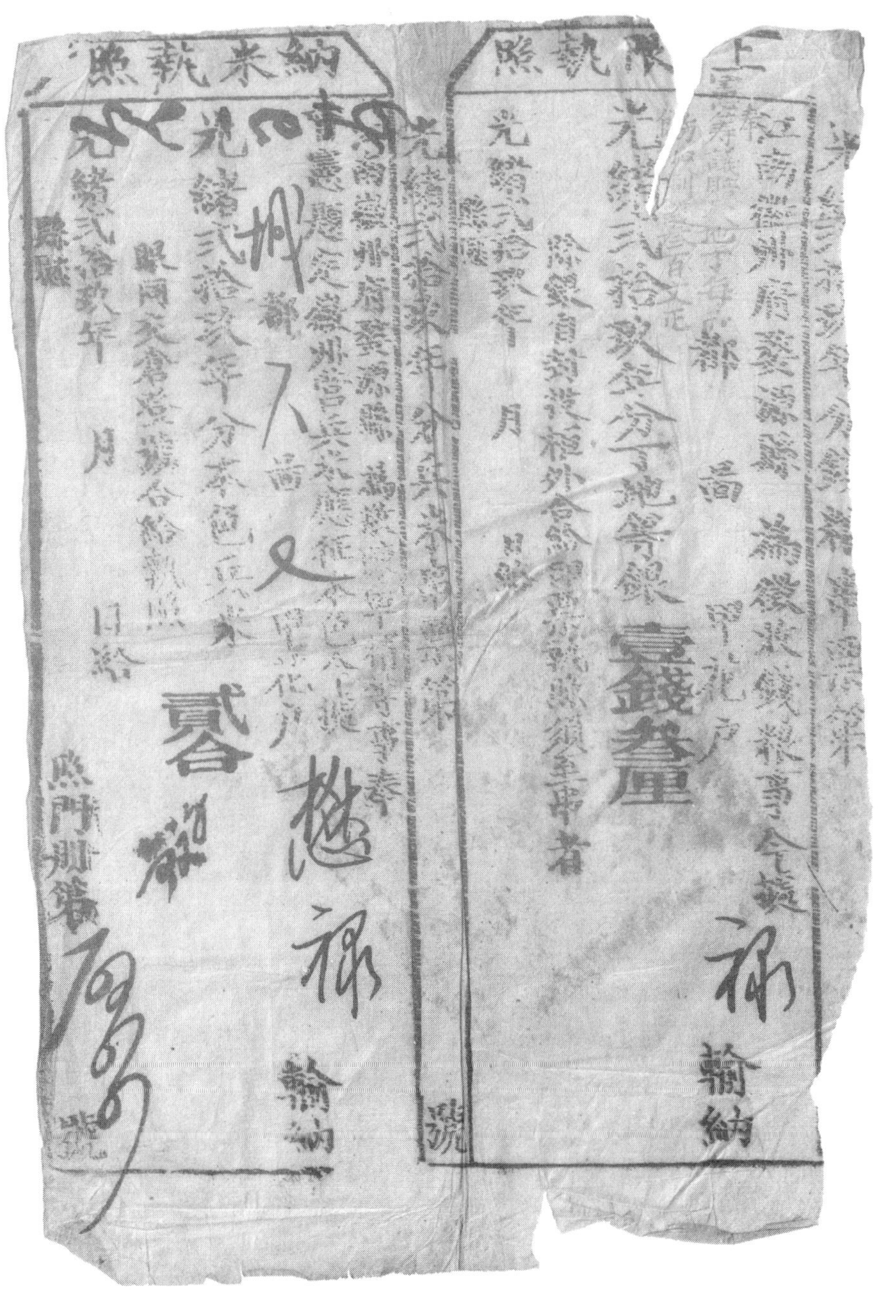

秋口镇金盘村 58 · 光绪二十九年 · 纳米执照 · 懋禄

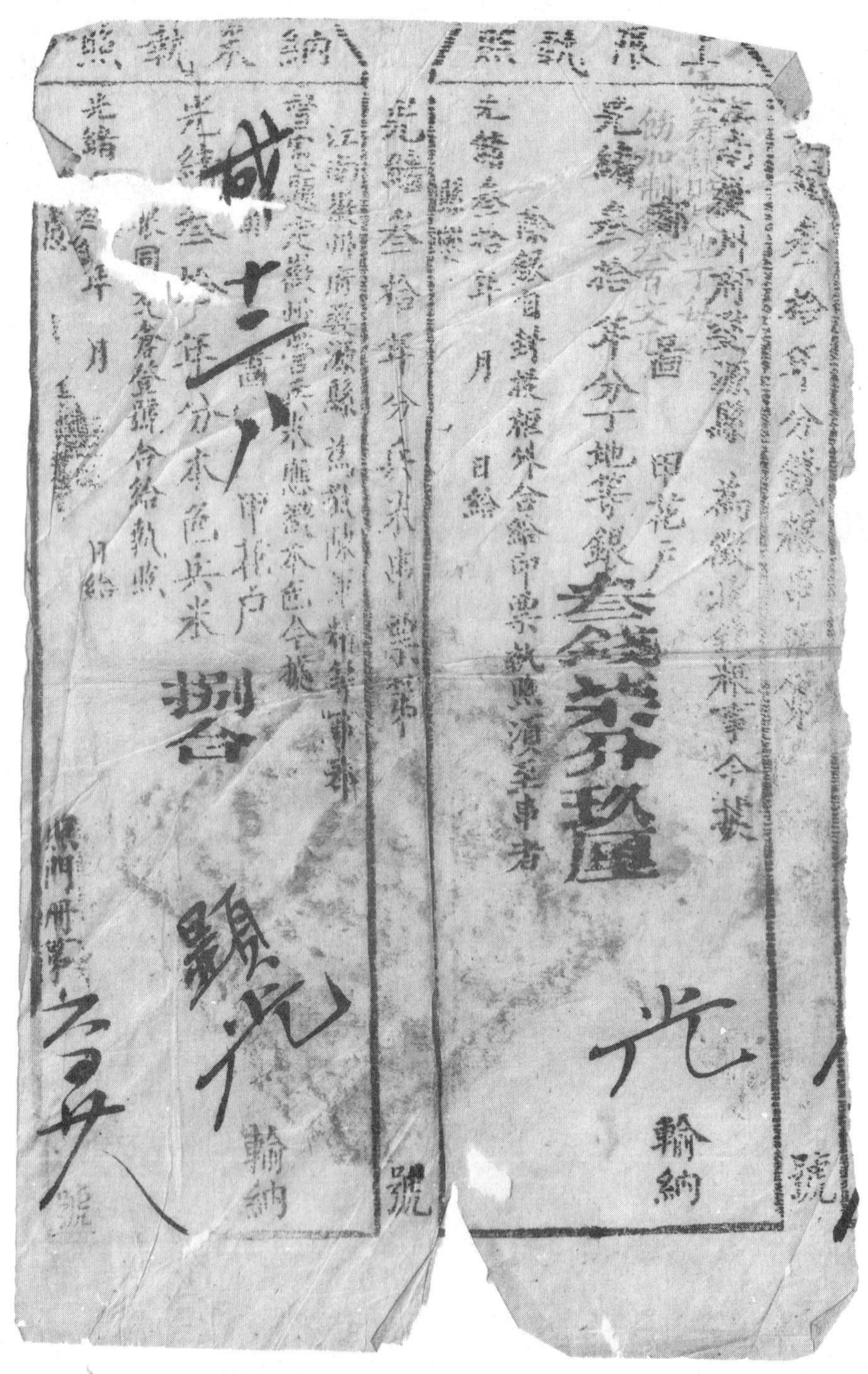

秋口镇金盘村 30 · 光绪三十年 · 纳米执照 · 显光

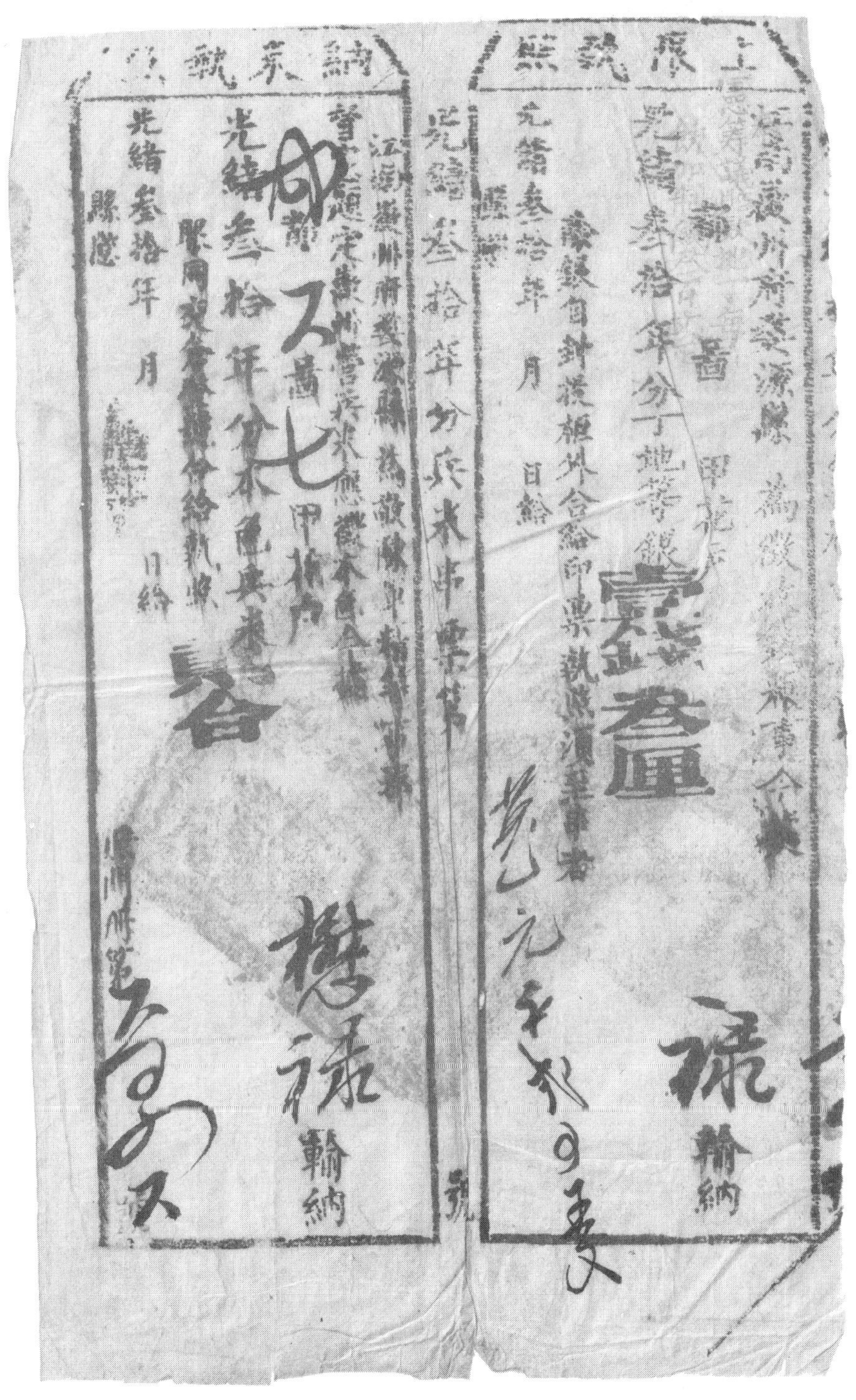

秋口镇金盘村 56 · 光绪三十年 · 纳米执照 · 懋禄

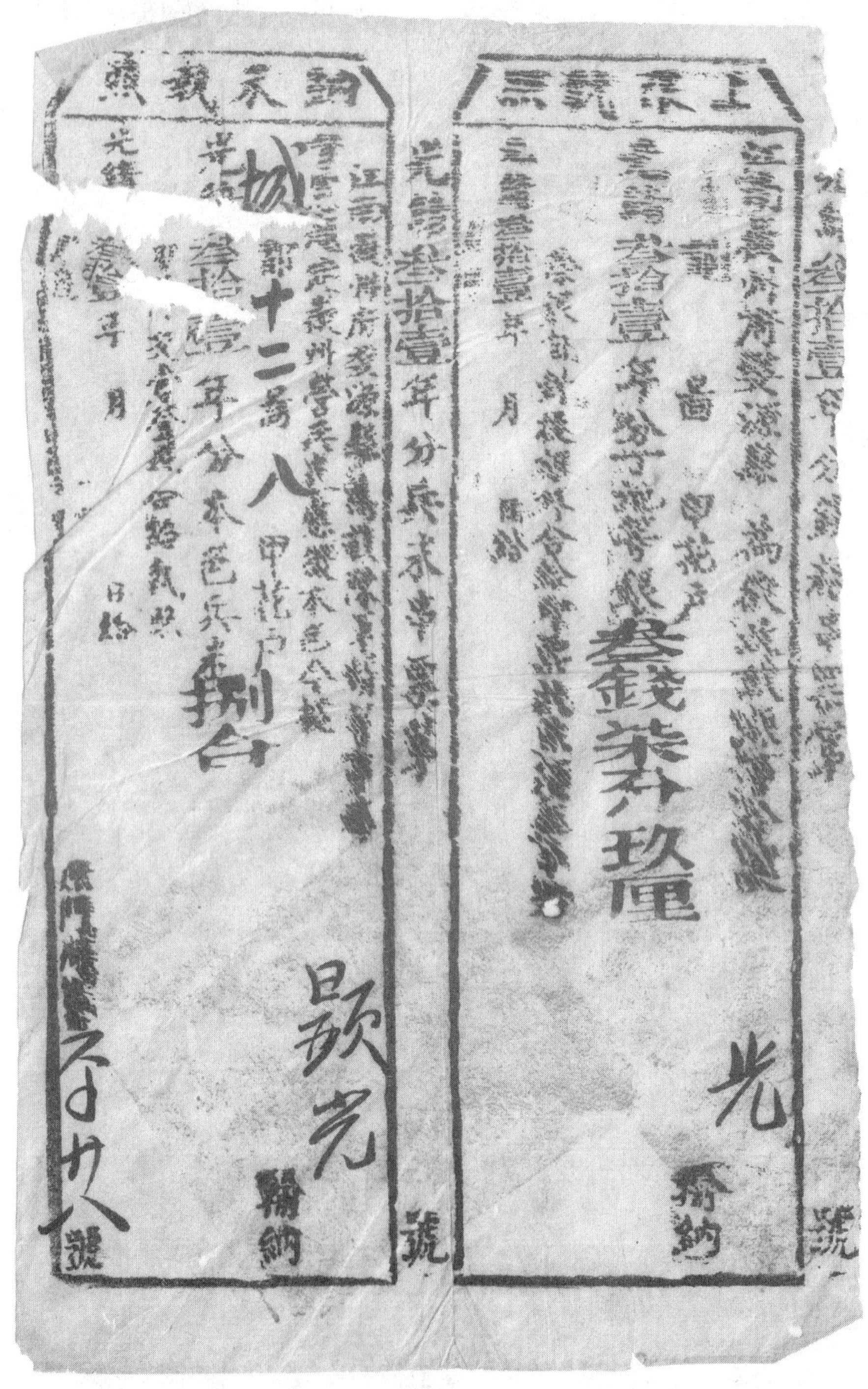

秋口镇金盘村 29 · 光绪三十一年 · 纳米执照 · 显光

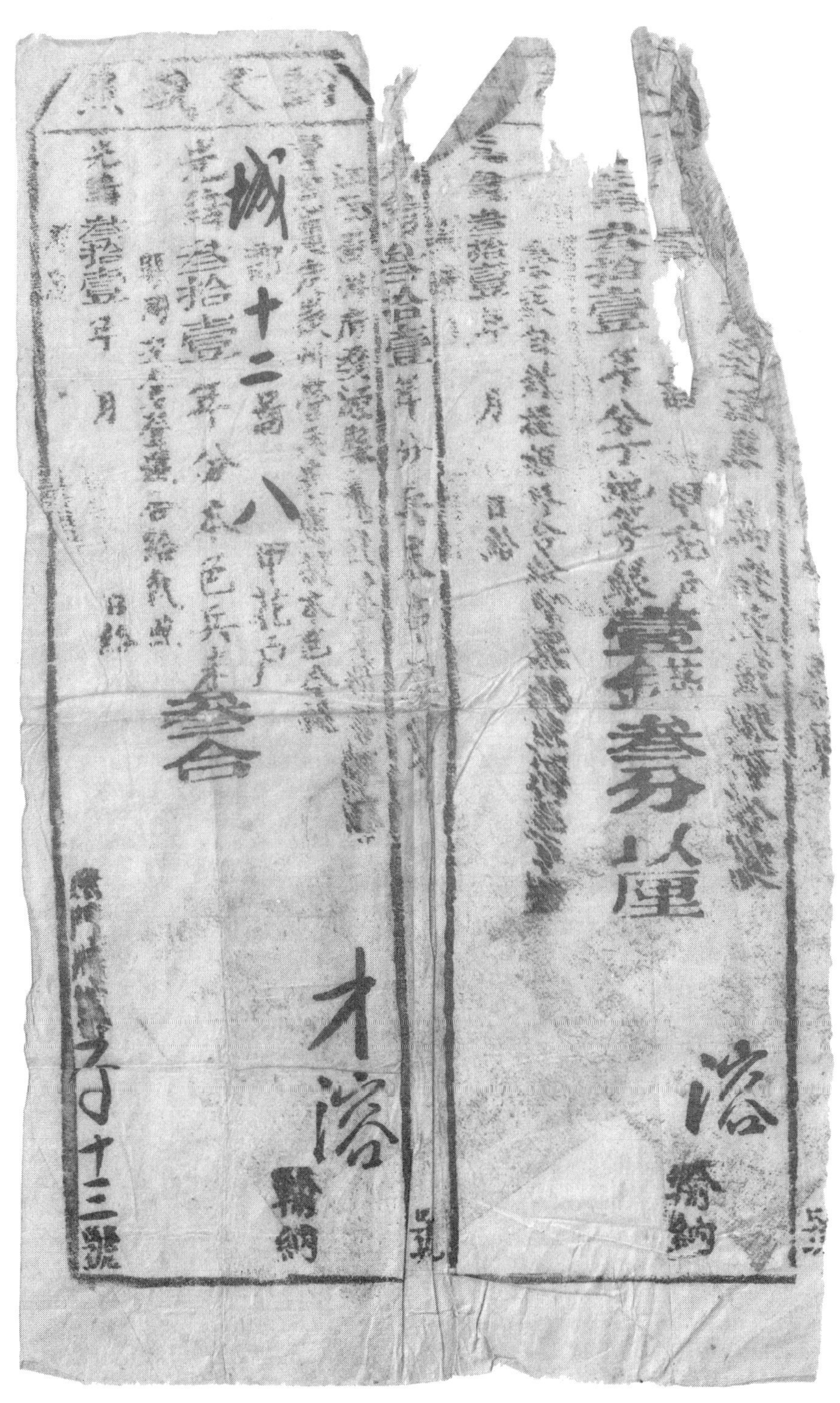

秋口镇金盘村 55 · 光绪三十一年 · 纳米执照 · 才溶

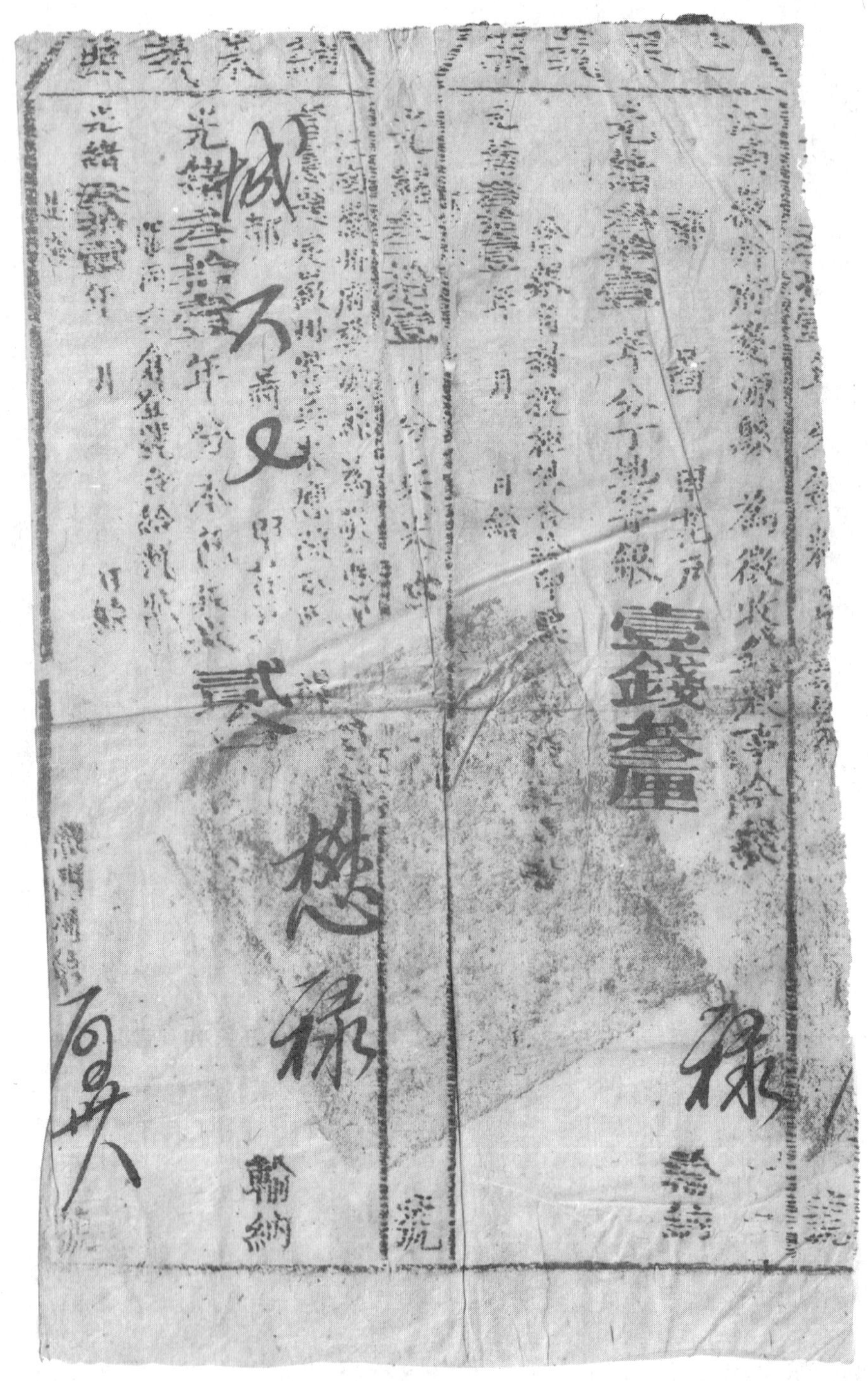

秋口镇金盘村 57 · 光绪三十一年 · 纳米执照 · 懋禄

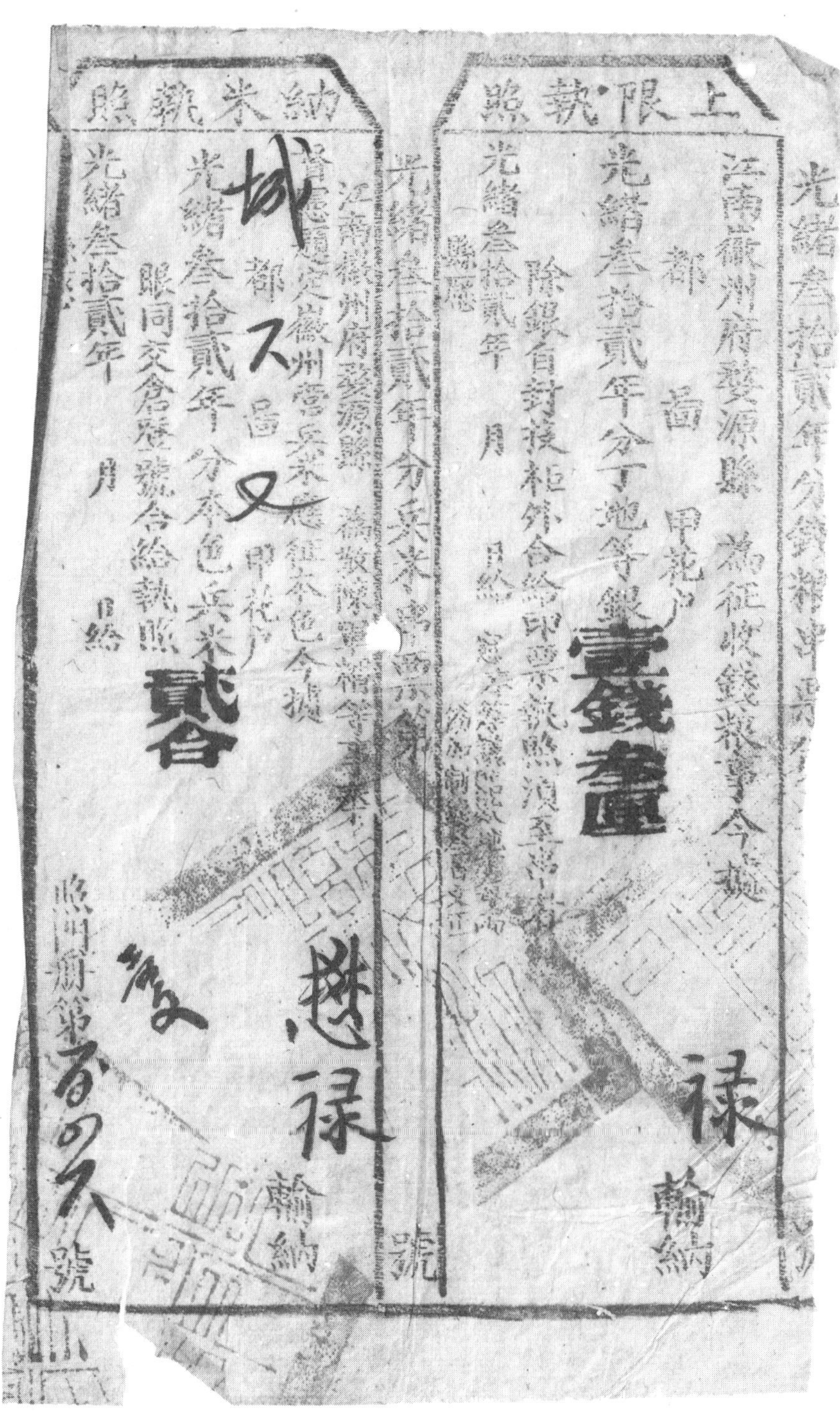

秋口镇金盘村 59 · 光绪三十二年 · 纳米执照 · 懋禄

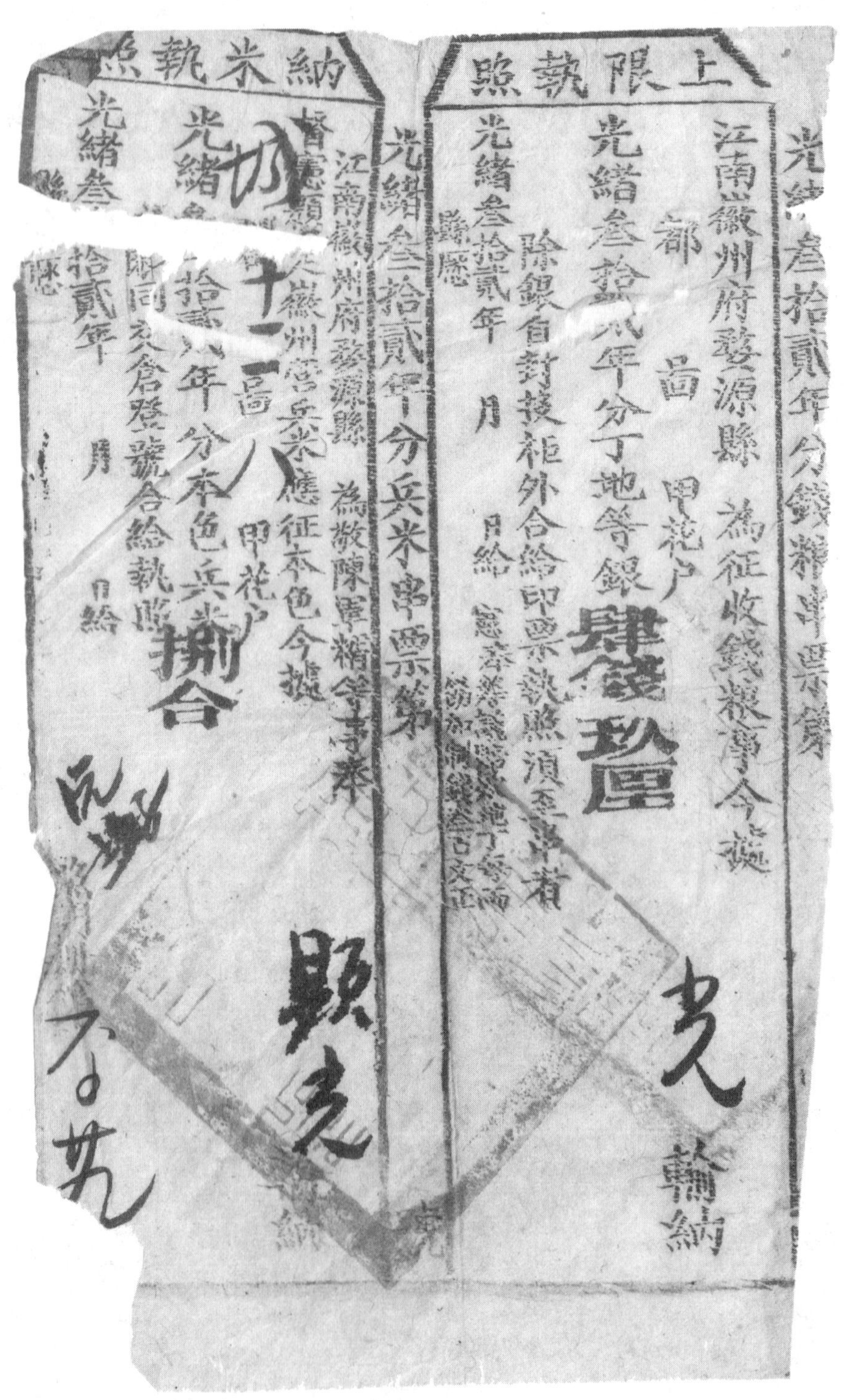

秋口镇金盘村 66 · 光绪三十二年 · 纳米执照 · 显光

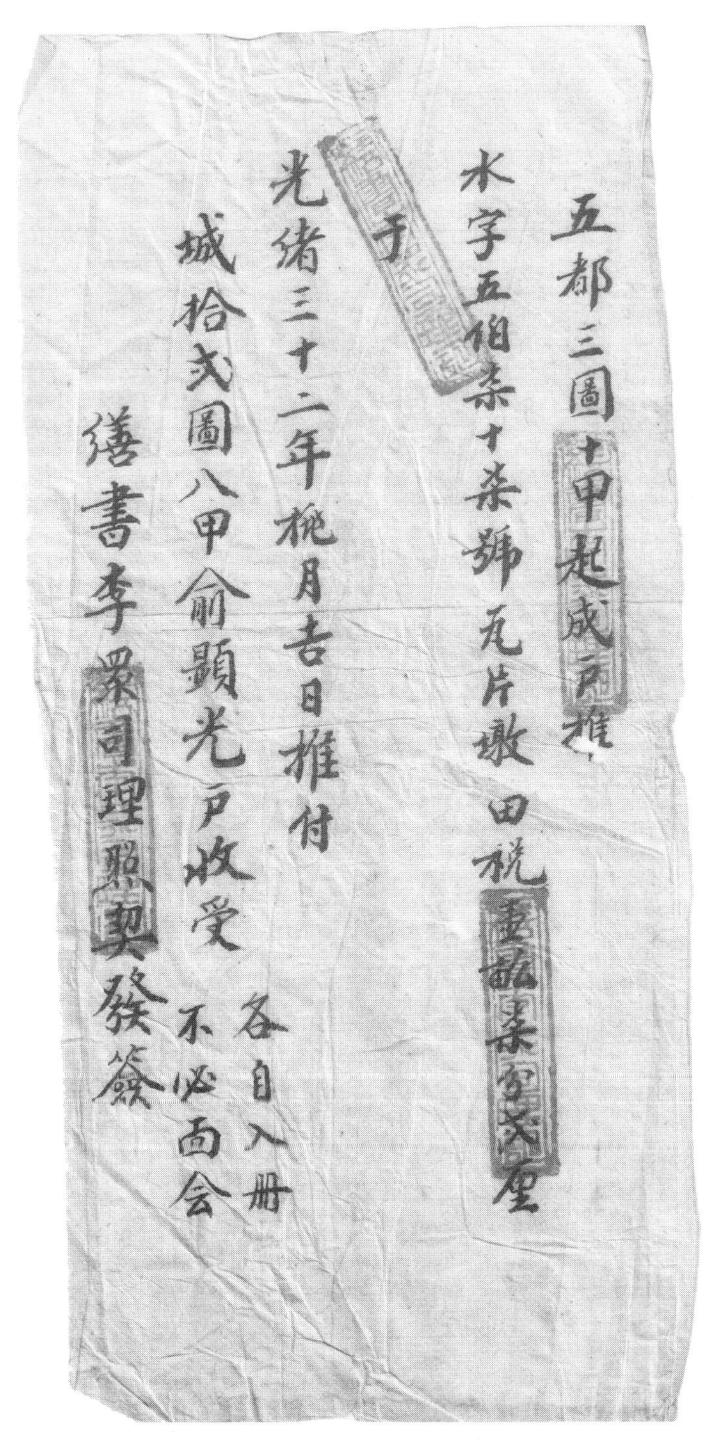

五都三圖十甲起成户推
水字五佰柒十柒號瓦片墩田税壹畝柒分弍厘
于
光绪三十二年桃月吉日推付
城拾弍圖八甲俞顕光户收受
各自入册
不必面会
缮書李眾司理照契發签

秋口镇金盘村 97 · 光绪三十二年 · 推单 · 起成户推与俞显光户

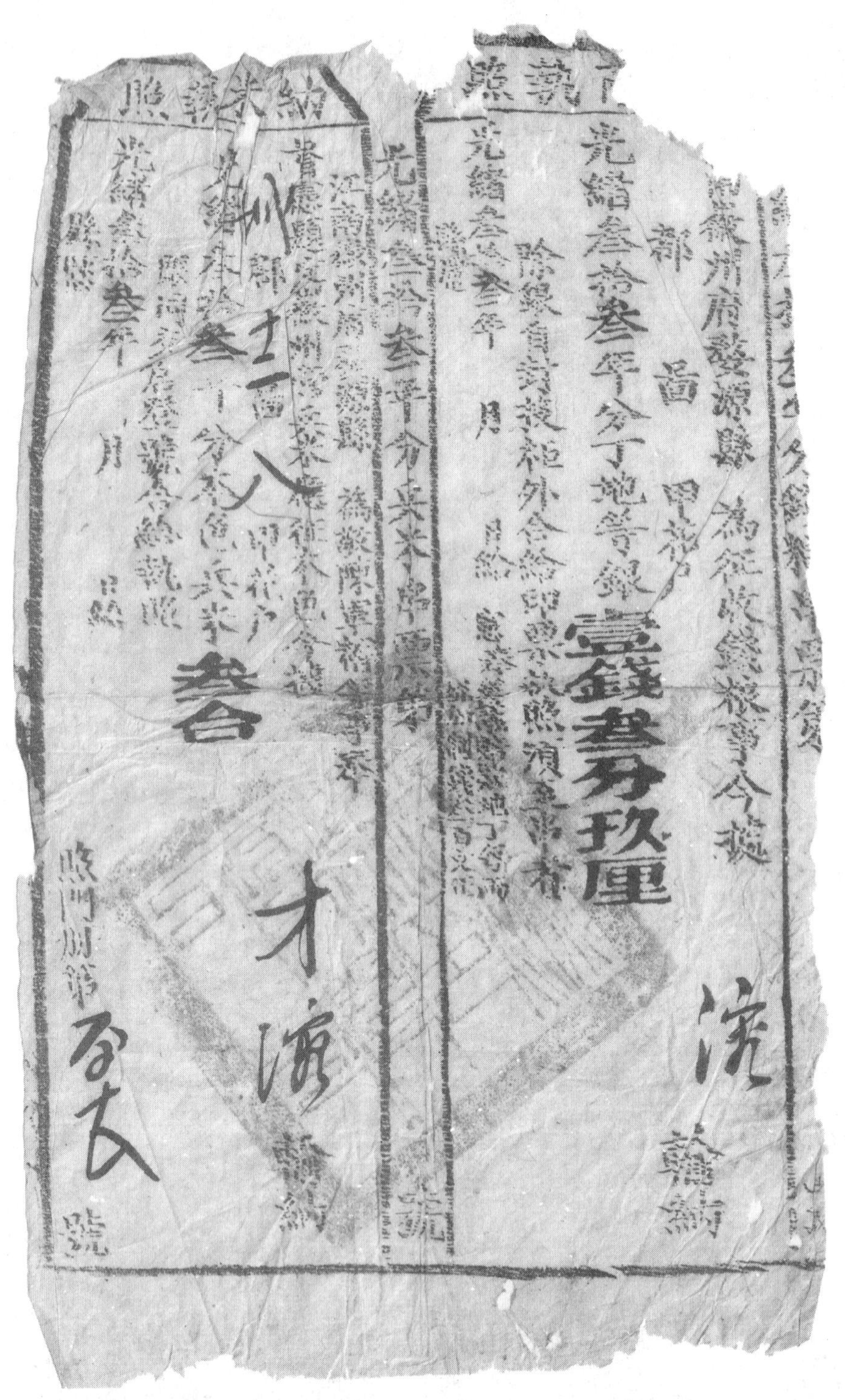

秋口镇金盘村 27 · 光绪三十三年 · 纳米执照 · 才溶

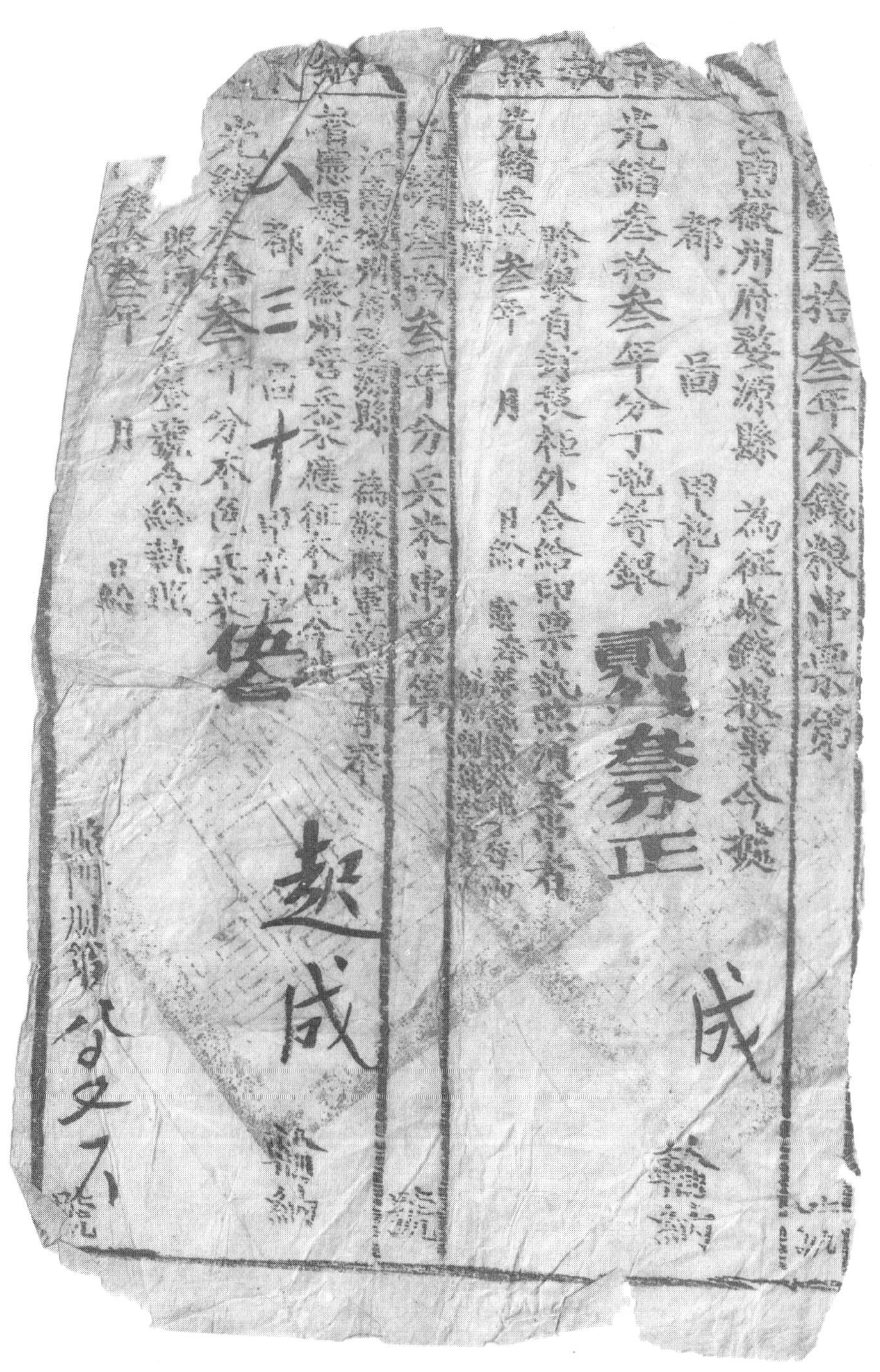

秋口镇金盘村 44 · 光绪三十三年 · 纳米执照 · 起成

秋口镇金盘村 9-1 · 光绪三十四年 · 税粮实征册 · 张显户怀德股

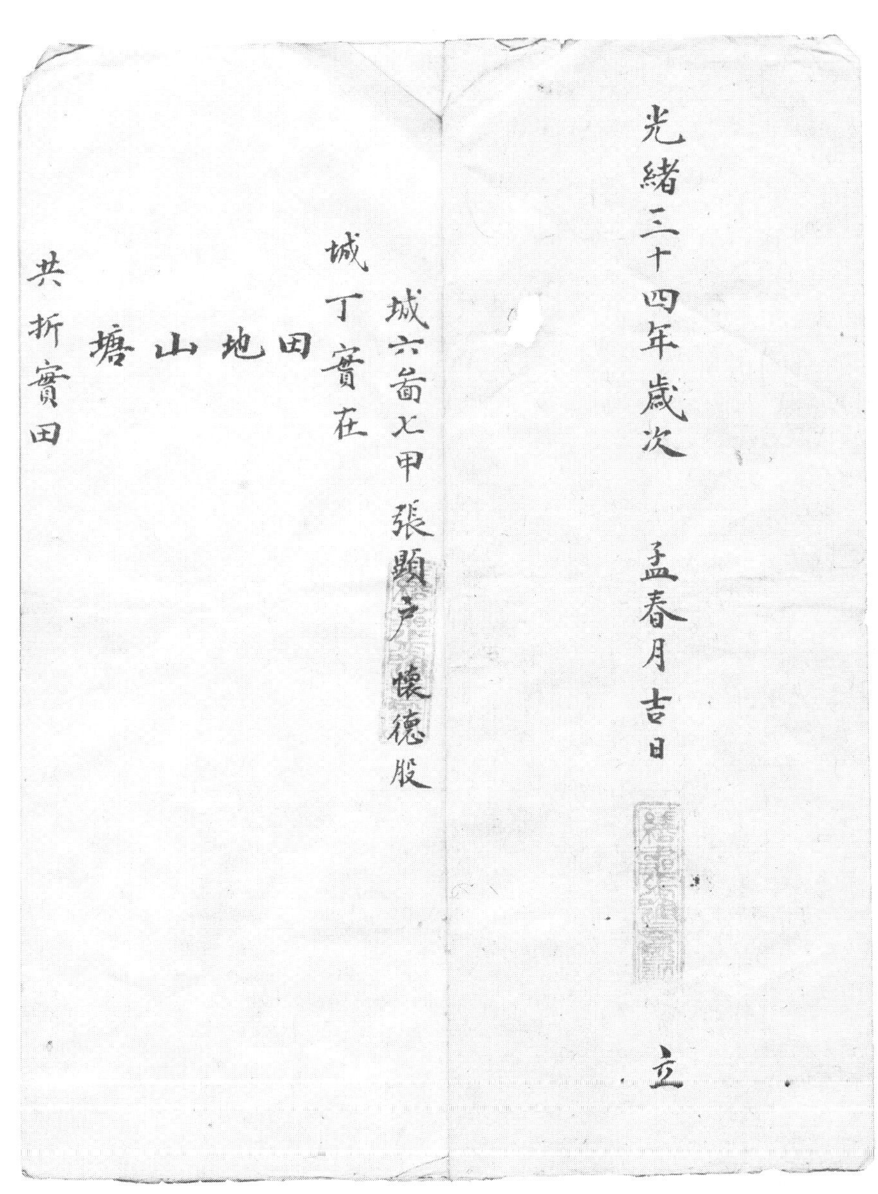

光緒三十四年歲次　孟春月吉日　立

城六畲乚甲張顯户懷德股

城丁實在

田

地

山

塘

共折實田

秋口镇金盘村 9-2 · 光绪三十四年 · 税粮实征册 · 张显户怀德股

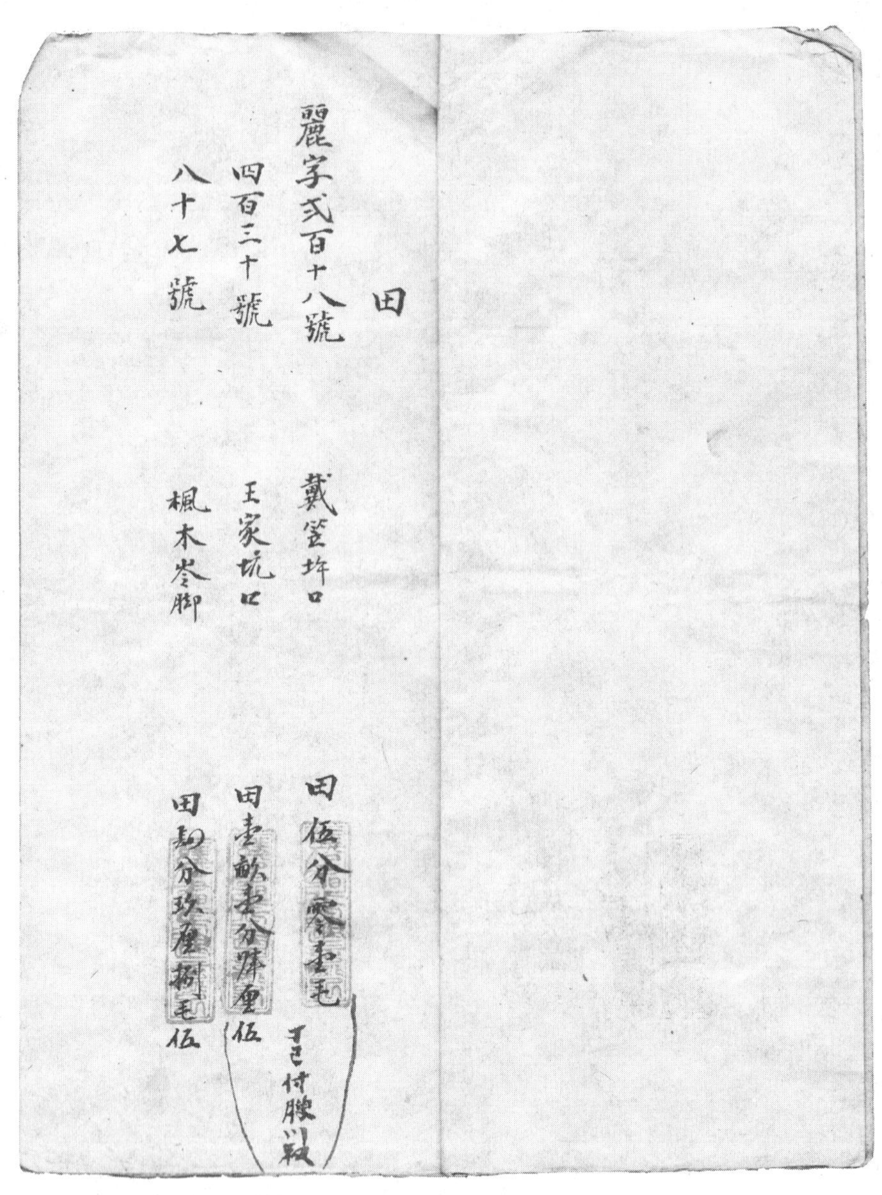

秋口镇金盘村 9-3 · 光绪三十四年 · 税粮实征册 · 张显户怀德股

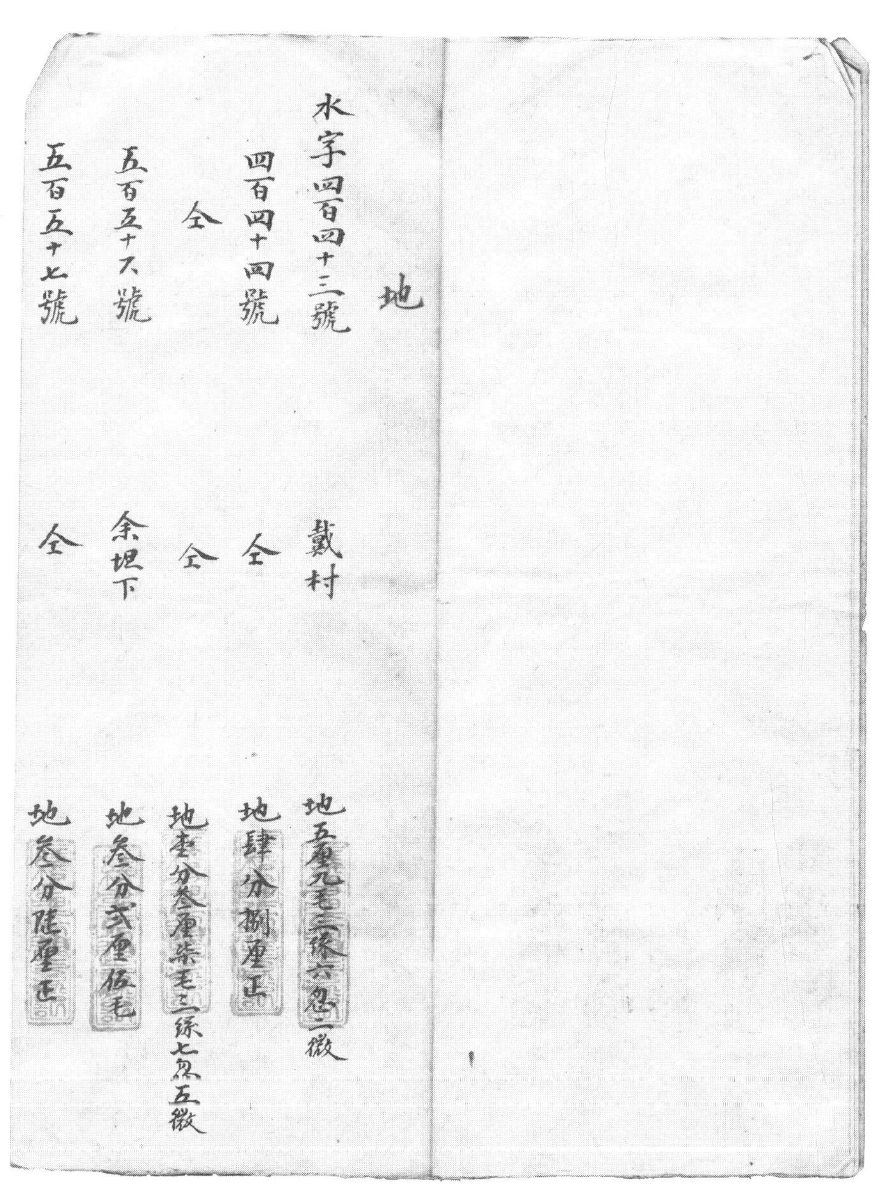

秋口镇金盘村 9-4 · 光绪三十四年 · 税粮实征册 · 张显户怀德股

水字四百四十三號 地 五亩九毛二絲六忽二微
四百四十四號 戴村 地肆分捌厘正
全 全 地叁分叁厘柒毛二絲七忽五微
五百五十八號 余坝下 地叁分贰厘伍毛
五百五十七號 全 地叁分陸厘正

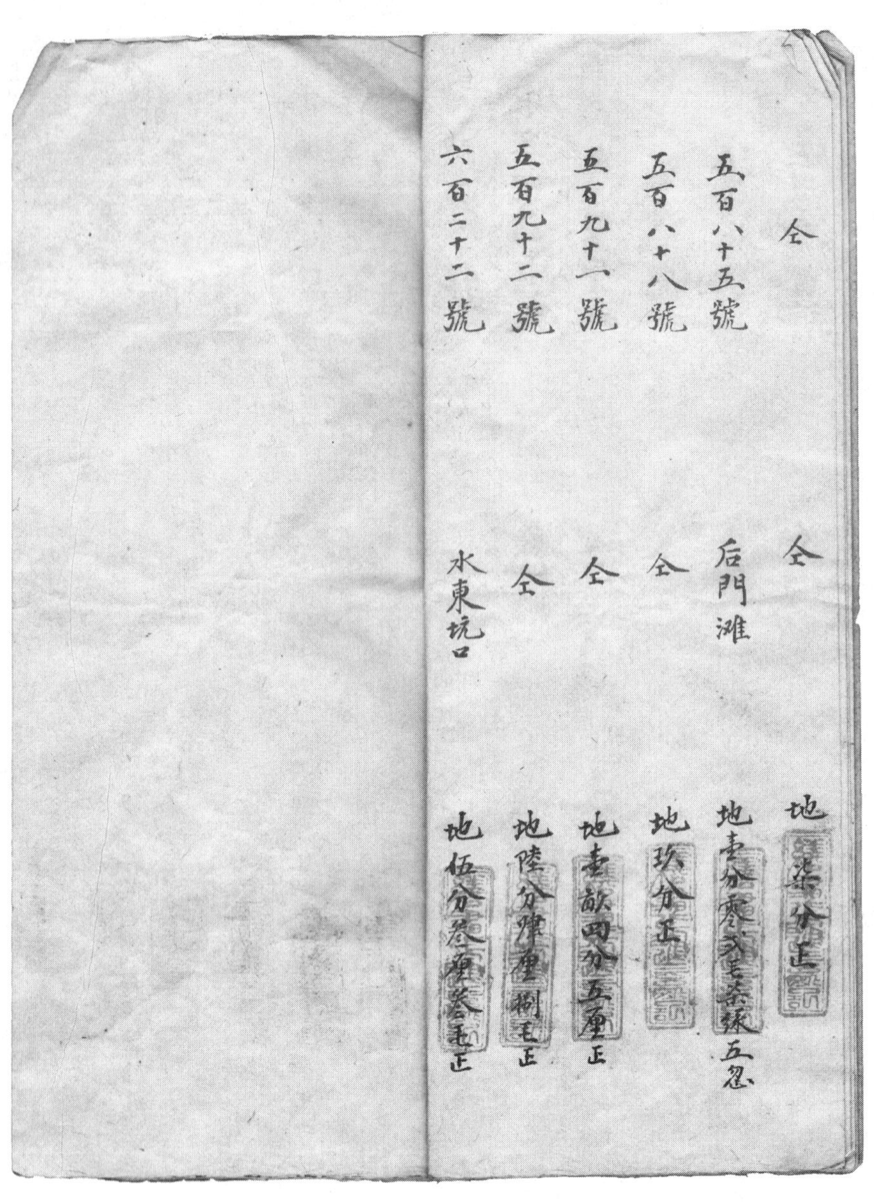

仝　五百八十五號　仝　地柒分正
五百八十八號　后門滩　地壹分零弍毛柒絲五忽
五百九十一號　仝　地玖分正
五百九十二號　仝　地壹畝四分五厘正
六百二十二號　仝　地陸分肆厘捌毛正
　水東坑口　地伍分叁厘叁毛正

秋口镇金盘村 9-5 · 光绪三十四年 · 税粮实征册 · 张显户怀德股

出字四百六十一號 四都上村下頭沖口 山[印]

麗字八十五號 楓木塅坵林 山叁厘正[印]

九十四號 楓木塅崗平 山叁厘正[印]

弐百九十四號 結竹源山栈 山叁厘正[印]

柜田坑左邊

四百二十一號 直下石罾 山叁厘心毛四絲六忽

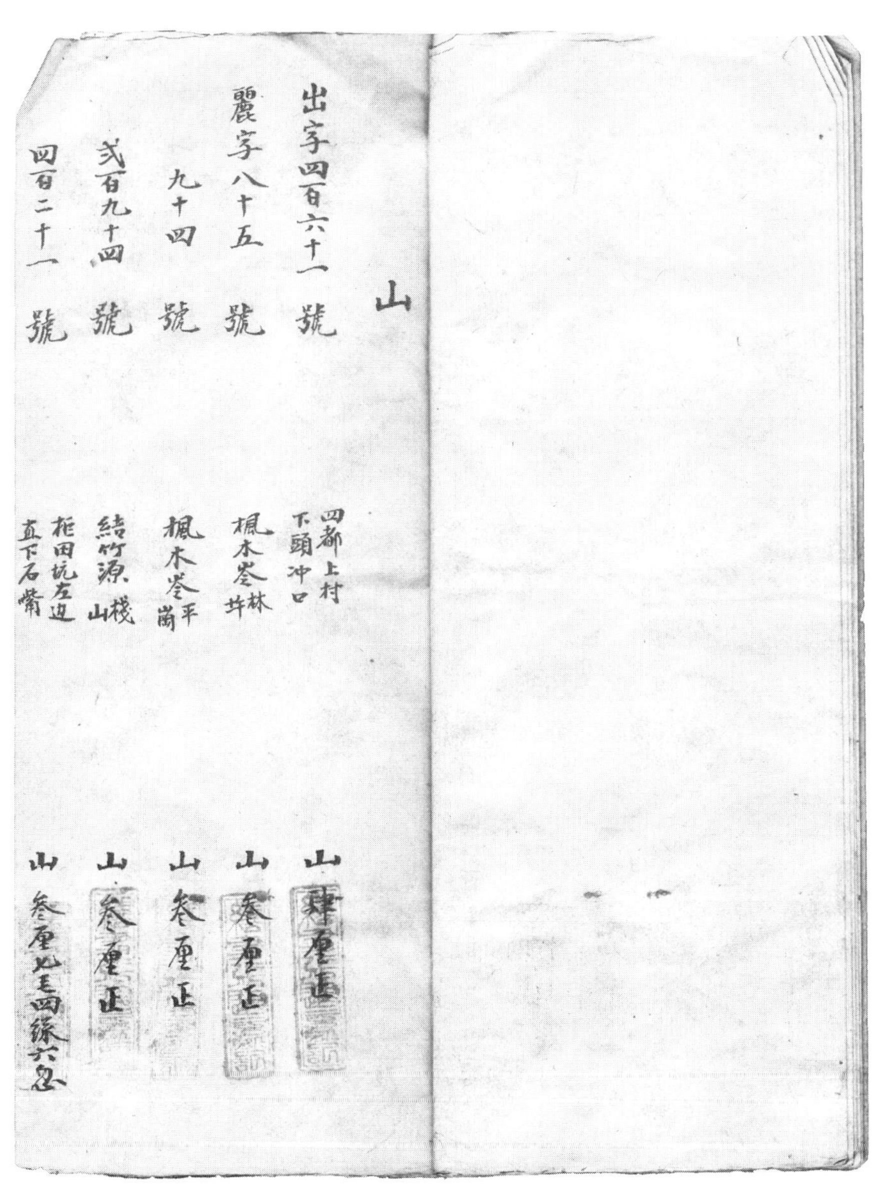

四百四十三號	王家坑		
一百八十一號	陽培		山參厘正
一百三十八號	戴獅坵		山伍厘正
一百二十六號	旗源 汪家坦降		山陸厘正
一百三十二號	旗田源甫		山伍分正
一百三十二號	旗田源頭		山壹分正
一百二十一號	青山坵		山貳分正
一百十九號	江坑		山肆厘正
二百二十九號	小塘坵		山肆厘五
二百二十七號	下坵		山伍厘正
全	后門灘		山伍厘貳正
水字三百八十五號			山叄厘貳毛正

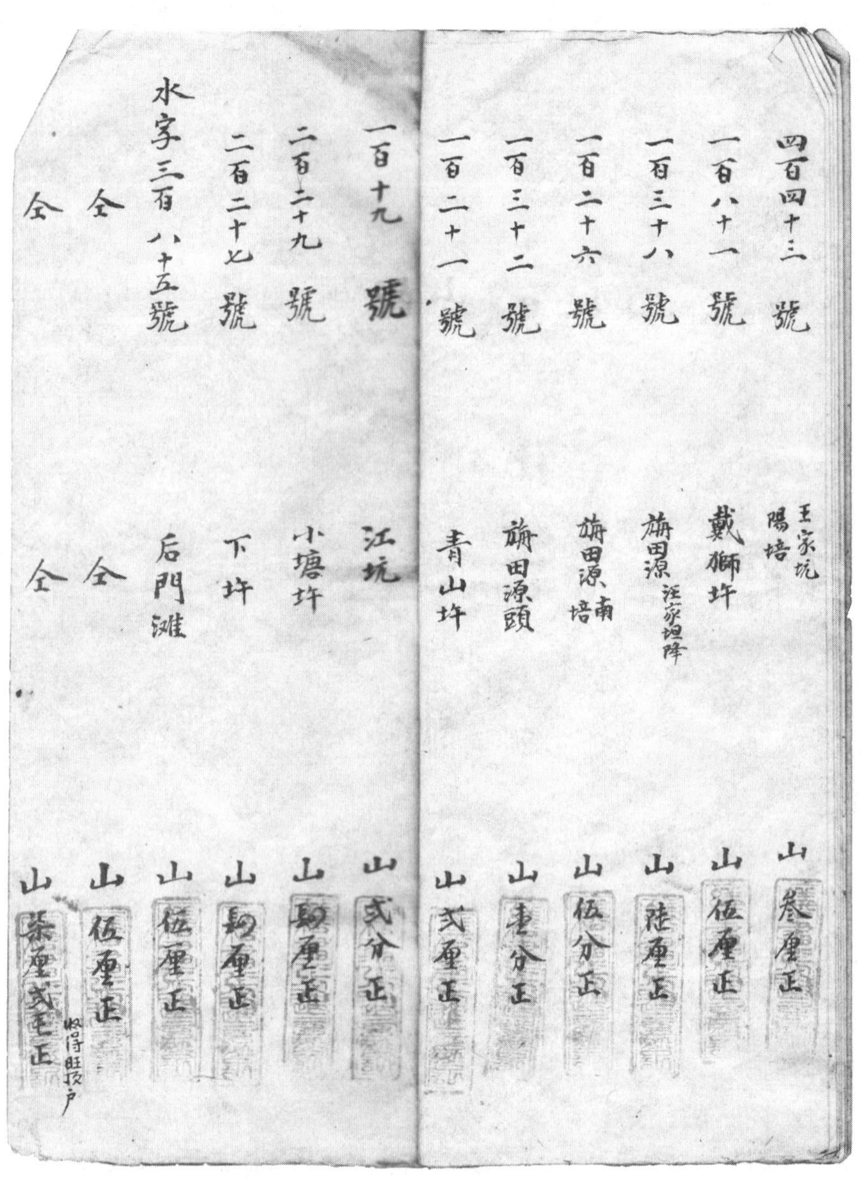

秋口镇金盘村 10-1 · 光绪三十四年 · 税粮实征册 · 张显户兰室股

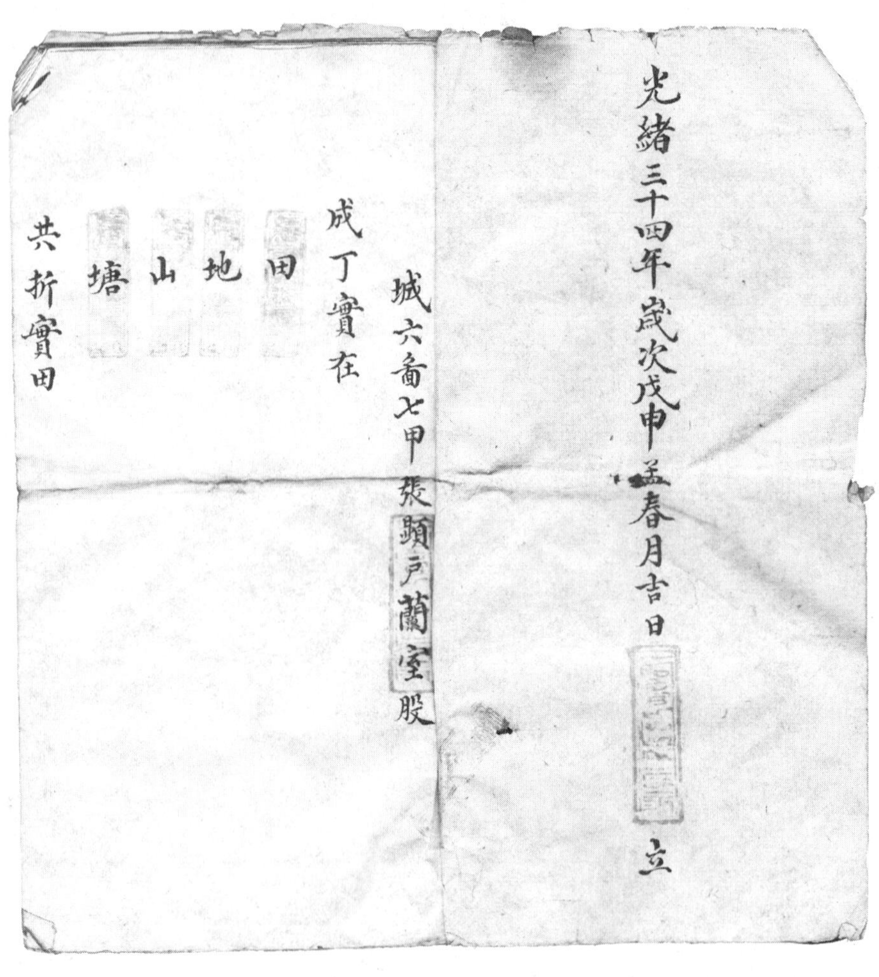
光緒三十四年歲次戊申孟春月吉日 立
城六畬七甲張顯户蘭室股
成丁實在
田
地
山
塘
共折實田

秋口镇金盘村 10-2 · 光绪三十四年 · 税粮实征册 · 张显户兰室股

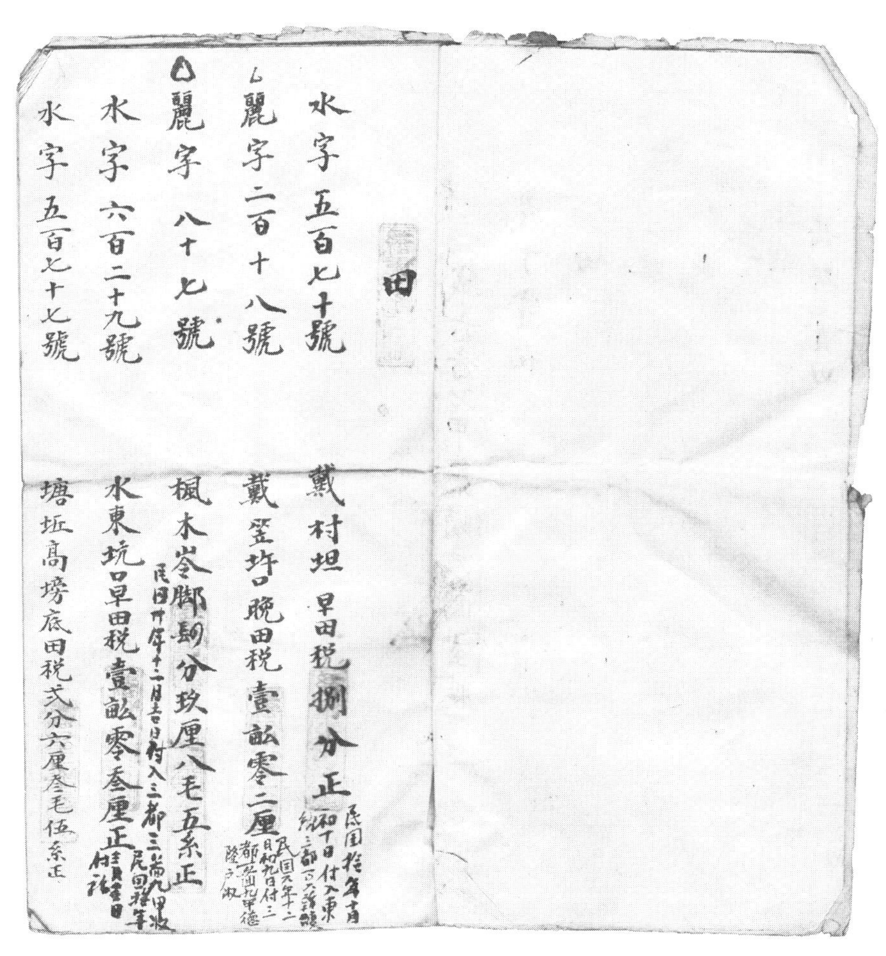

水字五百七十號　戴村坦旱田稅捌分正
乚麗字二百十八號　戴罡𡋯晚田稅壹畝零二厘
乚麗字八十七號　楓木岺脚𠝹分玖厘八毛五系正
水字六百二十九號　水東坑口旱田稅壹畝零叁厘正
水字五百七十七號　塘坵高塝底田稅弍分六厘叁毛伍系正

秋口镇金盘村 10-3 · 光绪三十四年 · 税粮实征册 · 张显户兰室股

水字四百四十壹號 戴村
四百四十五號 戴村
六百二十三號 水東坑口
一百二十三號 水東坑口

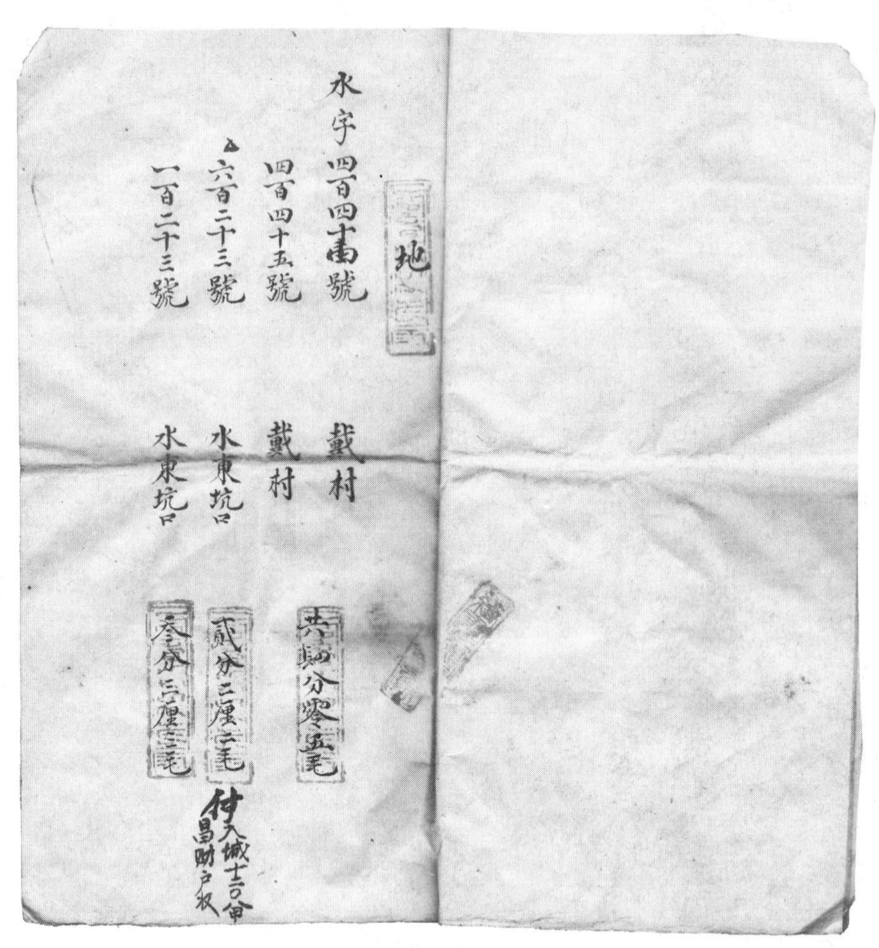

秋口镇金盘村10-4·光绪三十四年·税粮实征册·张显户兰室股

民國年冬年立
　清華經來帳

宣統三年冬年十二月吉日
　福意煥陽壽印四石起親
借去英洋伍元 　共收參年利

民國乙卯年八月吉日
　國元經借去洋貳元正
丙辰年國元經借去洋口元

丁巳年□月吉日
　國元經
借去英洋貳元巳未等收利

民國乙卯年十二月初三日
　養砍經
借去英洋口元 已收利

丙辰年五月十八日
　清華經
借去英洋貳元巳亡以來無利

丁巳年正月十八日
從清華經
借去英洋拾元巳

清華侄
借去英洋弍元正 自己以來無利

丁巳年正月廿七日
代 清華侄
借去英洋拾元正
代上本年利洋弍元

戊午年代清華上利洋弍元
民國戊午年六月吉日代清華
借去英洋弍元

己未年杏月初七日
同元手代清華兄借
去英洋弍元
代樹愛造借記

民國三年
十二月承欽借去洋叁元
做盤費回家

民國拾五年丙寅
炎謝
八月金蘇會銀拾四元朵
未交下欠

又三月來去洋四元 炎謝自手
丁卯年
炎謝來去英洋弍元正

秋口镇金盘村 11-2 · 宣统三年至民国七年 · 清华往来折

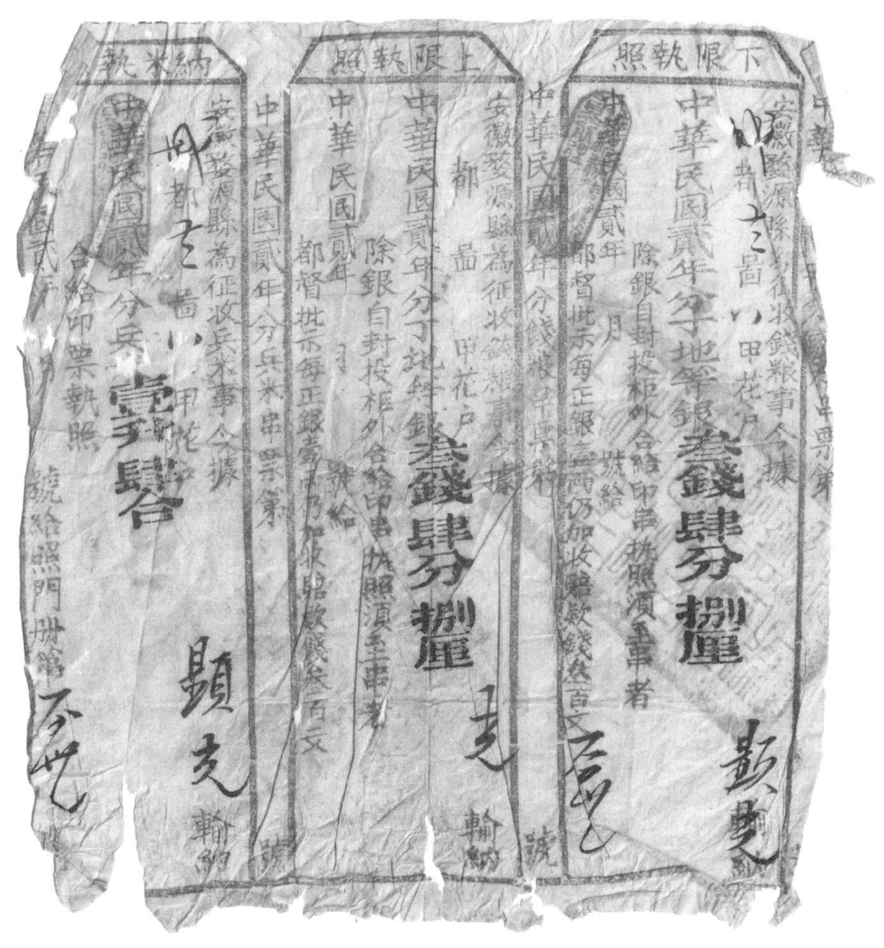

秋口镇金盘村 25 · 民国二年 · 纳米执照 · 显光

安徽婺源縣納……
中華民國貳年分丁地等糧銀叁分玖厘
除銀自封投櫃外合給印串執照須至串者
不每正銀壹兩仍加收貼解錢叁百文
中華民國貳年 月 日

秋口鎮金盤村86·民國二年·納米執照·才溶

上限執照

中華民國貳年分丁地等銀壹錢壹匰

安徽婺源縣為征收錢糧事今據

都圖 甲花戶

中華民國貳年 月 都 此示每正銀壹兩仍加收賠款錢叁百文

號給 除銀自封投柜外合給印串執照須至串者

納米執照

安徽婺源縣為征收米事今據

都 甲花戶

中華民國貳年分兵米中票第 號

中華民國貳年分秉米

都 大數 甲花戶

中華民國貳年分秉米

合給印票執照

中華民國貳年 月 號給照門牌第 號

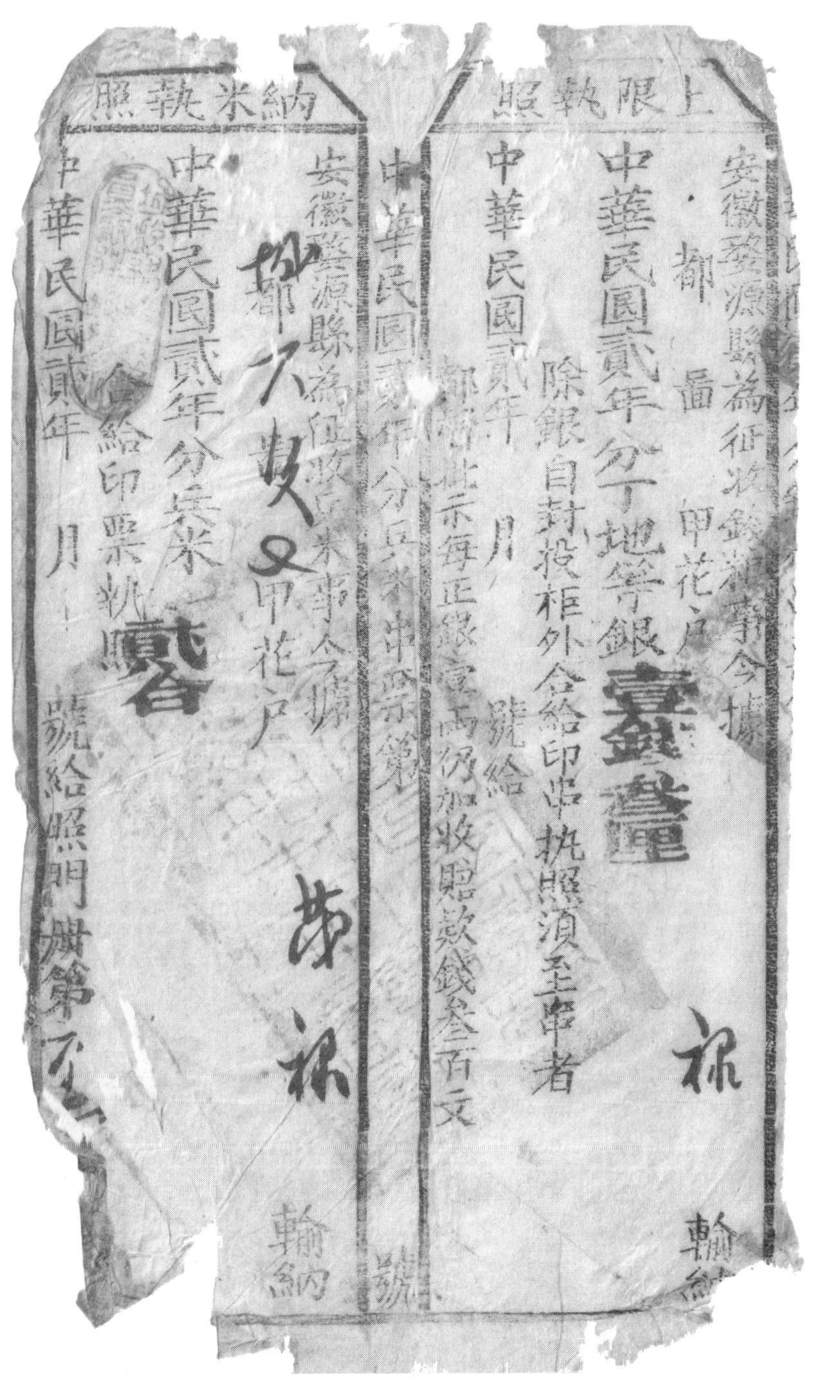

秋口镇金盘村 91 · 民国二年 · 纳米执照 · 茂禄

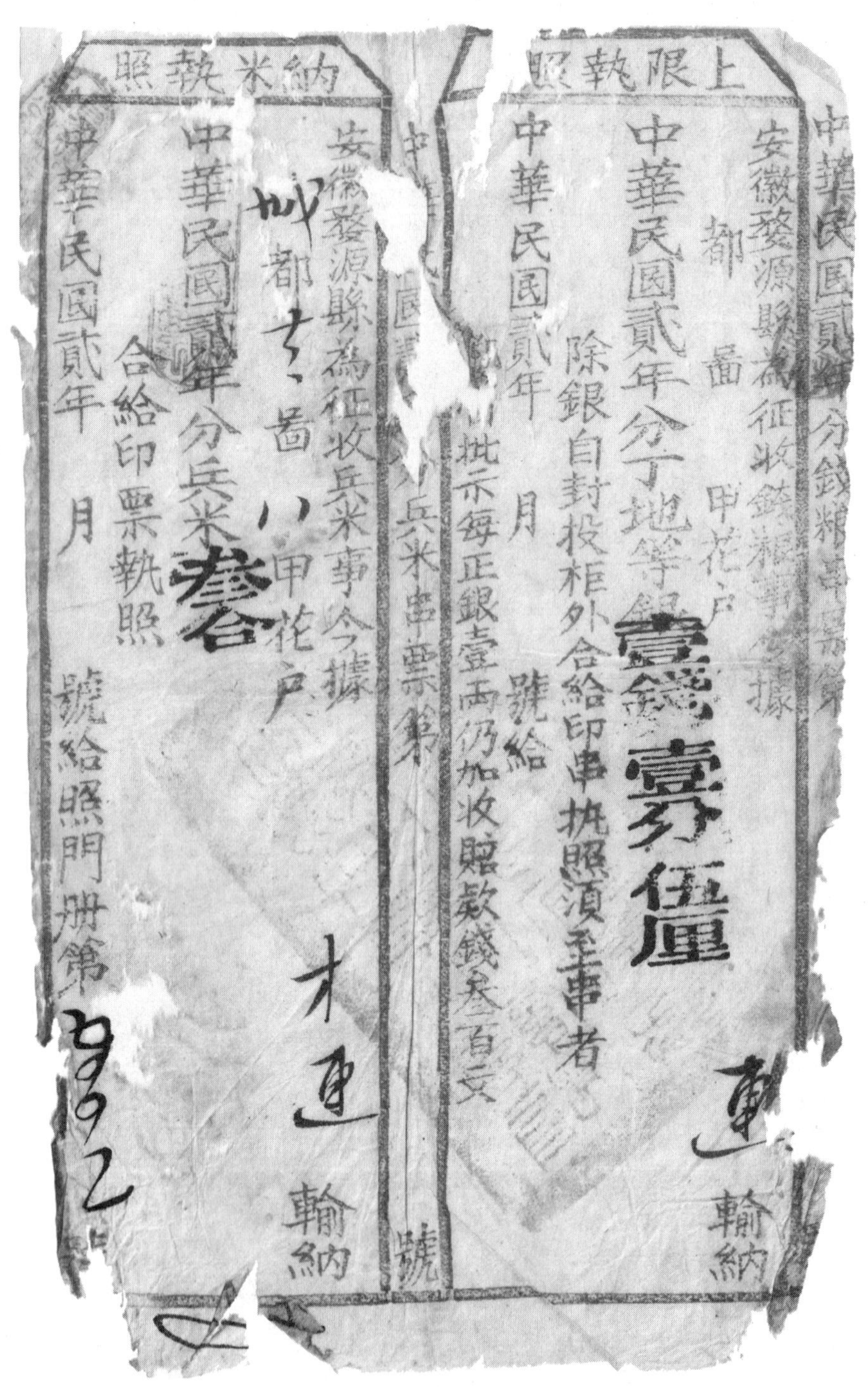

上限執照

安徽婺源縣為征收錢粮事今據

都 啚 甲花户

中華民國貳年分丁地等銀壹錢壹分伍厘

除銀自封投柜外合給印串执照須至串者

中華民國貳年 月 號給

批示每正銀壹两仍加收賠款錢叁百文

連 輸納

兵米串票第 號

納米執照

安徽婺源縣為征收兵米事今據

城 都 十 啚 八 甲花户

中華民國貳年分兵米叁

合給印票執照

中華民國貳年 月

號給照門册第

才連 輸納

秋口镇金盘村 92 · 民国二年 · 纳米执照 · 才连

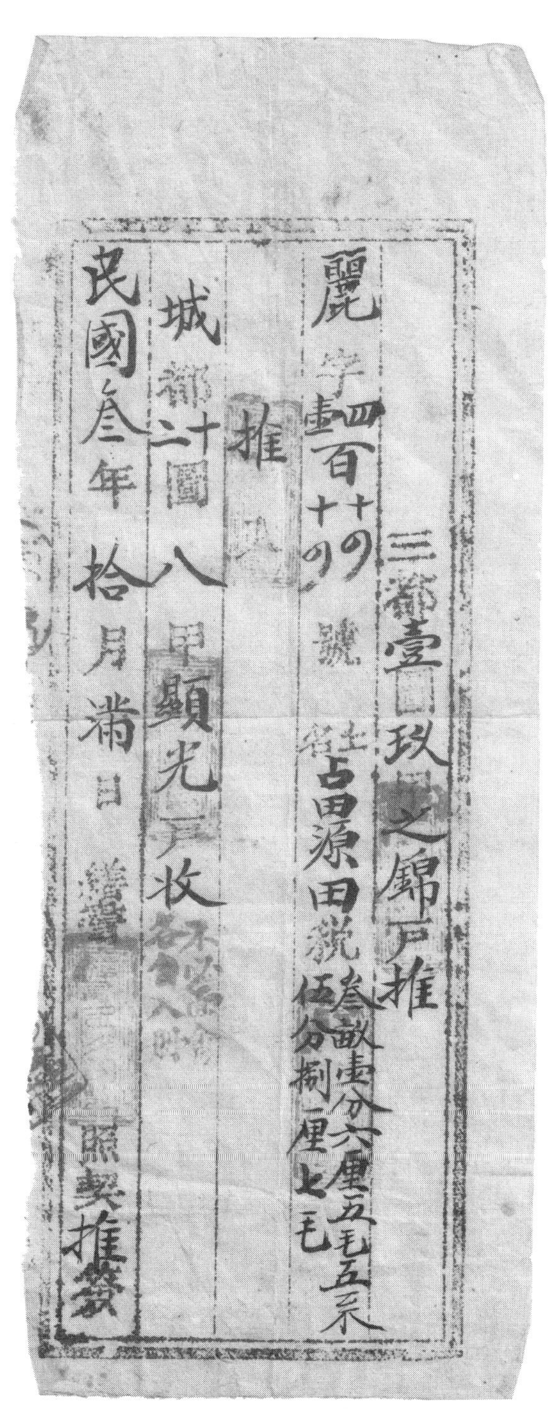

麗字壹四百十四號
三都壹図之錦戶推
土名占田源田税叁畝壹分六厘五毛五系
伍分捌厘七毛
推
城都二十図
八甲顯光戶收
民國叁年拾月 日
照契推

秋口镇金盘村 41 · 民国三年 · 推单 · 之锦户推与显光户

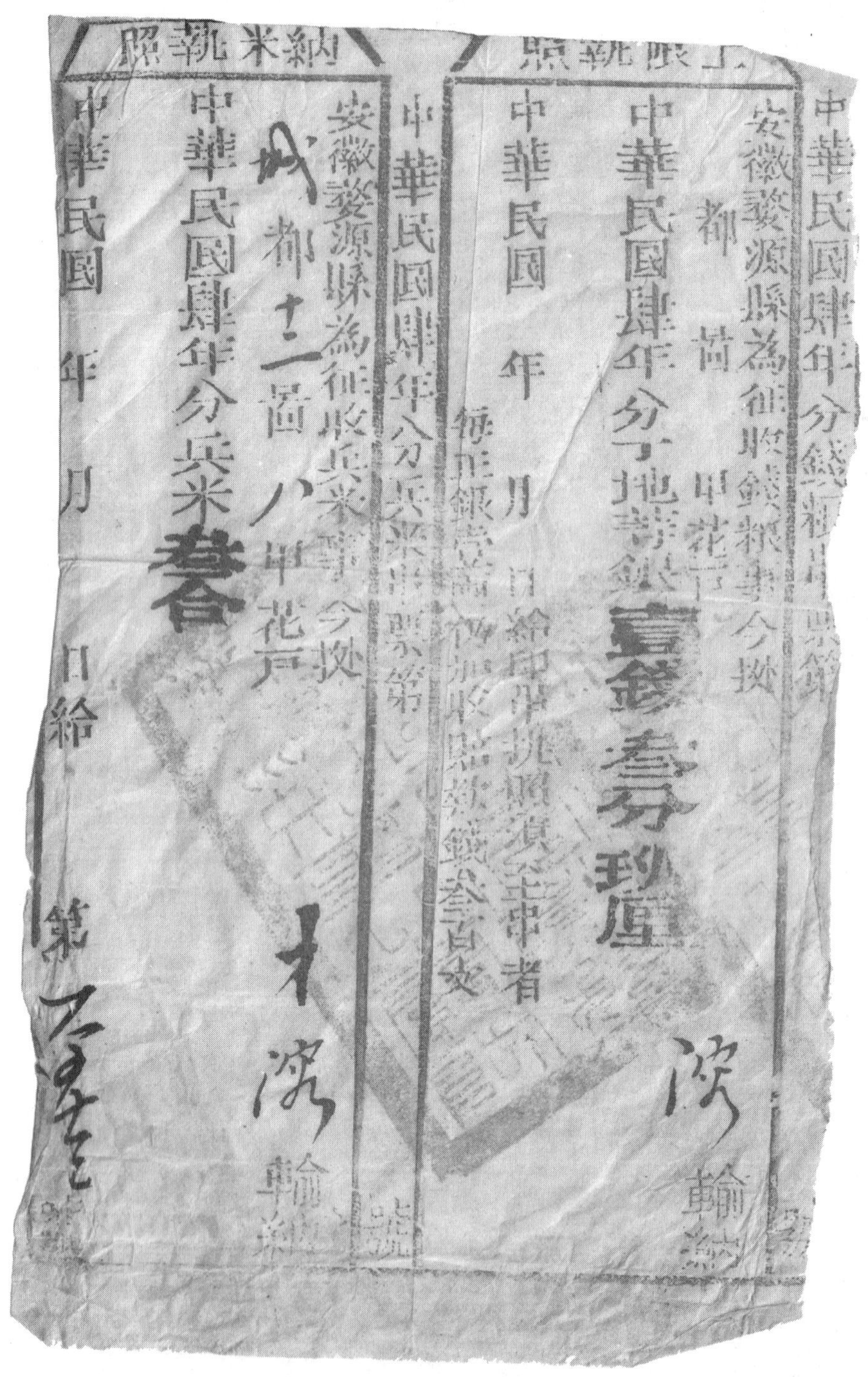

秋口镇金盘村 28 · 民国四年 · 纳米执照 · 才溶

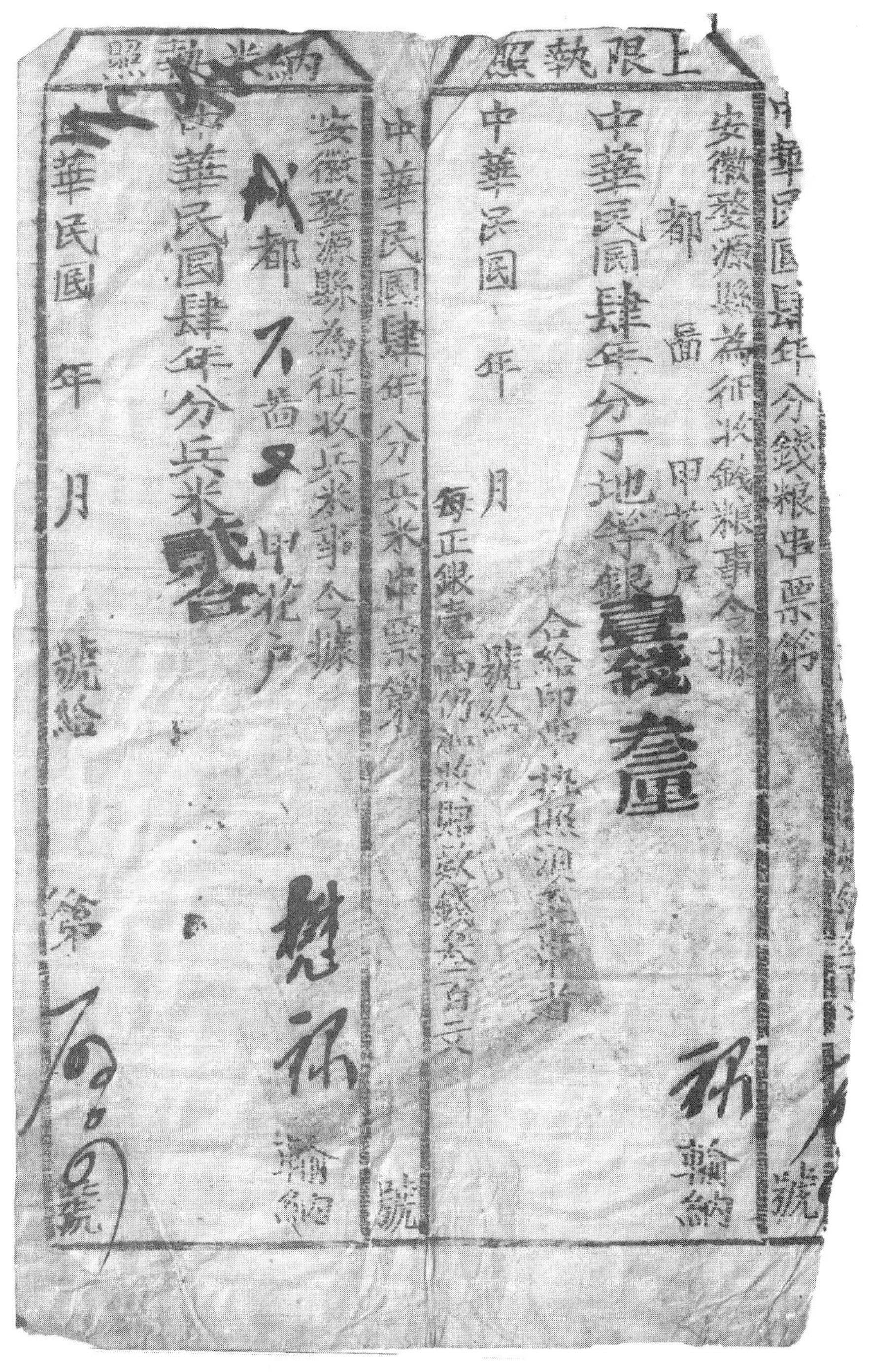

秋口镇金盘村 45 · 民国四年 · 纳米执照 · 懋禄

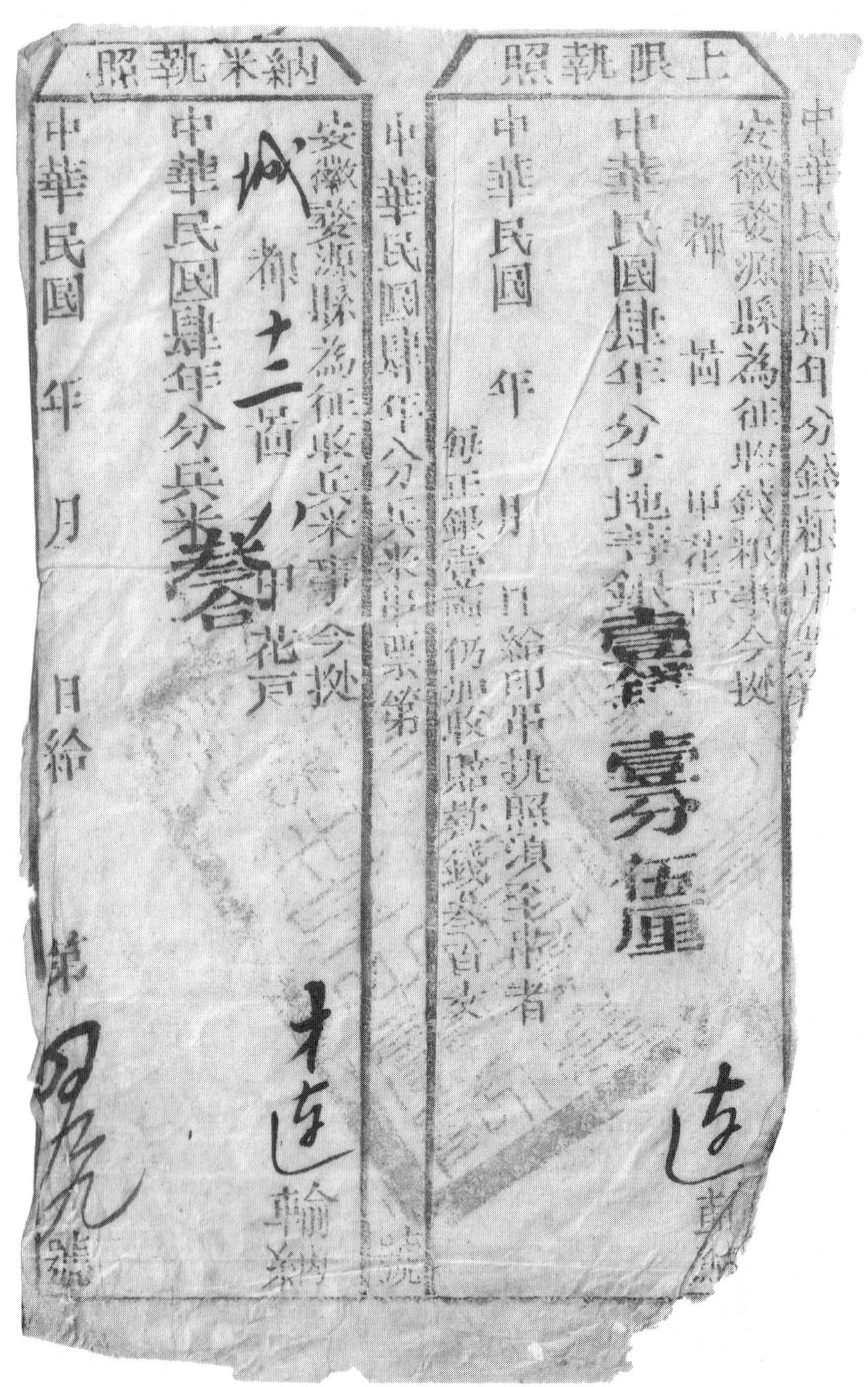
上限執照
安徽婺源縣爲徵收錢糧事今據
都　啚　甲花户
中華民國肆年分地丁錢糧壹兩壹分壹厘
每正銀壹兩仍加收賠款錢叁百文
中華民國　年　月　日給印串執照須至串者
才连

納米執照
安徽婺源縣爲徵收兵米事今據
城　都十二啚　甲花户
中華民國肆年分兵米叁
中華民國　年　月　日給
第　號
才连

秋口镇金盘村 47 · 民国四年 · 纳米执照 · 才连

民國丙辰五年仲月立

租摺

新置土名社屋後連賢坵自

废租三秤計交王家祠正租

六秤正

祥背林土名王

大坵鵠川下居

社元公上正租

上年乙元元錢貳

秋口镇金盘村 12 · 民国五年 · 租折

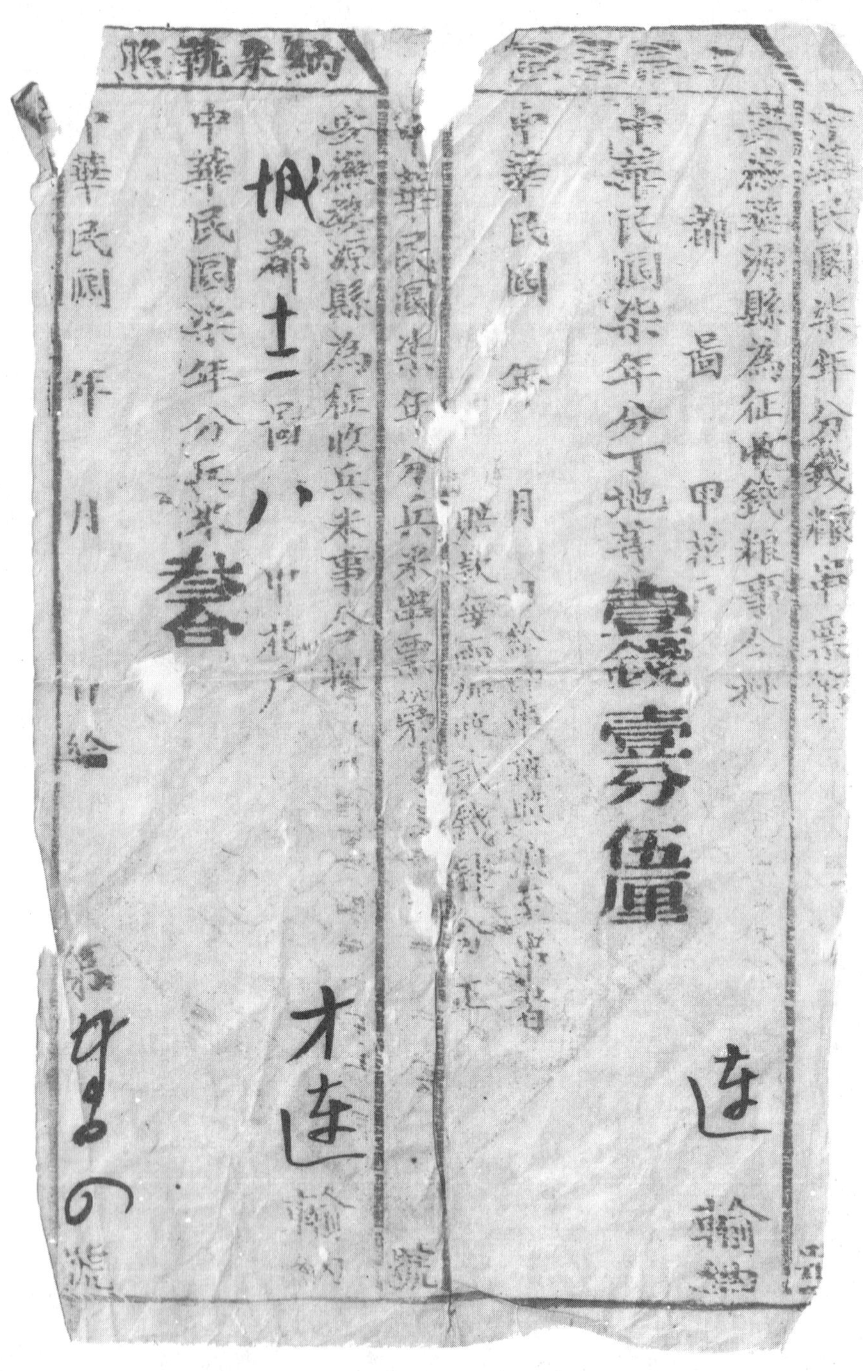

秋口镇金盘村 80 · 民国七年 · 纳米执照 · 才连

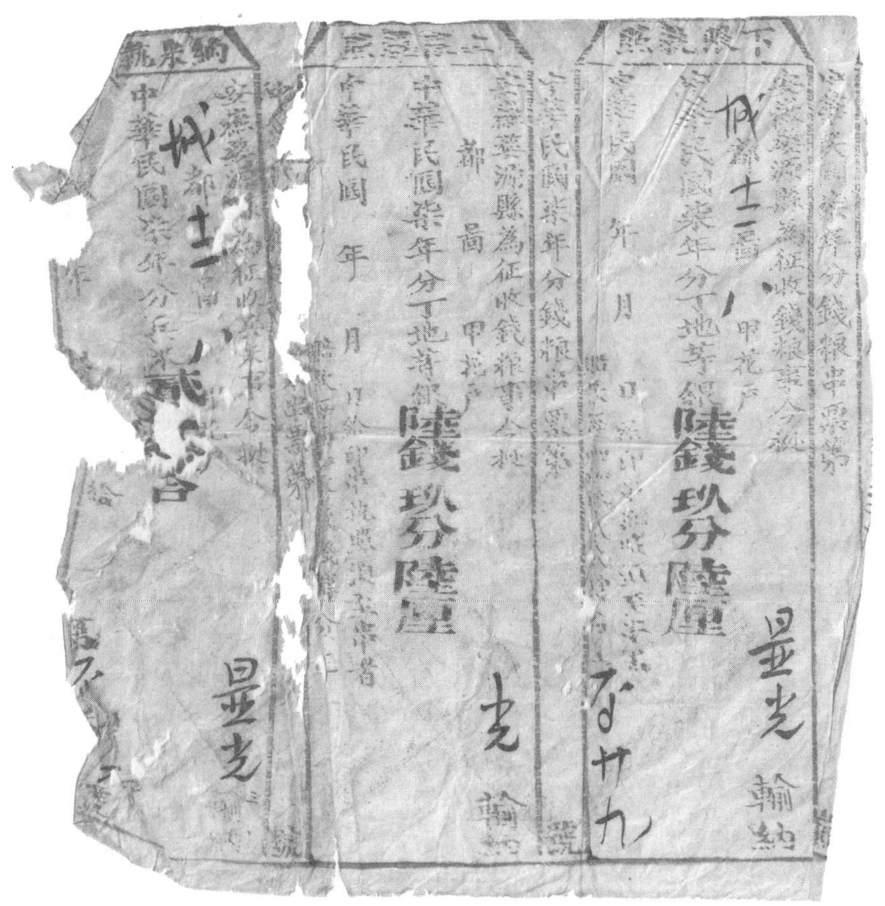

秋口镇金盘村 81 · 民国七年 · 纳米执照 · 显光

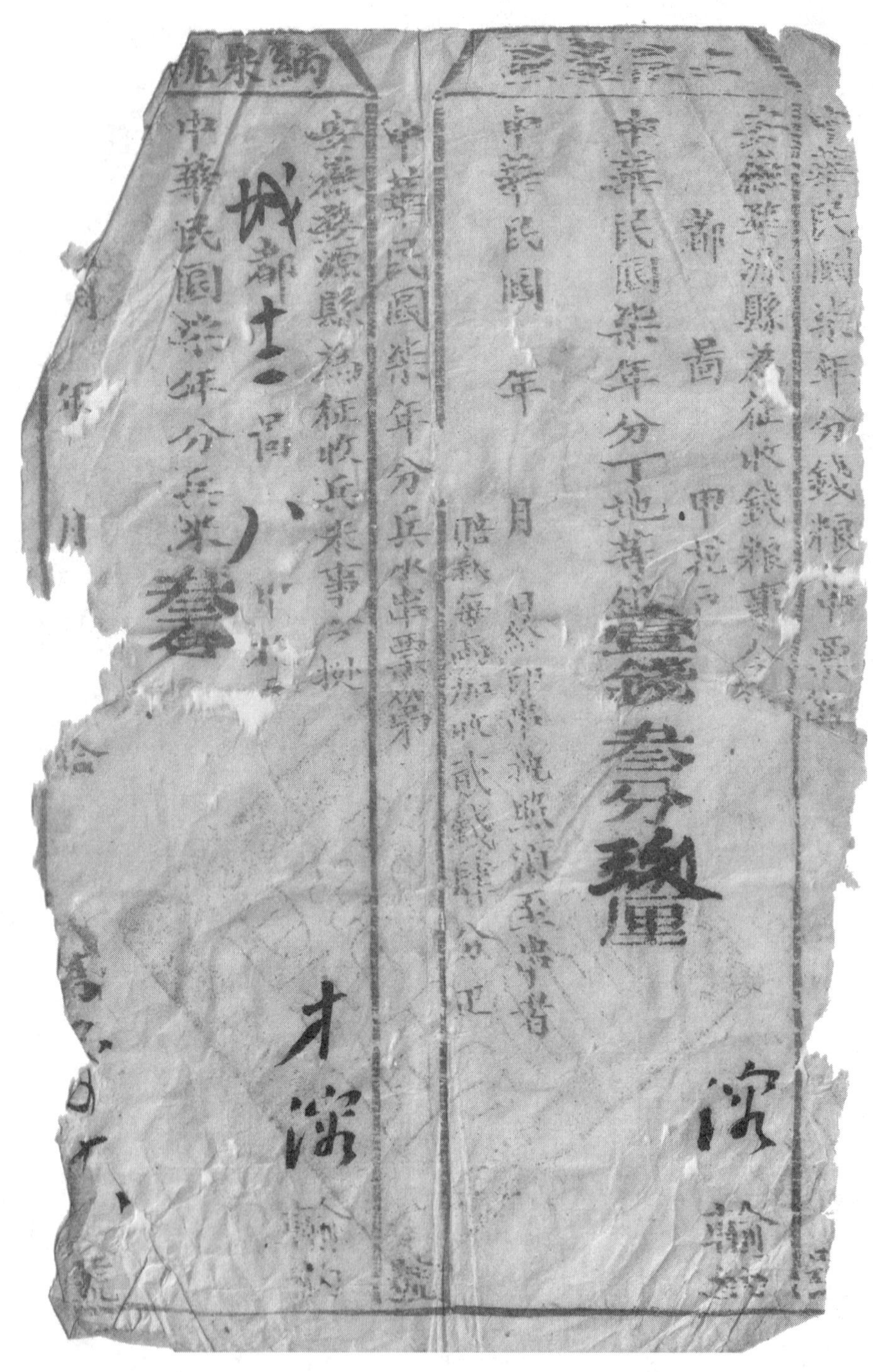

二聯串票

安徽婺源縣為征收錢糧事今據

都　圖　甲花户　溶

中華民國柒年分丁地等銀壹錢叁分玖厘

中華民國　年　月

中華民國柒年分兵米串票第　號

安徽婺源縣為征收兵米事今據

城都十一圖八甲花户　才溶

中華民國柒年分兵米叁

中華民國柒年　月

秋口镇金盘村 82 · 民国七年 · 纳米执照 · 才溶

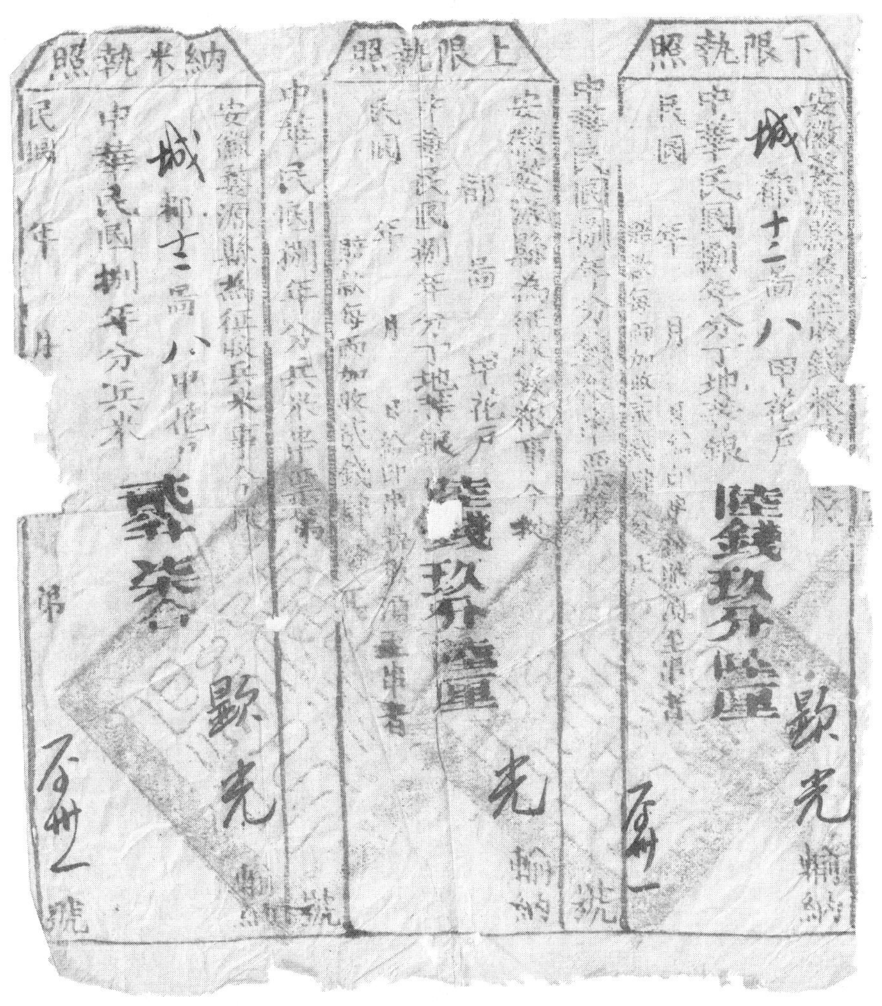

秋口镇金盘村 46 · 民国八年 · 纳米执照 · 显光

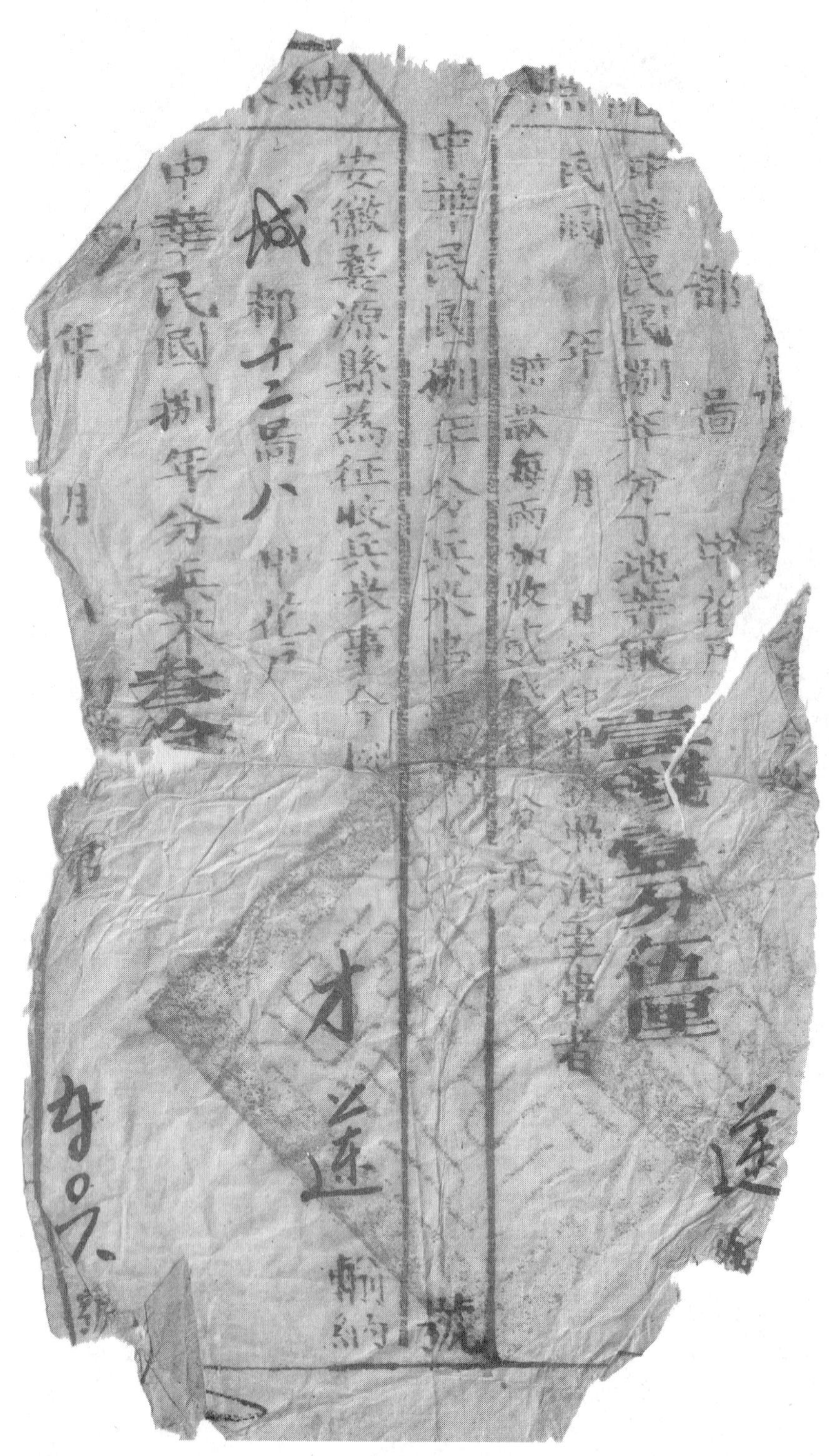

秋口镇金盘村 75 · 民国八年 · 纳米执照 · 才连

中華民國捌年分丁漕等稅
民國　年　月　日於串根內粘貼
賠欵每兩加收銀六分正

中華民國捌年分低糶銀
安徽婺源縣為征收兵燹米事合給

成都十二局八州花戶才連
中華民國捌年分兵米壹

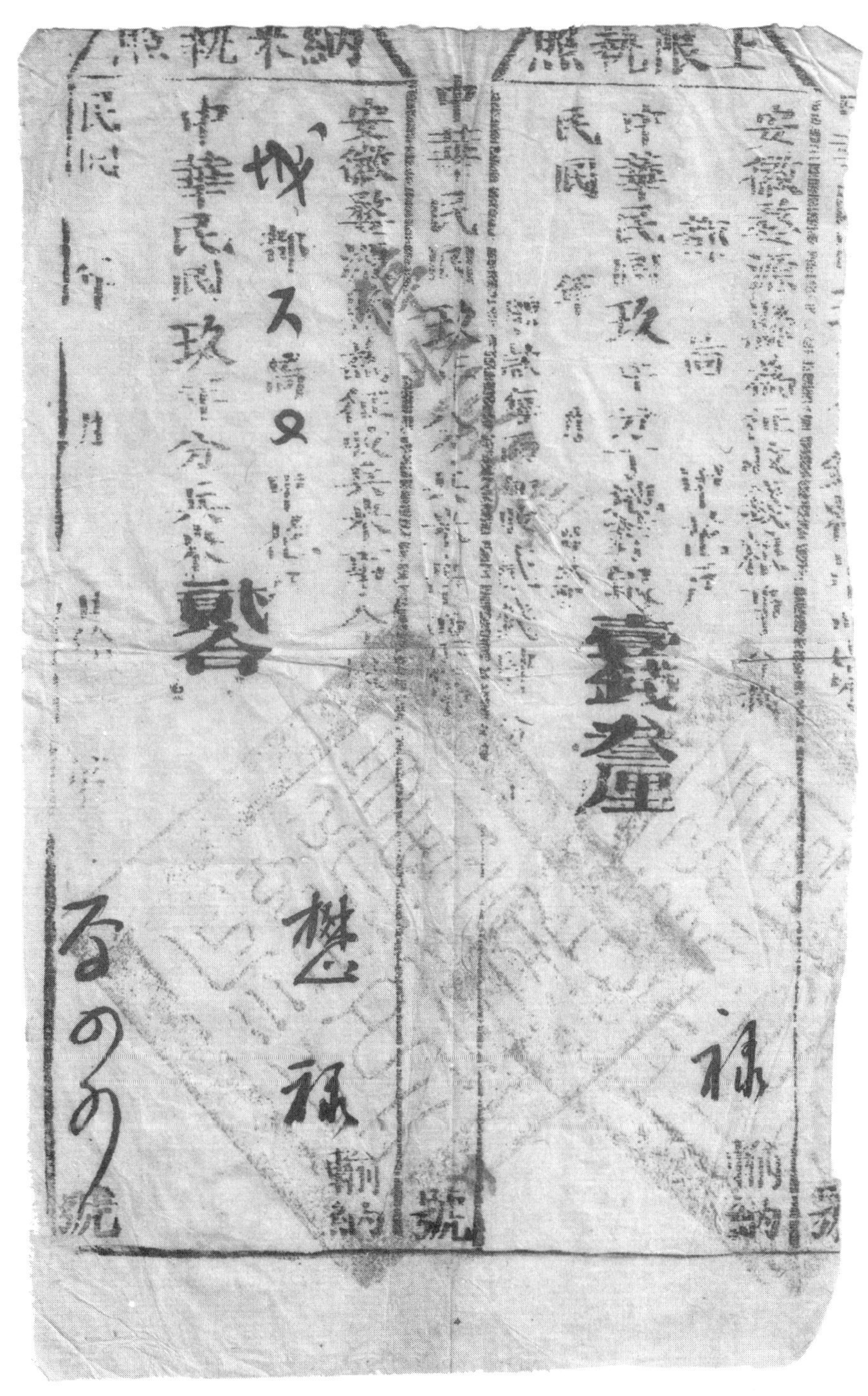

秋口镇金盘村 101 · 民国九年 · 纳米执照 · 懋禄

秋口镇金盘村 8-1 · 民国十年 · 分关文书（季股关书）· 俞显光

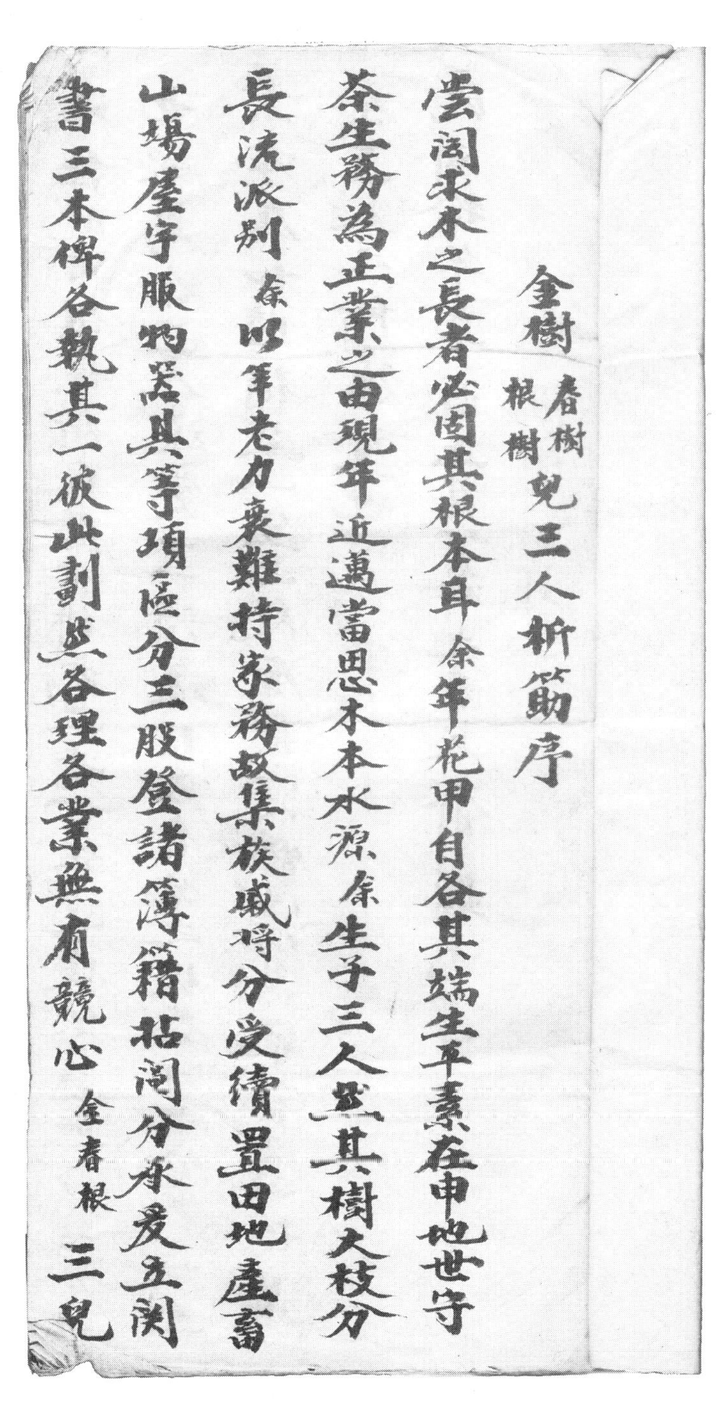
金樹
春樹
根樹
兒三人析箚序
嘗聞木之長者必固其根本耳余年花甲自各其端生平素在申地世守
茶生務為正業之由現年近邁當思木本水源余生子三人然其樹大枝分
長流派別余以年老力衰難持家務故集族戚将分受續置田地屋畜
山場屋守服物器具等項匯分三股登諸簿籍拈閹分承爰立閹
書三本俾各執其一彼此劃然各理各業無有競心
金
春
根
三兒

秋口镇金盘村 8-2 · 民国十年 · 分关文书（季股关书）· 俞显光

承種晥田俱係所存膳田待我二老百年之後依舊照股均分可
也永為余三人遺愛一一清述於左自分之後各守各分各勤各
業孝友和睦猶然一堂之風庶幾寖熾寖昌家聲丕振是
余三人之所厚望也
民國拾年辛酉正月下澣之吉父俞顯光書

叁房鈞樹該股之業開列於左
土名呂田源 晥田肆畝 皮骨租肆拾捌秤 計田肆坵
土名長坵 中期田柒分 皮骨租捌秤 計田壹坵
土名凡陇墩 中期田貳畝 皮骨租貳拾肆秤 計田壹坵
兩處其田塝茶叢木子樹在內
其長坵、凡陇墩兩處之業各姻之日作抵房屋公同品搭毋得翻悔
土名水米坑 茶坦貳片

秋口镇金盘村 8-3 · 民国十年 · 分关文书（季股关书）· 俞显光

土名源口　屋基畫居　其基地丈他承父亞佗估身墾造占斟瓦公至庞現當烛蓉司候故賠回寸此

土名源口文荼培塢方錫塢朱公山此四處山塲杉松櫟木均照三股取用毋得爭競

其源口議主共計拾貳名与人派四名均領餠飾儕有當頭後日自長房輪流週而復始毋貲吾訓

其後家內器皿衣服物件猪牛均照三股品搭其後餘達庆倉均分無得异涉此項巳據戎俵各玄堂票無爭

季房堂嘗新屋右边樓上房间及囟边廚屋鍋姓餘地堂前與仲房取用伯房毋得爭競

其新屋後边餘地通李姓荼地伯仲季三丈均分

一其老屋通路餘地任仲李兩房出入

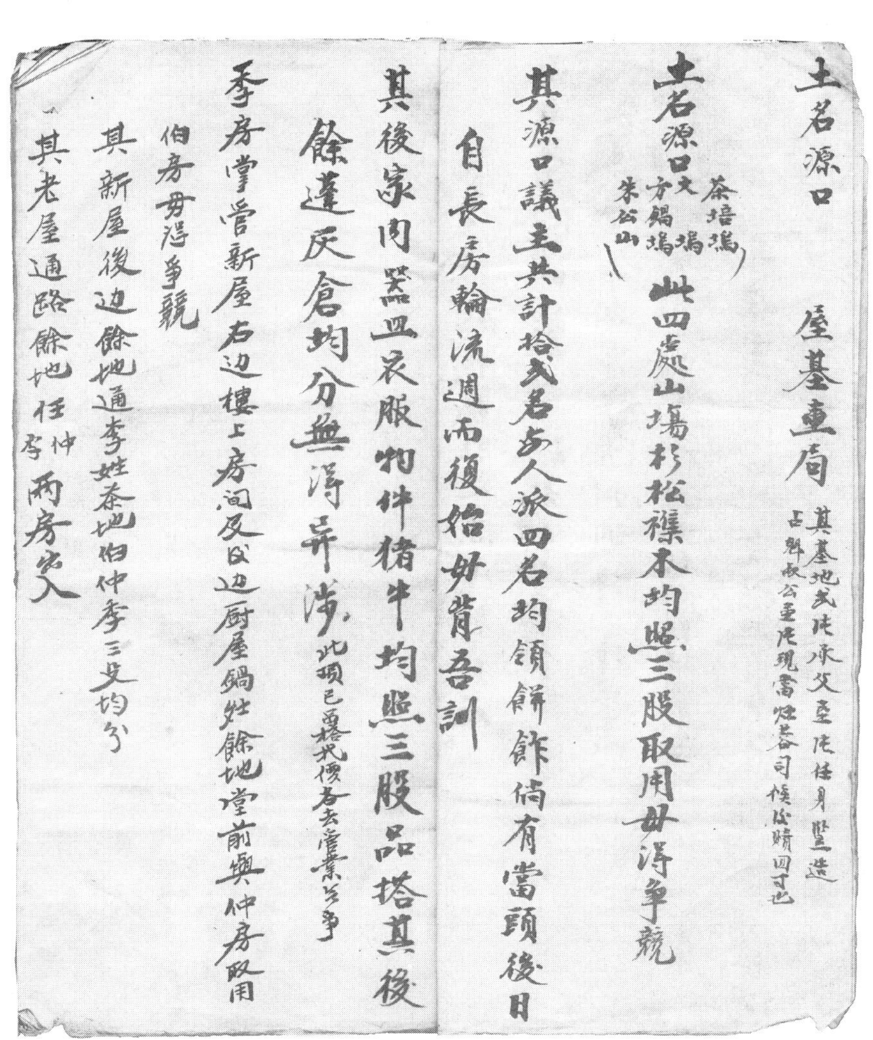

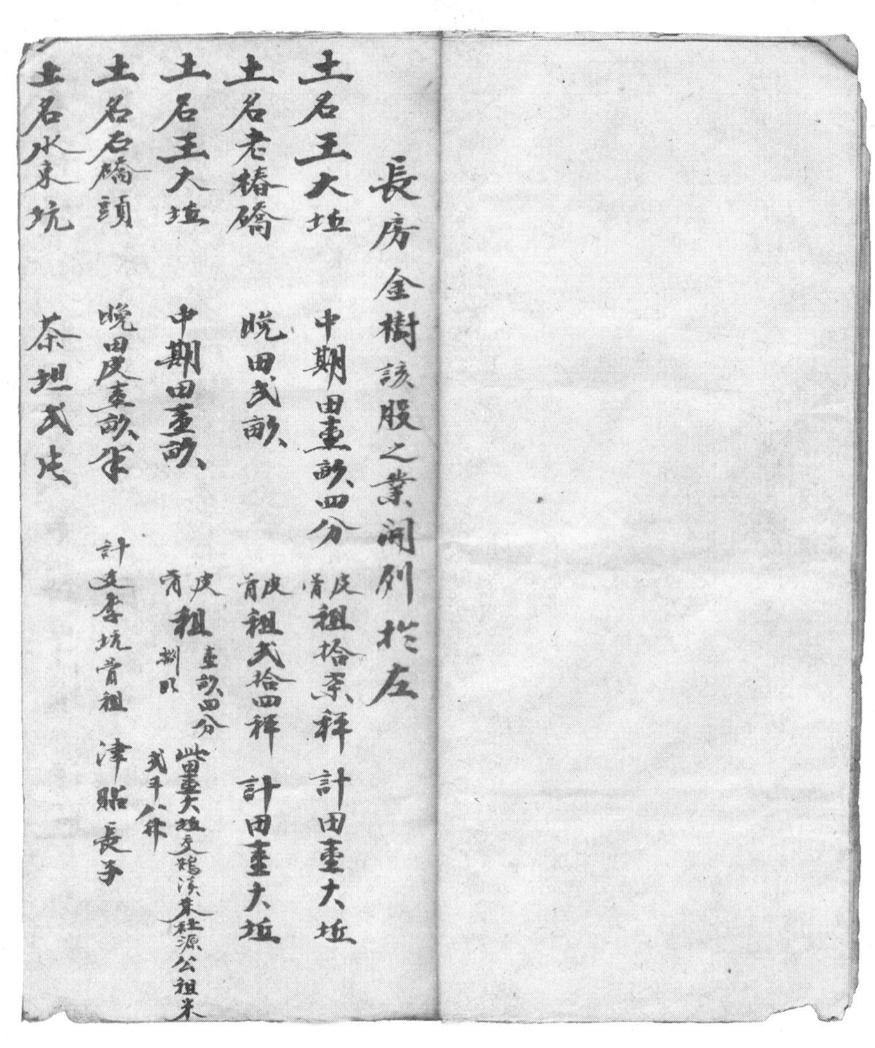
長房金樹該股之業開列於左

土名王大坵　中期田壹畝四分　皮骨祖拾柒秤　計田壹大坵

土名老椿碕　晚田弍畝　皮骨祖弍拾四秤　計田壹大坵

土名王大坵　中期田壹畝　皮骨祖　壹畝四分　劃明　此田壹大坵交鵝溪朱社源公祖米　弍斗八升

土名石碕頭　晚田皮壹畝零　計支李坑骨祖　津貼長子

土名水東坑　茶坦弍片

秋口镇金盘村 8-5 · 民国十年 · 分关文书（季股关书）· 俞显光

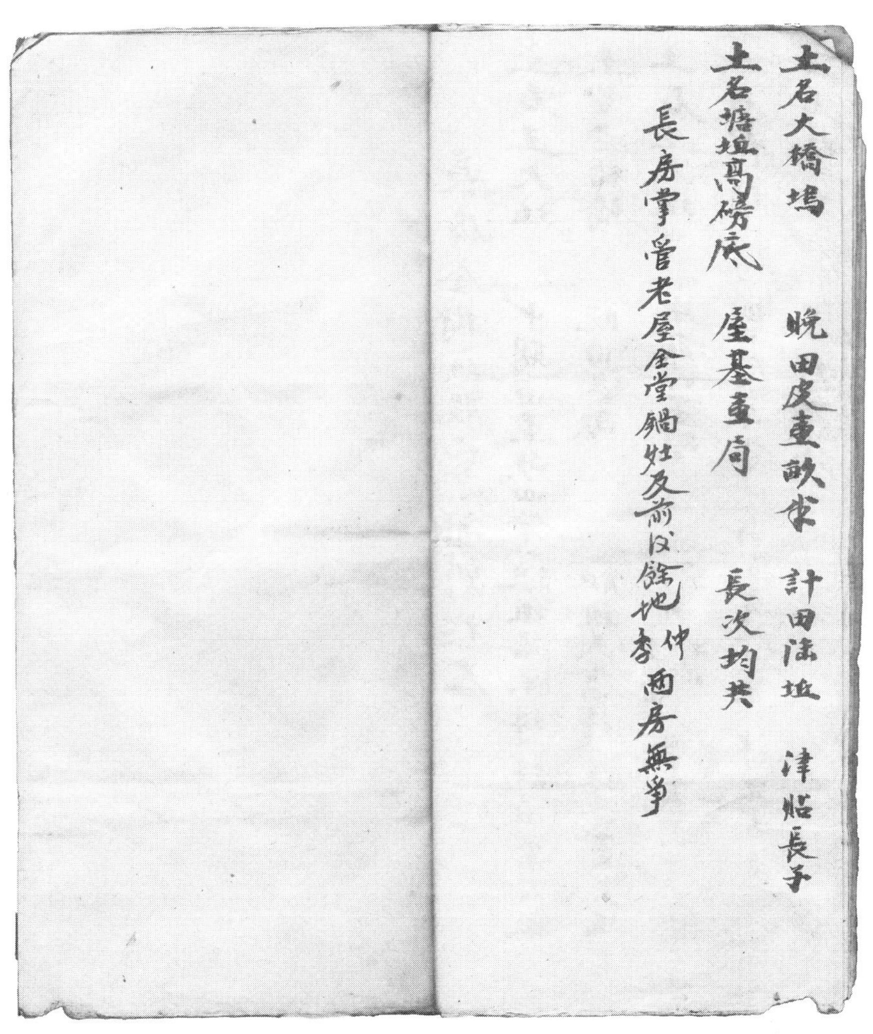

秋口镇金盘村 8-6 · 民国1年 · 分关文书（季股关书）· 俞显光

弍房春樹該股之業開列於左

土名戴篷塢　塝回叁畝、皮租叁拾陸秤　許田玖坵

土名尾山塢口　塝田畫畝弍分五厘　皮租拾伍秤　許田畫夫坵

土名龍船頭　茶坦壹大坯

土名塘班高磣底　屋基壹局　長次均共

弍房掌管新屋左邊樓上房間及後邊厨屋鍋灶餘地

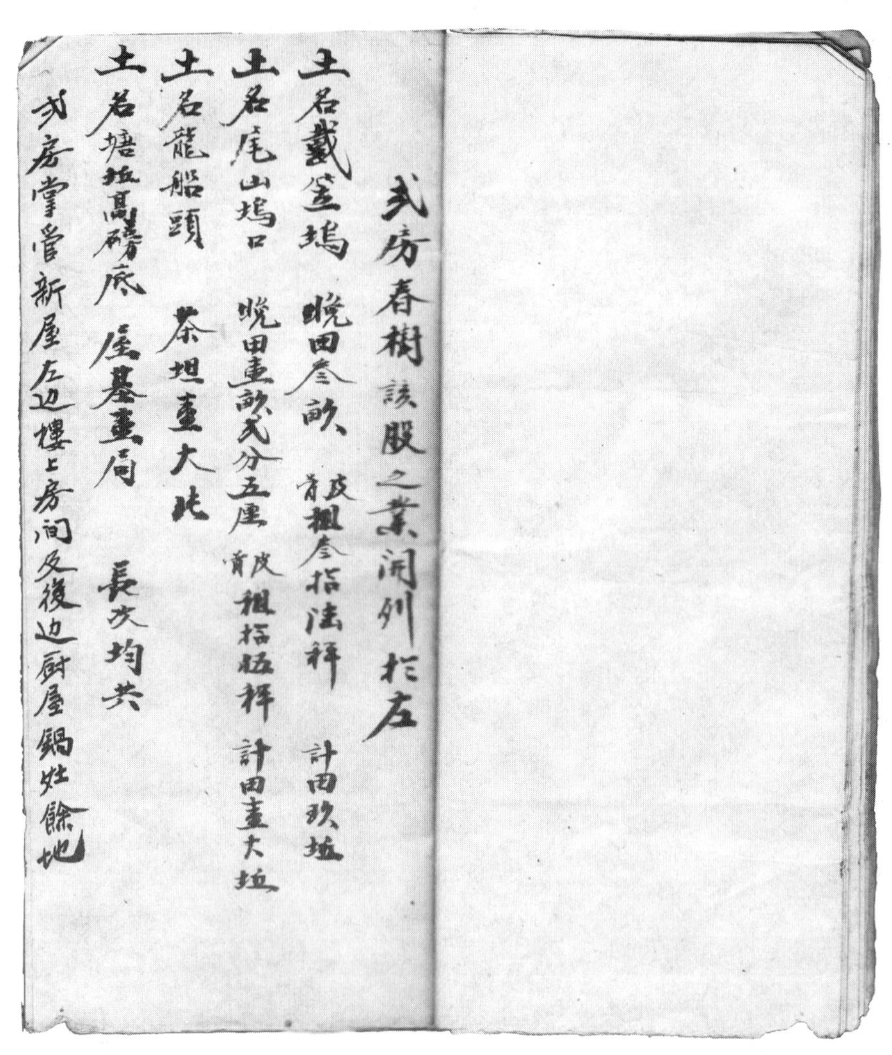

堂前與季房取回伯房毋得爭競

秋口镇金盘村 8 8　民国十年　分关文书（季股关书）　俞显光

民國丙寅年長三二房共建房屋壹堂當日鬮書作抵
房屋之田應照三房均分其土名庄前當日貼根樹合番
之田今交三房根樹掌管其押價洋柒拾元為根樹合番
之資根樹應認取贖
老屋後邊餘地照老屋墻角為限各煙之後長房住
老屋二三房同住新屋毋得爭競日後紅白事務新老
屋長三二房各自公同便用 門边土墻廚屋歸新屋掌管

土名長垢交骨租田二分 有田墈茶叢木子樹
土名氏光墩交骨租田弍畝 有田墈茶叢木子樹 裡邊壹畝
長房管業

土名祈鳳會田五分 有田墈茶叢
土名氏光墩交骨租萬畝 有田墈茶叢木子樹 外邊壹畝
土名社屋背交骨租九秤
弍房管業

秋口镇金盘村 8-9 · 民国十年 · 分关文书（季股关书）· 俞显光

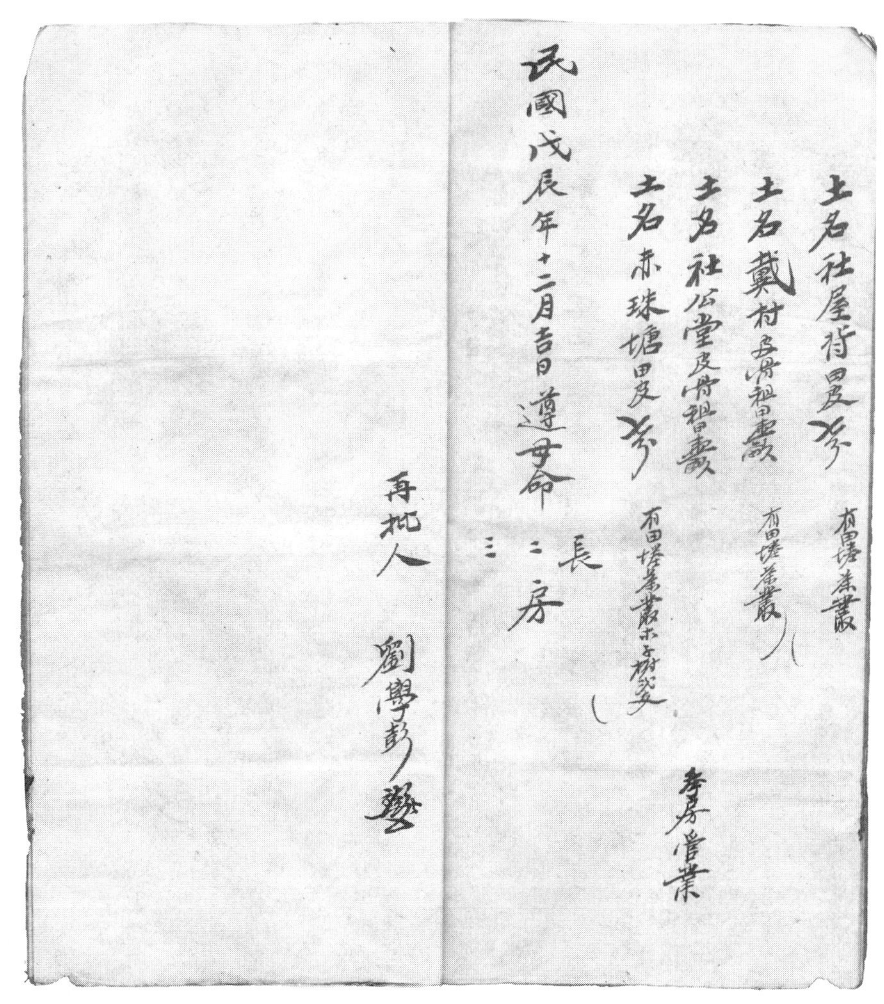

秋口镇金盘村 8-10 · 民国十年 · 分关文书（季股关书）· 俞显光

土名社屋旁田叁坵

土名戴村丘傍祖田壹坵

土名社公堂夜傍祖田壹坵

土名赤珠塘田叁坵

民國戊辰年十二月吉 遵母命

長房

三房

季房管業

再批人 劉學彭 筆

今將存堂產業開列於左

土名凡吒墩　早田玖畫畝　計田弍垅　田塝茶業戤垅

土名俞宗門首　中期田戌骨畫畝半　計田叁垅　山且出賣武口橋会

土名楓木坦　中期田戌骨伍畝

土名凡氏墩　中期田戌骨柒畝　計田畫垅

土名社屋前　中期田戌骨畫畝　計田畫垅

民國七巳年正月初六吉辰母命梅九田唯貼長榮烟和收管

秋口镇金盘村 8-11 · 民国十年 · 分关文书（季股关书）· 俞显光

1536

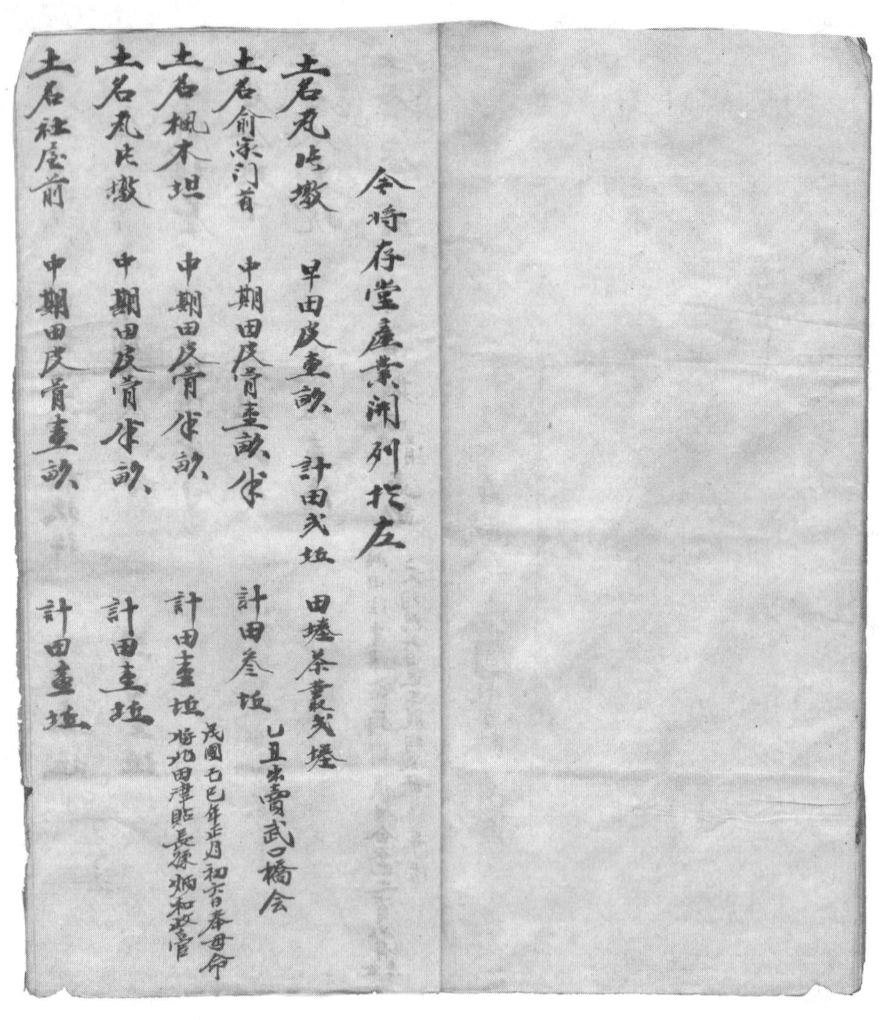

土名社屋背 中期田皮骨䃼玖秤

仝處 中期田皮柒分

土名戲椂基 荒坦壹屑一

土名余坦下 荒坦弍坵

土名水束坑 荒坦壹坵 原張姓祖業與俞姓無干

土名庒前 中期田皮骨壹畝 許田壹坵 此田已分㧺

土名瓦瑤前 皮租肆畝半 許田壹坵
瓦窑墩

山田徑中津貼鈞樹後日合盒之資如有舊䣣二人均認此田是三股均派毋得异議

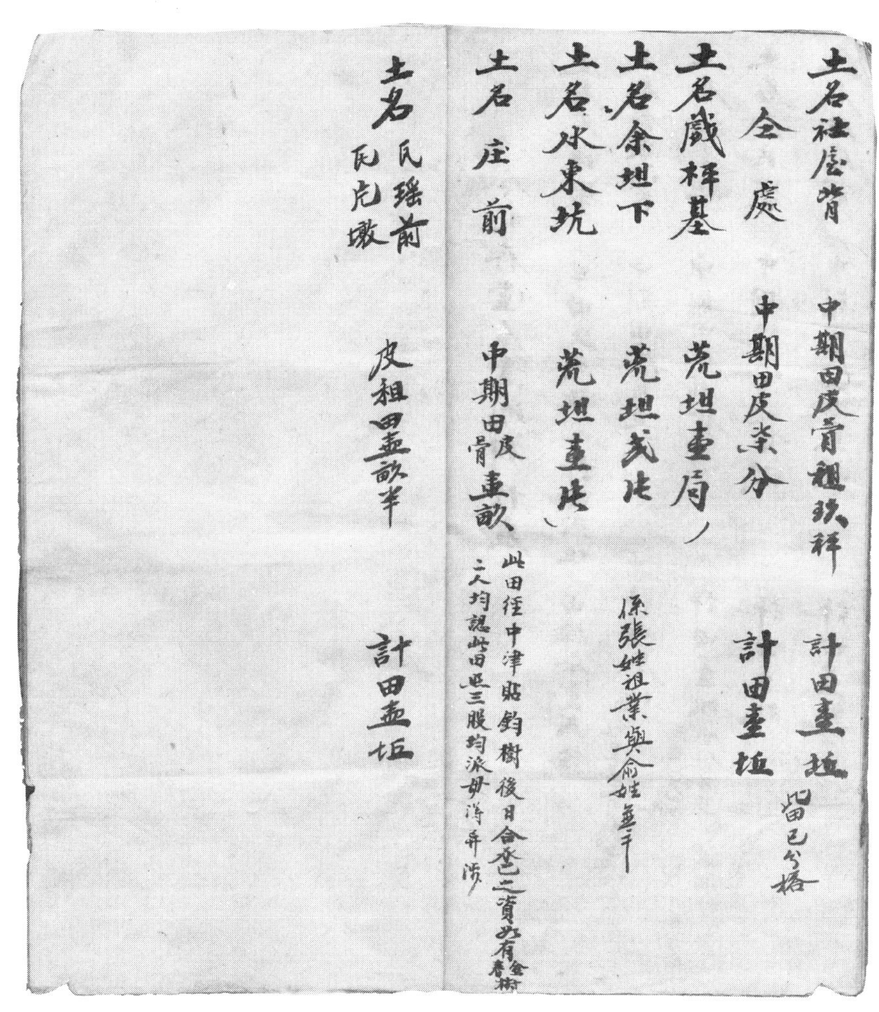

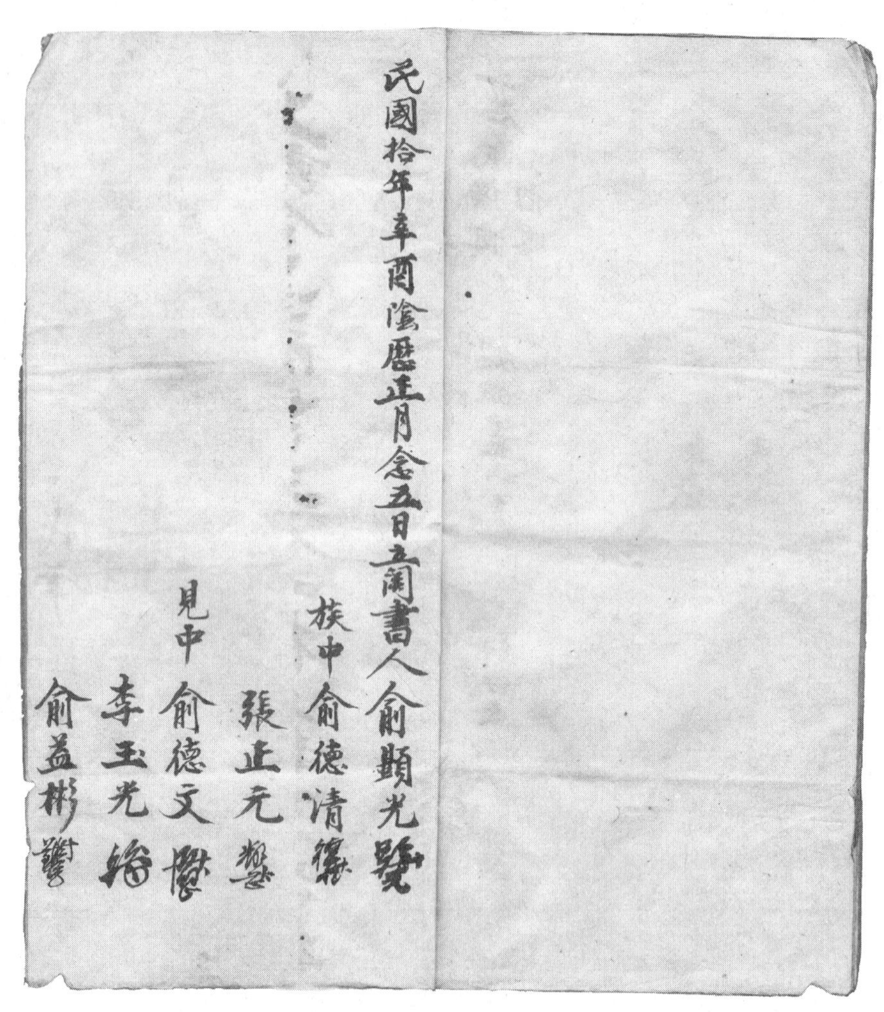

民國拾年辛酉陰歷正月念五日立鬮書人俞顯光押
族中俞德清押
張正元押
見中俞德文押
李玉光押
俞益彬押

秋口镇金盘村 8-13 · 民国十年 · 分关文书（季股关书）· 俞显光

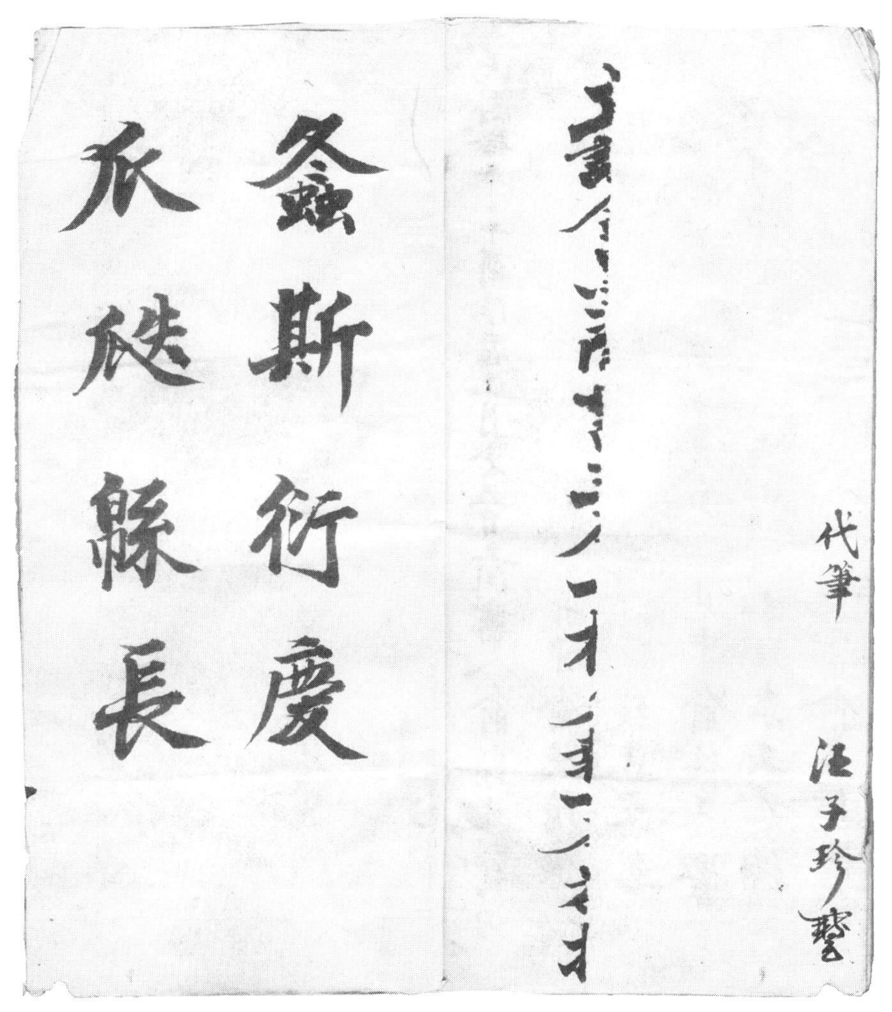

秋口镇金盘村 8-14 · 民国十年 · 分关文书（季股关书）· 俞显光

秋口镇金盘村 16-1 · 民国十年 · 税粮实征册 · 新生伯福规户

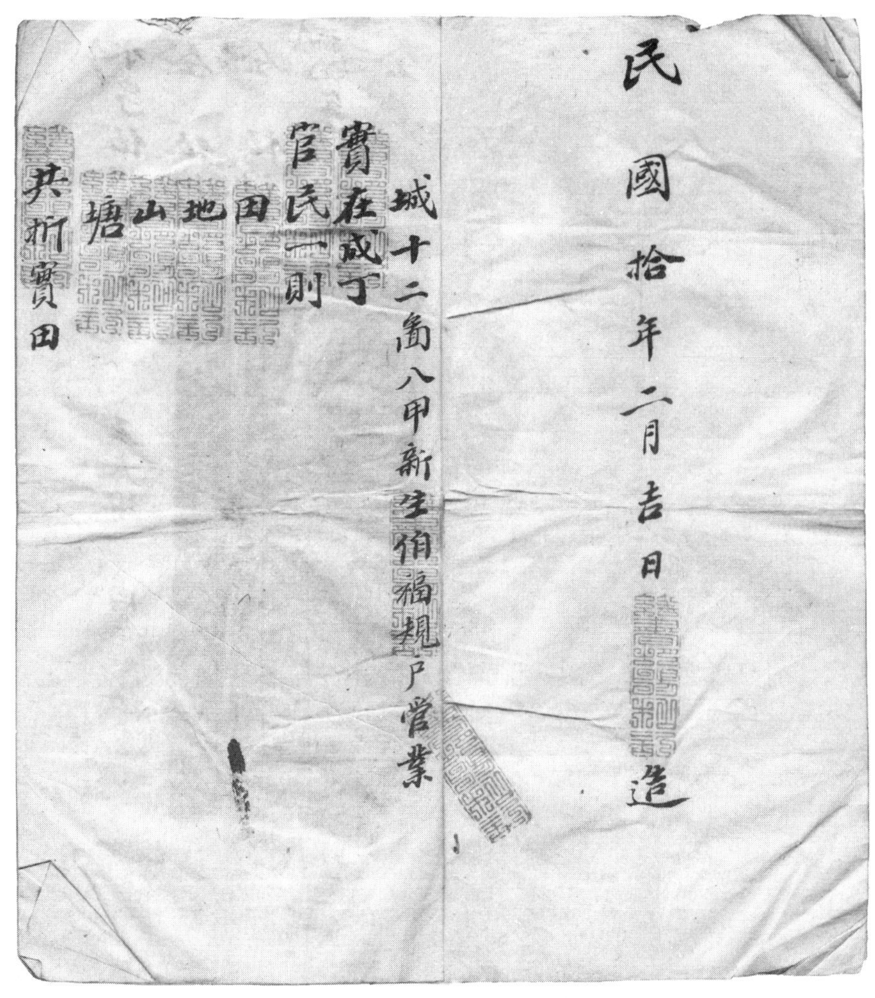
民國拾年二月吉日造
城十二啚八甲新生伯福規户當業
實在成丁
官民一則
田
地
山
塘
共折實田

秋口镇金盘村 16-2 · 民国十年 · 税粮实征册 · 新生伯福规户

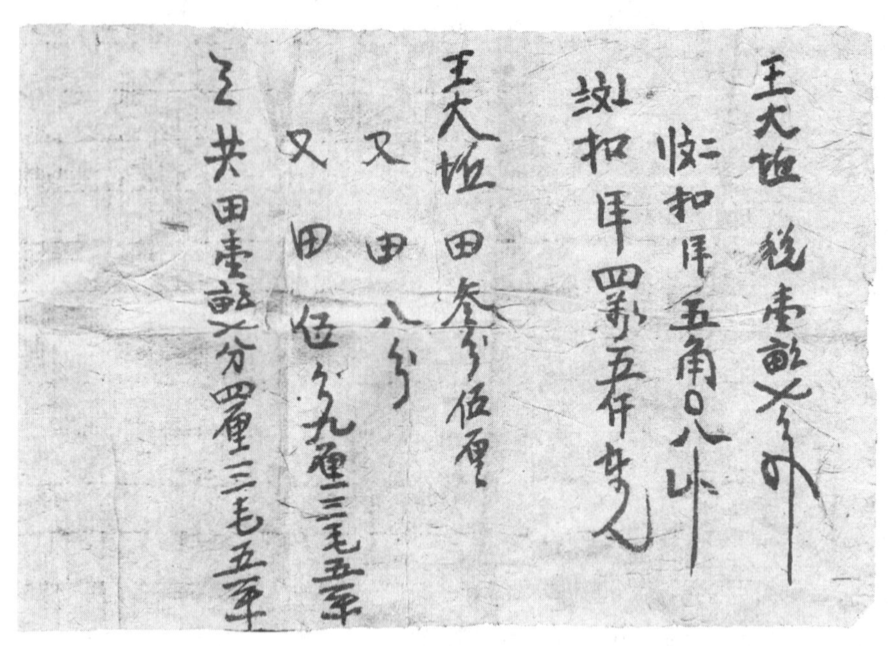

王大地 税壹亩七分[illegible]
收二扣洋五角八[illegible]
[illegible]扣洋四角五[illegible]
王大地 田叁分伍厘
又 田八分
又 田伍分九厘三毛五丝
共田壹亩七分四厘三毛五丝

秋口镇金盘村 16-3 · 民国十年 · 税粮实征册 · 新生伯福规户

田

水字伍伯叁拾捌號　王大垣　田叁分伍厘

仝 伍伯贰拾捌號　仝　田捌分

仝 伍伯叁拾陸號　仝　田伍分玖厘叁毛伍系

麗字伍伯伍拾肆號　老椿橋　田戈敢寒零肆毛肆系肆忽

仝 肆拾陸號　楓木坦　田肆分壹厘柒毛

水字陸伯伍拾玖號　長垣　田捌分柒厘肆毛

仝 伍伯柒拾柒號　瓦片墩　田捌分陸厘

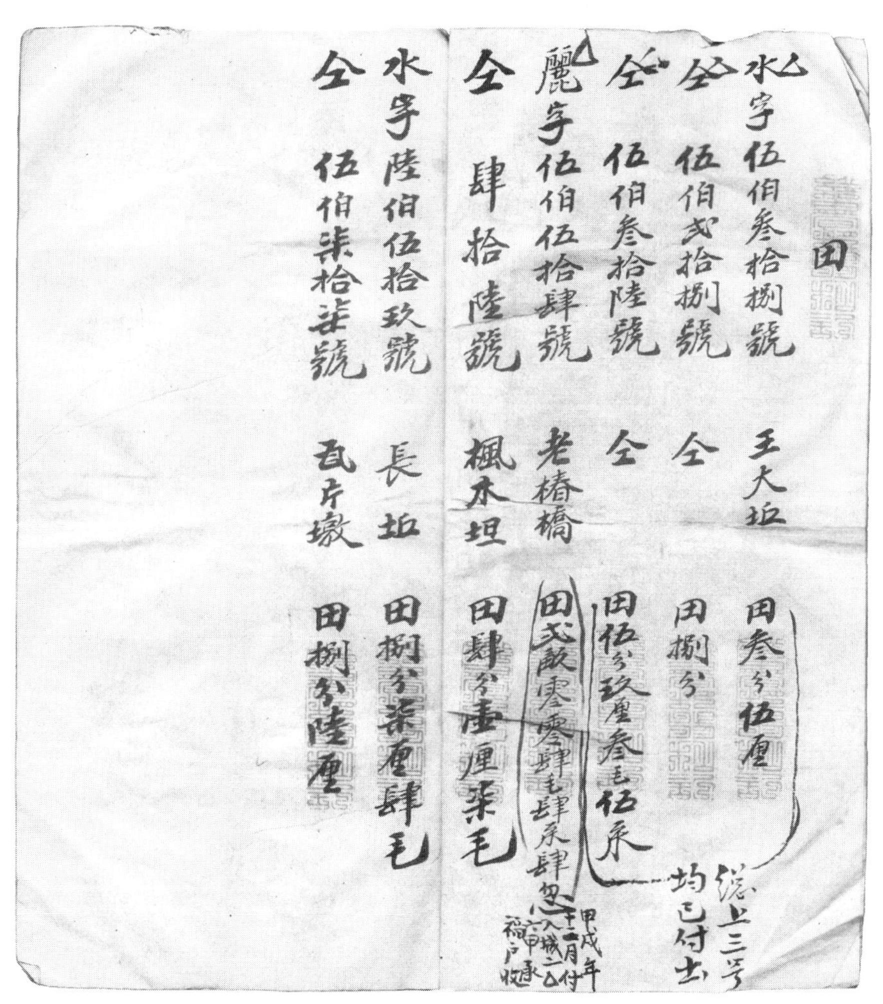

请付
三都一图五甲德禄户收

秋口镇金盘村 16-5 · 民国十年 · 税粮实征册 · 新生伯福规户

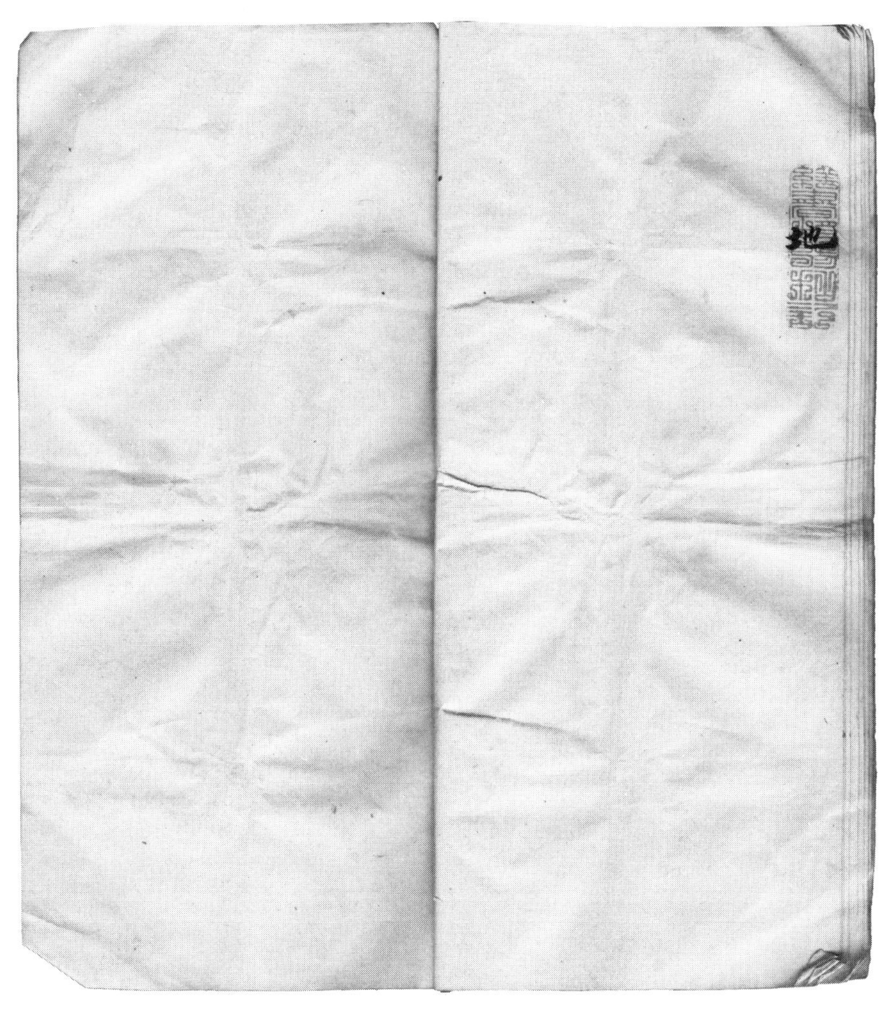

秋口镇金盘村 16-6 · 民国十年 · 税粮实征册 · 新生伯福规户

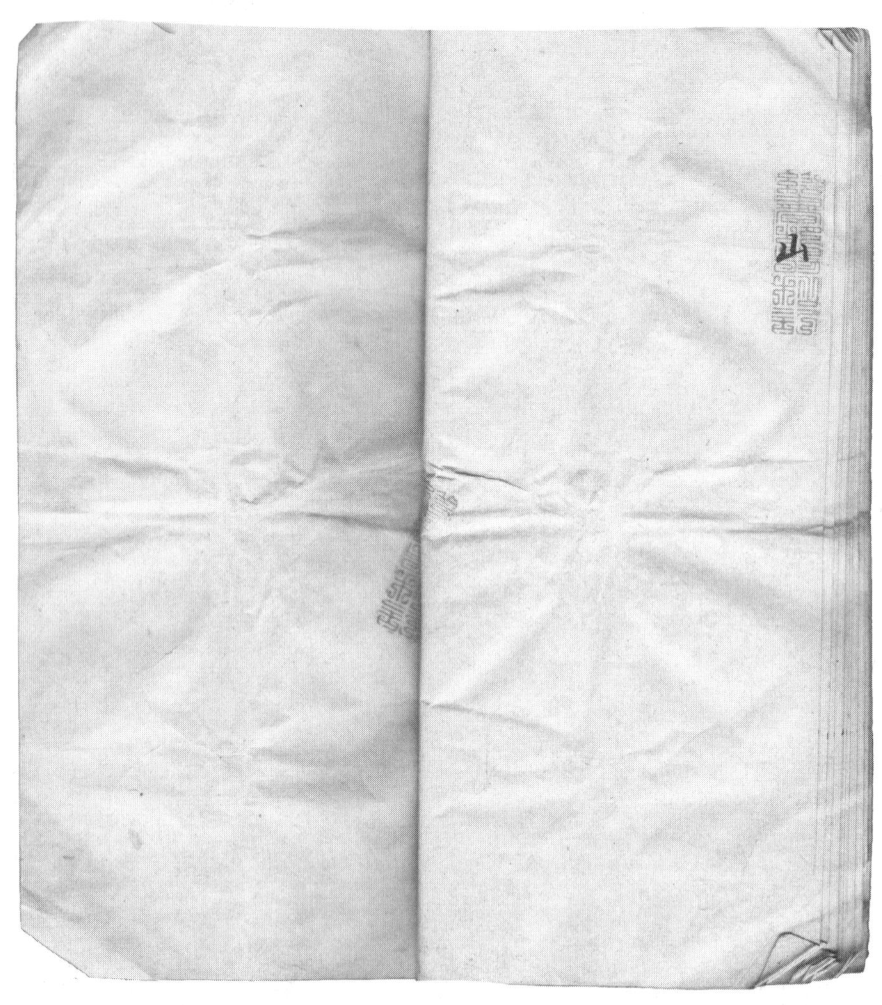

秋口镇金盘村 16-7 · 民国十年 · 税粮实征册 · 新生伯福规户

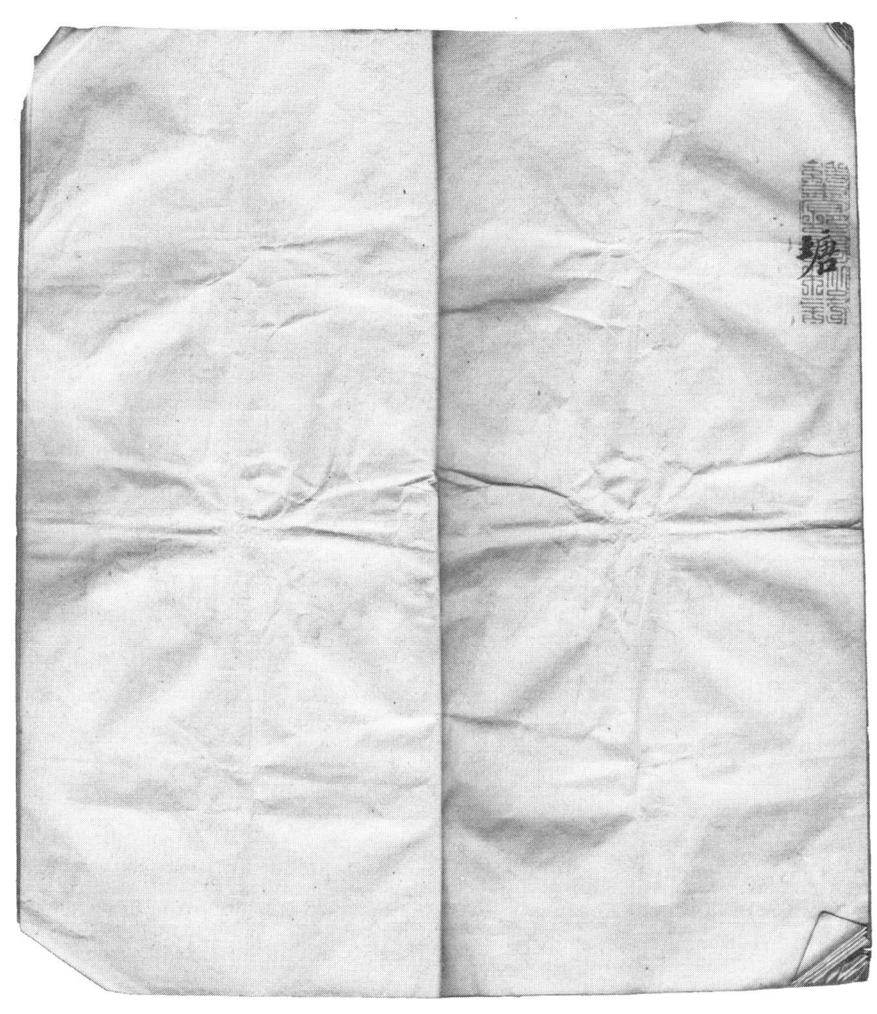

秋口镇金盘村 16-8 · 民国十年 · 税粮实征册 · 新生伯福规户

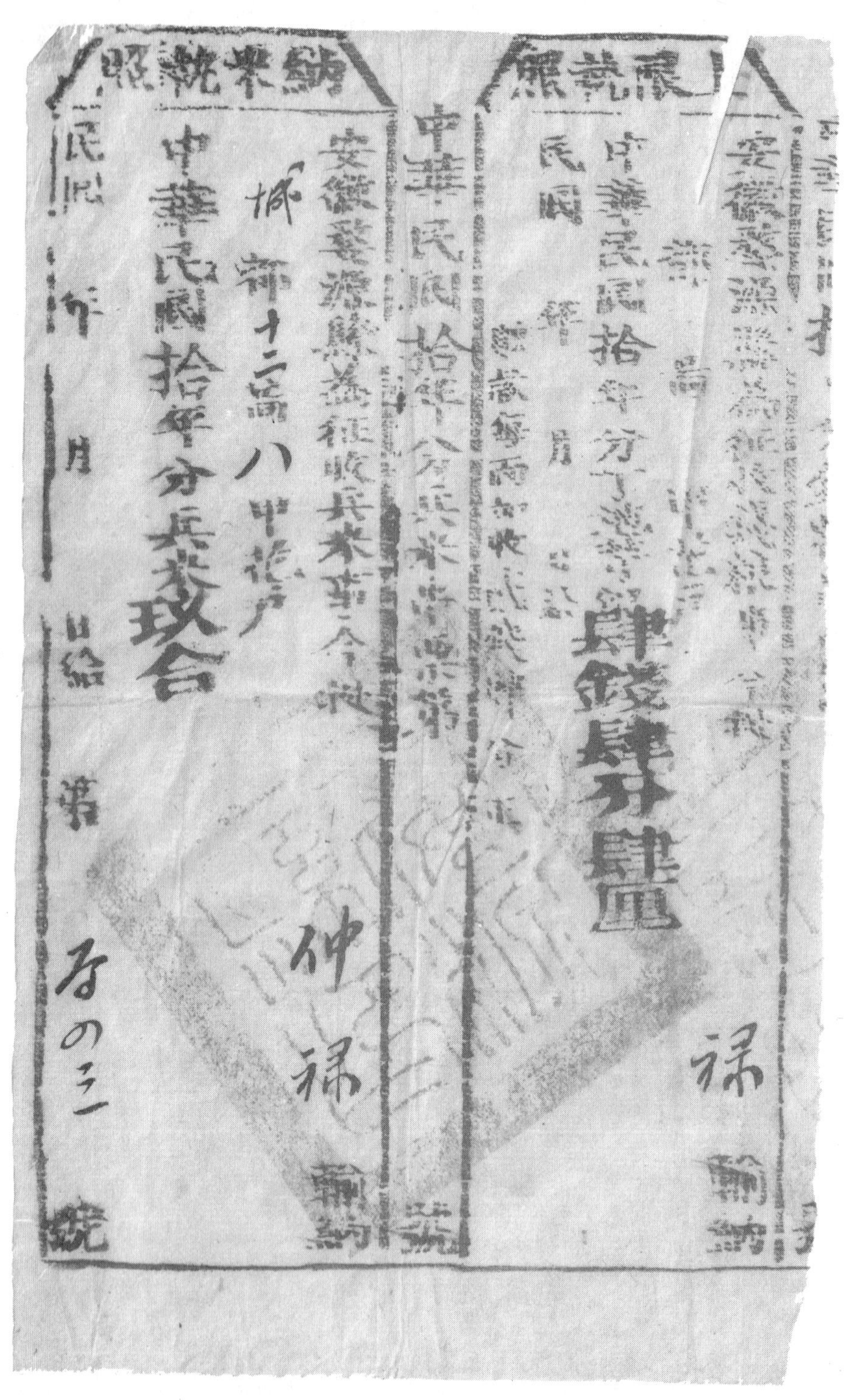

納米執照

安徽婺源縣為徵收兵米事今徵

城都十二圖八甲花戶

中華民國拾年分兵米玖合

仲祿輸納

民國　年　月　日給　第　號

秋口镇金盘村 31 · 民国十年 · 纳米执照 · 仲禄

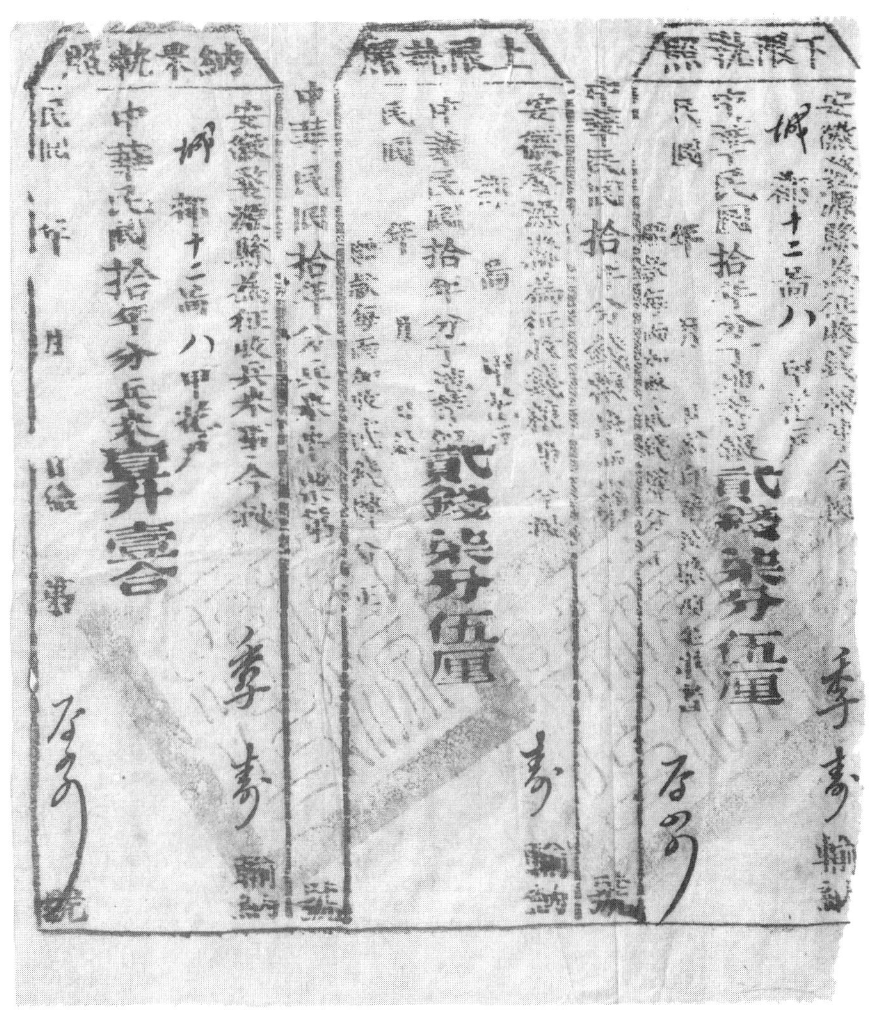

秋口镇金盘村 49 · 民国十年 · 纳米执照 · 季寿

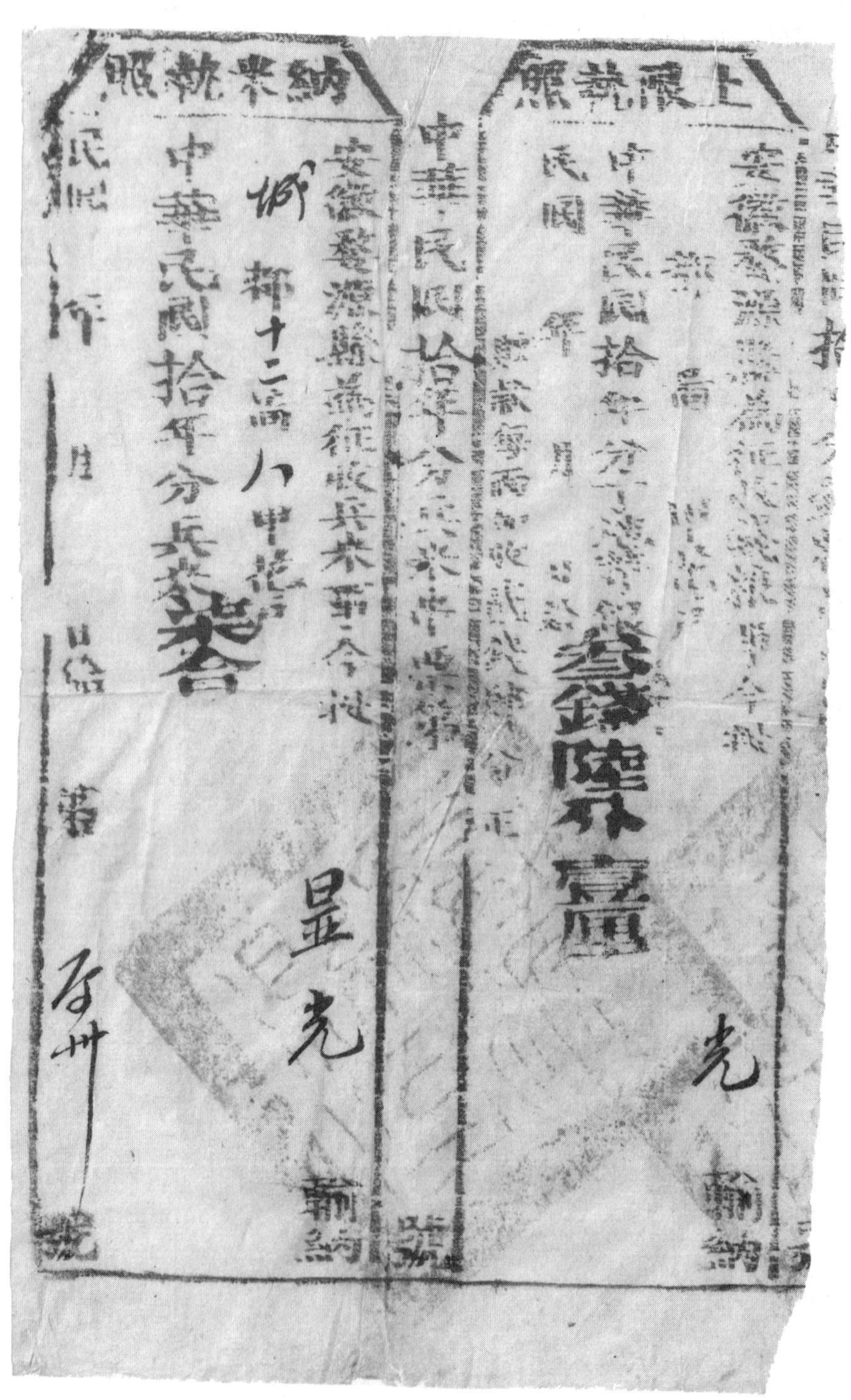

秋口镇金盘村 50 · 民国十年 · 纳米执照 · 显光

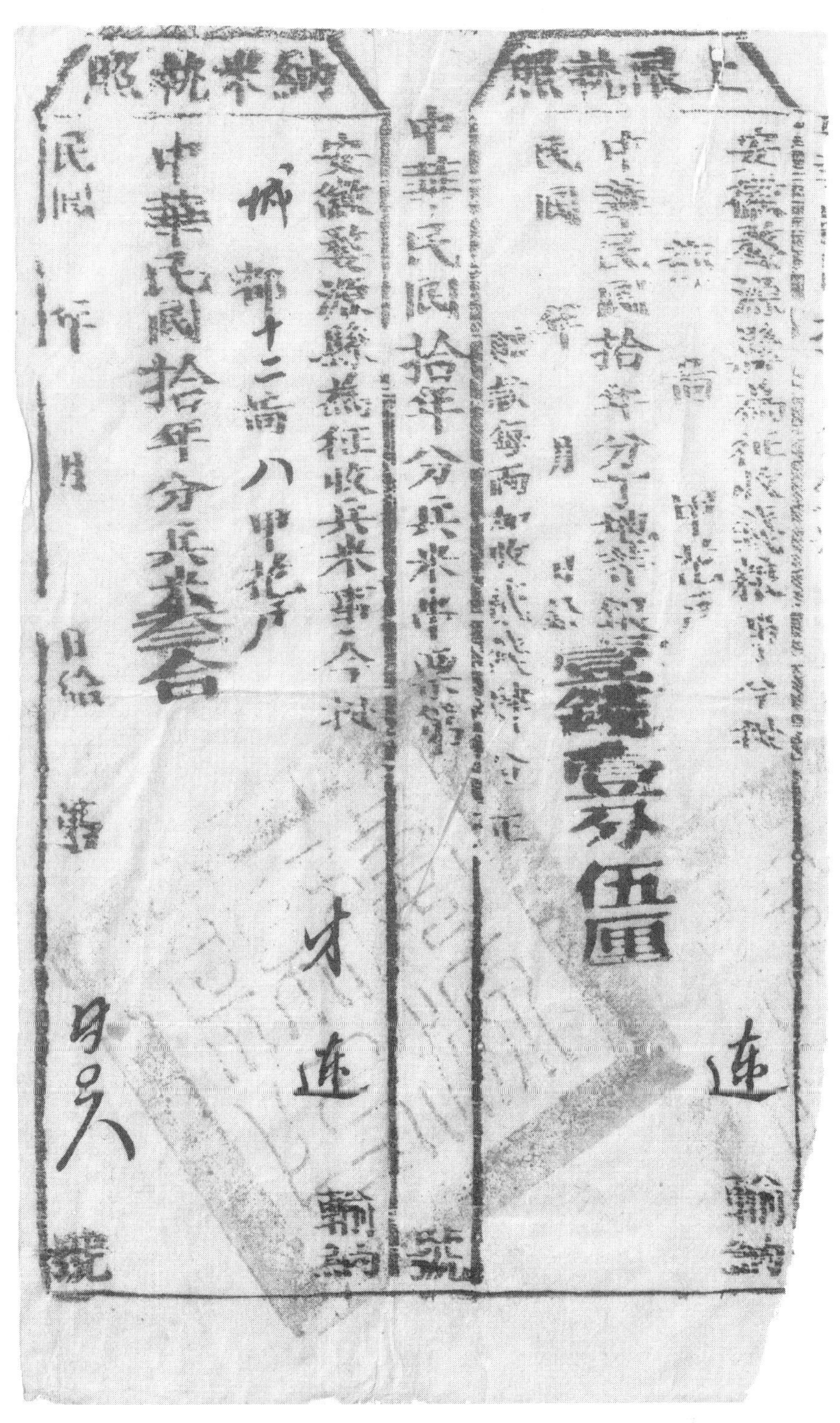

秋口镇金盘村 51 · 民国十年 · 纳米执照 · 才连

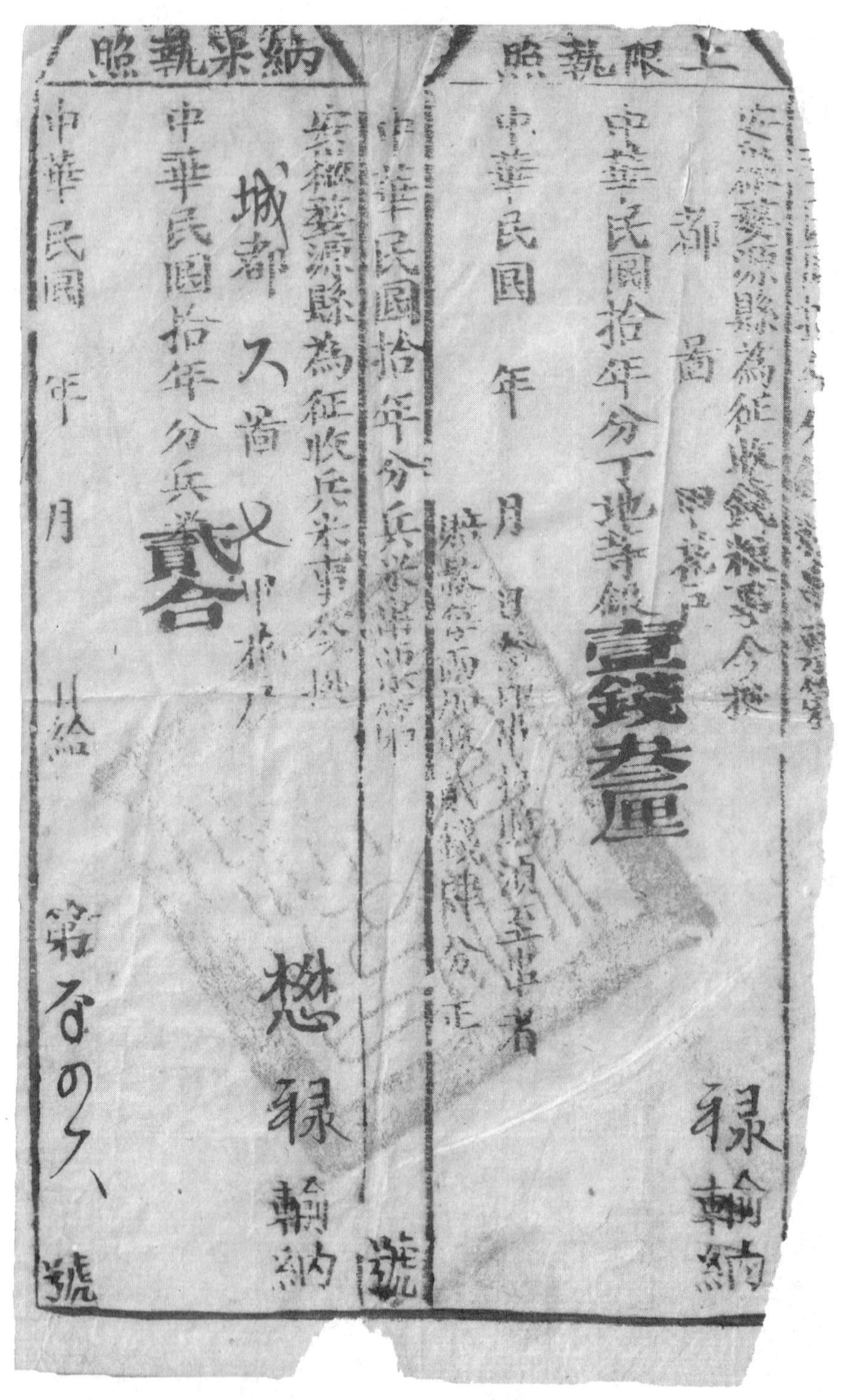
納粟執照
婺源縣為征收兵米事今據
城都 人啚 甲 戶
中華民國拾年分兵米 貳合
懋 禄 輸納
中華民國 年 月 日給
第 號
上限執照
婺源縣為征收錢糧事今據
都 啚 甲 戶
中華民國拾年分丁地等銀 壹錢叁釐
中華民國 年 月
禄 輸納

秋口镇金盘村 52 · 民国十年 · 纳米执照 · 懋禄

納米執照

安徽婺源縣議征收兵米事今據

中華民國拾年分兵米

城鄉十二圖八甲花戶

中華民國拾年分兵米叄合

才溶

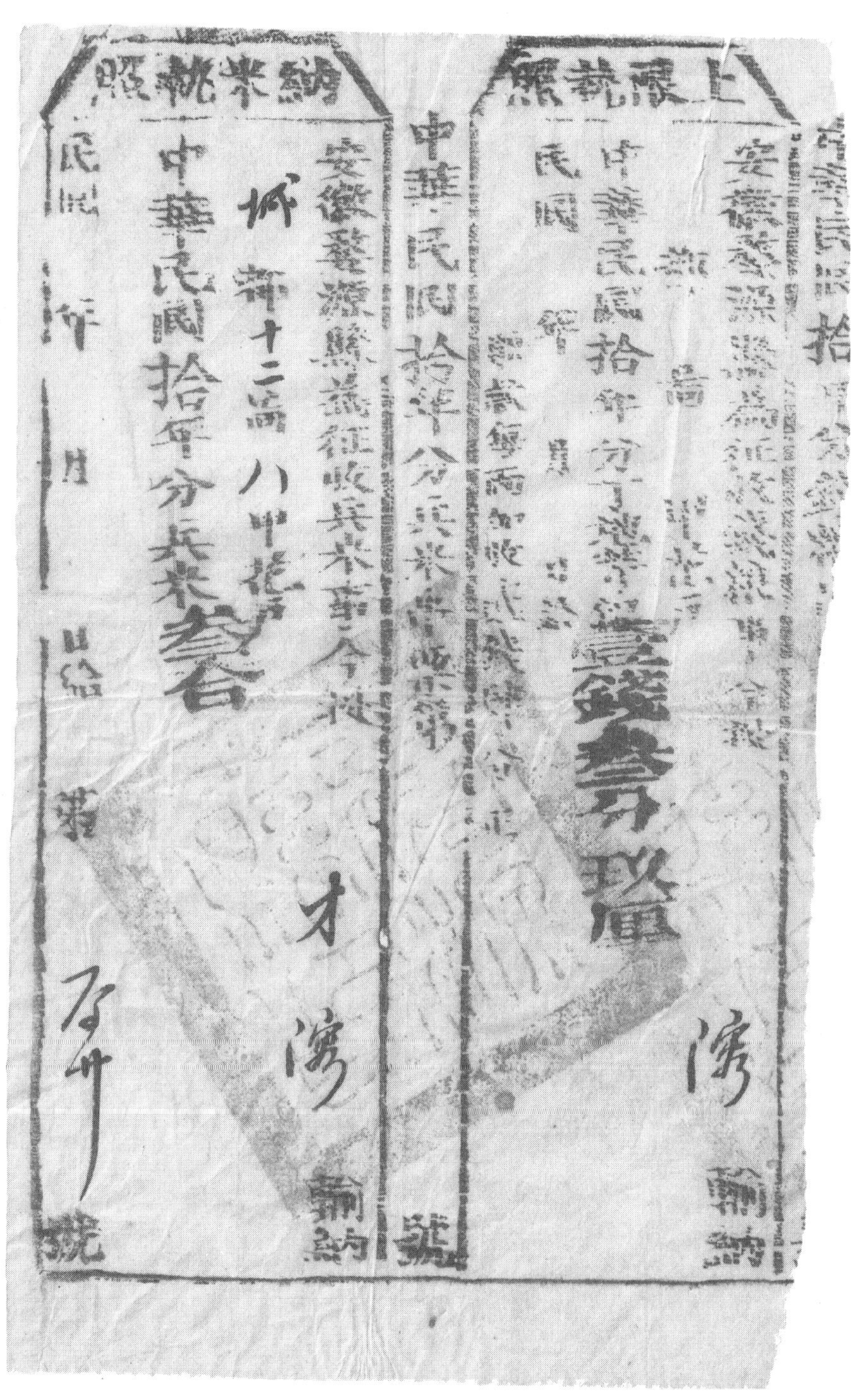

秋口镇金盘村53·民国十年·纳米执照·才溶

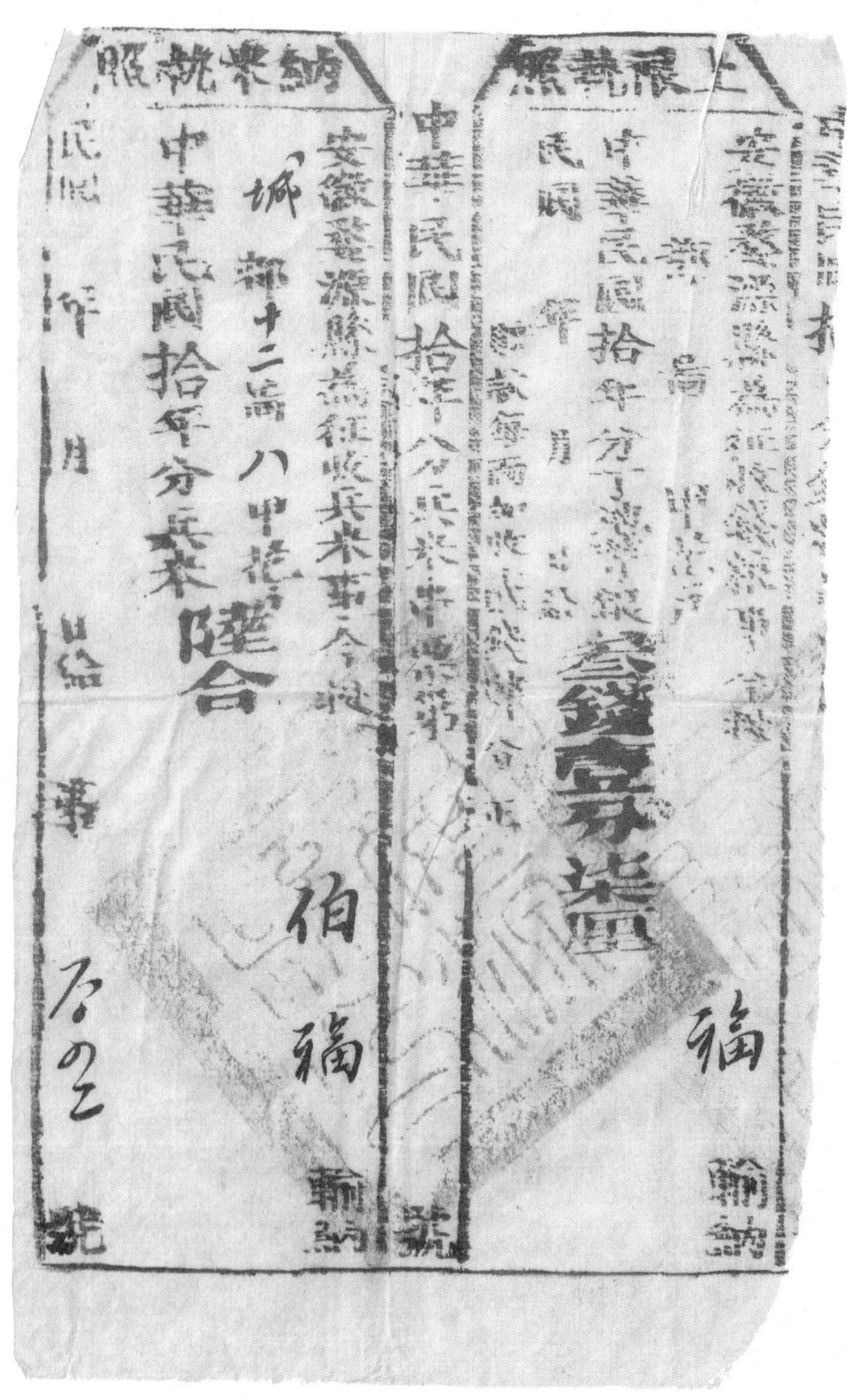
纳米执照
安徽婺源县为征收兵米事今收
城 乡十二图 八甲花户
中华民国拾年分兵米 陆合
伯福
输纳
民国 年 月 日给 第 号

上限执照
中华民国拾年分兵米
伯福
输纳

秋口镇金盘村 54 · 民国十年 · 纳米执照 · 伯福

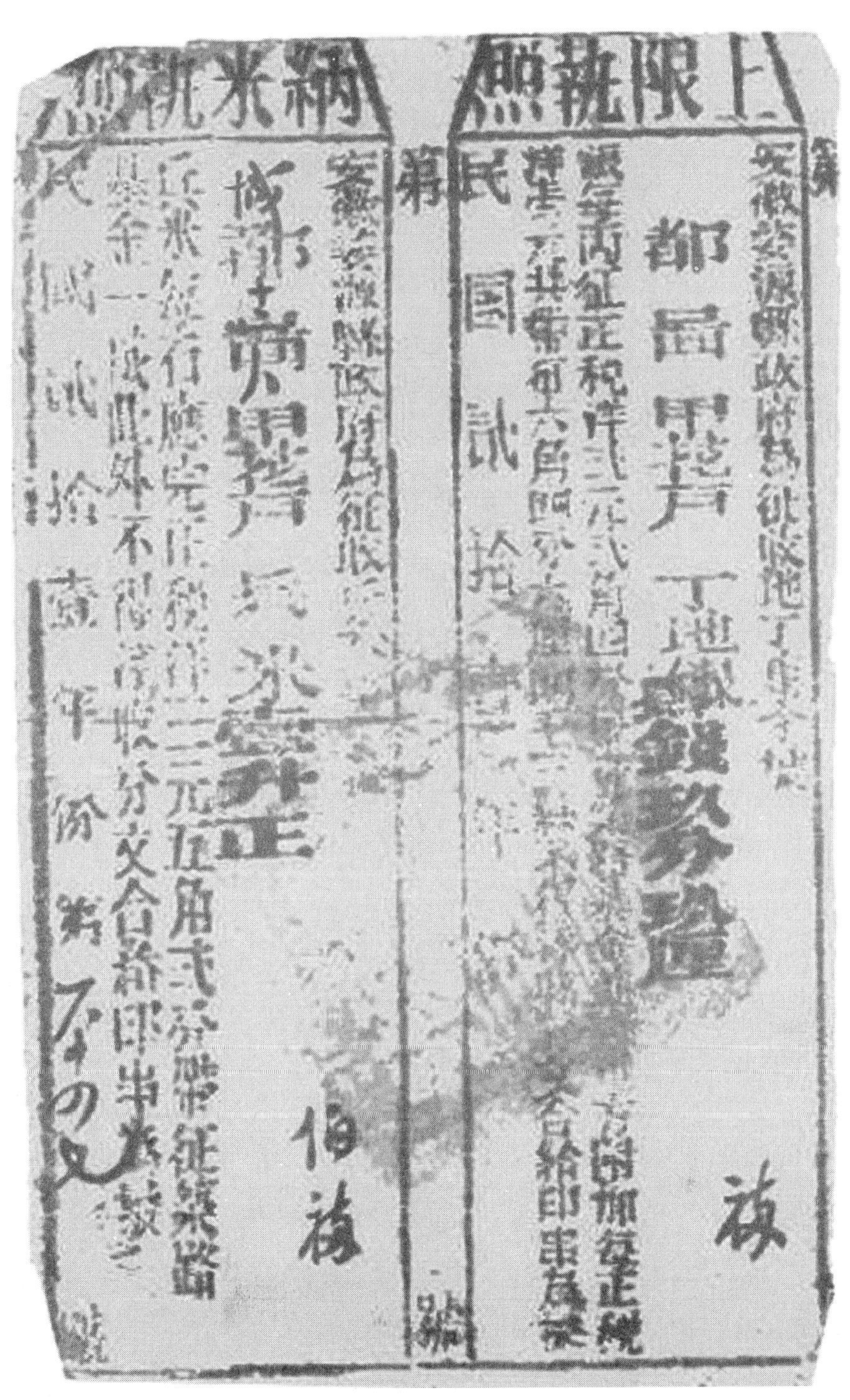

秋口镇金盘村 83 · 民国十一年 · 纳米执照 · 伯福

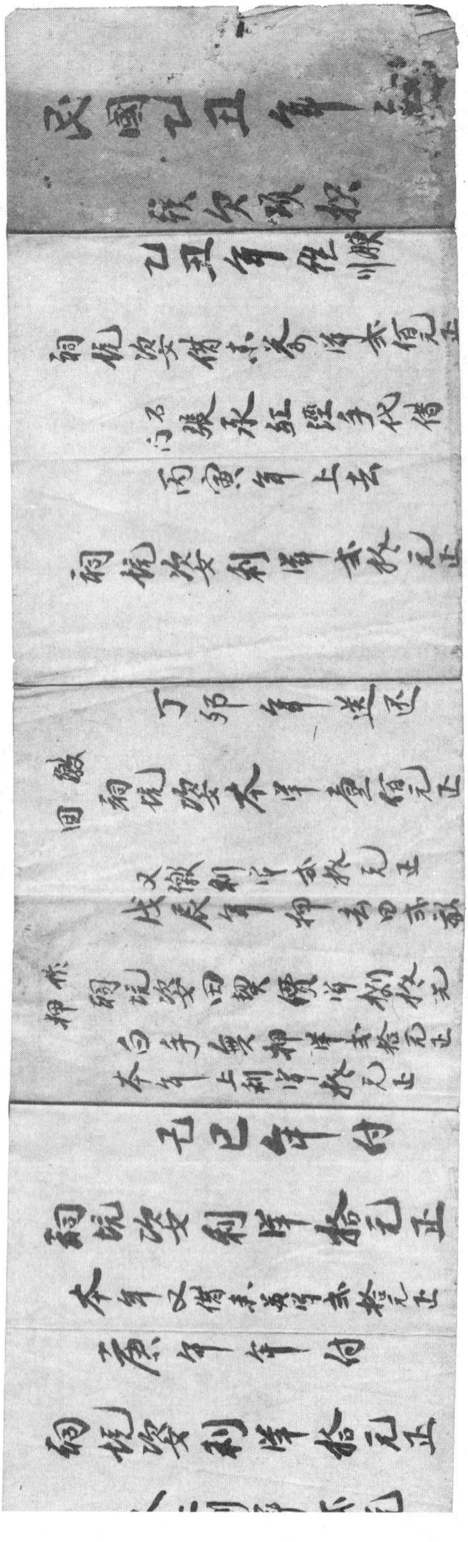

秋口镇金盘村 1-1 · 民国十四年 · 流水账

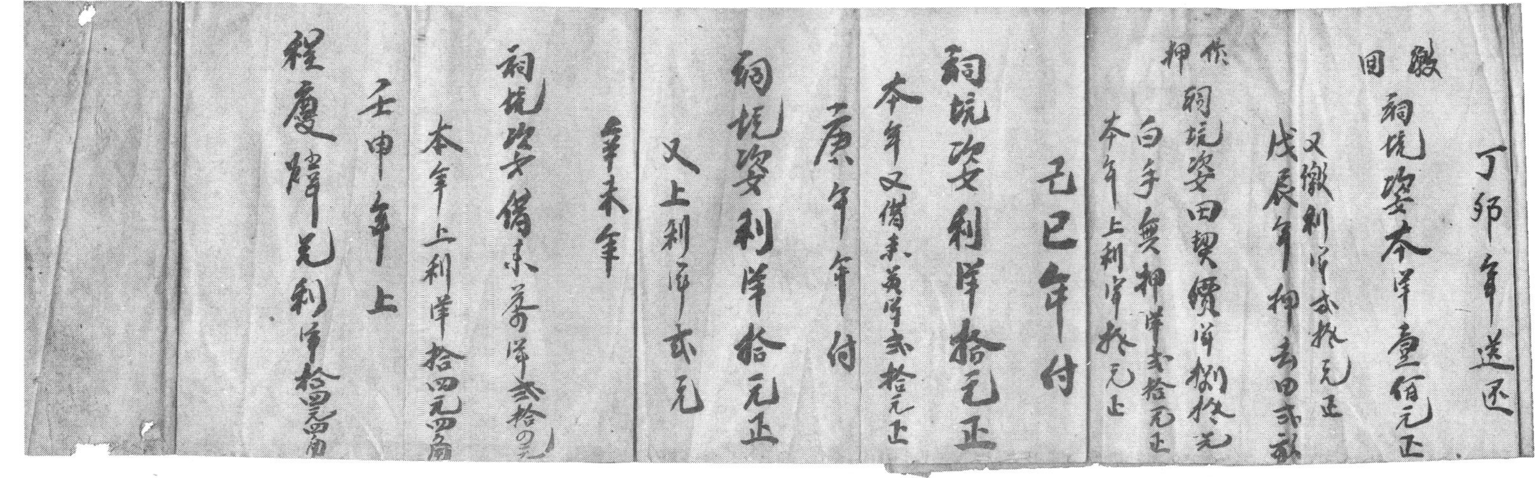

秋口镇金盘村 1-2 · 民国十四年 · 流水账

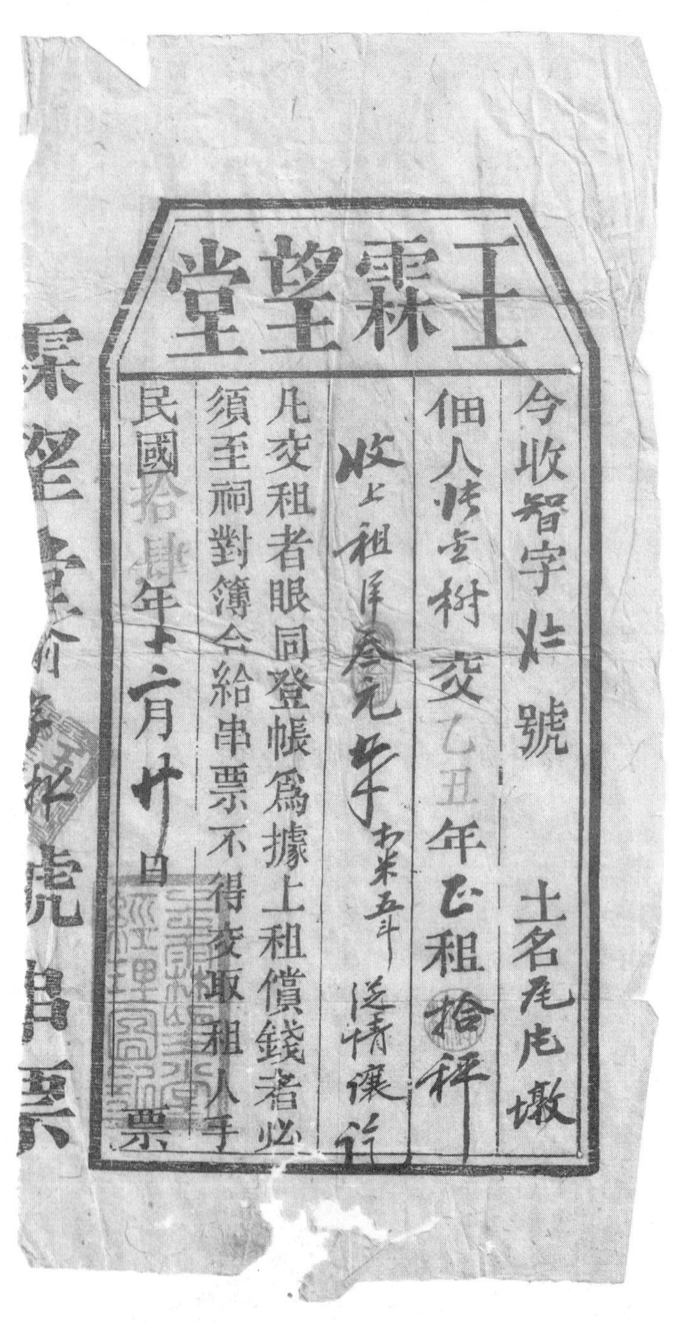

王森望堂

今收智字炷號　土名尾尾墩

佃人张金树交乙丑年正租拾秤

收上租洋叁元半　加米五斗　从清讓訖

凡交租者眼同登帳爲據上租償錢者必須至祠對簿令給串票不得交取租人手

民國拾肆年十二月廿日　票

秋口镇金盘村 108 · 民国十四年 · 收租串票 · 张金树

納米執照 上限執照

安徽婺源縣為徵收錢糧串令辦
都 啚 甲花戶
中華民國拾六年分丁地等銀
民國 年 月 日給印串執照須至串者
贴款每兩加徵弐錢肆分正

安徽婺源縣為徵收兵米串令执
中華民國拾六年分兵米串票第
城都十二啚 八甲花戶
中華民國拾六年分兵米

中華民國 年 月 日給
第 號

伯福 翰納

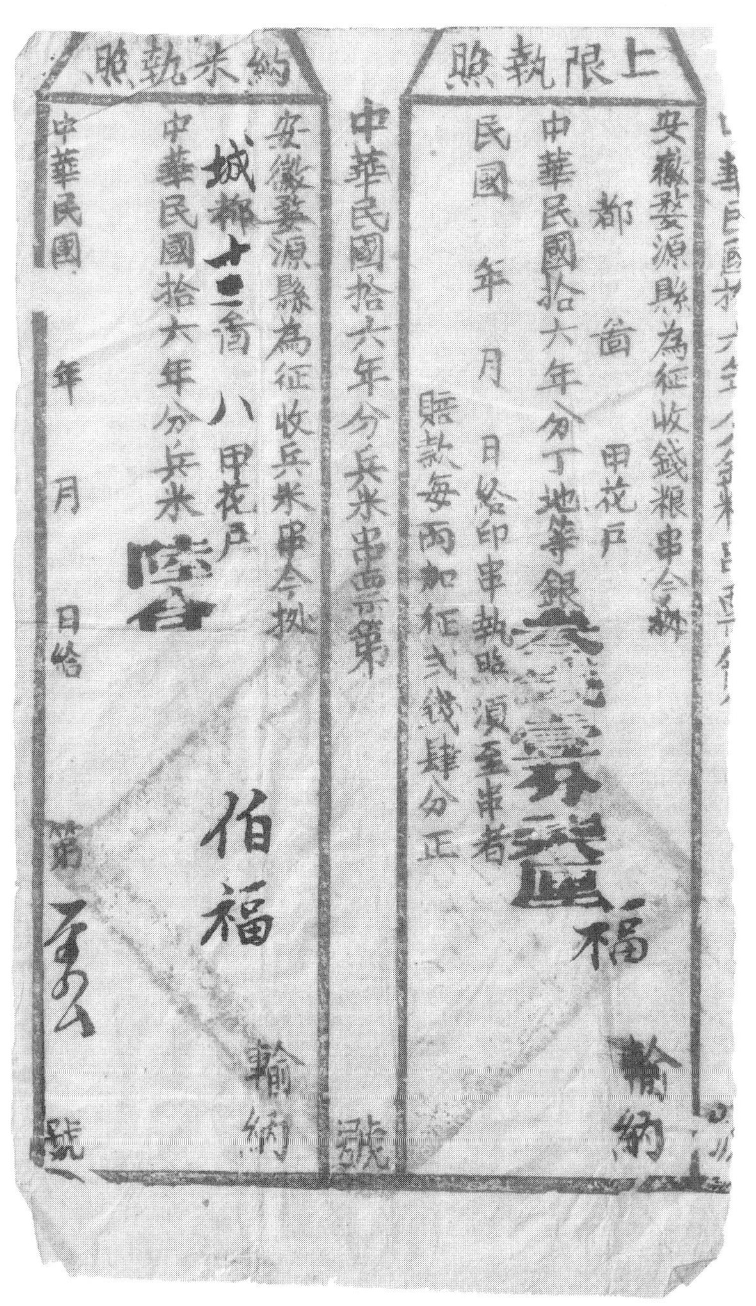

秋口镇金盘村67·民国十六年·纳米执照·伯福

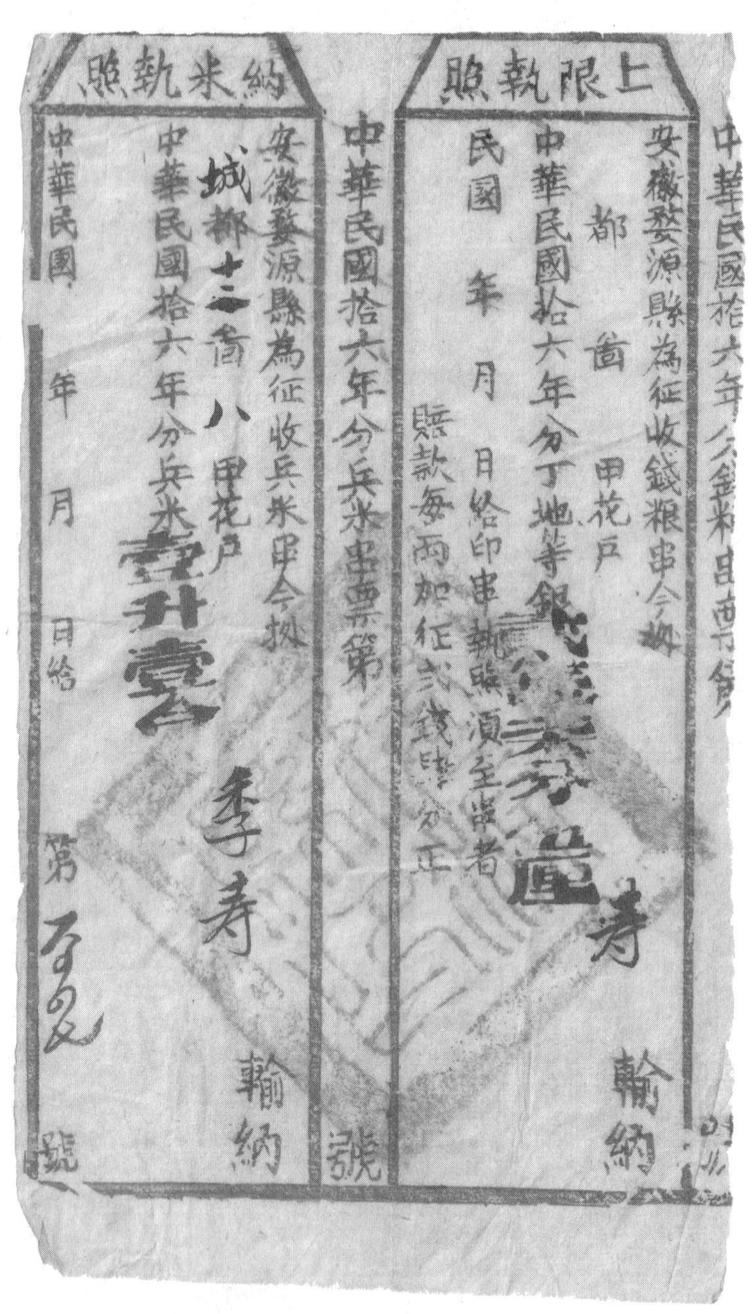

上限執照

安徽婺源縣為征收錢粮串令執

都　啚　甲花戶

中華民國拾六年分丁地等銀

民國　年　月　日給印串執照須至串者

賠款每兩加征弍錢肆分正

壽　輸納

中華民國拾六年分兵米串票第　號

納米執照

安徽婺源縣為征收兵米串令执

城都十三啚八甲花戶

中華民國拾六年分兵米壹升壹合

季壽　輸納

中華民國　年　月　日給

第　號

秋口镇金盘村 68 · 民国十六年 · 纳米执照 · 季寿

秋口镇金盘村 69 · 民国十六年 · 纳米执照 · 仲禄

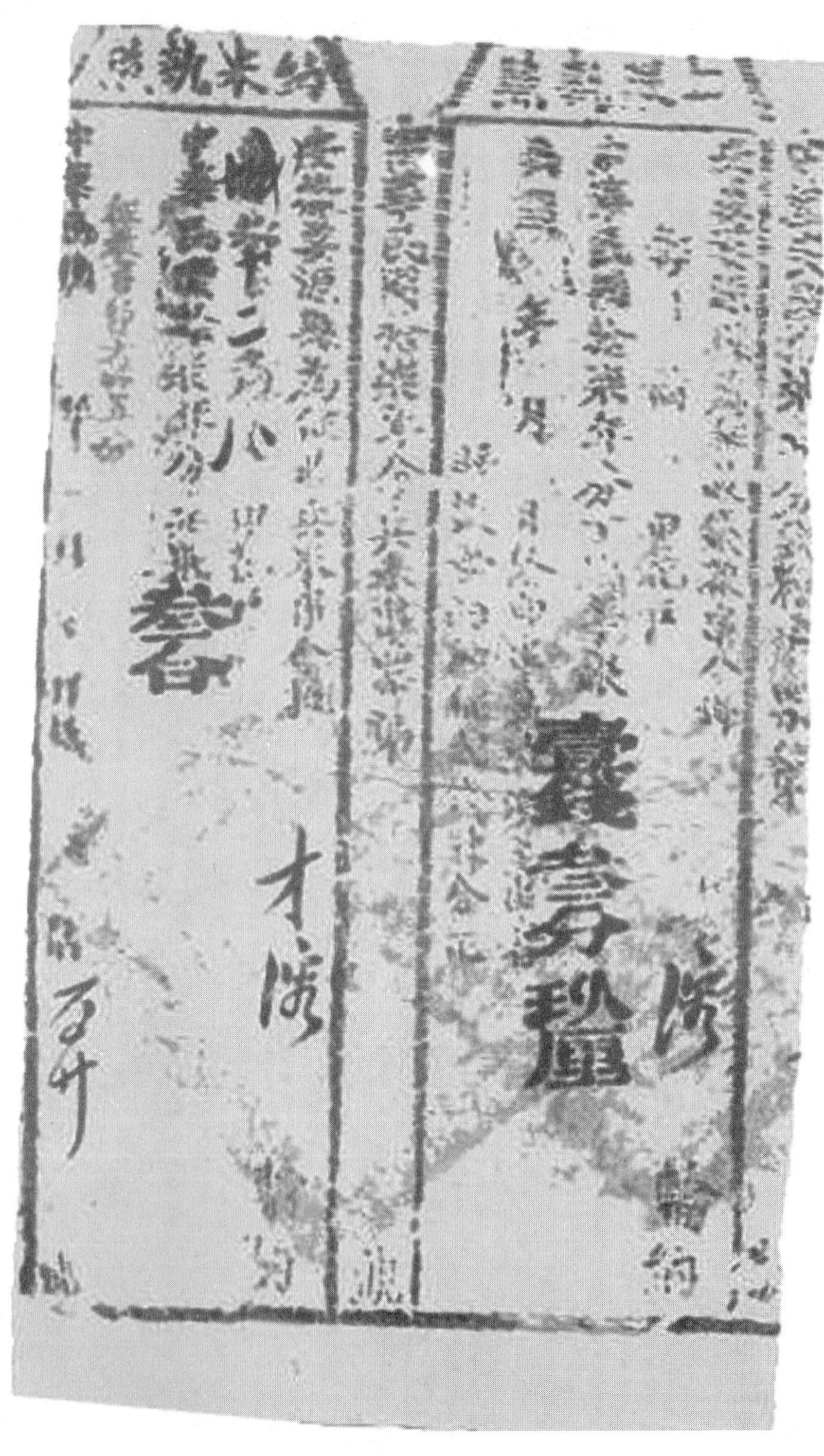

秋口镇金盘村 37 · 民国十七年 · 纳米执照 · 才溶

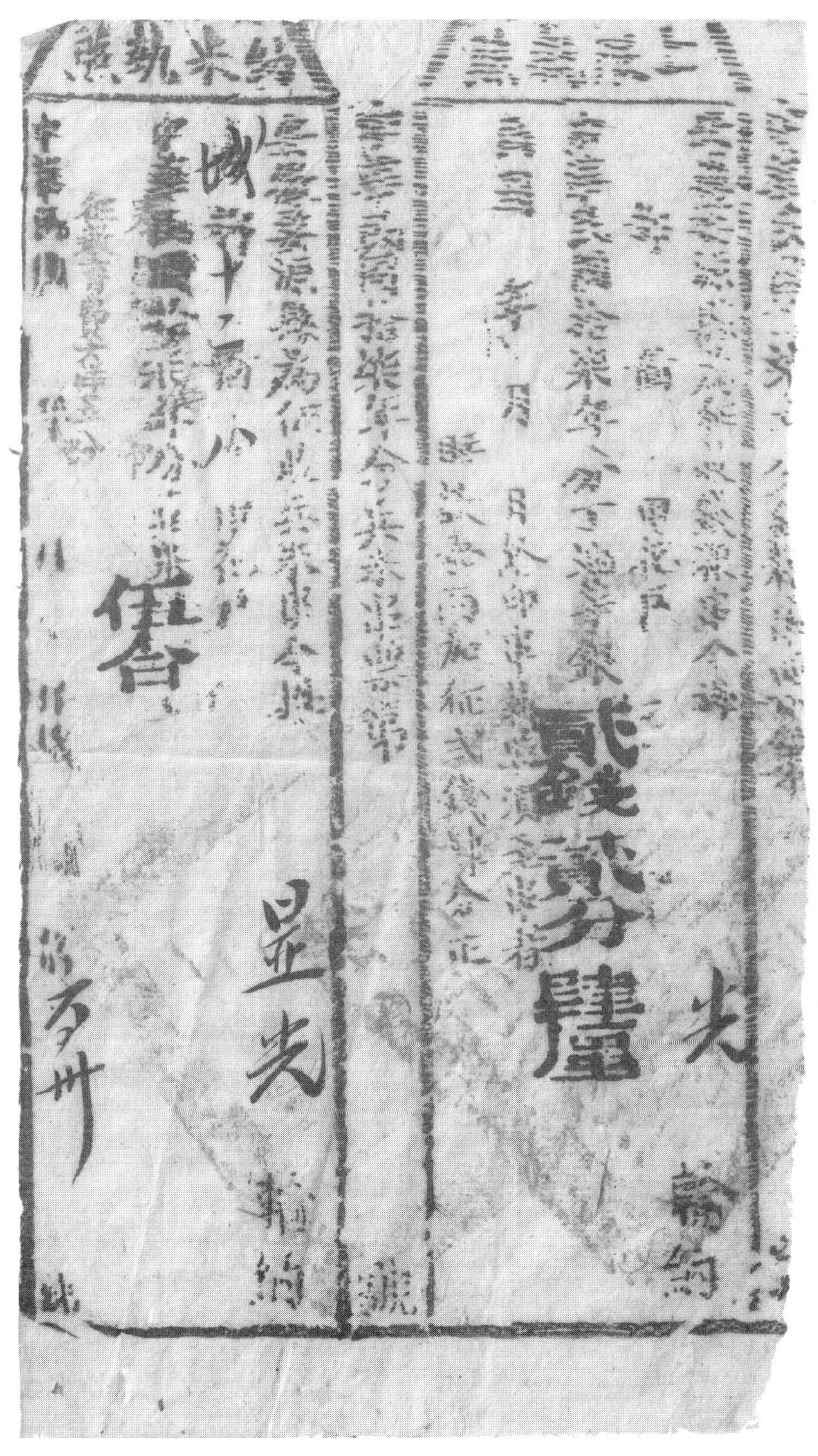

秋口镇金盘村 38 · 民国十七年 · 纳米执照 · 显光

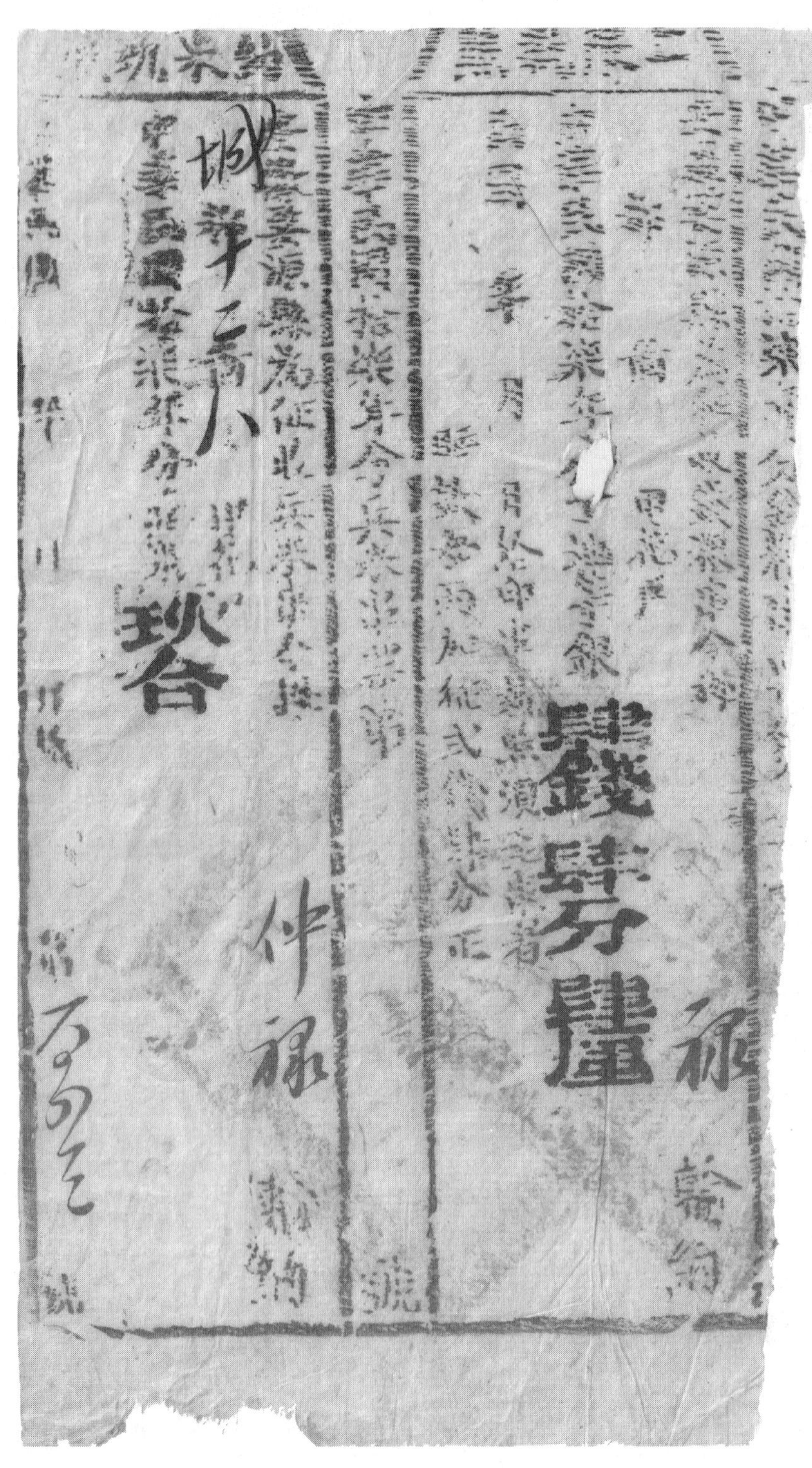

秋口镇金盘村 70 · 民国十七年 · 纳米执照 · 仲禄

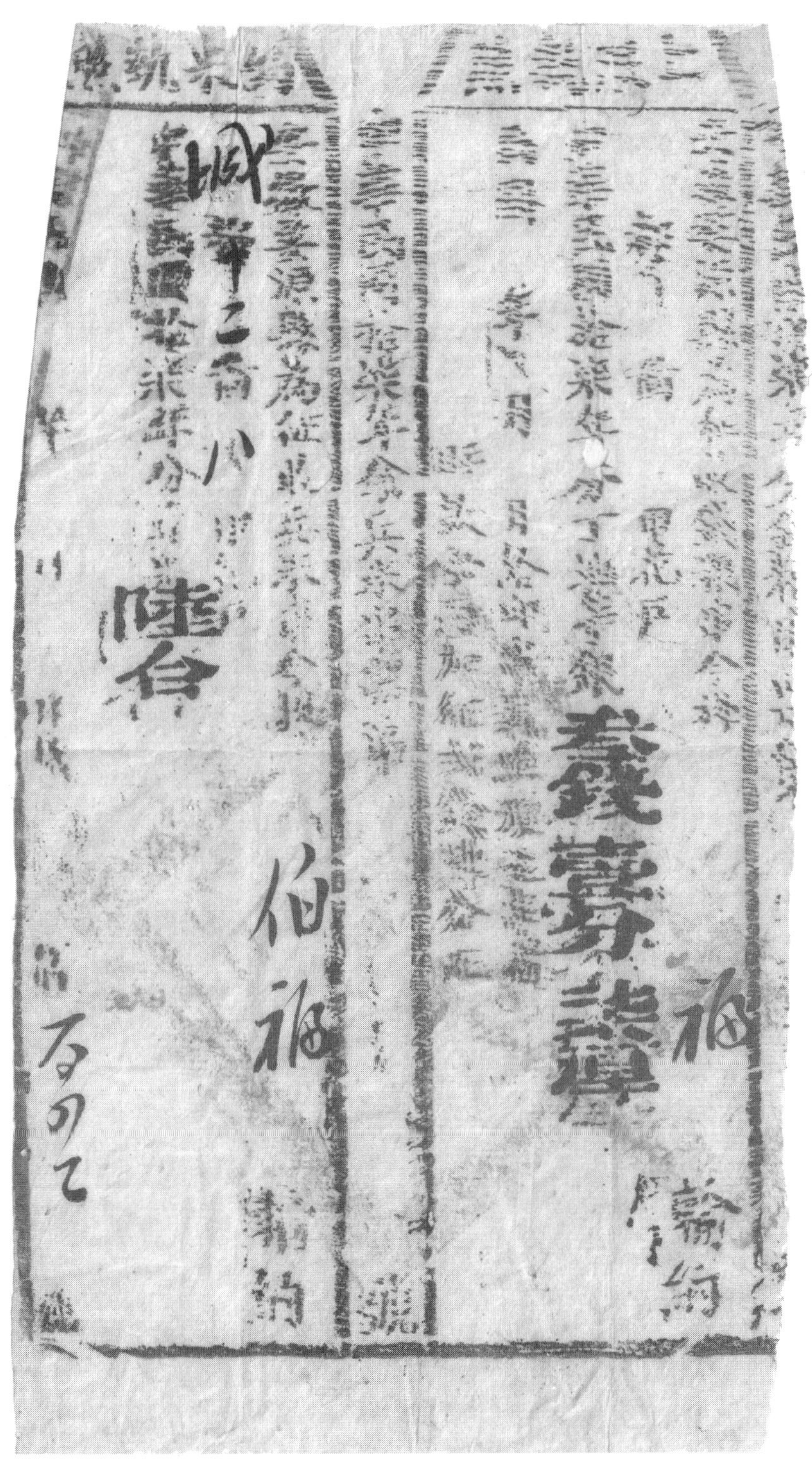

秋口镇金盘村 71 · 民国十七年 · 纳米执照 · 伯福

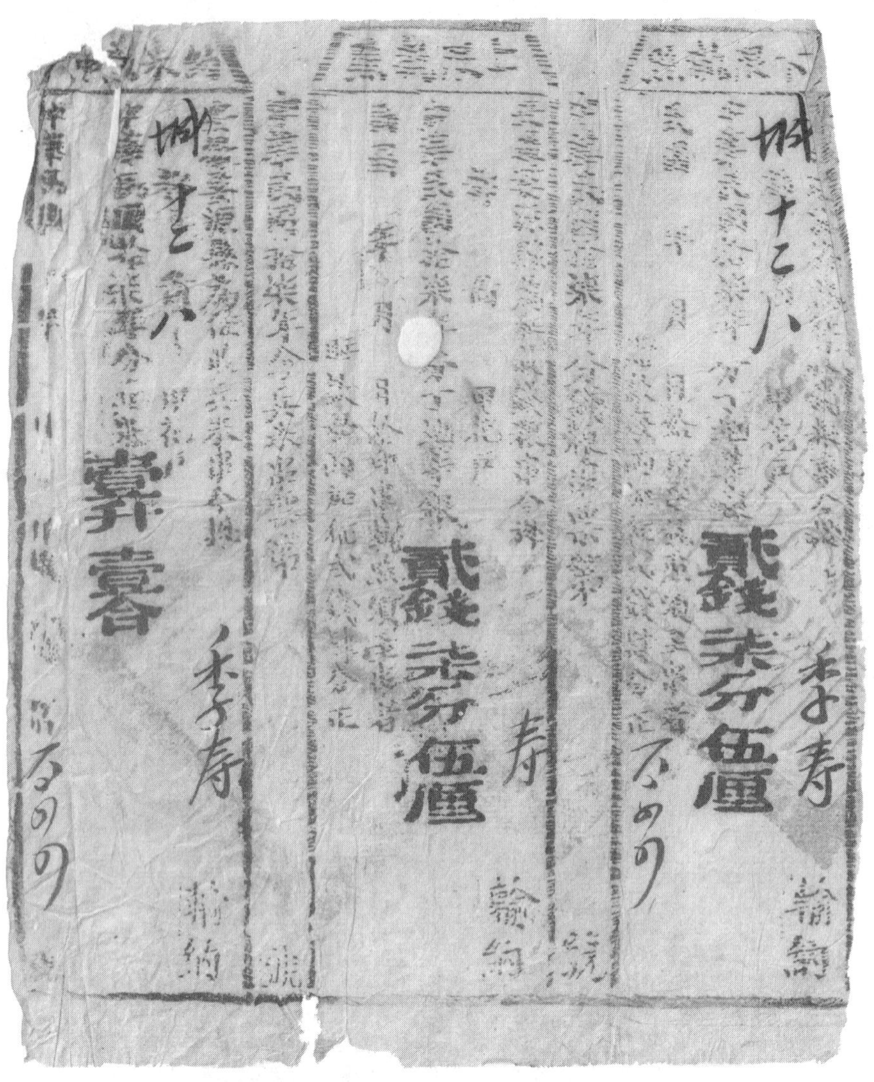

秋口镇金盘村 84 · 民国十七年 · 纳米执照 · 季寿

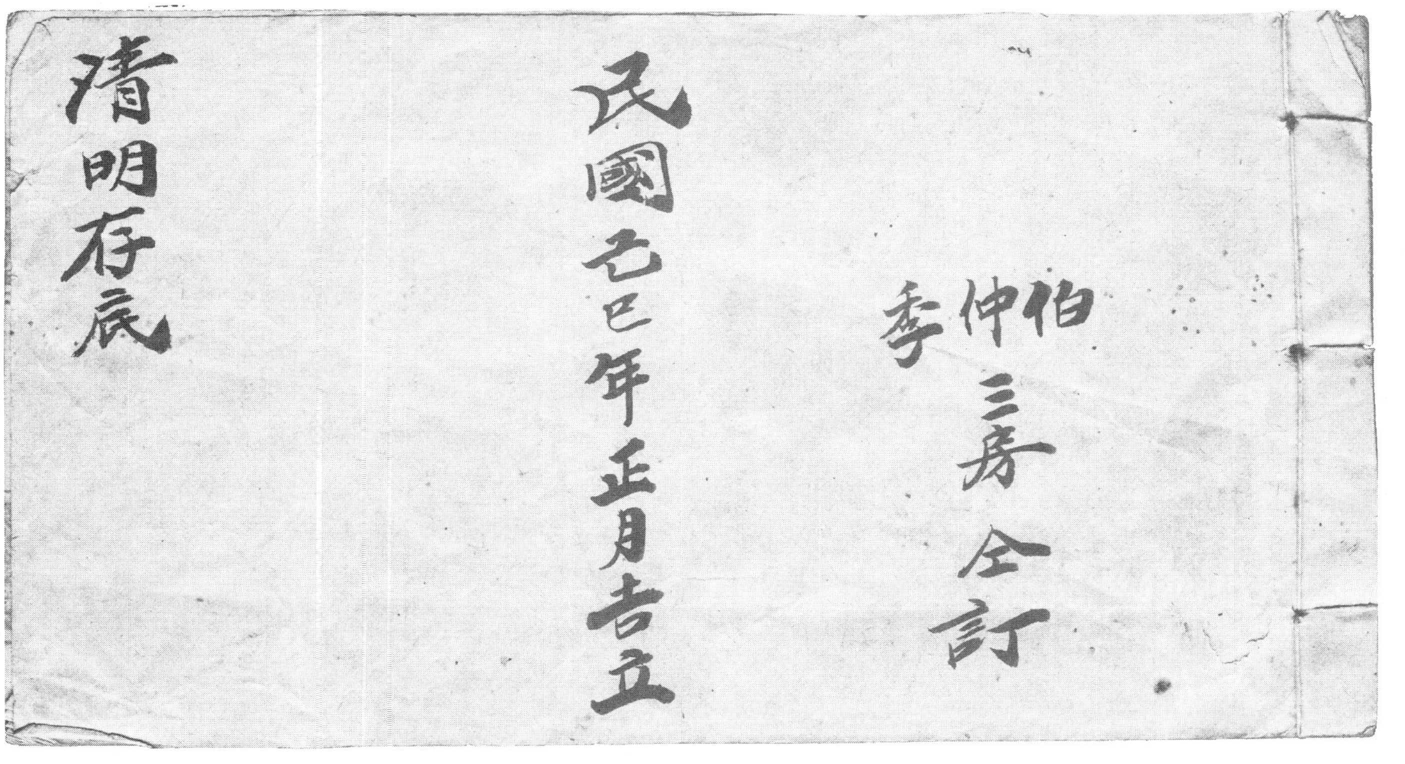

伯仲季三房仝訂

民國己巳年正月吉立

清明存底

秋仁镇金盘村 22-1 · 民国十八年 · 清明存底 · 伯仲季三房同订

民國己巳年二月吉　立
顯光公幼時由俞繼張生
平勤儉常在申地置業積
資已置田產屋宇娶潘氏
所生三子均全教讀婚
娶光公于民國辛酉年將
田產屋宇伯仲季三房
均分自是三房照批掌管
仍留存堂以資光夫婦口
食不卜壬戌年光公逝世
己巳年潘俞母樓踵
仙行今三房託中公議
將存堂田訂定來祖迭年
佃交壹石乃取斗栈伯仲季
輪收做頭週而復始準于
期三月初一日三房男子
到坟祭掃每人派散胙
丁餅壹斤坐飲三簞
酒壹餐毋得過期毋得
侵佔推頑三房閱覧

秋口镇金盘村 22-2 · 民国十八年 · 清明存底 · 伯仲季三房同订

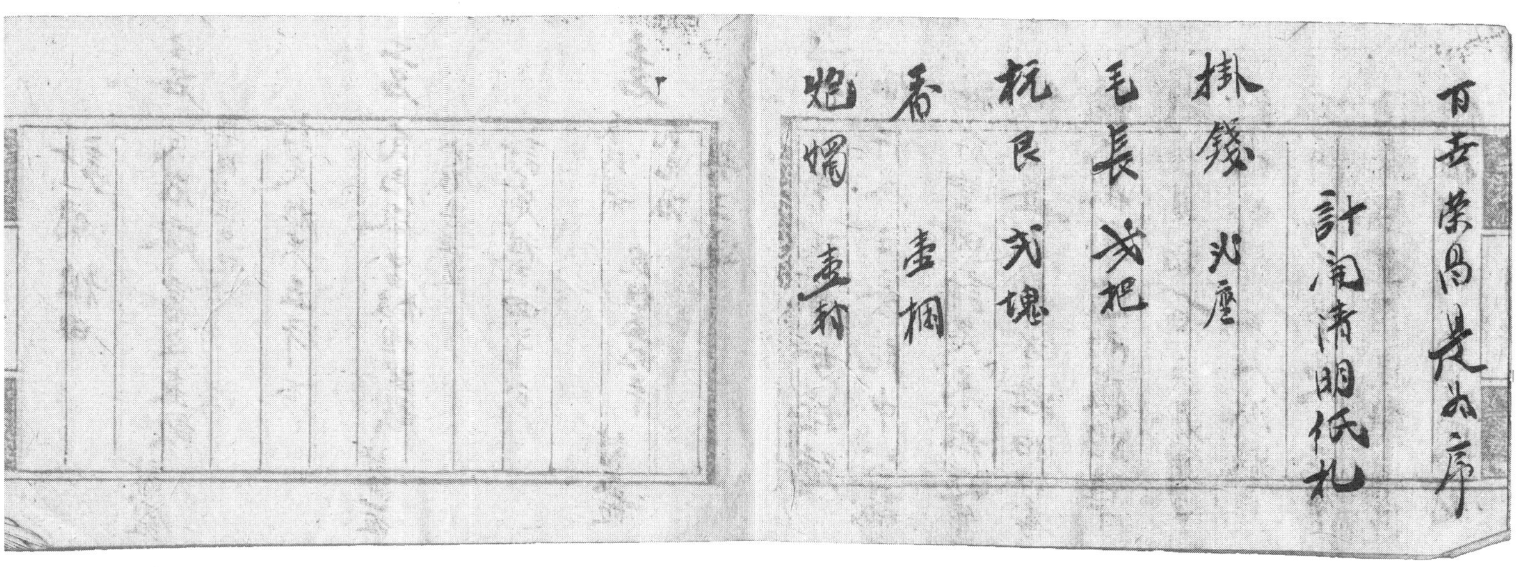

百世榮昌是為序

計開清明紙札

掛錢 〢座

毛長 〤把

杭艮 〤塊

香 壹捆

炮燭 壹封

秋口镇金盘村 22-3 · 民国十八年 · 清明存底 · 伯仲季三房同订

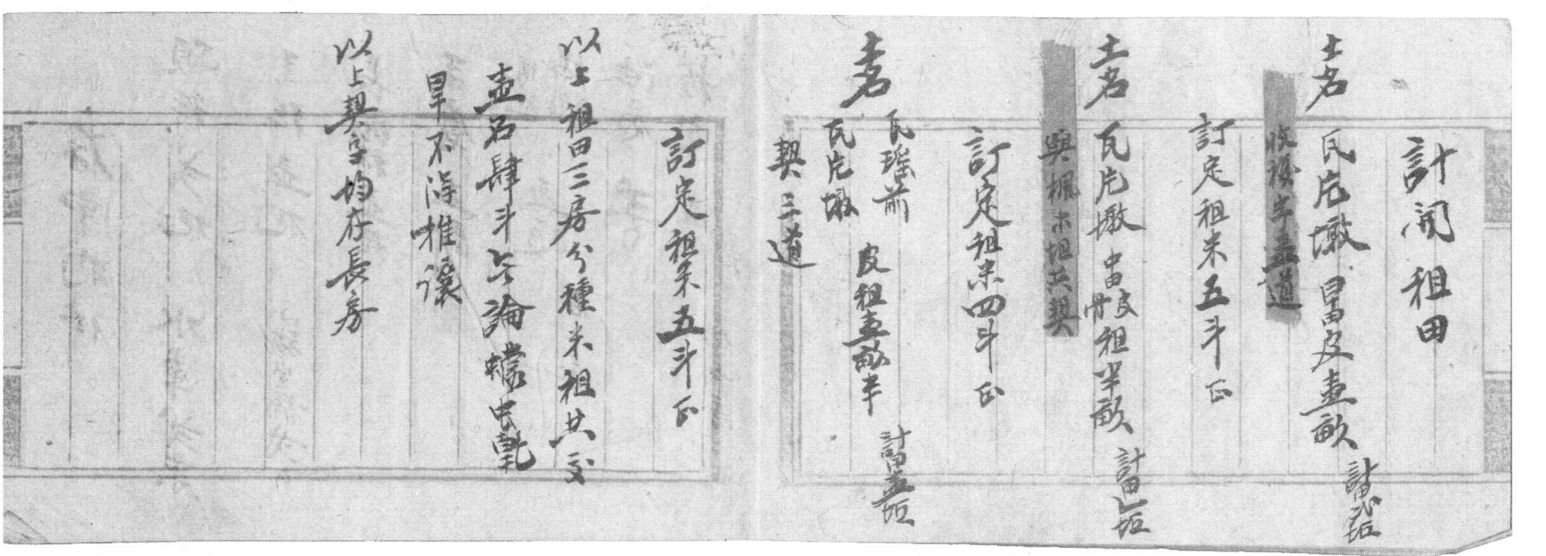

計開租田

土名瓦片墩 田皮壹畝 計[illegible]坵

收穀半[illegible]道

訂定租米五斗正

土名瓦片墩 田皮租半畝 計[illegible]坵

與[illegible]未[illegible]共契

訂定租米四斗正

土名瑤前 瓦片墩 皮租壹畝半 計[illegible]坵

契三道

訂定租米五斗正

以上租田三房分種米租廿[illegible]

壹石肆斗正論[illegible]

旱不得推讓

以上契字均存長房

秋口镇金盘村 22-4 · 民国十八年 · 清明存底 · 伯仲季三房同订

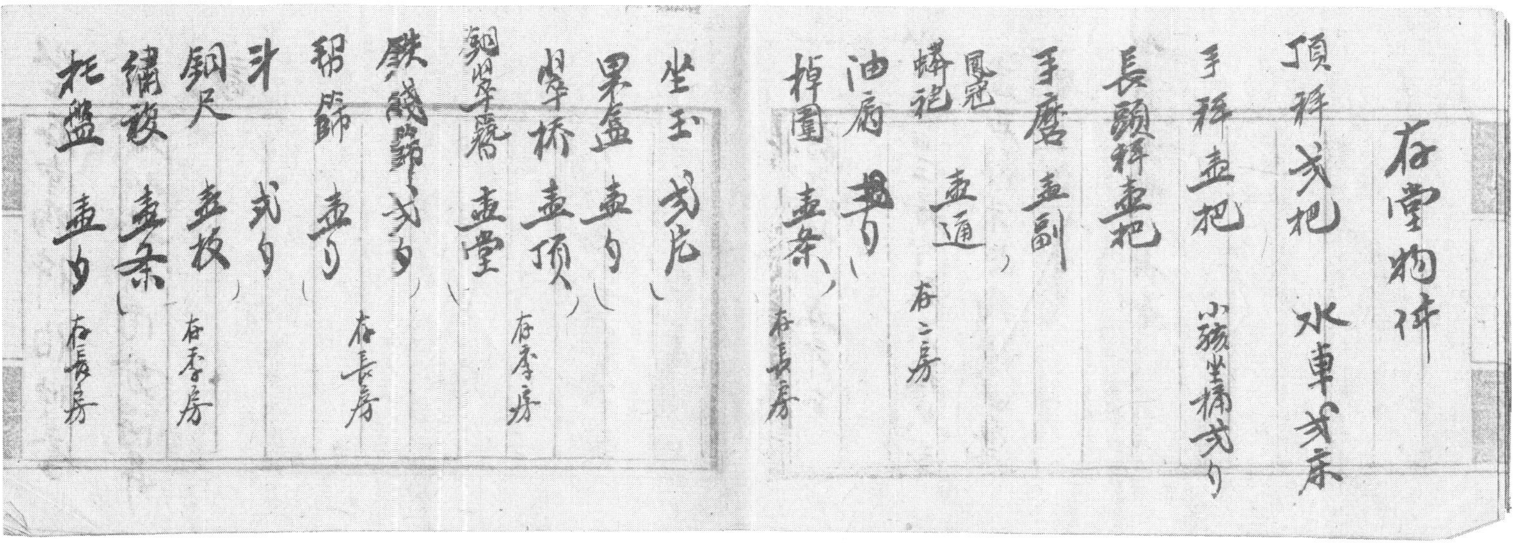

秋口镇金盘村 22-5 · 民国十八年 · 清明存底 · 伯仲季三房同订

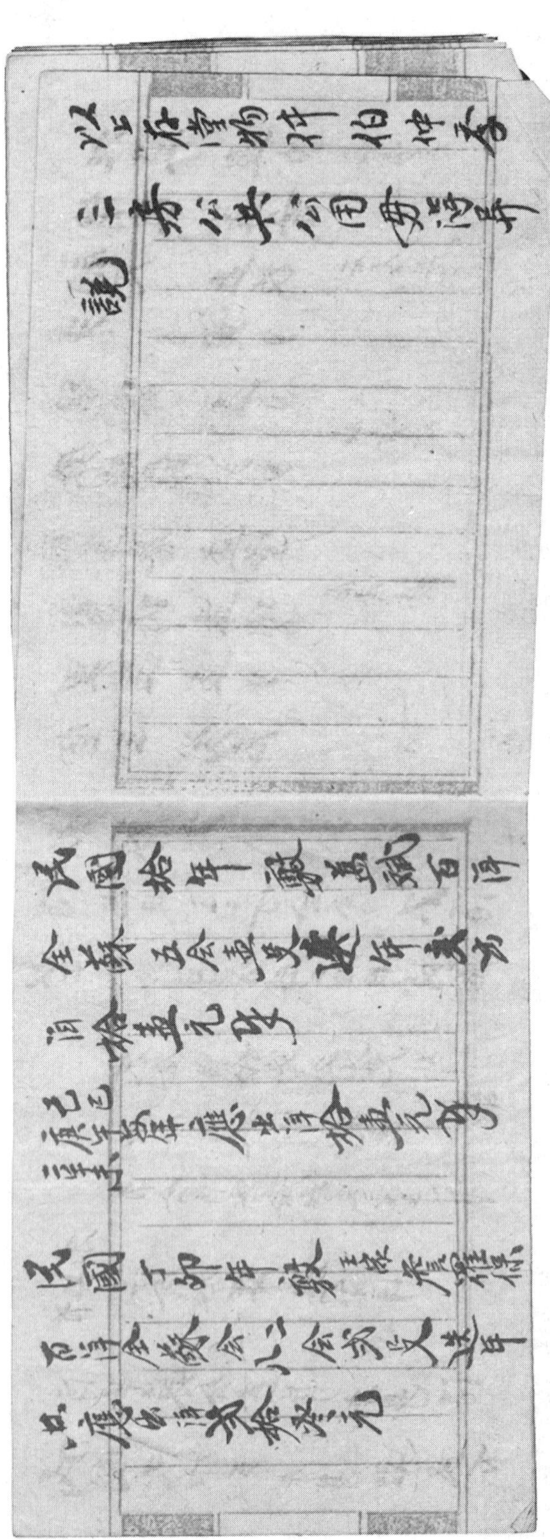

秋口镇金盘村 22-6 · 民国十八年 · 清明存底 · 伯仲季三房同订

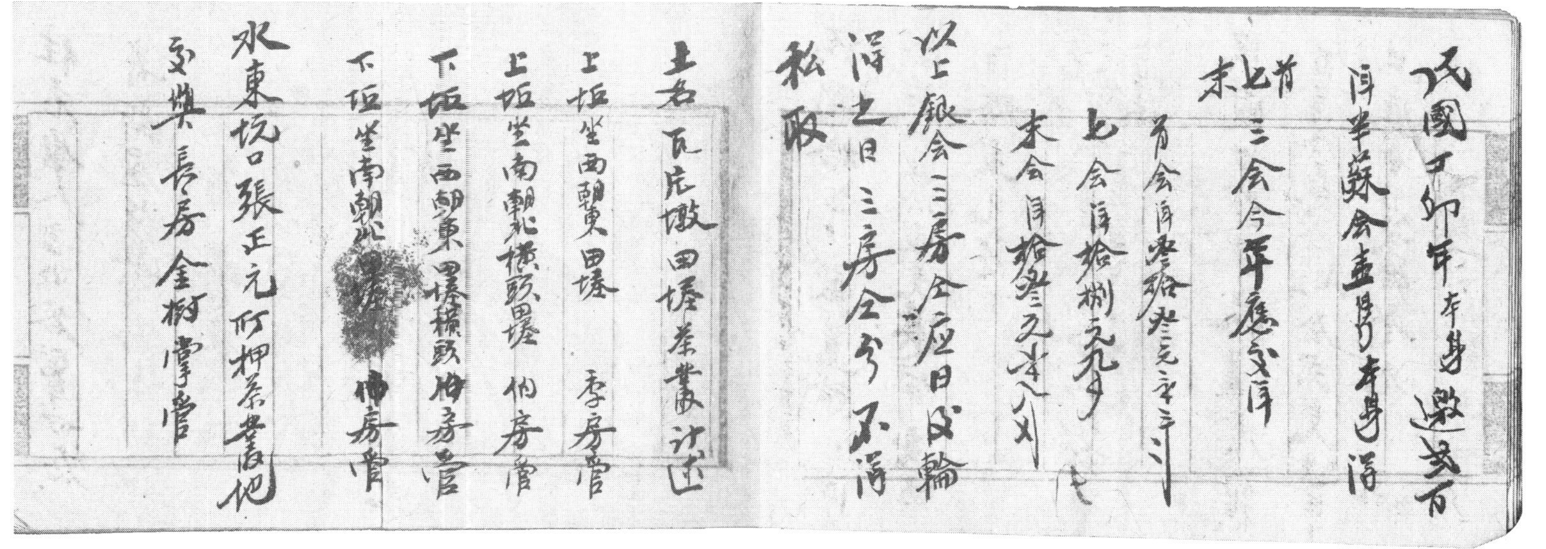

秋口镇金盘村 22-7 · 民国十八年 · 清明存底 · 伯仲季三房同订

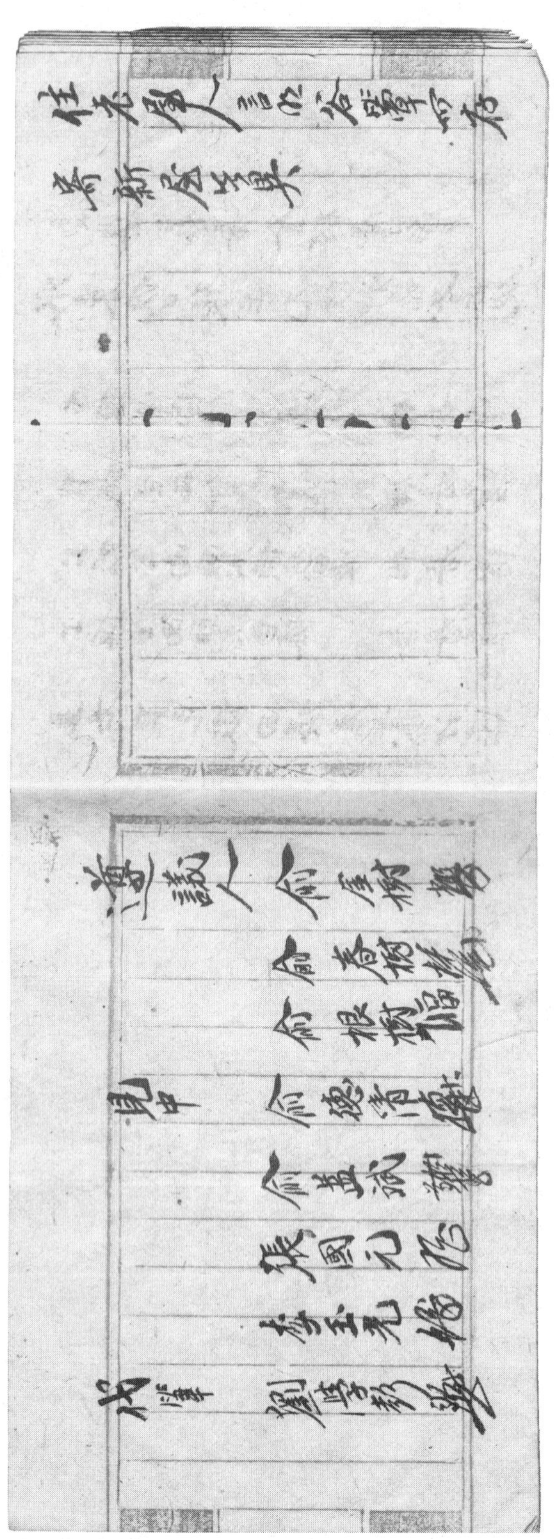

秋口镇金盘村 22-8 · 民国十八年 · 清明存底 · 伯仲季三房同订

限上執照

中華民國拾捌年分丁地等銀壹圓叁角珍厘
中華民國拾捌年分丁地等銀
民國　年　月　日給印串加徵減至半都
賠累加徵貳錢肆分又救貧伍分
都　會　甲花戶

納米執照

中華民國拾捌年分兵米串票簽
安徽婺源縣為徵收錢糧串令抄
中華民國拾捌年分兵米串令抄
安徽婺源縣為徵收兵米串令抄
附都十壹八甲祀戶
中華民國拾捌年分兵米叄合

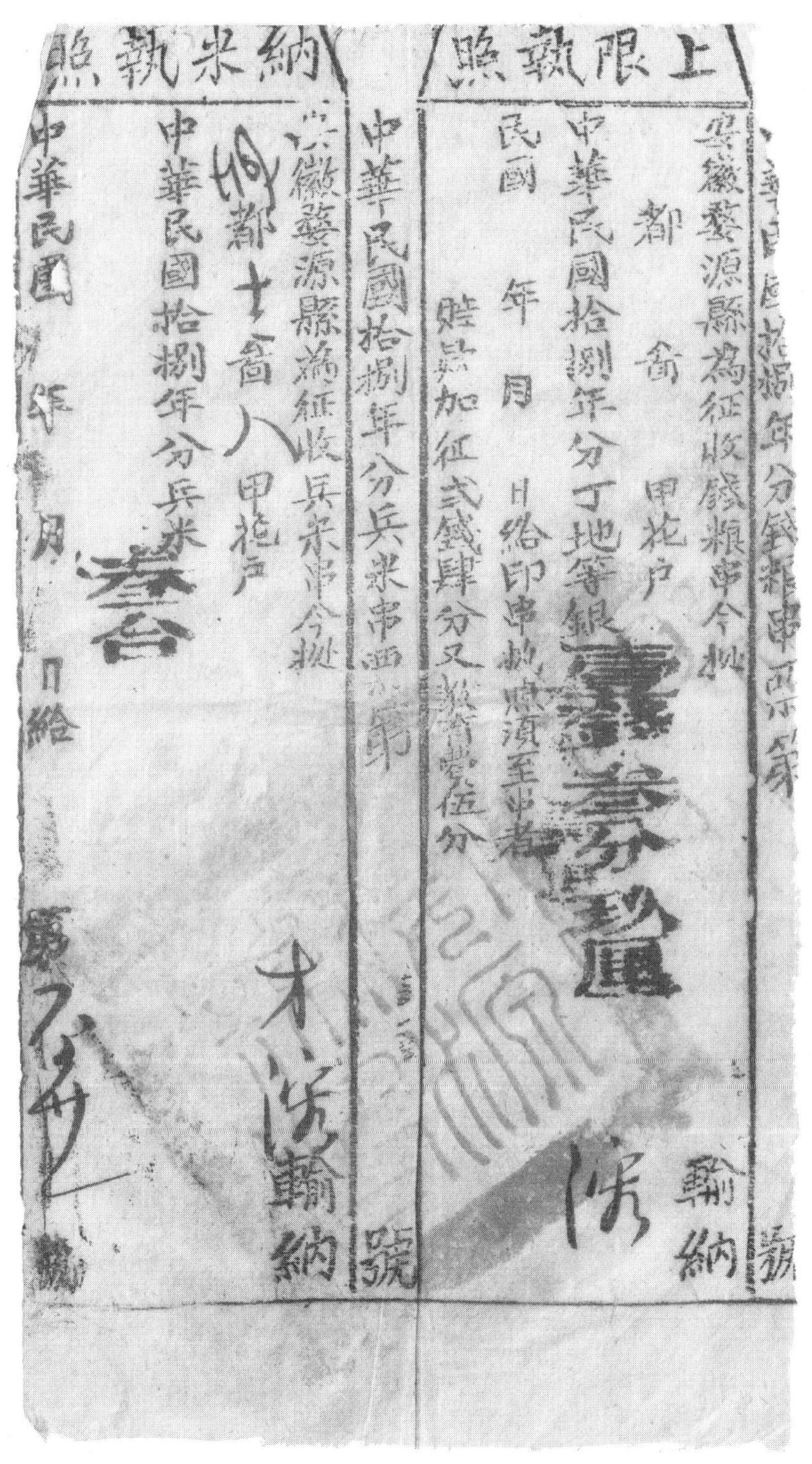

秋口镇金盘村 33 · 民国十八年 · 纳米执照 · 才溶

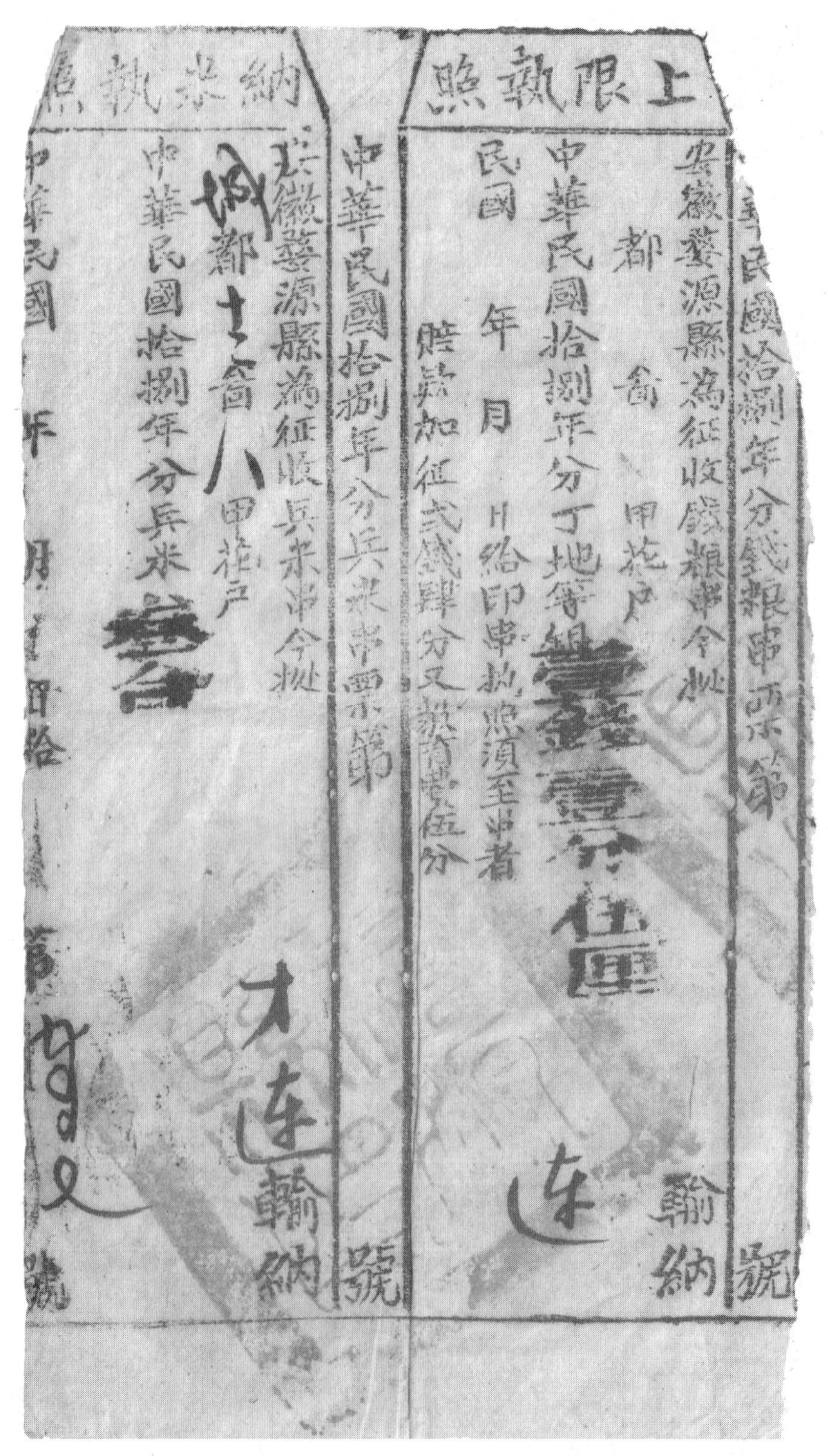

秋口镇金盘村 34 · 民国十八年 · 纳米执照 · 才连

上限執照

中華民國拾捌年分錢糧票串第筆號
安徽婺源縣為徵收錢糧事今抄
都 甲花戶
中華民國拾捌年分丁地等銀叁錢壹分壹釐
民國 年 月 日給印串執照須至串者
計開 征貳錢肆分文繳肯錢伍分
福

納米執照

中華民國拾捌年分兵米串票筆號
安徽婺源縣為徵收兵米串今抄
都 十二會 八甲花戶
中華民國拾捌年分兵米串今抄
中華民國拾捌年分兵米 合
中華民國 年 月 日給 第 號

伯柏翰納

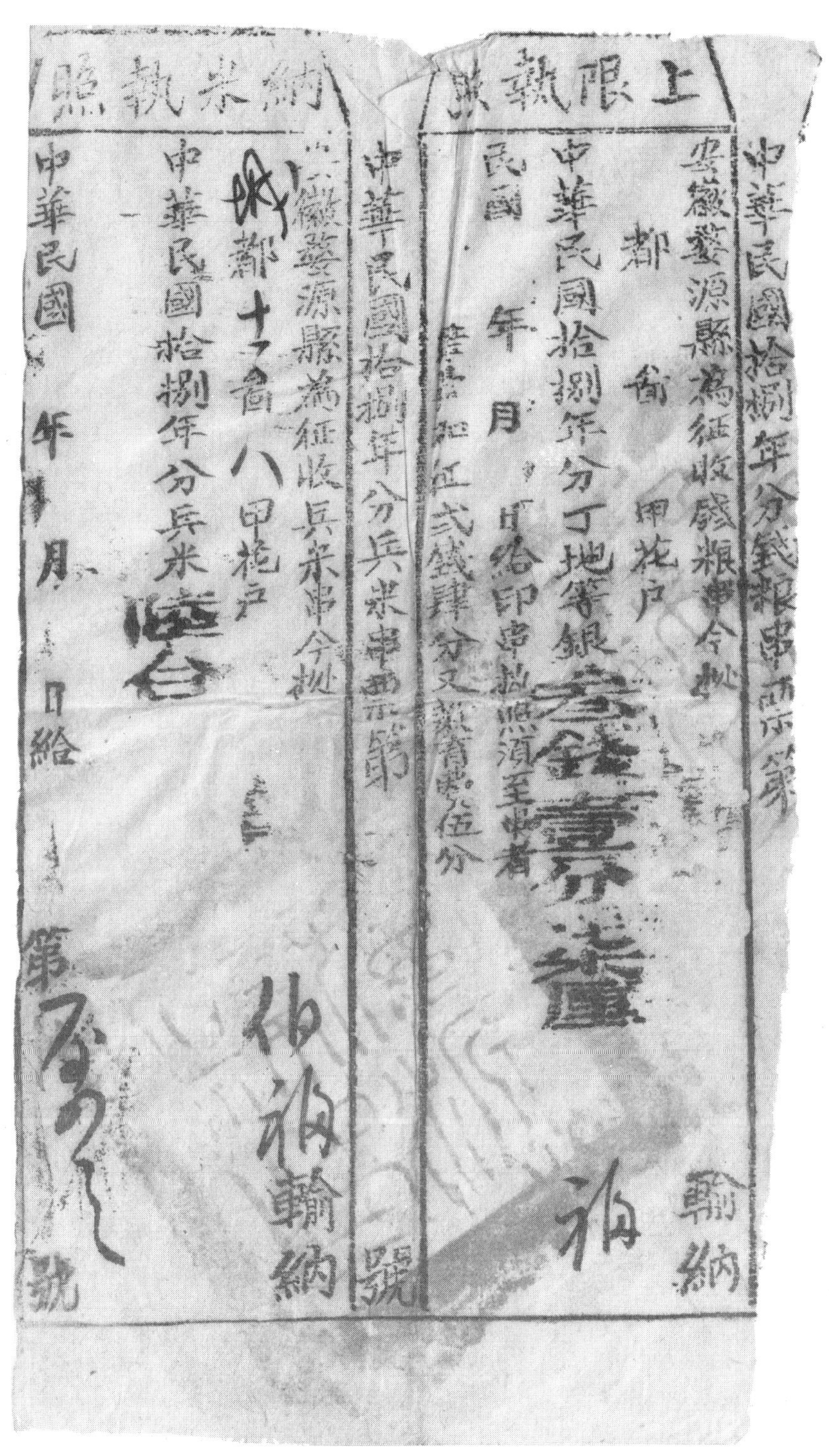

秋口镇金盘村 35·民国十八年·纳米执照·伯福

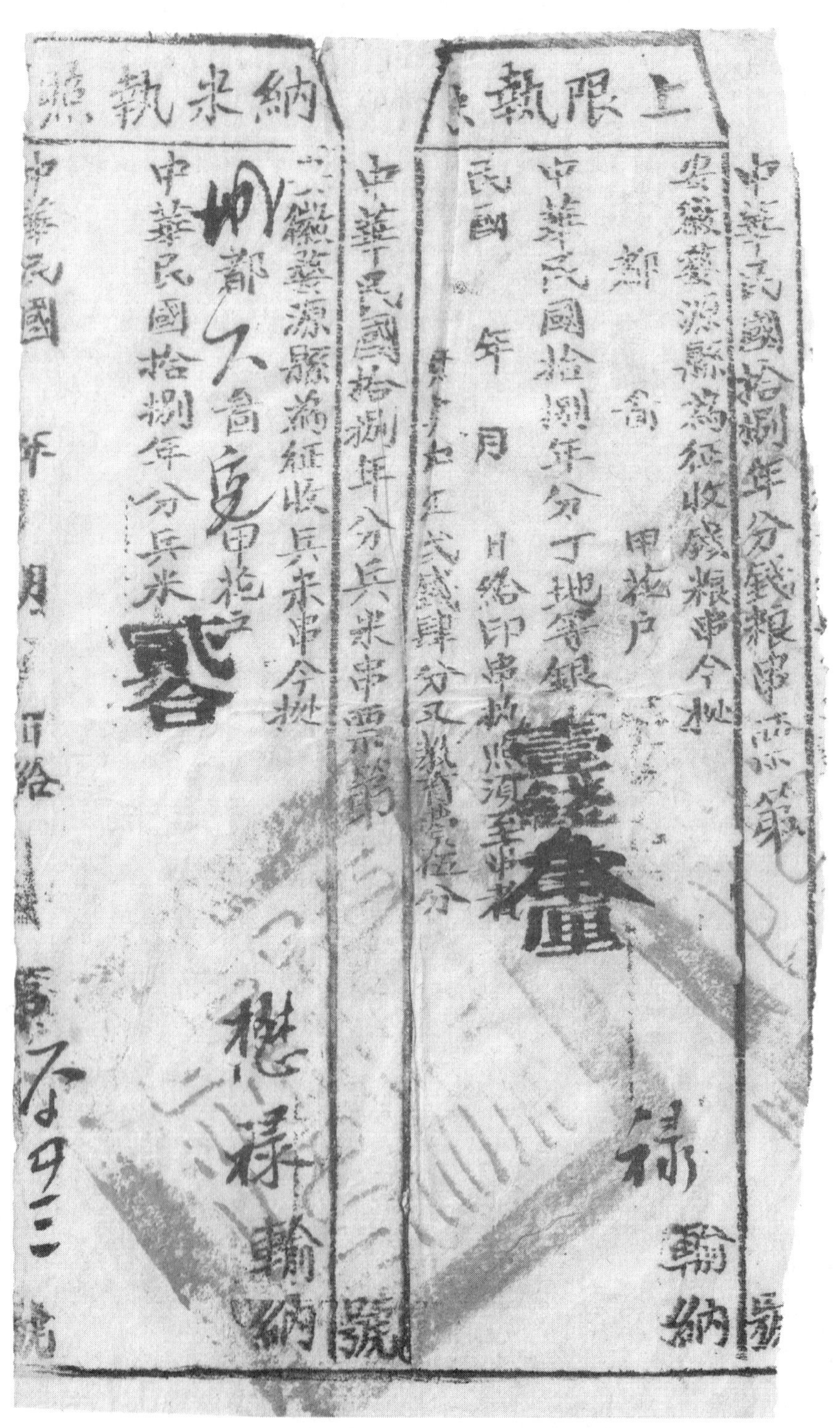

上限執照

中華民國拾捌年分錢粮串票第　號

安徽婺源縣為征收錢粮串令批　都　圖　甲　戶

中華民國拾捌年分丁地等銀

民國　年　月　日給印串執照須至串者

禄　輸納

中華民國拾捌年分兵米串票第　號

納米執照

安徽婺源縣為征收兵米串令批

中華民國拾捌年分兵米

懋禄　輸納

中華民國　年　月　日給　第　號

秋口镇金盘村 36 · 民国十八年 · 纳米执照 · 懋禄

上限執照

安徽婺源縣為徵收錢糧串令抄
都　啚　甲花戶
中華民國拾捌年分丁地等銀貳錢貳分肆釐
民國　年　月　日給印串執照須至此者
賠縣加征弍錢肆分又教育費伍分

中華民國拾捌年分錢糧串票第　號翰納

納米執照

安徽婺源縣為徵收兵米串令抄
都十了啚 八甲花戶
中華民國拾捌年分兵米串票第　號
中華民國拾捌年分兵米 伍合

中華民國　年　月　日給

顯光 輸納

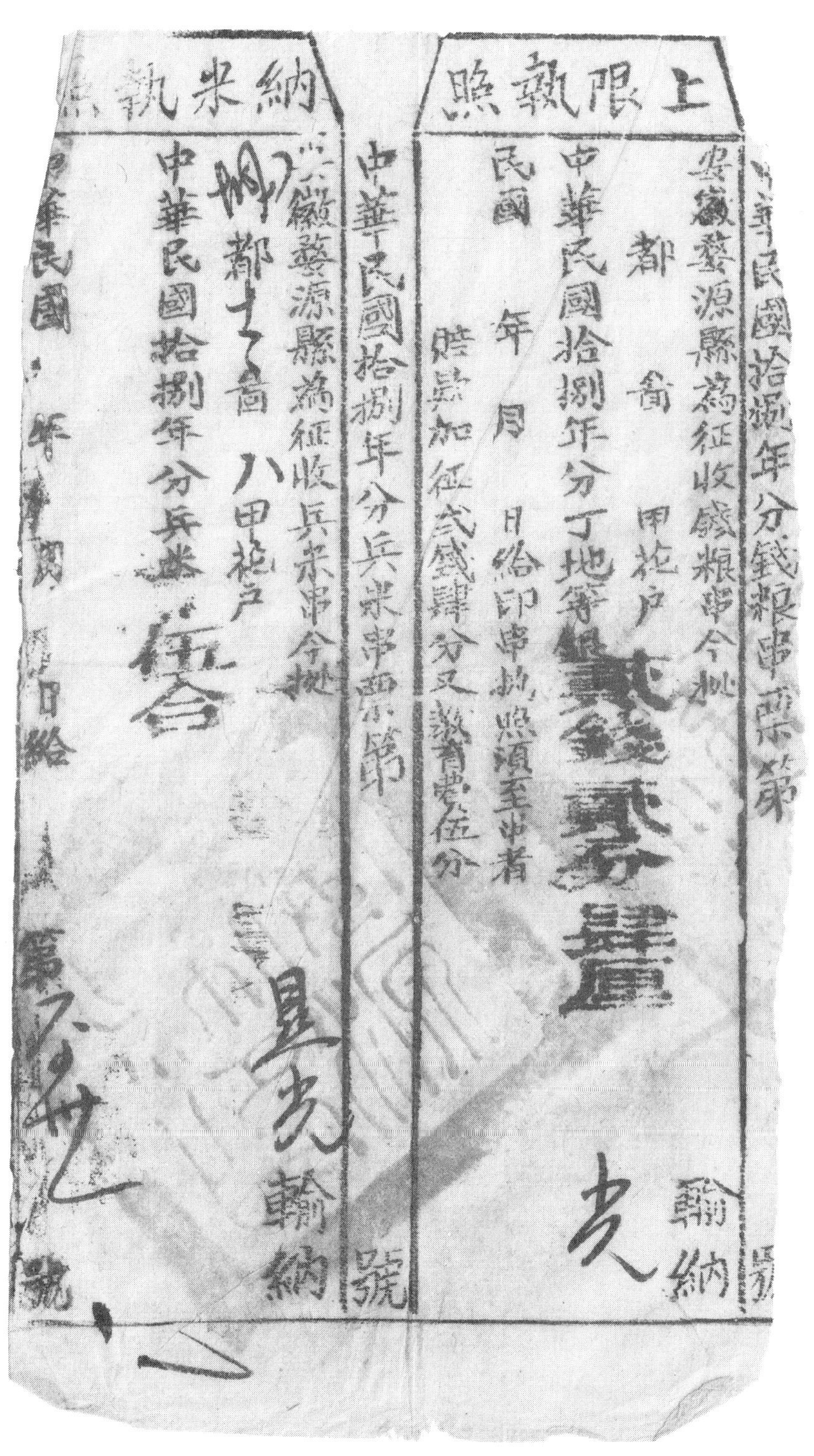

秋口镇金盘村 48 · 民国十八年 · 纳米执照 · 显光

安徽婺源縣為征收錢糧今據

都 圖 甲 祖戶

中華民國貳拾年分丁地等銀 共銀 兩 分 厘 毫 絲 福

民國 年 月 日給限遵照章首

賠欠加征貳錢伍分以炊農慶伊外

中華民國貳拾年分正米東兵第

安徽婺源縣為征收豉兵米今據

城都 土 啚 八 甲 祖戶

中華民國貳拾年殘兵米

民國 年 月 日給

伯福

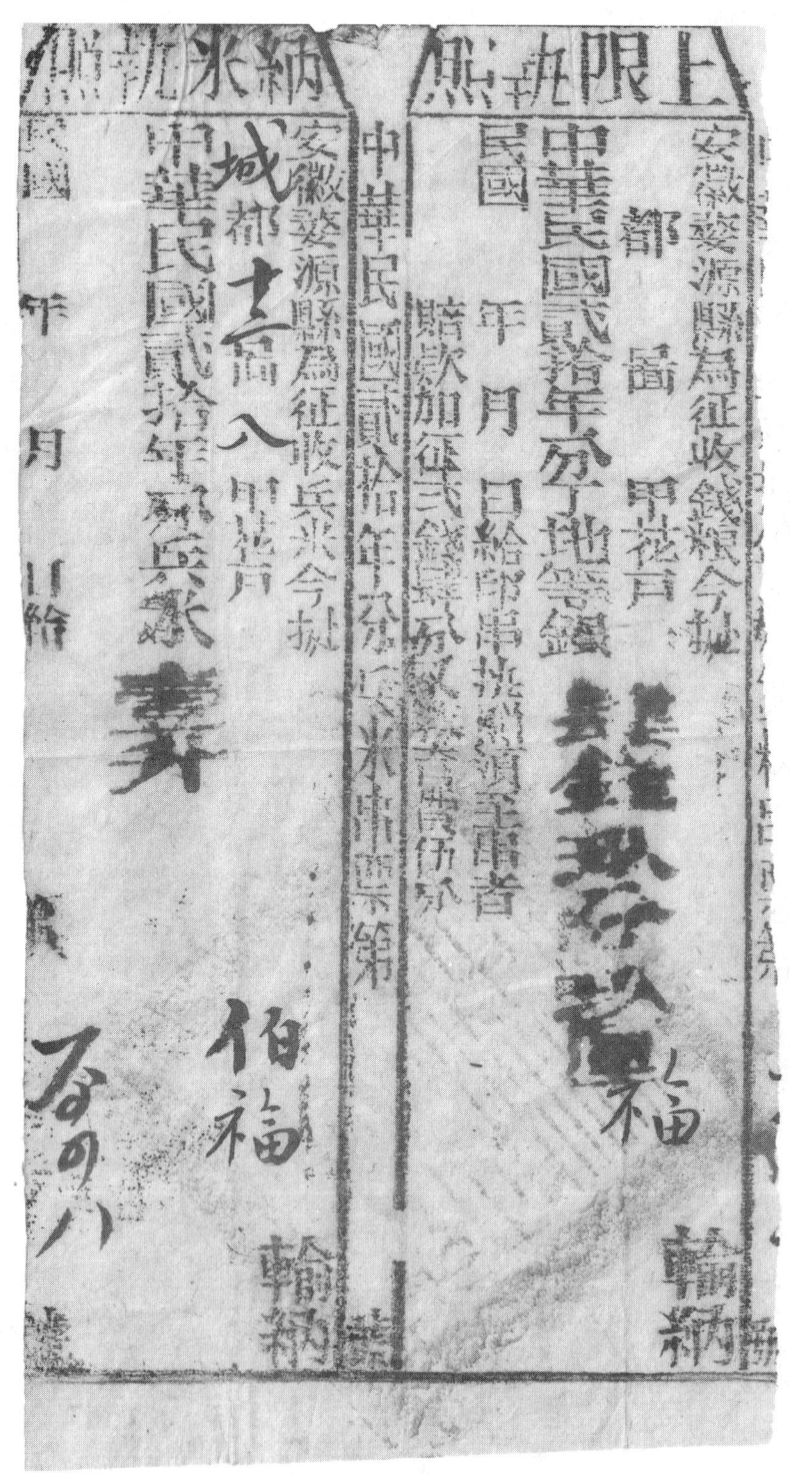

上限執照

中華民國貳拾年分錢糧串專為

安徽婺源縣為徵收錢糧今給

都 圖 甲花戶

中華民國貳拾年分丁地等銀

年 月 日給邱

賠款加 錢 分 又教育費 分

中華民國 民錢 分 兵米 虫藥等

安徽婺源縣為徵收

壹

納米執照

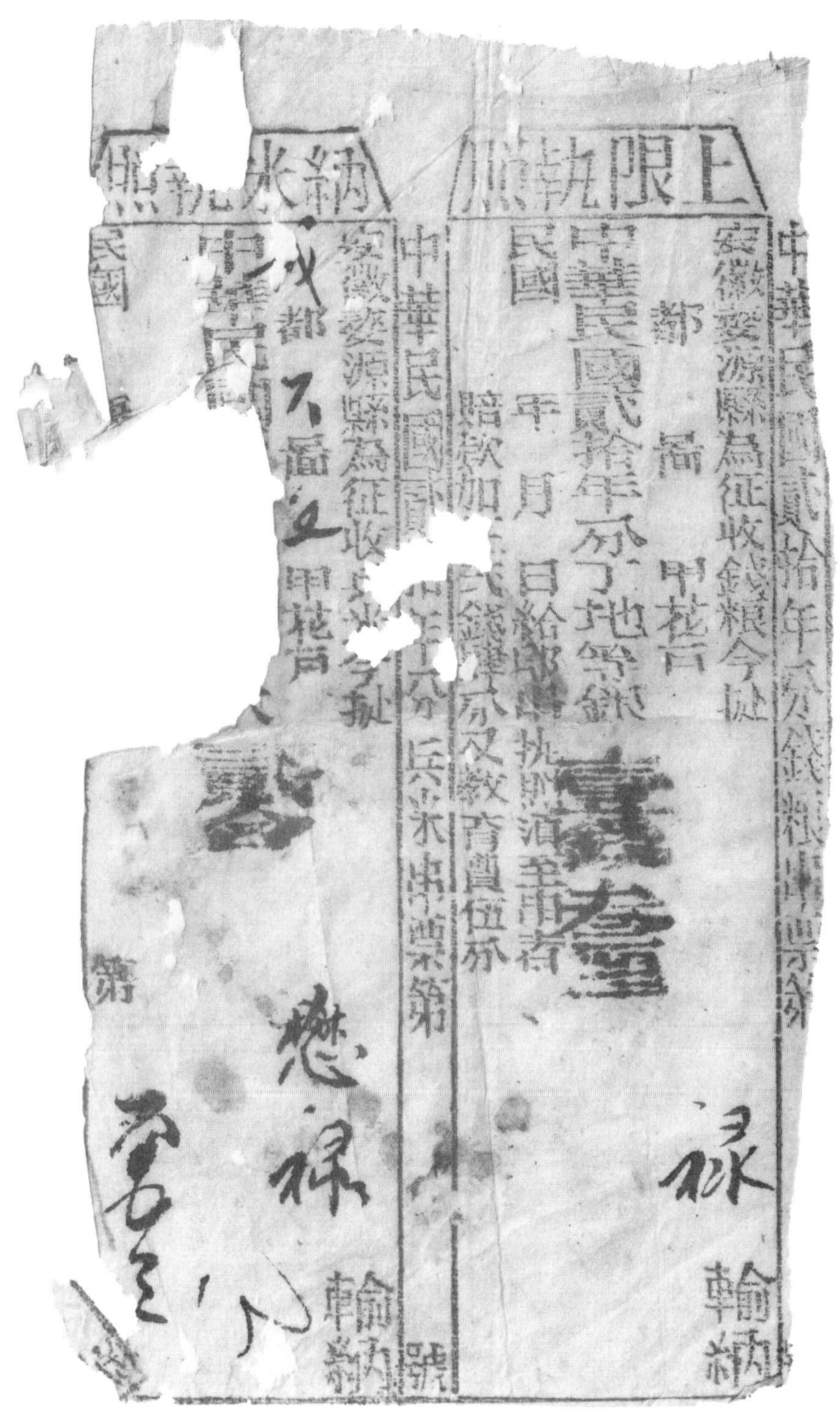

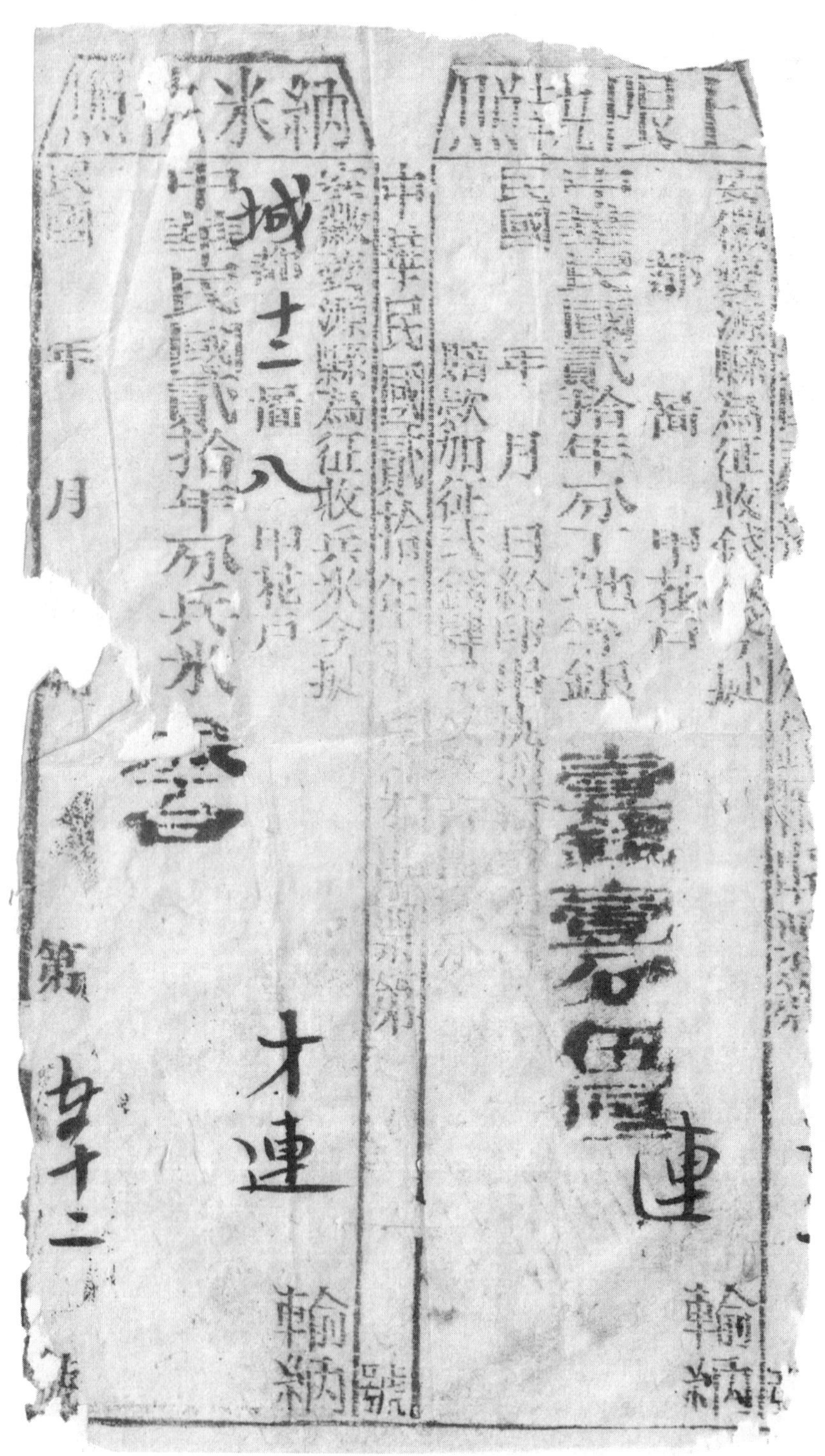

秋口镇金盘村 76 · 民国二十年 · 纳米执照 · 才连

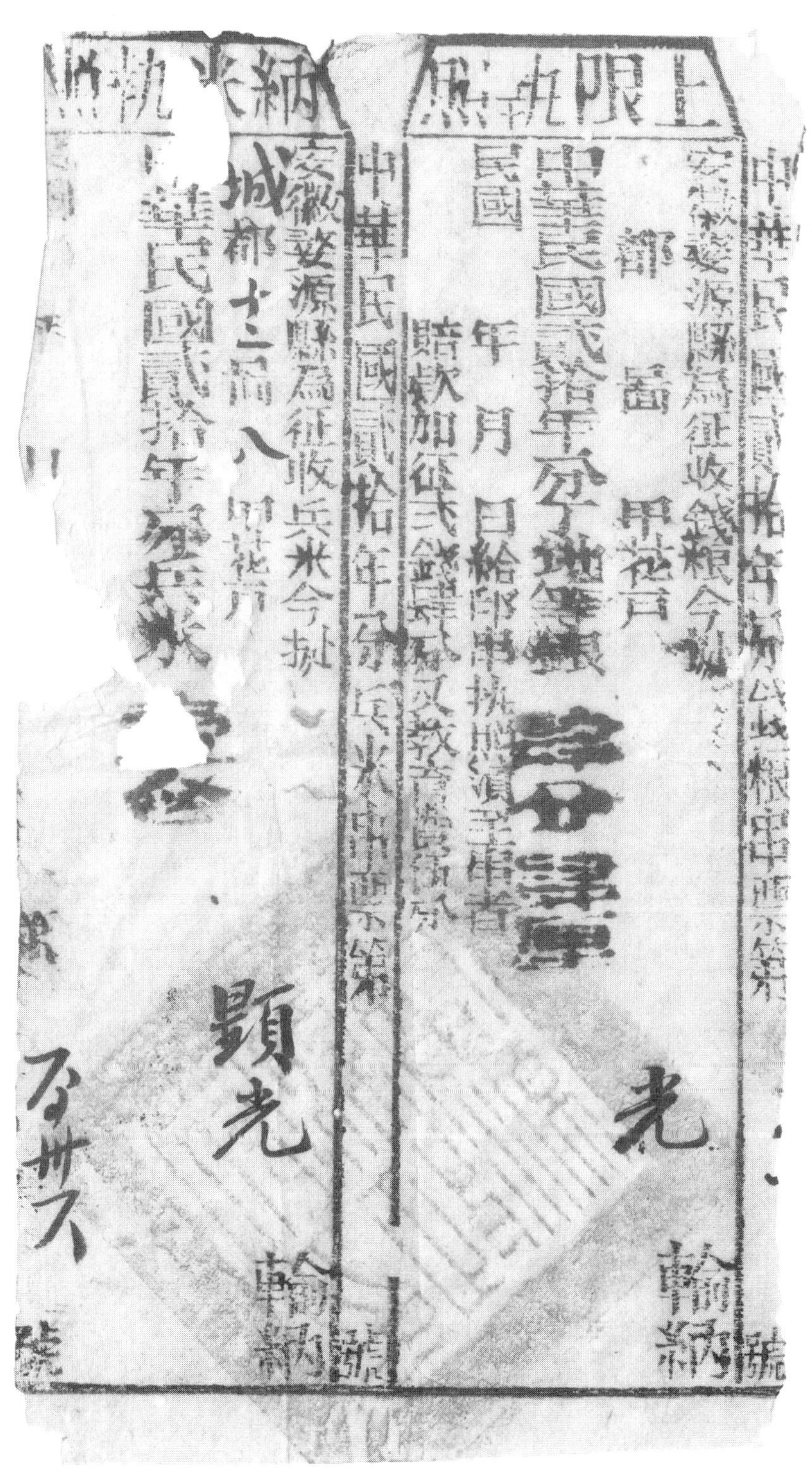

秋口镇金盘村 77 · 民国二十年 · 纳米执照 · 显光

安徽婺源縣為徵收錢糧事現據

都 圖 甲花戶

中華民國貳拾年分地等銀 實叁分

民國 年 月 日給印串執照須至串者

賠款加征貳錢肆厘伍毫貳絲陸忽

中華民國貳拾年分兵米 年 月

安徽婺源縣為徵收兵米今據

城都十二圖八

中華民國貳拾年分

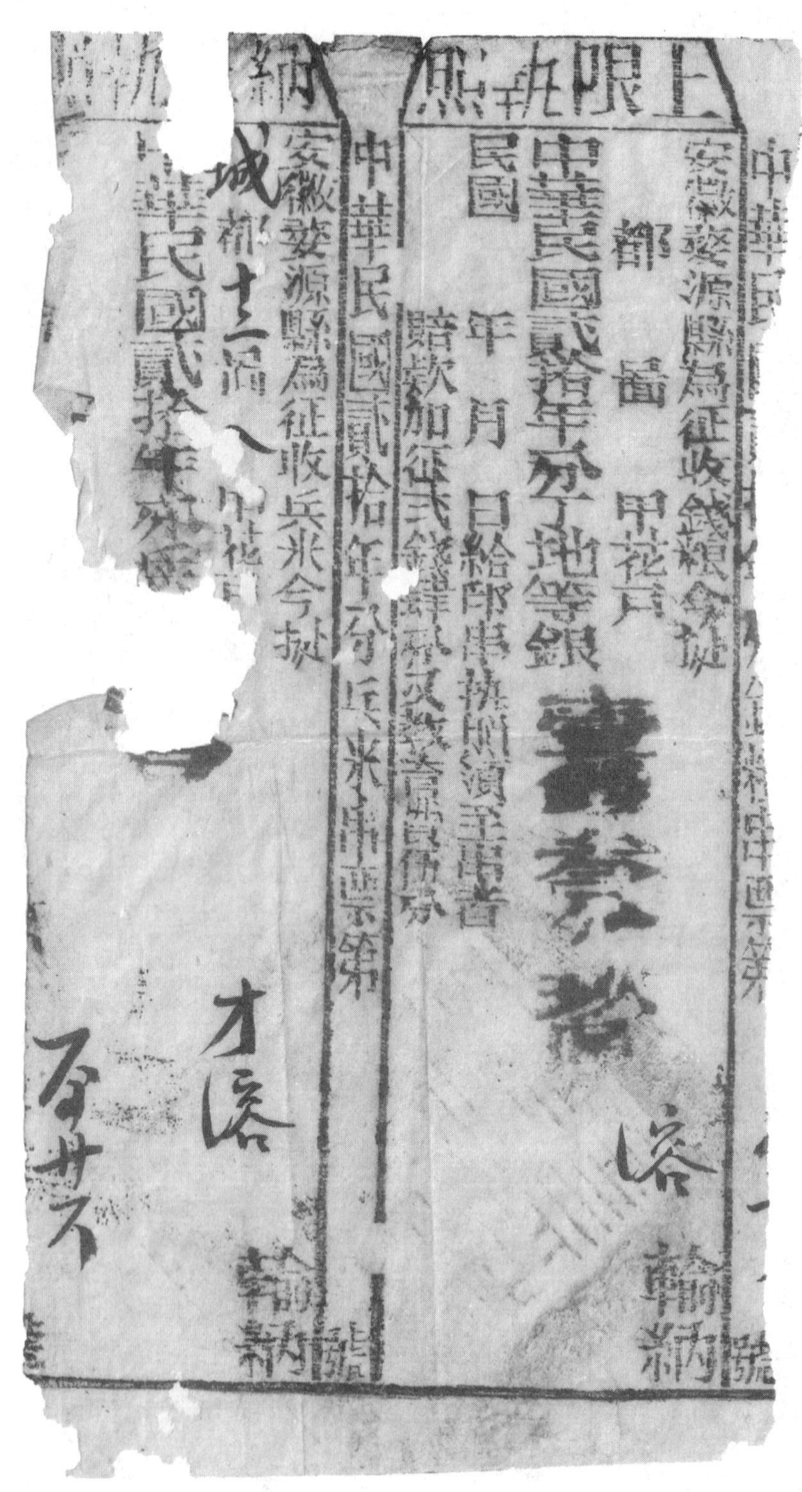

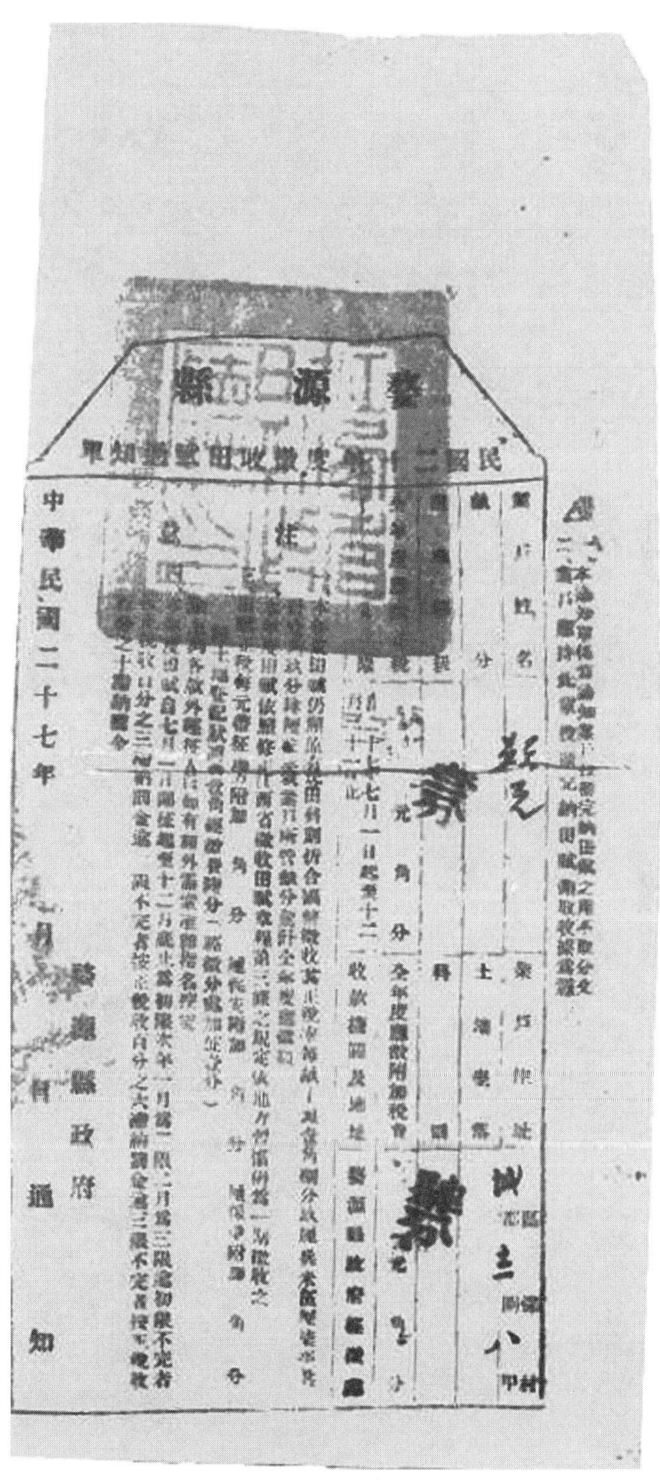

秋口镇金盘村 95 · 民国二十年 · 征收田赋通知单 · 显光

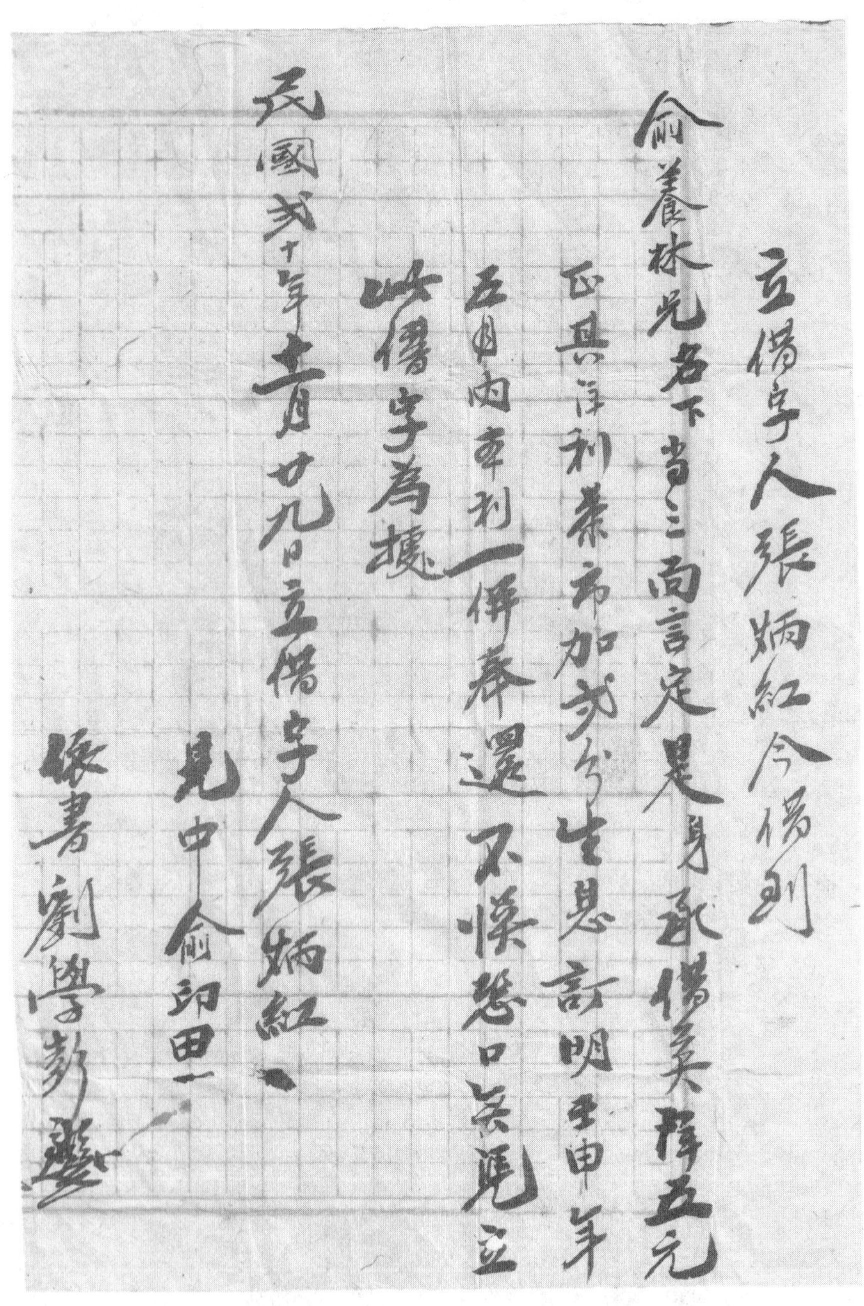
立借字人張炳紅今借到
俞養林兄名下當三面言定是身承借英洋五元
正其洋利茶市加弍分生息訂明壬申年
五月內本利一併奉還不悞恐口無憑立
此借字為據
民國弍十年十一月廿九日立借字人張炳紅
見中俞印田
依書劉學彭

秋口镇金盘村 102 · 民国二十年 · 借字 · 张炳红借到俞养林

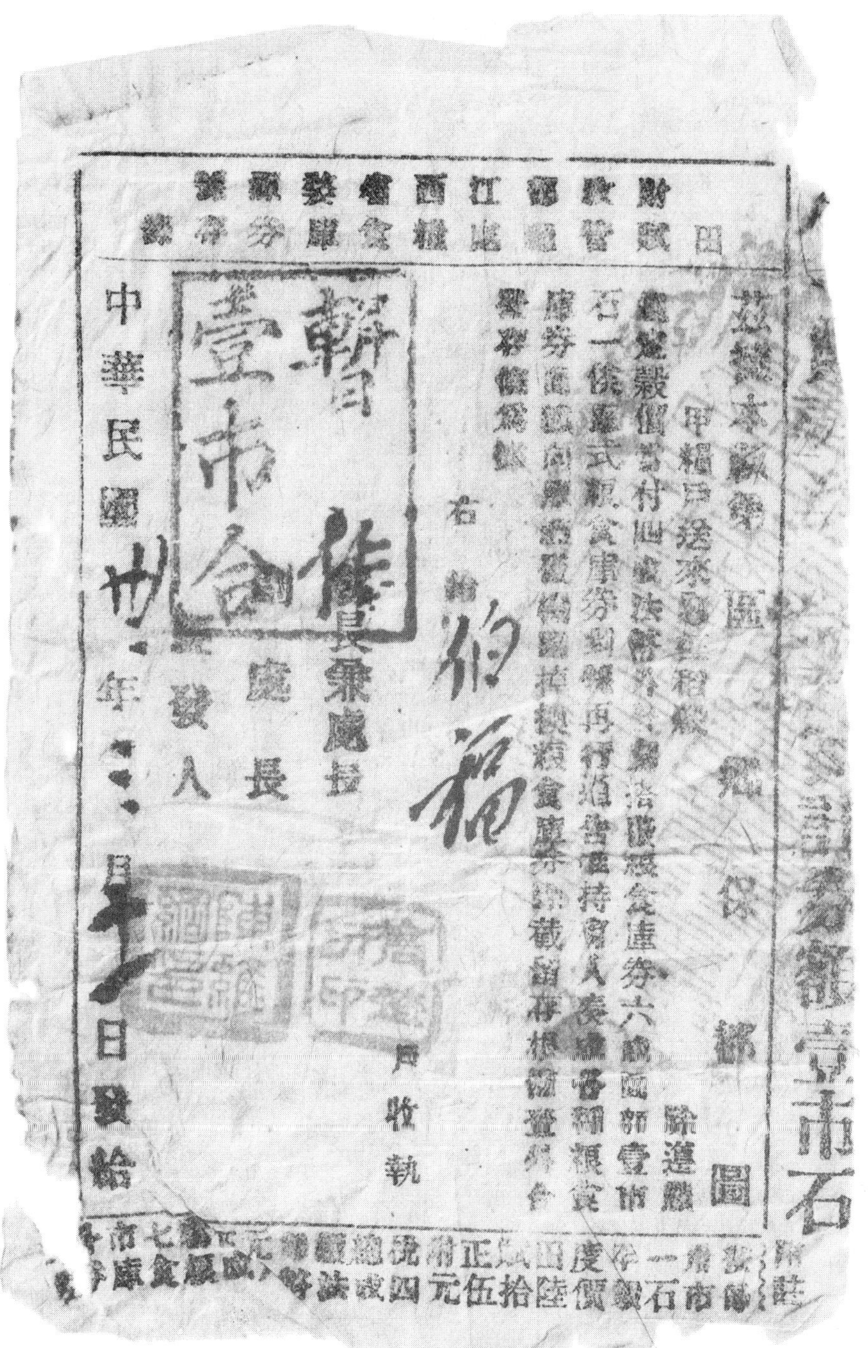

秋口镇金盘村 39 · 民国二十一年 · 田赋征收存根 · 伯福

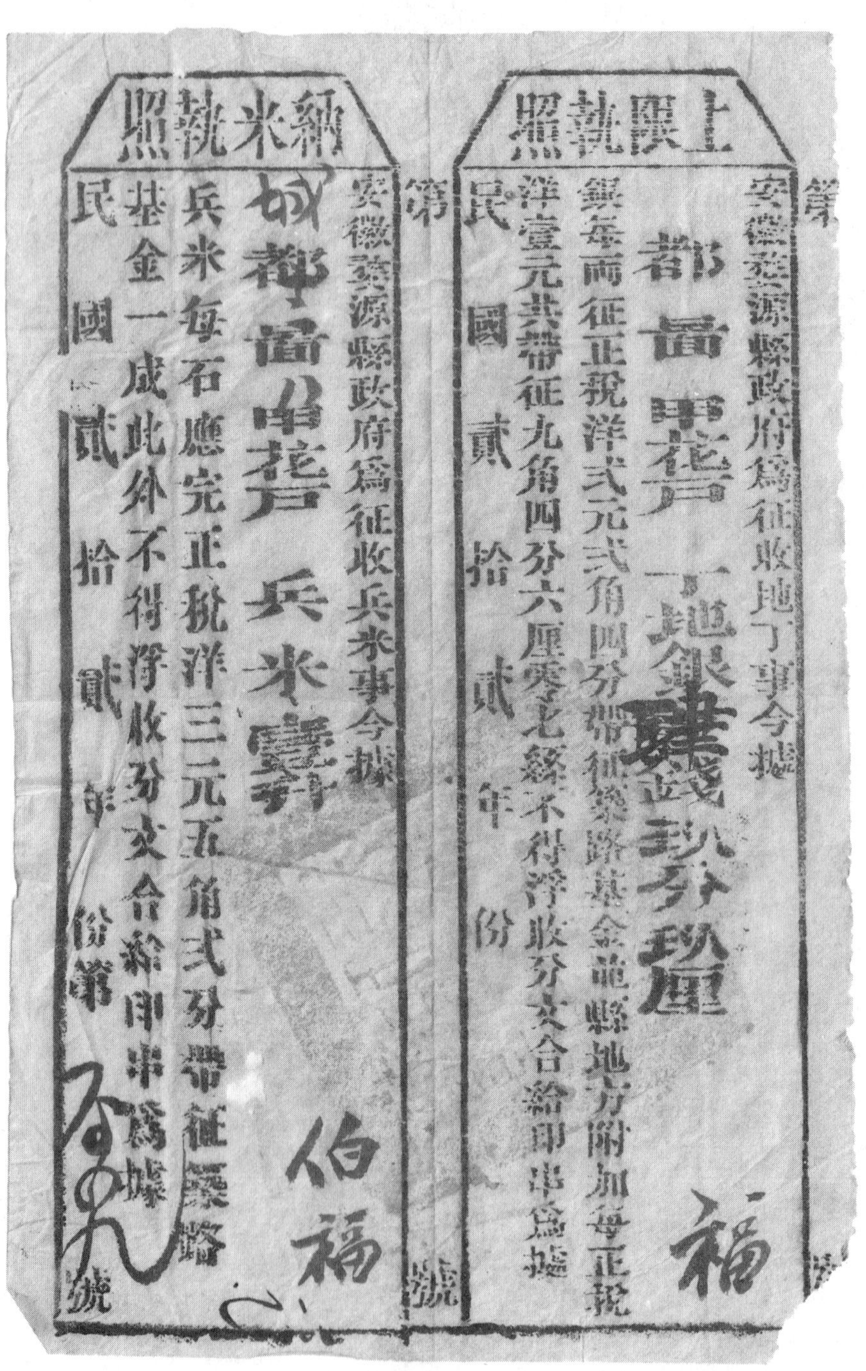

秋口镇金盘村 90 · 民国二十二年 · 纳米执照 · 伯福

第二期田賦國民串票 貳拾叄年

戶主 耘管 都圖甲 壹歒陸分肆釐

字第 號

本期完正附稅銀幣 月 日經征員

每畝應完正稅銀幣玖分肆厘伍毫貳絲捌忽
附稅銀幣捌厘玖毫叄絲

如數收訖

第一期田賦國民串票 貳拾叄年

戶主 耘管 城都土圖八甲 才溶

字第 號

每畝應完正稅銀幣玖分肆厘伍毫貳絲捌忽
附稅銀幣捌厘玖毫肆亳叄絲

本期完正附稅銀幣 陸角肆

共完兵米正附稅銀幣 壹亳壹厘

民國貳拾叄年 月 日經征員

第右廿八號 收訖 如數

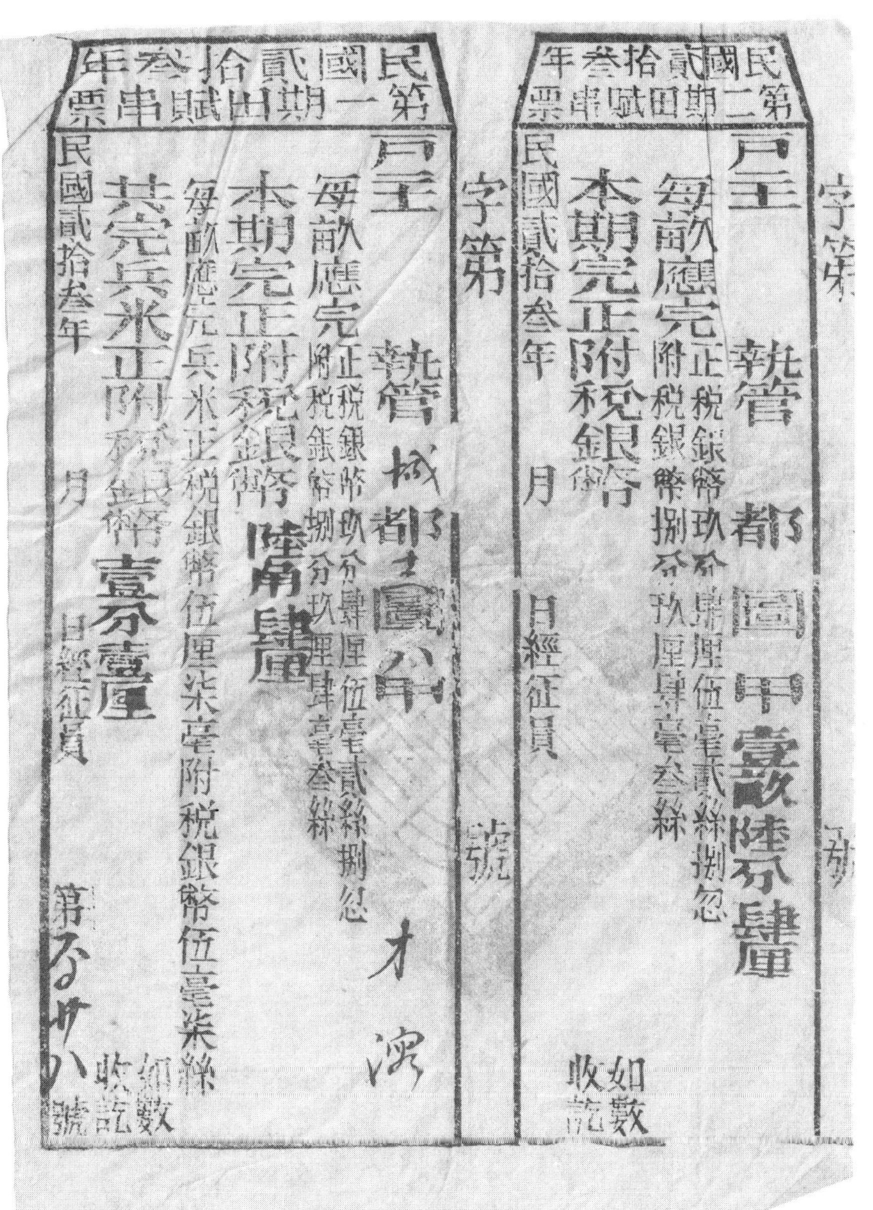

秋口镇金盘村 73 · 民国二十三年 · 田赋串票 · 才溶

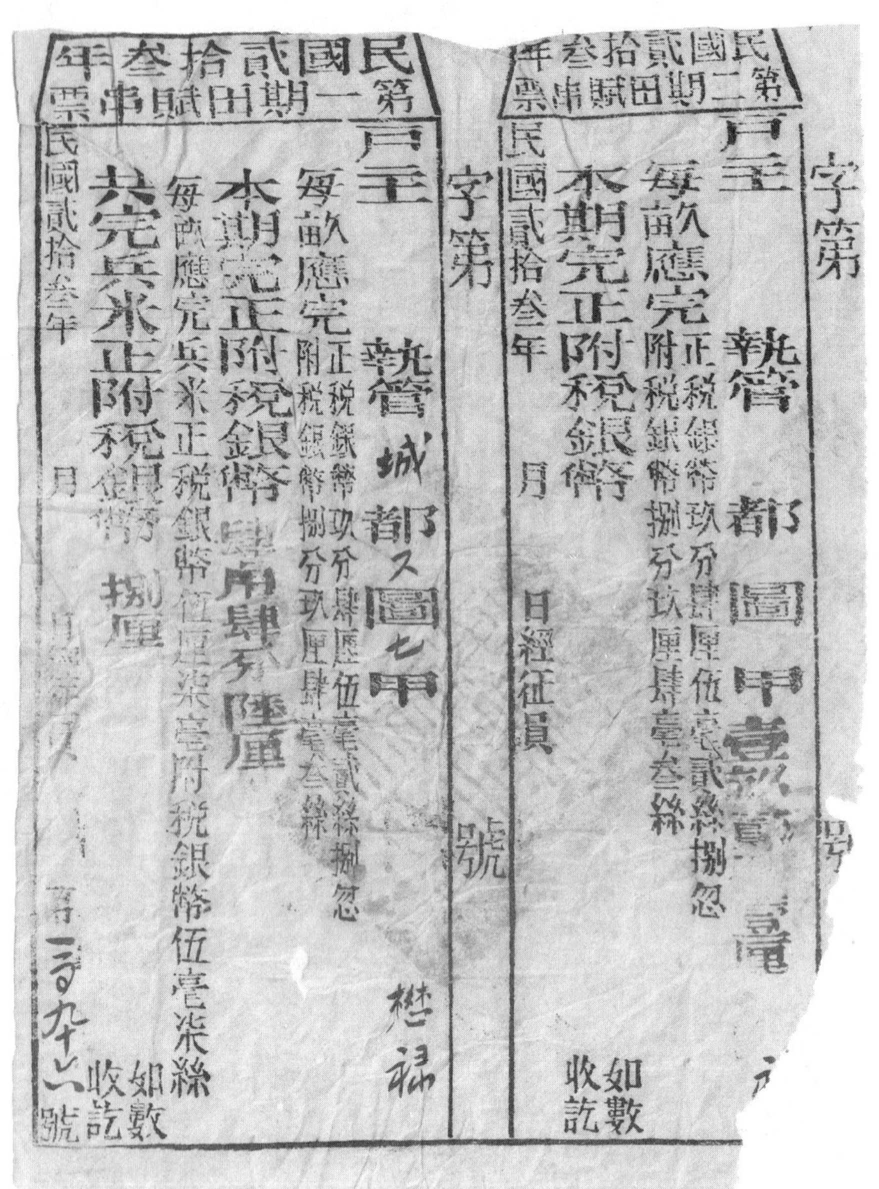

民國貳拾叁年
第二期田賦串票
字第 號
戶主 執管 都 圖 甲
每畝應完正稅銀幣玖分肆厘伍毫貳絲捌忽
附稅銀幣捌分玖厘肆毫叁絲
本期完正附稅銀幣
民國貳拾叁年 月 日經征員
如數收訖

字第 號

民國貳拾叁年
第一期田賦串票
戶主 執管 城都 又圖 七甲 懋祿
每畝應完正稅銀幣玖分肆厘伍毫貳絲捌忽
附稅銀幣捌分玖厘肆毫叁絲
本期完正附稅銀幣肆角肆分陸厘
每畝應完兵米正稅銀幣伍厘柒毫
附稅銀幣伍毫柒絲
共完兵米正附稅銀幣 捌厘
民國貳拾叁年 月 日經征員 第一千九十六號
如數收訖

秋口镇金盘村 85 · 民国二十三年 · 田赋串票 · 懋禄

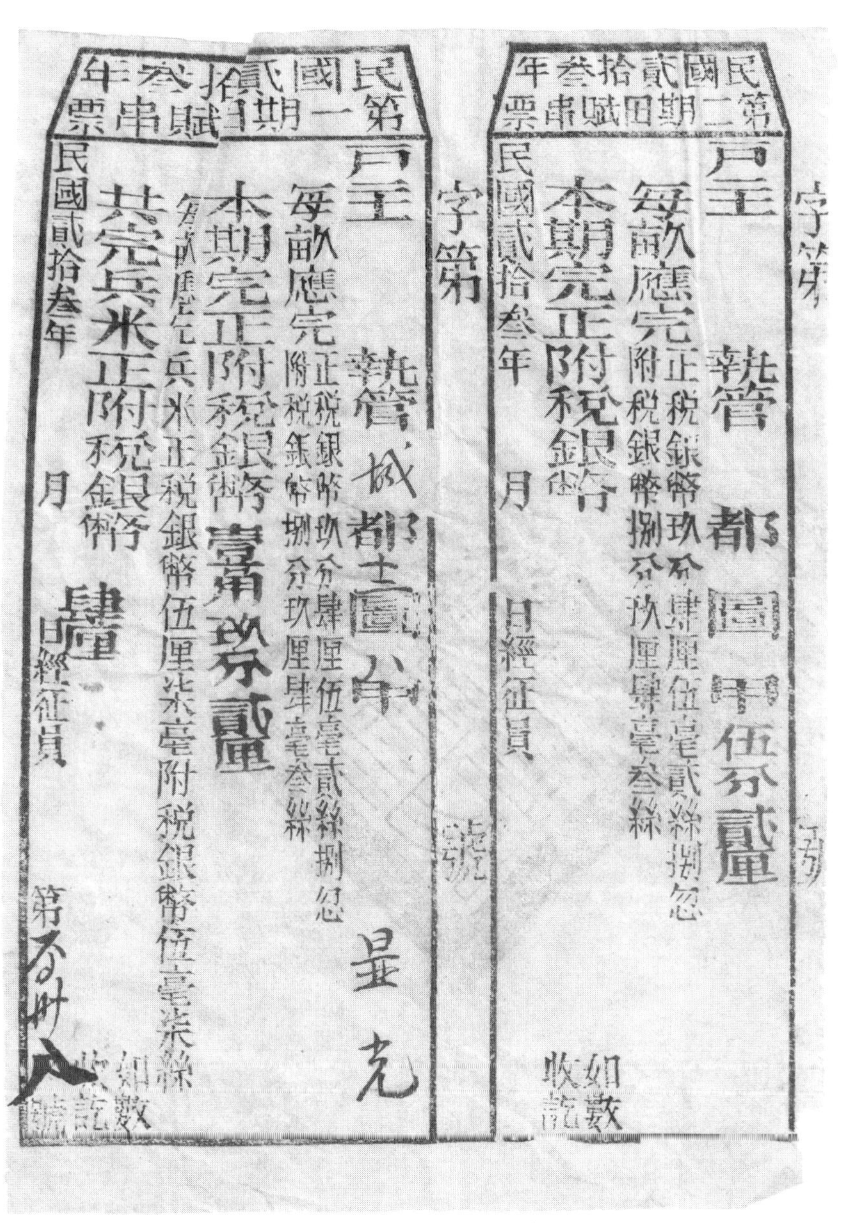

秋口镇金盘村 112 · 民国二十三年 · 田赋串票 · 显光

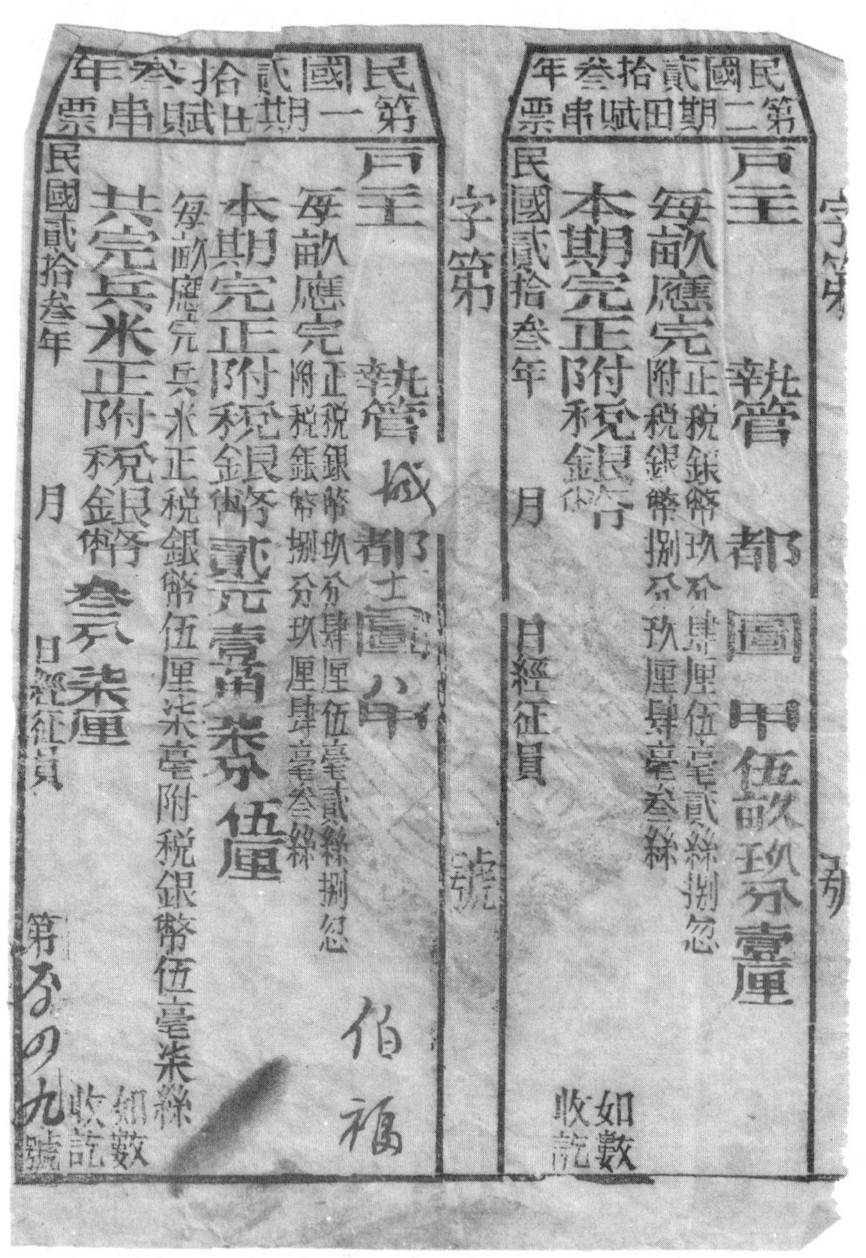

秋口镇金盘村 113 · 民国二十三年 · 田赋串票 · 伯福

第二期田賦國民串票 民國貳拾叁年

戶主 執管城都上圖八甲陸畝陸分貳厘 祿
字第 號
民國貳拾叁年 月 日經征員
每畝應完正附稅銀幣玖分肆厘伍毫貳絲捌忽
本期完正附稅銀幣 壹亳貳角壹分玖厘

如數收訖

第一期田賦國民串票 民國貳拾叁年

戶主 執管城都上圖八甲 仲祿
字第 號
民國貳拾叁年 月 日經征員
每畝應完正附稅銀幣玖分捌厘伍毫貳絲捌忽
本期完正附稅銀幣 壹亳貳角壹分捌厘
每畝應完兵米正稅銀幣伍厘柒毫附稅銀幣伍毫柒絲
完兵米正附稅銀幣 貳厘

如數收訖 第冊

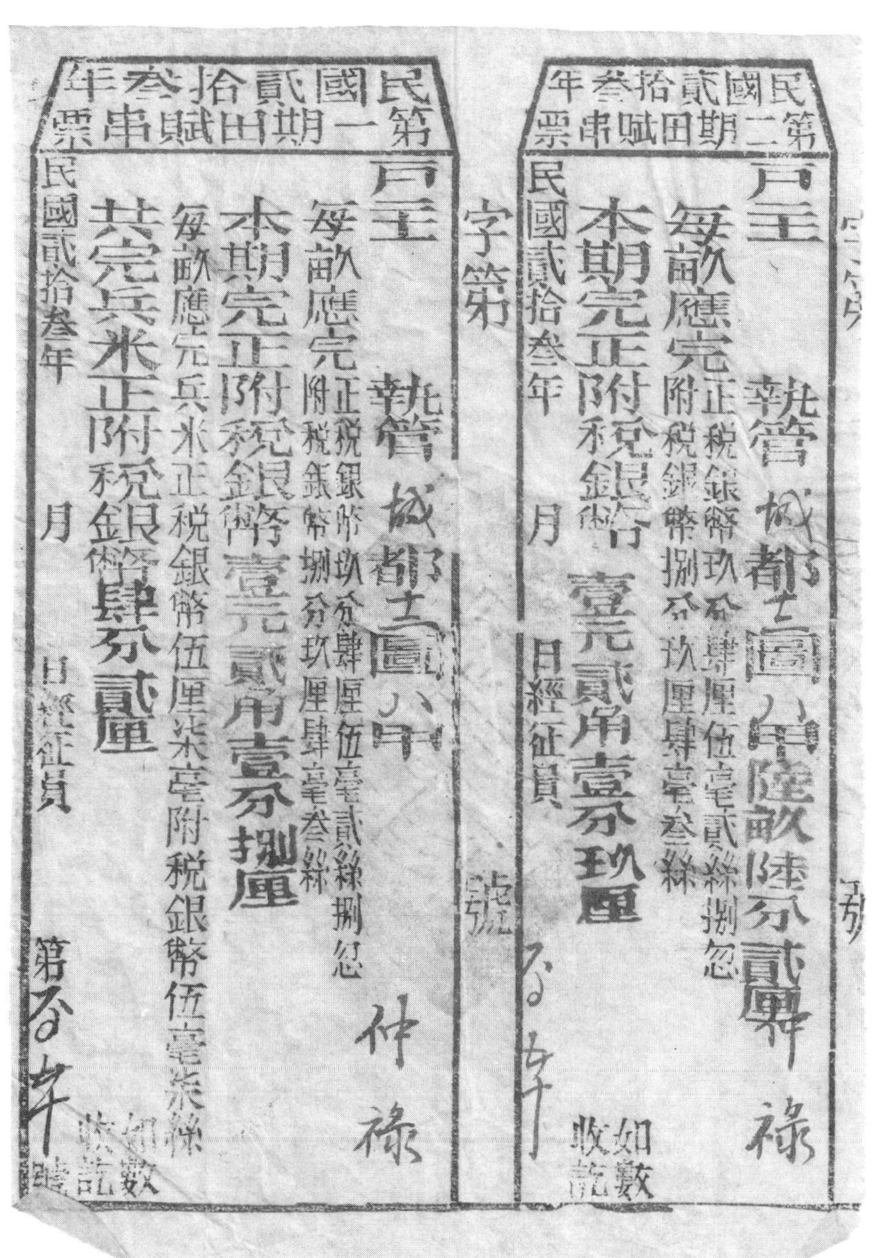

秋口镇金盘村 115・民国二十三年・田赋串票・仲禄

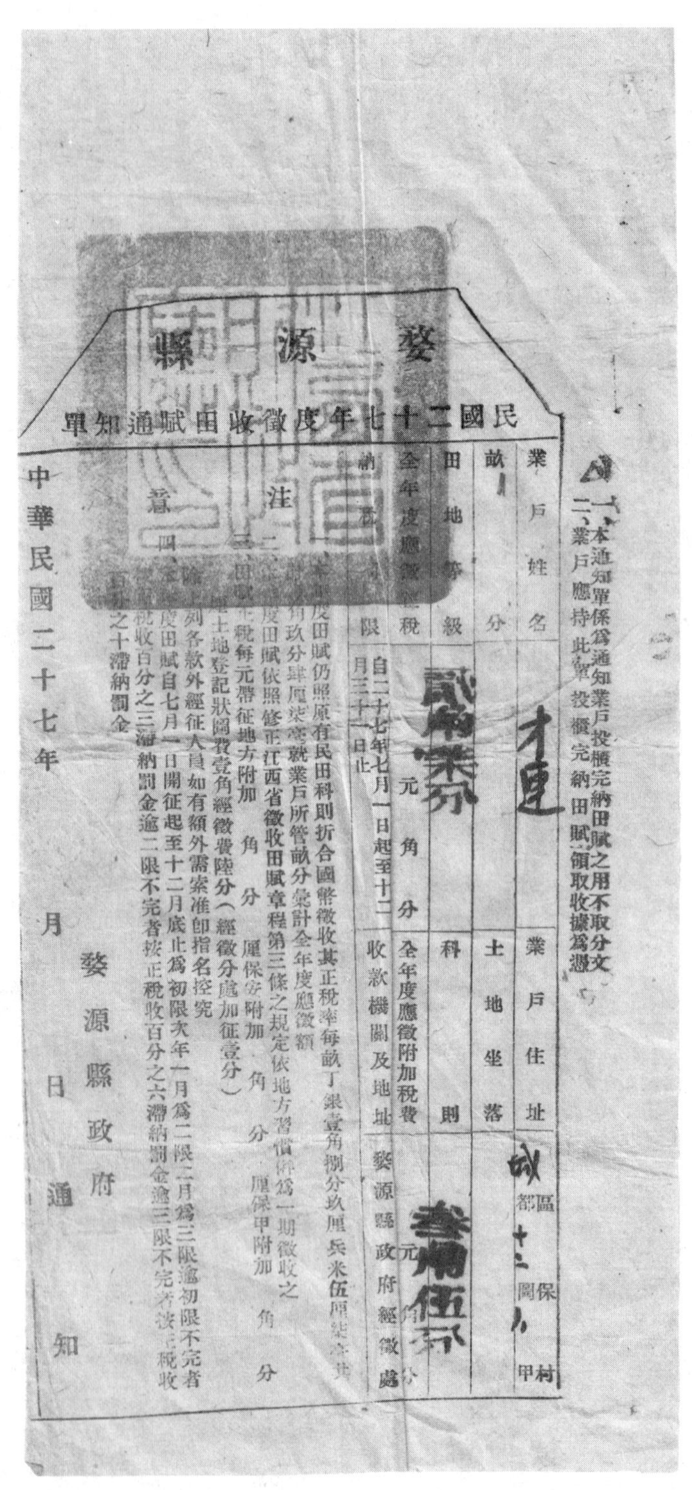

婺源縣

民國二十七年度徵收田賦通知單

一、本通知單係為通知業戶投櫃完納田賦之用不取分文
二、業戶應持此單投櫃完納田賦領取收據為憑

業戶姓名	才連	業戶住址	城 區 都 十三 圖 保 村 甲
畝分		土地坐落	
田地等級		科則	
全年度應徵正稅	貳角柒分 元 角 分	全年度應徵附加稅費	叁角伍分 元 角 分
納稅期限	自二十七年七月一日起至十二月三十一日止	收款機關及地址	婺源縣政府經徵處

注意

一、本年度田賦仍照原有民田科則折合國幣徵收其正稅率每畝丁銀壹角捌分玖厘兵米伍厘柒毫共計玖分肆厘柒毫就業戶所管畝分彙計全年度應徵額
二、本年度田賦依照修正江西省徵收田賦章程第三條之規定依地方習慣併為一期徵收之
三、田賦正稅每元帶征地方附加 角 分 厘保安附加 角 分 厘保甲附加 角 分
辦理土地登記狀圖費壹角經徵費陸分（經徵分處加征壹分）
四、除上列各款外經征人員如有額外需索准即指名控究
本年度田賦自七月一日開征起至十二月底止為初限次年一月為二限二月為三限逾初限不完者按正稅收百分之三滯納罰金逾二限不完者按正稅收百分之六滯納罰金逾三限不完者按正稅收百分之十滯納罰金

婺源縣政府

中華民國二十七年 月 日通知

秋口镇金盘村 94 · 民国二十七年 · 征收田赋通知单 · 才连

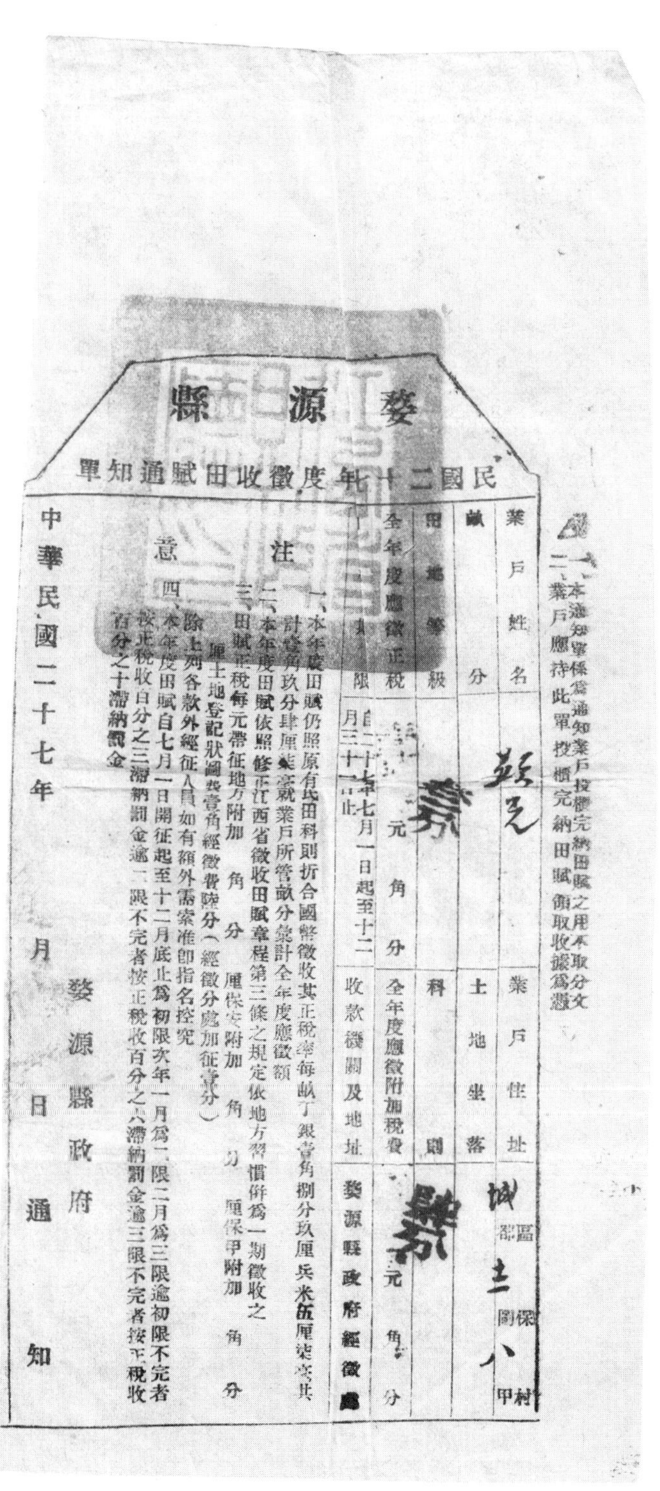

婺源縣

民國二十七年度徵收田賦通知單

一、本通知單係爲通知業戶投櫃完納田賦之用不取分文
二、業戶應持此單投櫃完納田賦俾取收據爲憑

業戶姓名	顯光	業戶住址	城區 都 圖 保 村 甲
畝分		土地坐落	十八
田地等級		科則	
全年度應徵正稅	元 角 分	全年度應徵附加稅費	元 角 分
期限	自二十七年七月一日起至十二月三十一日止	收款機關及地址	婺源縣政府經徵處

注意

一、本年度田賦仍照原有民田科則折合國幣徵收其正稅率每畝丁銀壹角捌分玖厘兵米伍厘柒毫共計壹角玖分肆厘柒毫就業戶所管畝分彙計全年度應徵額
二、本年度田賦依照修正江西省徵收田賦章程第三條之規定依地方習慣併爲一期徵收之
三、田賦正稅每元帶征地方附加 角 分 厘保安附加 角 分 厘保甲附加 角 分 厘土地登記狀圖費壹角經徵費陸分（經徵分處加征壹分）
四、除上列各款外經征人員如有額外需索准即指名控究
本年度田賦自七月一日開征起至十二月底止爲初限次年一月爲二限二月爲三限逾初限不完者按正稅收百分之三滯納罰金逾二限不完者按正稅收百分之六滯納罰金逾三限不完者按正稅收百分之十滯納罰金

婺源縣政府

中華民國二十七年 月 日 通知

秋口镇金盘村 96 · 民国二十七年 · 征收田赋通知单 · 显光

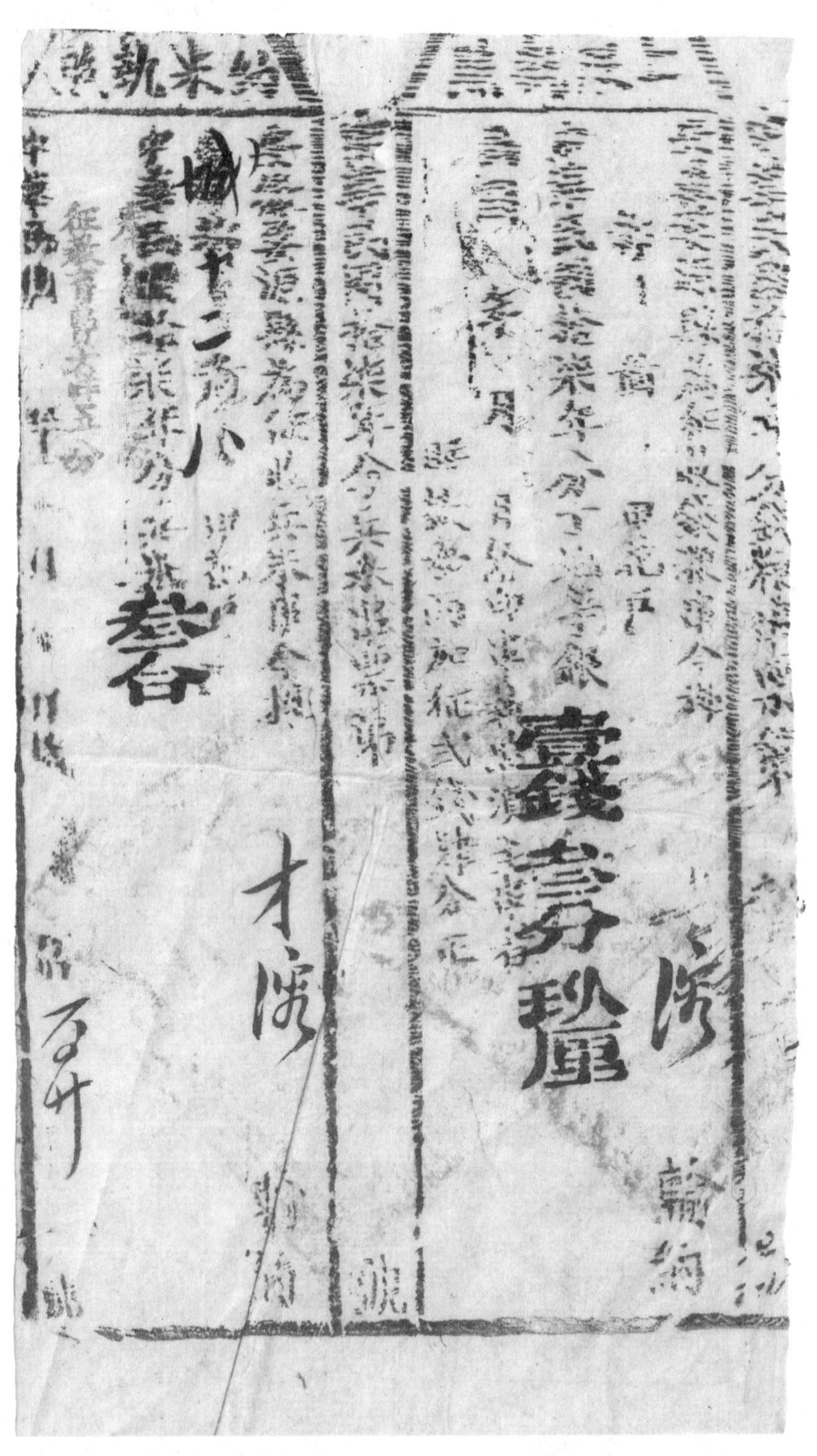

秋口镇金盘村 98 · 民国二十七年 · 征收田赋通知单 · 才溶

婺源縣
民國二十七年度徵收田賦收據

字第 陸陸叁 號

業戶姓名 伯祁
業戶住址 城都十一圖八甲保甲

全年度應徵正稅 柒角陸分 全年度應徵附加稅費 壹元壹分正

全年度應徵正附稅費合計 元 角 分

備注
一、本年度田賦仍照原有民田科則折合國幣徵收其正稅率每畝于銀壹角捌分玖厘另水災履徵第一期徵收
一、本年度應徵正附稅每元僭徵地方附加

一、本年度田賦自七月一日開征起至十二月底此項正附限次年一月為二限二月為三限逾初限不完者按正稅收百分之三滯納罰金逾二限不完者按正稅收百分之六滯納罰金逾三限不完者按正稅收百分之十滯納罰金
五、此項收據應由業戶妥為保存以便驗申時呈繳查驗

縣長 收款員 戳 戮申員
中華民國 年 月 日發給

秋口鎮金盤村 99・民國二十七年・征收田賦收據・伯福

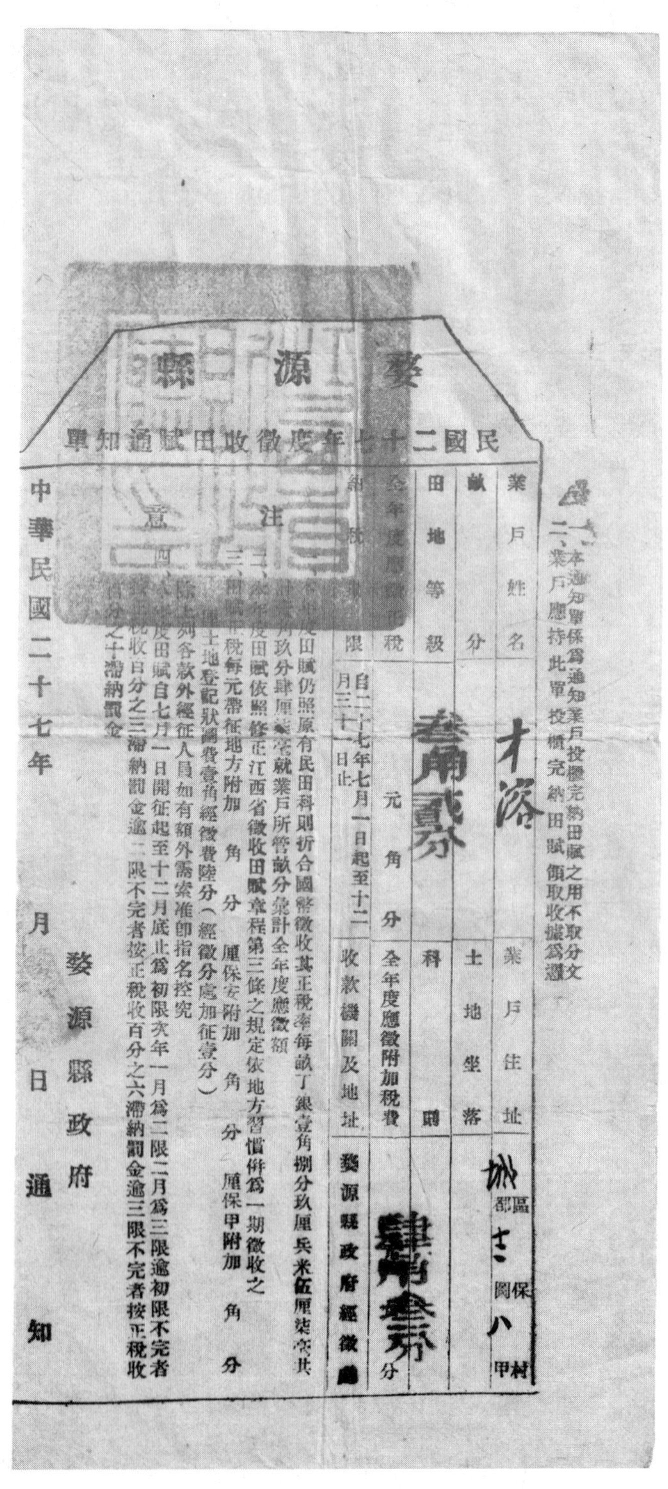

婺源縣

民國二十七年度徵收田賦通知單

一、本通知單係爲通知業戶投櫃完納田賦之用不取分文
二、業戶應持此單投櫃完納田賦領取收據爲憑

業戶姓名	才溶	業戶住址	城區　部　古圖　保　八村　甲
畝分		土地坐落	
田地等級		科則	
全年度應徵正稅	叁角貳分　元　角　分	全年度應徵附加稅費	肆角叁分　分
納稅期限	自二十七年七月一日起至十二月三十一日止	收款機關及地址	婺源縣政府經徵處

注意

一、[illegible]度田賦仍照原有民田科則折合國幣徵收其正稅率每畝丁銀壹角捌分玖厘兵米伍厘柒亳共[illegible]角玖分肆厘[illegible]毫就業戶所管畝分彙計全年度應徵額

二、[illegible]年度田賦依照修正江西省徵收田賦章程第三條之規定依地方習慣併爲一期徵收之

三、田賦正稅每元帶征地方附加　角　分　厘保安附加　角　分　厘保甲附加　角　分

[illegible]土地登記狀滙費壹角經徵費陸分（經徵分處加征壹分）

[illegible]除上列各款外經征人員如有額外需索准即指名控究

[illegible]年度田賦自七月一日開征起至十二月底止爲初限次年一月爲二限二月爲三限逾初限不完者[illegible]稅收百分之三滯納罰金逾二限不完者按正稅收百分之六滯納罰金逾三限不完者按正稅收百分之十滯納罰金

婺源縣政府

中華民國二十七年　月　日　通知

秋口镇金盘村 103 · 民国二十七年 · 征收田赋通知单 · 才溶

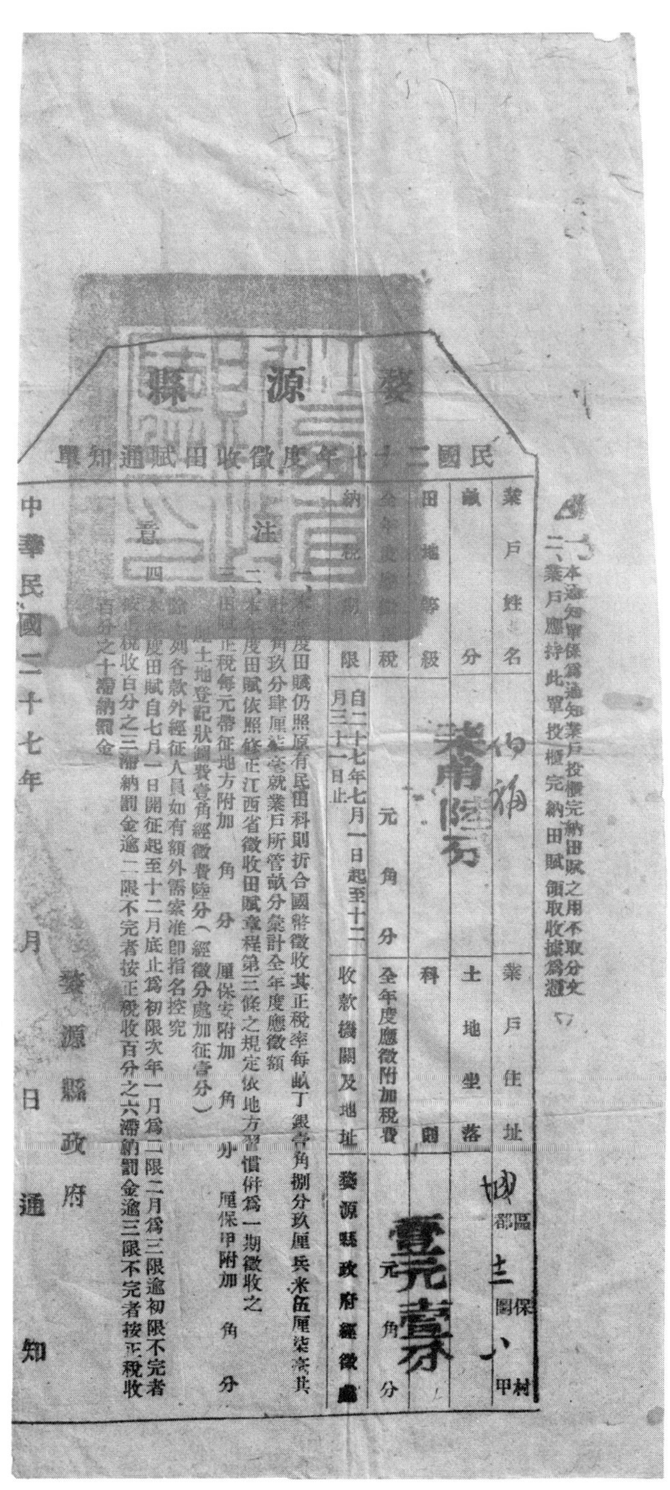

秋口镇金盘村 104 · 民国二十七年 · 征收田赋通知单 · 伯福

秋口镇金盘村 111 · 民国二十七年 · 征收田赋收据 · 才连

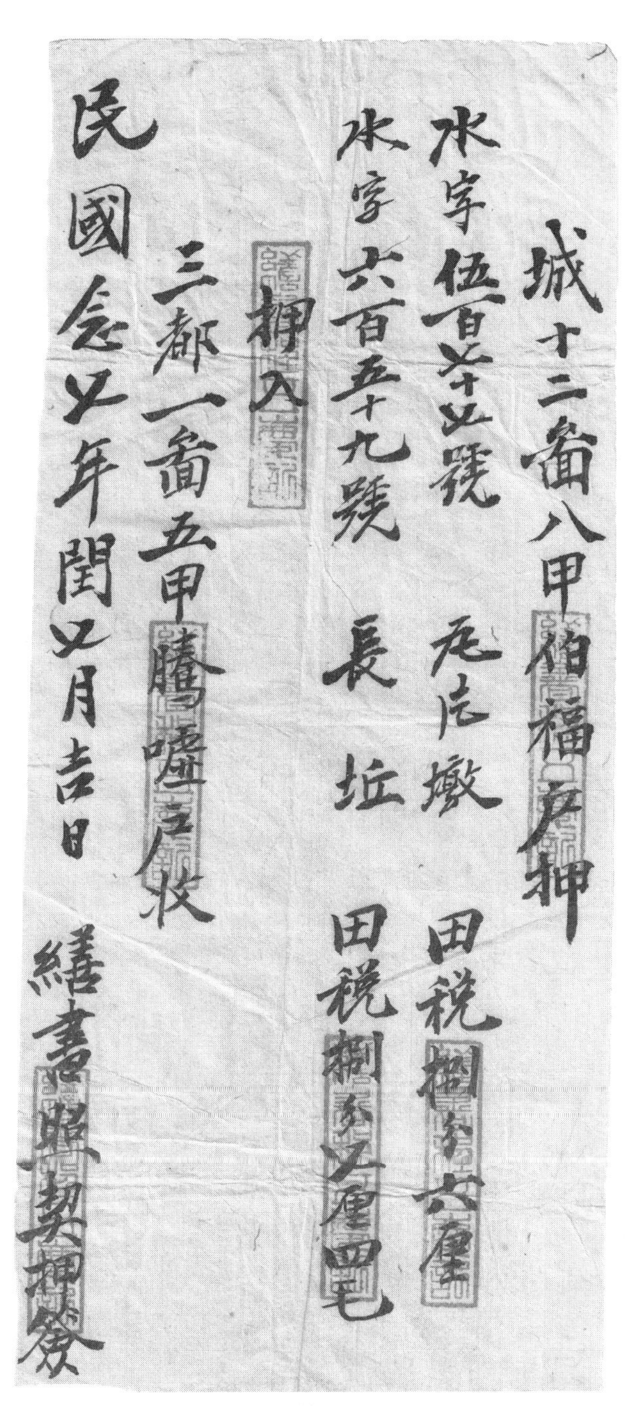

城十二畨八甲伯福户押
水字伍百廿五號　庵庄墩　田税捌分六厘
水字六百五十九號　長坵　田税捌分五厘四毛
押入
三都一畨五甲騰嘘户收
民國念七年閏七月吉日　繕書照契押發

秋口镇金盘村 116 · 民国二十七年 · 推单 · 伯福户押推与腾嘘户

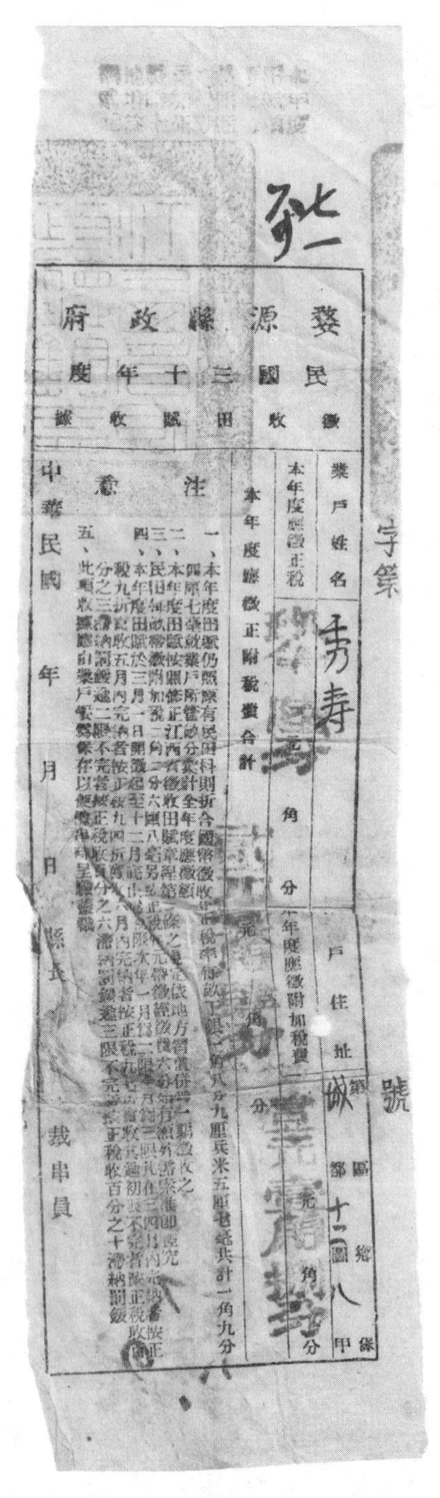

婺源縣政府

民國三十年度

徵收田賦收據

業戶姓名 秀寿

本年度應徵正稅　角　分

本年度應徵附加稅費　元　角　分

業戶住址 第　區　鄉　保　部 十二圖 八甲

本年度應徵正附稅費合計 ……八分九厘兵米五厘……共計一角九分

注意

[illegible]

中華民國　年　月　日　縣長

裁串員

秋口镇金盘村 88 · 民国三十年 · 田赋征收收据 · 秀寿

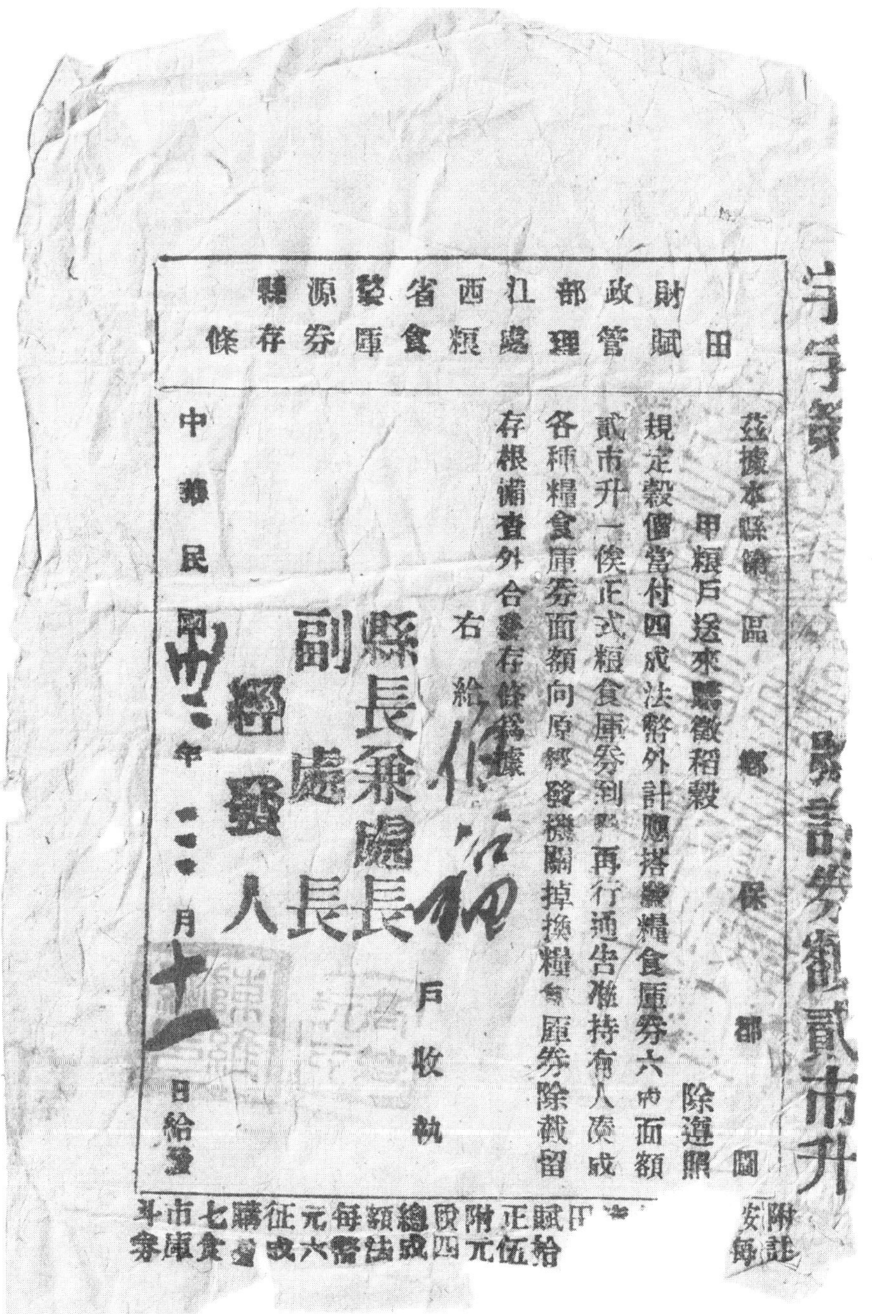
财政部江西省婺源县
田赋管理处粮食库券存条

兹据本县第　区　乡　保　都　图
甲粮户送来县征稻谷除遵照
规定谷价当付四成法币外计应搭给粮食库券六市面额
贰市升一俟正式粮食库券到县再行通告准持有人凑成
各种粮食库券面额向原经发机关掉换粮食库券除截留
存根备查外合发存条为据
右给伯福户收执
县长兼处长
副处长
经发人
中华民国卅一年十二月十一日给发

附注：田赋正附税总额每元征购七市斗……

秋口镇金盘村 42 · 民国三十一年 · 田赋征收存根 · 伯福

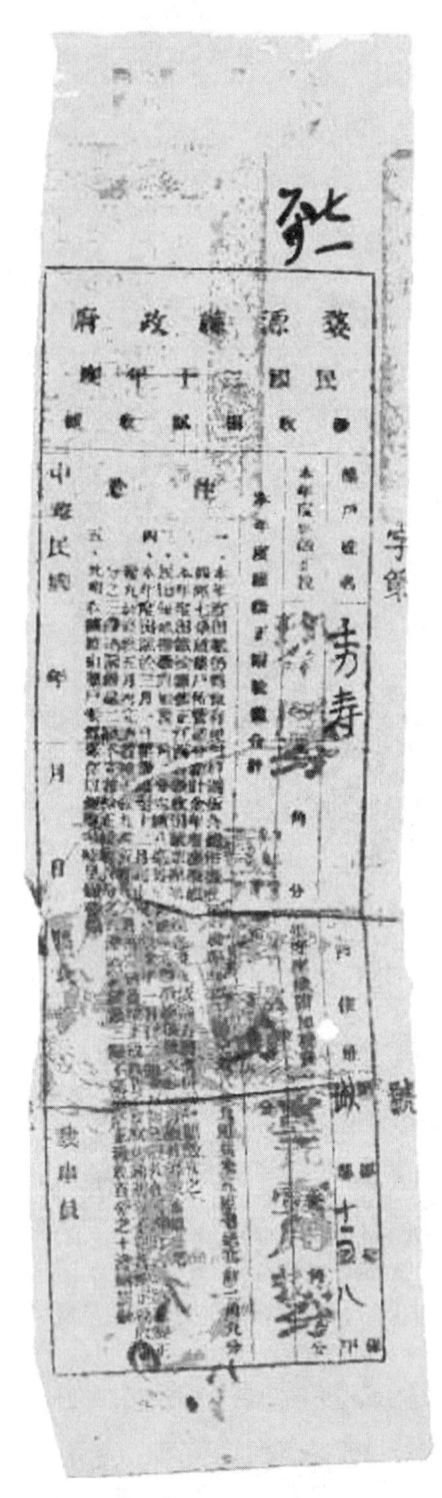

秋口镇金盘村 87 · 民国三十一年 · 田赋收据 · 秀寿

秋口镇金盘村 106 · 民国三十二年 · 征收田赋通知单 · 秀寿

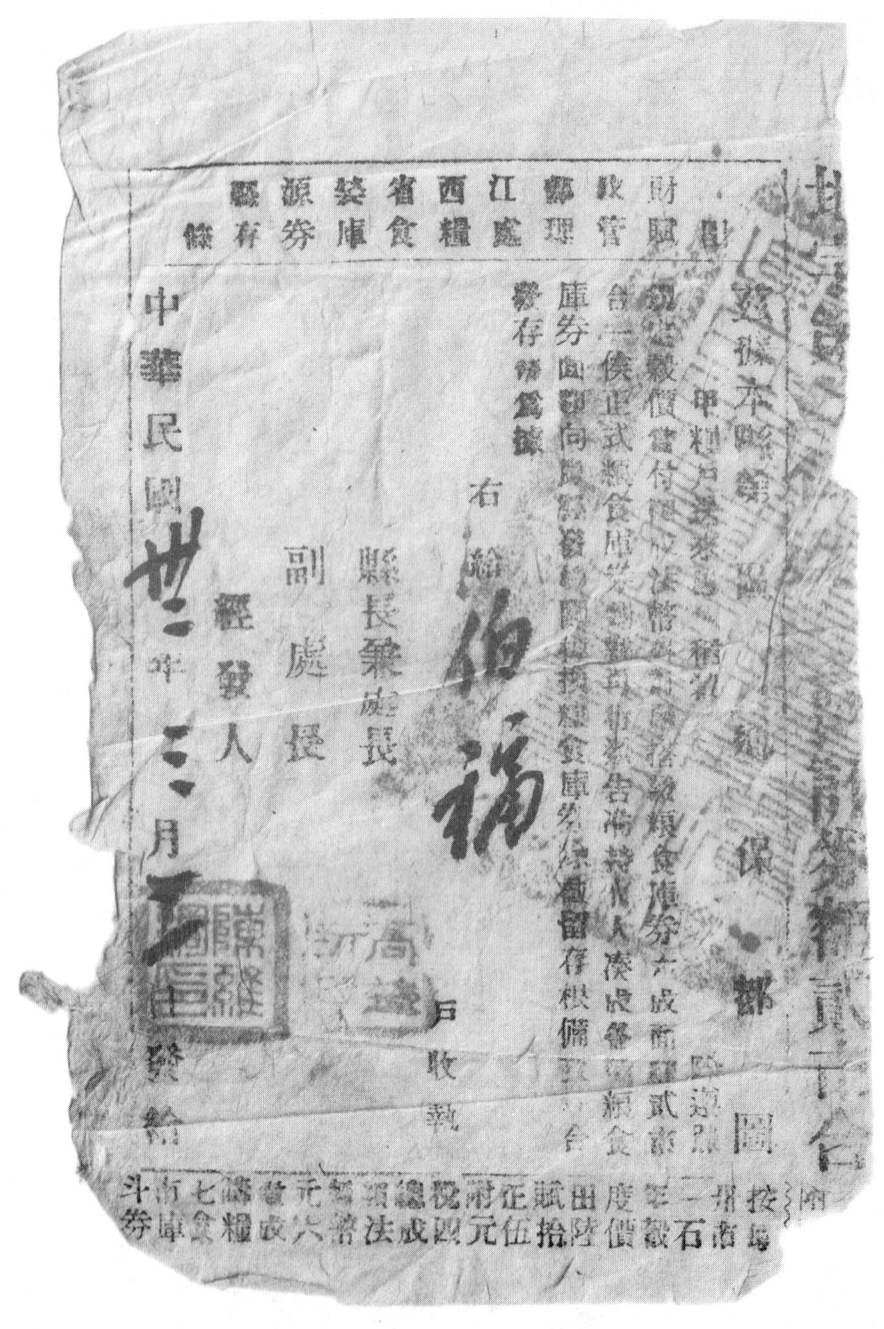

財政部江西省婺源縣田賦管理處糧食庫券存根

右給 伯福 戶收執

縣長兼處長

副處長

經發人

中華民國卅二年三月 日發給

秋口镇金盘村 110 · 民国三十二年 · 田赋征收存根 · 伯福

婺源縣

民國三十六年度 田賦徵實折徵法幣收據

業戶姓名	伯福
編戶冊號	
住址	鄉 城 保 十二 甲 八 戶

賦額 三〇九斗

徵收標準		應收糧額		注意事項	
徵實 公斗	徵借 公斗	實計 公斗	借實 公斗		
石	石	石	石		
叁 升	壹 升	伍 升	肆 玖 伍 升 升		

○ ○ ○ ○

賦額	灾歉減免緩徵抵數	實徵糧額	折徵幣額	幣總額
石斗升合	石斗升合	石斗升合	元角分	元角分

中華民國三十六年 月 日 經征員 章

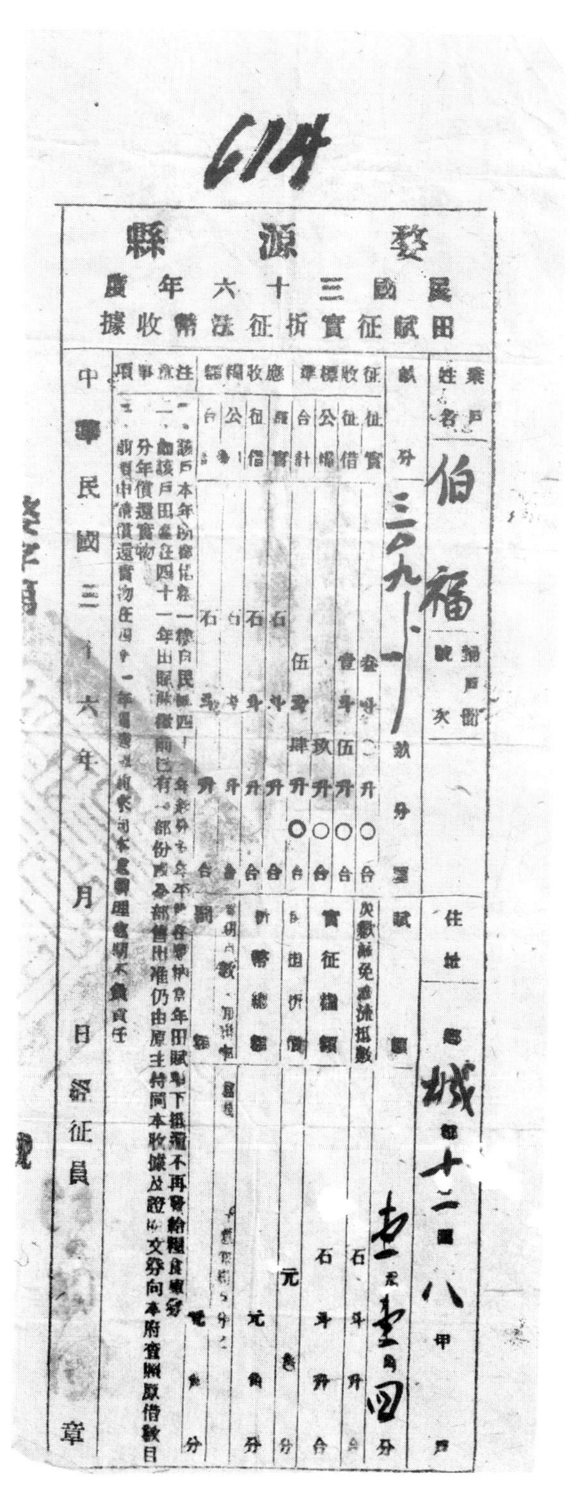

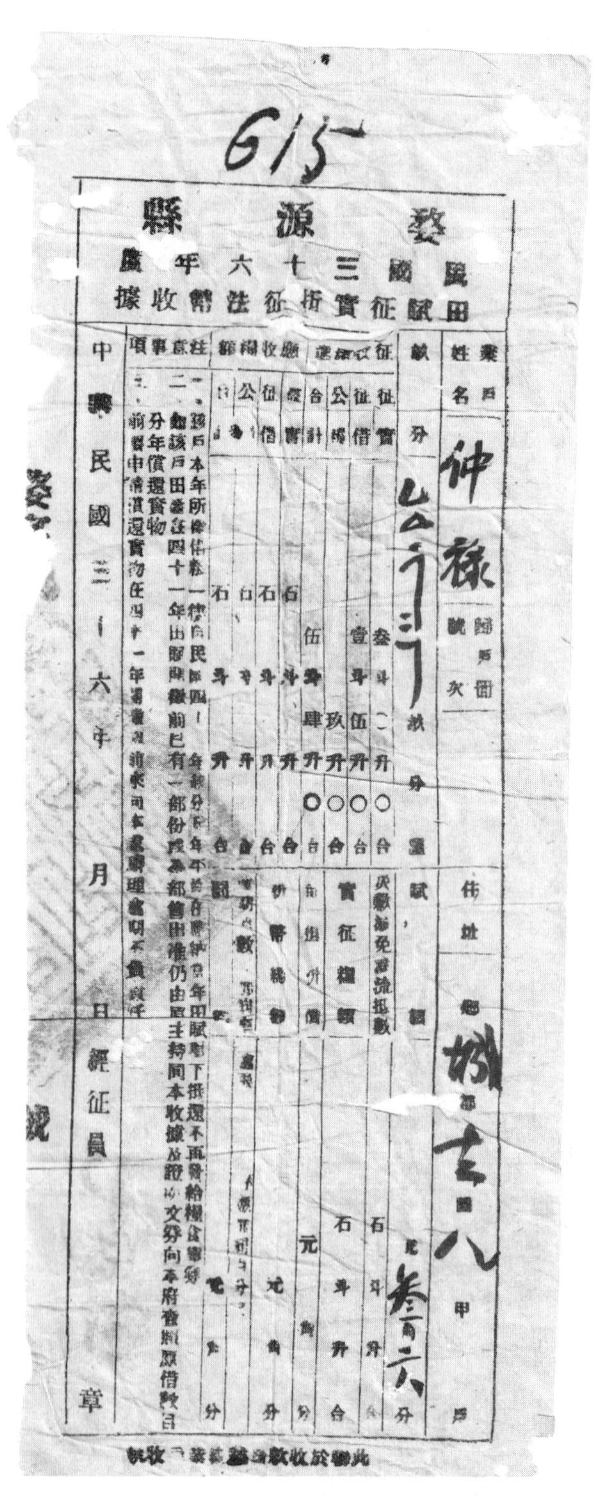
615

婺源县
民国三十六年度
田赋征实折征法币收据

业户姓名：仲禄
征实：叁斗〇升〇合
征借：伍升〇合
公粮：玖升〇合
合计：伍斗肆升〇合
应缴：公斗三斗

中华民国三十六年　月　日经征员　章

秋口镇金盘村 109 · 民国三十六年 · 征收田赋收据 · 仲禄

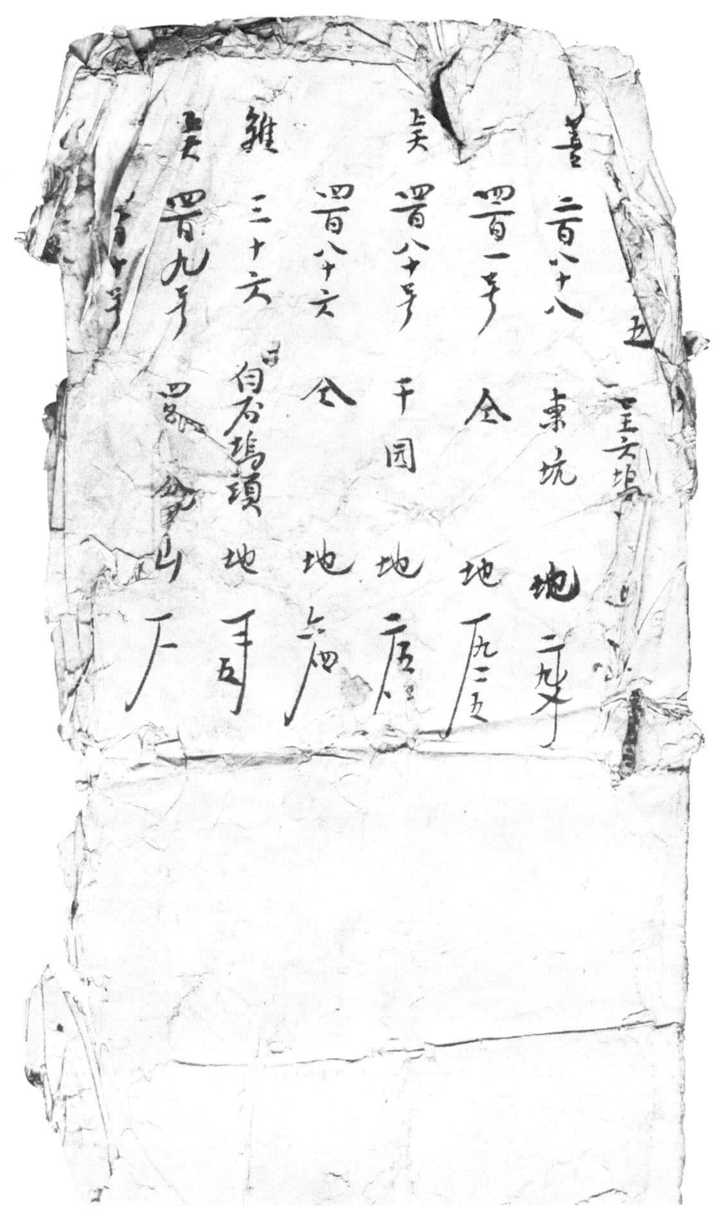

秋口镇金盘村 3-1 · 乾隆十八年 · 税粮实征册 · 张显户

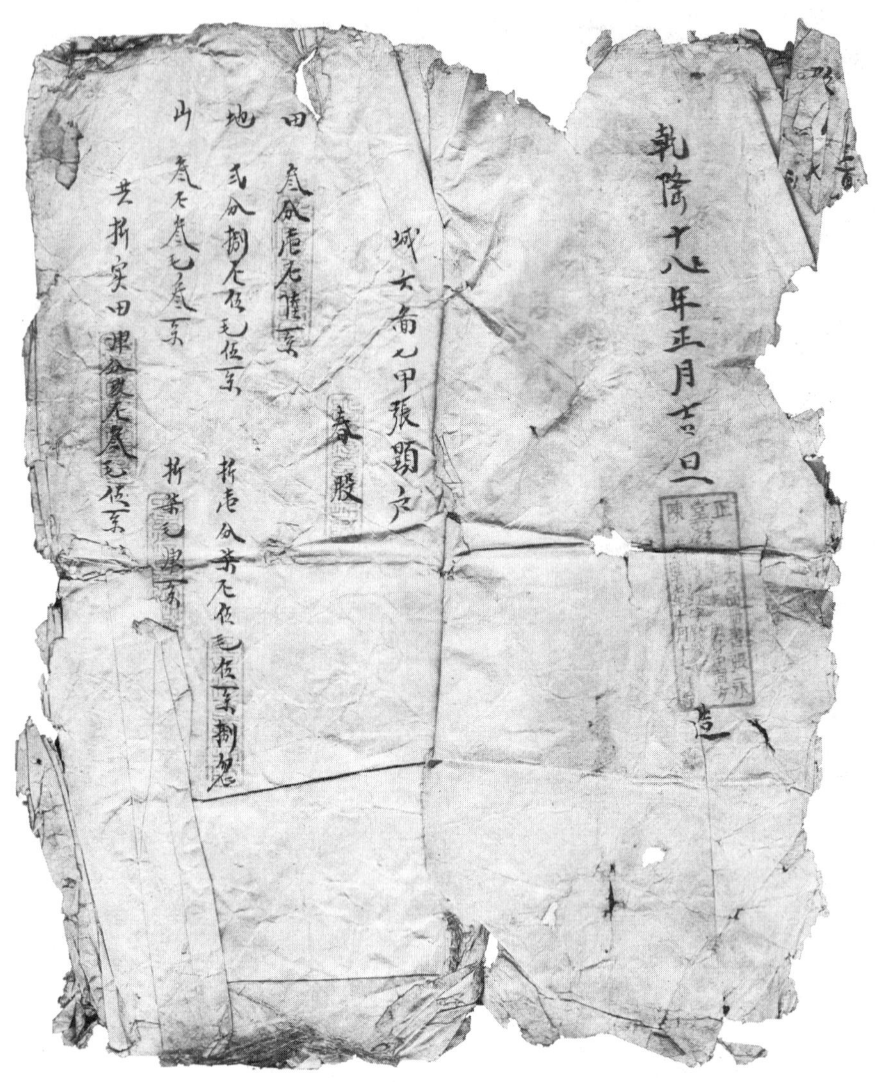

秋口镇金盘村 3-2 · 乾隆十八年 · 税粮实征册 · 张显户

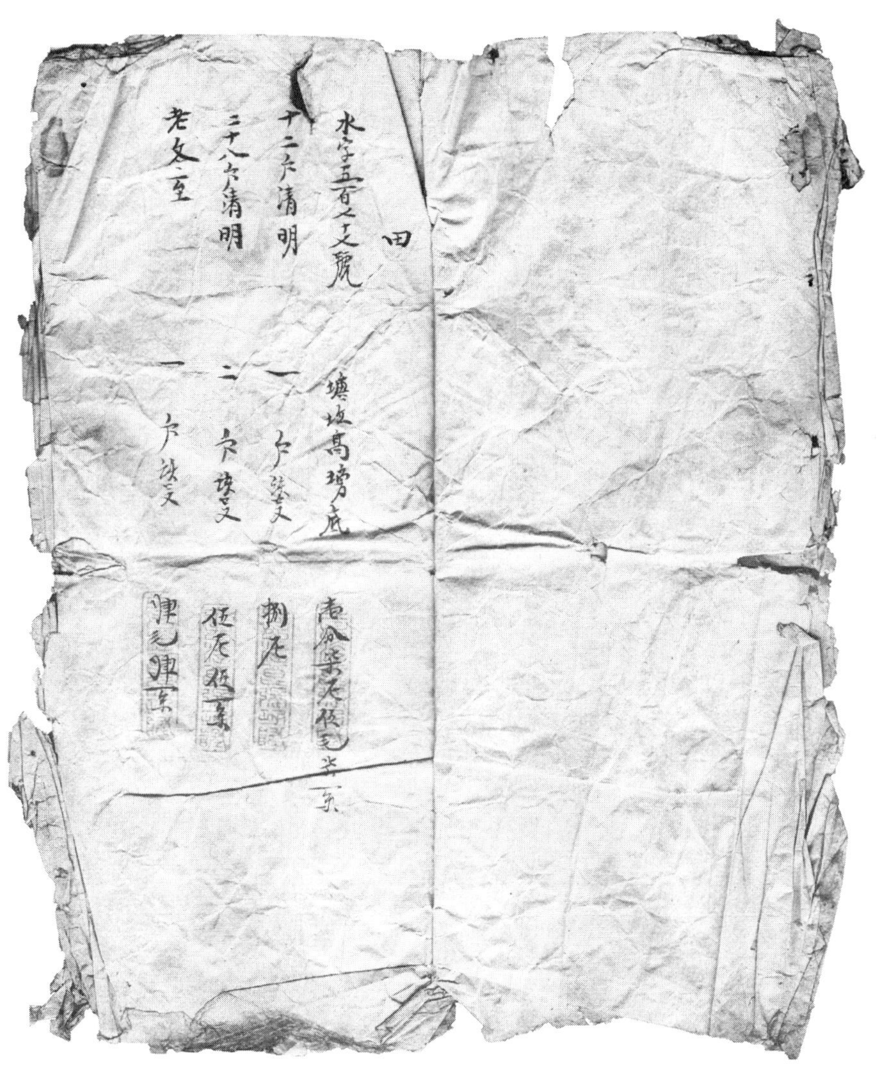

秋口镇金盘村 3-3 · 乾隆十八年 · 税粮实征册 · 张显户

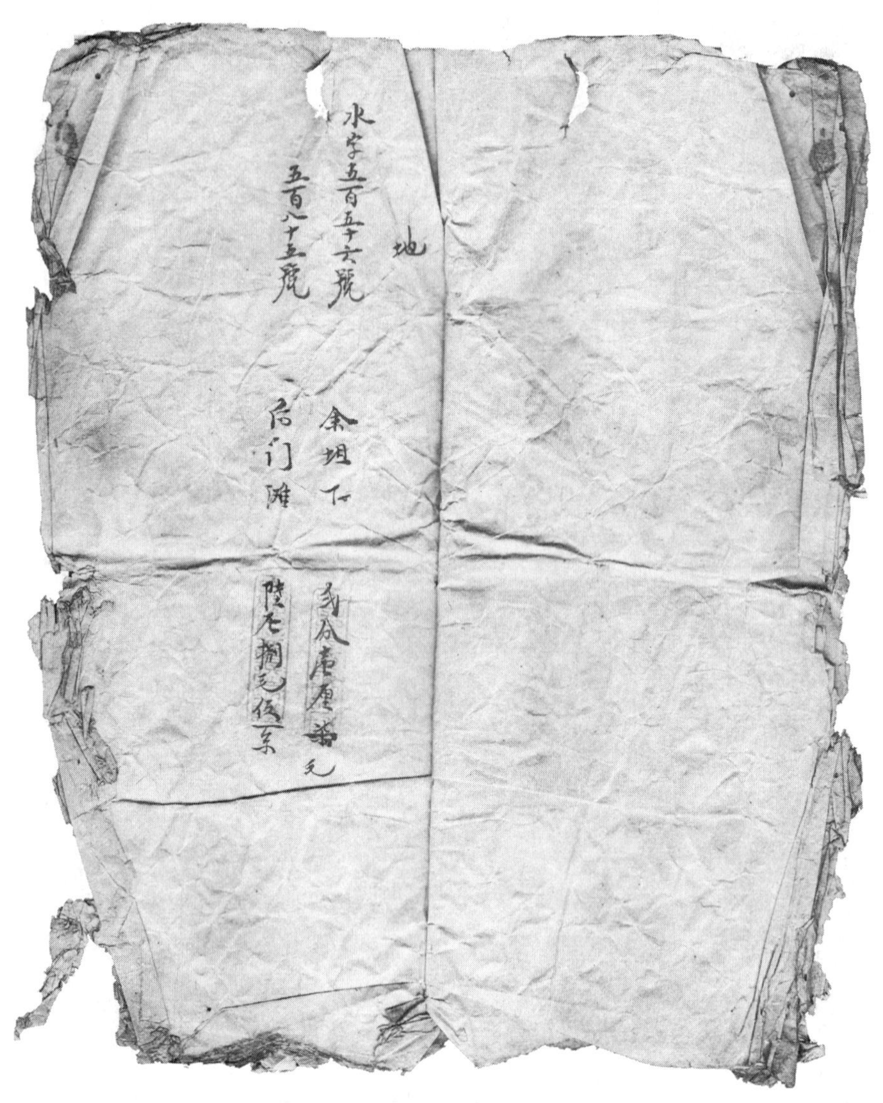

秋口镇金盘村 3-4 · 乾隆十八年 · 税粮实征册 · 张显户

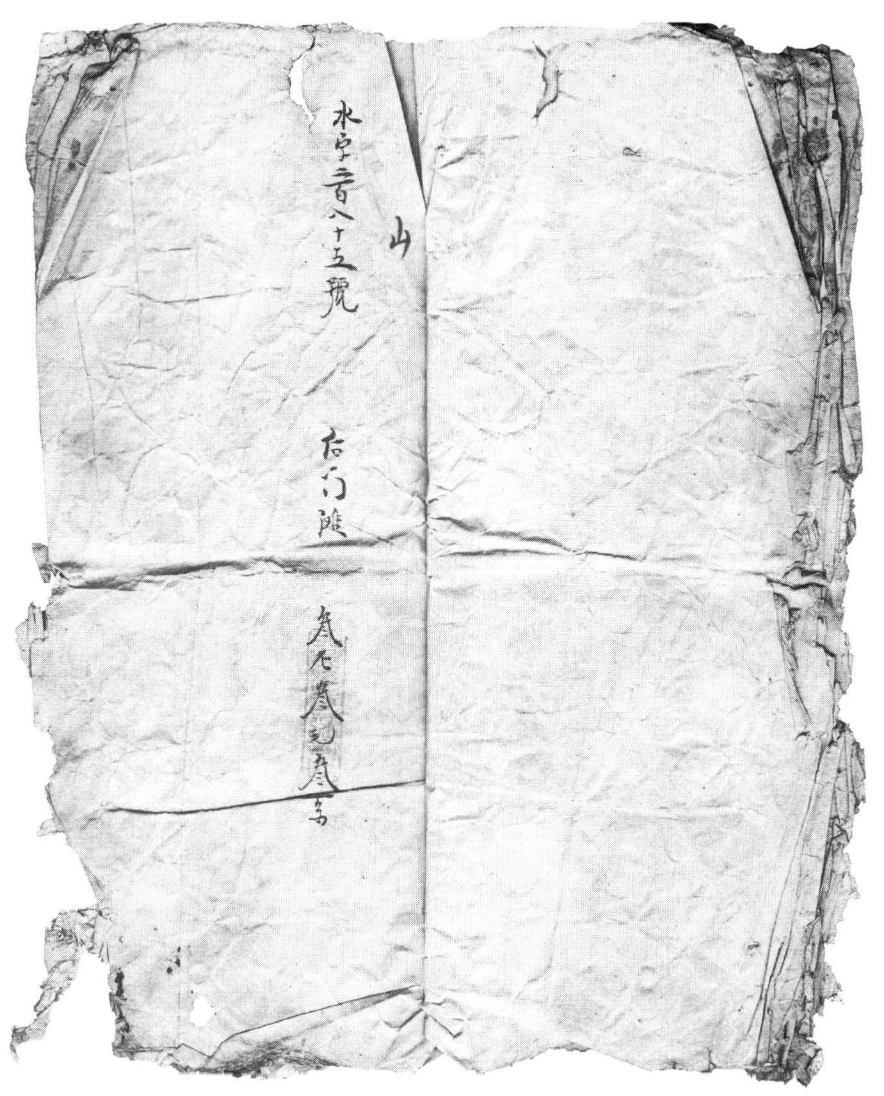

秋门镇余盘村 3-5 · 乾隆十八年 · 税粮实征册 · 张显户

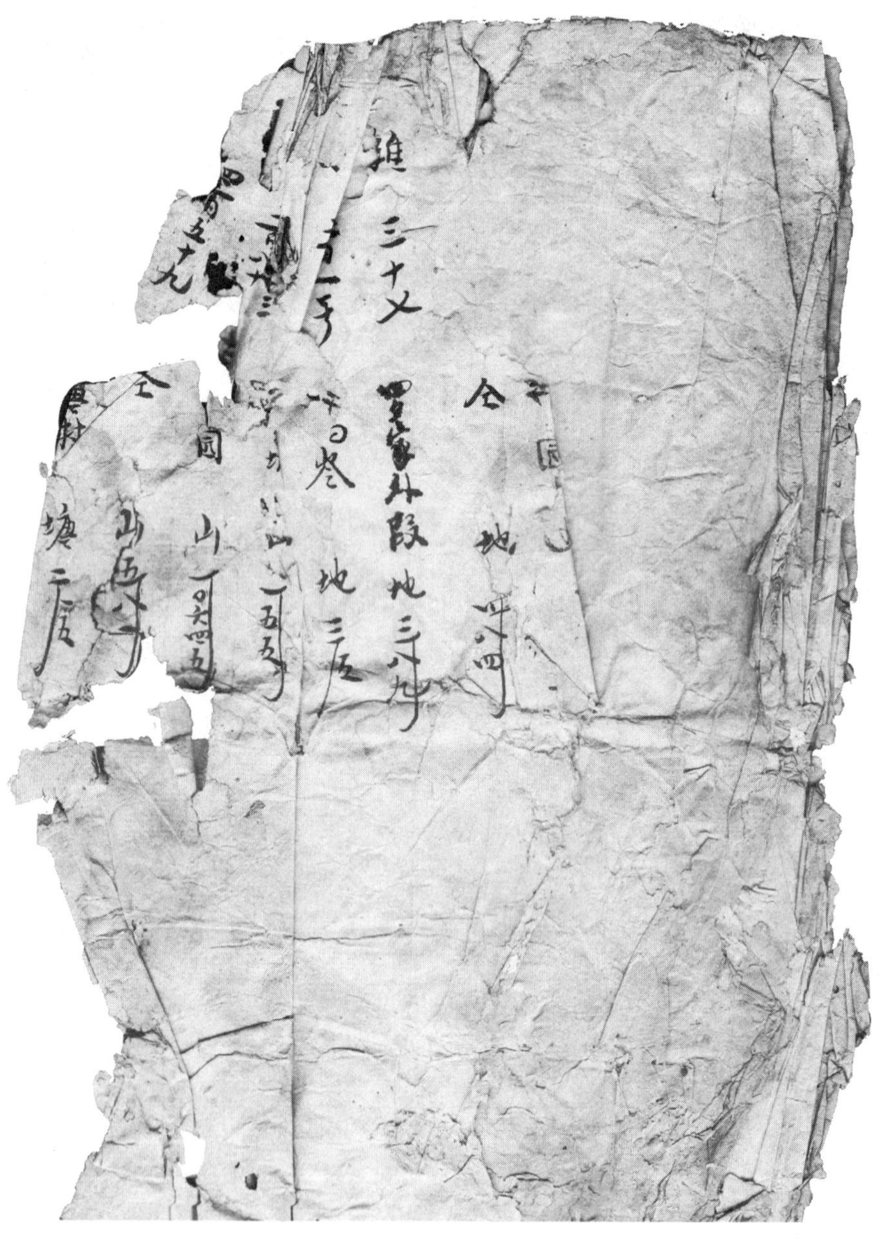

秋口镇金盘村 3-6 · 乾隆十八年 · 税粮实征册 · 张显户

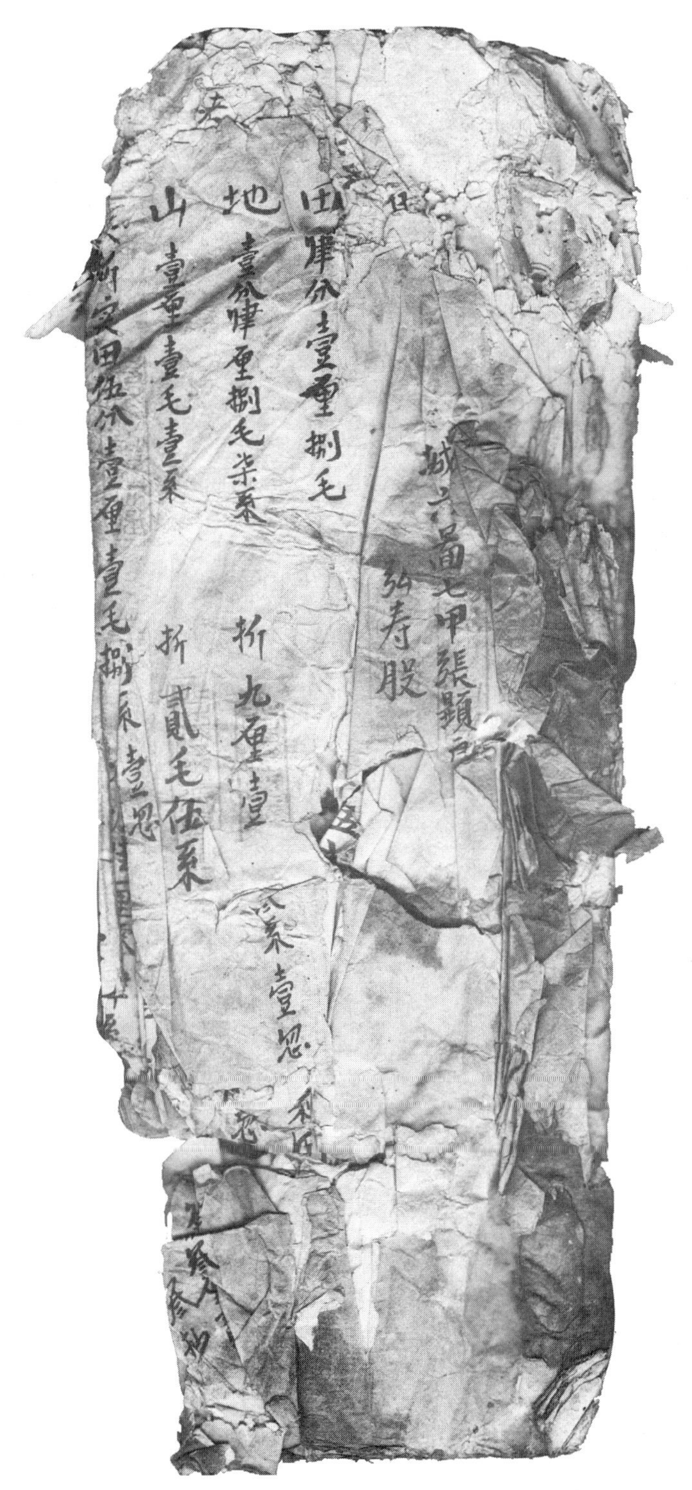

秋口镇金盘村 20-1 · 税粮实征册 · 张显户

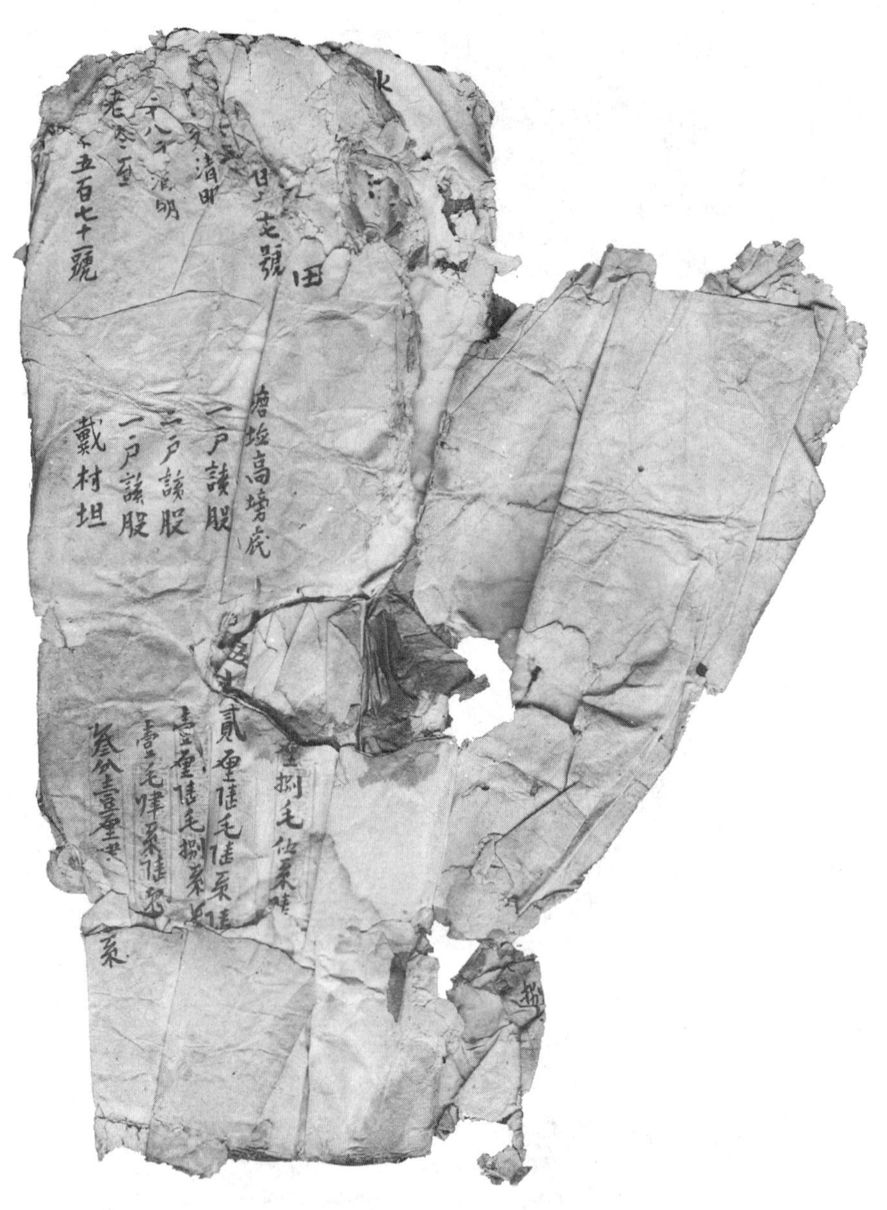

秋口镇金盘村 20-2 · 税粮实征册 · 张显户

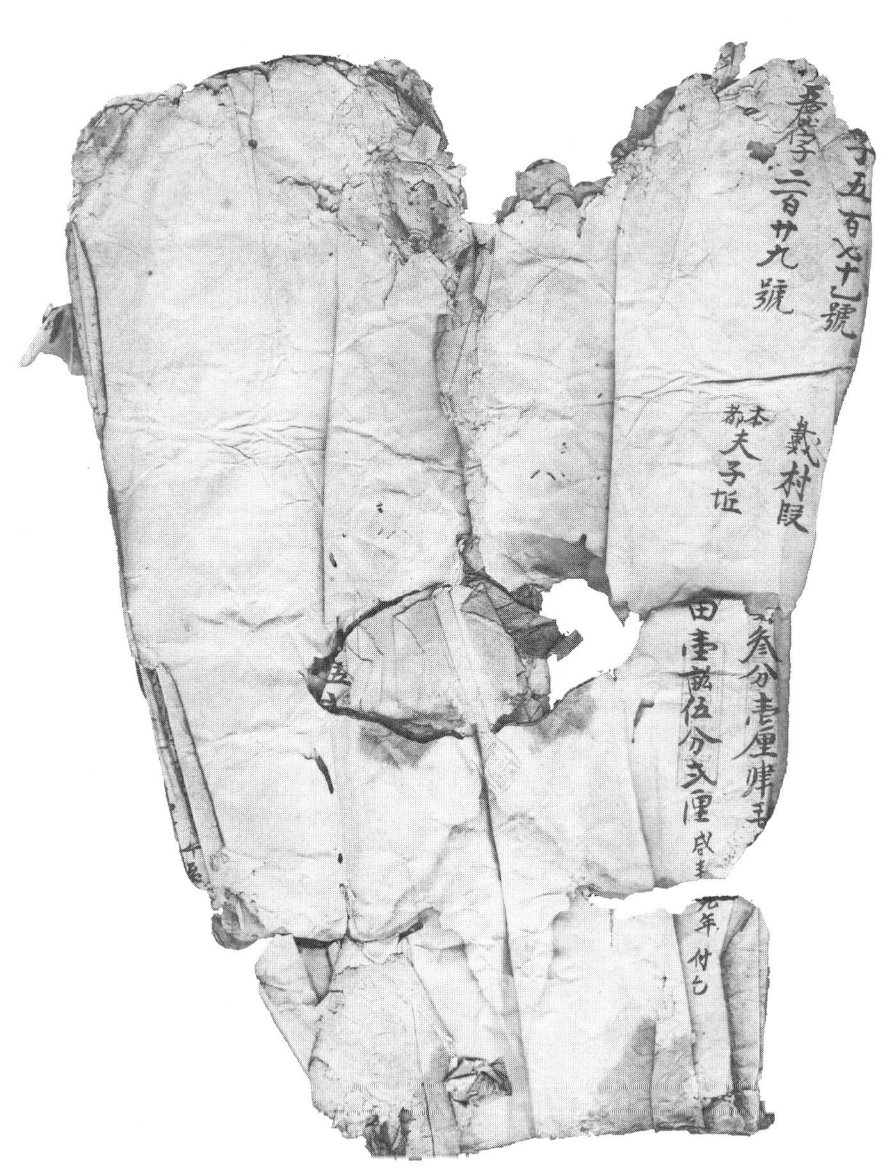

秋口镇金盘村 20-3 · 税粮实征册 · 张显户

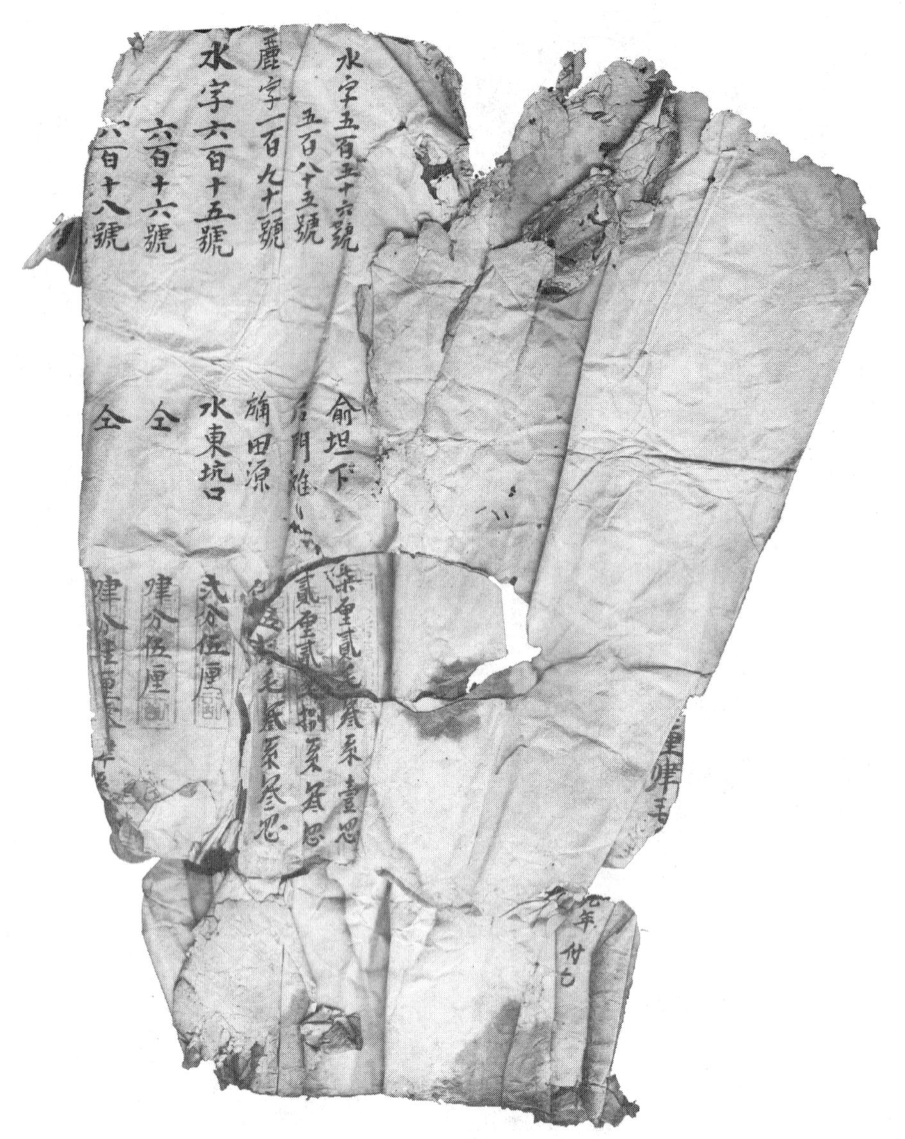

秋口镇金盘村 20-4 · 税粮实征册 · 张显户

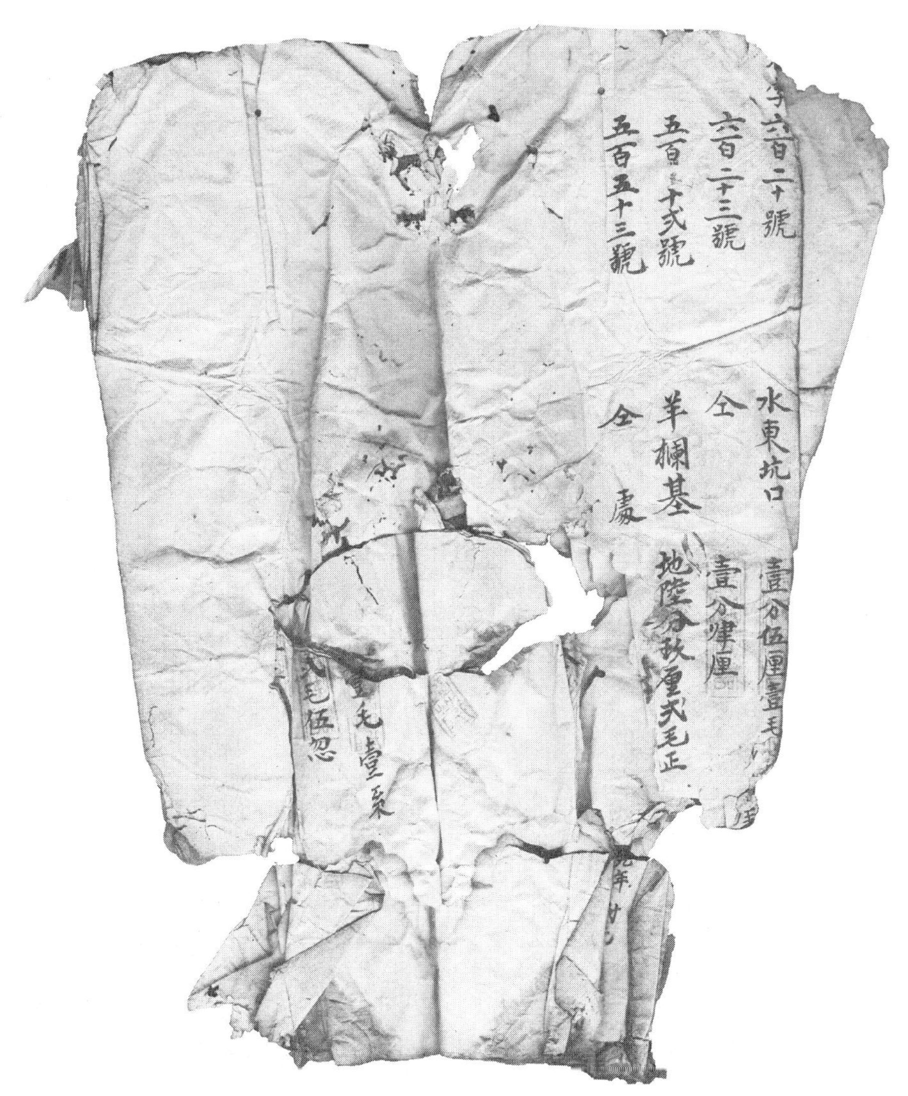

秋口镇佘畲村 20-5 · 税粮实征册 · 张昴户

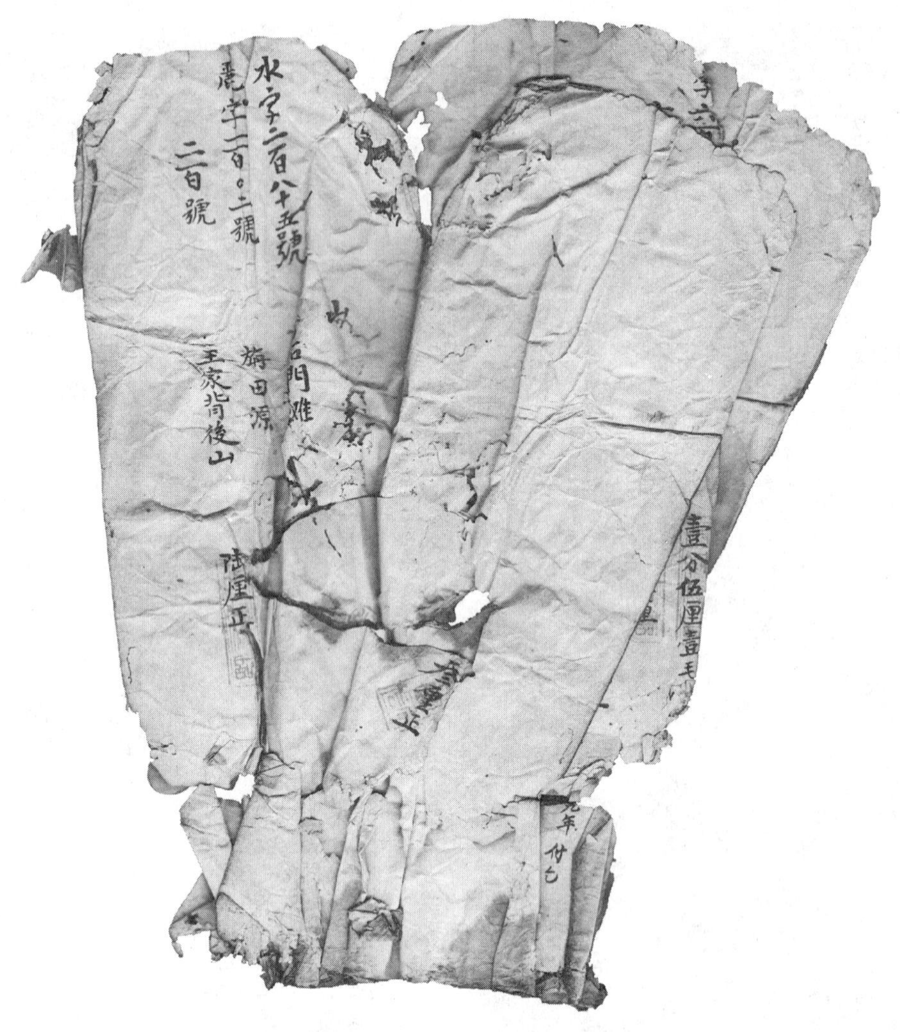

秋口镇金盘村 20-6 · 税粮实征册 · 张显户

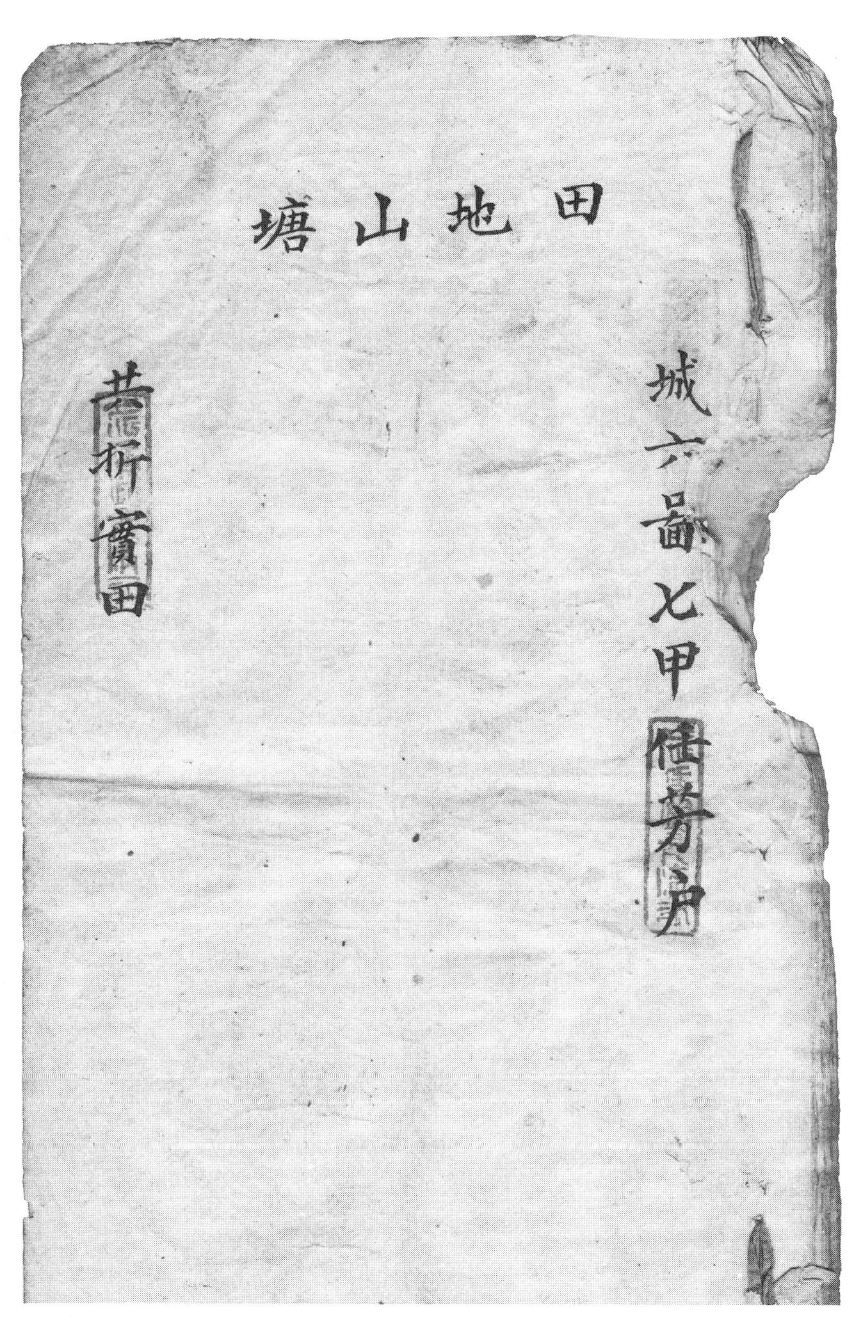

秋口镇金盘村 21-1 · 税粮实征册 · 任芳户

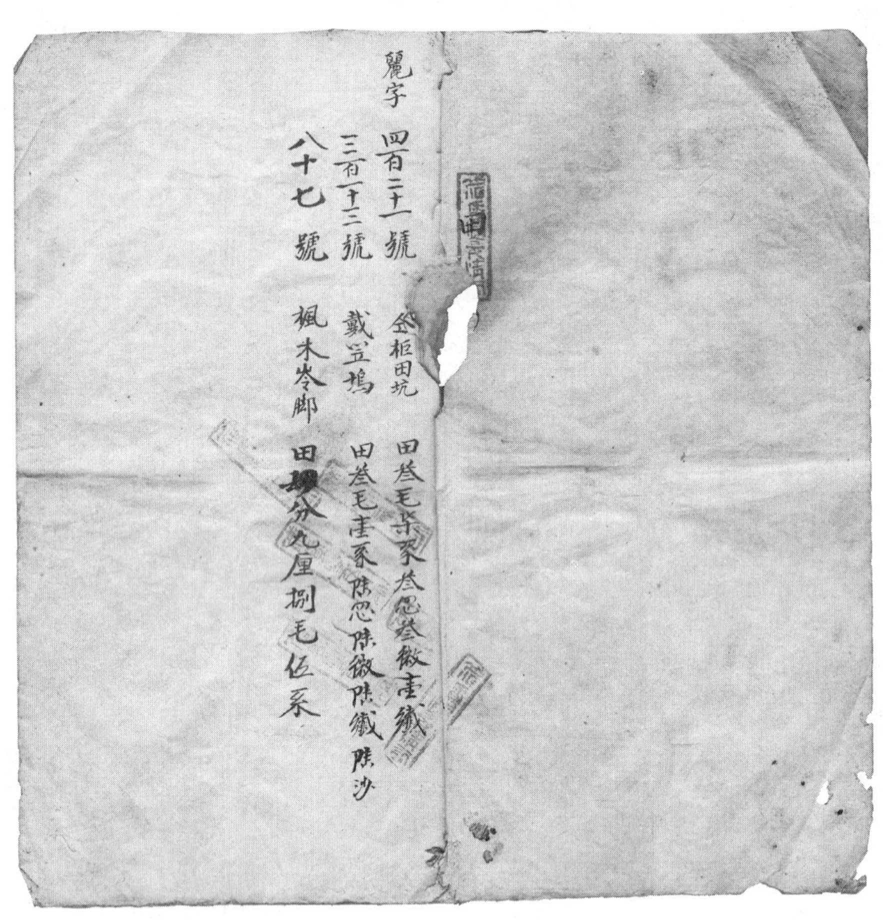

秋口镇金盘村 21-2 · 税粮实征册 · 任芳户

地

水字四百四十九號 庄背 地肆厘捌毛壹系叁微叁纖肆沙

四百三十六號 胡坵 地叁厘捌毛伍系

仝號 仝 地肆厘壹毛

仝號 仝社 地弍厘弍毛叁系叁忽叁微叁纖壹沙

仝號 仝 地叁厘捌毛伍系

四百五十二號 金盤 地弍分肆厘壹毛柒系伍忽

四百五十七號 仝 地壹分壹厘伍毛伍系

四百五十三號 仝 地壹分肆厘 捌毛叁系叁忽叁微叁纖

仝號 仝 地陸厘伍毛

四百五十八號 仝 地伍分叁厘

三百五十八號 龍舡頭 地壹厘伍毛伍系陸忽陸微陸纖

四百四十四號 戴村 地壹分弍厘壹毛叁系叁忽叁微壹纖

四百三十號 巷口 地弍厘肆毛陸系陸忽陸微弍纖

爾字 三十六 五百四十七號 柏樹下 黄連潭坟 地伍厘弍毛壹系陸忽陸微柒纖

○稱字一千四百八十三號 何村頭牛叁底 地陸厘陸毛陸系陸忽叁微

○仝號 仝 地弍分陸毛陸系陸忽弍微

麗字一百八十一號 戴鄉坞 地弍分叁厘叁毛叁系叁忽壹微

秋口镇金盘村 21-3 · 税粮实征册 · 任芳户

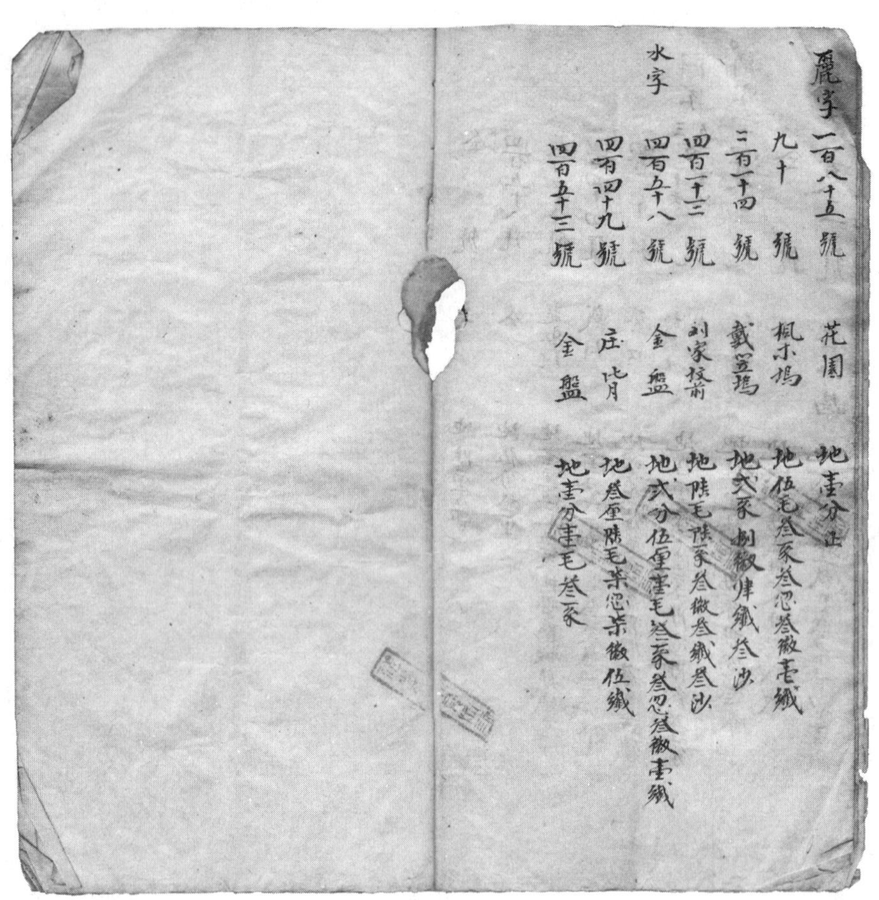

麗字一百八十五號　花園　地壹分正

九十號　楓木塢　地伍毛叁家叁忽叁微壹纖

二百一十四號　戴笠塢　地弍家捌微肆纖叁沙

四百一十二號　刘家坟前　地陆毛陆家叁微叁纖叁沙

水字

四百五十八號　金盤　地弍分伍厘壹毛叁家叁忽叁微壹纖

四百四十九號　庄背　地叁厘陆毛柒忽柒微伍纖

四百五十三號　金盤　地壹分壹毛叁家

秋口镇金盘村 21-4 · 税粮实征册 · 任芳户

麗字一百二十一號 青山塢 山壹分弍畝玖毛壹豕陳忽陳微柒鐵

一百三十二號 青山塢 山肆分弍畝玖毛壹豕陳忽陳微柒鐵

一百三十二號 牛欄塢 山肆畝捌毛伍豕玖微

二百三十二號 戴豆塢 山叁分壹毛玉豕肆忽陳微陳鐵六沙

二百二十六號 下塢 山壹畝伍毛

二百八十九號 對蕃塢 山玖毛壹豕柒忽捌鐵

四百二十一號 柜田坑 山叁畝柒毛肆豕陳微陳鐵六沙

二百九十四號 梭山

四百三十四號 柜田坑 山南分柒畝捌毛

一百十八號 王家坑 山玖畝柒毛壹豕叁文微 捌沙

二百六號 井塘塢 小塘塢 山伍畝伍毛伍豕伍忽肆微 捌鐵叁沙

一百九十一號 松桐塢 妃株桐塢 江坑 山叁畝叁毛叁豕叁忽

一百八十一號 戴獅塢 山陸畝叁毛陳忽陳微叁鐵

一百四十五號 花園 山弐畝肆毛陳忽陳微叁鐵

水字义百 赤株塘 黃連澤坂

閂字三百二十八號 柘樹下坂 山捌畝正

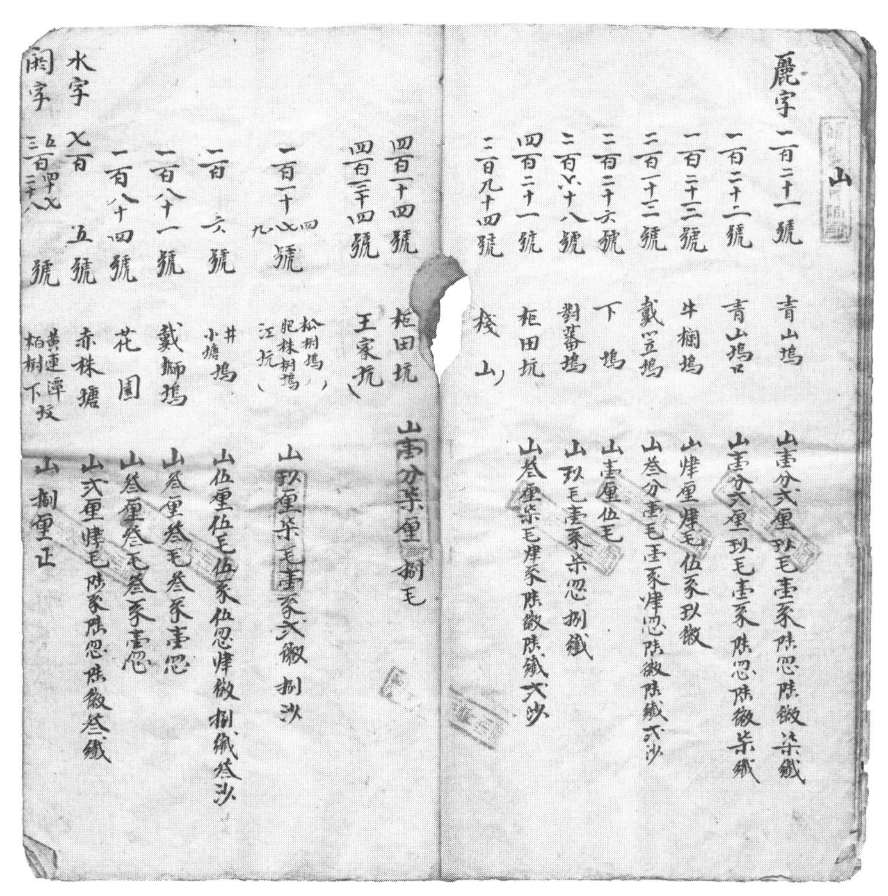

麗字 二百八十一號 戴獅塢 山淨重陸毛陸系柒忽

八十八號 楓木岺 山貳分柒厘陸毛伍忽

二百卅二號 㭉田源頭 山伍分貳厘陸毛肆系叁忽

一百廿六號 㭉田源塢南 山伍畝陸分玖

一百廿三號 㭉田源培北 山柒畝伍分玉

一百卅二號 青山塢 山虎郎柴會玖

一百十八號 江坑 山陳柒㭉正

一百廿一號 青山塢 山吉㭉貳畝壹厘

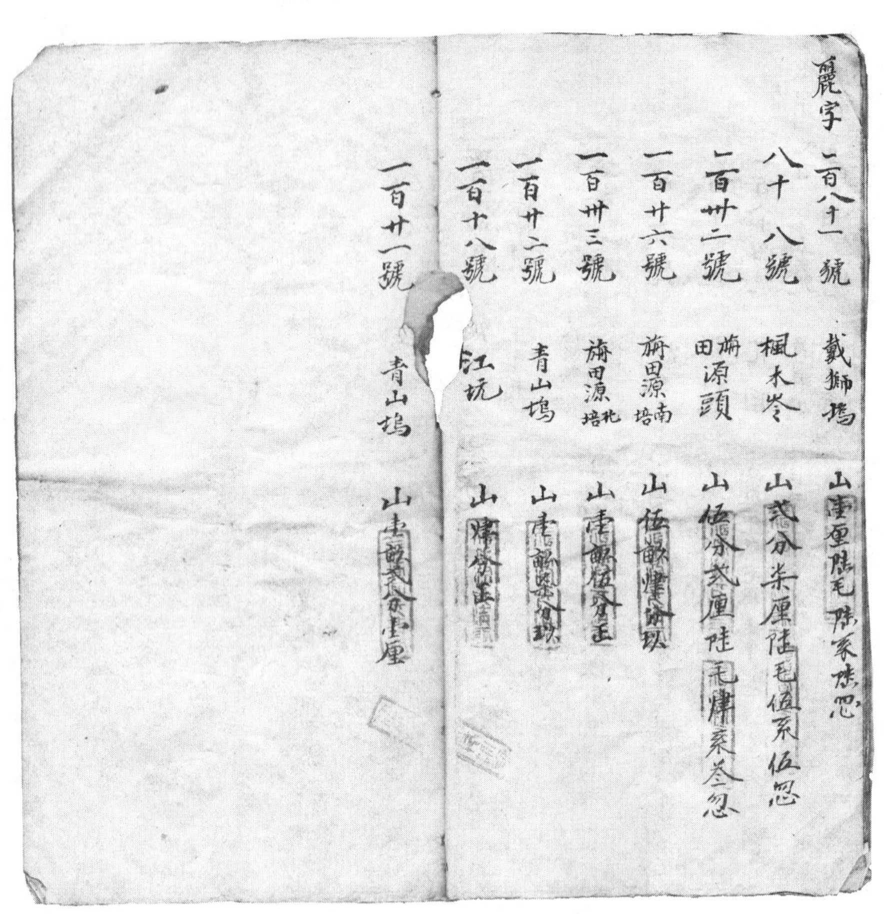

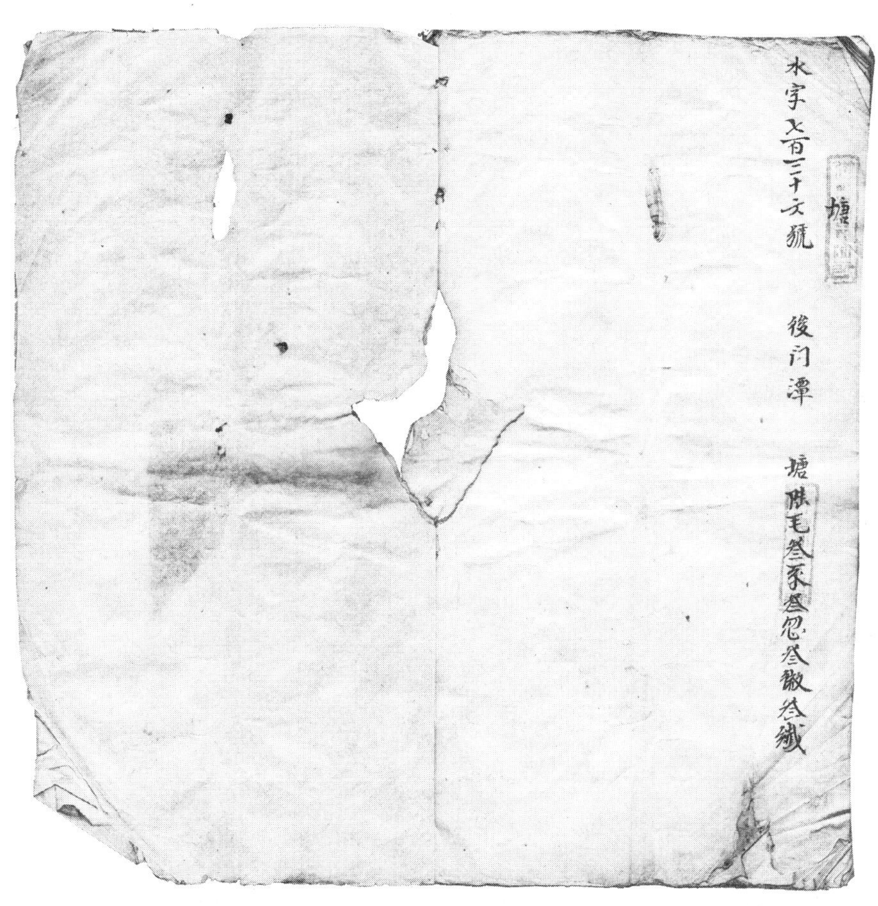

秋口镇金盘村 21-7 · 税粮实征册 · 任芳户

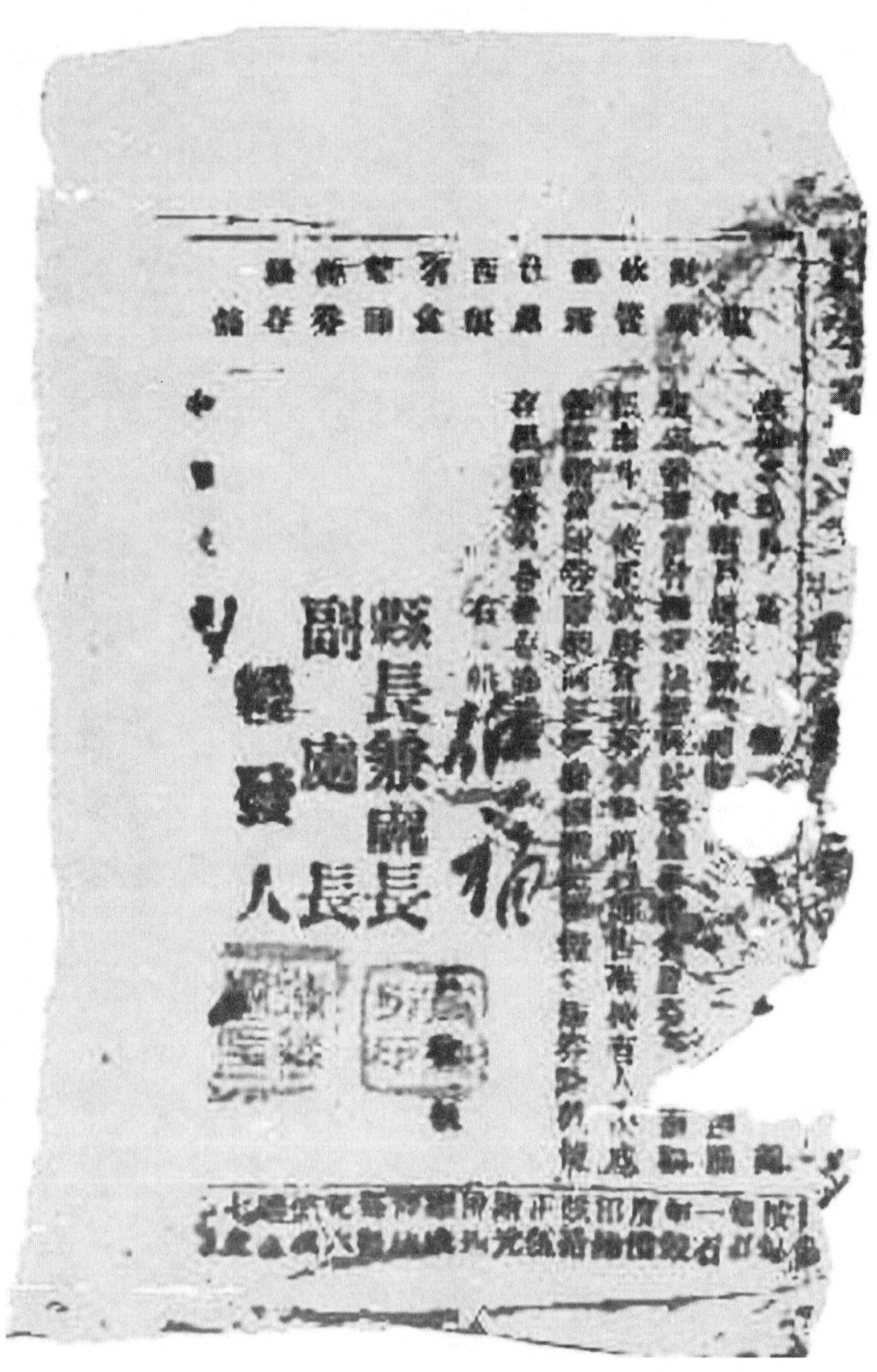

秋口镇金盘村 40 · 田赋征收存根 · 伯福

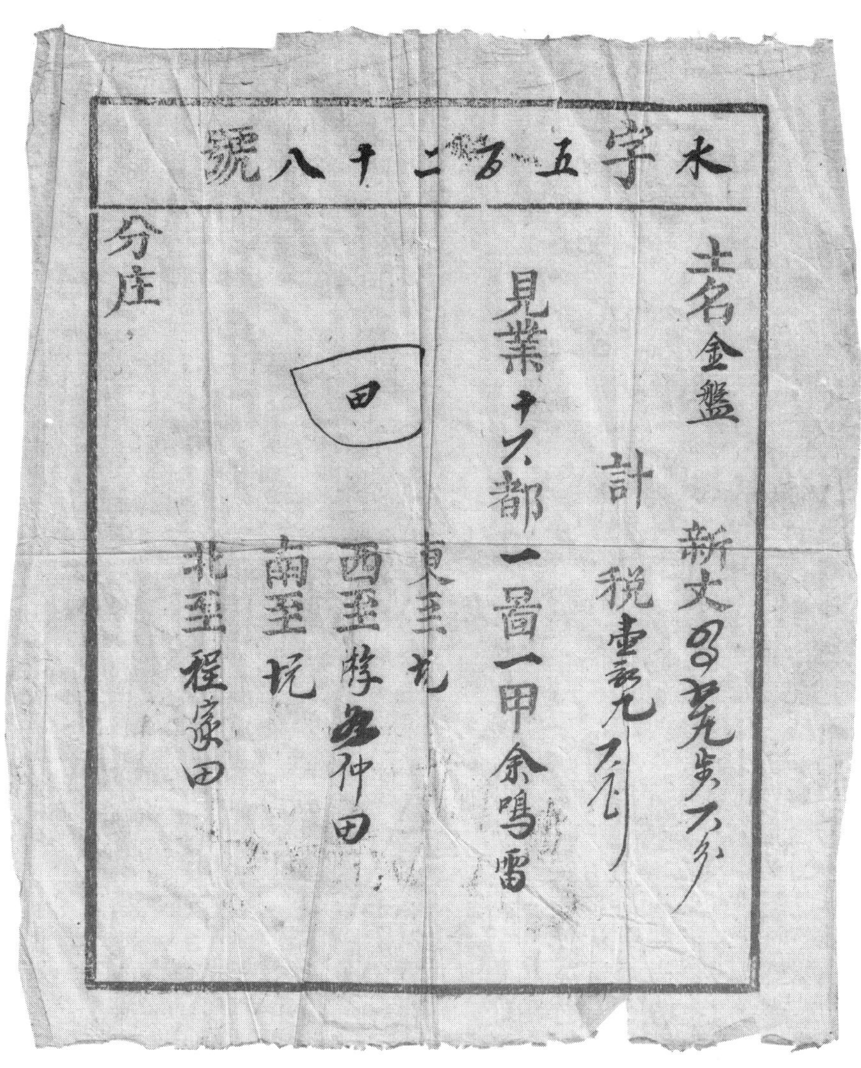
木字五百二十八號
土名金盤　計　新丈四弓先步六分
稅壹分九厘
見業十八都一圖一甲余鳴雷
田
東至坑
西至存仲田
南至坑
北至程家田
分庄

秋口镇金盘村 93 · 田地四至说明 · 余鸣雷

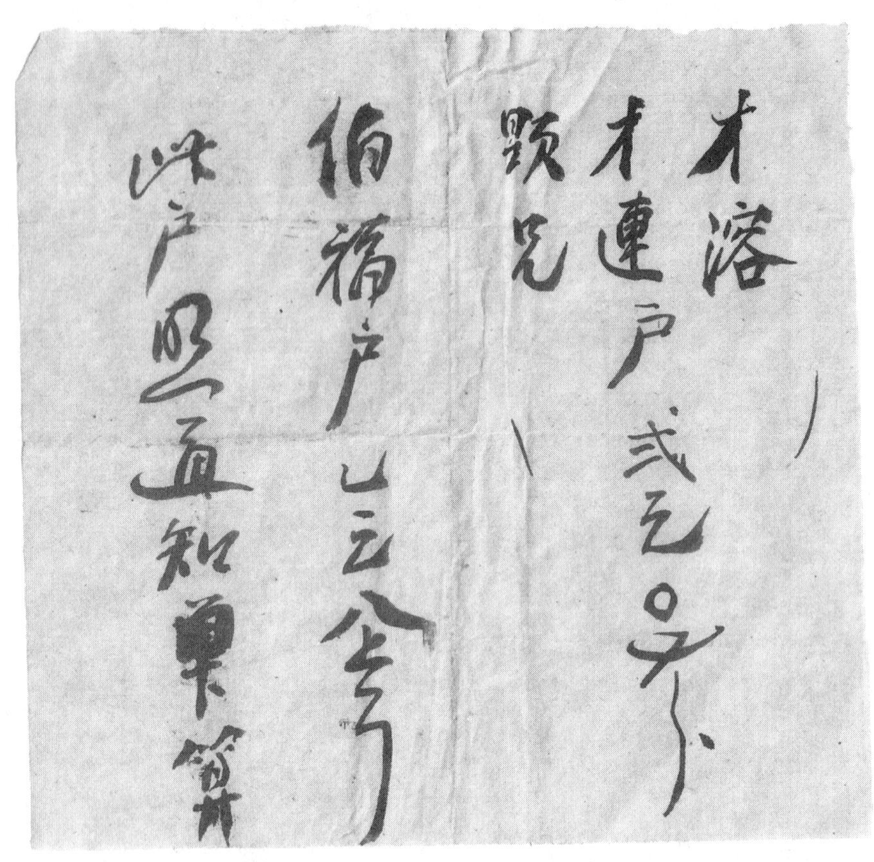

才溶

才連户弍乙○六

顕兑

伯福户乙三伞

咪户照通知單算

秋口镇金盘村 114 · 税单 · 才溶、才连、伯福户

秋口镇坑头村胡家 1—22

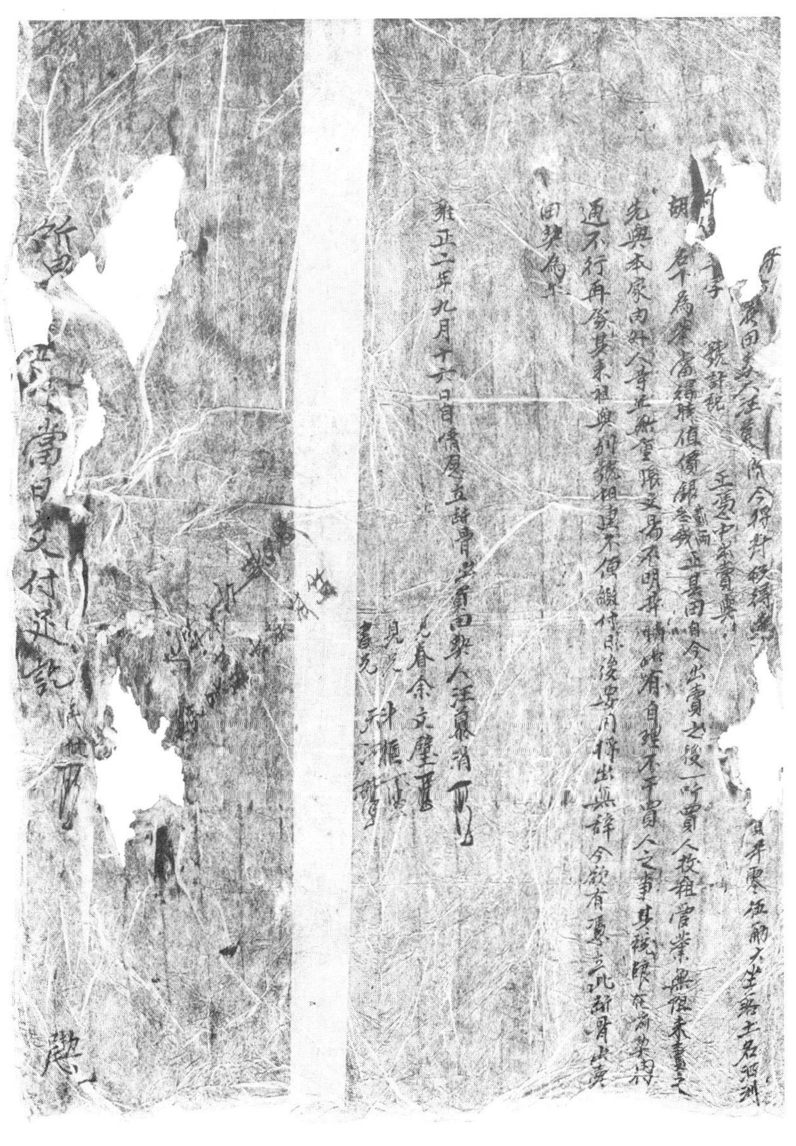

秋口镇坑头村胡家 11 · 雍正二年 · 断骨出卖田契 · 汪慕消卖与胡⊠

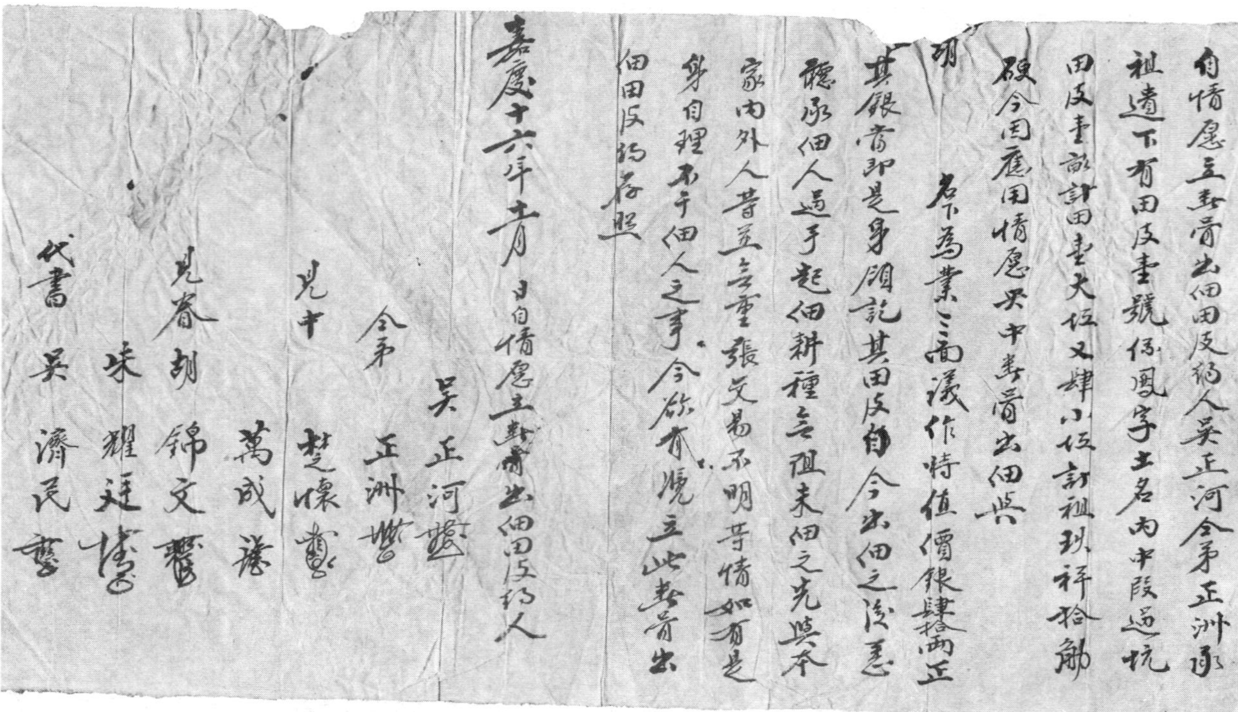

自情愿立断骨出佃田皮约人吴正河仝弟正洲，承
祖遗下有田皮壹號，係鳳字土名内中段過坑
田皮壹畝，計田壹大坵又肆小坵，計租玖秤拾觔
硬。今因應用，情愿央中断骨出佃與
胡名下為業，三面議作時值價銀肆拾兩正。
其銀當即是身收訖，其田皮自今出佃之後，悉
聽承佃人過手起佃耕種，無阻。未佃之先，與本
家内外人等並無重張交易。不明等情，如有，是
身自理，不干佃人之事。今欲有憑，立此断骨出
佃田皮約存照。

嘉慶十六年十二月　日自情愿立断骨出佃田皮約人　吴正河（押）
仝弟　正洲（押）
見中　楚懷（押）
萬成（押）
見眷　胡錦文（押）
吴耀廷（押）
代書　吴濟民（押）

秋口镇坑头村胡家9·嘉庆十六年·断骨出佃田皮约·吴正河、吴正洲佃与胡☒

永源衆信喜助齊雲山功
緣人名開述于左
胡興珊喜助实銀[illegible]正收
胡興福喜助实艮[illegible]正收
胡興燦喜助实艮[illegible]正收
胡興璋喜助实艮[illegible]錢正收
胡尚椿喜助[illegible]百廿文收
胡尚佐喜助[illegible]百文收
胡尚伶喜助[illegible]百廿文收
胡尚俊喜助[illegible]百文收
胡起雲喜助[illegible]三百文收
胡尚侑喜助[illegible]百文收
胡尚任喜助[illegible]百五十文收
胡興球喜助[illegible]百廿文收
胡尚伐喜助[illegible]百文收
胡尚慶喜助[illegible]百文收
胡尚志喜助[illegible]百文收
胡尚傑喜助[illegible]百文收
胡興澄喜助实銀叁錢正收
道光六年二月　日經手抵功緣人　胡興福　胡興燦
胡興珊　胡尚儀　面收付訖

信女人名開后
胡俞氏德容助[illegible]百文
胡程氏桒姜喜助[illegible]百文收
胡吳氏得男助[illegible]百文收
胡吳氏龍姜助[illegible]百文收
胡俞氏和芝助[illegible]百十文收
胡程氏順愛喜助实艮三錢正收
胡余氏桂璋喜助[illegible]百文收
胡張氏萬姜喜助[illegible]百文收
胡余氏秀女喜助[illegible]百文收

秋口镇坑头村胡家 7 · 道光六年 · 永源众信喜助齐云山名单 · 胡兴福、胡兴栅

秋口镇坑头村胡家6・道光十九年・流水账・吴时棋户

立自情願斷骨出賣田租契人胡尚如今將承先遺有田租壹號親身股分，係經理有鳳字山十六百八十五號坐落土名辛田計壹五□□□田稅叁分津重綱紀壹柒，正今因應用自情愿托中立□□□□，出賣與祺吶新社會眾名下承買為業三面憑中議作時價佛□□□□，是身全中交名下承買，為業之後悉聽會內承買□□□□□□，租自今出賣之後，悉聽會內承買人□□□下照舊照税松納收受，無異未賣之先，□□□堂冊為憑不在開述來祖業票另別瓏相連不便繳付日後□契割不必另立推單悉只無虎立此斷骨出賣田租契為照

契內添加税封變又加粮字六加先隻再批□

要用者出交易甚□

所是契價當卽兩相交足訖再批□

咸豐十年八月初七日立自情愿斷骨出賣田租契人胡尚如□

　　　見中房兄　兆萬馨
　　　　　　　萬茂馨
　　　堂侄　　光照馨
　　　　　　　光前馨
　　　　　　　尚儀馨
　　依口書　　光塏馨

（騎縫：尾契）

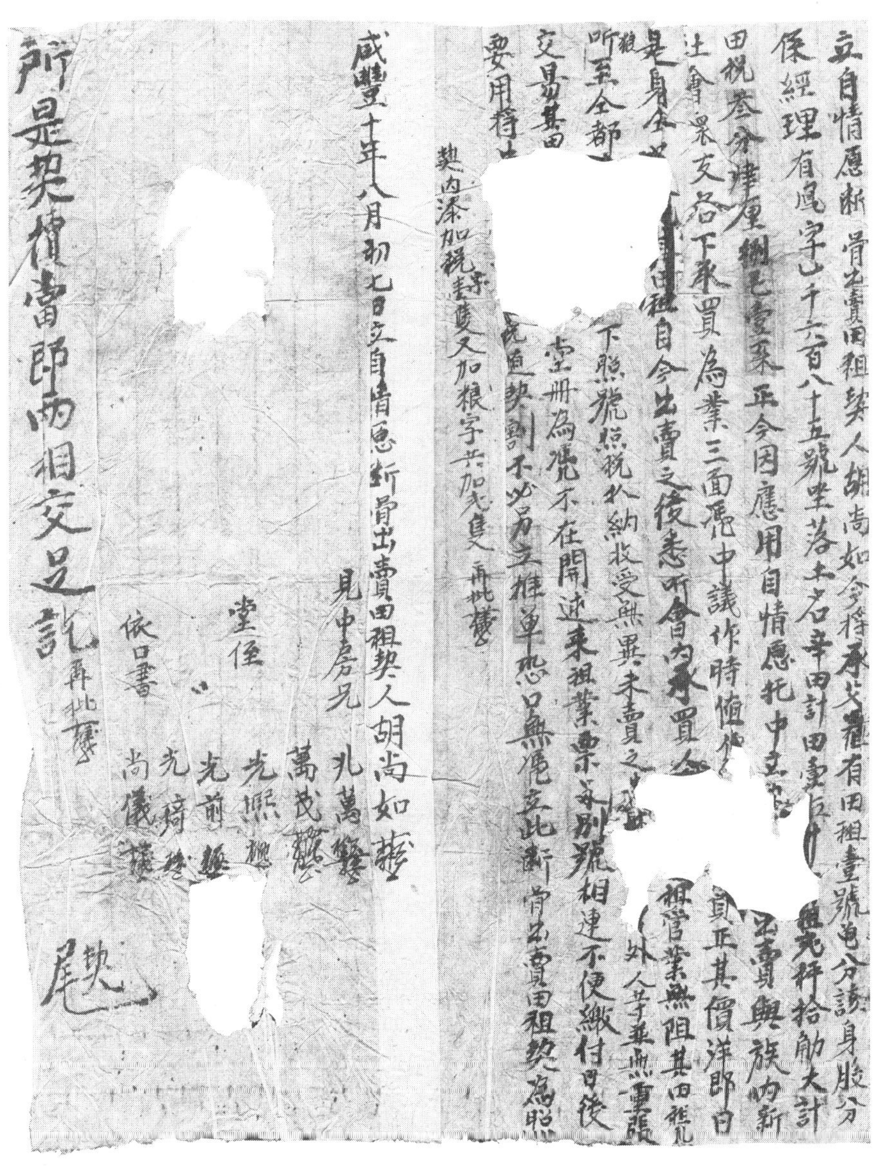

秋口镇坑头村胡家 10 · 咸丰十年 · 断骨出卖田租契 · 胡尚如卖与新社会众友

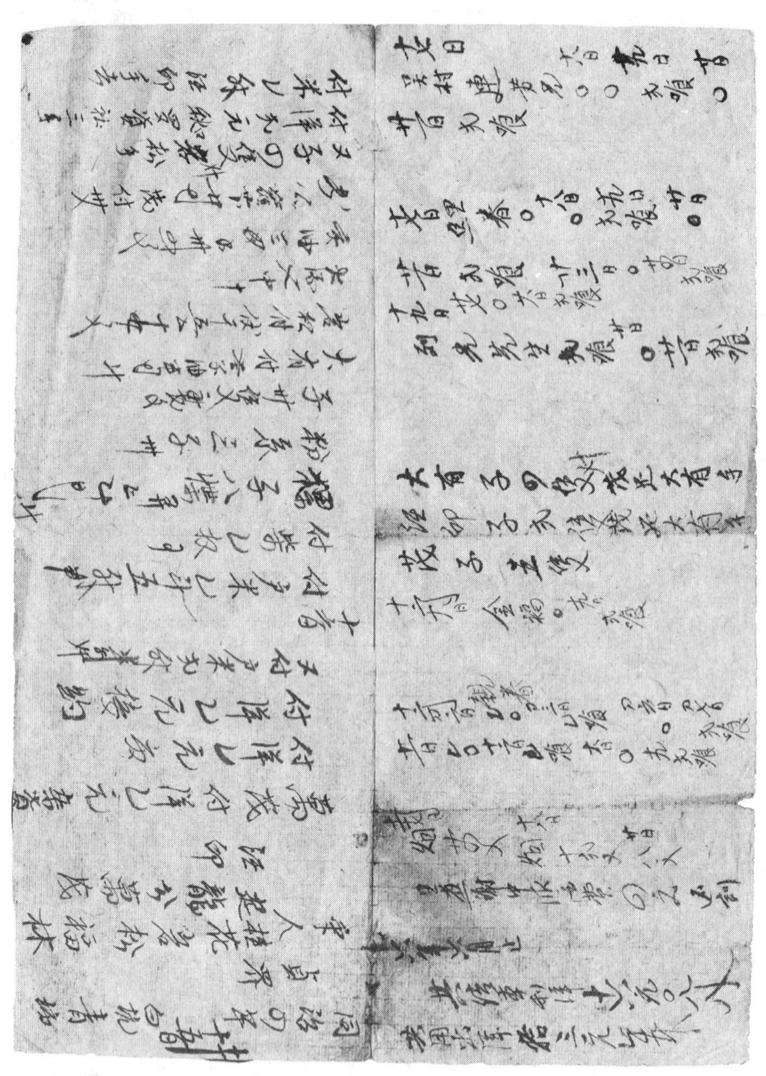

秋口镇坑头村胡家 20 · 同治四年 · 流水账

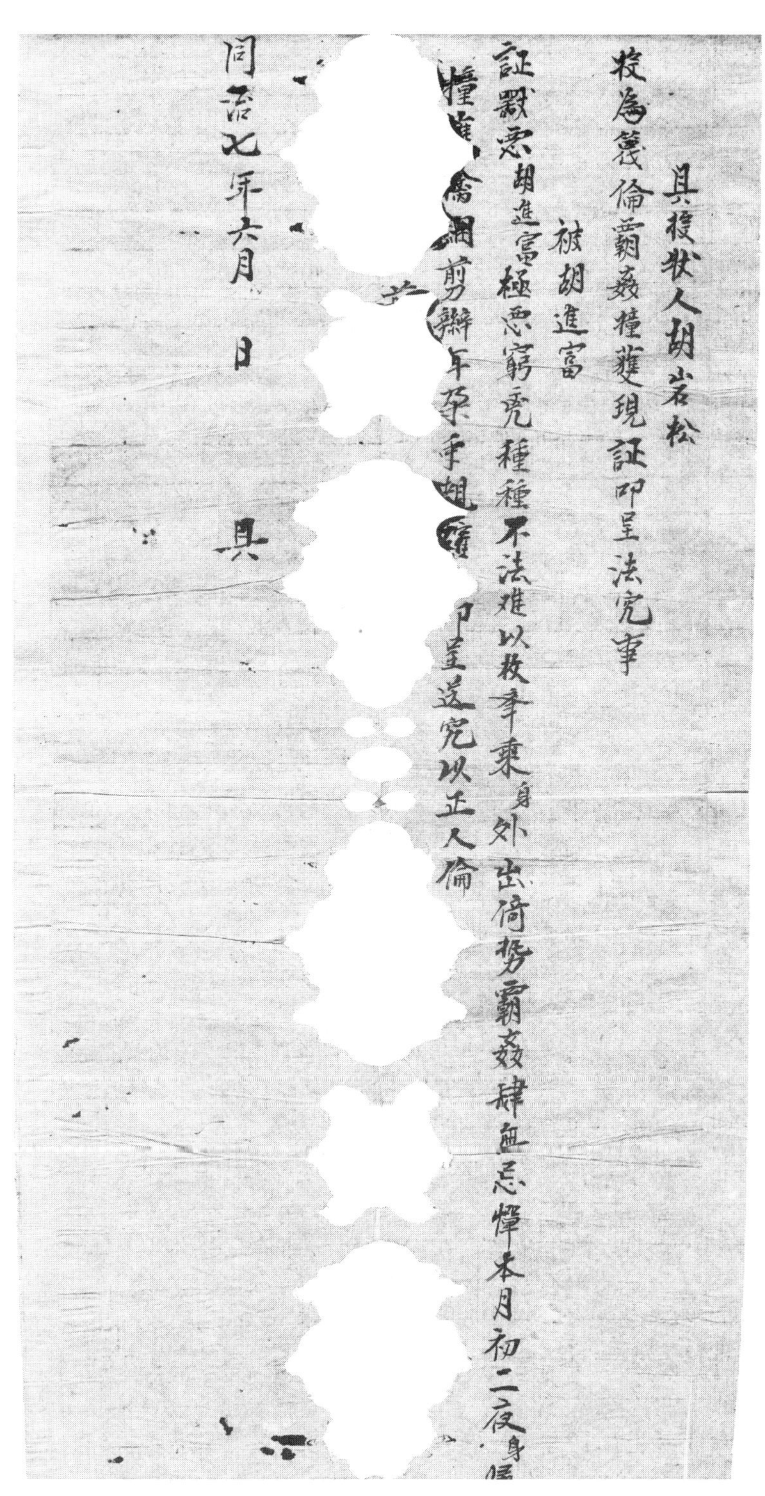

具投状人胡岩松
控为蔑伦霸奸扞获现证叩呈法究事
被胡进富
证戮恶胡进富极恶穷凶种种不法难以枚举乘身外出倚势霸奸肆无忌惮本月初二夜身
……

同治七年六月　日　具

秋口镇坑头村胡家 15 · 同治七年 · 具状词 · 胡岩松告胡进富

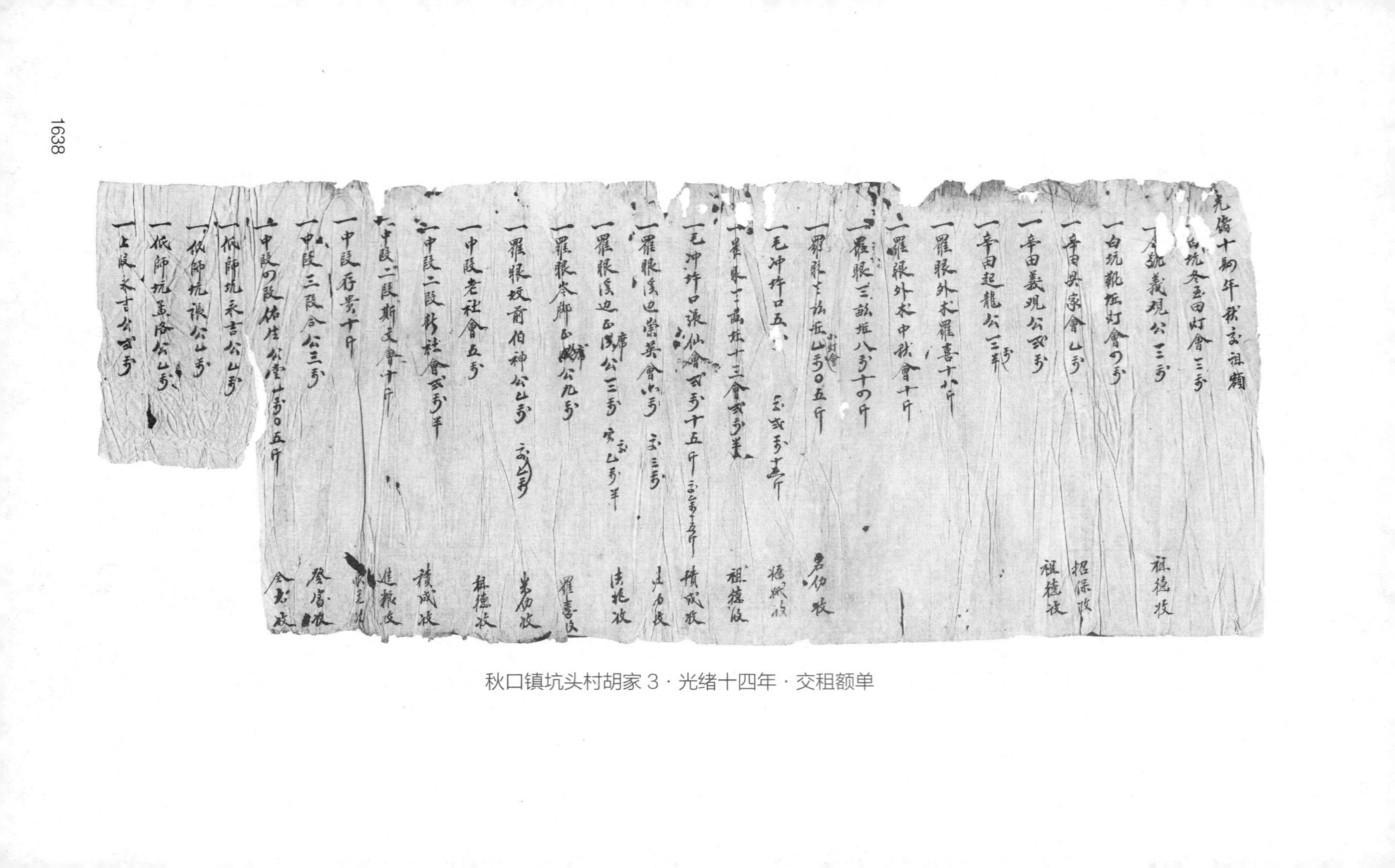

秋口镇坑头村胡家 3 · 光绪十四年 · 交租额单

秋口镇坑头村胡家 1 · 账单

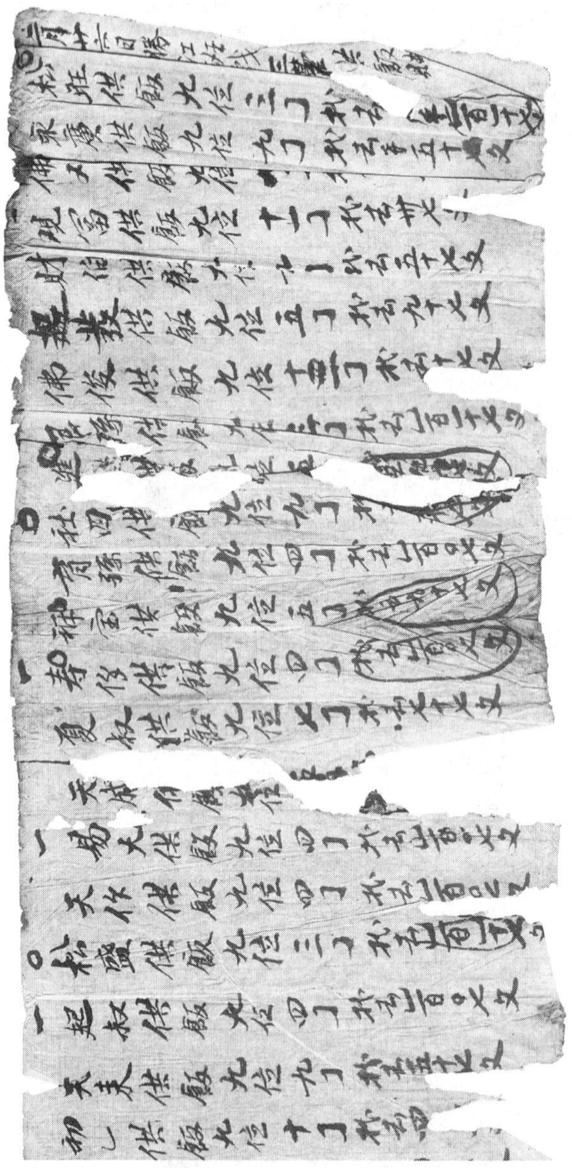

秋口镇坑头村胡家 2-i · 流水账（右第一部分）

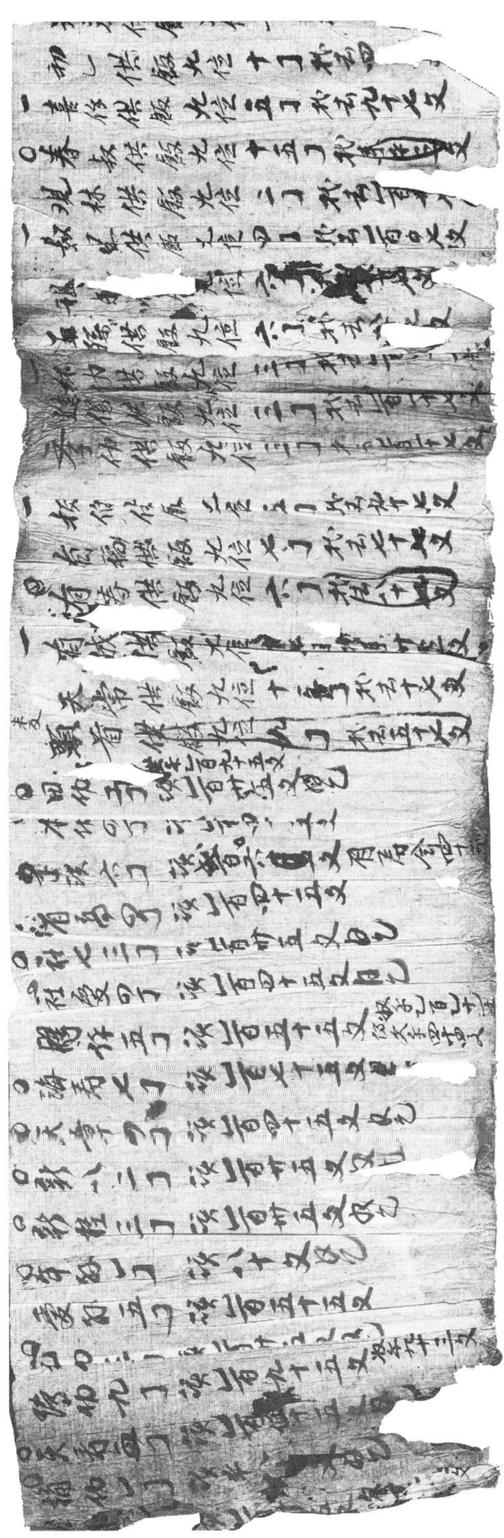

秋口镇坑头村胡家 2-ii · 流水账（右第二部分）

秋口镇坑头村胡家 2-iii · 流水账（右第三部分）

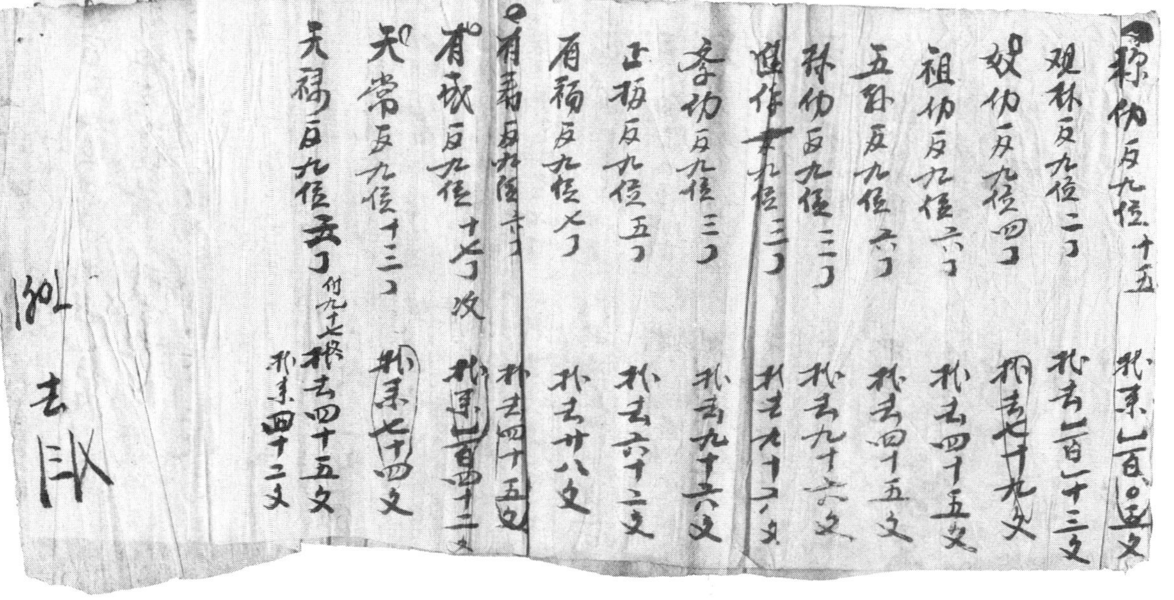

秋口镇坑头村胡家 2-iv · 流水账（左第三部分）

秋口镇坑头村胡家 2-v・流水账（左第二部分）

秋口镇坑头村胡家 2-vi · 流水账（左第一部分）

秋口镇坑头村胡家 4 · 流水账 · 进业花户

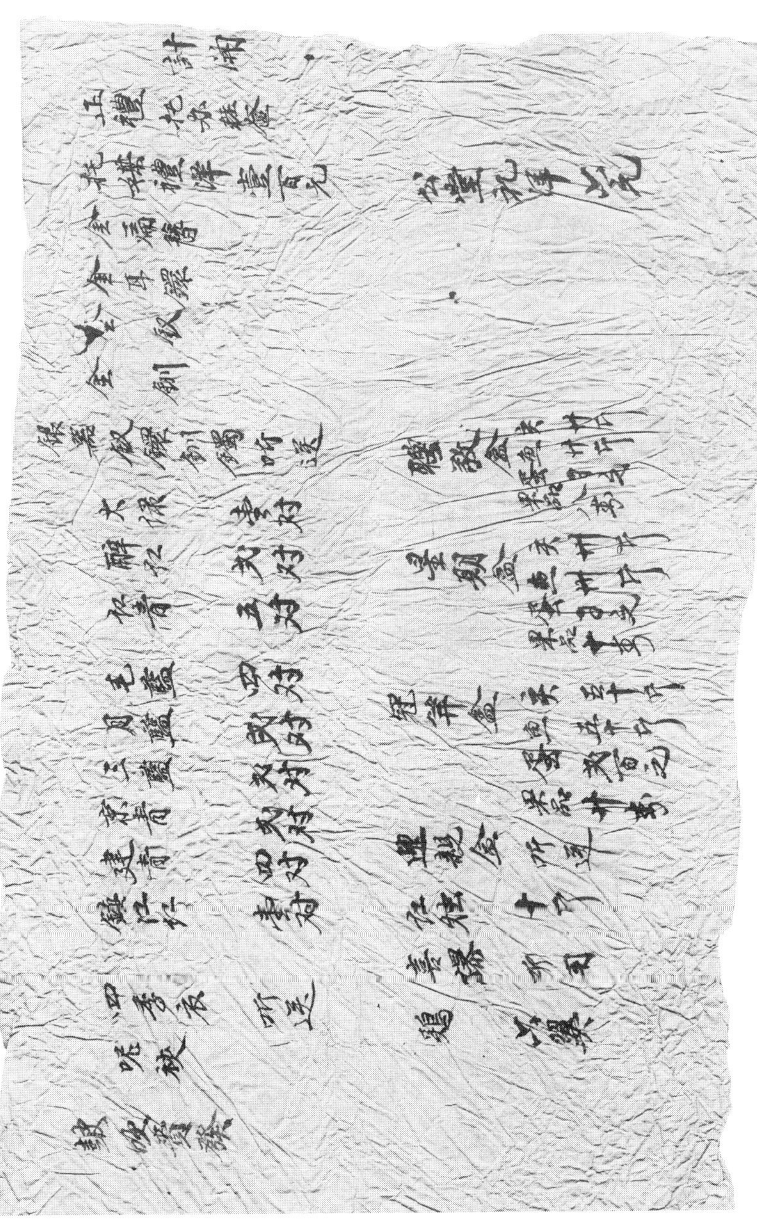

秋口镇坑头村胡家 5 · 礼单

秋口镇坑头村胡家 8-i · 流水账（右半部分）

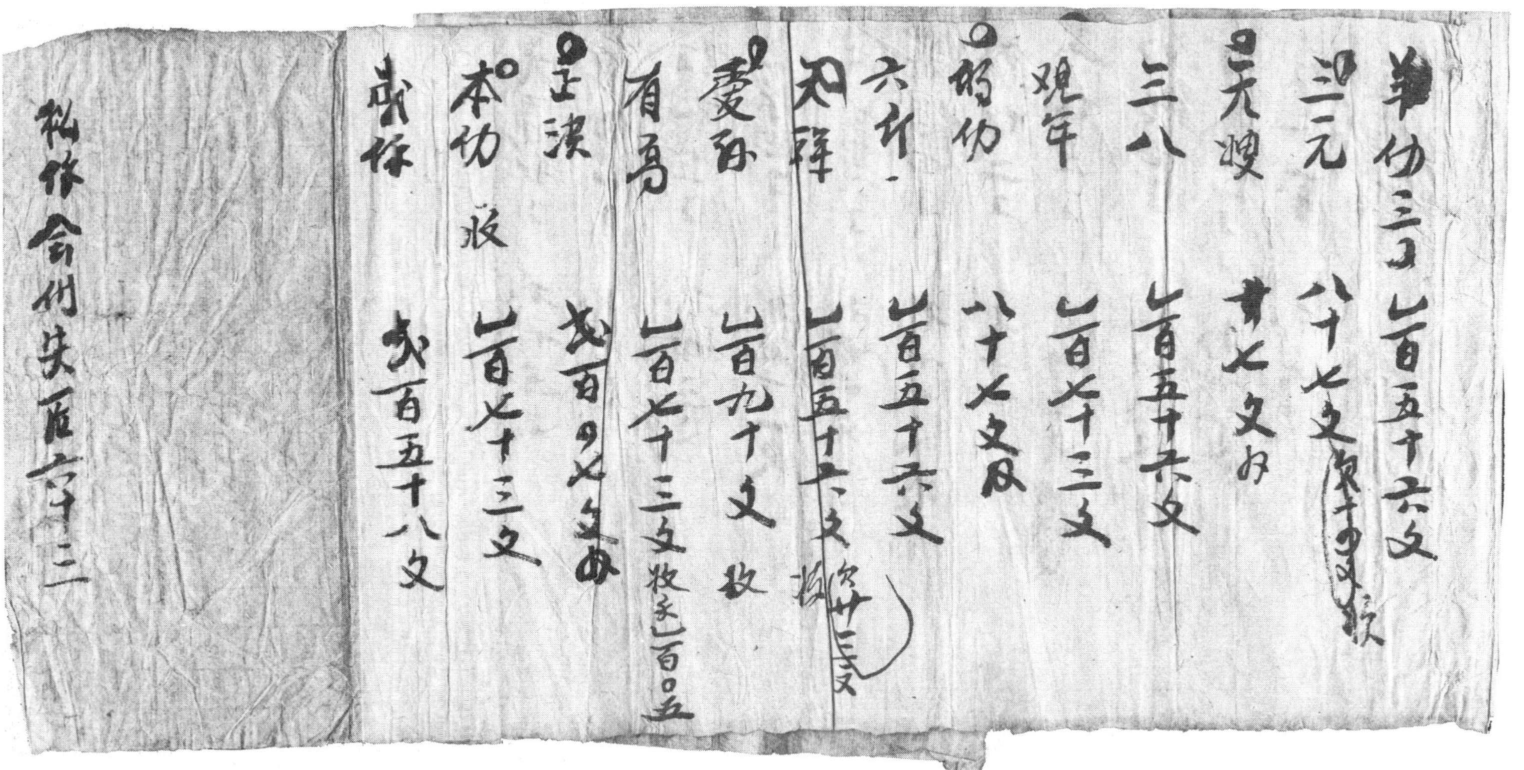

秋口镇坑头村胡家 8-ii · 流水账（左半部分）

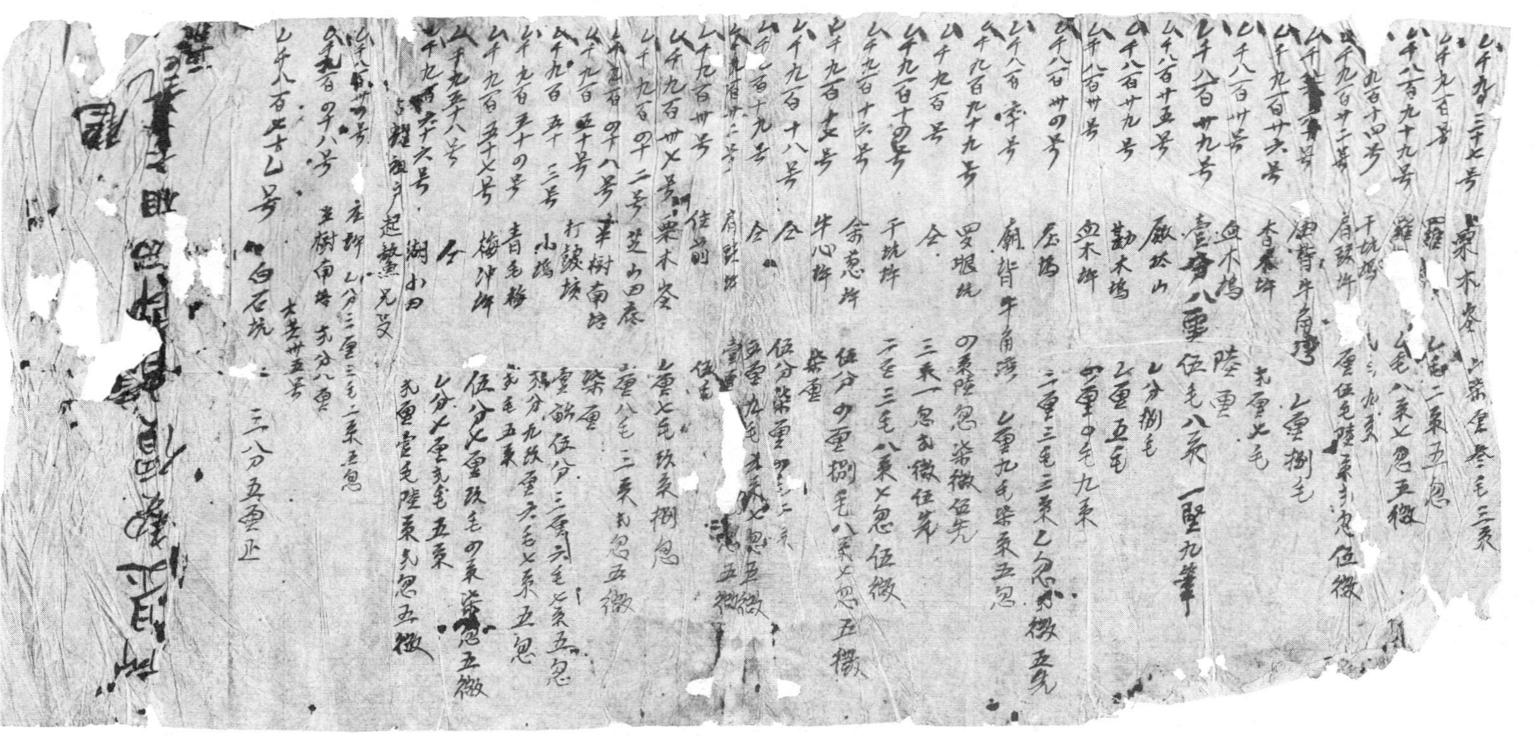

秋口镇坑头村胡家 12 · 流水账

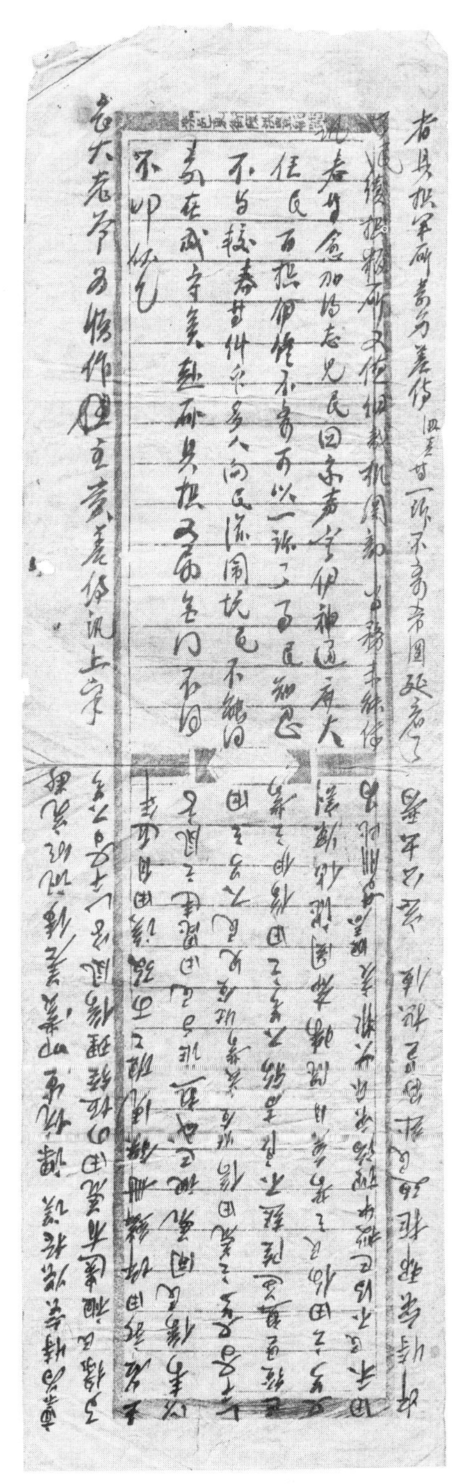

秋口镇坑头村胡家 13 · 具状词

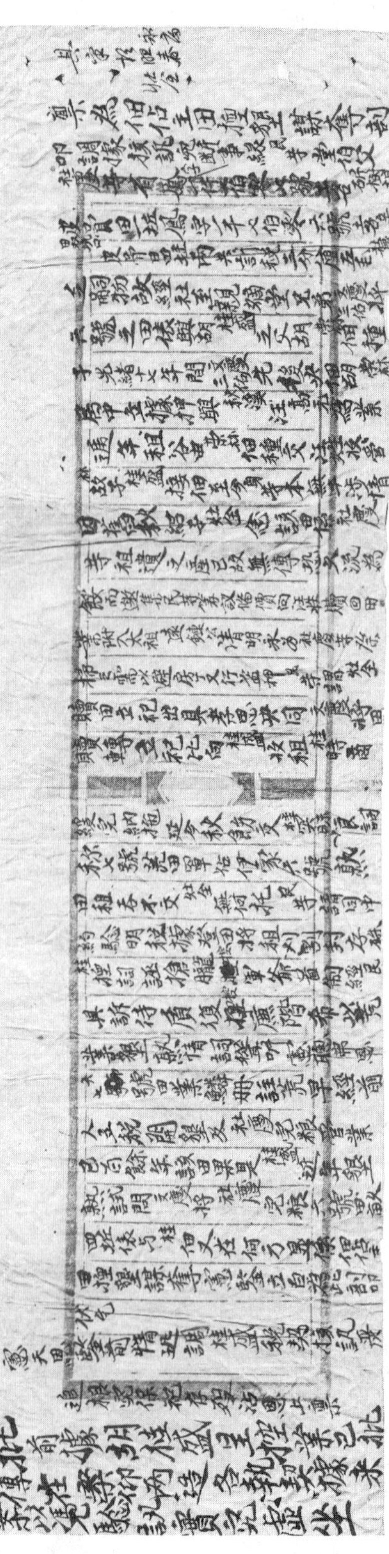

秋口镇坑头村胡家 14 · 具状词

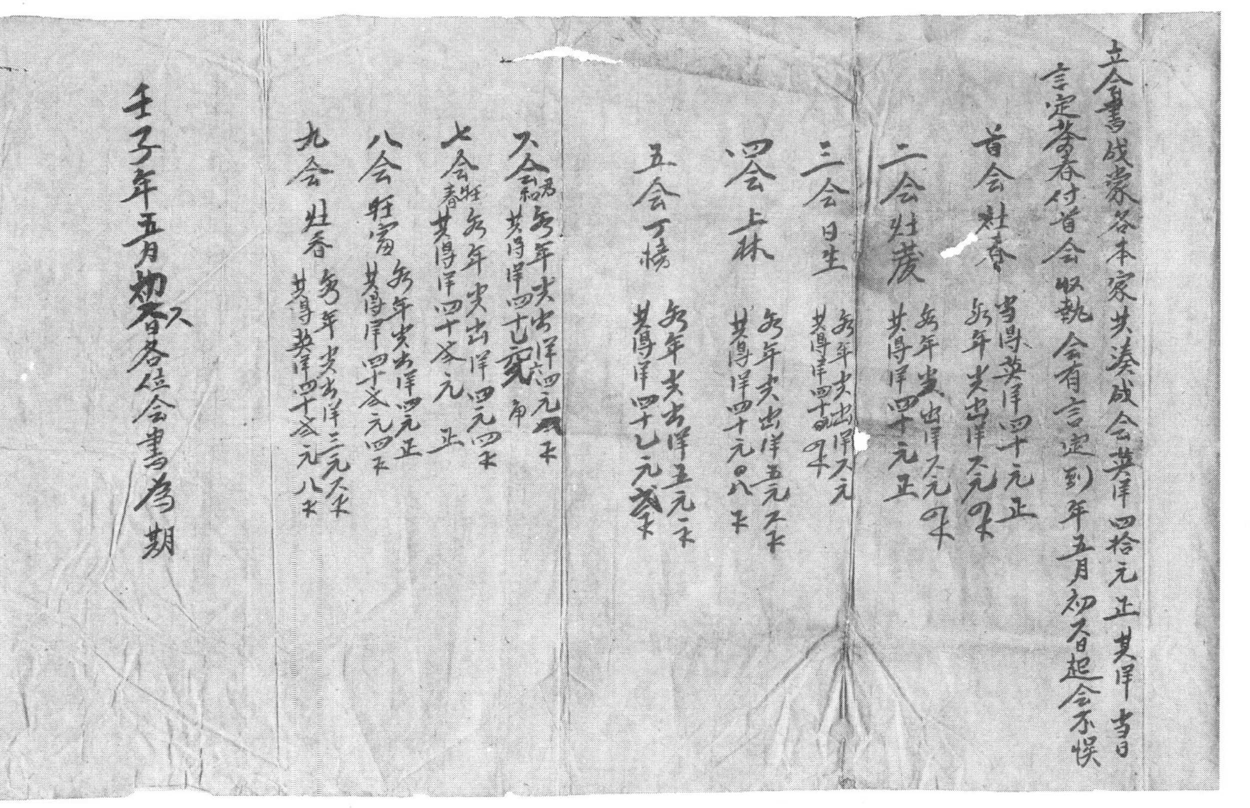

秋口镇坑头村胡家 16 · 会书

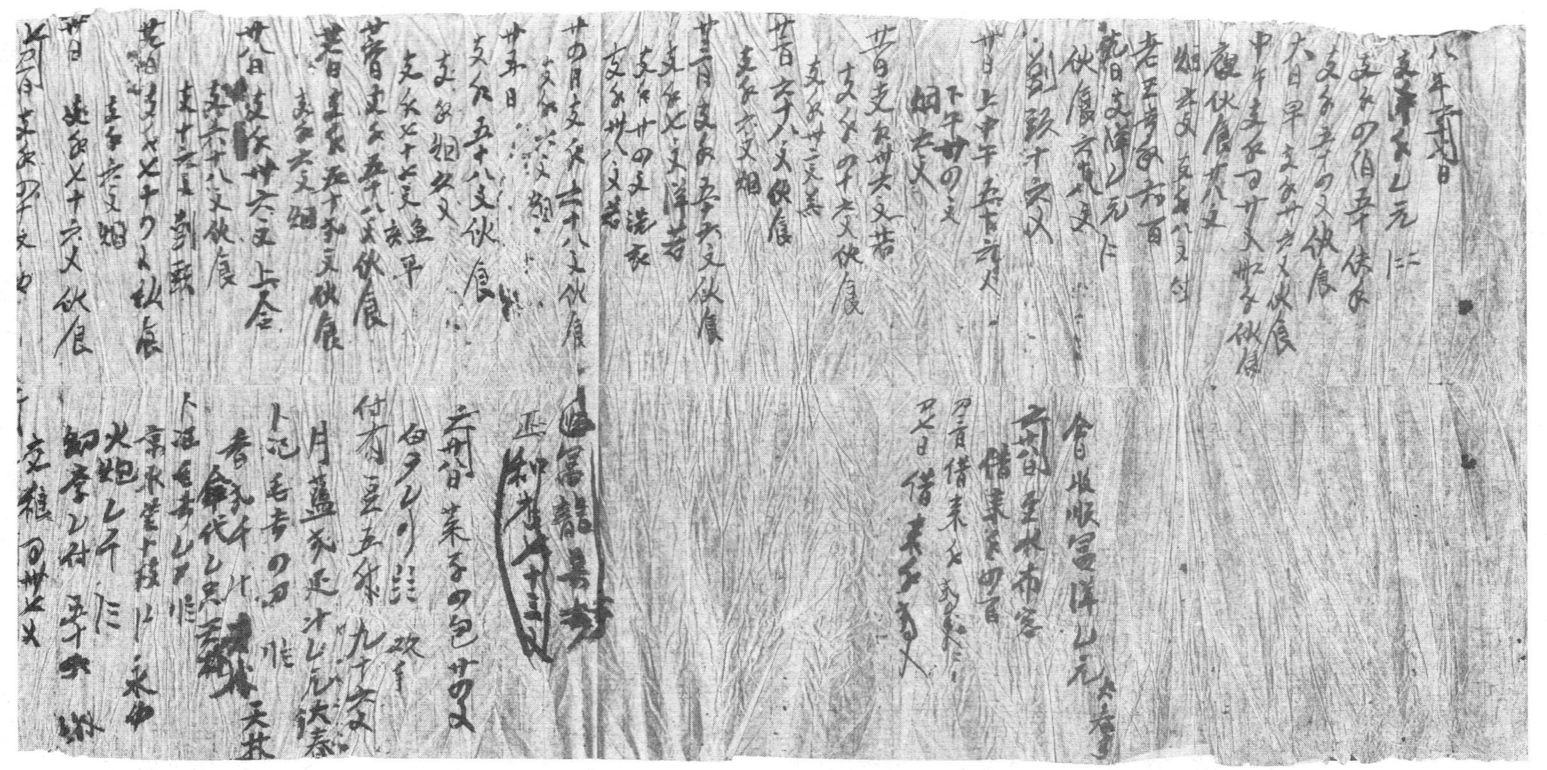

秋口镇坑头村胡家 17-i · 流水账（右半部分）

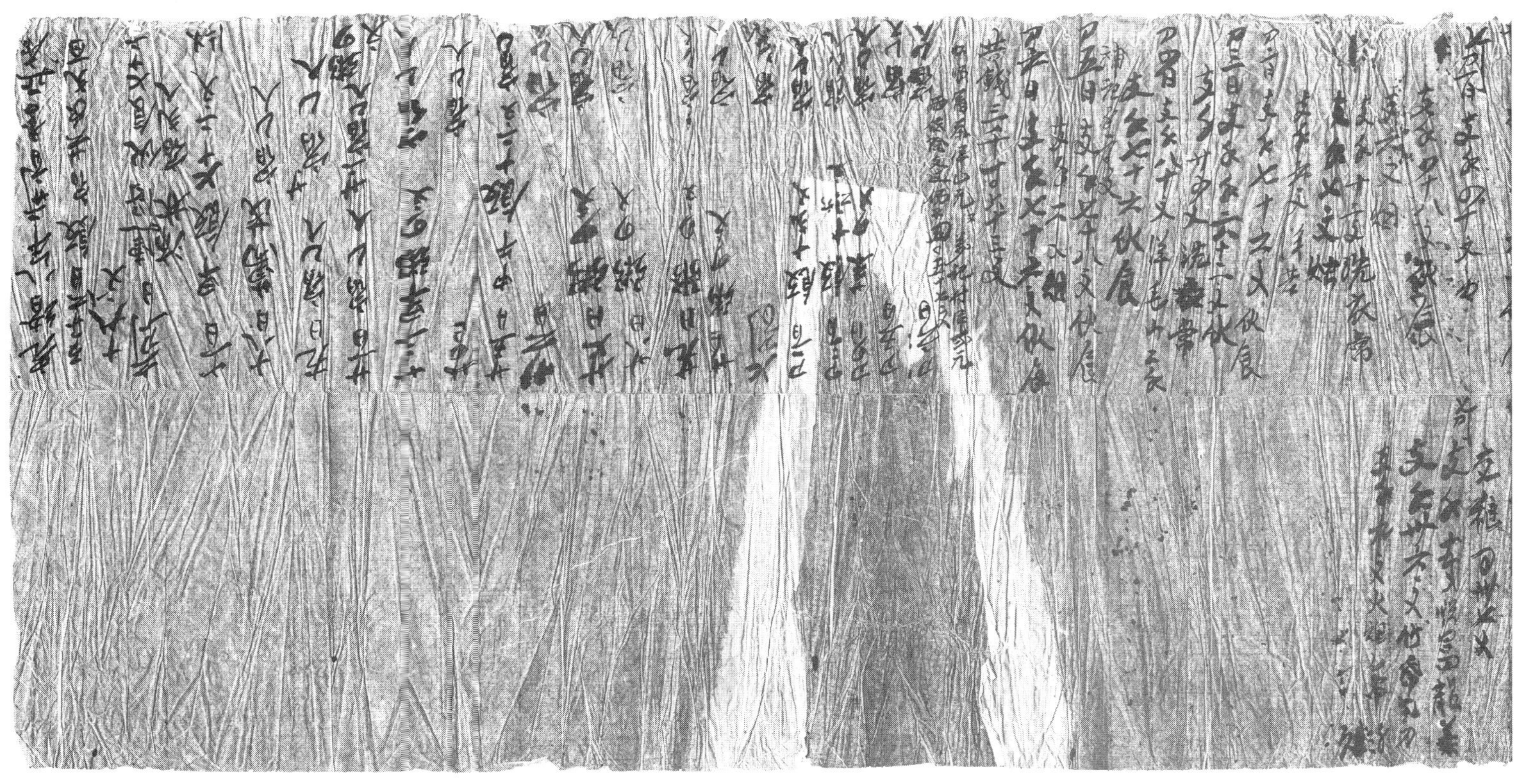

秋口镇坑头村胡家 17-ii · 流水账（左半部分）

秋口镇坑头村胡家 18-i · 同治三年 · 流水账（右半部分）

秋口镇坑头村胡家 18-ii · 同治三年 · 流水账（左半部分）

秋口镇坑头村胡家 19-i · 流水账（右半部分）

秋口镇坑头村胡家 19-ii · 流水账（左半部分）

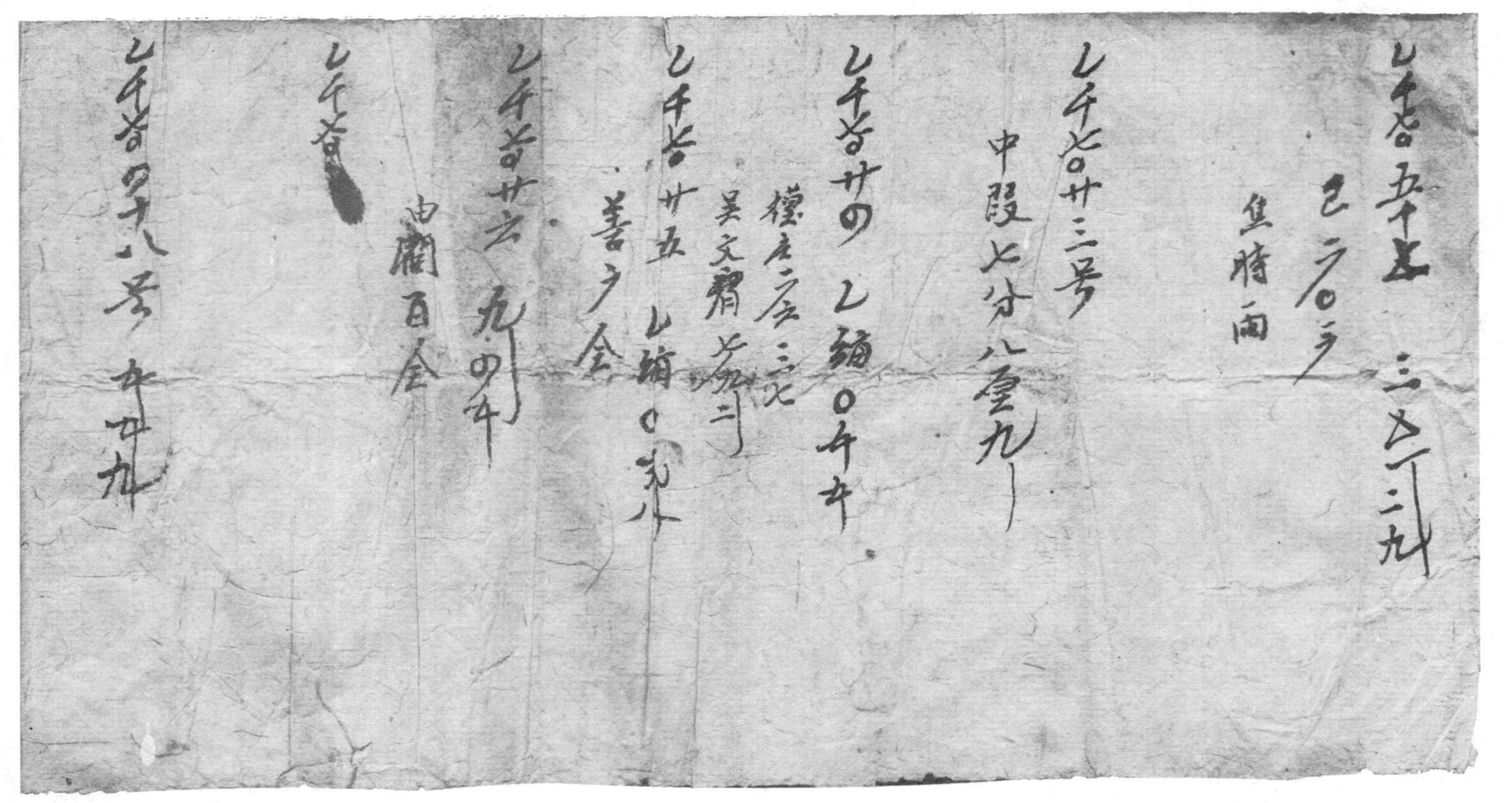

秋口镇坑头村胡家 21 · 流水账

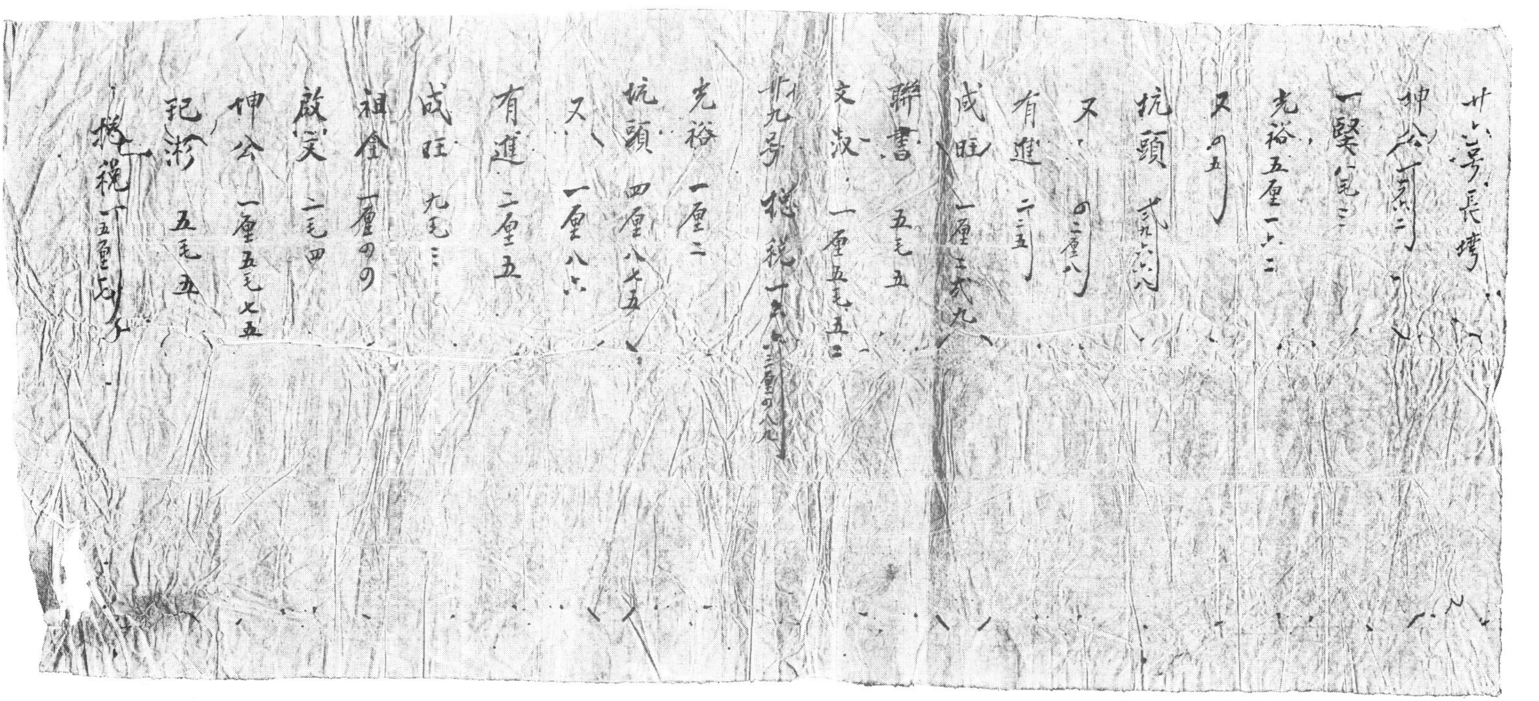

秋口镇坑头村胡家 22 · 流水账

秋口镇里蕉村 1—7

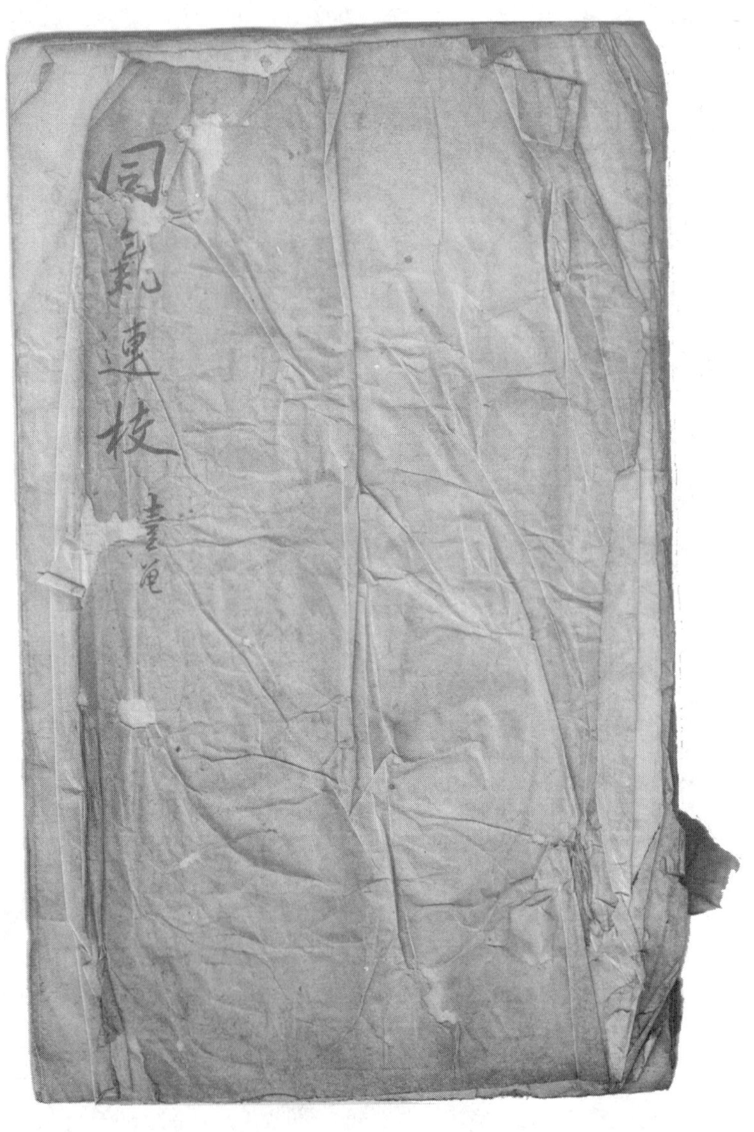

秋口镇里蕉村 7-1 · 道光二十七年 · 分关文书 · 吴济

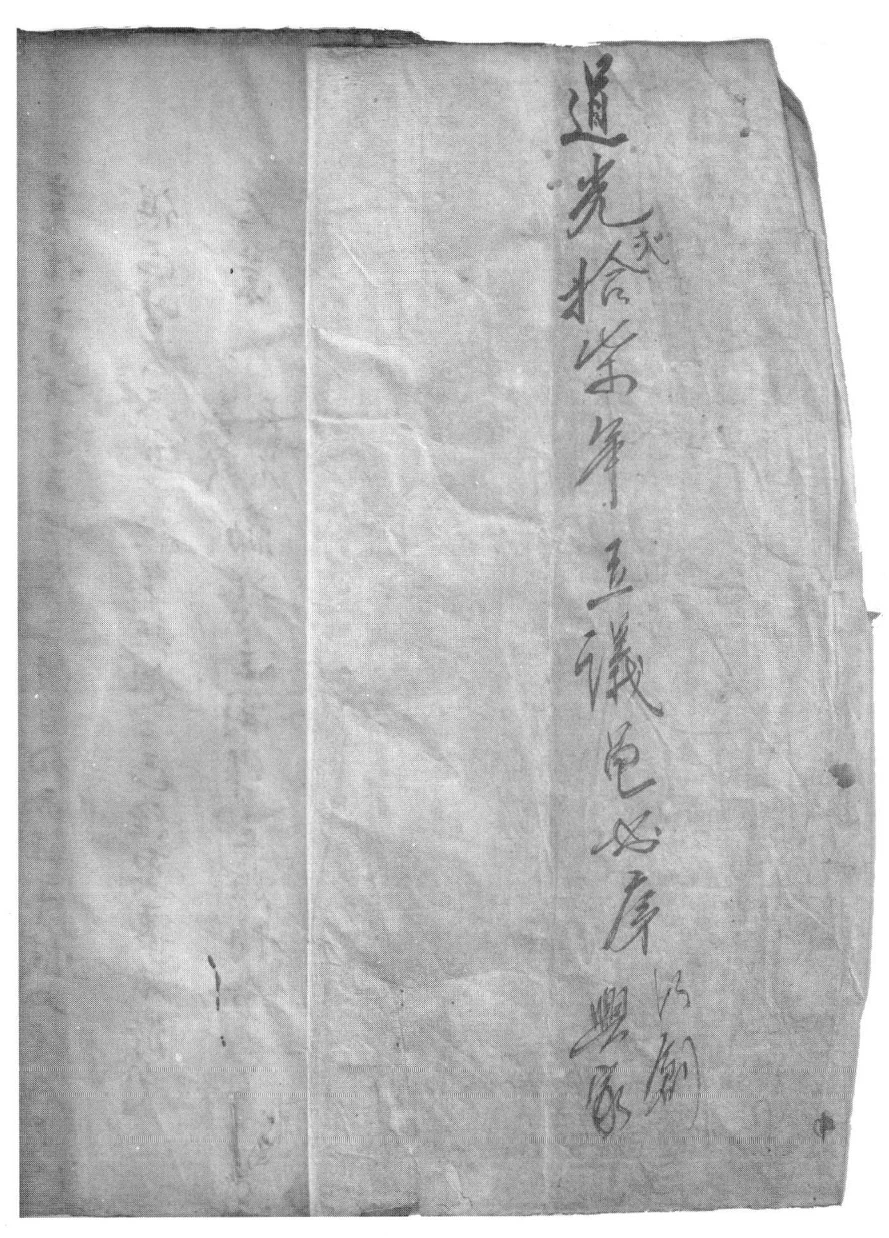

秋口镇里蕉村 7-2 · 道光二十七年 · 分关文书 · 吴济

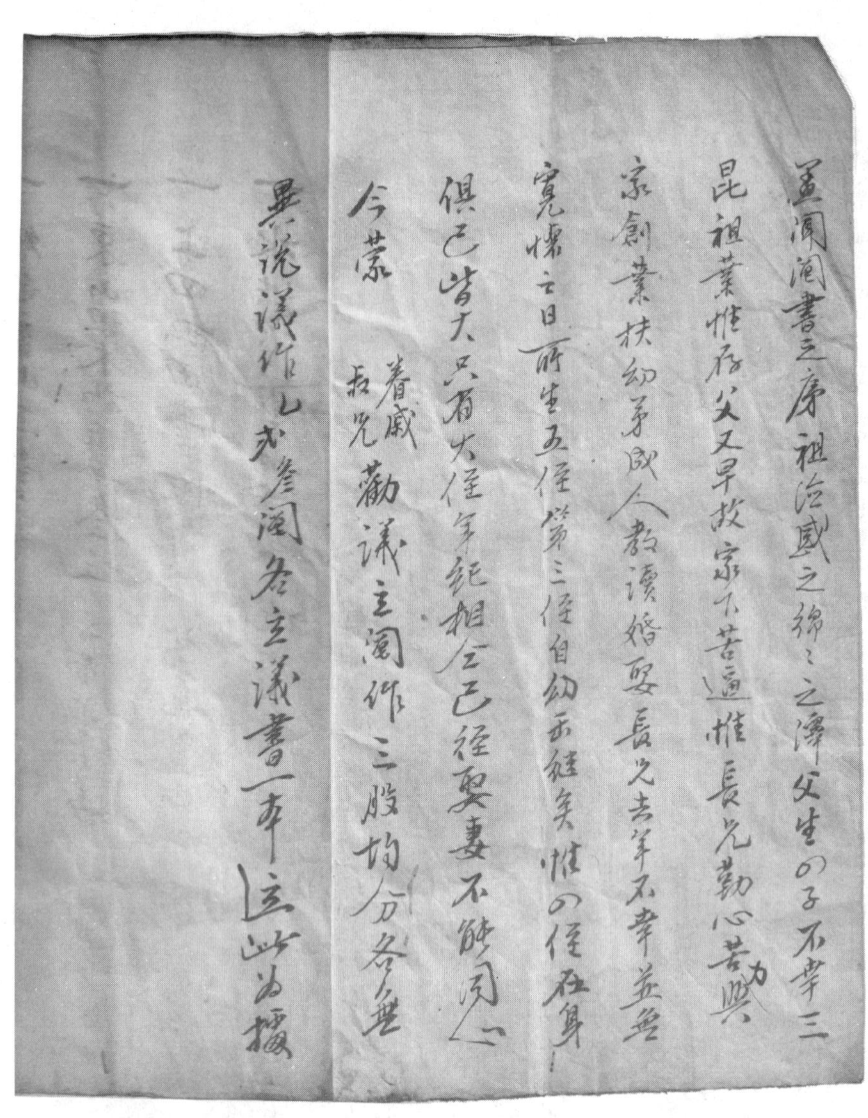

立阄阄书之序：祖治盛之绵绵之泽，父生四子，不幸三昆祖业惟存，父又早故，家下苦逼，惟长兄勤心苦力兴家创业，扶幼弟成人，教读婚娶。长兄去年不幸，并无宽怀之日，所生五侄，第三侄自幼無娃矣，惟四侄在身俱已皆大，只有大侄年纪相仝，已经娶妻，不能同心。今蒙眷戚叔兄劝议，主阄作三股均分，各无异说。议作乙、丙、叁阄，各立议书一本，照此为据。

秋口镇里蕉村 7-3 · 道光二十七年 · 分关文书 · 吴济

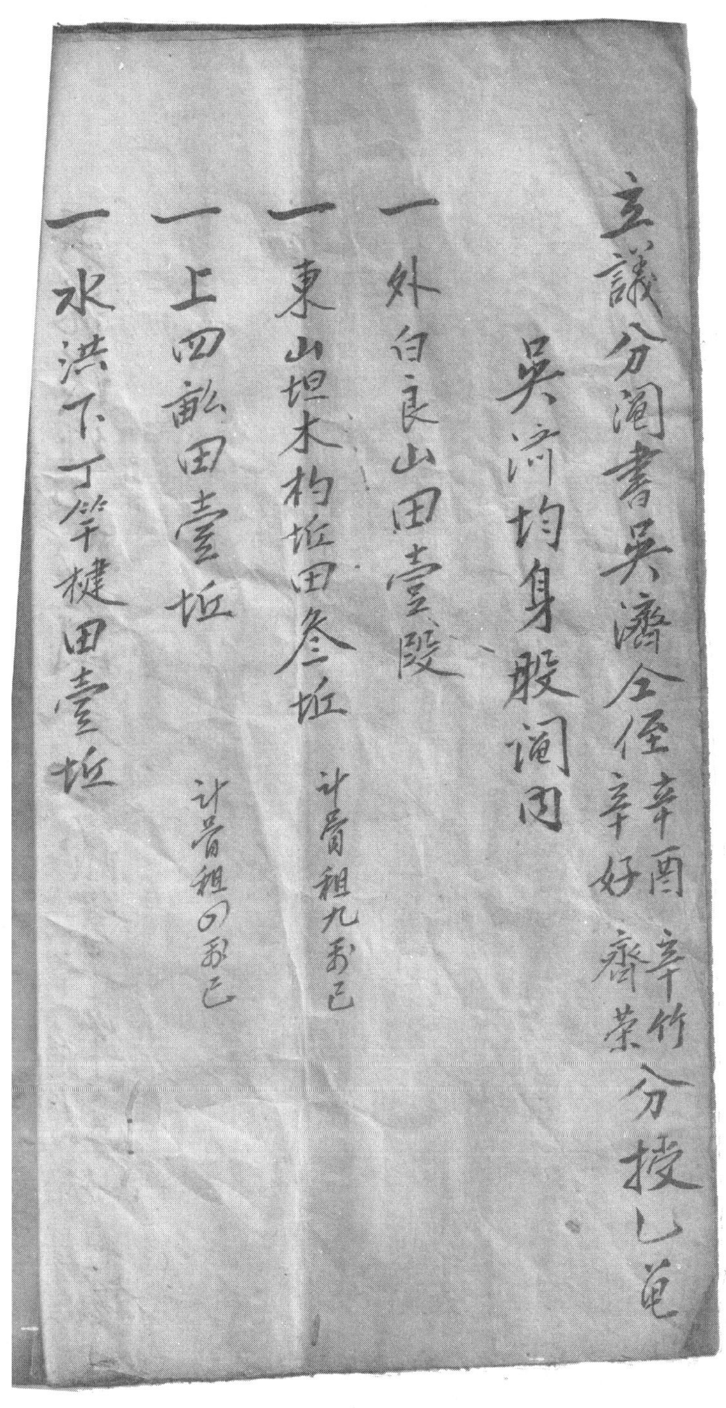
立議分阄書吴濟仝侄辛酉 辛好 辛竹 齋榮分授已笔
吴濟均身股阄团
一 外白良山田壹陂
一 東山垣木杓垃田叁垃 计骨租九秤正
一 上田畝田壹垃 计骨租廿秤正
一 水洪下丁竿楗田壹垃

秋口镇里蕉村 7-4 · 道光二十七年 · 分关文书 · 吴济

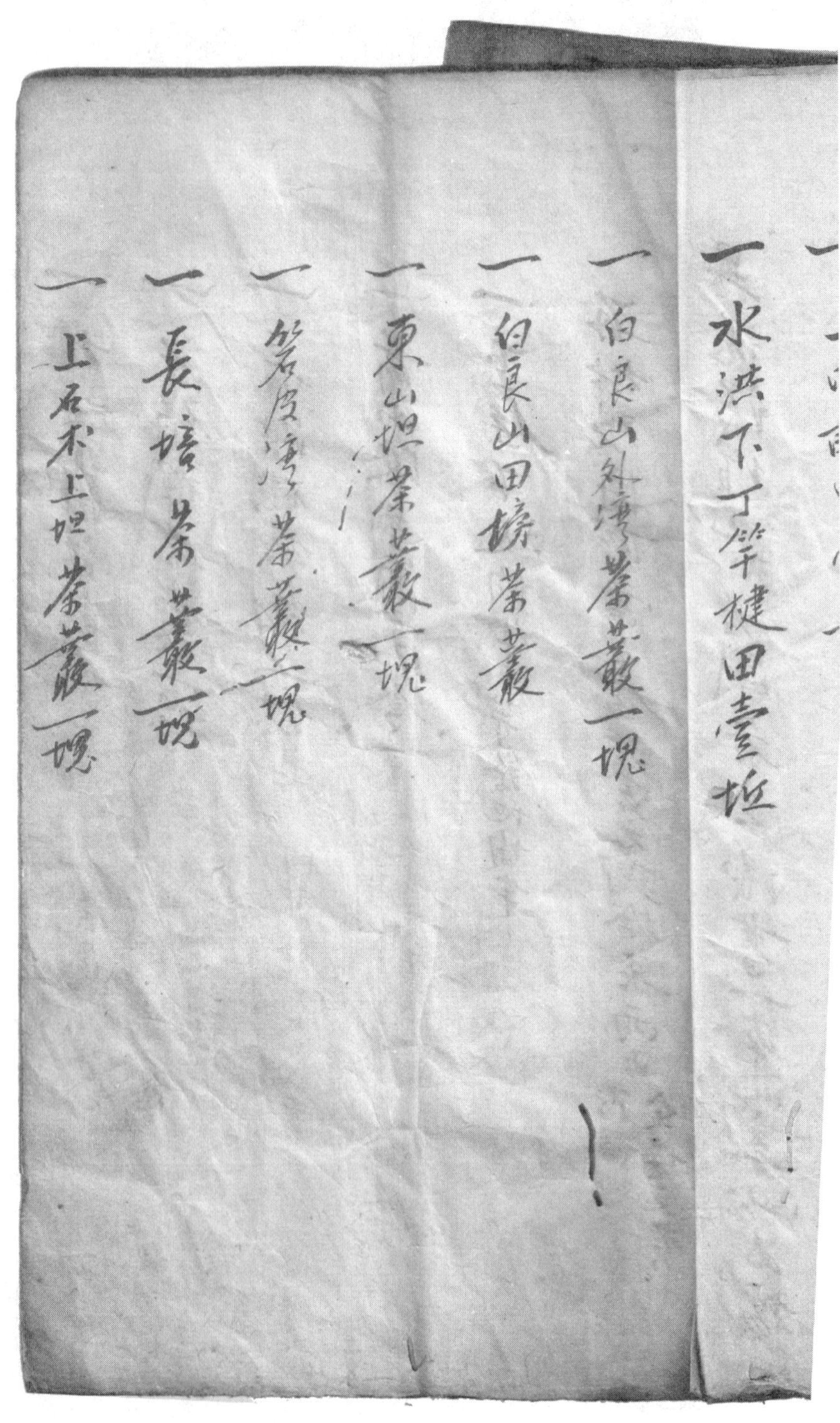

秋口镇里蕉村 7-5 · 道光二十七年 · 分关文书 · 吴济

一水洪下丁竿捷田壹坵
一白良山外灣茶藪一塊
一白良山田塝茶藪
一東山坦茶藪一塊
一磐屋灣茶藪一塊
一長塝茶藪一塊
一上石不上坦茶藪一塊

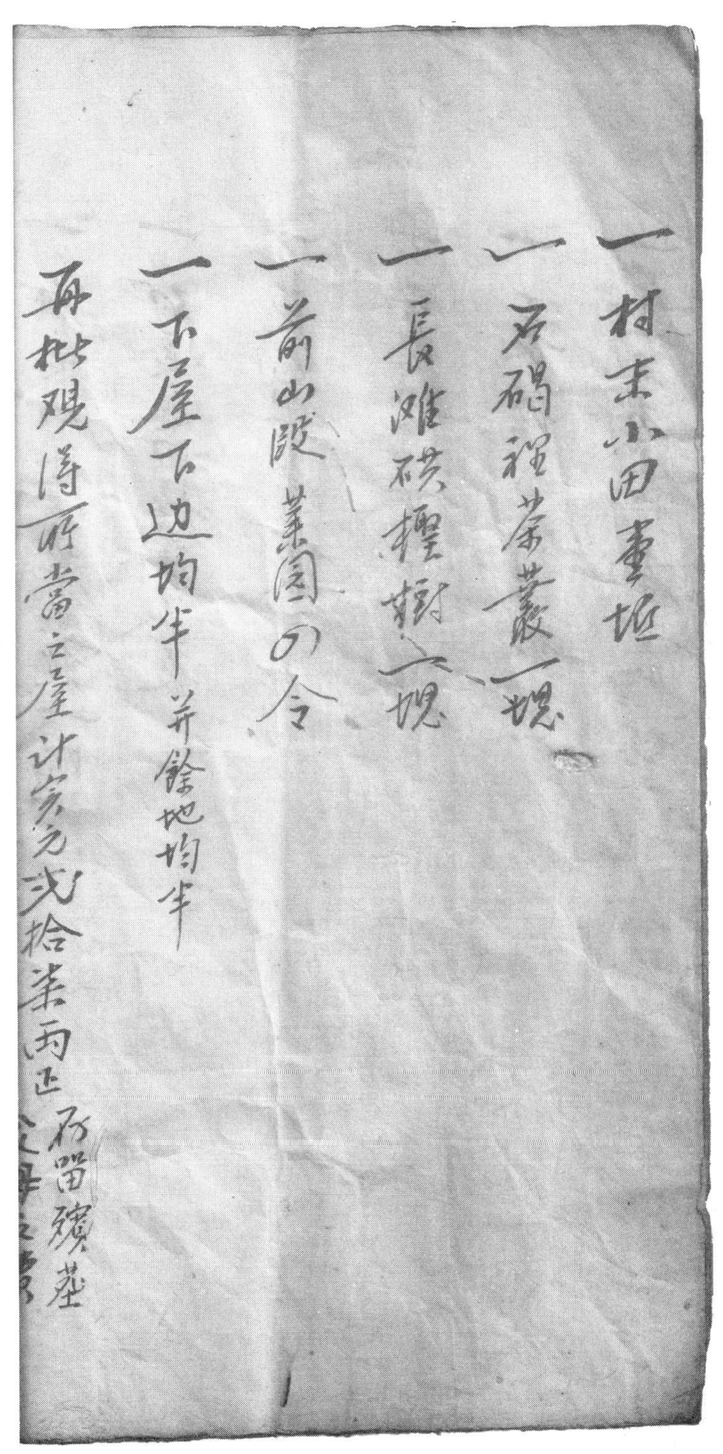

秋口镇里蕉村 7-6 · 道光二十七年 · 分关文书 · 吴济

一村末小田壹坵
一石碣裡茶叢一坦
一長灘磜裡樹一塊
一前山眠菜園○令
一下屋下邊均半并餘地均半
再批觀得所當之屋計家方弎拾柒丙正 存當殘基
再批……

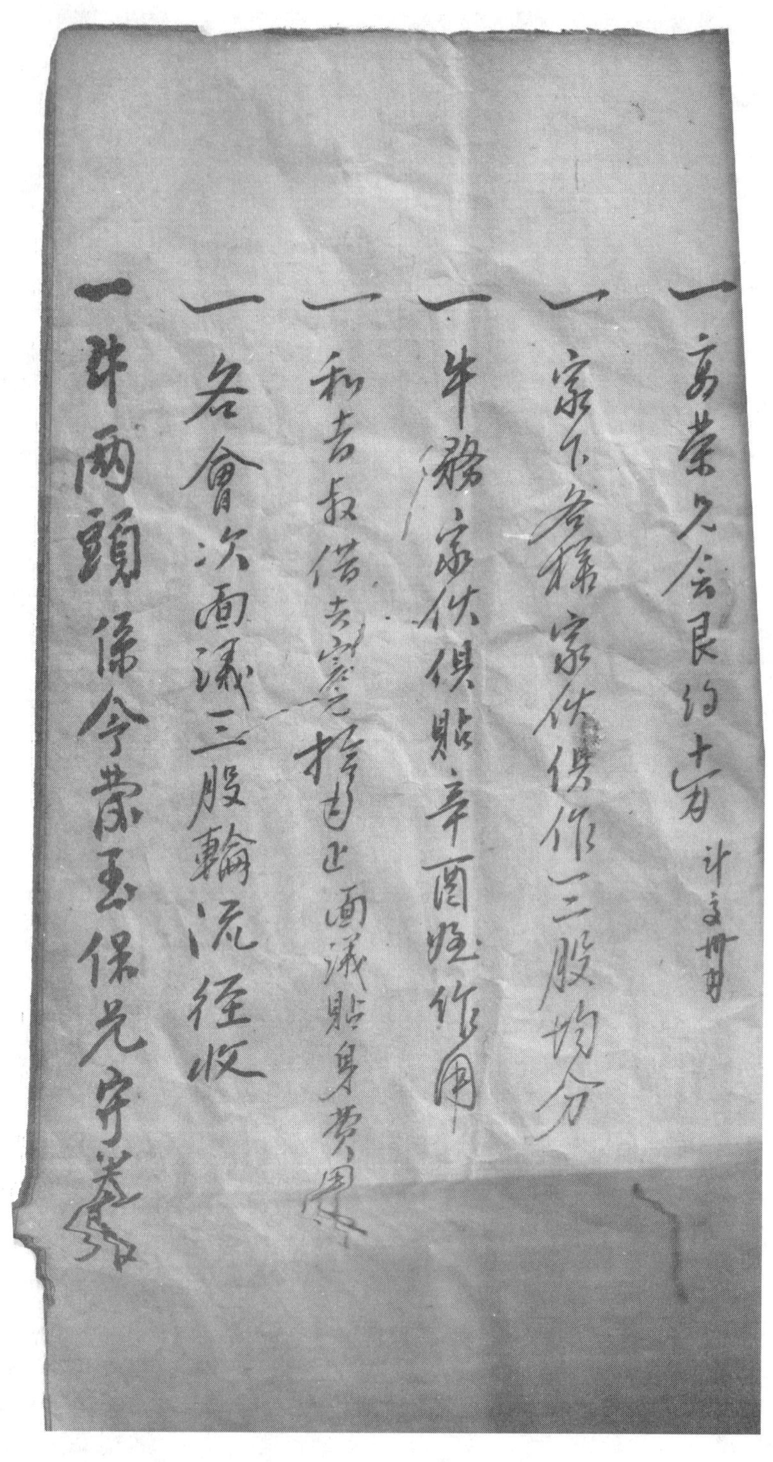

秋口镇里蕉村 7-7 · 道光二十七年 · 分关文书 · 吴济

一、高蒙又会良田十亩 计三卅丗
一、家下叁糕家伙俱作三股均分
一、牛务家伙俱贴辛酉姪作用
一、私吉叔借去䂒拎归正面议贴身费用
一、各会次面议三股轮流径收
一、许两头保令蒙玉保光守兹据

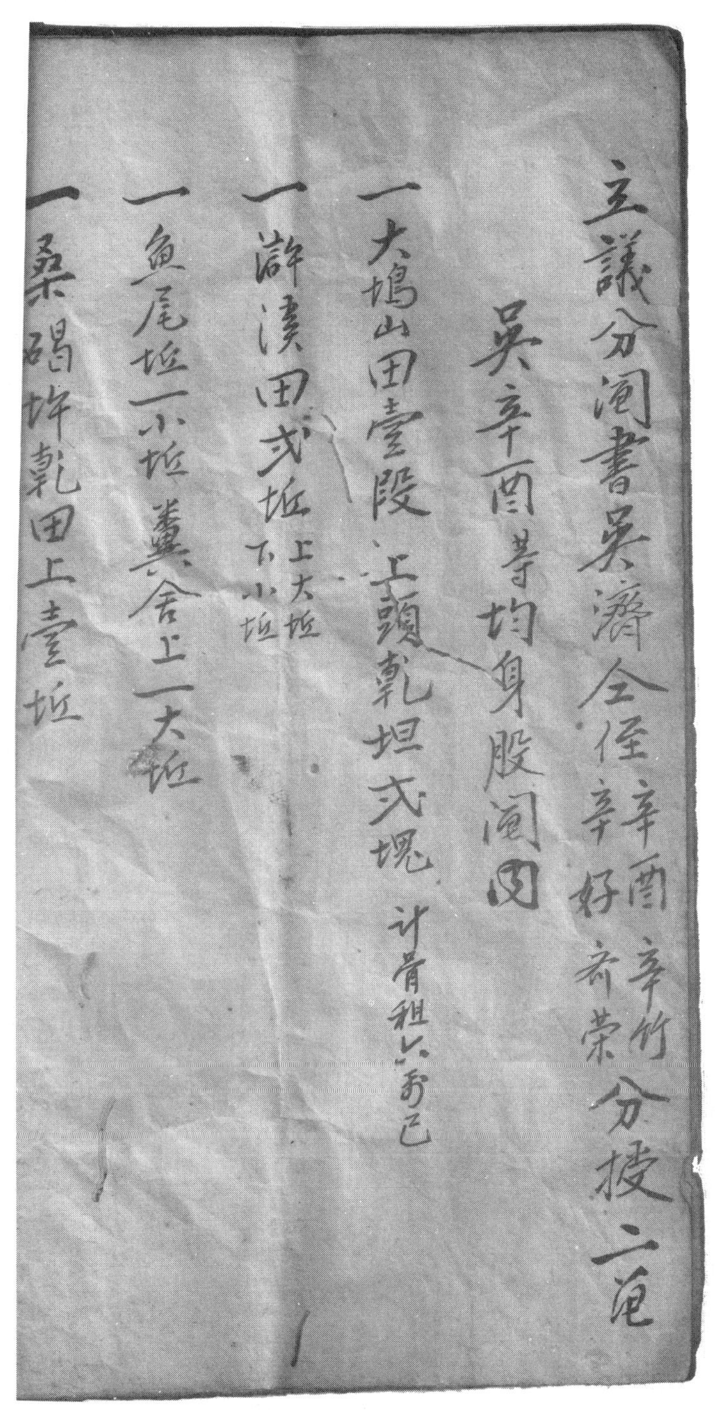
立議分阄書吴濟仝侄辛酉 辛竹 辛好 齐荣 分授二苑
吴辛酉等均身股阄囫
一大鳩山田壹段、上頭乾坦弍塊、计骨租六秤已
一嶭溪田弍坵 上大坵 下小坵
一魚尾坵一小坵 糞舍上一大坵
一桑碣坵乾田上壹坵

秋口镇里蕉村 7-8 · 道光二十七年 · 分关文书 · 吴济

一西山术田废捌亩計租陸亩筆面議外貼辛酉長孫田
一裡白良山圳塘上茶叢一大塊 併棋子樹一根茶芭朱塊
一上石术茶叢中塊术塊
一白良山栓子樹一塊
一張家衙茶園四令
一上屋壹所 茅猪欄厓內 下屋半所 餘地均半

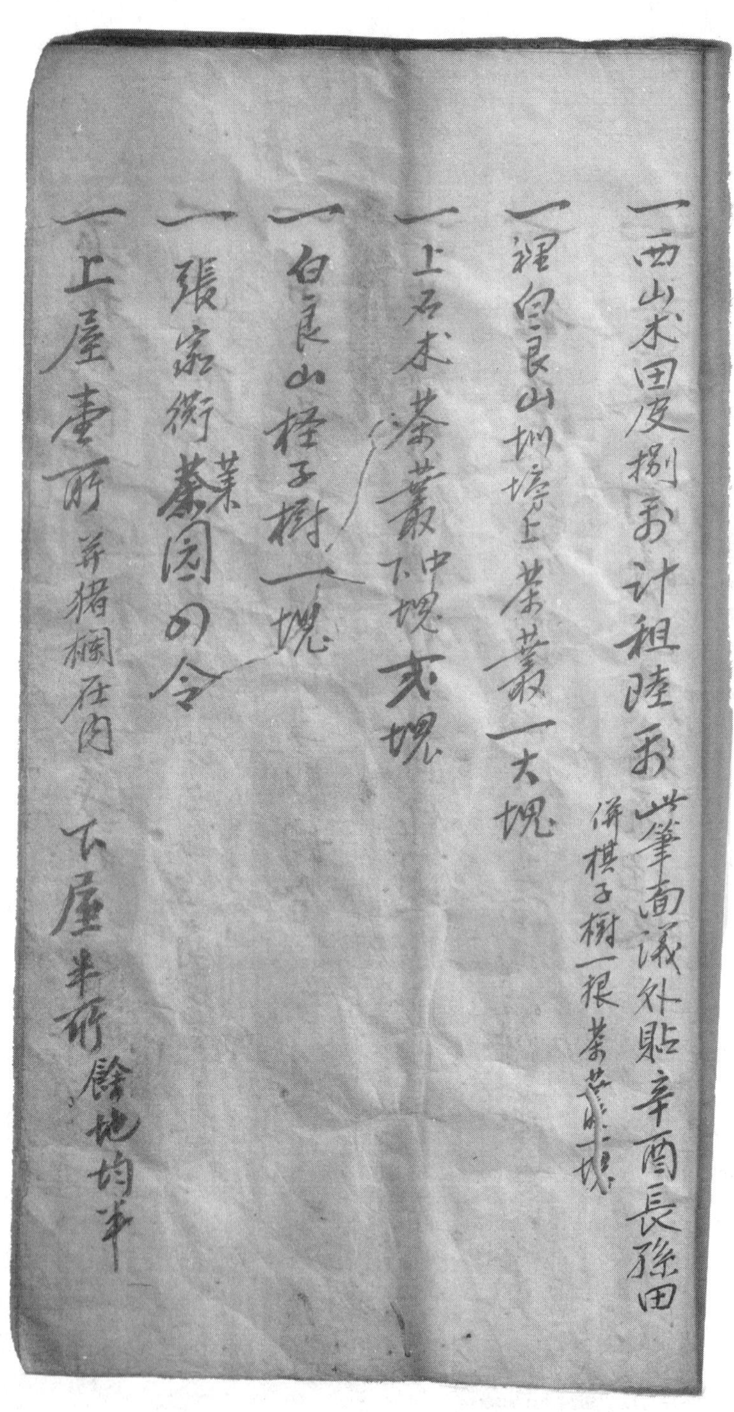

秋口镇里蕉村 7-9 · 道光二十七年 · 分关文书 · 吴济

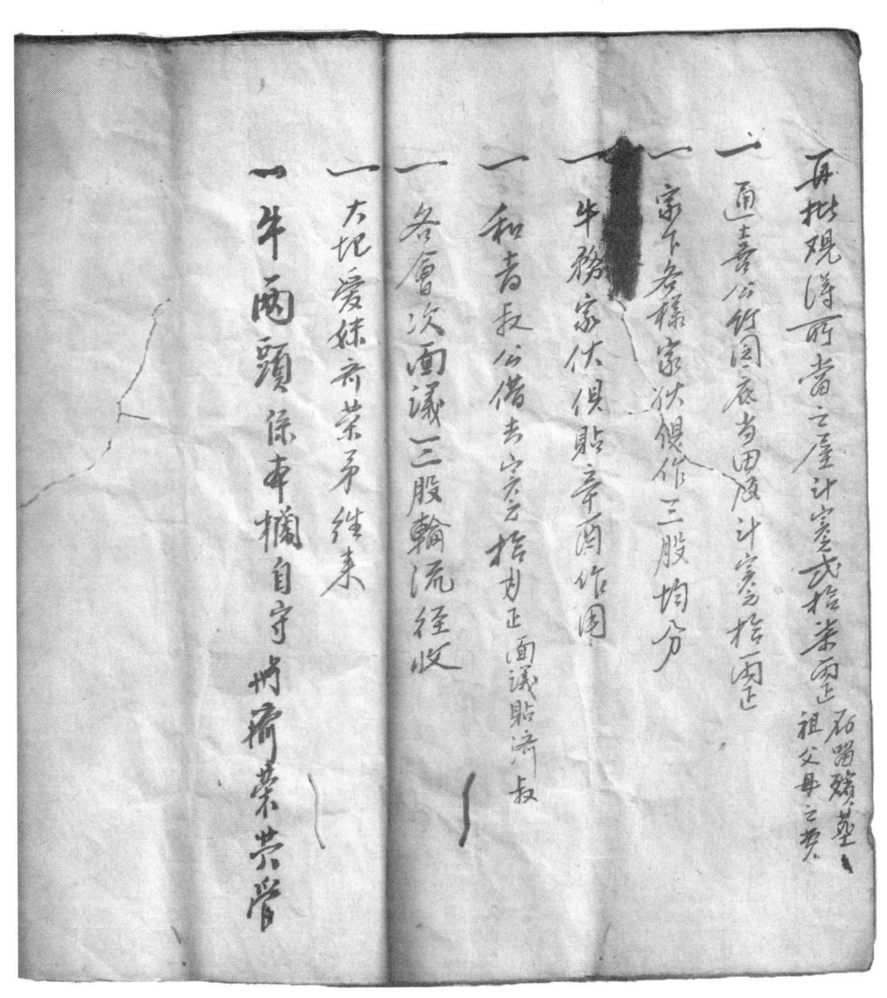
再批现得所当之屋计实艮贰拾柒两正 石蹋坟墓 祖父母之契
一通士喜公所同众当田皮计实艮拾两正
一家下各样家伙俱作三股均分
一牛務家伙俱贴齐酉作园
一和青叔公借去实艮拾两正面议贴济叔
一各会次面议三股轮流经收
一大地爱妹齐荣弟继来
一牛栏头保本栏自守 肖齐荣芳管

秋口镇里蕉村 7-10 · 道光二十七年 · 分关文书 · 吴济

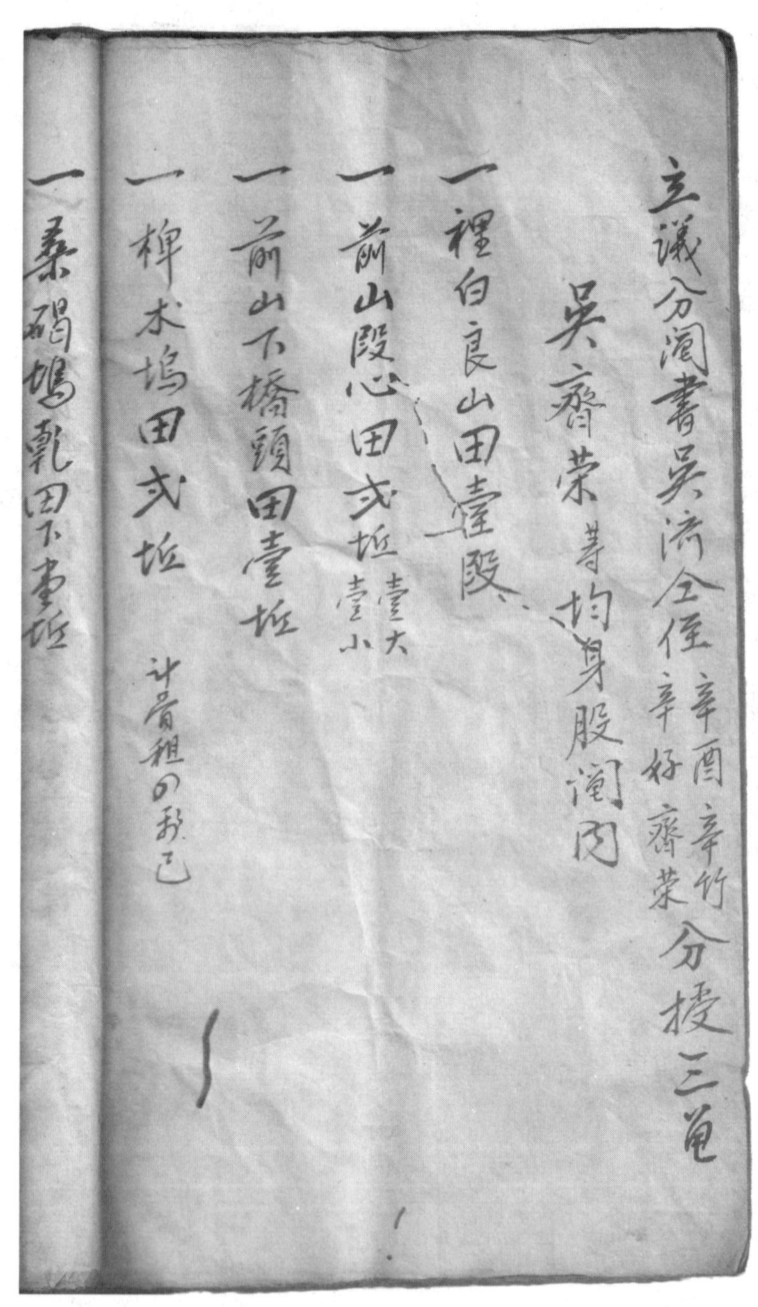
立議分閹書吴济仝侄辛酉辛竹辛好齋荣分授三苞
吴齋荣⺷均身股閹内
一裡白良山田壹段
一前山㙮心田式坵 壹大 壹小
一前山下橋頭田壹坵
一樟木塢田式坵
计骨租□秤已
一桑碣塢乾田下叄坵

秋口镇里蕉村 7–11 · 道光二十七年 · 分关文书 · 吴济

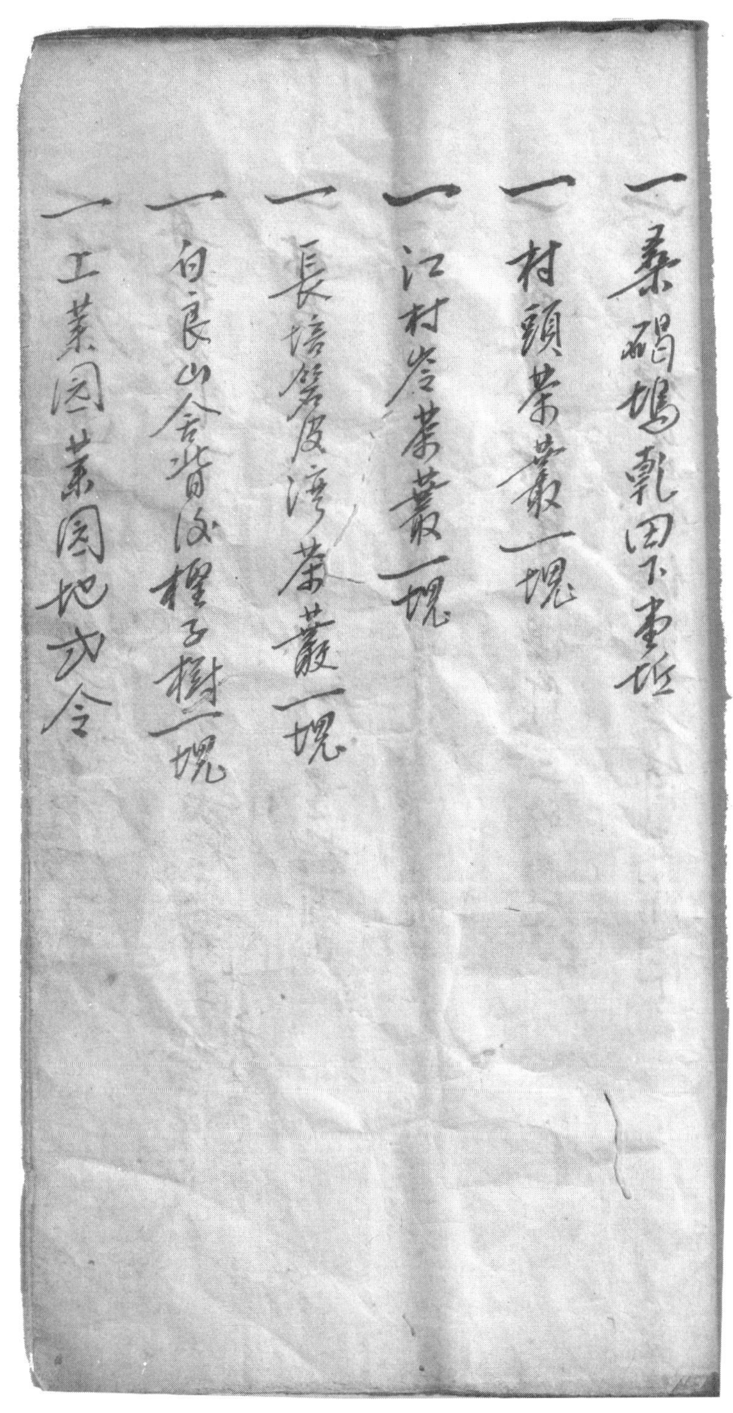

一桑碣塢乾田下畫塅
一村頭茶叢一塊
一江村巻茶叢一塊
一長塝磐度灣茶叢一塊
一白良山合背坟桯子樹一塊
一工業园菜园地弍令

秋口镇里蕉村 7-12 · 道光二十七年 · 分关文书 · 吴济

一下屋上边均卒餘地均卒
再拆现得所當上屋計实之式拾柒两正石留贖壺祖父母之費
一林抬当豪踏当田屋計实叁拾两正
一列五叔借去艮五刄正偹玉重相平
一家下各樣家伙俱作三股均分
一牛務家伙俱貼辛兩正作用
一各會次面誠三股輪流經收
一和吉叔公借去山叁拾为正面誠貼濟裁
再拆大祀爱妹俱身云義經束

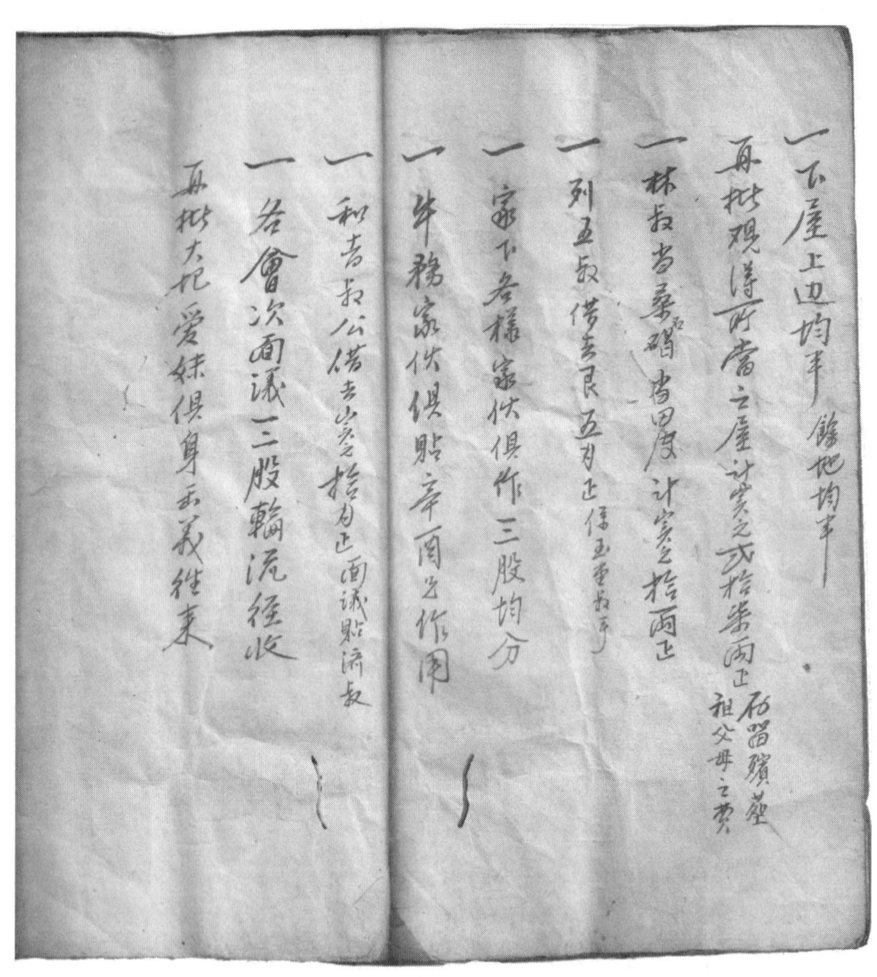

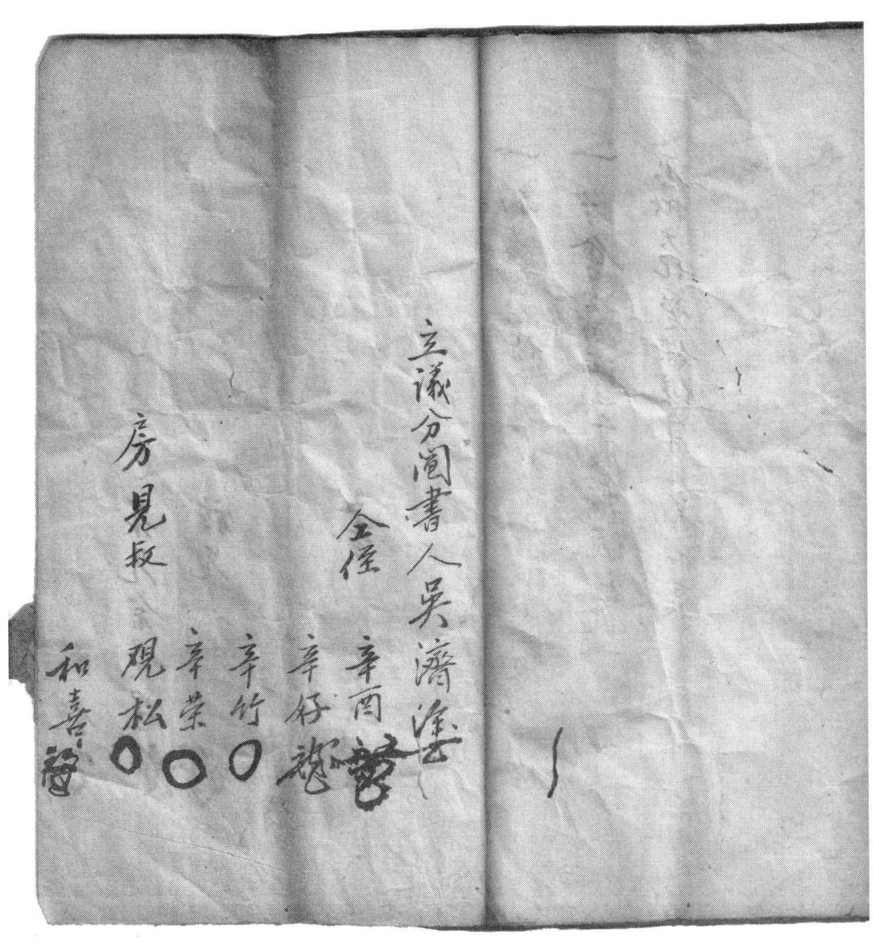

秋口镇里蕉村 7-14 · 道光二十七年 · 分关文书 · 吴济

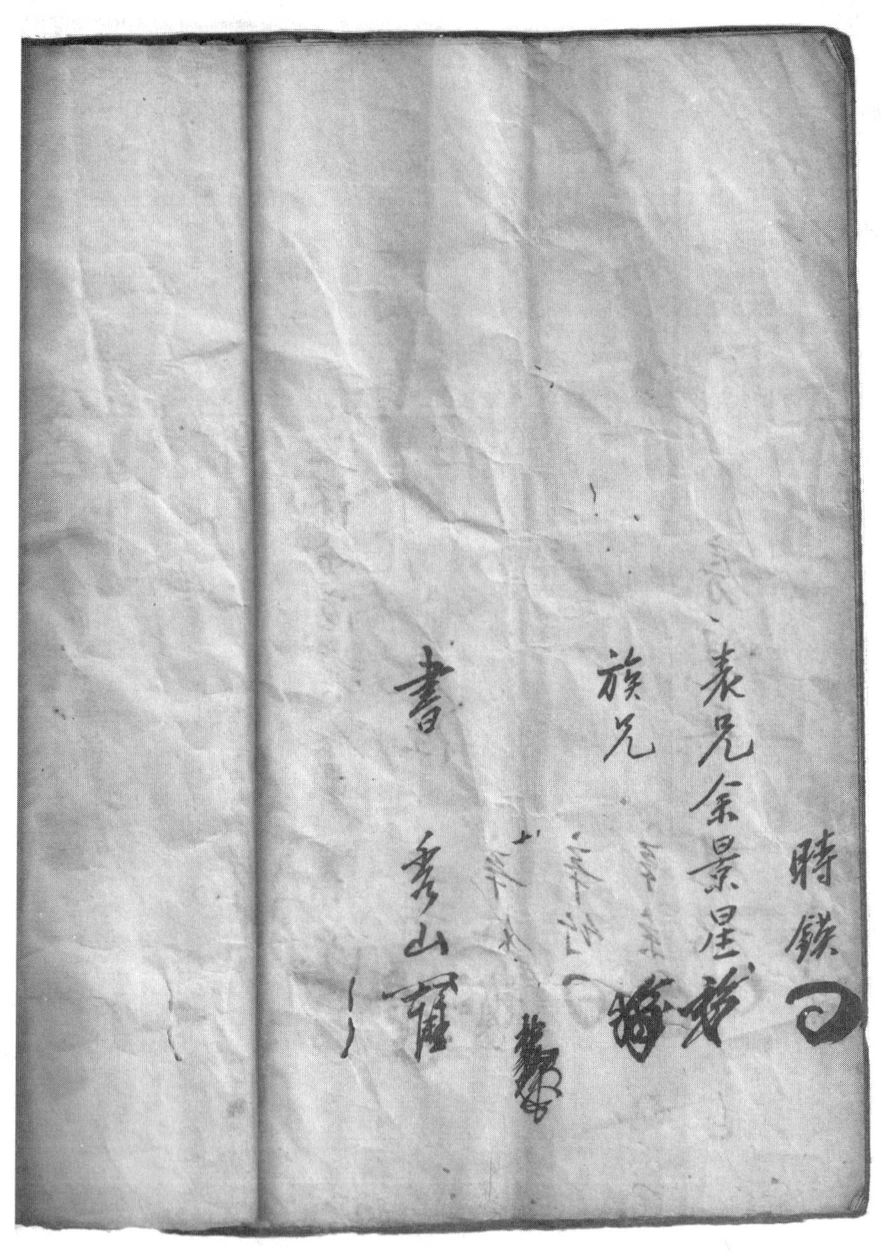

秋口镇里蕉村 7-15 · 道光二十七年 · 分关文书 · 吴济

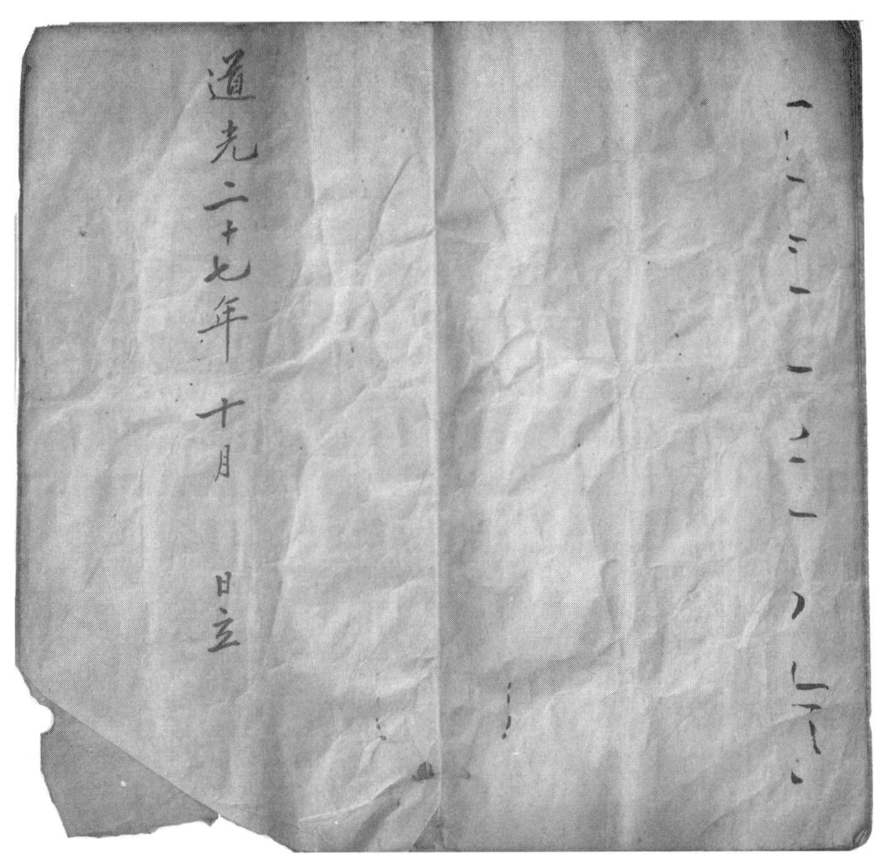

道光二十七年十月　日立

秋口镇里蕉村 7-16 · 道光二十七年 · 分关文书 · 吴济

立設鬮書人吳胡氏配夫正海所生三子氏以良人見背子俱
成大弃天顕而听偏言不思田真之鑒不念明皇之風所以
人心不一難以同居于道光十一年兄弟三人分爨只有長男
起廣各立家業但進禄年幼尚未完婚寔難各立仍與覌林
仝居經今十餘載且進禄年有三十已經完娶兄弟自當
各立家業氏今命男請親族將新置業産併傢伙器皿品
搭均分枯肥嘗業毋得争競各從母命共守天倫惟愿
子孫瓜瓞綿綿

秋口镇里蕉村 5-1 · 道光二十五年 · 分关文书 · 吴胡氏

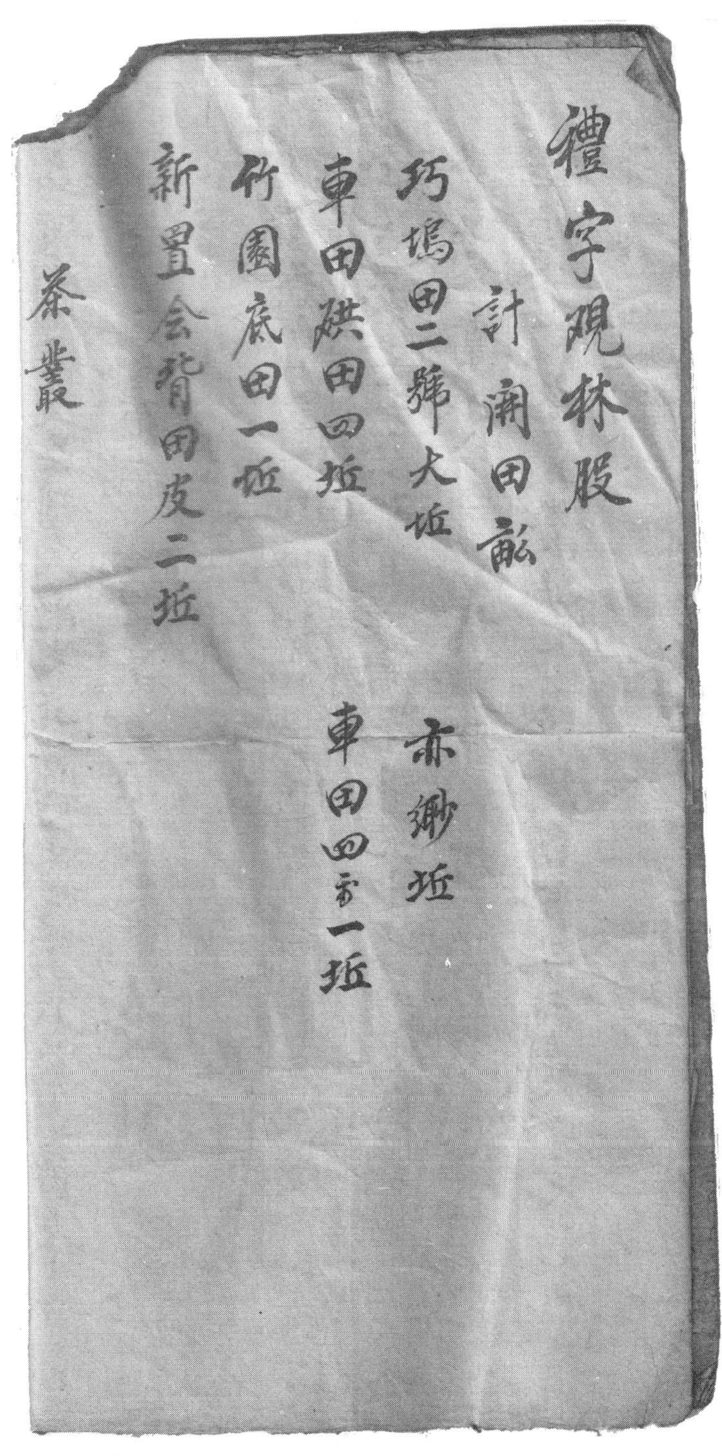
禮字覌林股

計　湳田畝

巧塢田二號大坵

車田碁田四坵

竹園底田一坵

新置会背田皮二坵

茶叢

亦鄉坵

車田四号一坵

秋口镇里蕉村 5-2 · 道光二十五年 · 分关文书 · 吴胡氏

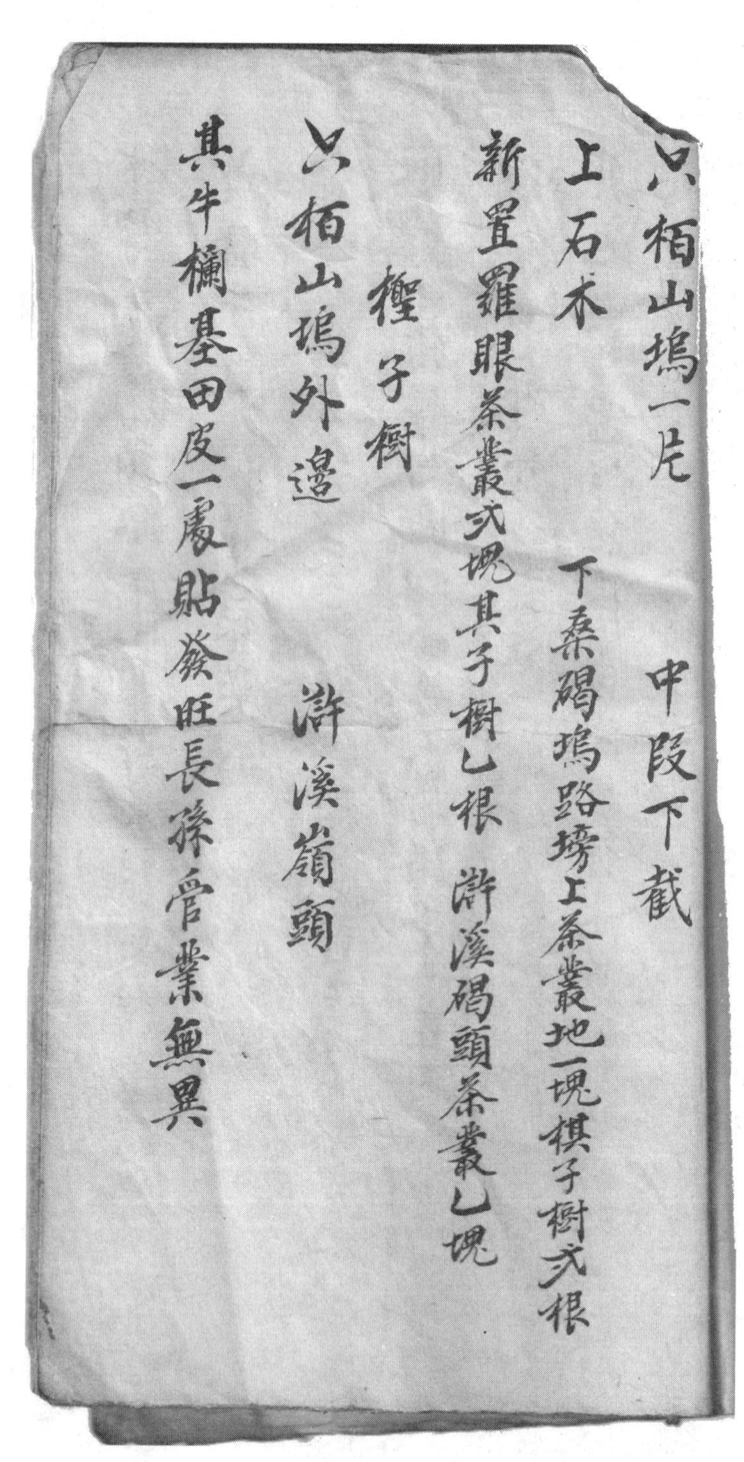

只栢山塢一片　中段下截
上石木　下桑碣塢路塝上茶叢地一塊棋子樹弍根
新置羅眼茶叢弍塊其子樹乙根　滸溪碣頭茶叢乙塊
檉子樹
只栢山塢外邊　滸溪嶺頭
其牛欄基田皮一處貼發旺長孫管業無異

秋口镇里蕉村 5-3 · 道光二十五年 · 分关文书 · 吴胡氏

水牸牛母乙頭 小牛乙頭 作实銀拾兩 進祿得
黃牯牛乙頭 作实銀柒兩 观林得
得水牛者多銀叁兩 照派補貼黃牛銀乙兩五錢
販賣小猪銀拾兩 均派每人得猪本艮五兩
賣池魚銀柒兩三年正 兩人均分
其池魚乙塘 作洋拾員 係观林承養 補進祿洋五員
又草魚四尾 係進祿得

秋口镇里蕉村 5-4 · 道光二十五年 · 分关文书 · 吴胡氏

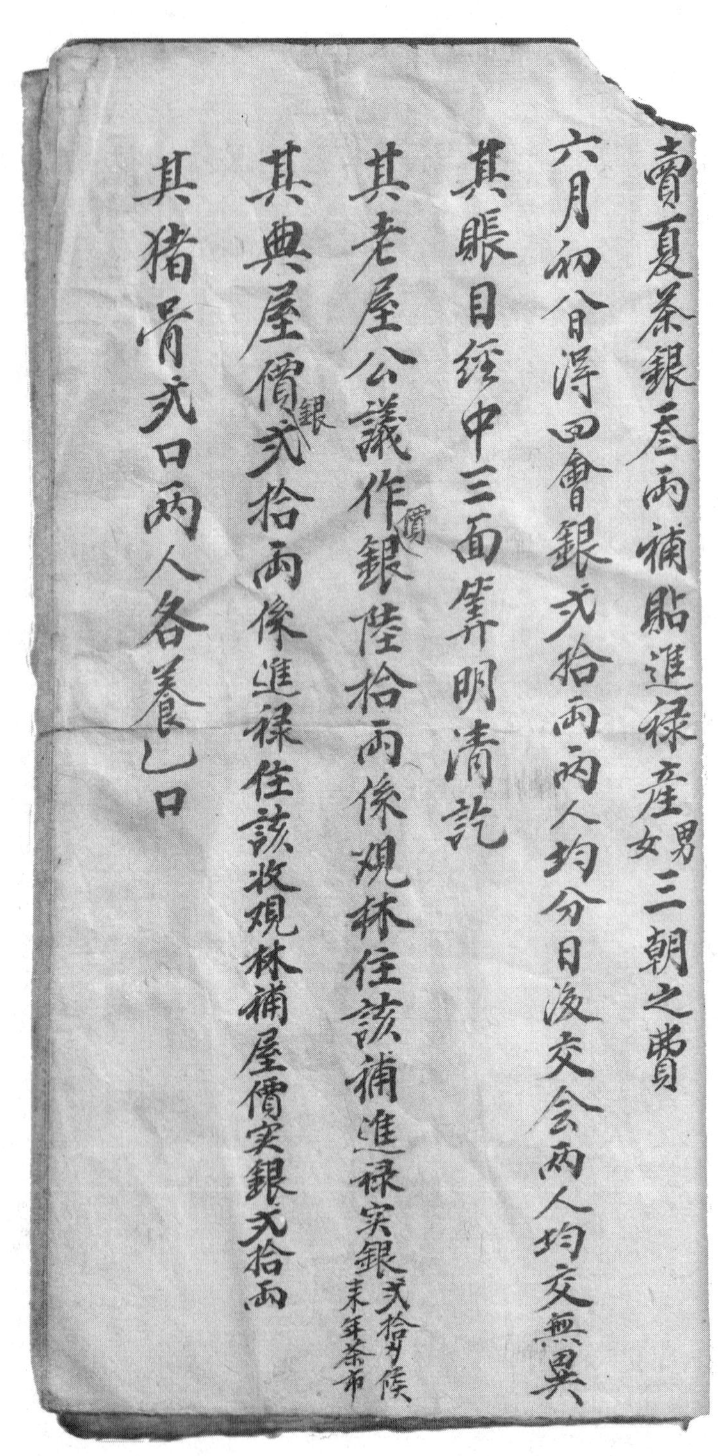
賣夏茶銀叁両補貼進禄産男女三朝之費
六月初八日得回會銀弍拾両两人均分日後交会两人均交無異
其賬目经中三面筭明清訖
其老屋公議作價銀陸拾両係观林住該補進禄実銀弍拾伍两来年茶市
其典屋價銀弍拾両係進禄住該收观林補屋價実銀弍拾両
其猪骨弍口两人各養乙口

秋口镇里蕉村 5-5 · 道光二十五年 · 分关文书 · 吴胡氏

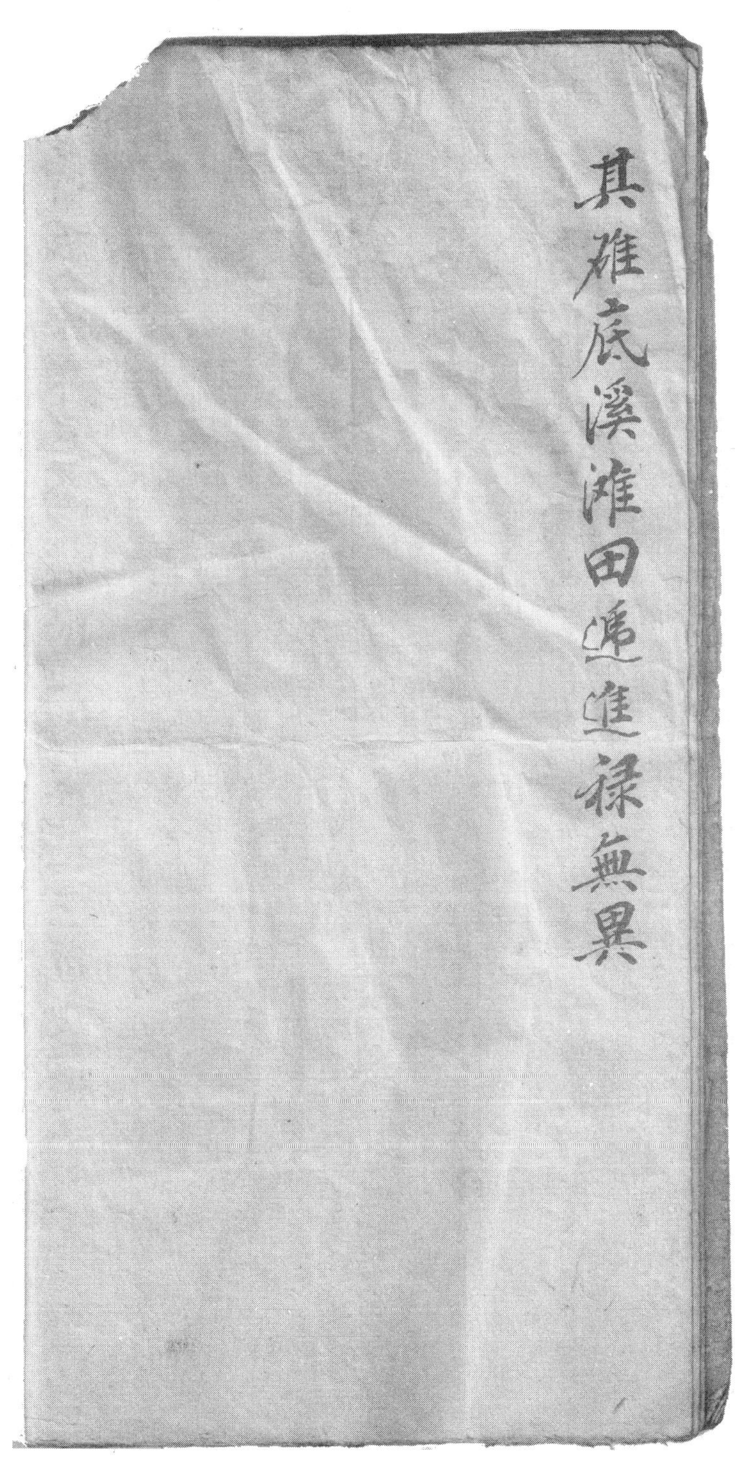

秋口镇里蕉村 5-6 · 道光二十五年 · 分关文书 · 吴胡氏

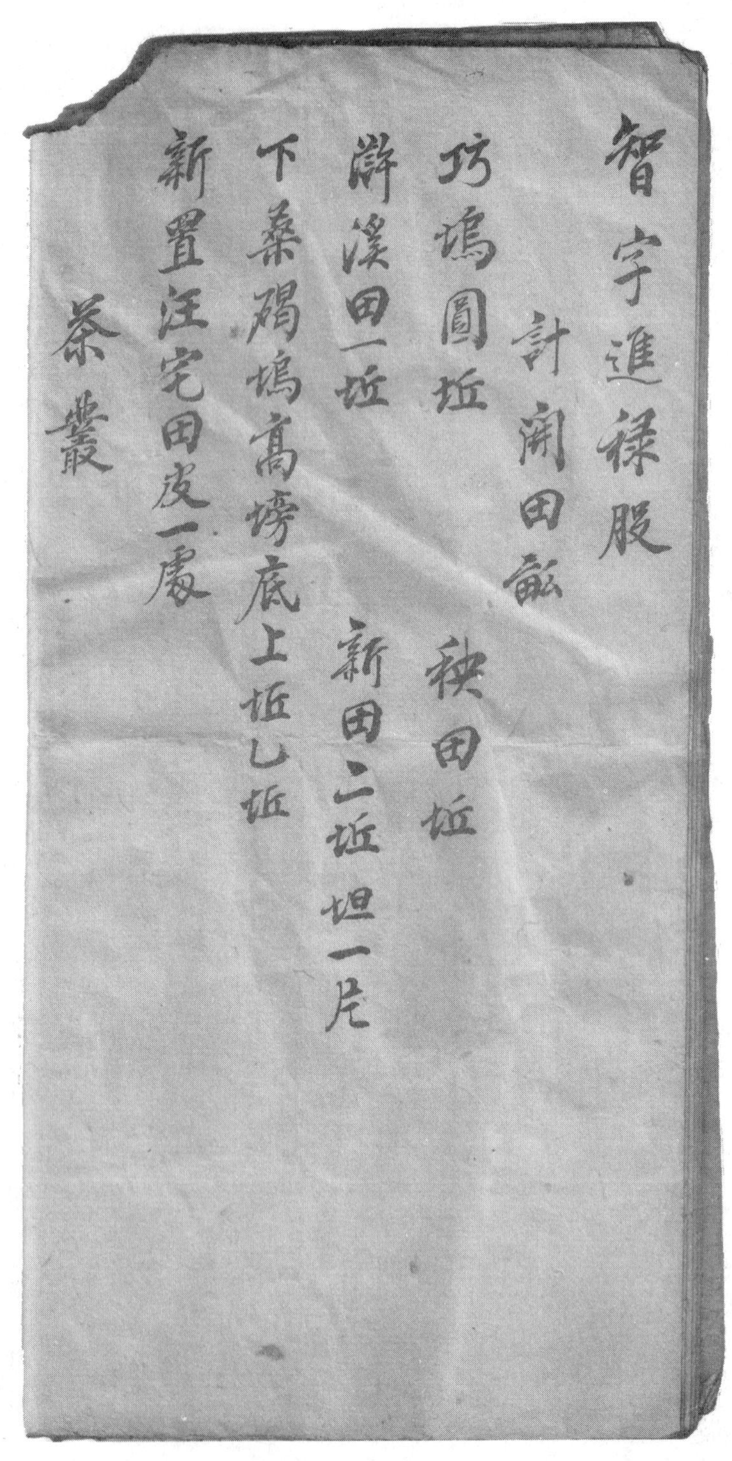
智字進祿股
計開田畝
圬塢圓坵　秧田坵
澥溪田一坵　新田二坵坦一片
下桑碣塢高塝底上坵乙坵
新置汪宅田皮一處
茶叢

秋口镇里蕉村 5-7 · 道光二十五年 · 分关文书 · 吴胡氏

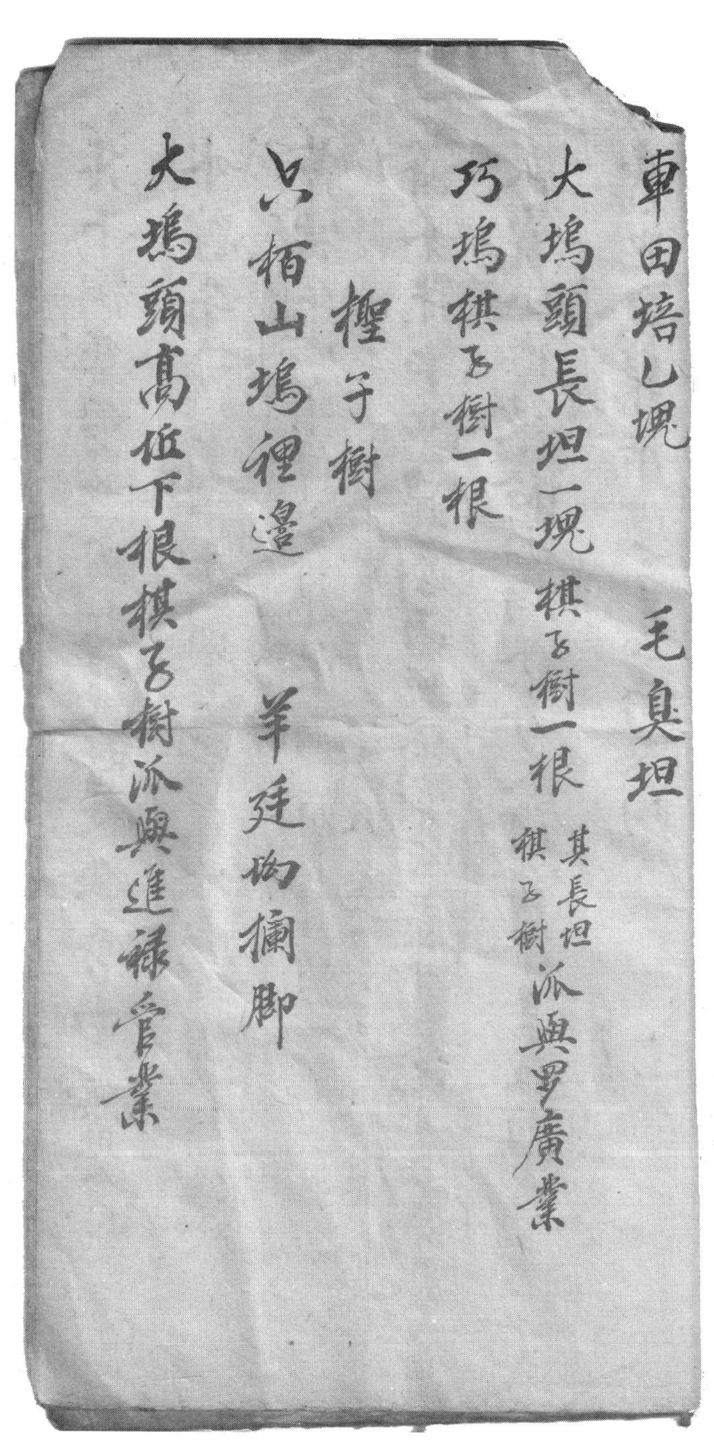

車田培乙坵　毛臭坦
大塢頭長坦一坵　棋子樹一根　其長坦棋子樹派與罗廣業
巧塢棋子樹一根
樫子樹
只栢山塢裡邊　华廷坳墈脚
大塢頭高坵下根棋子樹派與進禄管業

秋口镇里蕉村 5-8 · 道光二十五年 · 分关文书 · 吴胡氏

其牛欄基田皮一處貼發旺長孫管業無異

水牸牛母乙頭小牛乙頭作实銀拾兩 進祿得

黄牯牛乙頭作实銀柒兩 观林得

得水牛者多銀叁兩照派補貼黄牛銀乙兩五錢

販賣小猪銀拾兩均派每人得猪本艮五兩

賣池魚銀柒兩一平正兩人均分

秋口镇里蕉村 5-9 · 道光二十五年 · 分关文书 · 吴胡氏

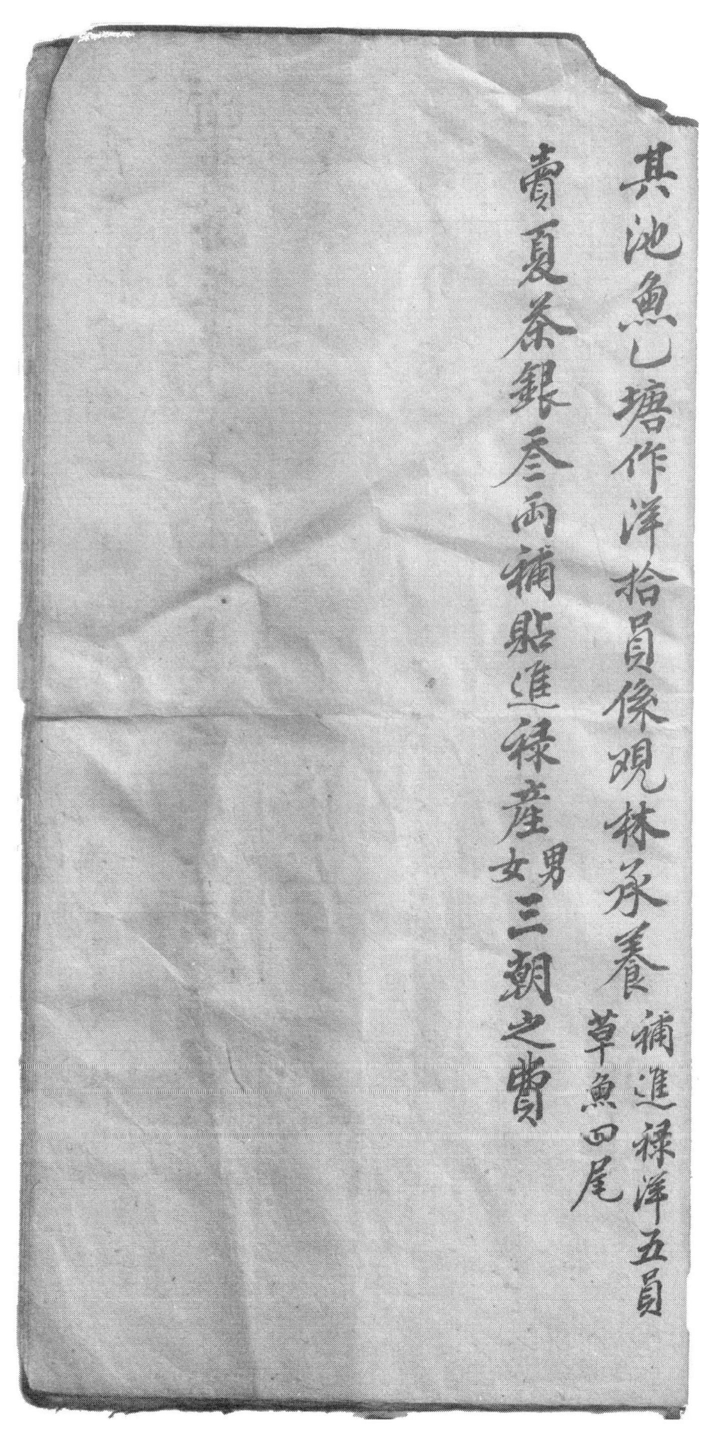

其池魚乚塘作洋拾員係观林承養補進禄洋五員

草魚四尾

賣夏茶銀叁両補貼進禄産男女三朝之費

秋口镇里蕉村 5-10 · 道光二十五年 · 分关文书 · 吴胡氏

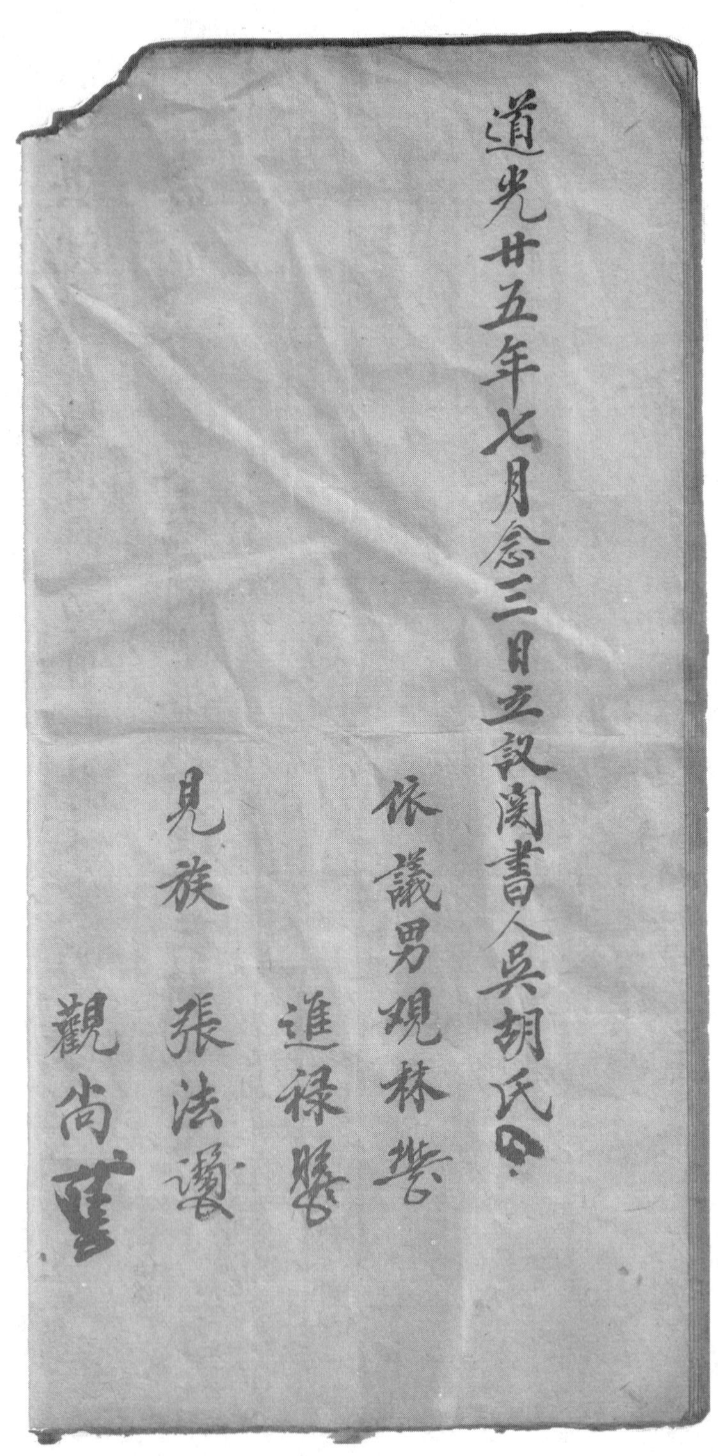
道光廿五年七月念三日立設阄書人吴胡氏（押）
依議男觀林（押）
進禄（押）
見族張法（押）
觀尚（押）

秋口镇里蕉村 5-11 · 道光二十五年 · 分关文书 · 吴胡氏

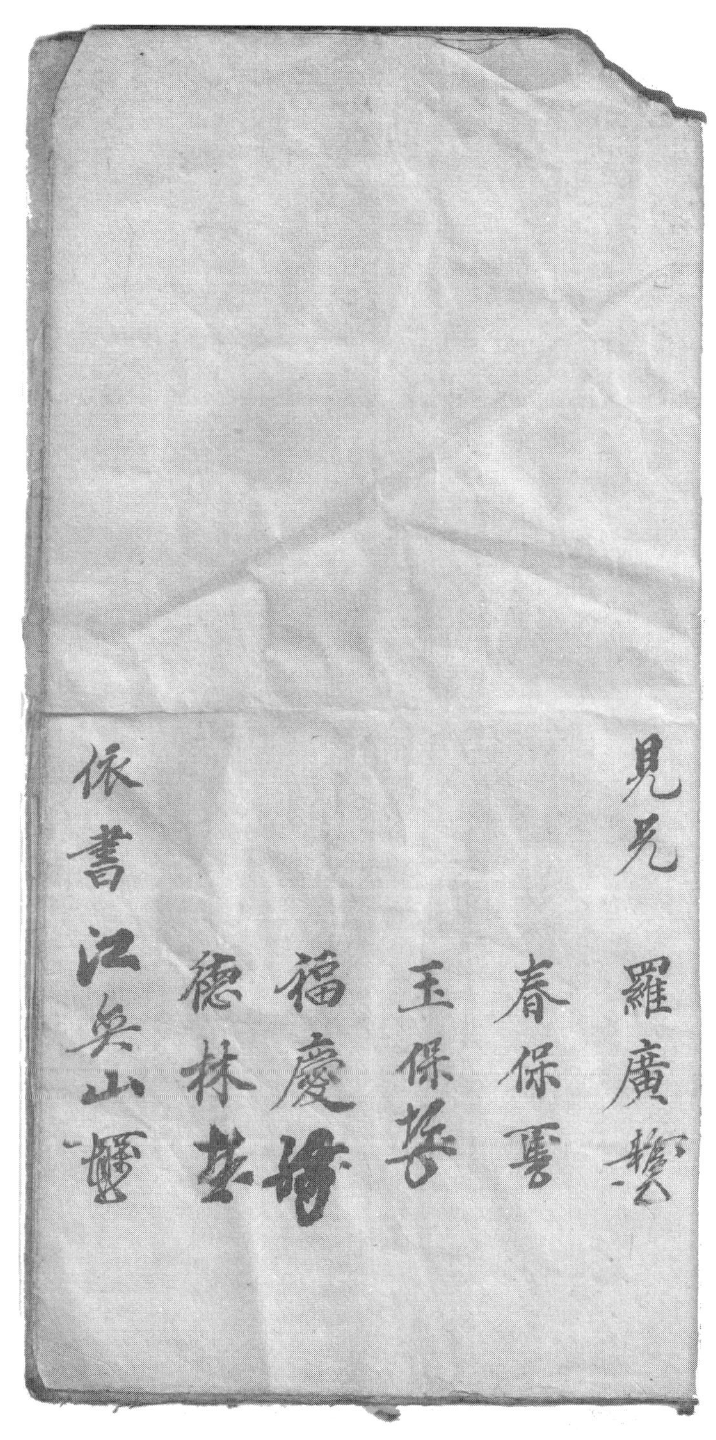

秋口镇里蕉村 5-12 · 道光二十五年 · 分关文书 · 吴胡氏

立阄书人吴瑞祥仝胞弟振祥缘因身父生育二人俱各
成章正宜同心永远共事但目今世风不古人众事
繁由恐争论反为不美合央族内诸位将祖遗产
物品搭拈尾均分器皿家伙等件均搭分定各管
各业自今以没兄友弟恭一团和气人财两盛吾
等之大愿也爰立阄书照样戊章各执一本永远

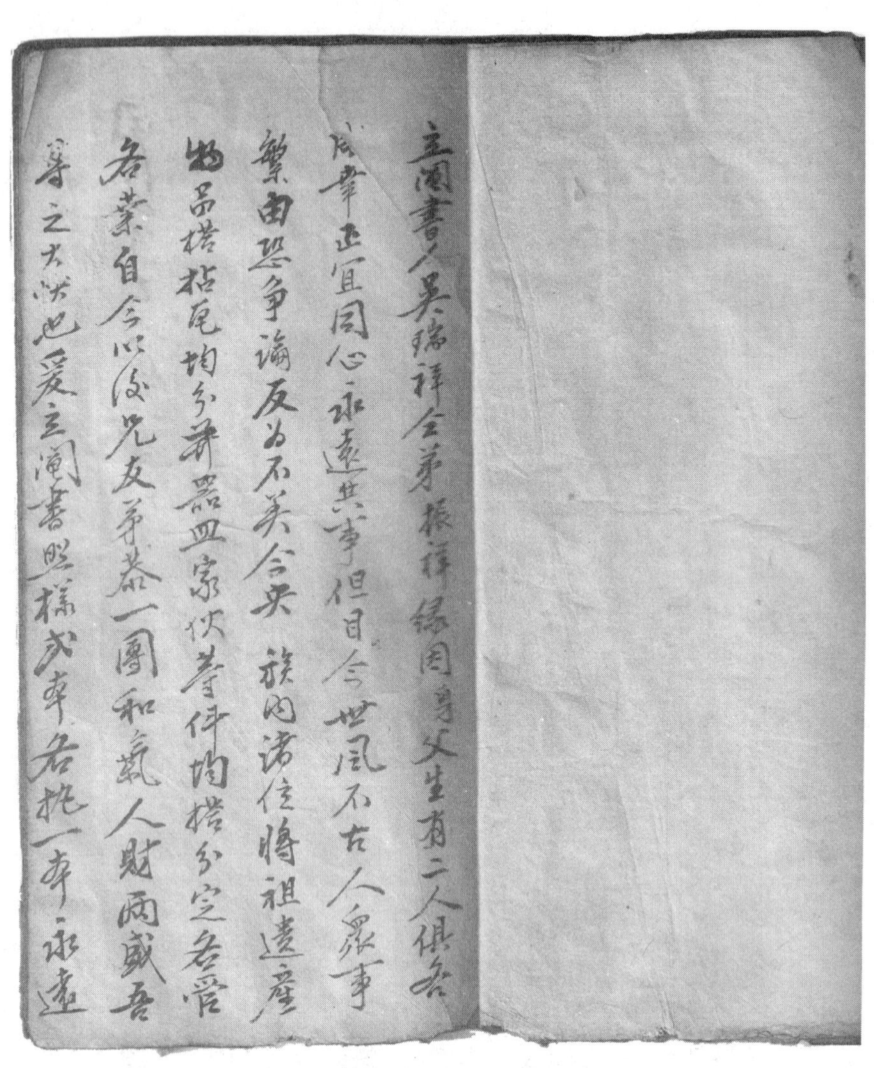

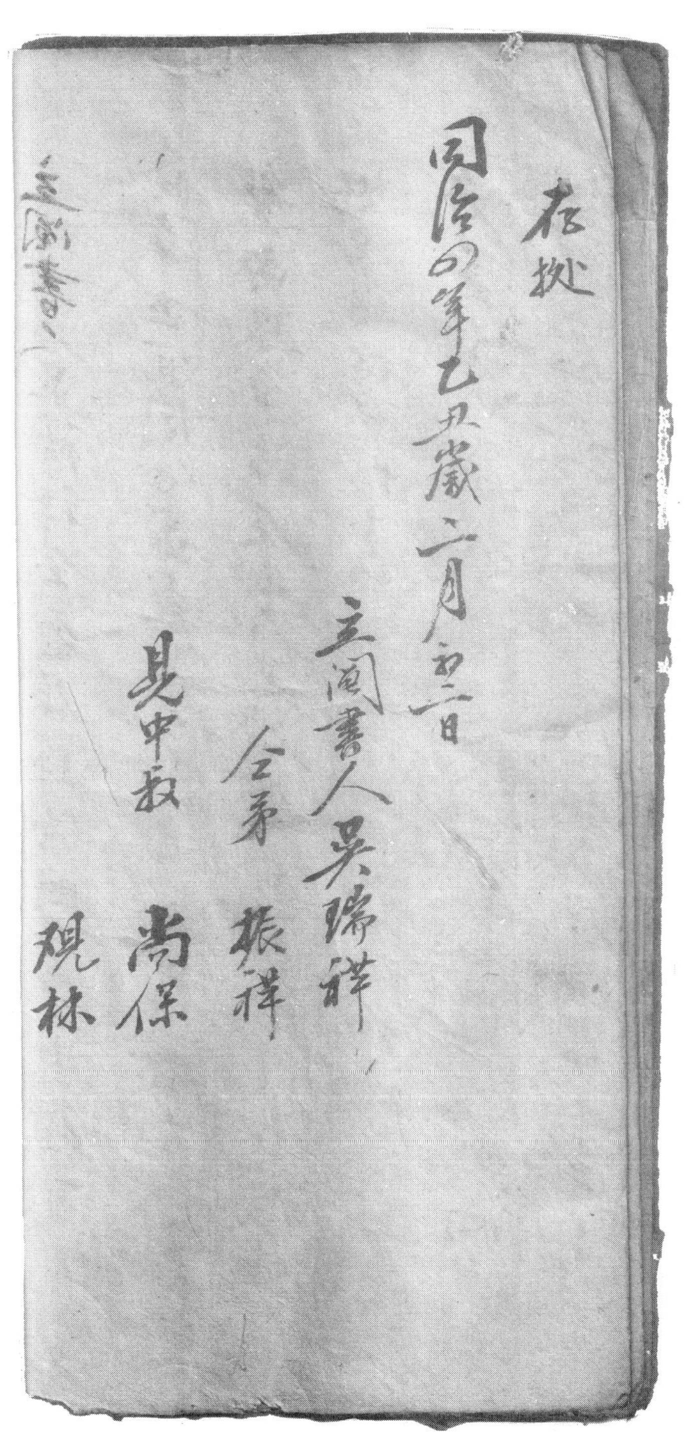

存批

同治四年乙丑岁二月初二日

立阄书人吴瑞祥

仝弟 振祥

见中叔 尚保

砚林

廷衡书

秋口镇里蕉村 6-2 · 同治四年 · 分关文书 · 吴瑞祥同第振祥

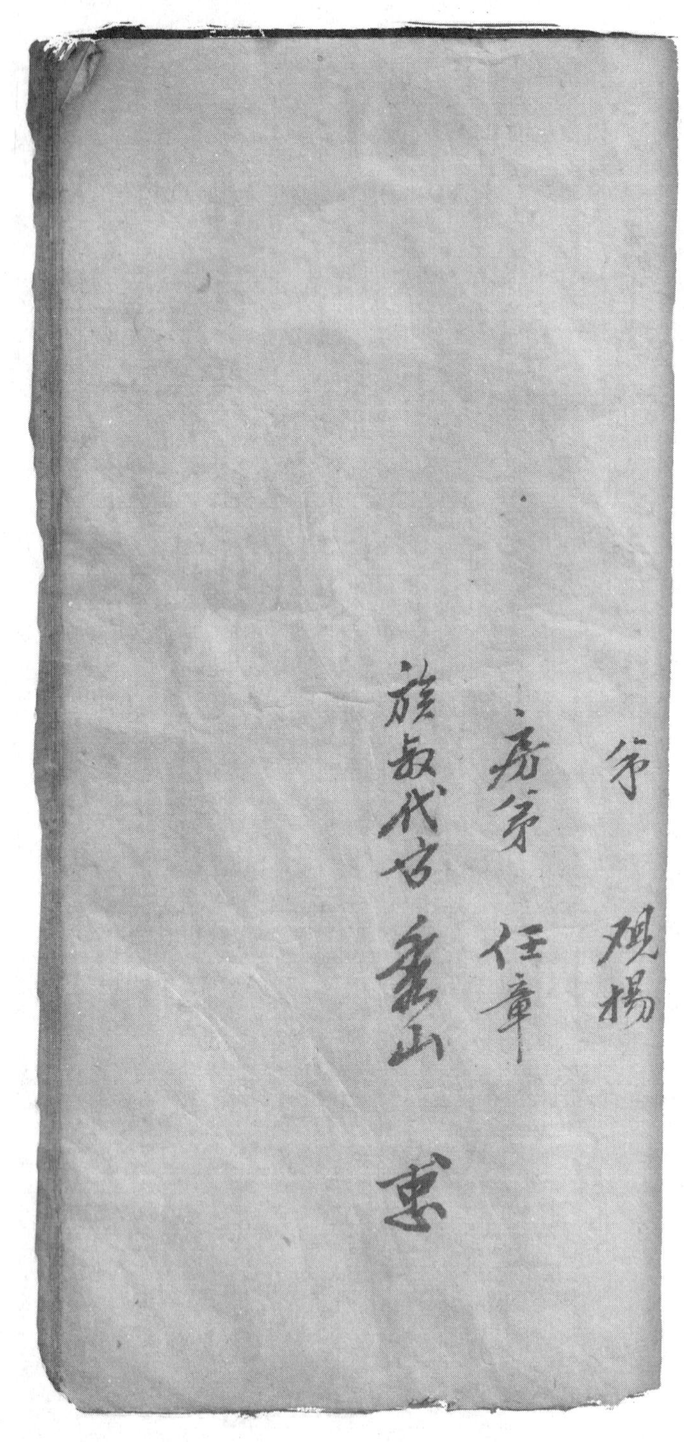

秋口镇里蕉村 6-3 · 同治四年 · 分关文书 · 吴瑞祥同第振祥

計開 瑞祥均股

正屋 半堂 長棠樓下正房外廂通苧樓工共叁间
次棠後门樓下一间通苧樓工樓二间共叁间

火耙岺茶叢壹覎 闊二房後山茶外貼摘戍半

六百山榨子樹二坵 大小坵直均半各棠一半

黃崗山椪子樹一塊 得山百山榨另外一条貼庄四

桑婸埒 田壹垣 社祖叁秉 貼長詢

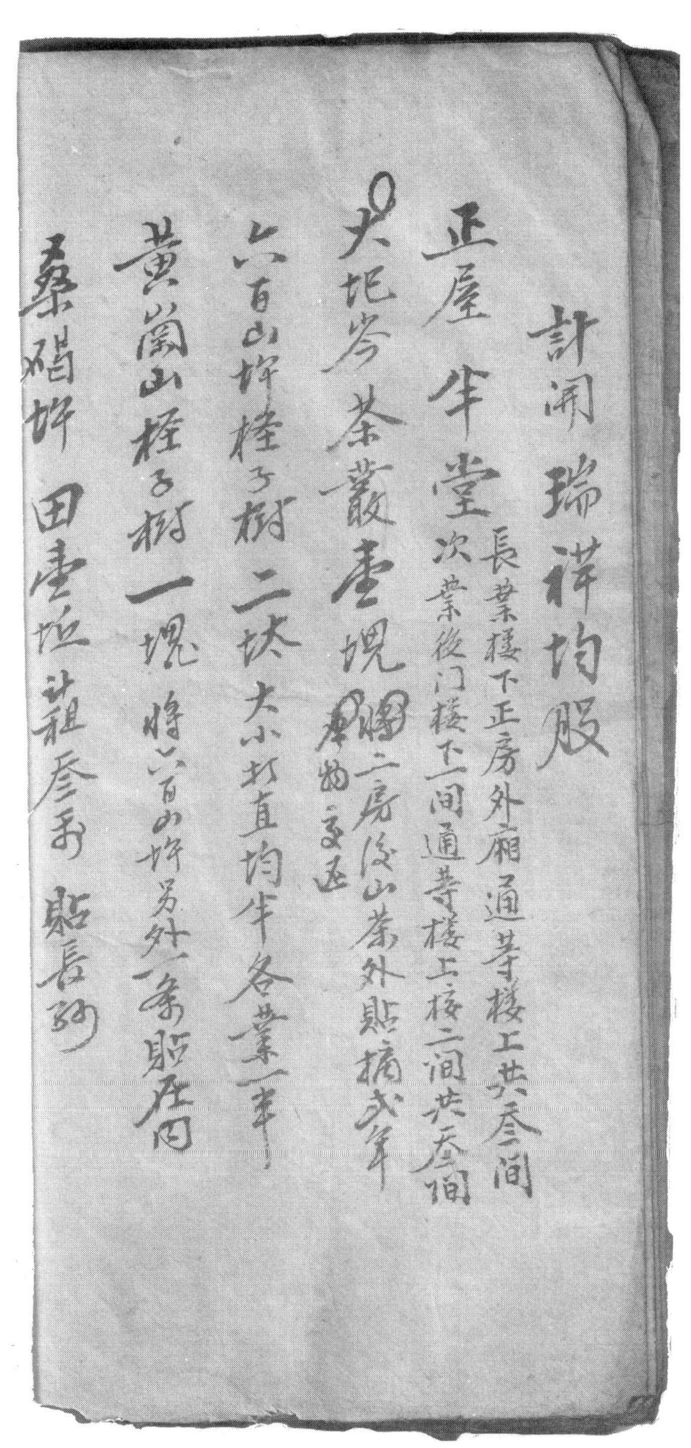

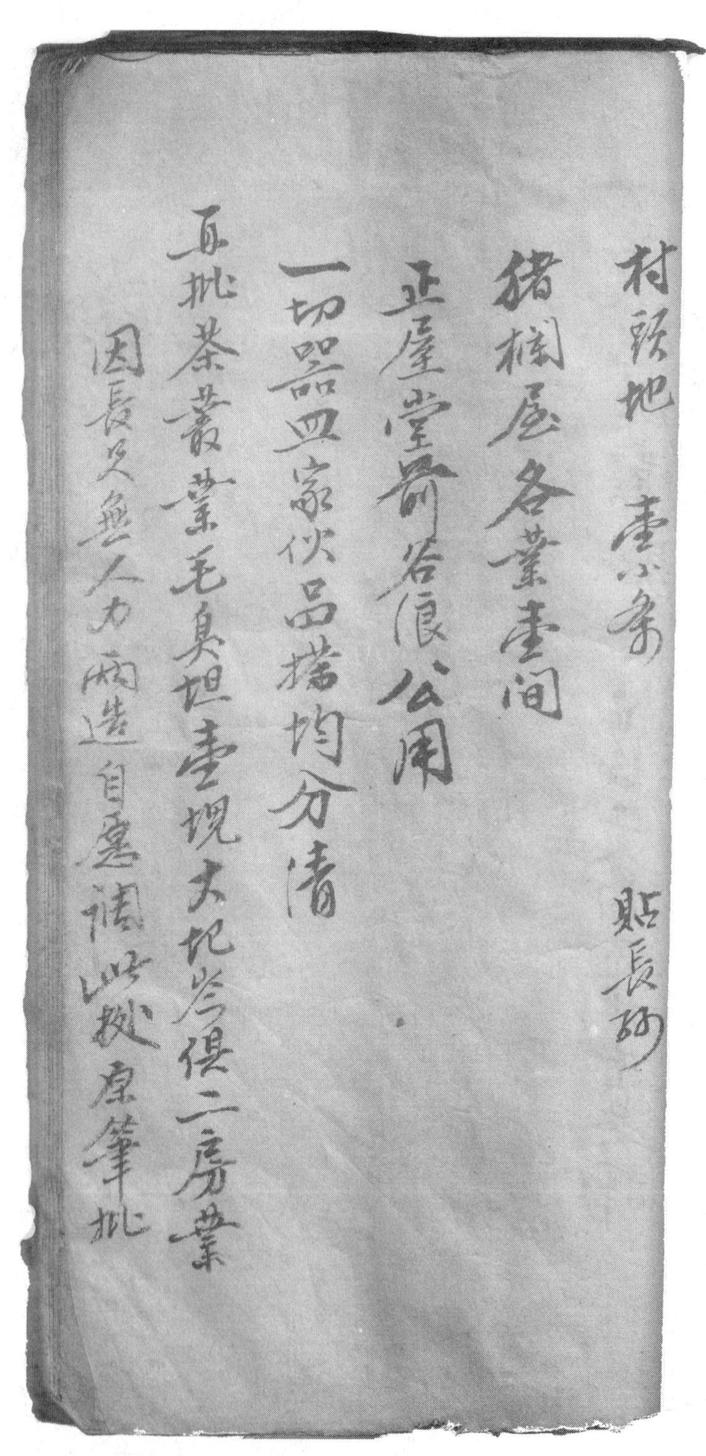

秋口镇里蕉村 6-5 · 同治四年 · 分关文书 · 吴瑞祥同第振祥

村脚地壹不条　貼長砂

猪槛屋各业壹间

正屋堂前各浪公用

一切器皿家伙品搭均分清

再批茶菱业毛臭坦壹坝大妃岁俱二房业

因长文無人力两造自愿捐此拟原笔批

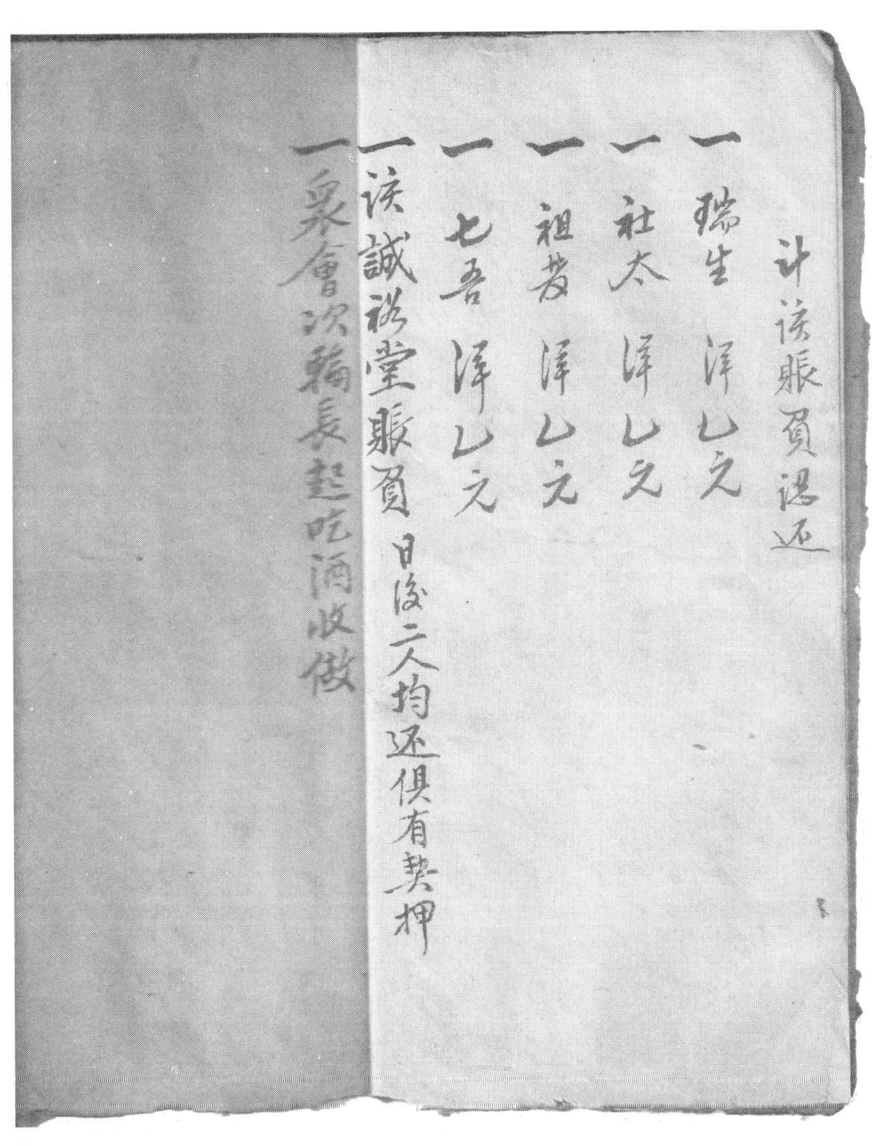

计该账资退还
一瑞生洋乚元
一社太洋乚元
一祖发洋乚元
一七吾洋乚元
一该诚裕堂账资日后二人均还俱有契押
一众会次轮长起吃酒收做

秋口镇里蕉村 6-6 · 同治四年 · 分关文书 · 吴瑞祥同第振祥

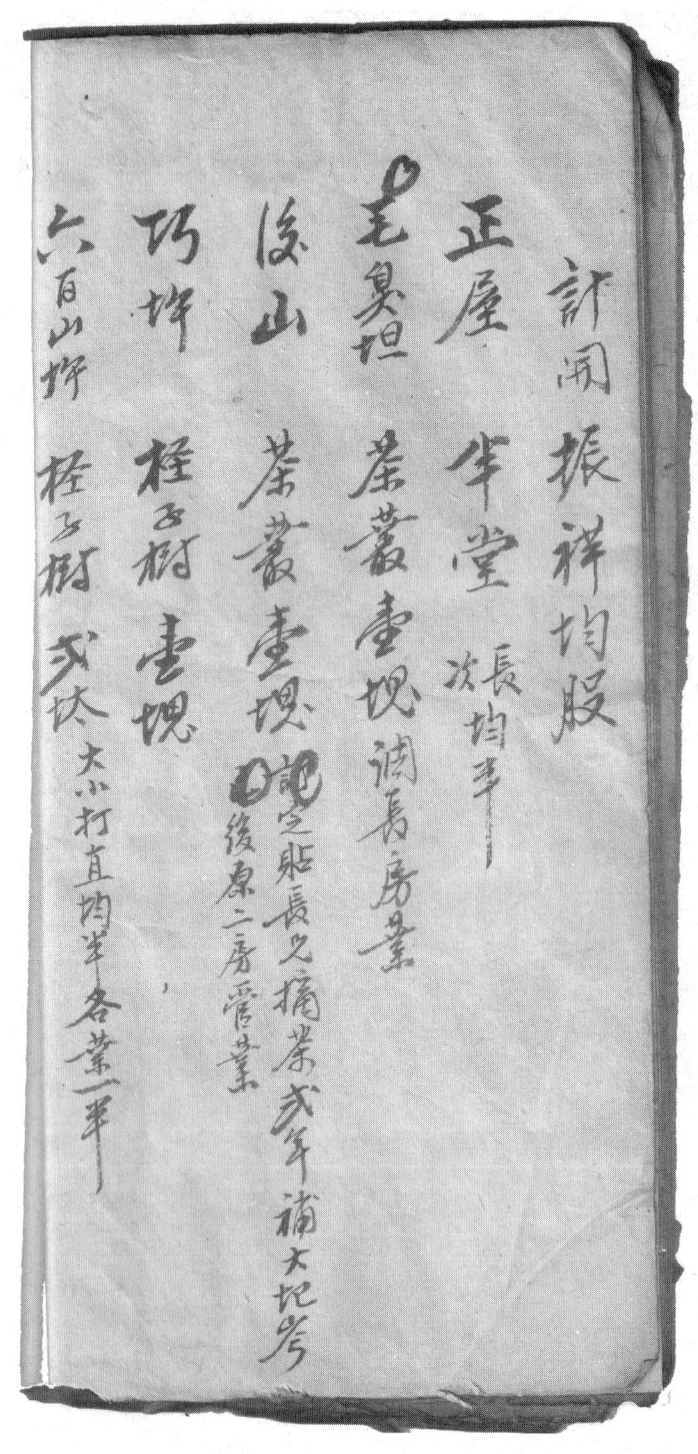

秋口镇里蕉村 6-7 · 同治四年 · 分关文书 · 吴瑞祥同第振祥

計開 振祥均股

正屋 半堂 次長均半

毛臭坦 茶叢壹坵 讓長房業

後山 茶叢壹坵 記定貼長之摘柴戌年補大坦兮

巧坪 梗子樹壹坵 後原二房管業

六百山坪 梗子樹 戈犮大小打直均半各業一半

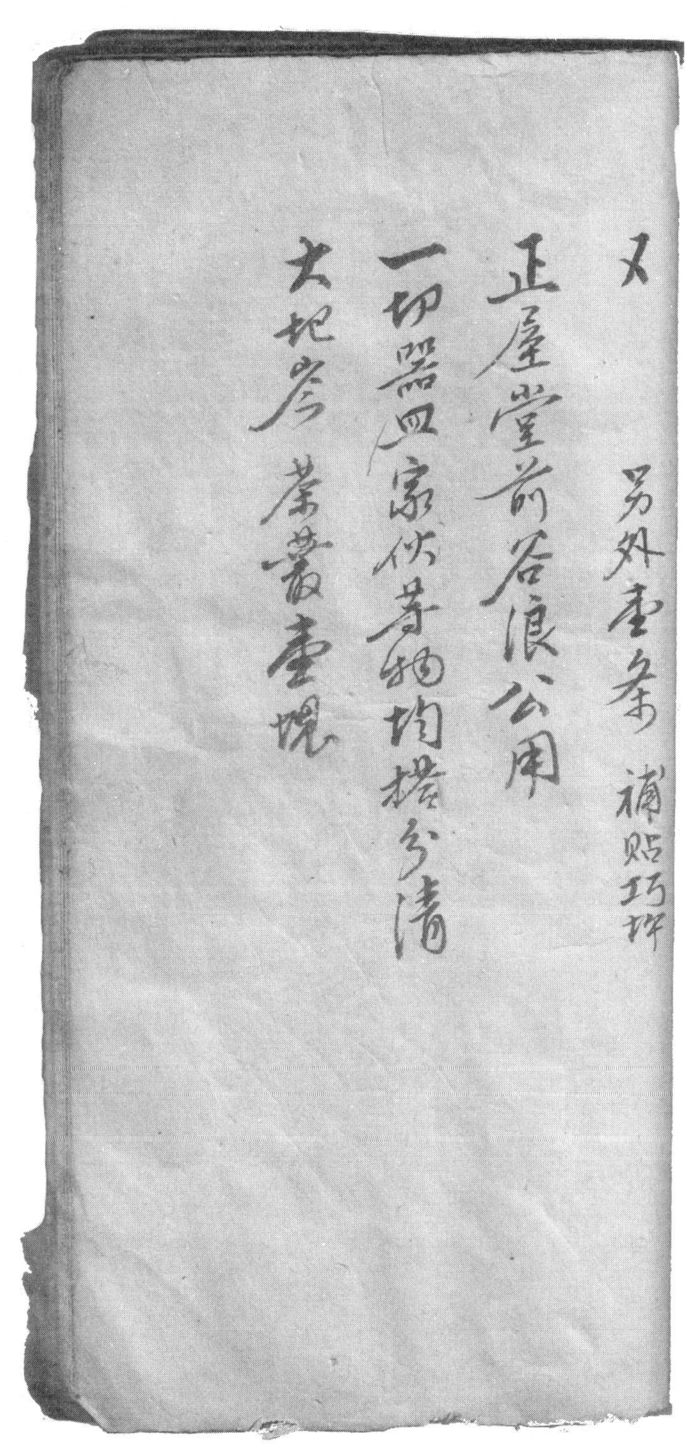
又　另外壹条　補貼圬坪
正屋堂前谷浪公用
一切器皿家伙耆轴均搭分清
大地岺　茶叢壹塊

秋口镇里蕉村 6-8 · 同治四年 · 分关文书 · 吴瑞祥同第振祥

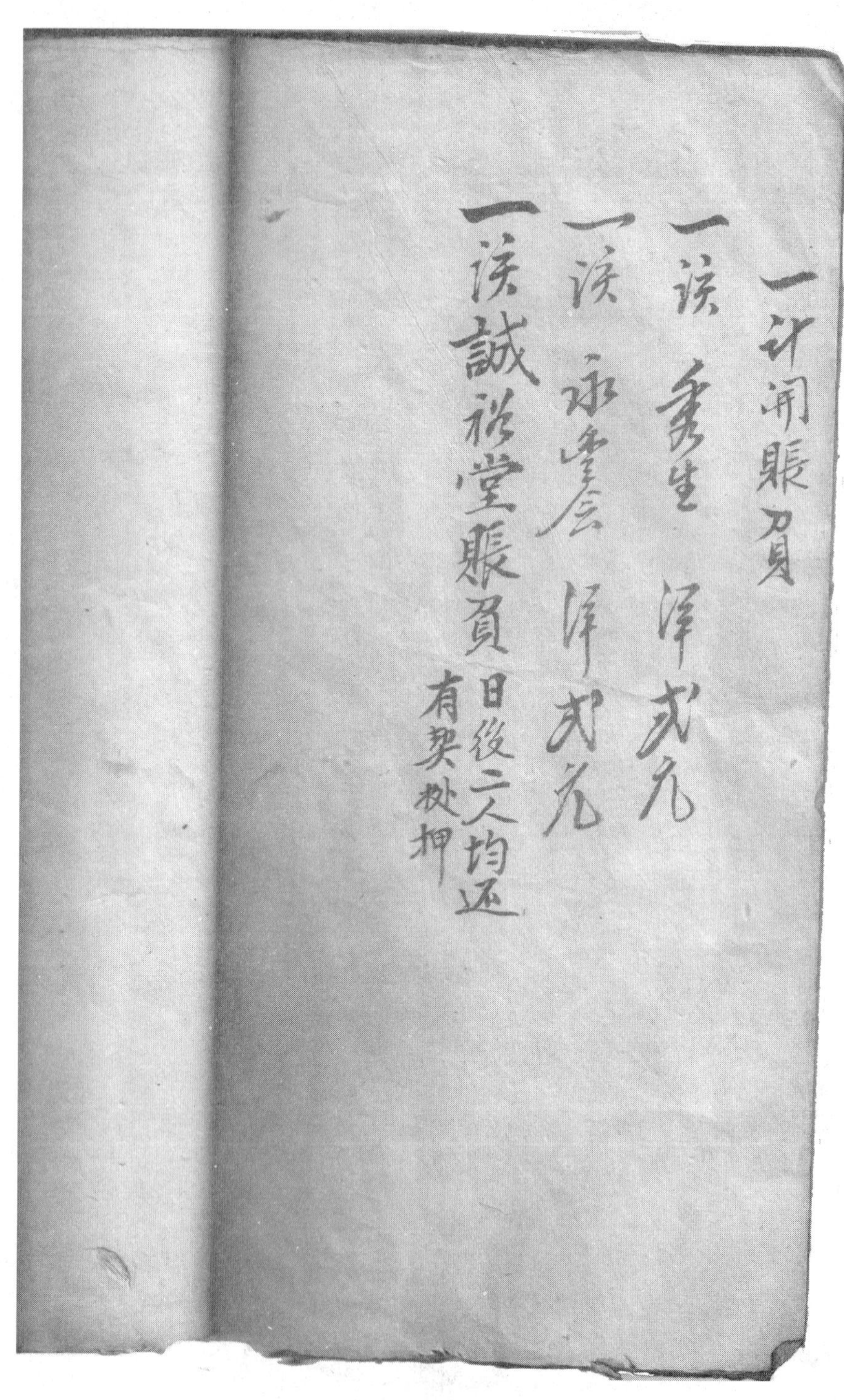

一计開賬目
一該 秀生 洋弍元
一該 承[illegible] 洋弍元
一該 誠裕堂賬目 日後二人均还
有契批押

秋口镇里蕉村 6-9 · 同治四年 · 分关文书 · 吴瑞祥同第振祥

秋口镇里蕉村 2-1 · 同治八年至光绪年间 · 流水账

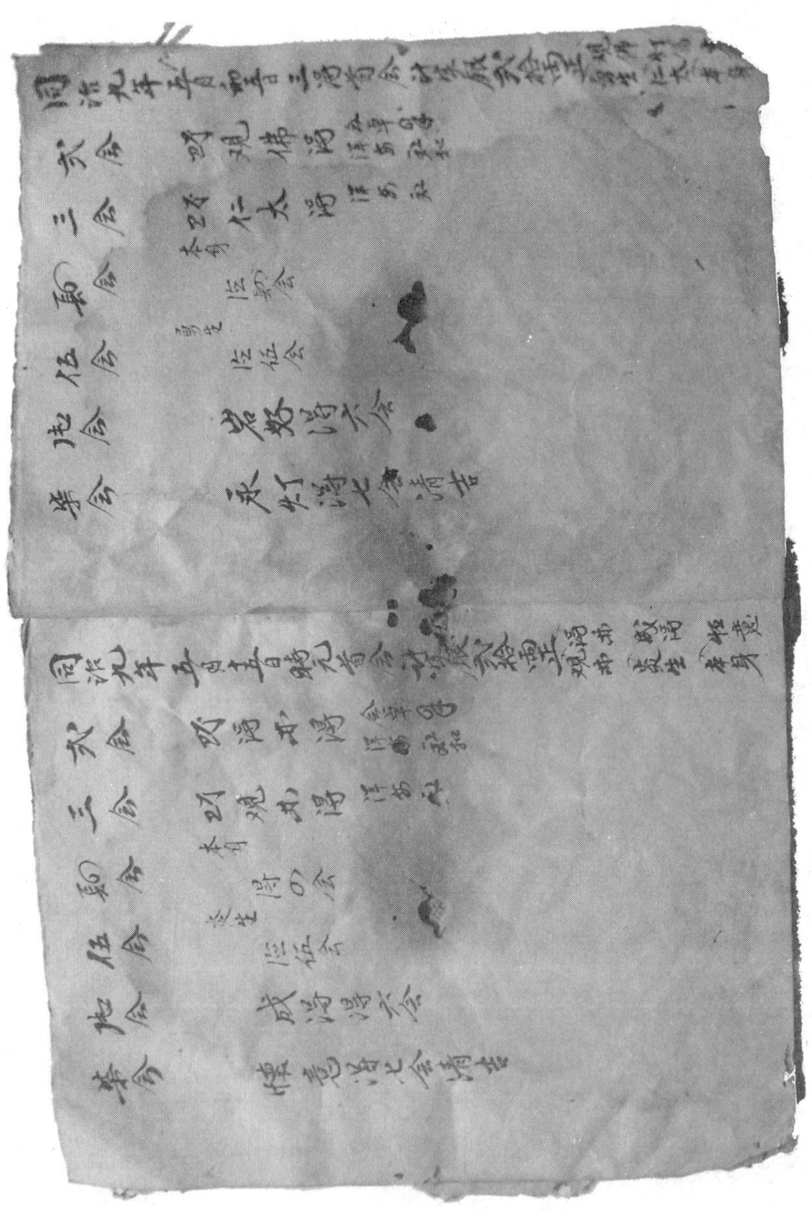

秋口镇里蕉村 2-2 · 同治八年至光绪年间 · 流水账

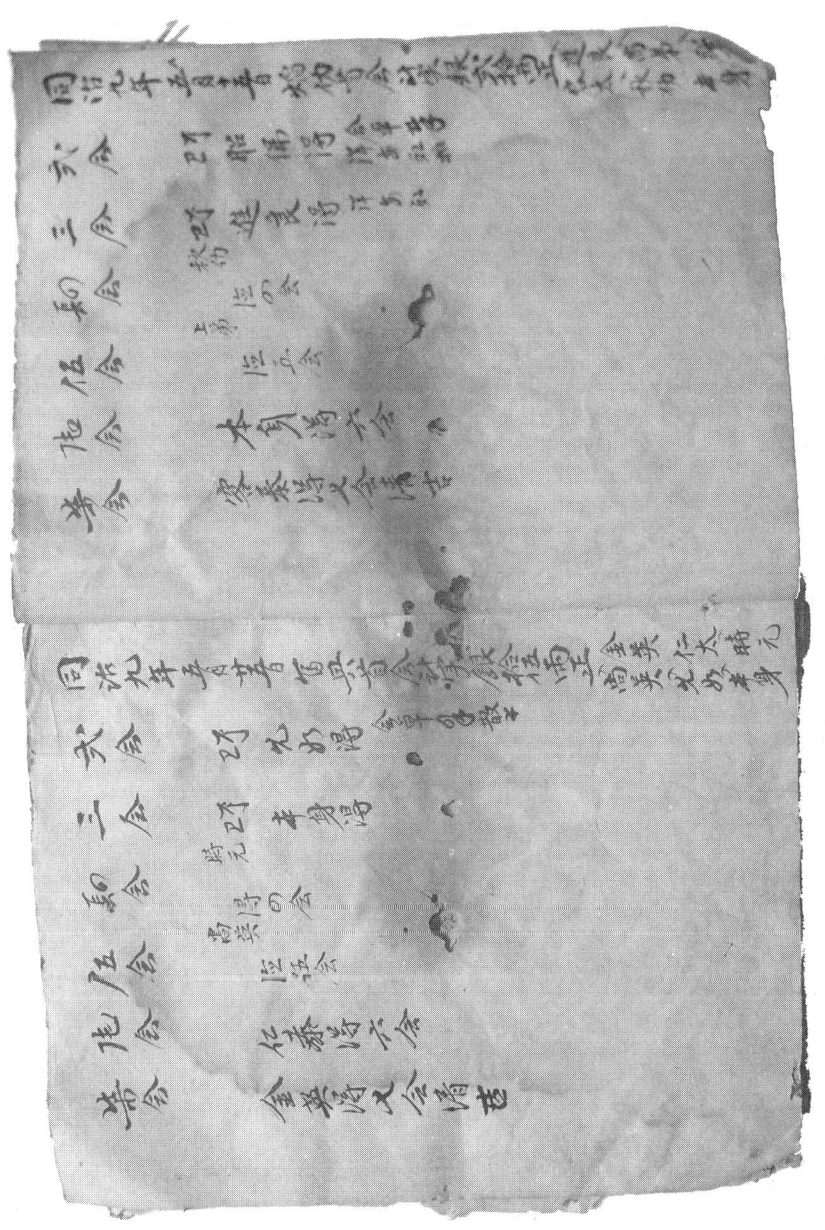

秋口镇里蕉村 2-3・同治八年至光绪年间・流水账

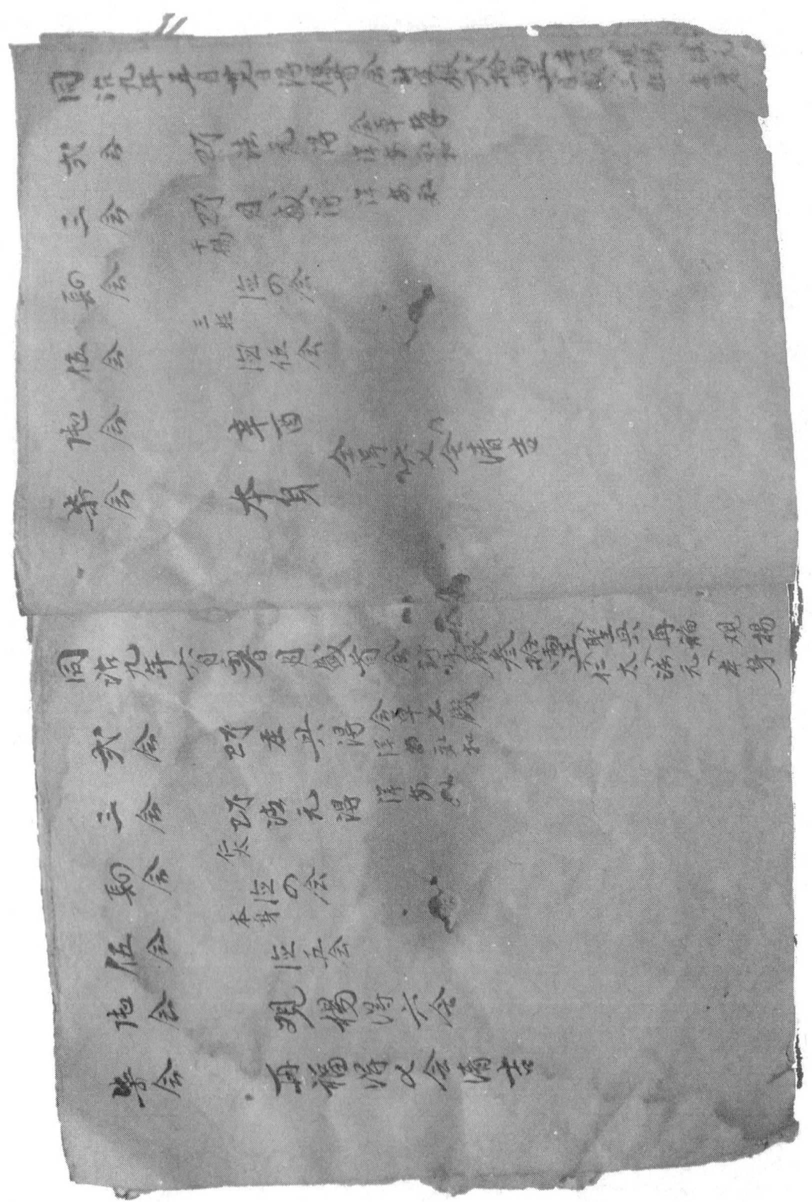

秋口镇里蕉村 2–4 · 同治八年至光绪年间 · 流水账

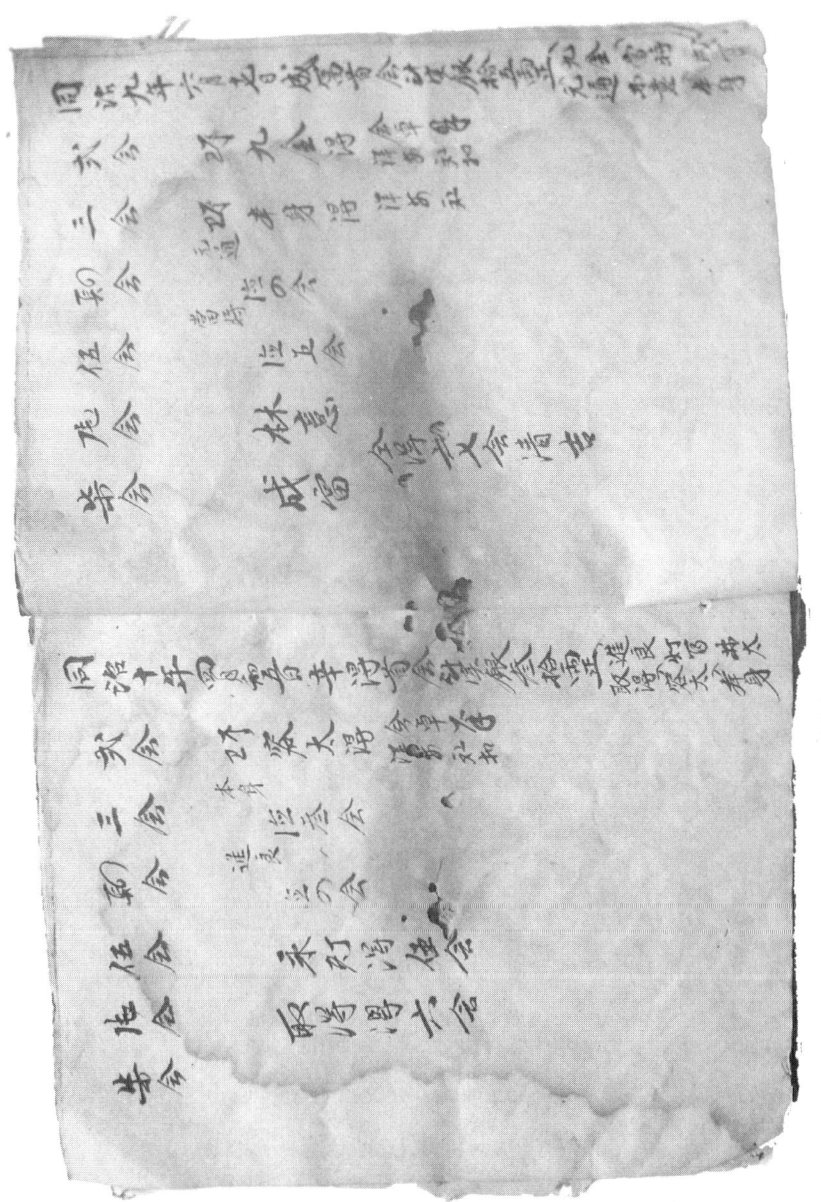

秋口镇里蕉村 2–5 · 同治八年至光绪年间 · 流水账

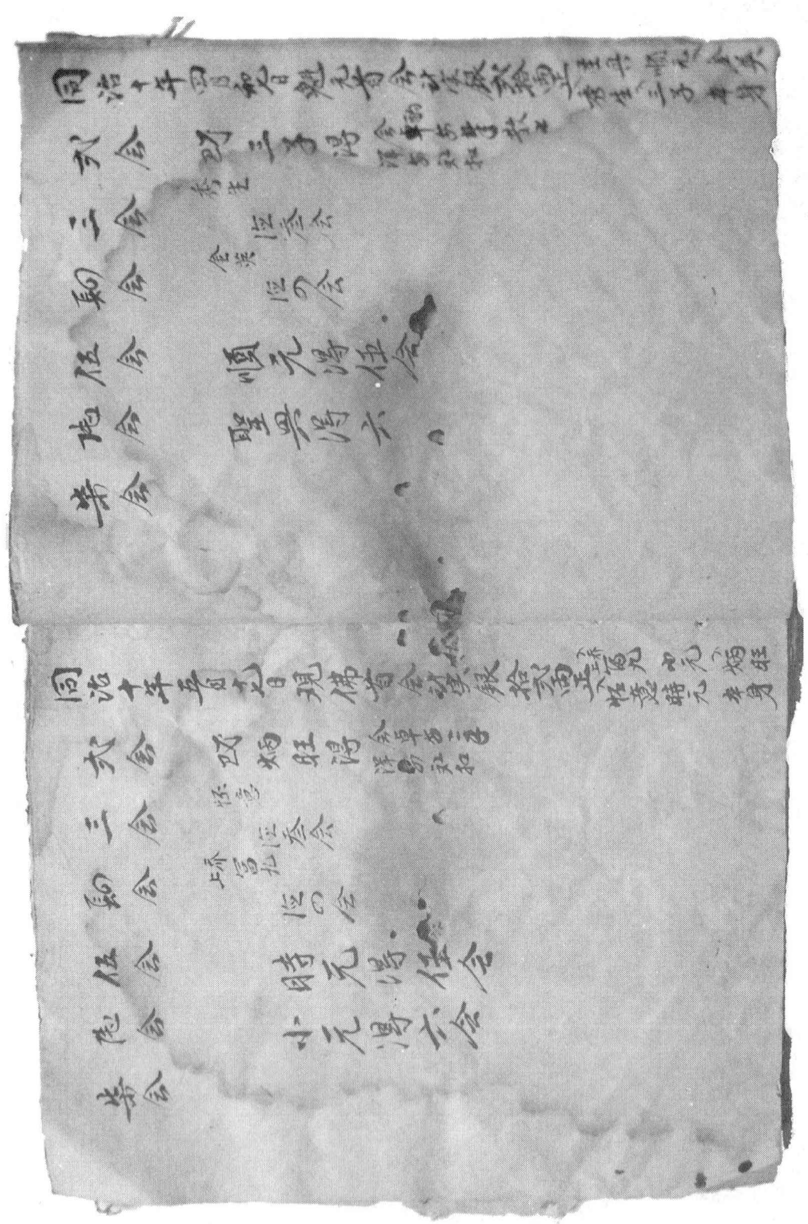

秋口镇里蕉村 2-6 · 同治八年至光绪年间 · 流水账

秋口镇里蕉村 2-7 · 同治八年至光绪年间 · 流水账

秋口镇里蕉村 2-8 · 同治八年至光绪年间 · 流水账

秋口镇里蕉村 2-9 · 同治八年至光绪年间 · 流水账

秋口镇里蕉村 2-10・同治八年至光绪年间・流水账

同治十年正月□□□□收各项总会录□□□□

天会
三会
伍（股）会
兆会
春会

鲜信会
花店口会
本列口会

同治□家年润二月初六日时□□□各项□□□拾两正□□□□□

天会
织（？）诗信会
春花诗三会
□司诗6会

股会
伍会
陆会
春会

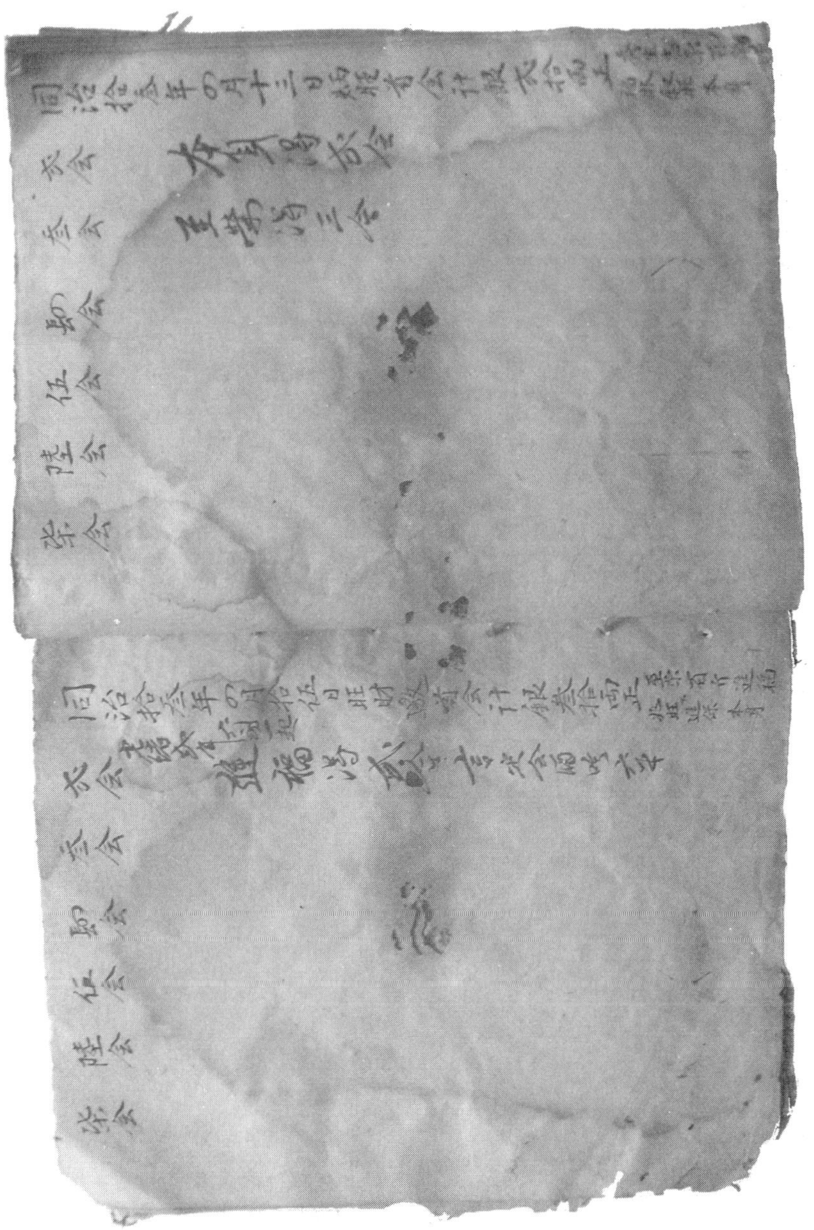

秋口镇里蕉村 2–11・同治八年至光绪年间・流水账

同治拾壹年6月十三日祀奉會計服叁拾兩□□□□

壹會
貳會　芥同錫於住
叁會　廖鈴鴻三會
肆會
伍會 卯會
陸會
柒會

同治拾壹年6月□□□□□□祀奉會計服叁拾兩□□□□□□
□祀奉貳□□□□會同紋□

壹會 叁會
肆會 卯會
陸會
柒會

秋口镇里蕉村 2-12 · 同治八年至光绪年间 · 流水账

秋口镇里蕉村 2-13 · 同治八年至光绪年间 · 流水账

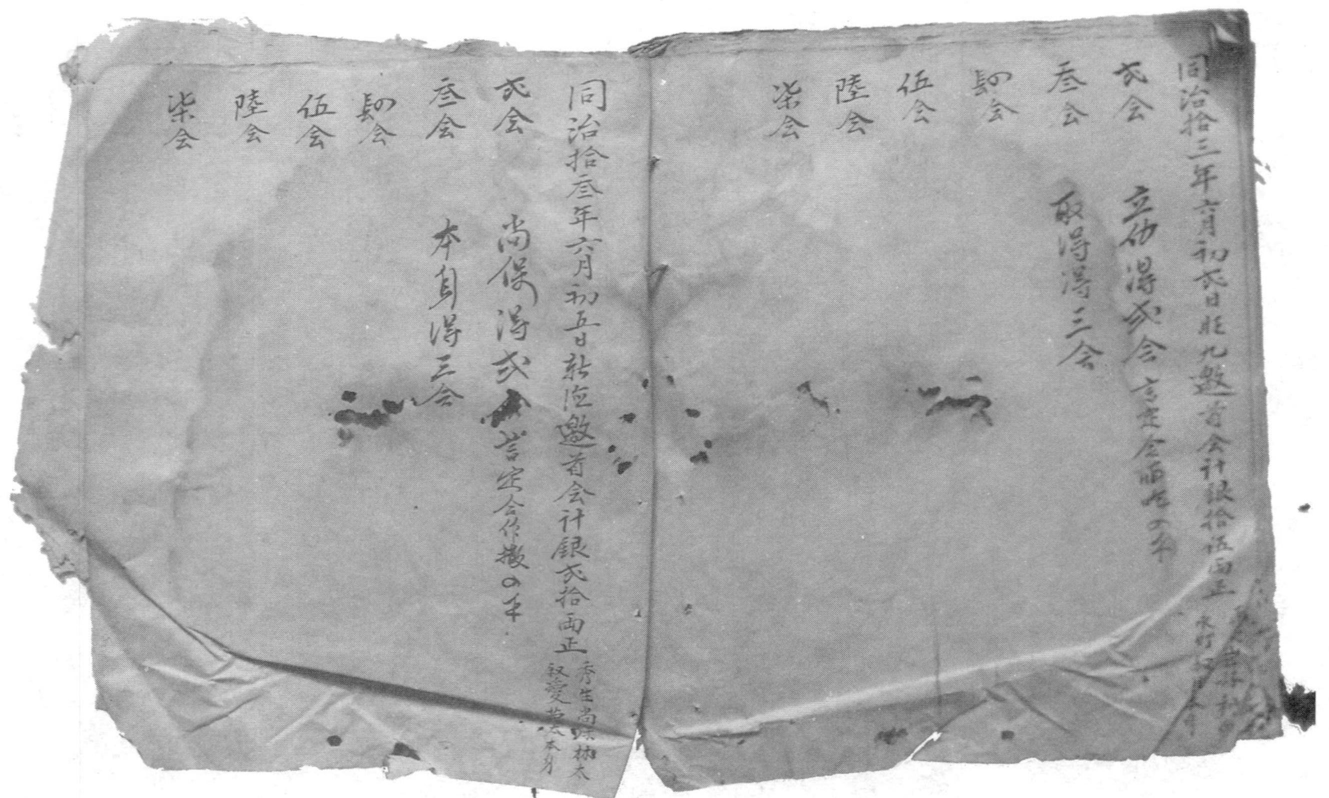

秋口镇里蕉村 2-14 · 同治八年至光绪年间 · 流水账

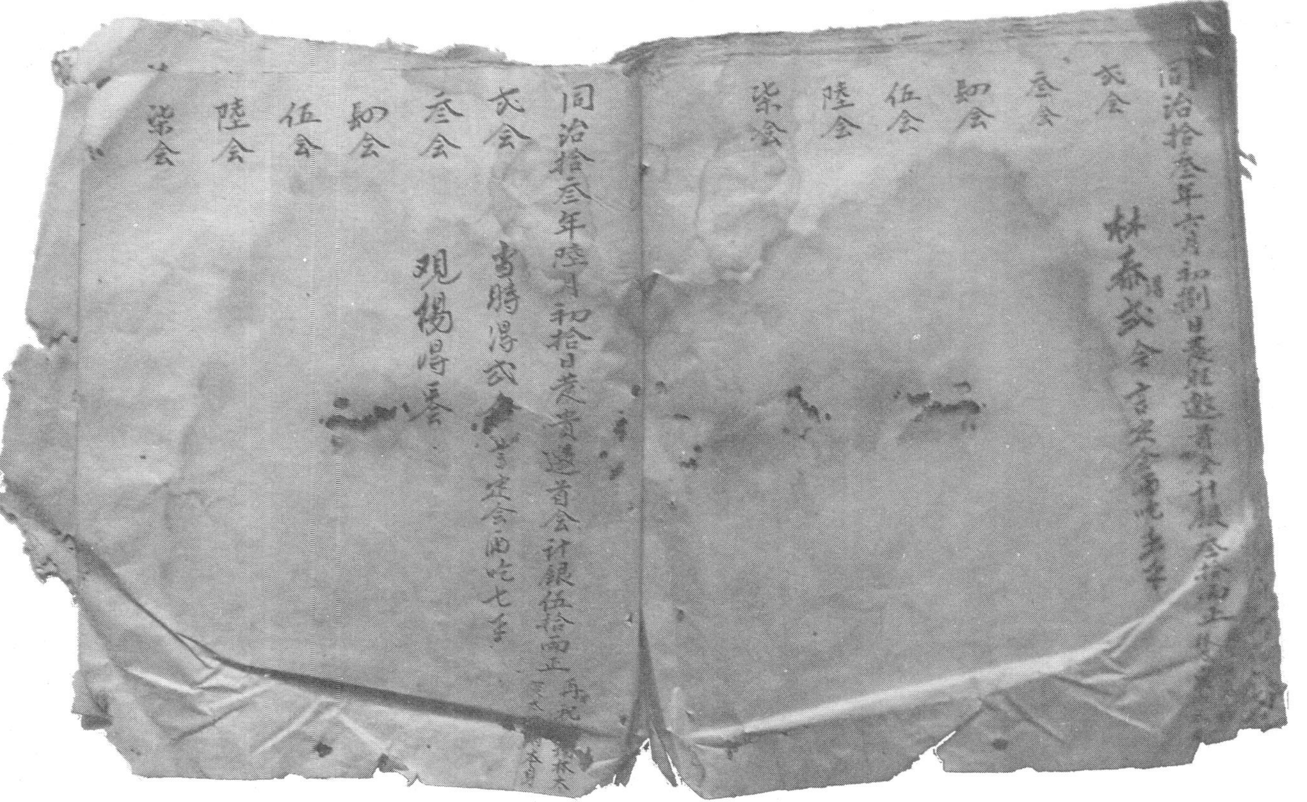

秋口镇里蕉村 2-15 · 同治八年至光绪年间 · 流水账

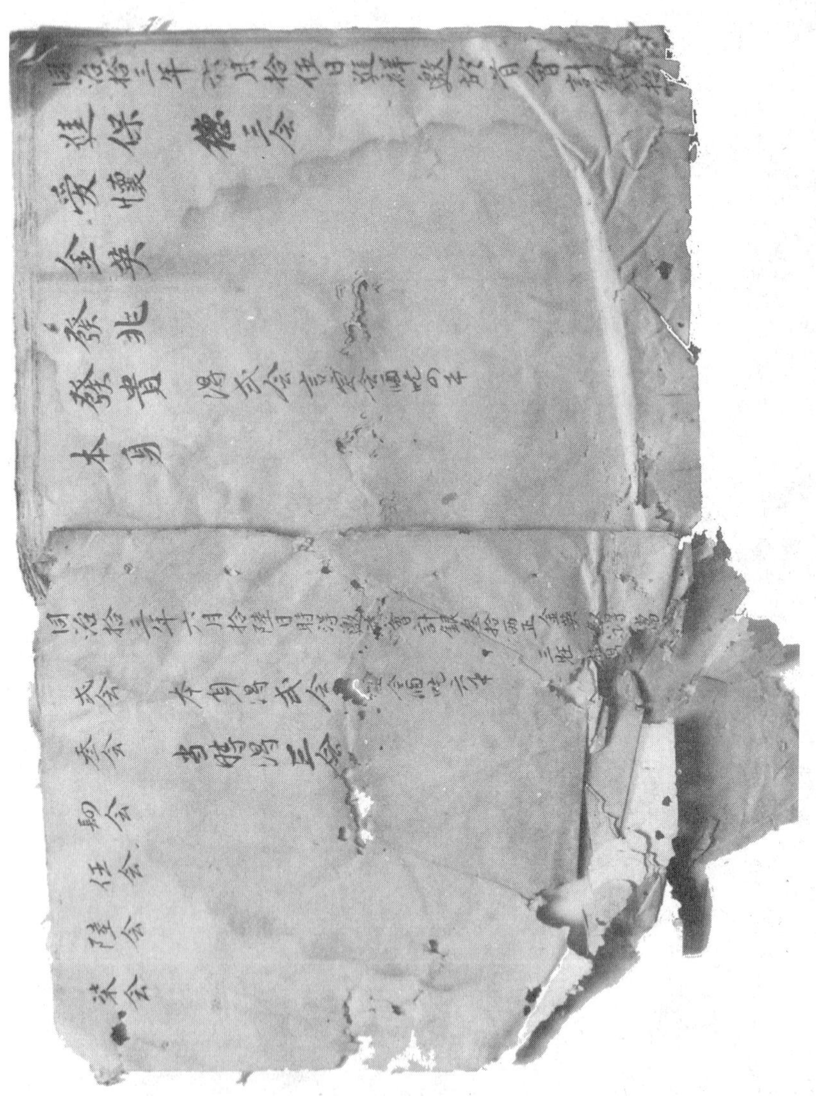

秋口镇里蕉村 2-16 · 同治八年至光绪年间 · 流水账

同治拾三年六月拾壹日謹啟會計錢肆佰壹拾

穗金
保懷
進發
愛兆
金貴
本勇

同治拾肆年六月拾捌日謹啟會計錢叁拾陸正

本何勇武金
勇喈鴻三金

任金
駒金
陸金
宋金

秋口镇里蕉村 2-17 · 同治八年至光绪年间 · 流水账

秋口镇里蕉村 2-18 · 同治八年至光绪年间 · 流水账

收高级社欠数

1956古厝贰月初叁夜收慰款人币拾紫元
贰月卅夜　收贷四胩修米籤五元
収津油斯记壹角六
収買茶末叁元
収五月份買末拾元

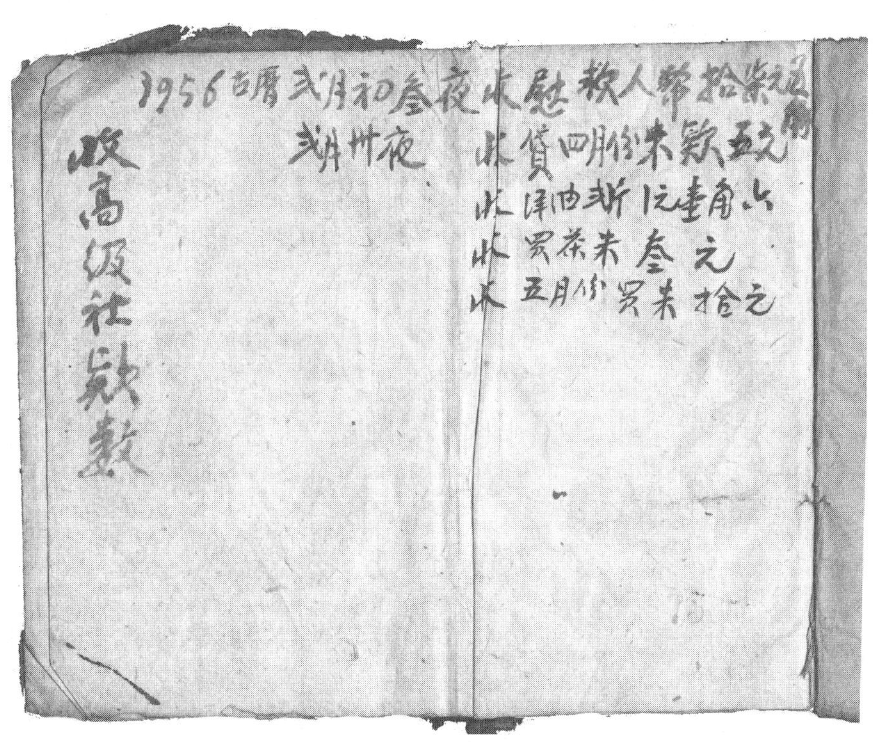

秋口镇里蕉村 1-1·一九五六年·流水账

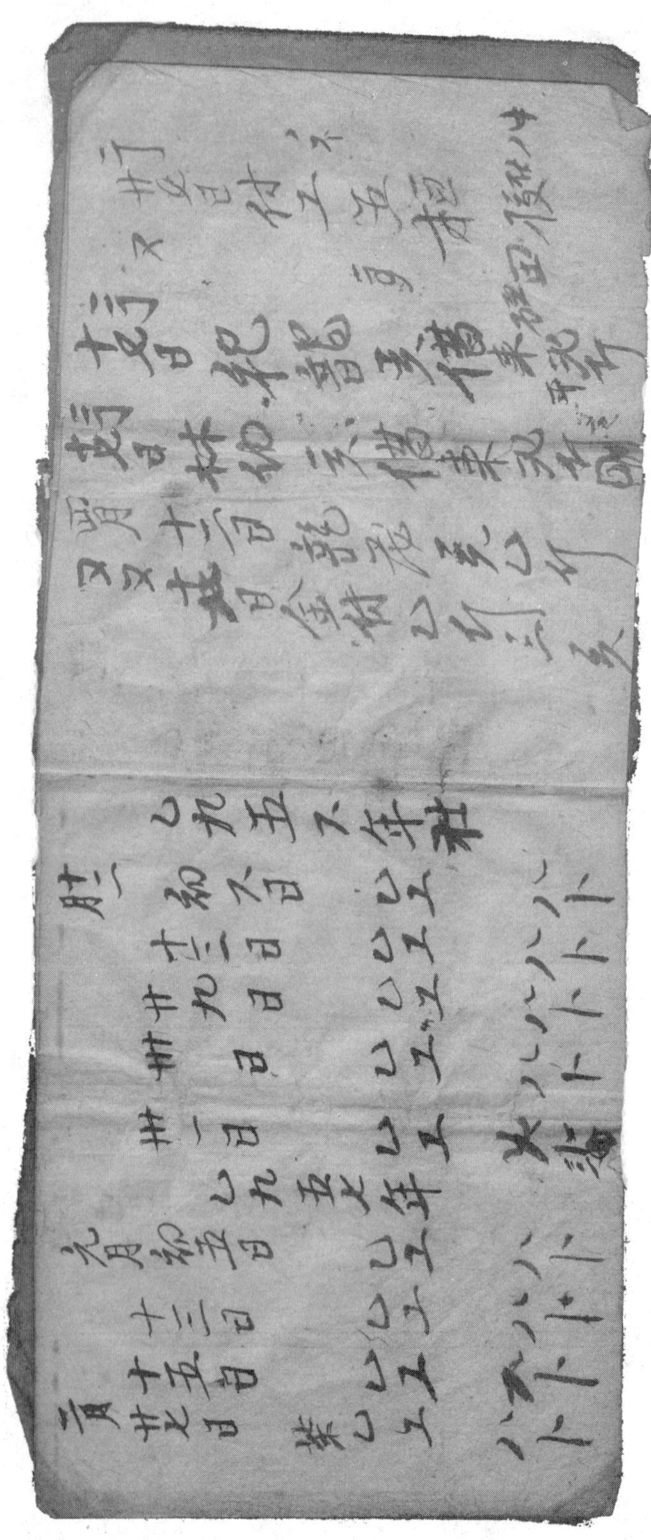

秋口镇里蕉村 1-2 · 一九五六年 · 流水账

秋口镇里蕉村 1-3・一九五六年・流水账

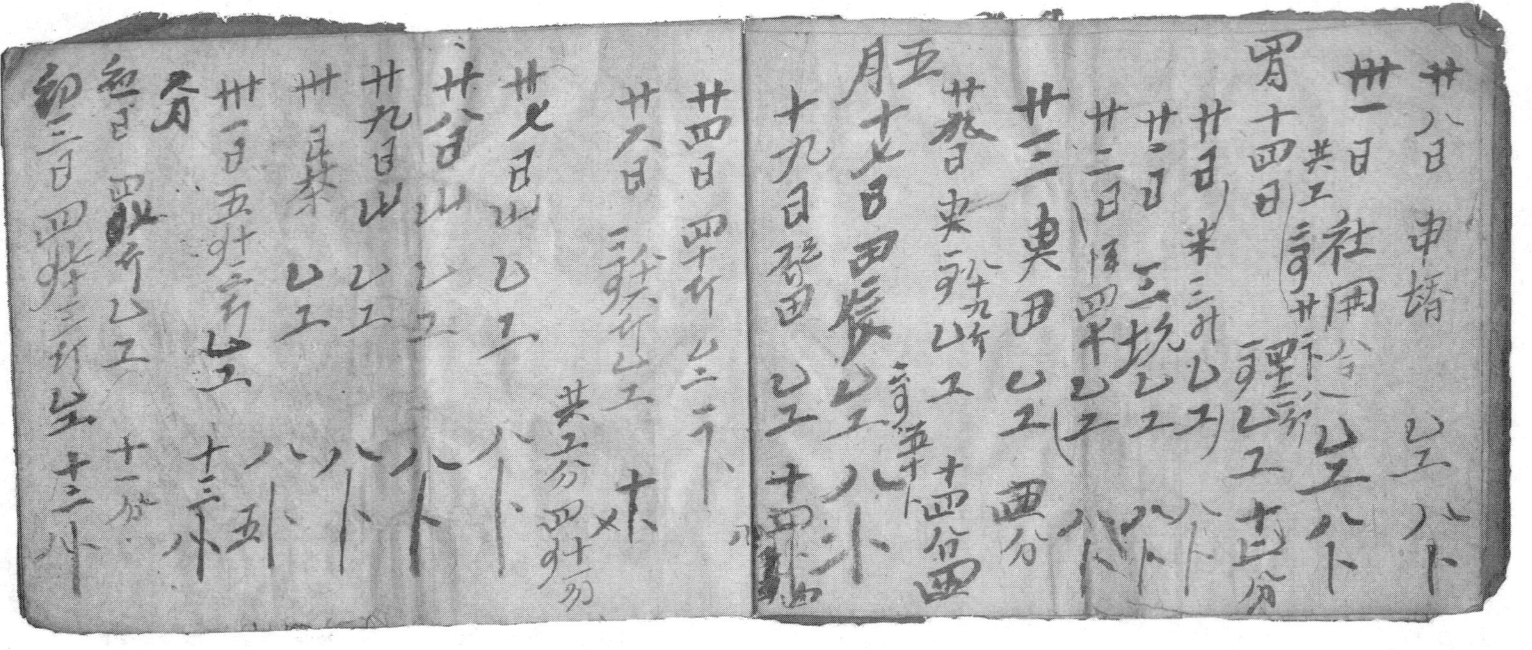

秋口镇里蕉村 1-4 · 一九五六年 · 流水账

收 拾诺包括 50斤
收 回代父亲迎客 100斤
收 公公游安客 150斤
收 秧客 60斤
收支 毛子未到
收支 毛子不到
收支 毛子未到 折

收 榇客 130斤
收 早客 50斤
收 蒋客 30斤
收 早客 100斤
收 早客 11斤

收早客 折

收 收

收 收信用社贷明白粮 9元
代 收资品小猪款 1元
你 收公资品明白粮款 7元
款
收

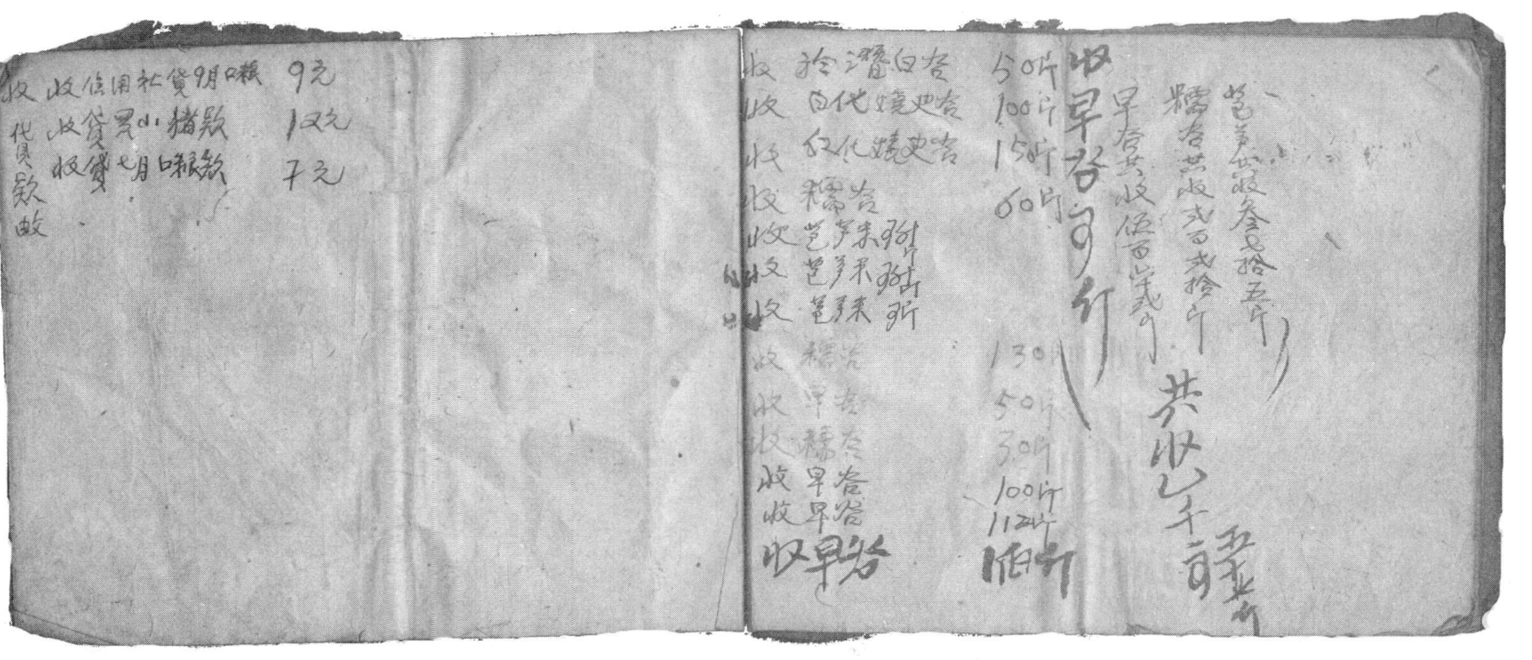

秋口镇里蕉村 1-6 · 一九五六年 · 流水账

秋口镇里蕉村 1-7 · 一九五六年 · 流水账

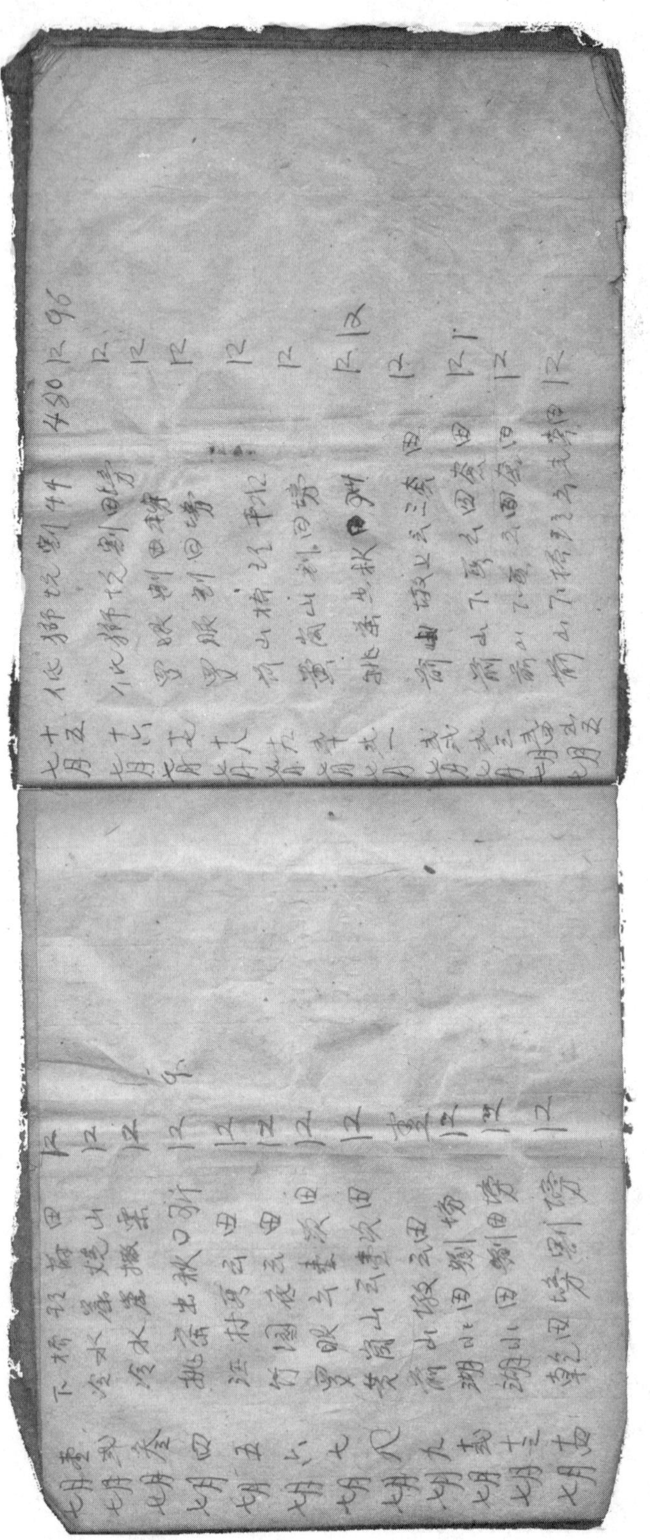

秋口镇里蕉村 1-8 · 一九五六年 · 流水账

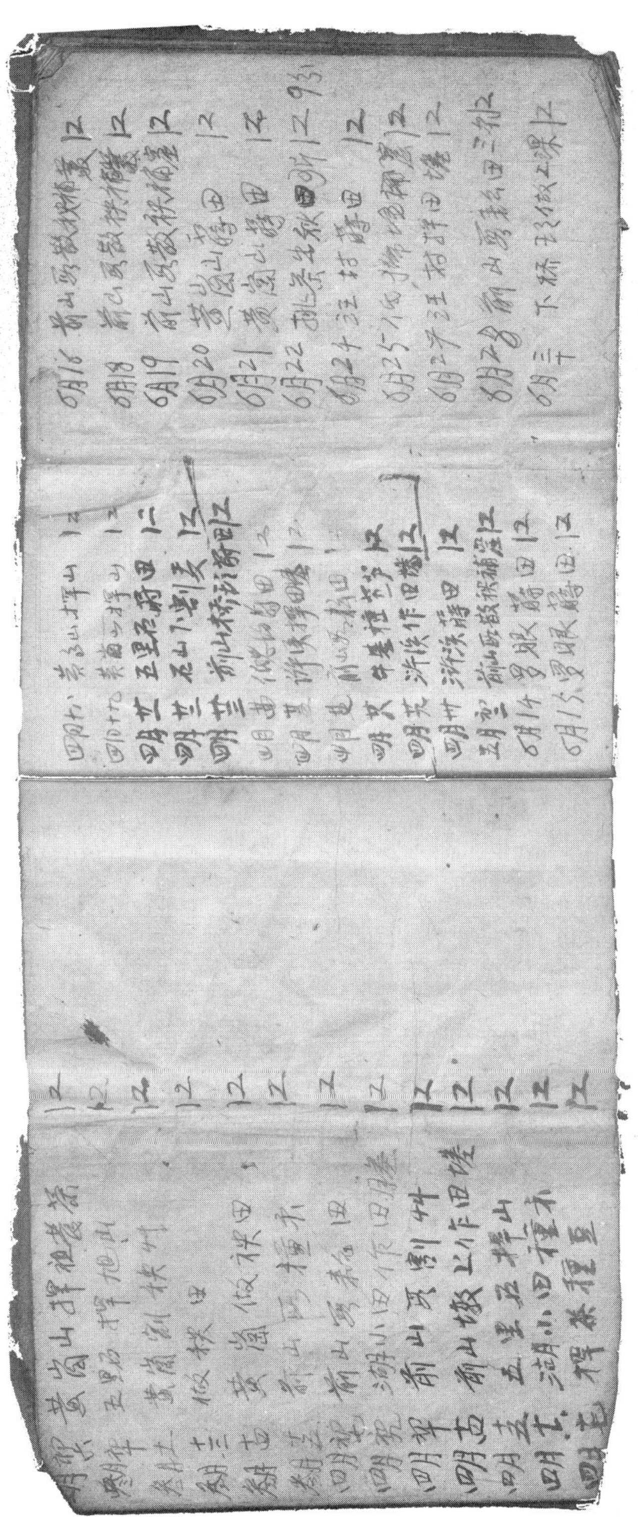

秋口镇里蕉村 1-9 · 一九五六年 · 流水账

秋口镇里蕉村 1-10・一九五六年・流水账

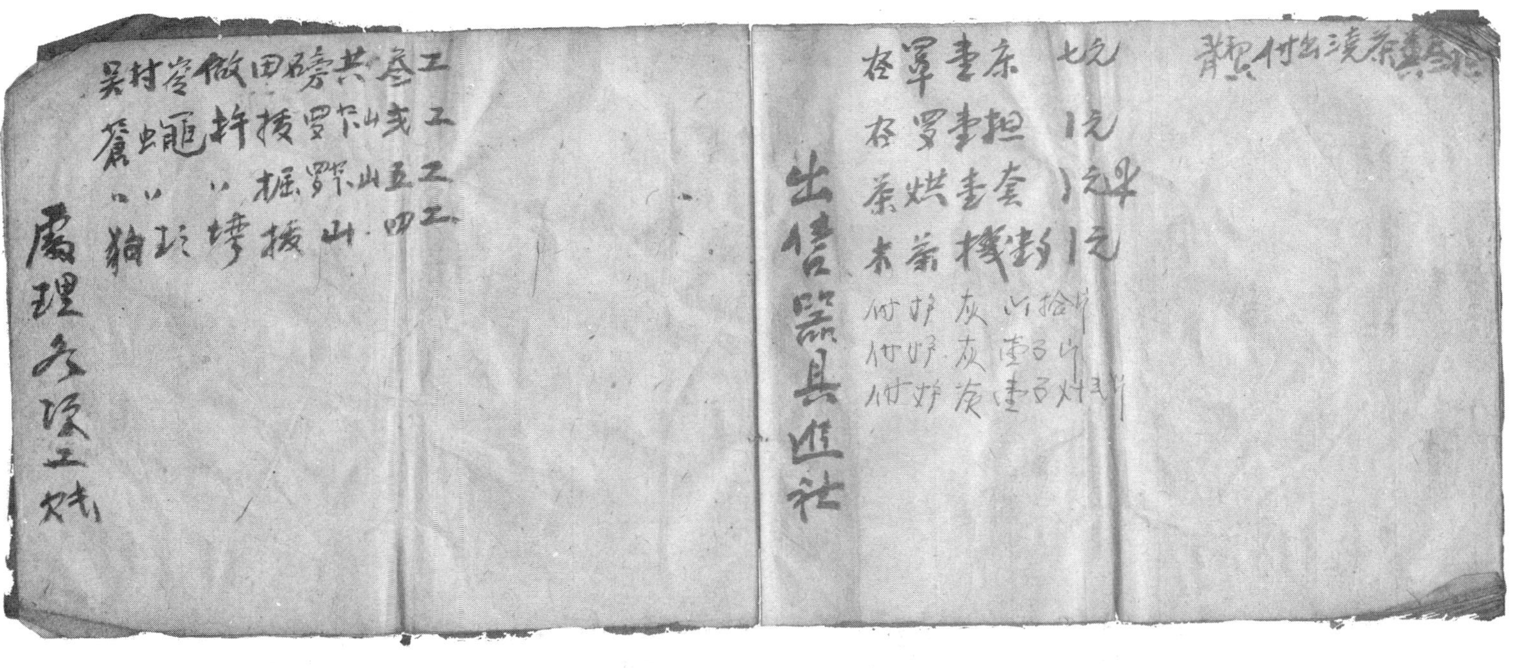

秋口镇里蕉村 1-11 · 一九五六年 · 流水账

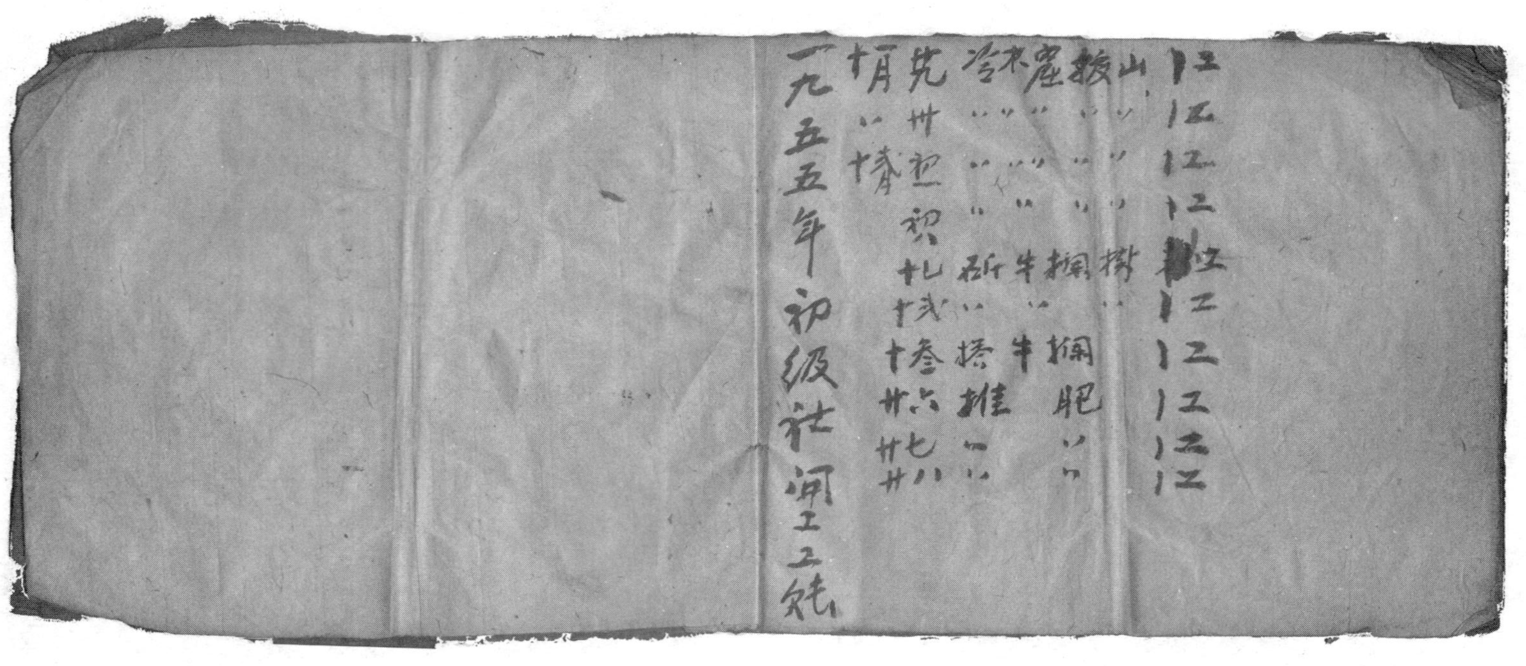
一九五五年初级社河工工帐

秋口镇里蕉村 1-12 · 一九五六年 · 流水账

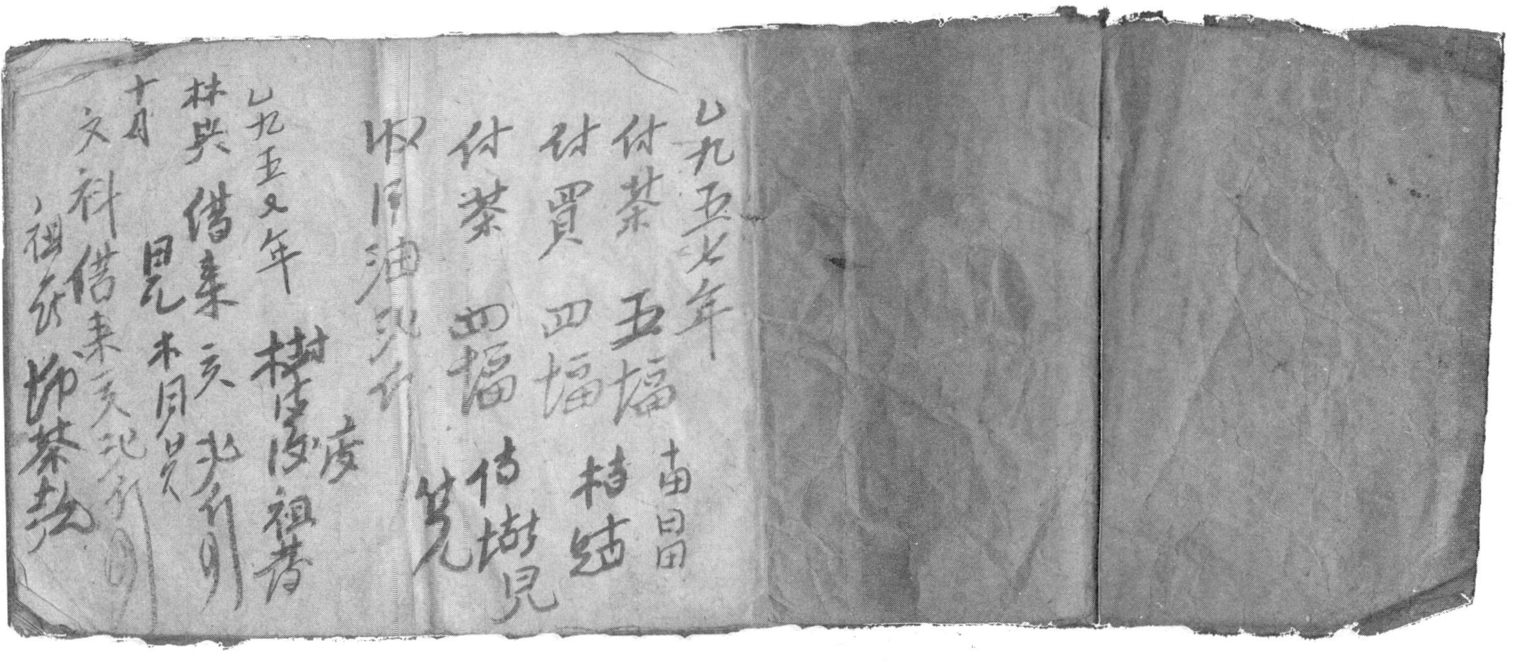

秋口镇里蕉村 1-13 · 一九五六年 · 流水账

秋口镇岭溪村 1—142

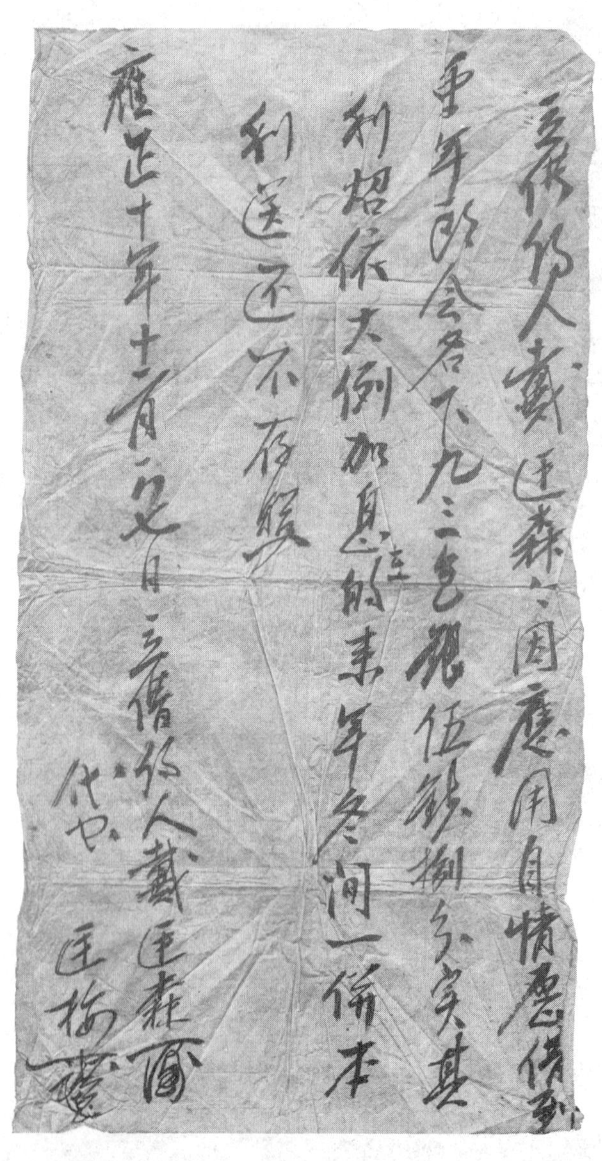
立借约人戴廷森今因应用，自情愿借到
重年所会名下九三色银伍钱捌分，其
利照依大例加息，约至来年冬间一并本
利送还，不存短。
雍正十年十二月　日立借约人戴廷森（押）
代书　廷梅（押）

秋口镇岭溪村 1 · 雍正十年 · 借约 · 戴廷森借到重年所会

立議墨人戴文社、成昌、文起等，今有房文梓
娶妻滕氏，未得生育，奈因夫婦年老，後嗣無
靠，衆議將義男德壽從幼扶養，大今又代娶媳，
今倆愿承繼文梓為男，接續宗祧，永承戴門戶
籍，應遠不的回宗，如若此，其將戴門產業俱
完戴家，不得私取。今該服承分產業、屋宇、家
伙各項物件，今憑中言明，照依分單付與德壽
成受產業，本家內外人等毋得生情異説。如若
借端侵凌，執此議墨鳴公理論。日後兩毋爭競，
立此議墨壹樣叁張，各執壹張為照。
其桑園田租二號，計租玖秤，今將士貴公做清明
標掛，應遠不得出賣。　其水牛叁隻，照依均分。
異
得壽承繼之後，田地產業日後不得出賣。再批。

雍正十二年十月初五日立議墨文社（押）
成昌（押）
文起（押）
文龍（押）
文高（押）
廷桂（押）
廷橋（押）
廷標（押）
廷梅（押）
存仁（押）
代書　德壽（押）

秋口镇岭溪村 13 · 雍正十二年 · 议墨 · 戴文社、成昌、文起

立出裱佃皮約人王禹今承祖有佃皮山𠀋坐落土名白石坑口今因應用情愿將佃皮出裱與房東存餘名下九五色銀壹兩零伍分，其艮逐年交祖弍秤硬，送至門上，斤两不致短少。如若少欠，听自起佃無阻。今欲有憑，立此出裱佃皮為炤。

日后將原本取贖無異

乾隆三年二月十三日立裱佃皮約人王禹

男王添

秋口镇岭溪村 132 · 乾隆三年 · 出裱佃皮约 · 王禹裱与房东存余

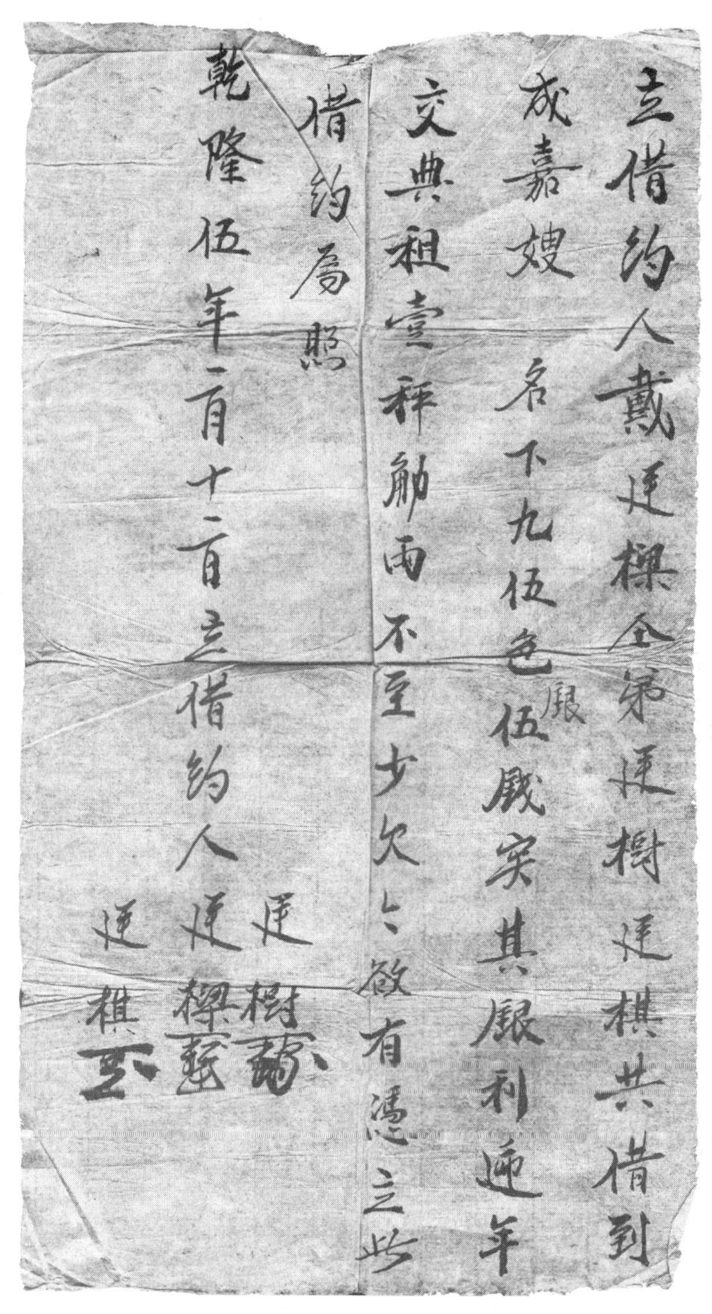

立借约人戴廷樑仝弟廷树、廷棋共借到
成嘉嫂名下九伍色银伍两实其银利递年
交典租壹秤觔两不至少欠，今欲有凭，立此
借约为照。
乾隆伍年十一月十二日立借约人廷樑（押）
廷树（押）
廷棋（押）

秋口镇岭溪村 2 · 乾隆五年 · 借约 · 戴廷樑同弟廷树、廷棋借到成嘉嫂

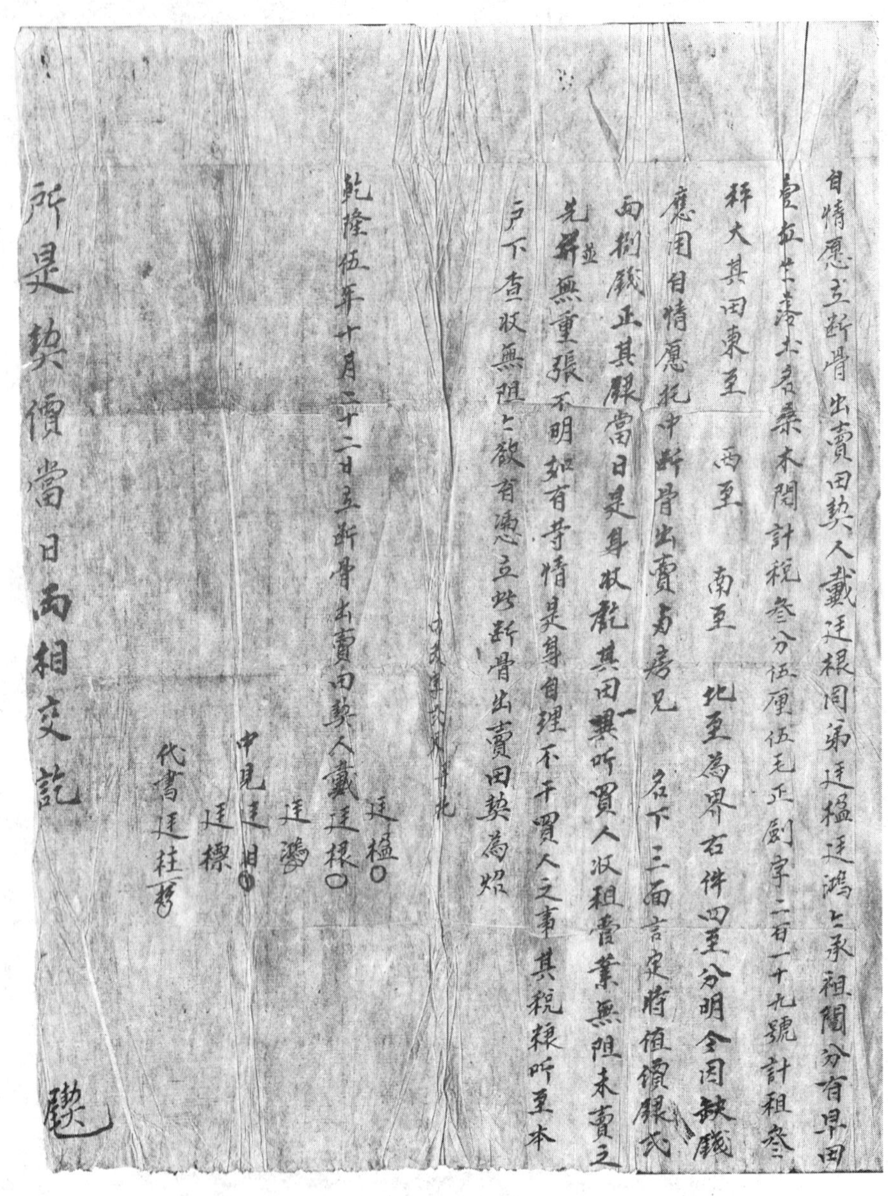

自情愿立断骨出賣田契人戴廷根同弟廷楹、廷鸿，上承祖閹分有早田壹坵，土名[illegible]桑木閑，計税叁分伍厘伍毛正，劇字二百一十九號，計租叁秤大。其田東至　西至　南至　北至為界。右件四至分明，今因缺錢應用，自情愿托中斷骨出賣與房兄　名下。三面言定時值價銀弍兩捌錢正，其銀當日是身收訖，其田聽听買人收租管業無阻。未賣之先，並無重張不明，如有等情，是身自理，不干買人之事。其税粮听至本戶下查收無阻。恐口欲有凴，立此斷骨出賣田契為炤。

乾隆伍年十月二十二日立斷骨出賣田契人戴廷根　廷楹　廷鸿

中見　廷相　廷標

代書　廷柱

所是契價當日兩相交訖

契

秋口镇岭溪村 99 · 乾隆五年 · 断骨出卖田契 · 戴廷根同弟廷楹、廷鸿卖与房兄☐

立断骨出卖田契人戴廷棋今承艾有早田壹坐坐落土名橋條經理剧字闻
百二十五號計税叁分捌厘計租贰秤正賣与房兄

銀贰兩[正] 其田東至 西至 南至 北至為界西件四至分明其

税糧所至房兄收租管業毋阻本家內外人等無得生情異說今恐無憑立

此断骨出賣田契為照

其租照原價取贖亦批[子]

乾隆六年十一月廿四日立断骨出賣田契人戴廷棋

筆 廷桂

見兄 廷禄

廷樹

所是契價當日兩相交足

乾隆六年·断骨出卖田契·戴廷棋卖与房兄

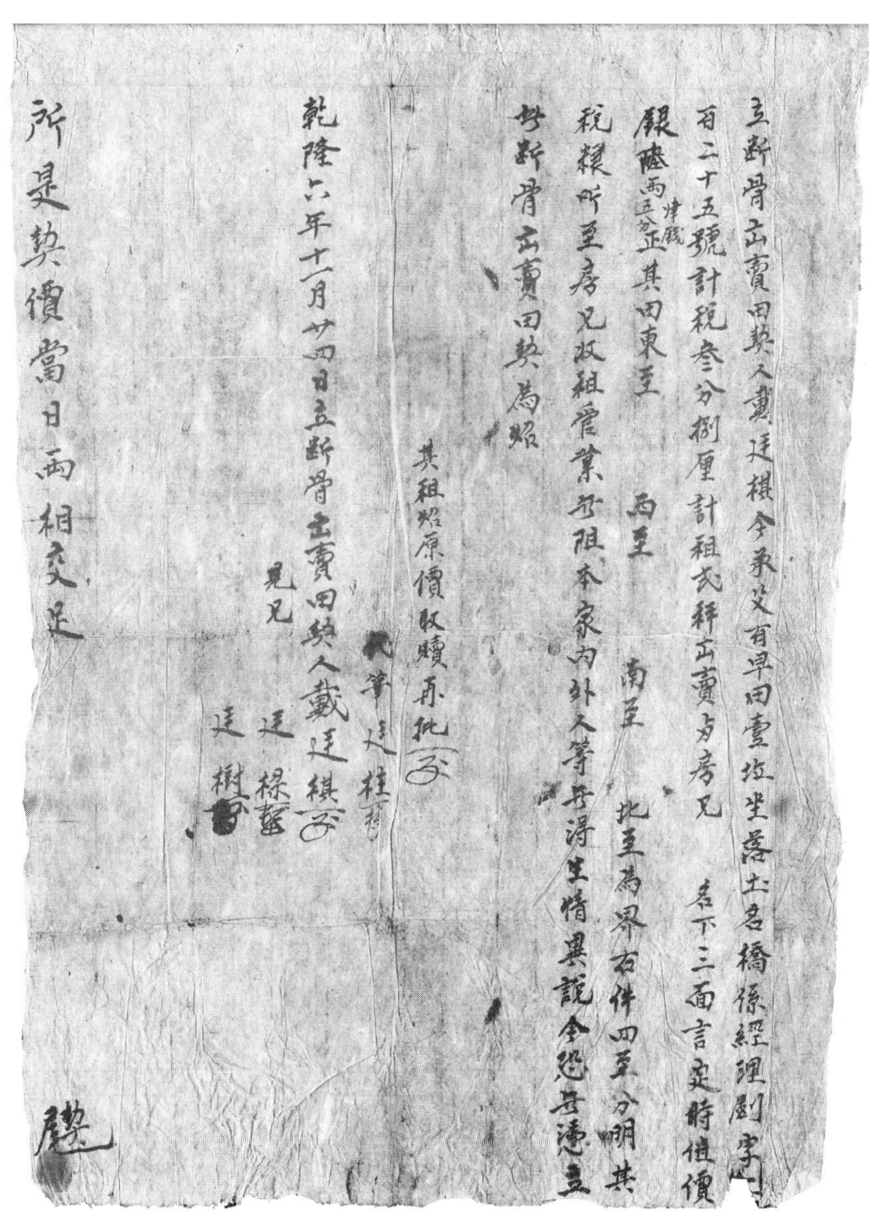

立断骨云卖田契人戴道樑□承从有晚租弍秤零陆觔夭坐落游字六百七十八号土名椒树坞计田税弍分陆厘弍毛弍系仙愿自情愿断骨云卖与房兄□下承买为业三面言定时值价九拼色艮□两伍戚正其业与租本家如外人等毋得异情凭□立此卖田契为照

东至 西至
南至 北至 四至分明其租听至房兄收租□

所是契价当日两相交足

再批熙价取赎盖 源

见年弟廷桂拇
廷樑盖
廷棋字
地亲笔盖

乾隆六年五月初四日立出卖田契人戴廷樑盖

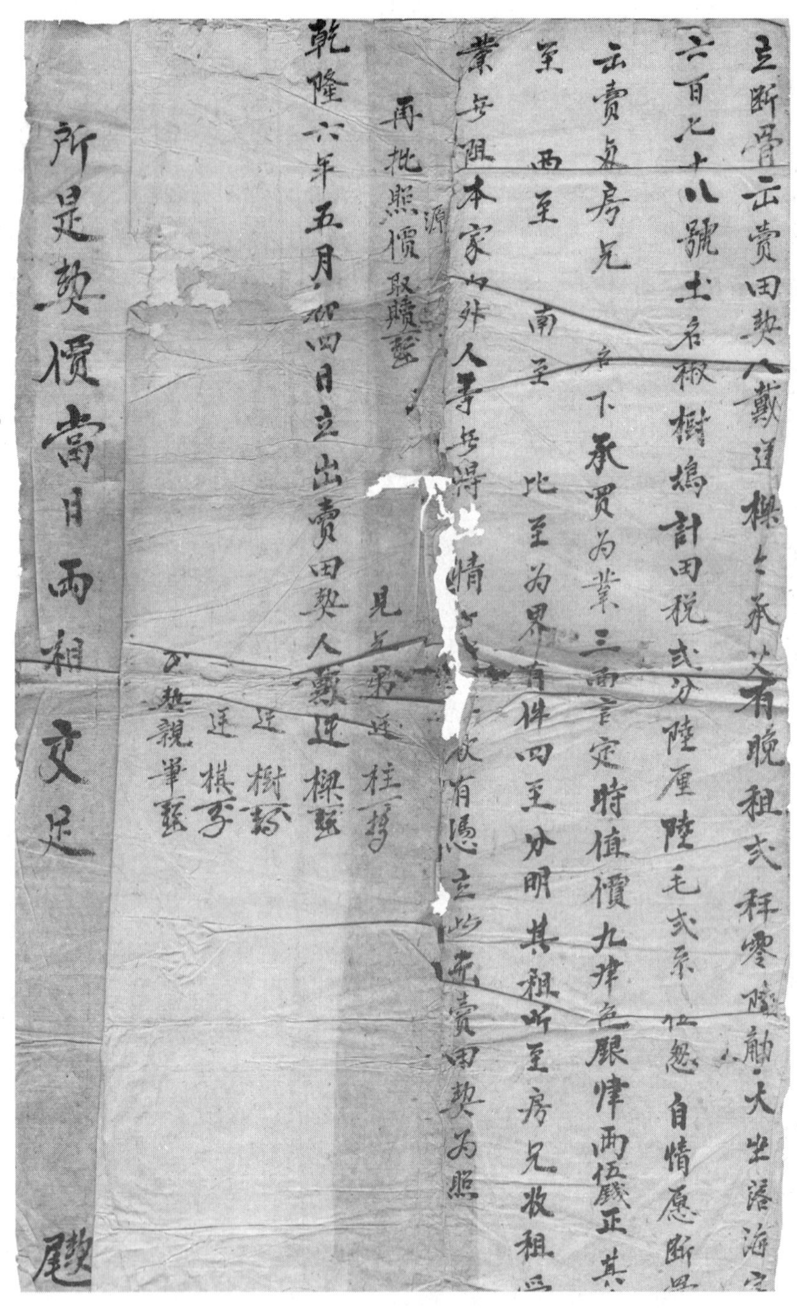

秋口镇岭溪村 91·乾隆六年·断骨出卖田契·戴连樑卖与房兄□

立断骨出卖田契人戴廷棋今有承父晚祖文祥零陸舩大叚分該身股坐落海字六百乙十八號土系椒树塢坤私壹祥零陸舩大計税壹分六厘陸毛捌毫自情愿托兄中云賣壹祥零陸舩大另房兄名下承買為業三面言定時值價九弹色服貳兩伍錢正其東至　西至　南至北至為界有併四至分明其祖䏇至房兄收租骨業亲阻本家内外人等与得生情一説二敢有悉此立卖田契為照

再批熙源價取贖至

乾隆六年五月初三日立出賣田契人戴廷棋
　　　　　　　　　　　見兄廷桂
　　　　　　　　　　　　　廷樹
　　　　　　　　　　　代笔廷樑

乾隆七年十一月十四日又搣树塢壹祥出賣与房兄名下二共計税二分陸厘陸毛五恕
　　　　　　　　　二共對租父祥零六觔净其價䤨来算收足清　批

所是契價當日兩相交足付

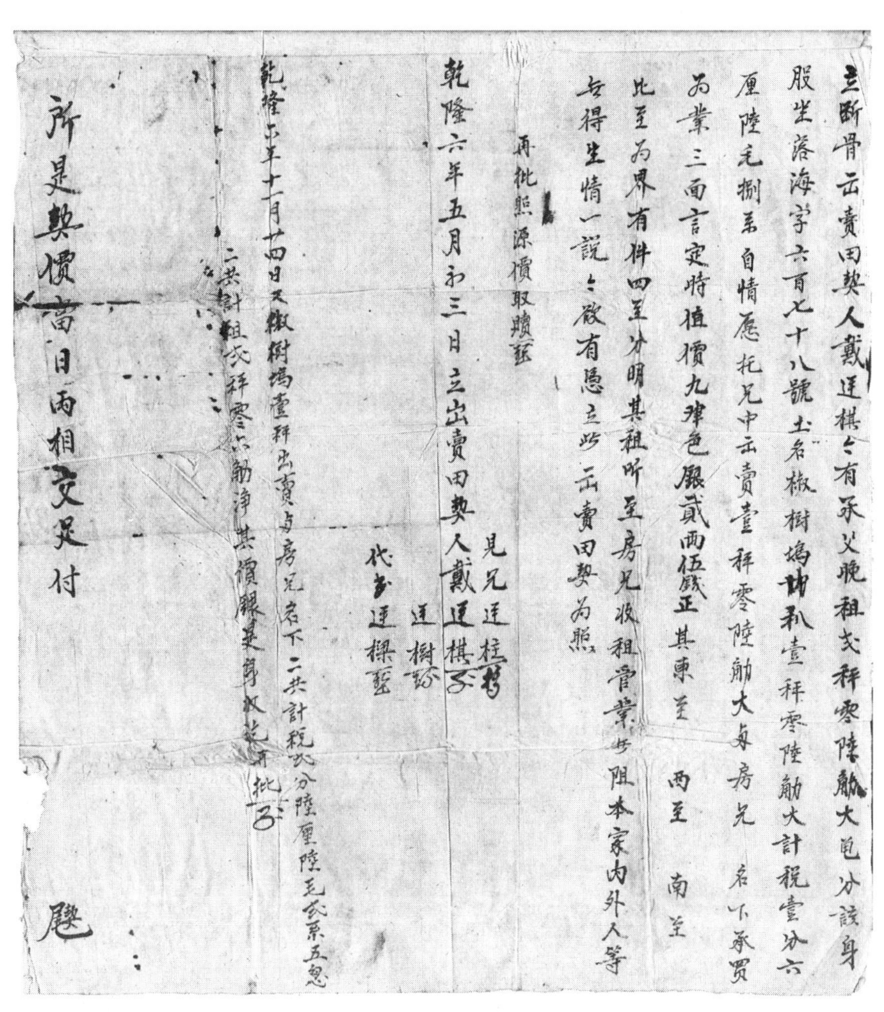

秋口镇岭溪村 118・乾隆六年・断骨出卖田契・戴廷棋卖与房兄☐

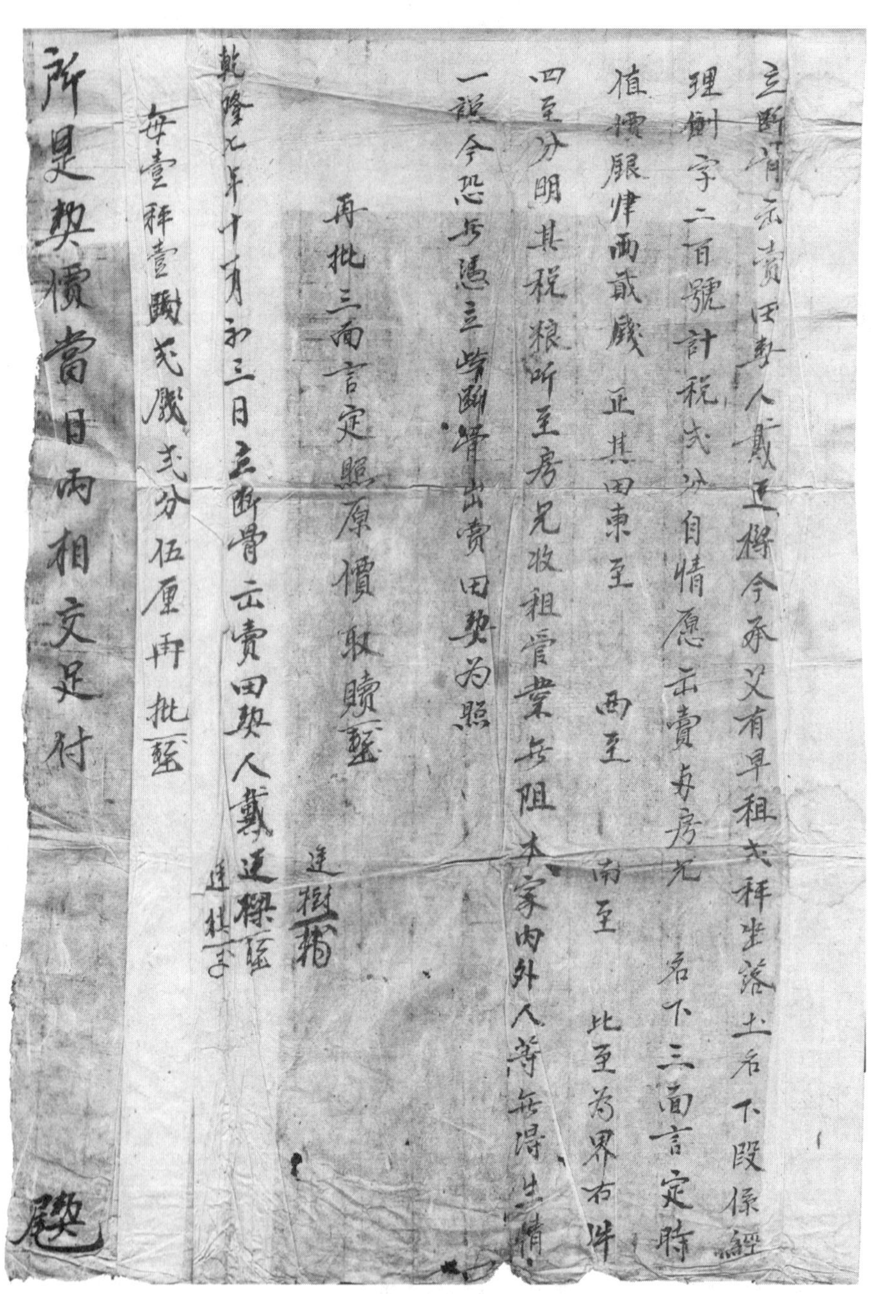

立断骨出賣田契人戴廷樑今承父有早租弍秤坐落土名下段係經
理劍字二百號計稅弍分自情愿出賣与房兄　名下三面言定時
值價銀肆兩弍錢　正其田東至　西至　南至　北至為界右件
四至分明其稅粮听至房兄收租管業無阻本家内外人等無得生情
一親今恐無憑立此断骨出賣田契為照
再批三面言定照原價取贖（押）
乾隆七年十月初三日立断骨出賣田契人戴廷樑（押）
廷樹（押）
廷桂（押）
每壹秤壹斛弍戲弍分伍厘再批（押）
所是契價當日兩相交足付
（押）

秋口镇岭溪村 105 · 乾隆七年 · 断骨出卖田契 · 戴廷樑卖与房兄☐

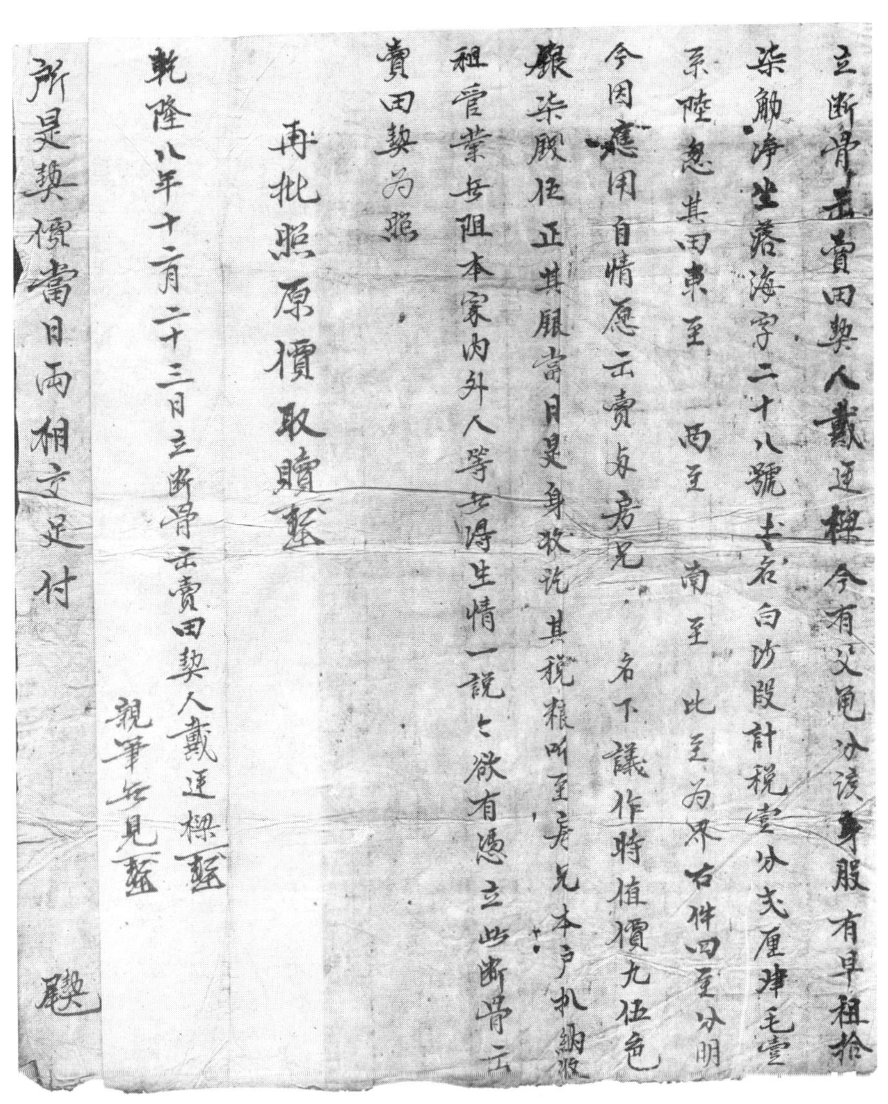
立断骨出卖田契人戴廷樑，今有父遗分该身股，有早祖拾柒都净坐落海字二十八号，土名白沙段，计税壹分弍厘肆毛壹系陆忽。其田东至　西至　南至　北至为界，右件四至分明。今因应用，自情愿出卖与房兄　名下，議作時值價九伍色银柒两伍正。其银当日是身收讫，其税粮所至房兄本户扒纳。从祖管业，无阻本家内外人等，毋得生情一說，々欲有凭，立此断骨出卖田契为照。

再批：照原價取赎。

乾隆八年十二月二十三日立断骨出卖田契人戴廷樑

親筆無見

所是契價当日两相交足付

秋口镇岭溪村 78 · 乾隆八年 · 断骨出卖田契 · 戴廷樑卖与房兄□

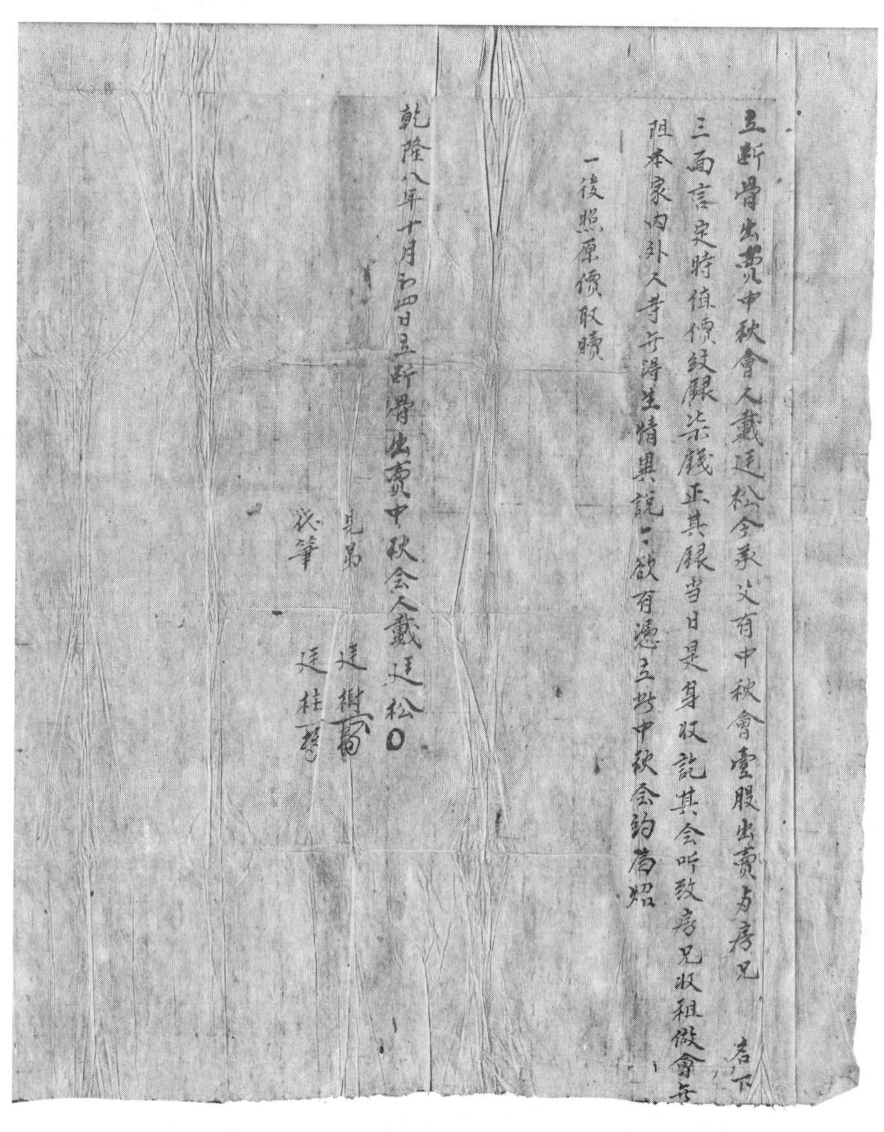
立断骨出卖中秋会人戴廷松今承父有中秋会壹股出卖与房兄　名下
三面言定时值价纹银柒钱正其银当日是身收讫其会听致房兄收租做会无
阻本家内外人等无得生情异说一欲有凭立此中秋会约为照
一后照原价取赎
乾隆八年十月初四日立断骨出卖中秋会人戴廷松
见弟　廷树
代笔　廷柱

秋口镇岭溪村104·乾隆八年·断骨出卖中秋会契·戴廷松卖与房兄☐

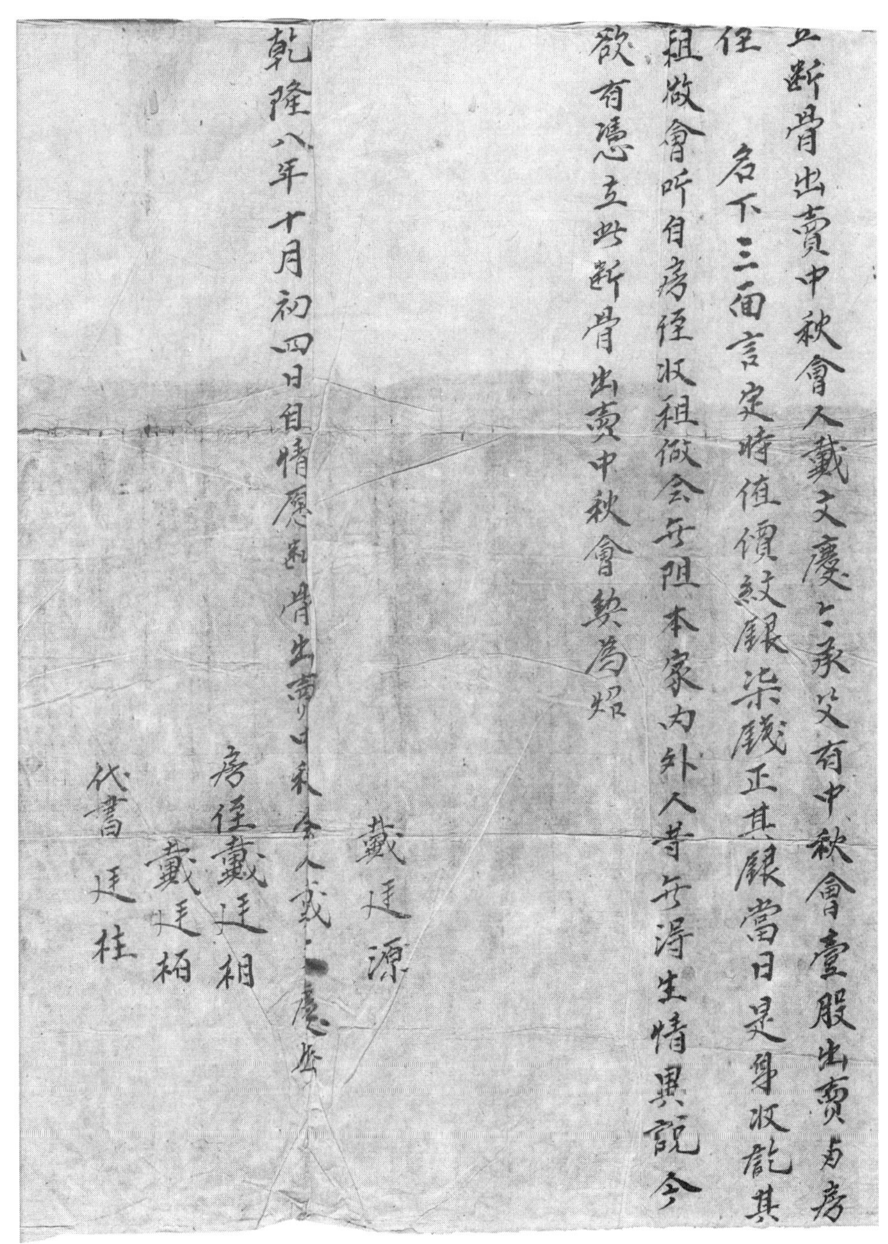

立斷骨出賣中秋會人戴文慶今承父有中秋會壹股出賣与房
侄 名下三面言定時值價紋銀柒錢正其銀當日是身收訖其
祖做會听自房侄收租做会無阻本家內外人等無得生情異說今
欲有憑立此斷骨出賣中秋會契為炤
戴廷源
乾隆八年十月初四日自情愿斷骨出賣中秋會人戴文慶
房侄戴廷相
戴廷栢
代書廷柱

秋口镇岭溪村 127 · 乾隆八年 · 断骨出卖中秋会契 · 戴文庆卖与房侄□

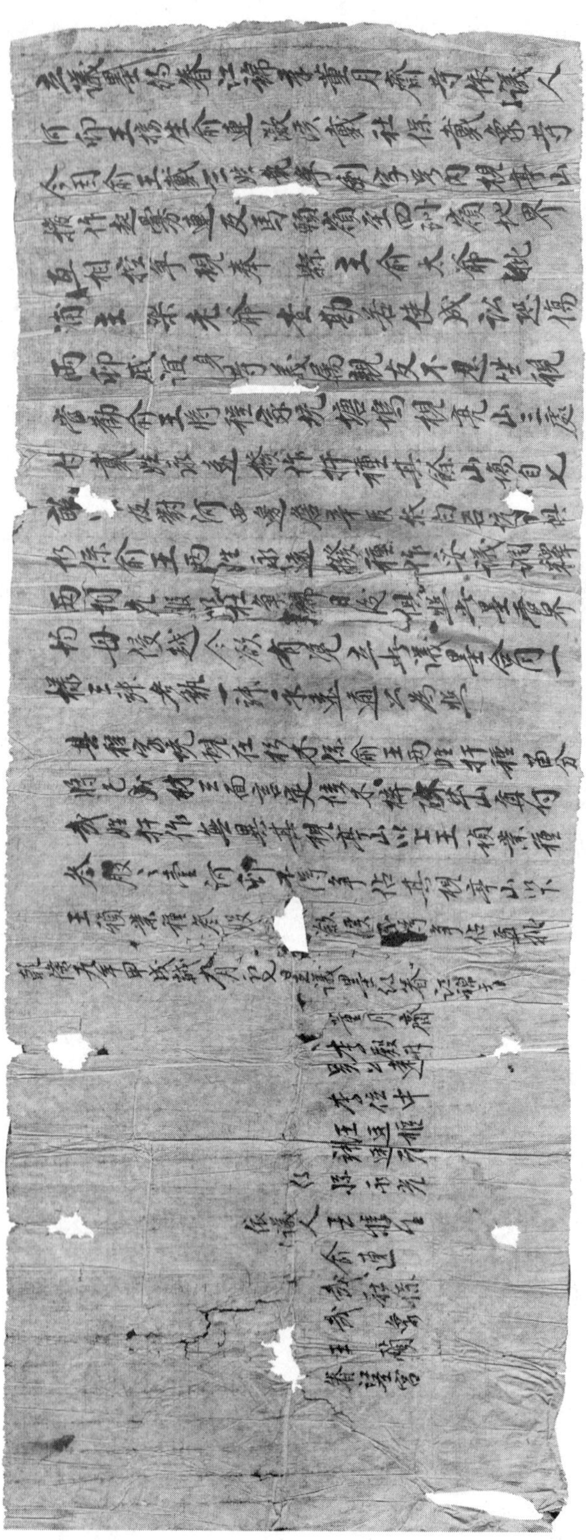

秋口镇岭溪村 14 · 乾隆九年 · 议墨 · 江锦秀、董月斋等

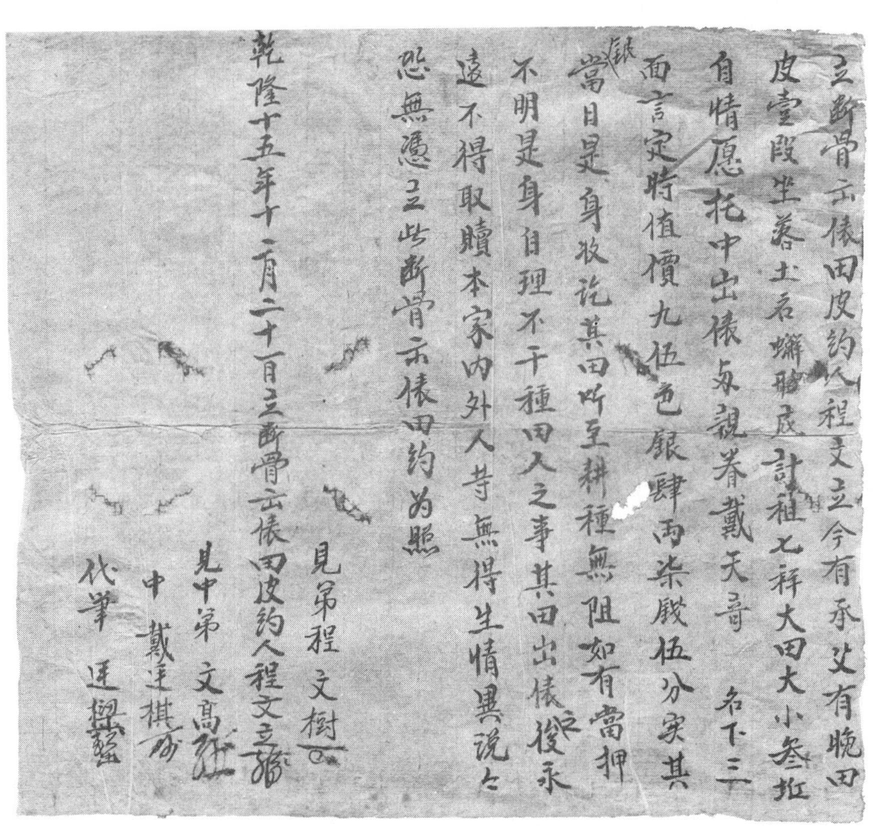

立断骨出俵田皮约人程文立，今有承父有晚田皮壹段，坐落土名蟒形底，計租七秤，大田大小叁坵，自情愿托中出俵与親眷戴天奇名下，三面言定時值價九伍色銀肆両柒錢伍分，其銀當日是身收訖，其田听至耕種無阻。如有當押不明，是身自理，不干種田人之事。其田出俵之後，永遠不得取贖，本家内外人等無得生情異說。今恐無憑，立此断骨出俵田約為照。

乾隆十五年十二月二十日立断骨出俵田皮约人程文立

見弟程文樹

見中弟　文高

中　戴廷棋

代筆　廷樑

秋口镇岭溪村 113 · 乾隆十五年 · 断骨出俵田皮约 · 程文立出俵与戴天奇

立断骨云卖田契人戴存梅今有承祖有旱田壹坵坐落土名经理海字乙百五十六号土名年边计田税律分三厘六毛四系计租壹秤大三面言定断骨云卖长房侄名下承买为业言定议作时价九五色纹实宝壹拾其银当日仝中领讫其田东至雨星南至此至为界有件比至成明其回云卖之後倘冇重张典当不限不一周人之某其税粮听自入甲成昌户下抵纳收税母阻本家内外人等无得生情異說今恐無凭立此断骨云卖田契为照

乾隆十三年十月十二日立断骨出卖田契人戴存梅亲笔

见中敘文三房

志单奇 志相奇
文相奇

所是契价當月雨相交付
收笔房兄蒼仁笔

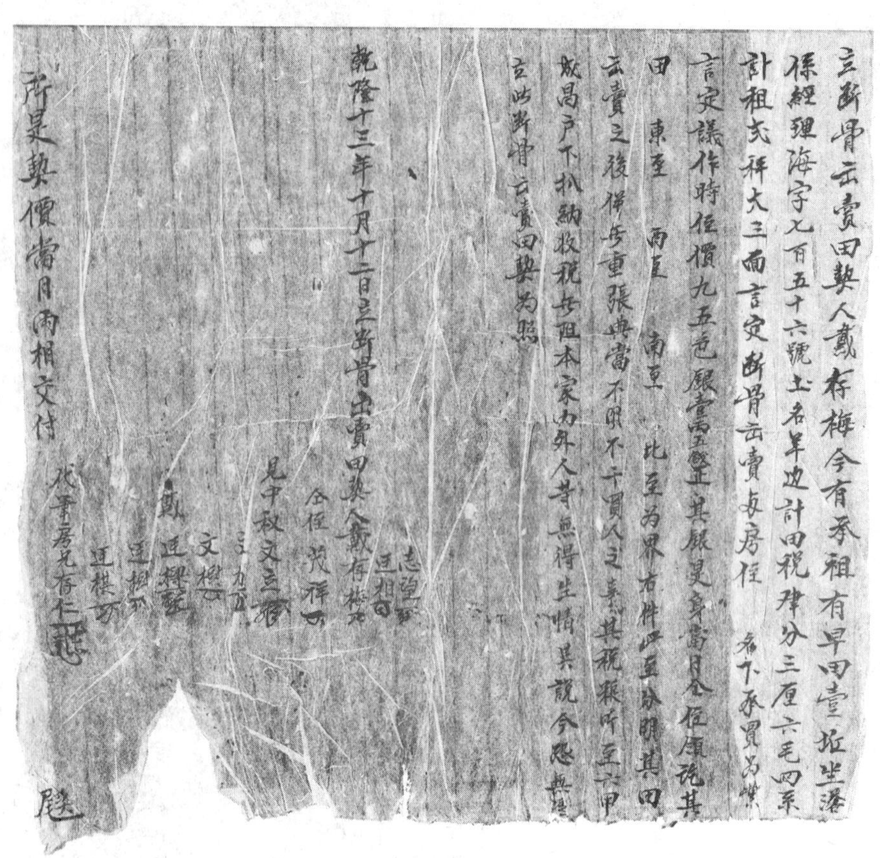

立断骨契人戴成今将成祖分受田皮壹坵
土名坐落三門溪今因欠少使用自愿凴中
断骨表與
房兄名下得受九五色銀弍两肆錢正其銀當即
收足其田皮所凴耕種管業無辭倘有內
外親房人等異説俱係断骨人壹併承当
不涉受業人之事恐後無凴立此断骨契
存照
乾隆拾玖年三月　日立断骨契人戴成（十）
凴中　胡德山（押）
項公席（押）
戴西（押）

秋口镇岭溪村 81 · 乾隆十九年 · 断骨出卖田皮契 · 戴成表与房兄

立斷骨出賣田皮約人戴鄉望今承父有出分䏻田一段坐落土名知高山討正租捌秤大今因應用自情愿托中將田皮出賣支房侄名下成買為業三面憑中議作時價九五色銀陸兩正其銀當即是日收訖其田皮自今出賣之後入听買人前去耕種管業者但本家內外人等無得生情異說今恐无凭立此斷骨出賣田皮約為照

乾隆二十四年正月十六日立斷骨出賣田皮約人戴鄉望親筆

見脊俞起九春
中戴志元
有榮
代書俞茂恂筆

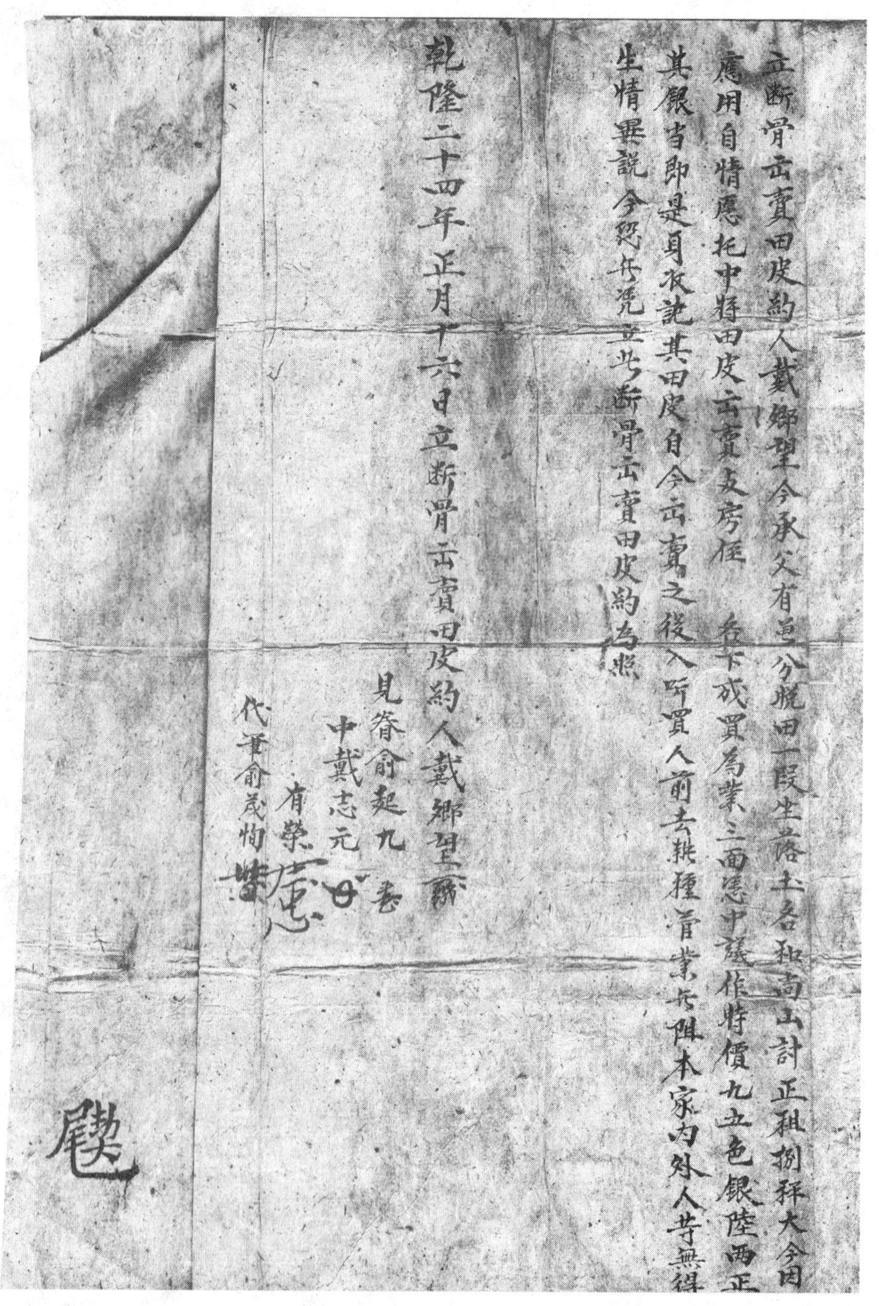

秋口镇岭溪村 90·乾隆二十四年·断骨出卖田皮约·戴卿望卖与房侄☐

立自情愿断骨出賣地塘契人程文樹仝侄
起盛、榮，今承祖有塘地壹号，坐落土名激
溪門口，劍字二百七十三号，計塘地共稅弍
分柒厘伍毛。今因應用，自情愿托中將塘
地稅出賣与親眷戴　名下為業，三面
凭中議作時價柒四錢佳錢，实其錢是身
收訖。其塘地稅自今出賣之後，並無重張交
易不明，是身自理，不干買人之事。本家內
外人等無得生情異說。其稅粮聽至七都
五啚四甲程承興户下查收，不必另立推单，
随契过稅，無俱。今欲有凭，立此出賣地
塘契為照。

其契候十月為價取贖，十月不贖，日後不得取贖。再批。

乾隆卅一年四月廿日立自情愿断骨出賣地契程文樹

仝侄起盛

起榮

奉代書俞茂牷

秋口镇岭溪村 93 · 乾隆三十一年 · 断骨出卖地塘契 · 程文树同侄
起盛、起荣卖与亲眷戴☐

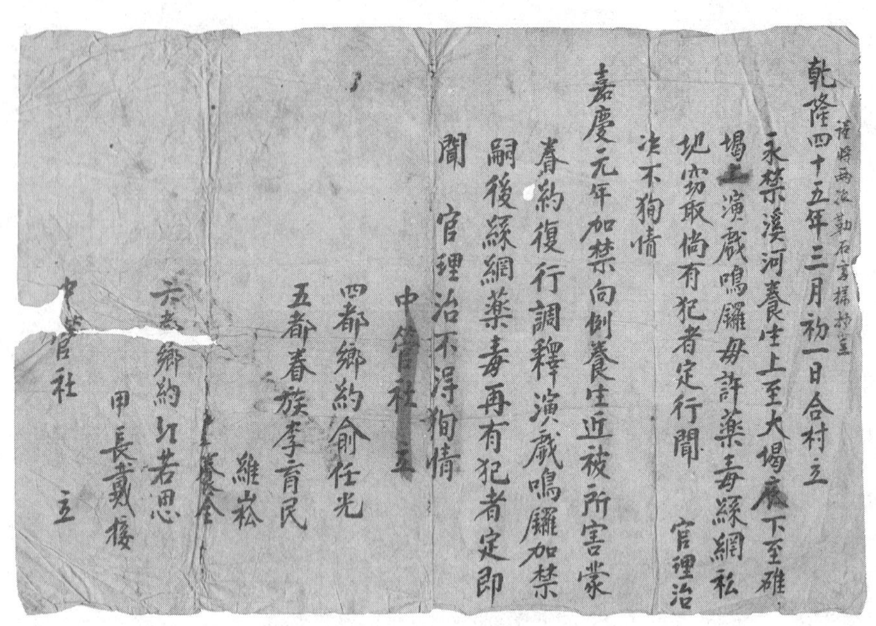

謹將兩次勒石字樣抄呈

乾隆四十五年三月初一日合村立

永禁溪河養生上至大碣底下至碓碣上演戲鳴鑼毋許藥毒綵網私坱窃取倘有犯者定行聞 官理治決不狥情

嘉慶元年加禁向例養生近被所害蒙

春約復行調釋演戲鳴鑼加禁嗣後綵網藥毒再有犯者定即聞 官理治不得狥情

中管社 立

四都鄉約俞任光

五都耆族李育民

雒崧

[illegible]

六都鄉約江若恩

甲長戴棲

中管社 立

秋口镇岭溪村 17 · 乾隆四十五年 · 村规

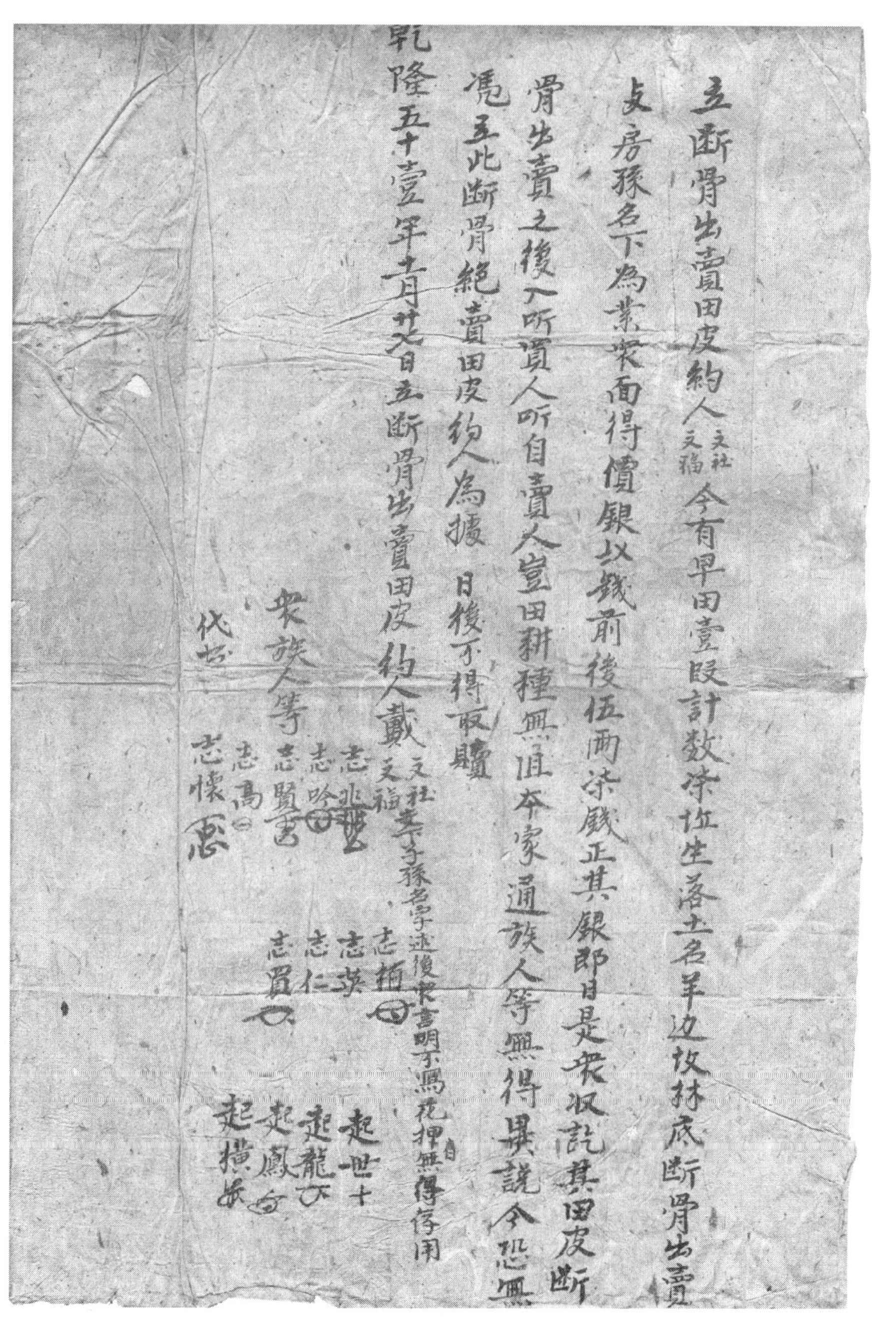

立断骨出賣田皮約人文社文福今有旱田壹畋計数柒坵生落土名羊边坟林底断骨出賣
与房孫名下為業當面得價銀以錢前後伍两柒戲正其銀即日是身收訖其田皮断
骨出賣之後听買人听自賣人退田耕種無阻本家通族人等無得異説今恐無
凴立此断骨絶賣田皮約人為據　日後不得取贖
乾隆五十壹年十月廿八日立断骨出賣田皮約人戴文社文福　其子孫名字述後当言明不写花押無得行用
當族人等　志兆　志吟　志賢　志禹
志拍　志漢　志仁　志置
起世　起龍　起鳳　起横
代書　志懷

秋口镇岭溪村 86 · 乾隆五十一年 · 断骨出卖田皮约 ·
戴文社、文福卖与房孙

立断骨出俵田皮约人李建万俵今因应用
自情愿托中将竹坞口田大小五坵計正租
柒秤大三甬當作價银九义色係汪正平
银拾贰两伍钱正出俵与親眷戴同
俞名下為業其银當日是身領訖其田皮
自出俵之後一听佃人前去耕種無阻未
俵之先並無重張交易不明等情是身
自理不干佃人之事每本家内外人等無
得生情異説今欲有憑立此断骨出俵
田皮约為照 現收中用經錢元銀建萬批噐
並無中用代筆之費所此噐

嘉慶元年十二月二十六日立断骨出俵田皮人李建萬噐
　　　　　　　　　　　　見子
　　　　　　　　　　　見眷男　戴罢罢
　　　　　　　　　　　　伯叔曾
　　　　　代書侄
　　　　　崇周噐

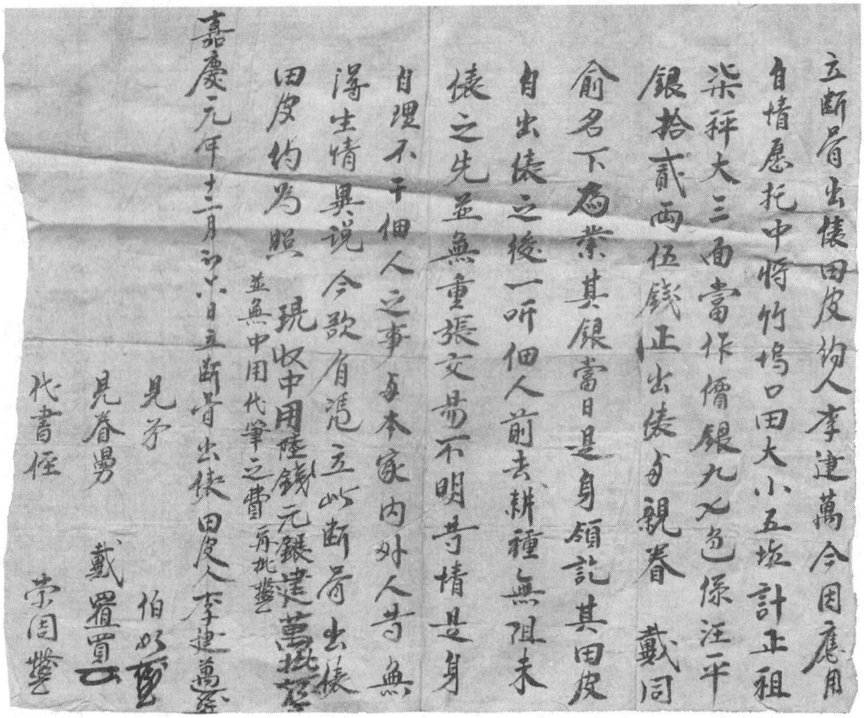

立断骨出俵田皮约人李建萬今因應用自情
愿托中将諸家片又土名三条裡計田弍段計大
小五坵計正秤拾壹秤三面當作價銀拾伍两正
出俵与親眷　俞同戴名下為業其银
當日是身領訖其田皮自出俵之後一听佃人前
去耕種管業無阻未俵之先并無重張交易不
明等情是身裡不干佃人之事与本家內外人等
無得生情異說今欲有憑立此断骨出俵田
皮约為照

其諸家片田皮弍坵戴振遠管業　再批押
其三条裡田皮叁坵俞細時管業　再批押
再批書　戴春奇押

嘉慶元年二月二十五　日立断骨出俵田皮约人李建萬押
中見戴志買押
書侄李全保押

秋口镇岭溪村 115 · 嘉庆元年 · 断骨出俵田皮约 · 李建万俵与亲眷俞同戴

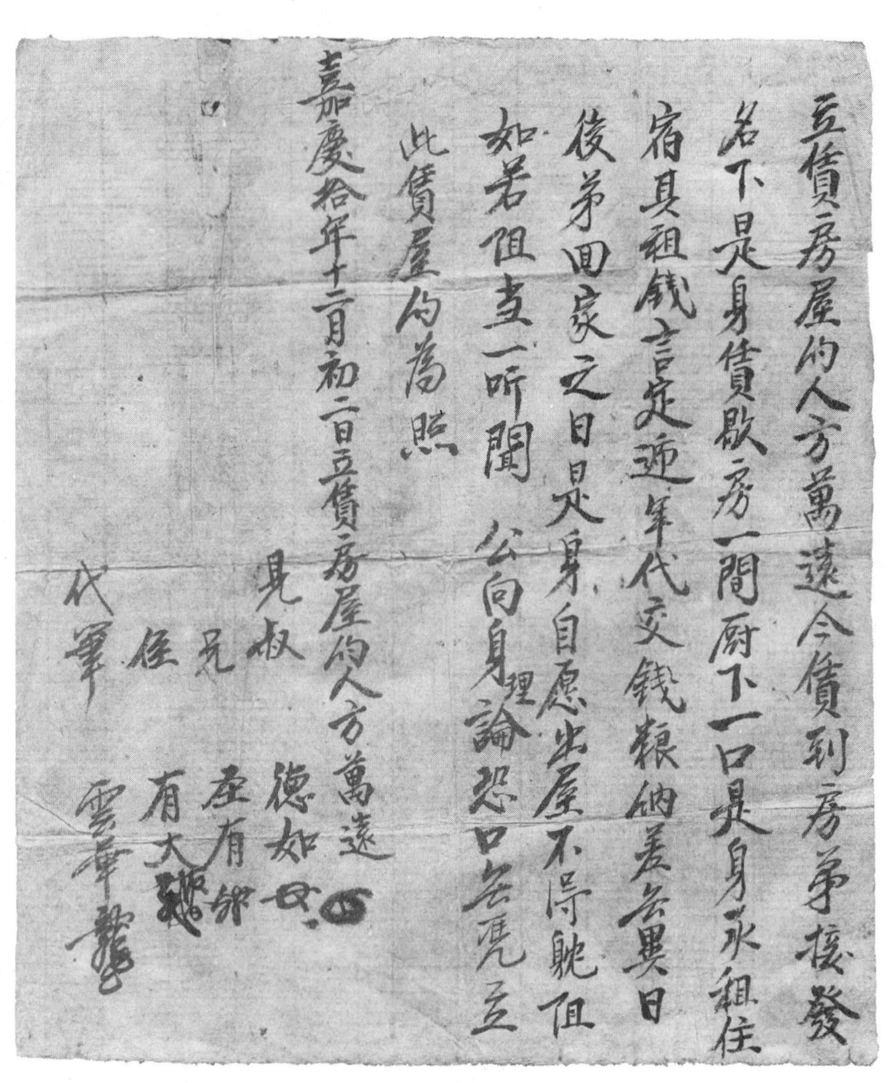

立賃房屋約人方萬遠今賃到房弟接發
名下是身賃歇房一間廚下一口是身承祖住
宿其祖錢言定逐年代交錢粮納差無異日
後弟回家之日是身自愿出屋不得躭阻
如若阻當一听閤 公向身理論恐口無憑立
此賃屋約為照
嘉慶拾年十二月初二日立賃房屋約人方萬遠
見叔 德如
兄 座有
侄 有大
代筆 雲華

秋口镇岭溪村 7 · 嘉庆十年 · 赁房屋约 · 方万远赁到房弟接发

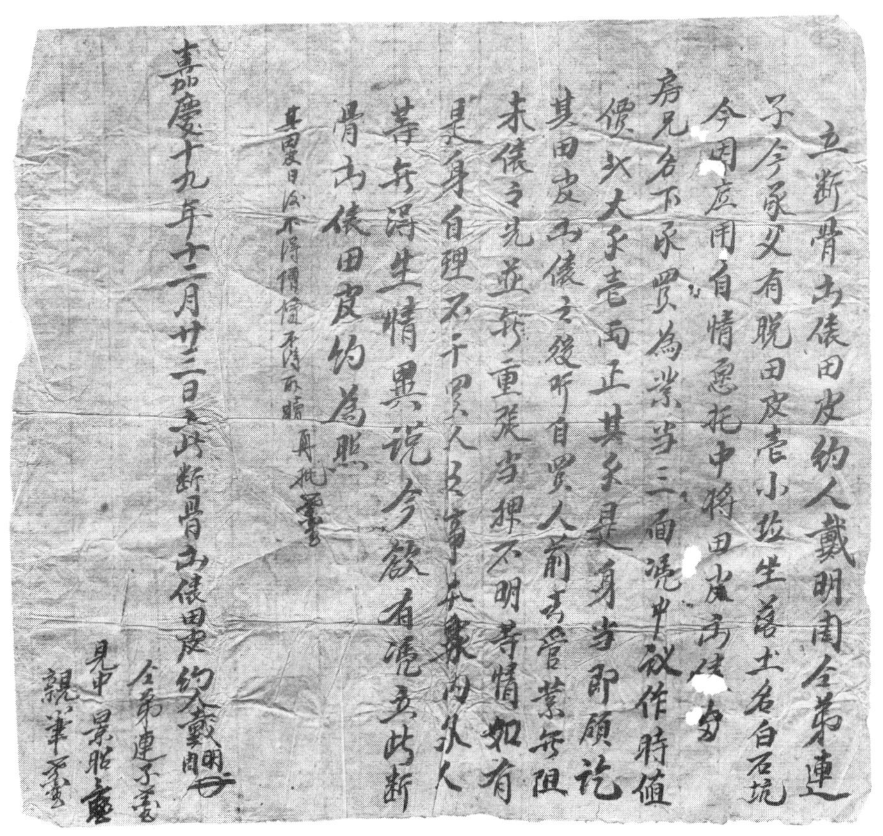

立斷骨出俵田皮約人戴明周仝弟連
子，今承父有脫田皮壹小坵，坐落土名白石坑。
今因應用，自情愿托中將田皮出俵與
房兄名下承買為業，當三面憑中議作時值
價以大錢壹兩正，其錢是身當即領訖。
其田皮出俵之後，听自買人前去管業無阻。
未俵之先，并無重張當押不明等情，如有
是身自理，不干買人之事。此係兩家人
等無得生情異說，今欲有憑，立此斷
骨出俵田皮約為照。
其田皮日後不得價贖，不得取贖。再批
嘉慶十九年十二月廿二日立此斷骨出俵田皮約人戴明周
仝弟連子
見中　吳聪
親筆

秋口镇岭溪村 133 · 嘉庆十九年 · 断骨出俵田皮约 · 戴明周同弟连子卖与房兄

立断骨出佃皮约人李溪章承祖遗有早田壹叚坐落土名三亩坵計正租六拾肆秤硬今因應用自情愿託中將佃皮斷骨出俵與親眷戴　名下承買為業當三面議定時值價銀陸拾肆兩正其銀是日領訖其田皮自今出俵之後憑聽買人前去起佃耕種無阻未俵之先並無重味當押不明等情如有是身自理不干買人之事日後不得反贖今欲有凭立此出俵佃皮約存據

其余祖併佃皮約日後不在行用批覧母李阿江

嘉慶二十一年十一月　日立斷骨出俵佃皮約人李溪章

見眷　雄章
先　　庭越
姪　　李成南
俵書兒　頤章

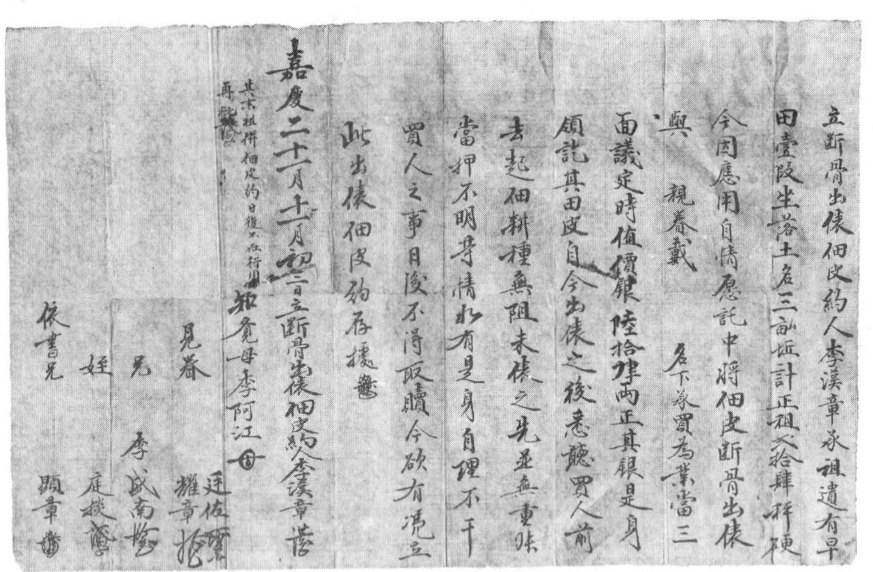

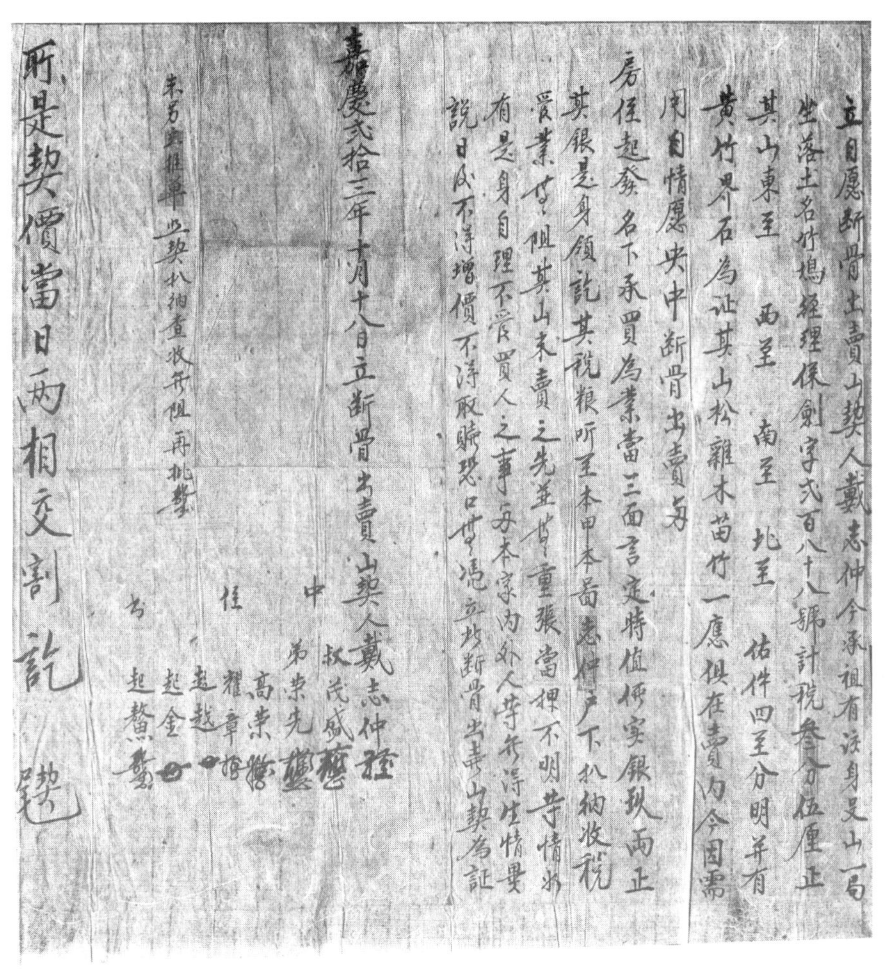

立自愿断骨出賣山契人戴志仲今承祖有該身叉山一局
坐落土名竹塢經理保劍字弍百八十八號計税叁分伍厘正
其山東至　西至　南至　北至　佑件四至分明并有
黄竹界石為证其山松雜木苗竹一應俱在賣内今因需
用自情愿央中断骨出賣與
房侄起發名下承買為業當三面言定時值價实銀玖两正
其銀是身領訖其税粮听至本甲本啚志仲户下扒袖收税
買業無阻其山未賣之先并無重張當押不明等情如
有是身自理不涉買人之事每本家内外人等無得生情異
說日後不得增價不得取贖恐口無憑立此断骨出賣山契為証
嘉慶弍拾三年十月十八日立断骨出賣山契人戴志仲
中　叔茂盛　弟崇先　高崇　耀章
侄　起越　起金
书　起鰲
未另立推单　此契扒袖查收無阻　再批
所是契價當日兩相交割訖

秋口镇岭溪村 116 · 嘉庆二十三年 · 断骨出卖山契 · 戴志仲卖与房侄起发

立断骨出卖田契人李光大承父〇〇遗有早田壹坵坐落土名尖角仩理係剑字二百五十三号计田税捌分叁亳叁毛正计正祖佳拼硬今因应用自情愿央中将祖出卖与

戴亲眷

名下承业两家当三面言定勾大钱叁拾叁两正其钱是身领说其田自今出卖之後虑

听凭人前去收祖发菜无阻未卖之先並无重张当押不明等情如有不明等情尽

不干受人之事其祖粮听至五都六甲〇〇户下〇们壹收不必另立推单

恐口无凭立此断骨出卖田契存炤 内改祖批二字再批

道光三年二月二十一日立断骨出卖田契人李光大亲笔

见佐 李永言笔

中 李时庆笔

戴耀章笔

戴秋万笔

依旧佳 李梁恒笔

吧是契佛当日两相交讫是 再批

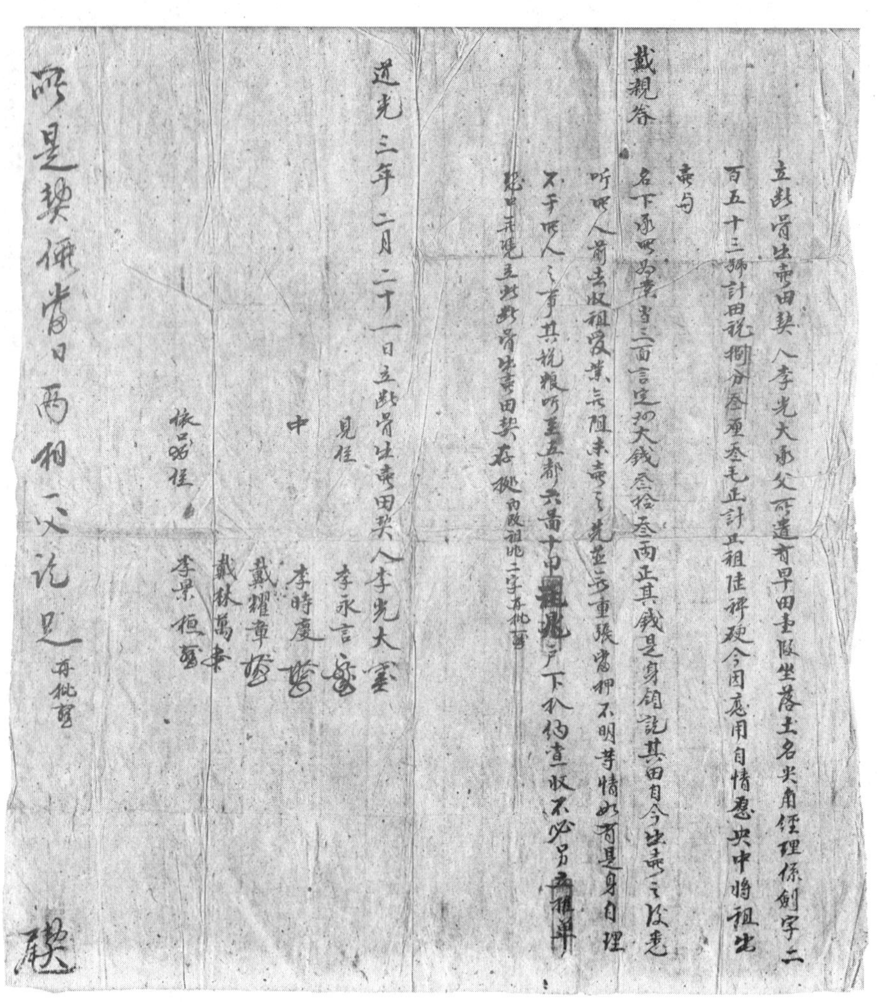

立断骨出卖佃皮约人戴降今承祖父有执田皮壹段坐落土名建溪门首其田壹祀计正祖叁祃其田皮今因应用自情愿央中出卖叙房兄振远名下三面议中议作价钱正其钱是身今男生日领讫其田皮今卖之后听凭买人过手取便置业为祖来卖之先盖无重张望押不朗此田今因中人相喻相便日後要说今欲有凭立此断骨出卖田皮约存据

其田皮日後永远不得赎价不得取赎再批云
内有批字涂说叁字再批云

道光四年十二月十九日立断骨出卖田皮约戴降

　　　　　　　　　　　全男　　　德新
　　　　　　　见中房兄　　耀章

　　　　房叔　　　　　　　　
　　　　房侄　　　　　　　　
　　　依口等弟

（签名略）

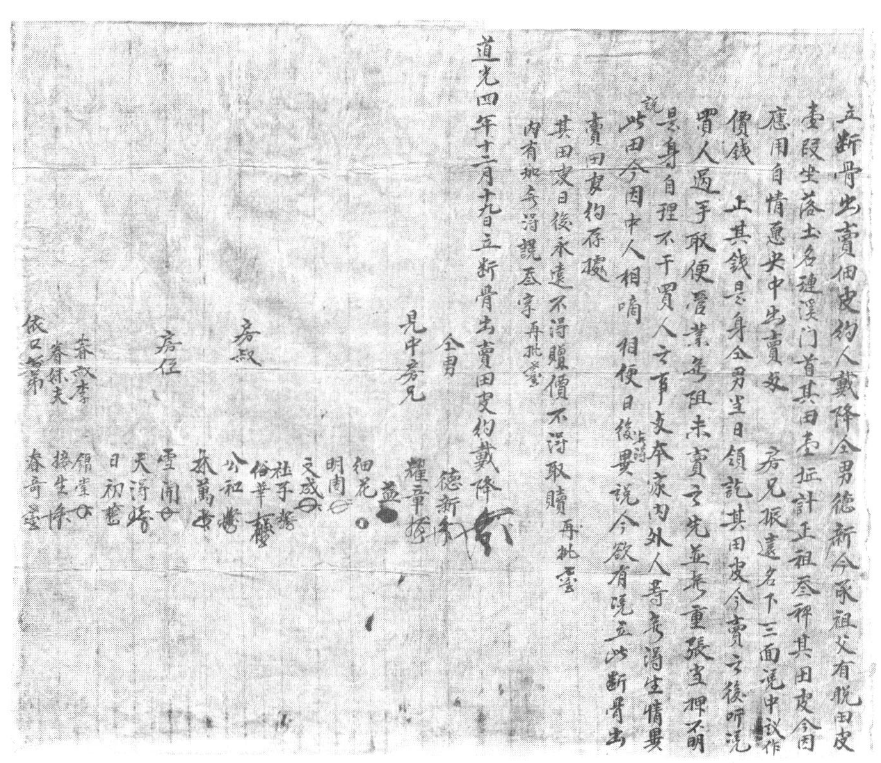

立断骨出卖田契人戴振远仝男名儒仝家祖父有祝田壹段
坐落土名尖角经理係列字二百五十三号计田税准分丰重隆壹分正
计正租叁秤硬今因慮用自情愿央中将租出卖与
本家士桂公支孙等承买为业当二面湊中議作時值價洋佈牌錢正
其錢是身堂日領訖其田自今出卖之後慿買前去收租管業
吉凶与賣之先並無重張當押不明等情如有异身自理不干買人
之事其税糧聽至本都本圖本甲天章戶下扒伪者收遞契過
割不必另立継草恐口无憑立此新骨出卖并原租契存照
再批內添人字卅更再乾定

道光四年十二月十九日立新骨出賣田契人戴振远作
仝男 名儒等
见中房兄弟 林萬帛
蕃弟俞 杜于郑
依書弟 裕帛楚
春奇奎 明光燦

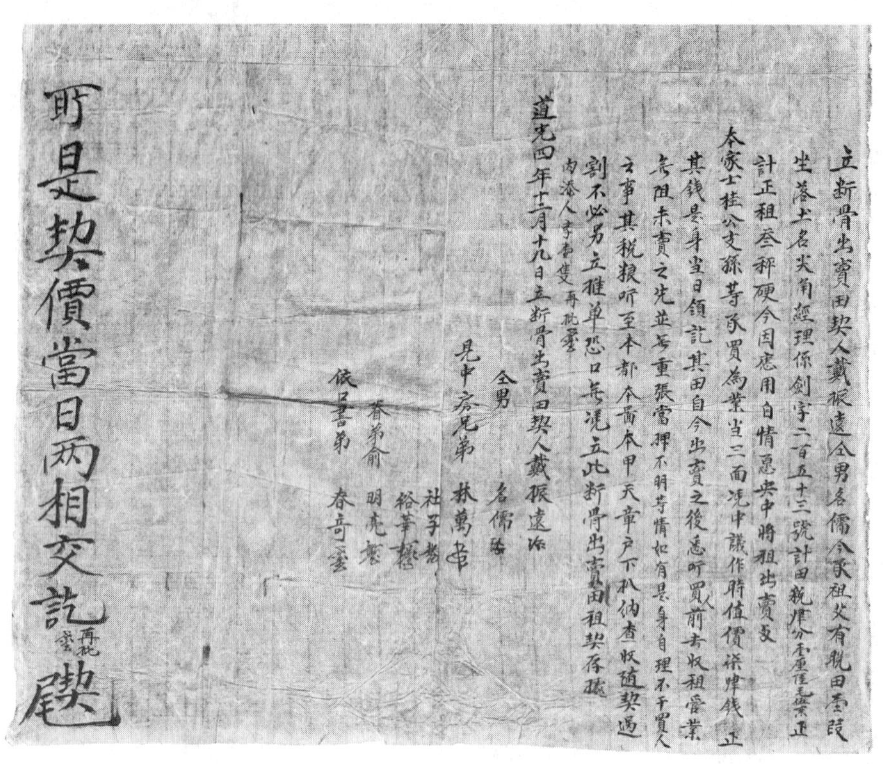

秋口镇岭溪村 119·道光四年·断骨出卖田契·戴振远同男名儒卖与本家士桂公支孙等

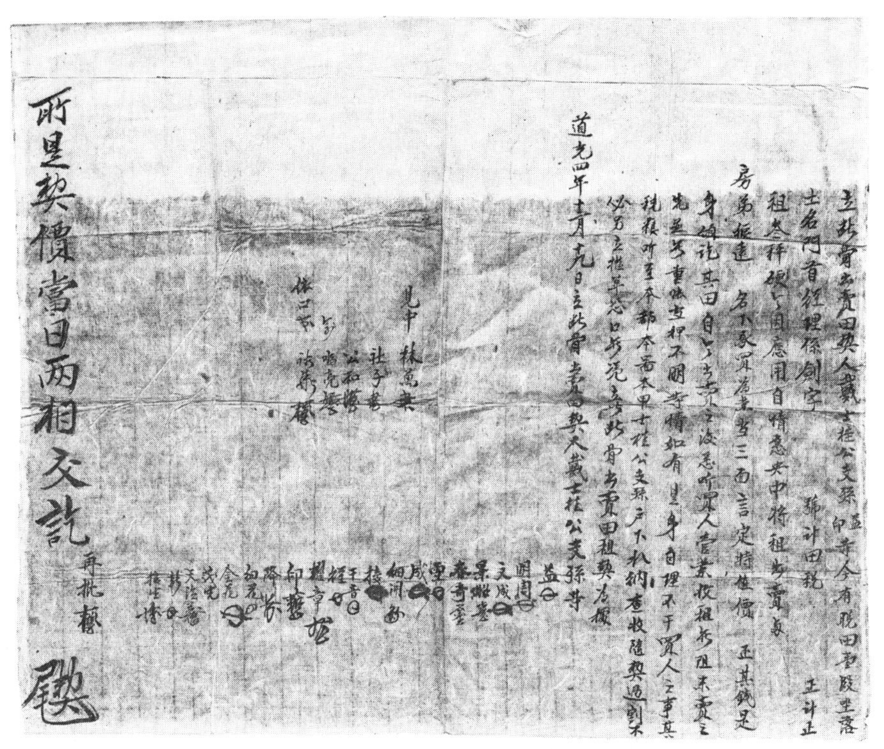

秋口镇岭溪村 123 · 道光四年 · 断骨出卖田契 · 戴士桂公支孙卖与房弟振远

立断骨出俵田皮约人李建萬今因應用
自情愿托中將諸家片計正租柒秤計田
弍坵三面凴中議作時值價銀拾伍两正
今將田皮出俵与
親眷 戴名下承買為業其銀當日是身
領訖其田皮自今出俵之後悉听佃人前
去管業耕種無阻未賣之先並無重張交
易不明等情如有是身自理不干買人
之事並本家兄弟内外人等毋得異説
今欲有凴立此断骨出俵佃皮约存據
其田皮原祖土名諸家片又三条裡弍段共约
壹張今因分開各立壹張存據
内添之字壹隻改壹字乙隻 再批壹
其原祖田皮約壹口存戴張遠执存
道光伍年十月十五日立此断骨出俵田皮约人李建萬押
見中眷兄孫六 李廷佐押
依口代書弟 春齊押

秋口镇岭溪村 68 · 道光五年 · 断骨出俵田皮约 · 李建万俵与亲眷戴

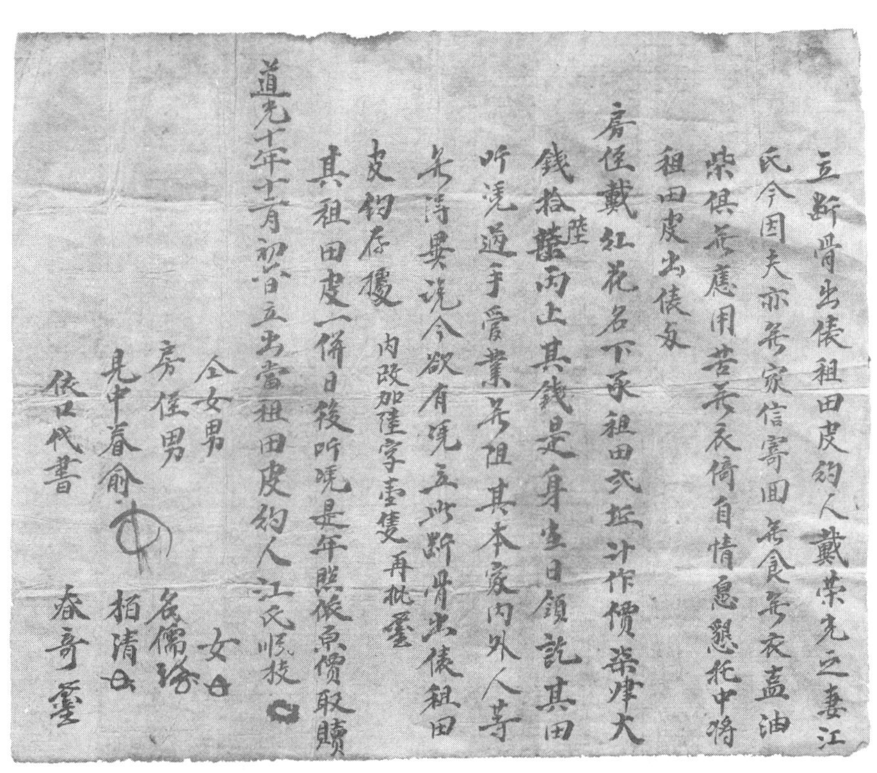
立断骨出俵租田皮约人戴荣光之妻江
氏今因夫亦无家信寄回无食无衣盖油
荣俱无应用苦无衣倚自情愿恳托中将
租田皮出俵与
房侄戴红花名下承租田弍坵计作价柒肆大
钱拾陆两正其钱是身当日领讫其田
听凭进手管业无阻其本家内外人等
无得异说今欲有凭立此断骨出俵租田
皮约存据　内改加陆字壹隻再批鉴
其租田皮一併日后听凭是年照依原价取赎
道光十年十二月初六日立出当租田皮约人江氏娘押
仝女男　女
房侄男　长儒
见中春俞　柏清
依口代书　春哥

秋口镇岭溪村 95 · 道光十年 · 断骨出俵租田皮约 · 戴荣光俵与房侄戴红花

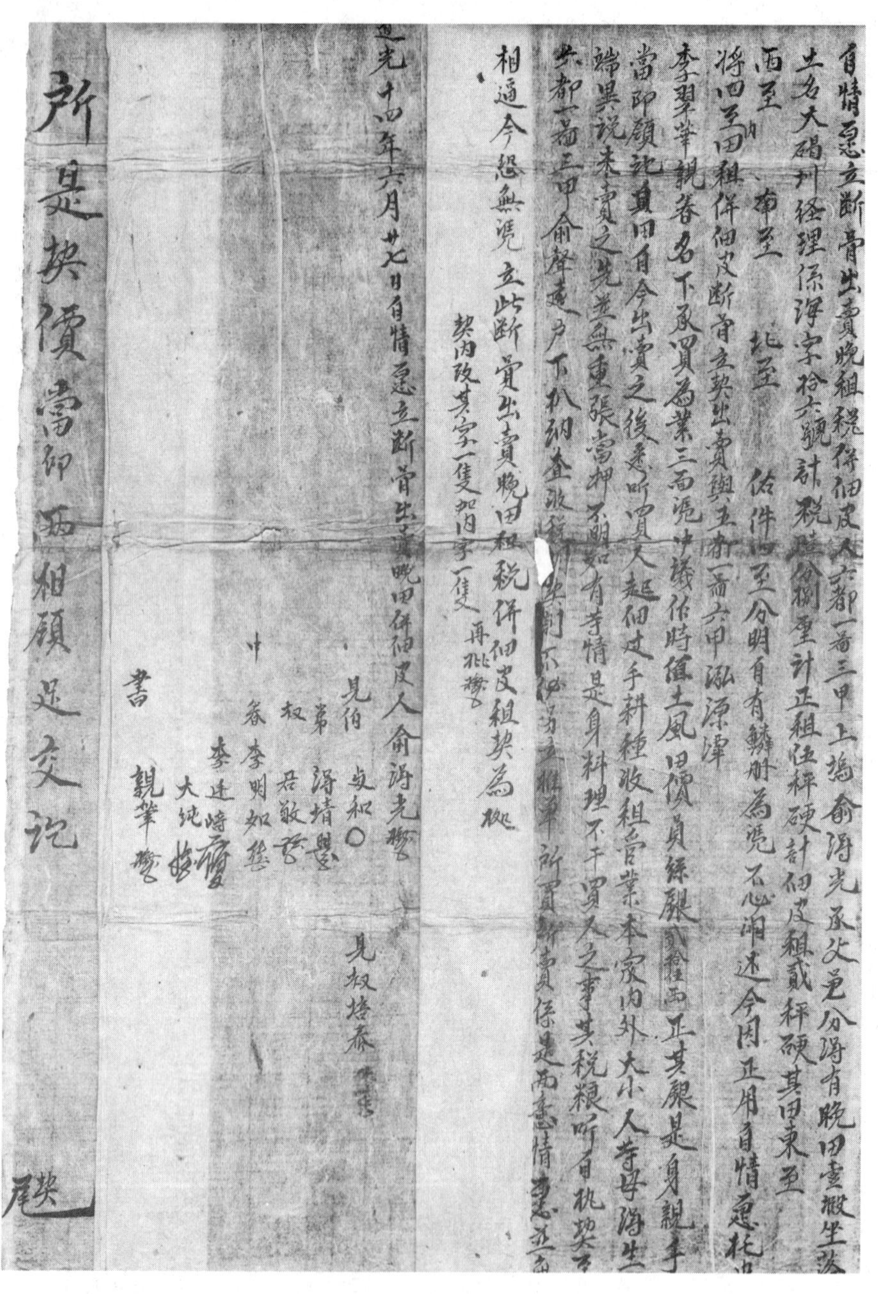

秋口镇岭溪村 120 · 道光十四年 · 断骨出卖晚租税并佃皮契 ·
俞得光卖与李翠华

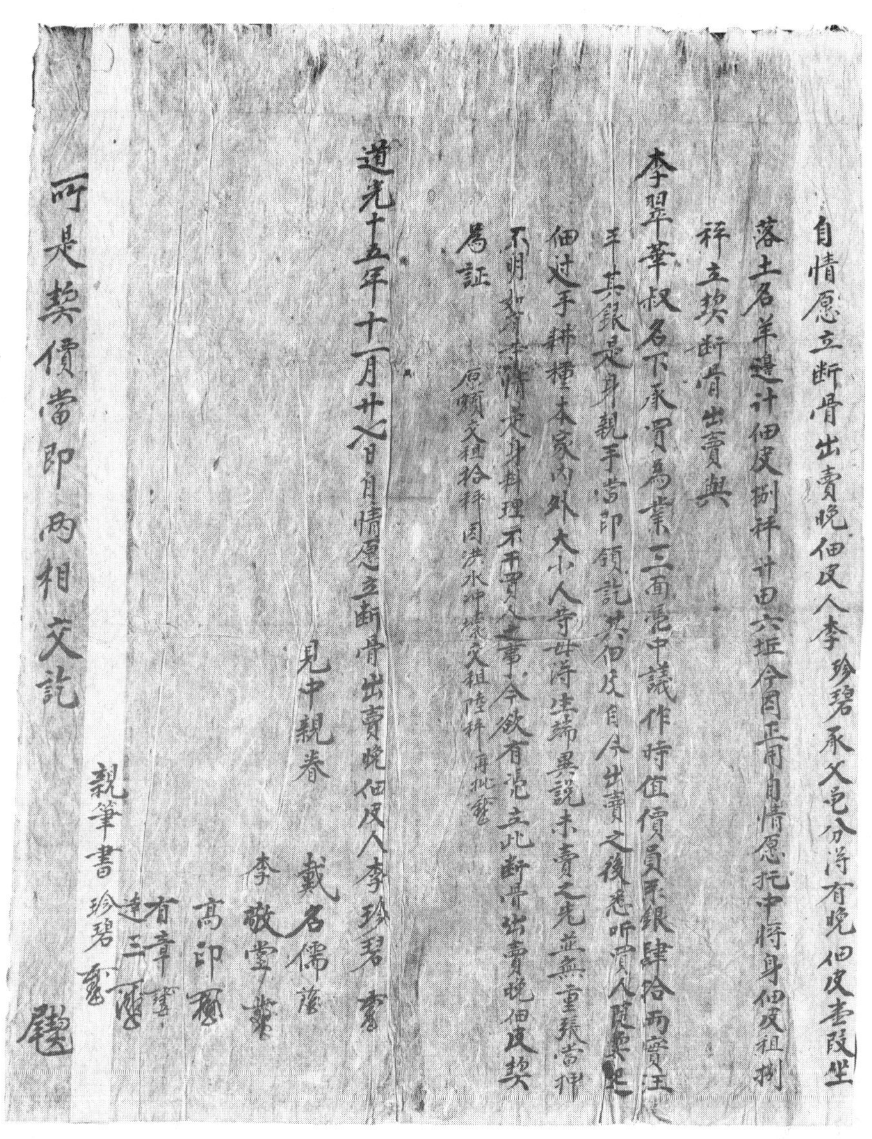

自情愿立断骨出賣晚佃皮人李珍碧承父息分得有晚佃皮壹段坐
落土名羊邊计佃皮捌秤计田六坵今因正用自情愿托中将身佃皮祖捌
秤立契断骨出賣與
李翠華叔名下承買為業三面憑中議作時值價員銀肆拾兩實注
羊其銀是身親手當即領訖其佃皮自今出賣之後悉听買人召佃
佃过手耕種本家内外大小人等毋得生端異說未賣之先並無重張當押
不明如有此情是身料理不干買人之事今欲有憑立此断骨出賣晚佃皮契
原頂父祖拾秤因洪水冲壞又祖陸秤再批
為証
道光十五年十一月廿七日自情愿立断骨出賣晚佃皮人李珍碧
見中親眷 戴名儒 李敬堂 高印 有章 達三
親筆書 珍碧
可是契價當即兩相交訖

秋口镇岭溪村 75 · 道光十五年 · 断骨出卖晚佃皮契 · 李珍碧卖与李翠华叔

立斷骨出俵佃皮约人戴敬鑰今承父業有稅佃壹段坐落土名门嗣火垃計田壹坵計正租陸秤半計佃皮肆秤大今閑應用自情憑託中將佃皮与俵皮

親眷李翠華見各千承買為業當三面湊中議作時值價銀拾陸兩鏶錢正實其銀恁身領訖其佃皮自今出賣之後悉听買人迁手營業無阻未賣之先並無張当抵不明如有等情是身一足保認是人主事皮歸俵沒但恁人幸無得生端異說今欲有憑立此斷骨出俵佃皮约為據其佃皮日後不得贖取贖再批登

道光十五年十二月初三日立斷骨出俵佃皮约人戴敬鑰筆

中兄 林芳書

見春李各佛筆

各偹孫奇瑩

甘功筆

所是契價當即兩相交完

再見 □ 戥

秋口镇岭溪村 101·道光十五年·断骨出俵田皮约·戴敬轮俵与亲眷李翠华

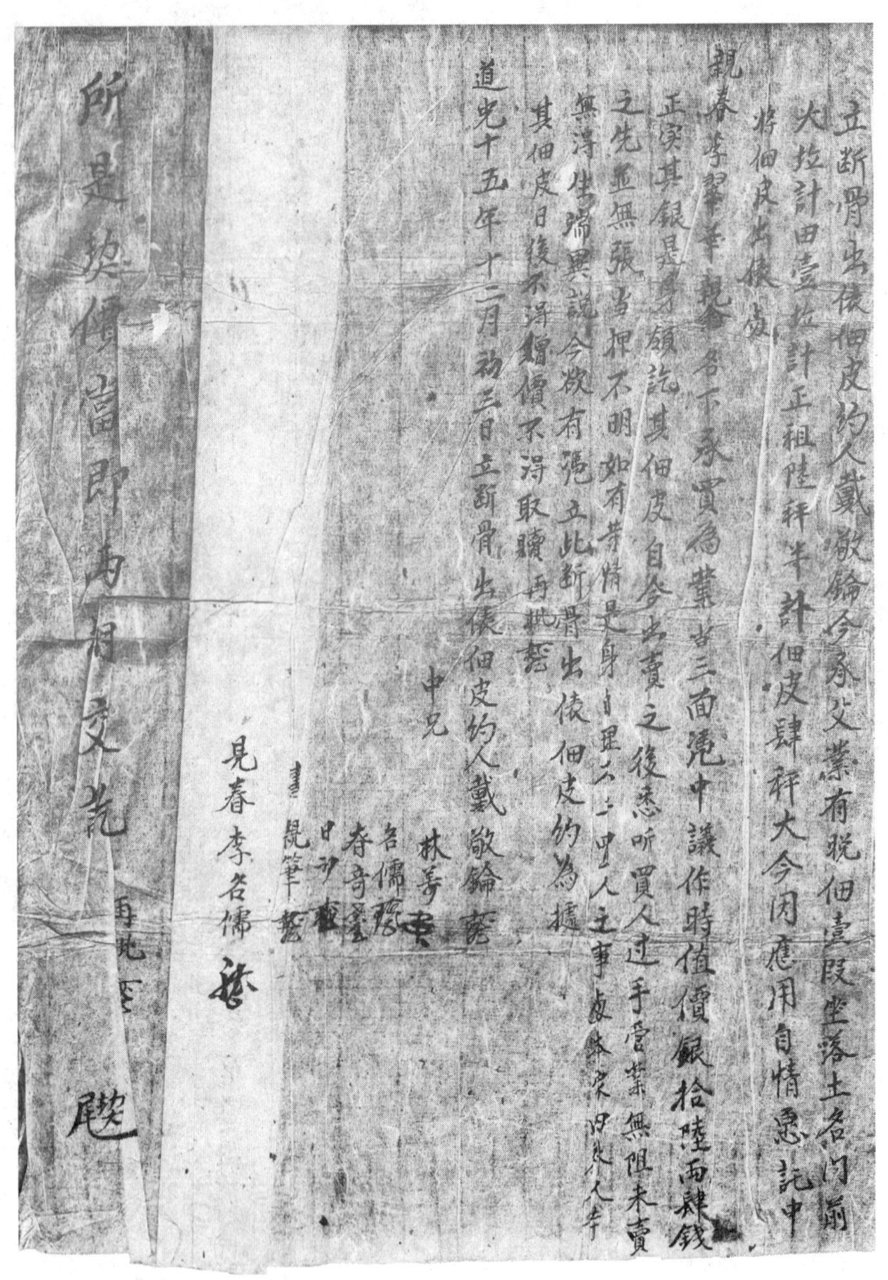

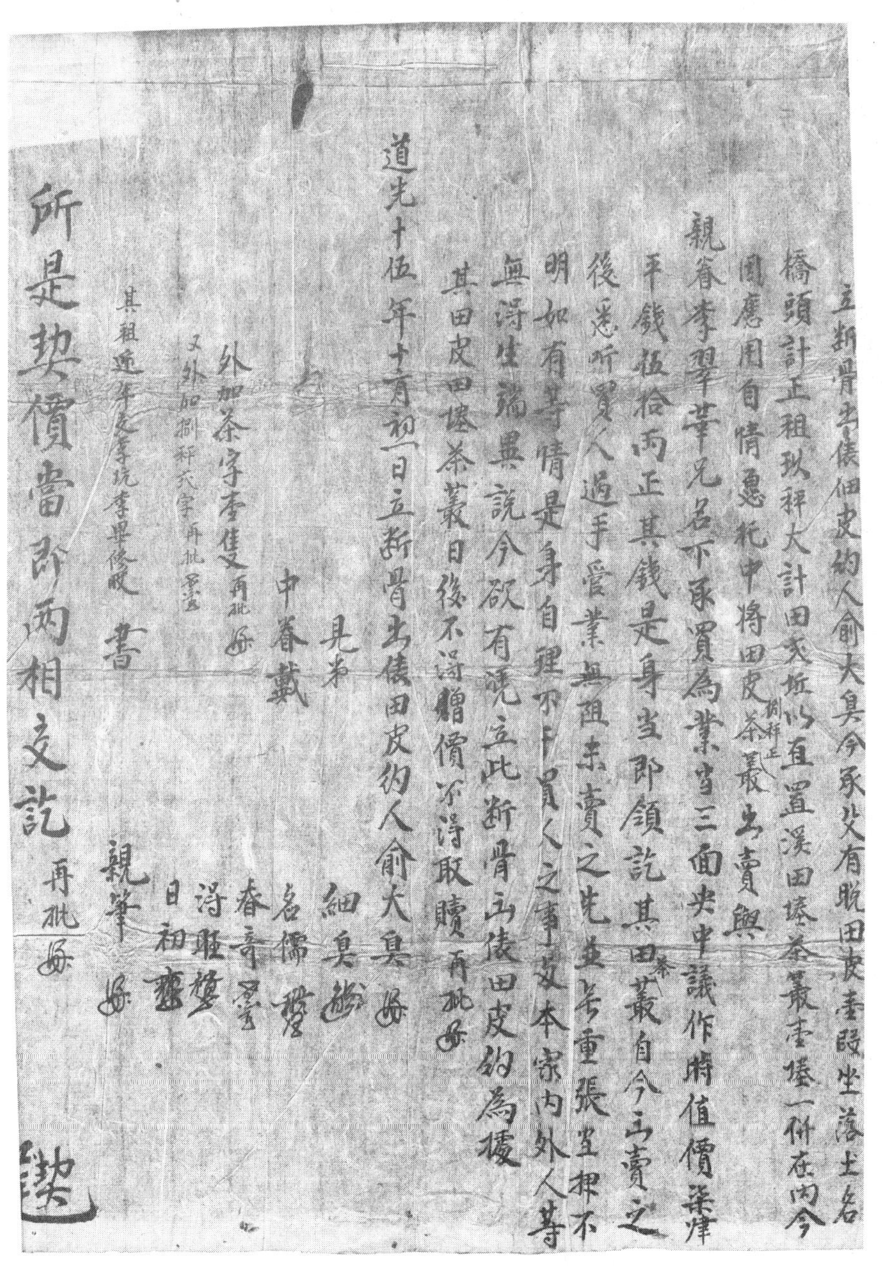

立断骨出俵佃皮約人俞大臭今承父有眺田皮壹段坐落土名
橋頭計正租玖秤大計田弍坵以直置溪田塝茶叢壹塝一併在内今
因應用自情愿托中將田皮茶叢（捌秤正 墨）出賣與
親眷李翠華兄名下承買為業當三面央中議作時值價洋
平錢伍拾兩正其錢是身當即領訖其田茶叢自今出賣之
後悉聽買人過手管業無阻未賣之先並無重張交押不
明如有等情是身自理不干買人之事並本家内外人等
無得生端異說今欲有憑立此斷骨出俵田皮約為據
其田皮田塝茶叢日後不得贈價不得取贖 再批 押
道光十伍年十二月初一日立斷骨出俵田皮約人俞大臭 押
見弟 細臭 押
中眷 戴名儒 押
春壽 得旺 押
日初 押
外加茶字壹隻 再批 押
又外加捌秤弍字 再批 墨
其祖遺年支李坑李畢修收
書 親筆 押
所是契價當即兩相交訖 再批 押
契

秋口镇岭溪村 108 · 道光十五年 · 断骨出俵佃皮约 · 俞大臭卖与亲眷李翠华

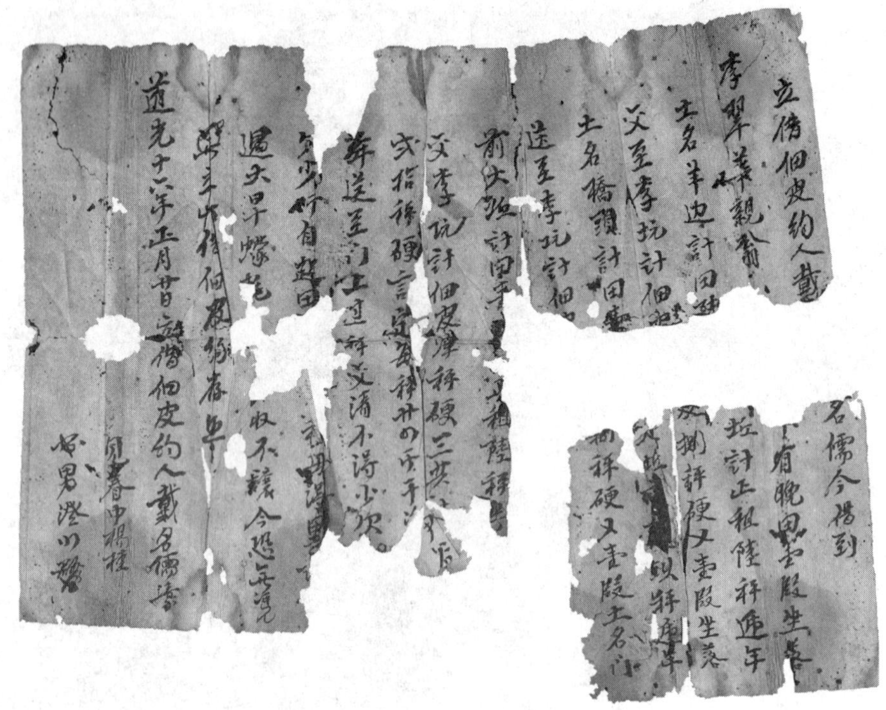

秋口镇岭溪村 5 · 道光十六年 · 借佃皮约 · 戴名儒借到李翠华

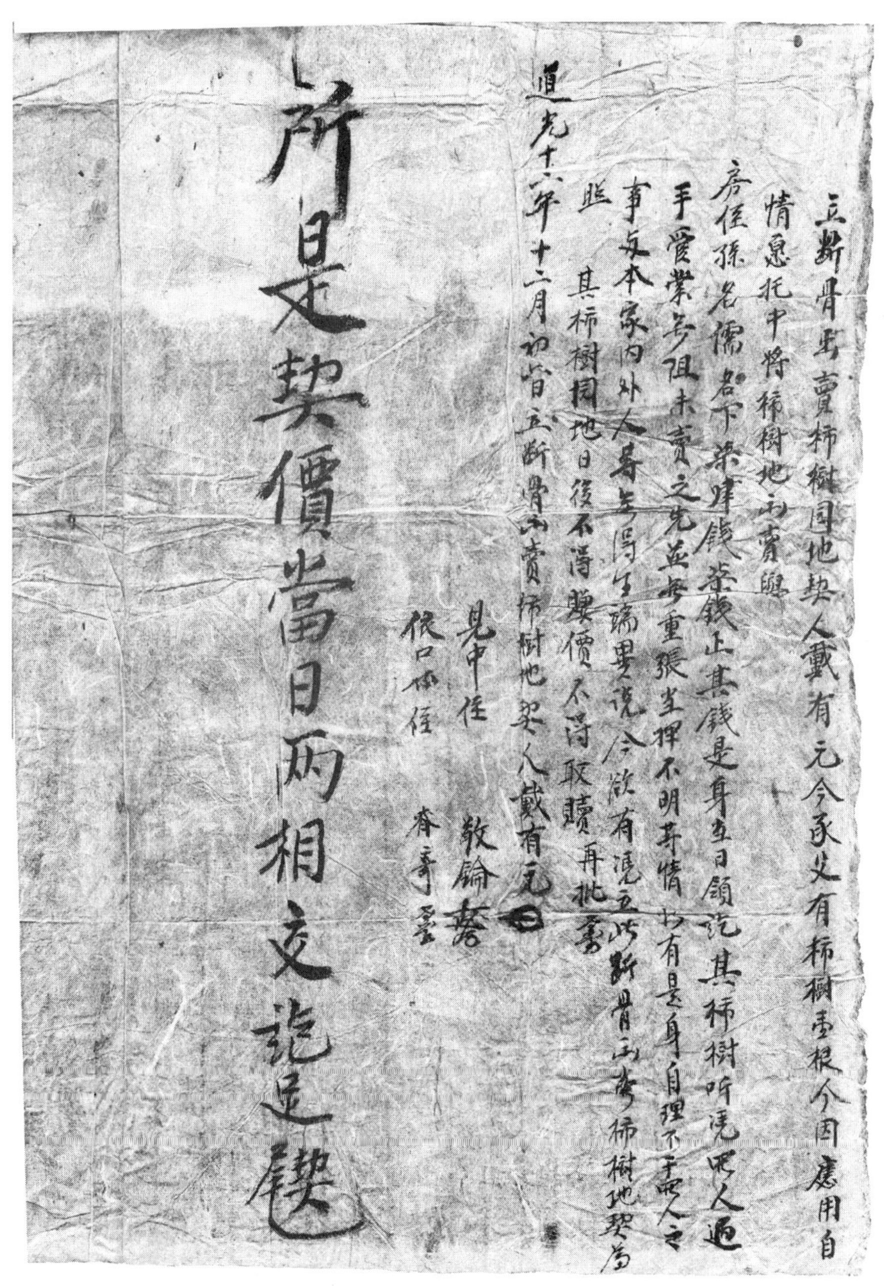
立断骨出賣柿樹園地契人戴有元今承父有柿樹壹根今因應用自
情愿托中將柿樹地出賣與
房侄孫名儒名下䇿肆錢叁錢正其錢是身当日領訖其柿樹听憑受人適
手管業無阻未賣之先並無重張𡊮押不明等情如有是身自理不干受人之
事且本家內外人等無得生端異說今欲有憑立此斷骨出賣柿樹地契為
照　其柿樹園地日後不得增價不得取贖再批　　　（押）
道光十六年十二月初四日立斷骨出賣柿樹地契人戴有元（押）
見中侄　　敘綸（押）
依口代侄　　齊壽（押）
所是契價當日兩相交訖

秋口镇岭溪村 142 · 道光十六年 · 断骨出卖柿树园地契 · 戴有元卖与房侄孙名儒

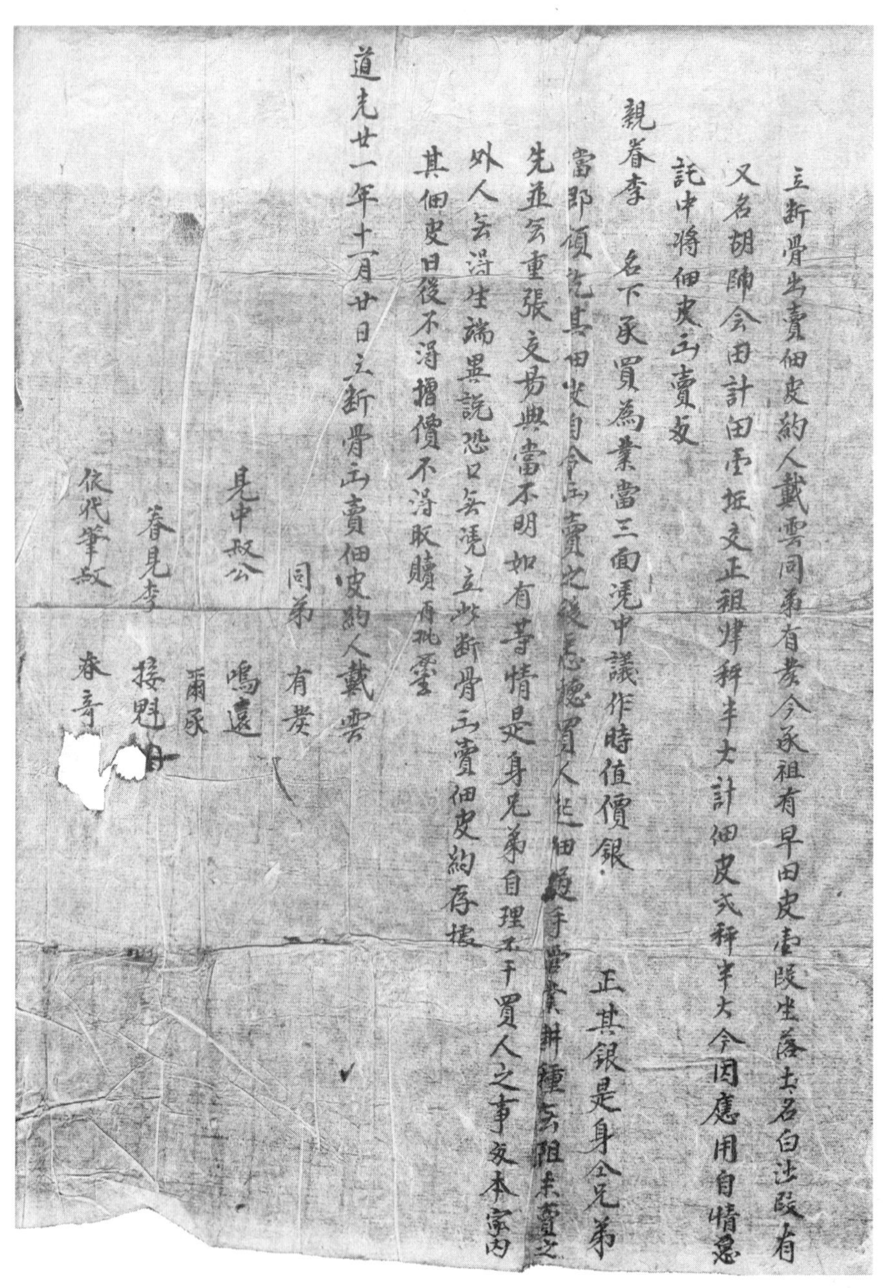

立断骨出賣佃皮約人戴雲同弟有發今承祖有旱田皮壹段坐落土名白沙段有
又名胡師会田計田壹坵又正租肆秤半大計佃皮弍秤半大今因應用自情愿
託中將佃皮立賣与
親眷李　名下承買為業當三面凴中議作時值價銀　　正其銀是身仝兄弟
當即領訖其田皮自今立賣之後悉聽買人起佃發手管業耕種無阻未賣之
先並無重張交易典當不明如有等情是身兄弟自理不干買人之事及本家內
外人無得生端異說恐口無凴立此断骨立賣佃皮約存據
其佃皮日後不得增價不得取贖再批墨
道光廿一年十月廿日立断骨立賣佃皮約人戴雲
同弟　有發
見中叔公　鳴遠
爾承
眷見李　接魁
依代筆叔　春奇

秋口镇岭溪村 117 · 道光二十一年 · 断骨出卖佃皮约 ·
戴云同弟有发卖与亲眷李☐

立斷骨出賣碓木磨榨人戴林萬今承
父遺分該身股捌股壹今因急用自情
愿央中出賣與　房侄名儒名下承
買為業当三面凭中議作時值價柒
律大錢壹兩玖錢正其錢是身当即領
訖其榨水碓磨自今日後憑听買人過手
管業無阻未賣之先並無重張当押
等情如有是身自理不干買人之事及
本家內外人等無得異說恐口無凭立此斷骨
出賣碓榨磨约為照

道光廿二年十二月十五日立斷骨出賣碓榨磨約人戴林萬

其碓榨磨日後照依原價取贖

見中叔　鳴遠

內加說字壹隻　再批

依弟　春奇

秋口镇岭溪村 83 · 道光二十二年 · 断骨出卖碓水磨榨约 ·
戴林万卖与房侄名儒

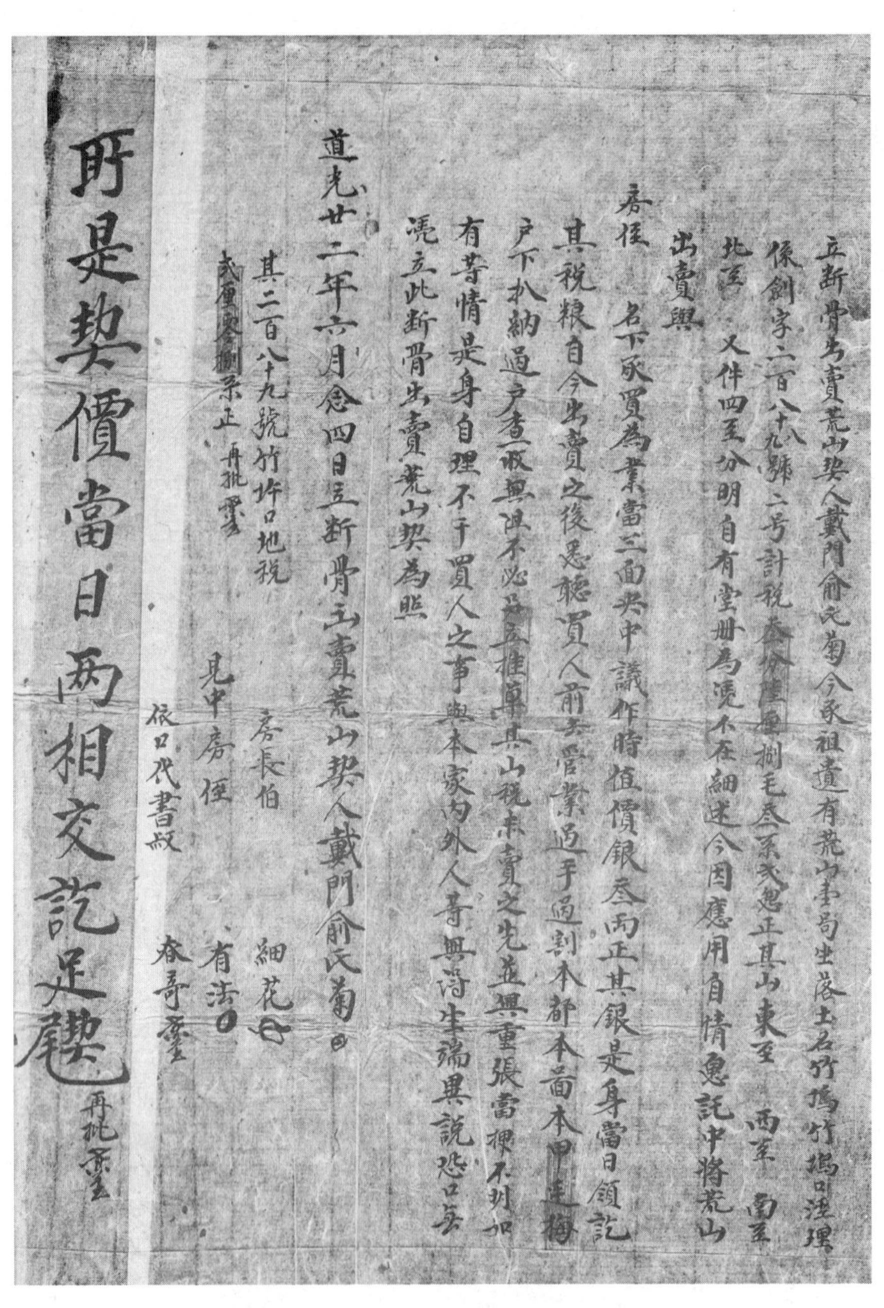

立断骨出卖荒山契人戴门俞氏菊，今承祖遗有荒山壹号，坐落土名竹坞竹坞口汪坦，係釰字二百八十八、九號二号，計税叁分陸厘捌毛叁系弍忽正。其山東至　　西至　　南至　　北至　　，又併四至分明，自有堂册為憑，不在細述。今因應用，自情願託中將荒山出賣與

房侄　　名下承買為業，當三面央中議作時值價銀叁兩正，其銀是身當日領訖，其税粮自今出賣之後，悉聽買人前去晉業，過手過割，本都本啚本甲廷梅户下扒納過户，查收無阻，不必另立推單。其山税未賣之先並無重張當押不明，如有等情，是身自理，不干買人之事。與本家內外人等無得生端異説。恐口無憑，立此斷骨出賣荒山契為照。

道光廿二年六月念四日立斷骨出賣荒山契人戴門俞氏菊（押）

其二百八十九號竹坞口地税弍厘叁毛捌系正。再批（押）

房長伯　　細花（押）

見中房侄　　有法（押）

依口代書叔　　春奇（押）

所是契價當日兩相交訖足（押）

再批（押）

秋口镇岭溪村 114 · 道光二十二年 · 断骨出卖荒山契 ·
戴门俞氏菊卖与房侄☐

立自情愿出卖断田皮契约人汪永德今承祖遗有田皮壹號坐落土名
苑姓山脚斗骨租壹配陸秤又壹号合斗骨租佰捌秤又合斗骨租佐貳秤
又壹号汴骨租肆正共斗田捌佐共斗骨租叄配伍秤今因应用自愿央中将田出断与
胼坑江豐亭兄名下豪買為業三面仝中議作時值價實銀足揆曹平淨紋銀叄拾陸
兩正其銀當即是身收訖其田自今出賣之後悉聽買人過手管業耕種另陞未賣之先
系本家内外人等並无重賣不明等情倘有自理不干買人之事恐口無憑立此出賣断
骨田皮契存照

　其田三畝三角日海肃管界優叛顯名隨外供糞殺乾两墾叁公叁年十冬糶日補足矣

　　　　　　　　　　　　　　憑中　何尹清○
　　　　　　　　　　　　　　　　　吳吳彩○
　　　　　　　　　　　　　　　　　吳吳橋長
　　　　　　　　　　　　　　　　　吳興文諧
　　　　　　　　　　　　　　依筆

道光貳拾貳年十月日立自情愿出賣断骨田皮契人汪永德筆
　　　　　　　　　　　　　　　　　　　　　胞弟汪永海○

所是契價當即兩相交訖　再批

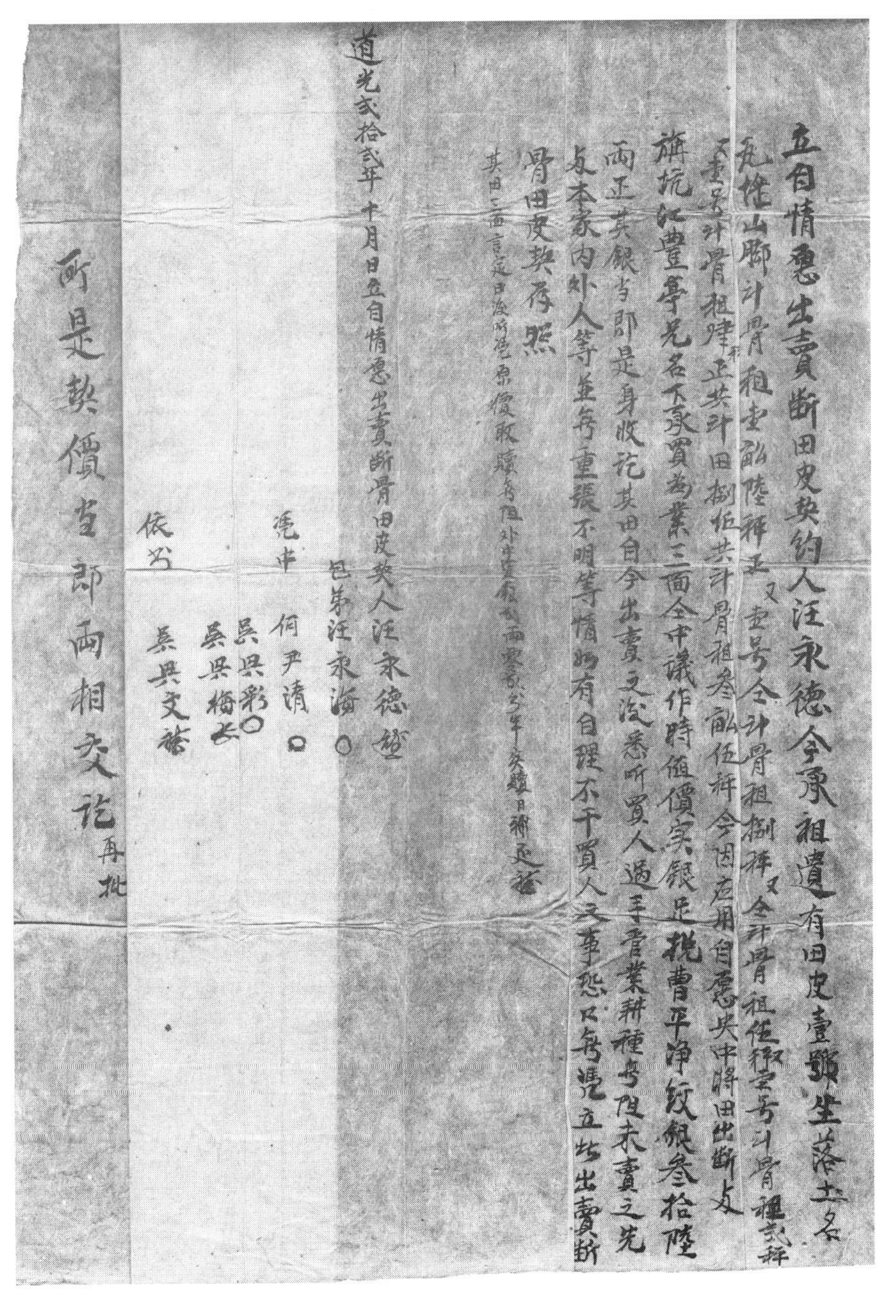

秋口镇岭溪村 124・道光二十二年・出卖断骨田皮契・
汪永德卖与江丰亭兄

立断骨出卖契人戴保今承祖有胡
帅会戈股該身已流七股之季受今因缺
粮急用情急托中將胡帅該身
股出卖與 房兄爾承名下承置為
承会置業之面凭中議作時值賣保
烤大銀伍錢正其錢是身全母領訖
其胡帅会自今出賣之後憑听買人过
手收祖做頭股服肉吃会支不家内外
人等亏涉生端要說等情如有是
身自理不干買人之事恐口无凭
立此断骨出賣胡帅会為照
其胡帅会三面言定本年十二月初六
日本利取贖此有通朝市不清取
贖差異再批

道光廿二年八月念六日立断骨出賣胡帅会人
　　　　　　　　　　戴細保
　　　　　字母　壹女
　　　　見房伯　細光
　　　　中房叔　德畏
　　代筆親　春亭

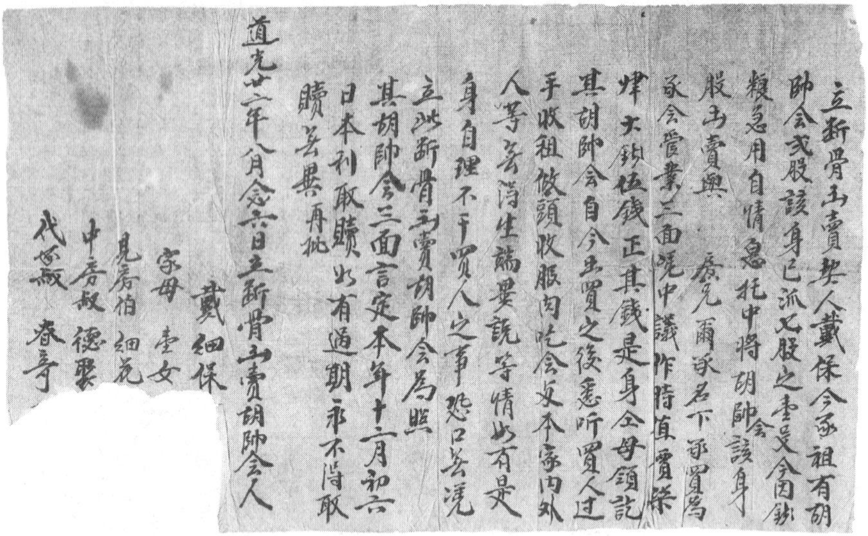

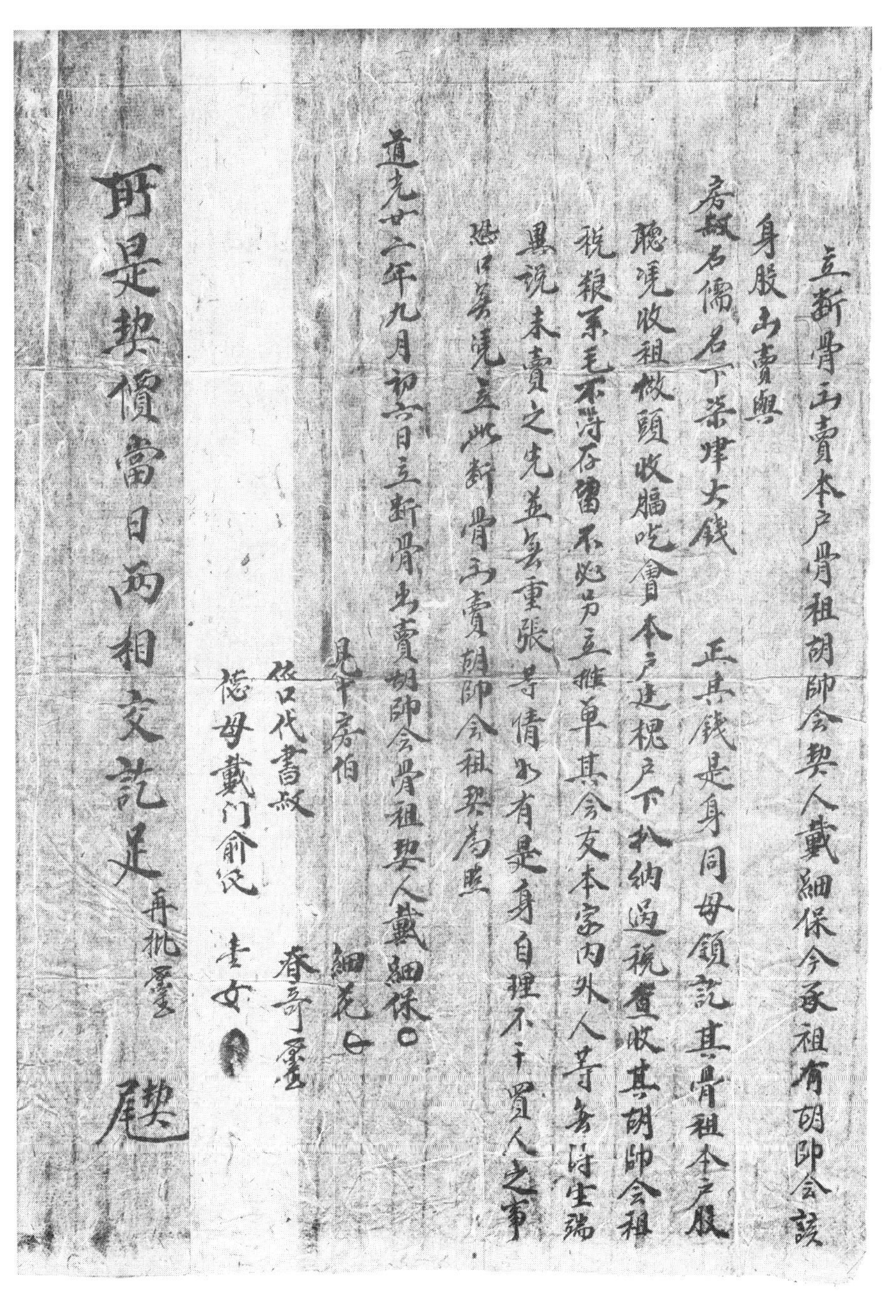

立断骨出卖本户骨租胡帅会契人戴细保，今承祖有胡帅会该
身股出卖与
房叔名儒名下，三面言定，时值价大钱　　正，其钱是身同母领讫，其骨租本户股
听凭收租、做头、收膳吃会。本户近(?)户下扒纳过税，会收其胡帅会租
税粮，系毛不涉存留，不必另立推单。其会交本家内外人等无得生端
异说，未卖之先，并无重张等情，如有是身自理，不干买人之事。
恐口无凭，立此断骨出卖胡帅会租契为照。

道光廿二年九月初六日立断骨出卖胡帅会骨租契人戴细保〇
见中房伯　细花〇
依口代书叔　春奇（押）
德母戴门俞氏　耆女〇

所是契价当日两相交讫足　再批（押）
契

秋口镇岭溪村 141 · 道光二十二年 · 断骨出卖骨租胡帅会契 ·
戴细保卖与房叔名儒

立斷骨出俵田皮約人戴菊，今承祖有早田皮壹段，坐落土名湖師會田，計正租肆秤半大，計田壹丘。今因急用，自情愿托中將田皮出賣與房侄名儒名下承買為業，當三面言定時值價茶肆大錢正，其錢是身當即領訖。其田皮自今出賣之後，悉聽買人過手管業，無阻。未賣之先，並無重張當押不明。如有等情，是身自理，不干買人之事。無本家內外人等無得生端異說。恐口無憑，立此斷骨出賣田皮約存據。

其田皮日後永遠不得增價，不得取贖。再批據。

老約未繳，日後檢出，不在行用。再批據。

道光廿三年十一月廿伍日立斷骨出賣田皮約人戴菊（押）

見中房叔　細花（押）

房叔公　明遠（押）

房侄　老文（押）

代書房叔　春壽據

秋口镇岭溪村 128 · 道光二十三年 · 断骨出俵田皮约 · 戴菊卖与房侄名儒

立出俵田皮约人戴名儒今承父
有旱田皮壹股坐落土名三亩田坵計
正租弍拾肆秤計田壹坵今因應用
自情愿托中又胡帅会田租九秤
計田壹坵計共弍股田皮出俵友
李坑頭王社　名下承查為業查三面
央中議作時值價洋錢弍拾弍員
其洋錢是身當日領訖其利照
依大例加息其本利俟至来年
茶市一併清还不悞如若不清所
憑起田過手管業無阻未賣之
先並無重張典當不明是身自理
不干受人之事家本家内外人等無
得生端異說恐口無憑立此出當田
皮約為照
其佃皮本利还清繳約無異　再批
道光廿八年八月初十日立出俵田皮约人戴名儒
見中房叔　汝成
依口代书叔　春寿

秋口镇岭溪村 70 · 道光二十八年 · 出俵田皮约 · 戴名儒俵与王社

立斷骨出俵田皮约人戴明如今承父有早田
皮壹段坐落土名里禾坑口計正租壹秤半計田叁拯今
因應用自情愿托中將田皮出賣與房弟 天德名下
承買爲業当三面凭中議作時值價先洋拾員正其
洋是身当日收訖其利照依大烈加息其本利俵
至來年本利清还不悮其田是身轉借耕種其利
不清所凭起田過手管業耕種無阻未賣之先並
無重張当掉不明如有等情是身自理不干買人
之事與本家内外人等無得生端異說恐口無
凭立此田皮约存照
其田皮日後照依原價取讀無異
道光叁拾年五月初五日立出俵田皮约人戴明如
見中房侄 宇高
書男 亦承

秋口镇岭溪村 106 · 道光三十年 · 出俵田皮约 · 戴明如卖与房弟天德

立断骨出卖胡老会契戴聚大今承祖有胡老会
该身邑分股胡老会壹股今因应用自情愿托中将
胡老会断骨出卖与 房侄尔承名下承买为业
三面共中议作时值价足典钱捌千弍百五十三文其钱
是身当即领讫其胡老会自今出卖之后听凭买
人过手受业徵会此会无阻未卖之先并无重张
当押以有等情是身自理不干买人之事与本
家内外人等无得生情異說恐口无凭立此断
骨出卖胡老会契为照
其胡老会日后照依原价取赎无阻 再批据
道光卅年十二月初十日立断骨出卖胡老会契人戴聚大号
中 汝成〇
依书 汝祥据

秋门镇岭溪村 130 · 道光三十年 · 断骨出卖胡老会契 · 戴聚大卖与房侄尔承

立断骨出賣胡老會契人戴光大今承
祖遺有該身邑分股胡老會壹股今因
應用自情愿托中將胡老會断骨出賣与
房侄尔承名下承買為業三面共中议作时
價足典錢捌千弍百五十二文其錢是身当
即收領其胡老會自今出賣之後听凭買
人过手管業做会收会無阻未賣之先並無
重張出押以有等情是身自理不干買人
之事身本家内外人等無得生端異說
今欲有凭立此断骨出賣胡老會契存据
其胡老会日後無得依原價取贖無得異說 再批 押

道光卅年十一月初六日立断骨出賣胡老會契人戴光大 押

中 汝成 ○

依书 汝祥 押

秋口镇岭溪村 139 · 道光三十年 · 断骨出卖胡老会契 · 戴光大卖与房侄尔承

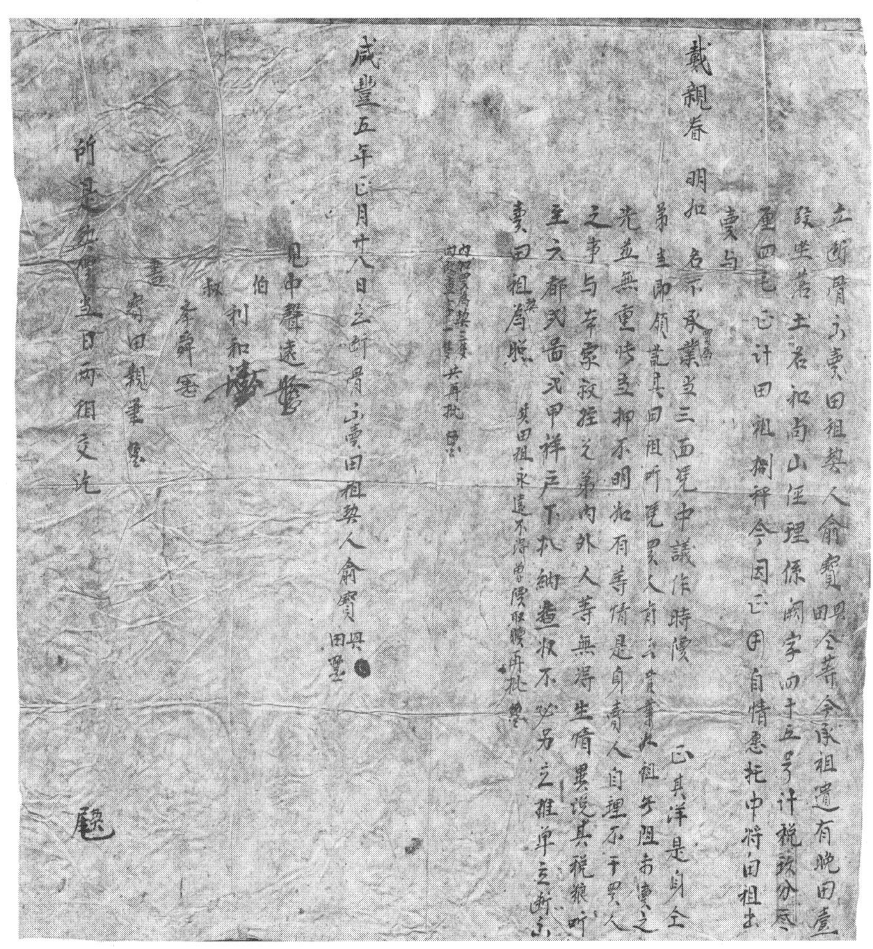

秋口镇岭溪村 84 · 咸丰五年 · 断骨出卖田租契 · 俞宝兴、宝田卖与戴亲眷明如

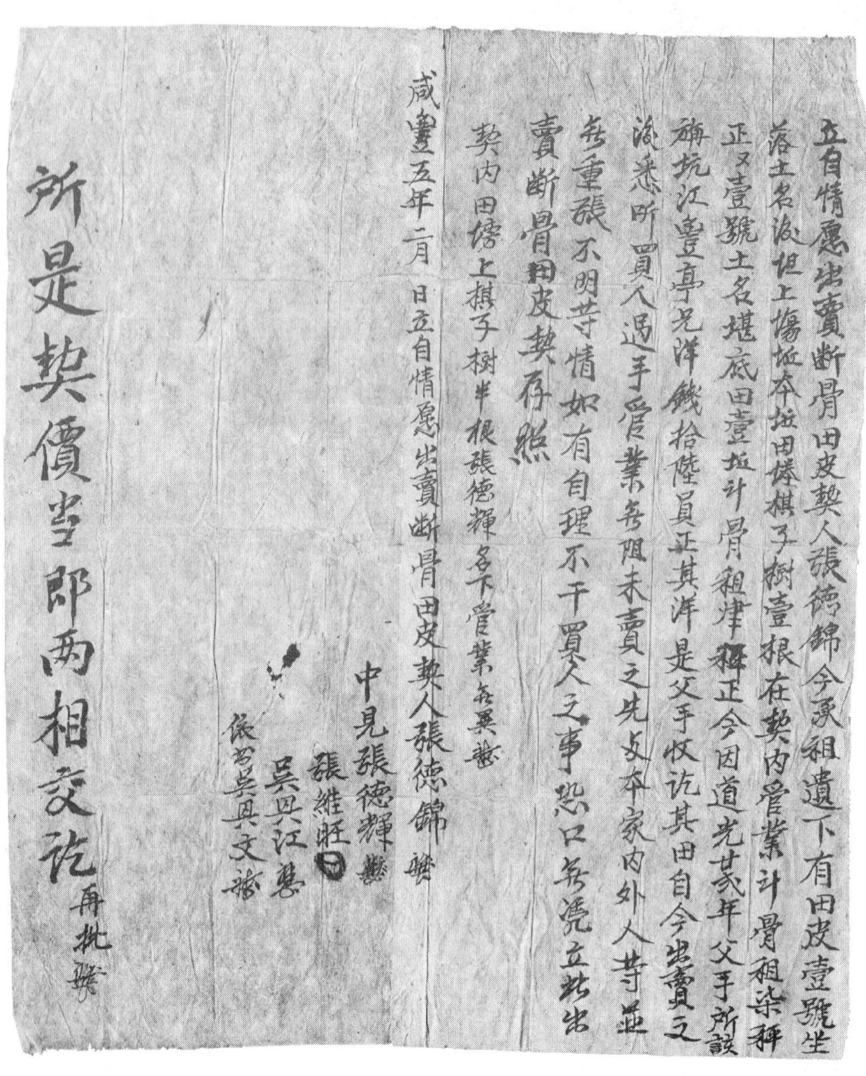

立自情愿出賣斷骨田皮契人張德錦今承祖遺下有田皮壹號坐落土名後坦上塢坵本坵田塝棋子樹壹根在契內管業計骨租柒秤正又壹號土名堪底田壹坵計骨租肆秤正今因道光廿貳年父手所該旃坑江豊亭兄洋錢拾陸員正其洋是父手收訖其田自今出賣之後悉聽買人過手管業無阻未賣之先與本家內外人等並無重張不明等情如有自理不干買人之事恐口無憑立此出賣斷骨田皮契存照

契內田塝上棋子樹半根張德輝名下管業無異 押

咸豐五年二月 日立自情愿出賣斷骨田皮契人張德錦 押

中見張德輝 押

張維旺

吳興江 押

依書吳興文 押

所是契價當即兩相交訖 再批 押

秋口镇岭溪村 87 · 咸丰五年 · 出卖断骨田皮契 · 张德锦卖与江丰亭兄

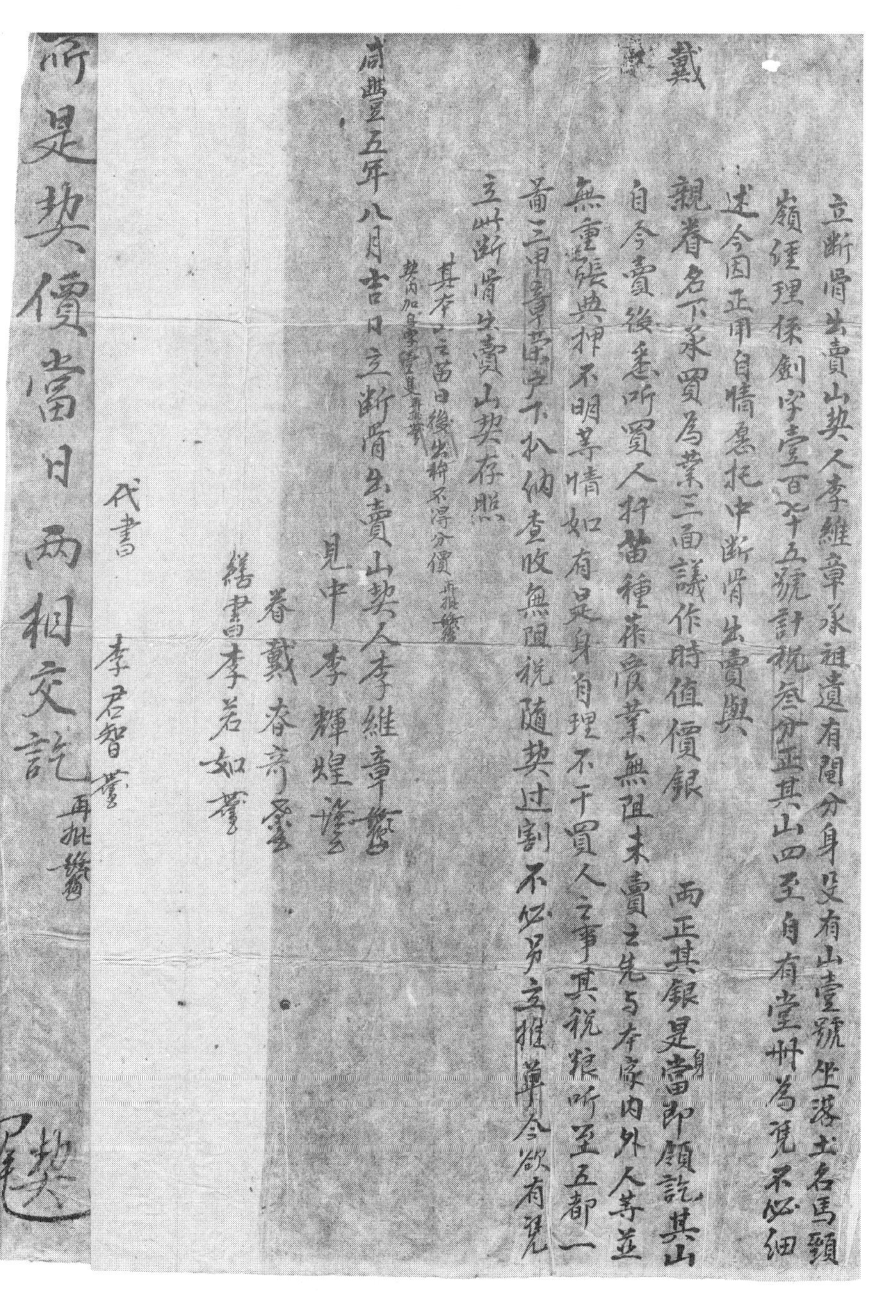

立断骨出賣山契人李維章承祖遺有閩分身芆有山壹號坐落土名馬頸嶺經理係劍字壹百廿五號計稅叁分正其山四至自有堂冊爲憑不必細述今因正用自情愿托中断骨出賣與

戴

親眷名下承買爲業三面議作時值價銀　兩正其銀是當即領訖其山自今賣後悉听買人扦苗種蓄賞業無阻未賣之先与本家内外人等並無重張典押不明等情如有是身自理不干買人之事其稅粮听至五都一啚三甲章宗户下扒納查收無阻稅隨契过割不必另立推单今欲有憑立此断骨出賣山契存照

其本山之苗日後出拚不得分價　再批

契内加字壹箇　再批

咸豐五年八月吉日立断骨出賣山契人李維章

見中　李輝煌

眷　戴春齊

繕書　李若如

代書　李君智

所是契價當日兩相交訖　再批

契

秋口镇岭溪村 107 · 咸丰五年 · 断骨出卖山契 · 李维章卖与戴亲眷

立断骨出賣山契人李維章承 祖遺有閹分股有山壹號坐落土名梘亭山徑理保剣字弓乙十乙號計税叁分正其山四至自有壹冊爲凴不必細述今因正用自情愿托中断骨出賣与戴親眷名下承買爲業三面凴中議作時值價銀　兩其銀是身當即領訖其山自今出賣之後悉听買人过手管業無阻未賣之先与本家内外人等並無重張典押不明等情如有是身自理不干買人之事其税粮听至五都一啚三甲章荣户下扒納查收無阻税随契过割不必另立推單今欲有凴立此断骨出賣山契存照

咸丰五年八月吉日立断骨出賣山契人李維章

見中李輝煌

戴眷奇

李若以

書　李君智

秋口镇岭溪村 111 · 咸丰五年 · 断骨出卖山契 · 李维章卖与戴亲眷

立自情愿出賣斷骨田皮契與人張德輝今求戚維旺承祖遺下有田皮叁
號壹號坐落土名披袒土八秤計骨租捌秤正內田傍有棋子樹面言
下根壹號土名三十畝殿大旺計骨租弎秤正又壹號土名冰
墩背計骨租五秤今因父道光二十亥年所該江豐亭兄當田皮契價
叁拾伍員洋銭其洋是父手收訖其田自令出賣之後恣聽買人
過干營業与祖未賣之先支本家內外人等並無重張不明
等情如有自理不干買人之事恐口為憑立将出賣斷骨田皮
存照

咸豐五年二月　日立自情愿出賣斷骨田皮契人張德輝
　　　　　　　　　　　　　　　　　維旺
　　　　　　　中見張恢先
　　　　　　　　　吳興江
　　　　　　　依筆吳興文德

所是契價当即兩相交訖　再批

秋口镇岭溪村 126・咸丰五年・出卖断骨田皮契・张德辉、裘维旺卖与江丰亭

1783

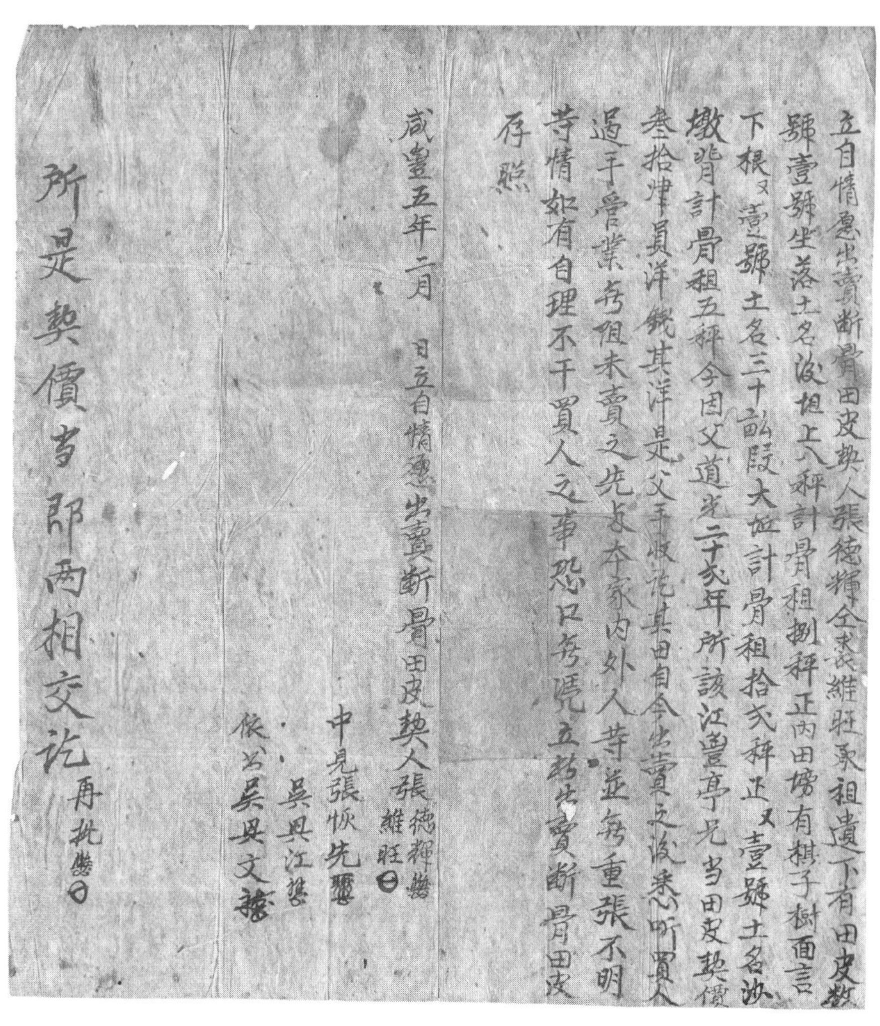

立立當契人戴爾承今有祖遺田祖契貳張坐落土
名黃坭山計正祖捌秤計田叁坵又田祖壹段坐落土
名陽边計正祖柒秤半計田柒坵又田祖壹段坐落
土名尖角坵計正祖叁秤計田壹坵又田皮壹段土
名三畝坵又山契貳張土名竹塢今因應用自情愿
托中將田祖田皮山契出當與
房叔公鳴遠名下先洋壹百員正其洋是身当即收訖
其利照依大烈加息其本利候至上海回家本利
奉還不悞立此田祖田皮山契存處
其本利還清繳約無異
咸豐六年陸月拾柒日立當契約人戴爾承
見中叔公春奇
書親姪八金

秋口镇岭溪村 89 · 咸丰六年 · 出当契约 · 戴尔承出当与房叔公鸣远

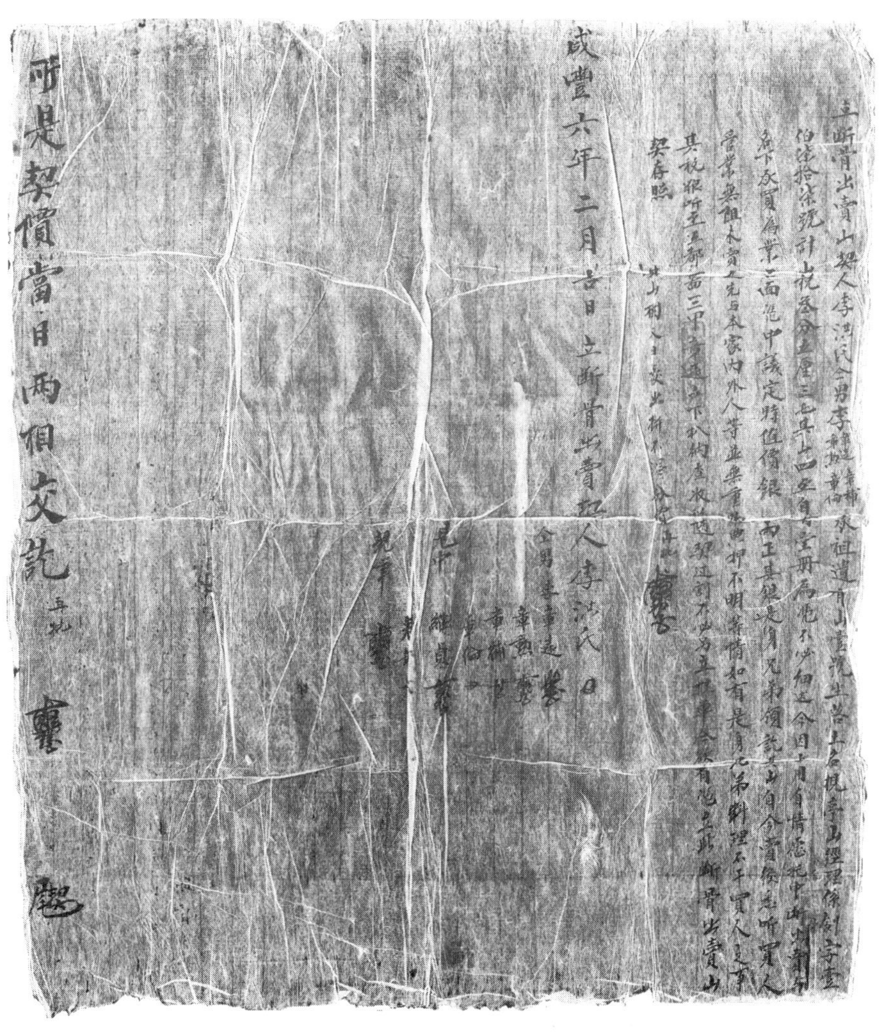

秋口镇岭溪村 109 · 咸丰八年 · 断骨出卖山契 · 李洪氏同男章远、
章勳、章补、章伦卖与☐

立断骨出賣山契人李洪氏仝男李章遠、勳、補、倫承祖遺有山一
號坐落土名梘亭山經理係劍字了乙十乙号计山税叁分五厘三
毛其山四至自有堂册為凴不必细述今因正用自情愿托中断骨
出賣与　名下承買為業三面凴中議定時值價銀　兩正其
銀是身兄弟領訖其山自今賣後悉听買人管業無阻未賣之
先与本家内外人等並無重張典押不明等情如有是身兄弟料理不
干買人之事其税粮听至五都一啚三甲章遠户下扒納查收税
随契过割不必另立推单今欲有凴立此断骨出賣山契存照

咸豐六年二月吉日立断骨出賣山契人李洪氏
仝男李章遠
章勳
章補
章倫
見中　維章
君智
親筆

秋口镇岭溪村 112 · 咸丰六年 · 断骨出卖山契 · 李洪氏卖同男章远、章勳、章补、章伦卖与☐

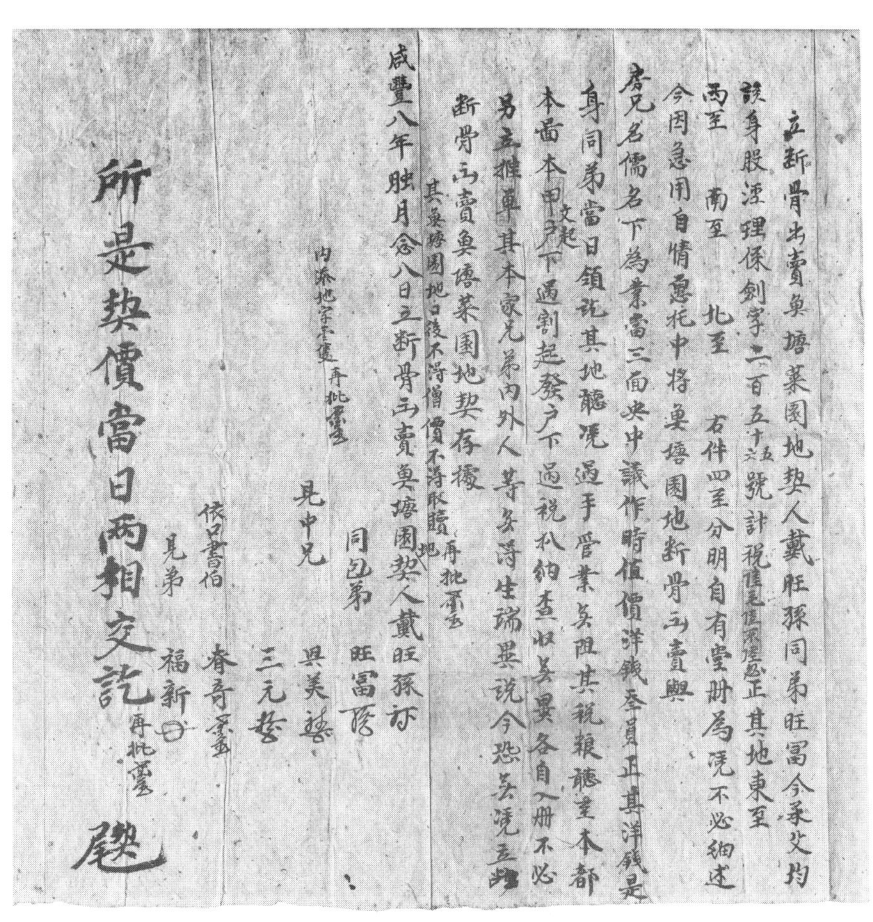

立断骨出卖鱼塘菜园地契人戴旺孙同弟旺富今承父均
该身股派理系剑字二百五十五号，计税 正，其地东至
西至　南至　北至　右件四至分明，自有登册为凭，不必细述。
今因急用，自情愿托中将鱼塘园地断骨出卖与
房兄名儒名下为业，当三面央中议作时值价洋钱叁员正，其洋钱是
身同弟当日领讫。其地听凭过手管业，无阻。其税粮听凭本都
本图本甲户下过割，起发户下过税承纳查收，无异。各自入册，不必
另立推单。其本家兄弟内外人等无得生端异说，今恐无凭，立此
断骨出卖鱼塘菜园地契存据。
其鱼塘园地日后不得增价，不得取赎。再批。
内添地字壹个。再批。
咸丰八年腊月念八日立断骨出卖鱼塘园契人戴旺孙
同包弟　旺富
见中兄　兴美
三元
依口书伯　春奇
见弟　福新
所是契价当日两相交讫。再批。
契

秋口镇岭溪村 96 · 咸丰八年 · 断骨出卖鱼塘菜园地契 · 戴旺孙同弟旺富卖与房兄名儒

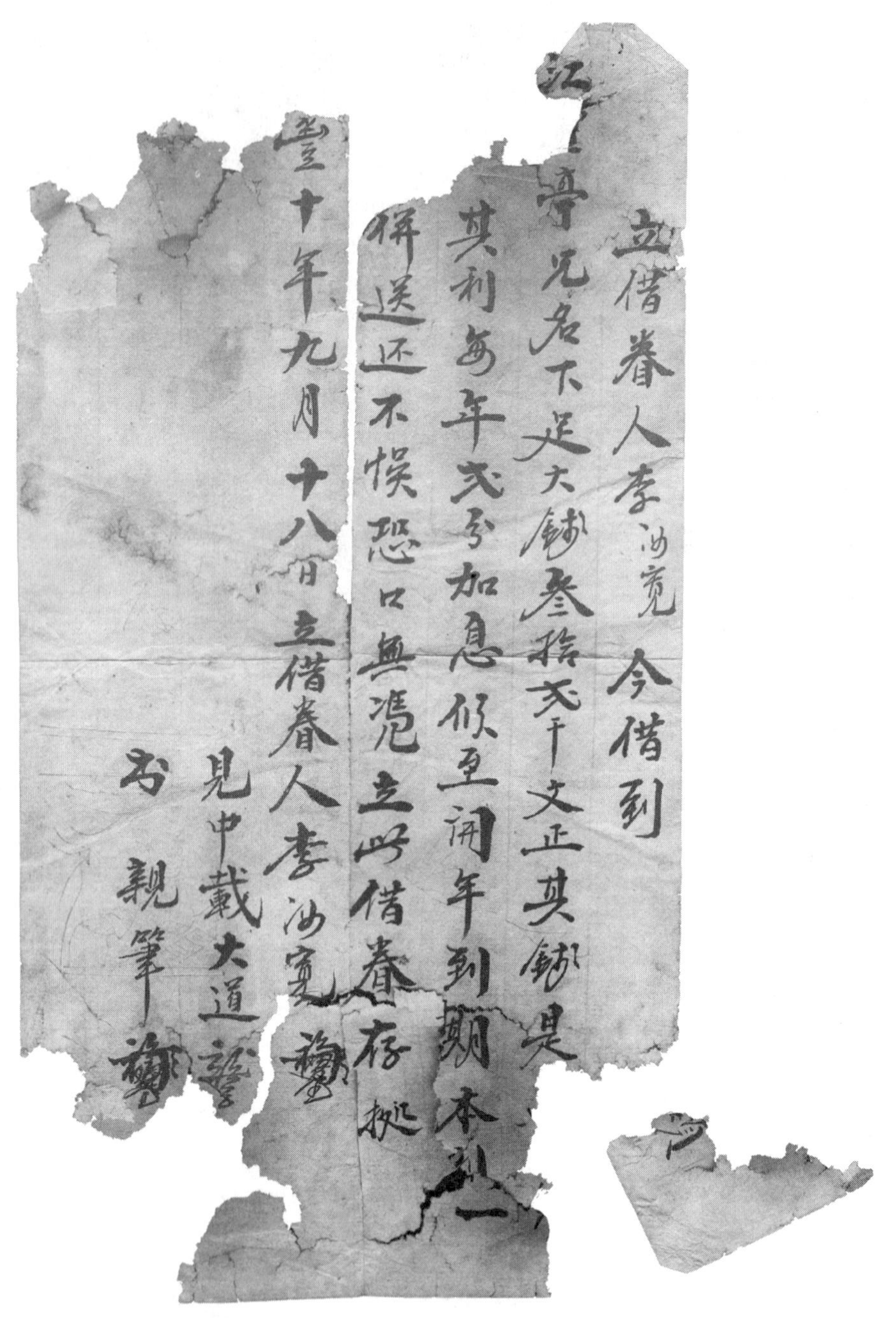
立借眷人李海宽今借到
江□亭兄名下足大錢叁拾千文正其錢是
其利每年弍分加息限至開年到期本利一
併送還不悞恐口無憑立此借眷存拠
咸豐十年九月十八日立借眷人李海宽押
見中戴大道押
書親筆押

秋口镇岭溪村 4 · 咸丰十年 · 借眷 · 李海宽借到江口亭兄

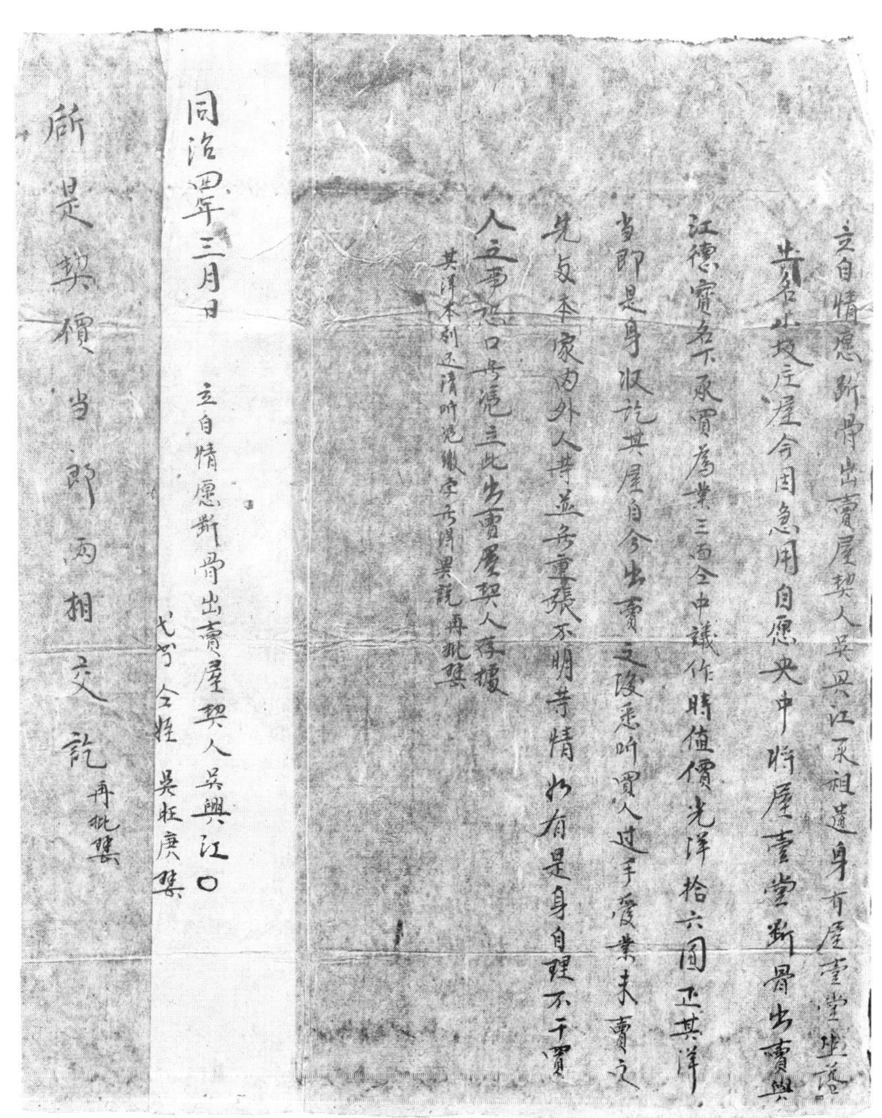

立自情愿断骨出卖屋契人吴兴江承祖遗身有屋壹堂坐落土名小坟庄屋今因急用自愿央中将屋壹堂断骨出卖与江德宝名下承买为业三面仝中议作时值价光洋拾六圆正其洋当即是身收讫其屋自今出卖之后恁听买人过手管业未卖之先与本家内外人等并无重张不明等情如有是身自理不干买人之事恐口无凭立此出卖屋契人存据

其洋本日交清所凭微字无得异说再批据

同治四年三月 日 立自情愿断骨出卖屋契人吴兴江〇

代笔 仝侄 吴柱庚据

断骨契价当即两相交讫 再批据

秋口镇岭溪村 129 · 同治四年 · 断骨出卖屋契 · 吴兴江卖与江德宝

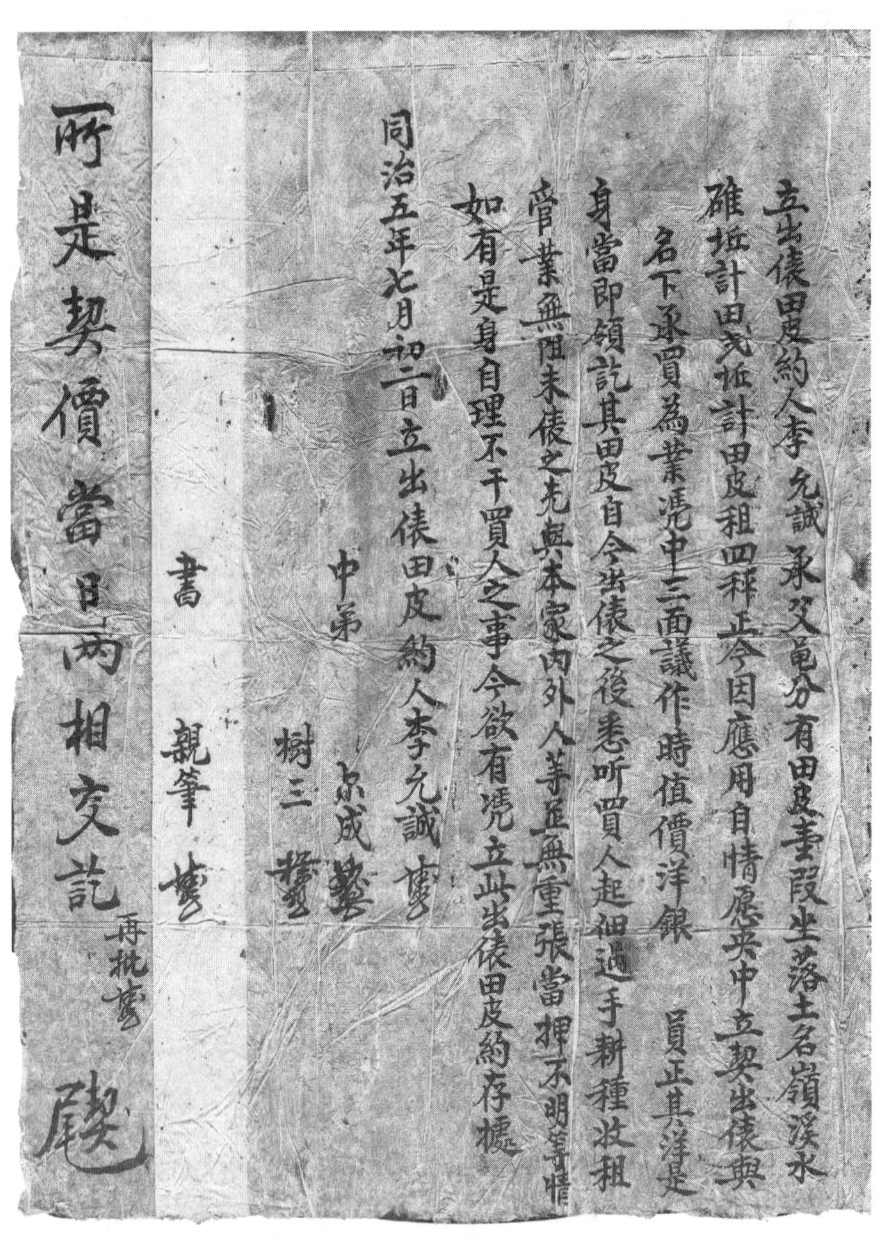

立出俵田皮約人李允誠承父鬮分有田皮壹段坐落土名嶺溪水
碓坵計田弍坵計田皮租四秤正今因應用自情愿央中立契出俵與
名下承買爲業憑中三面議作時值價洋銀　員正其洋是
身當即領訖其田皮自今出俵之後悉听買人起佃過手耕種收租
管業無阻未俵之先與本家内外人等並無重張當押不明等情
如有是身自理不干買人之事今欲有凴立此出俵田皮約存據
同治五年七月初二日立出俵田皮約人李允誠
中弟　京成
樹三
書　親筆
所是契價當日兩相交訖
再批

秋口镇岭溪村 88 · 同治五年 · 出俵田皮约 · 李允诚俵与☐

同治土年土月付洋贰拾元连利年至戎年加息洋四元
又戎年付洋五元 土三年未加息洋廿五年岛洋卅元
光绪元年五月十九日付洋四拾元
继共结付光洋壹百贰正渔洋 就指 山荄在塲 山帐係付
允钦叶帐单
 積枚記

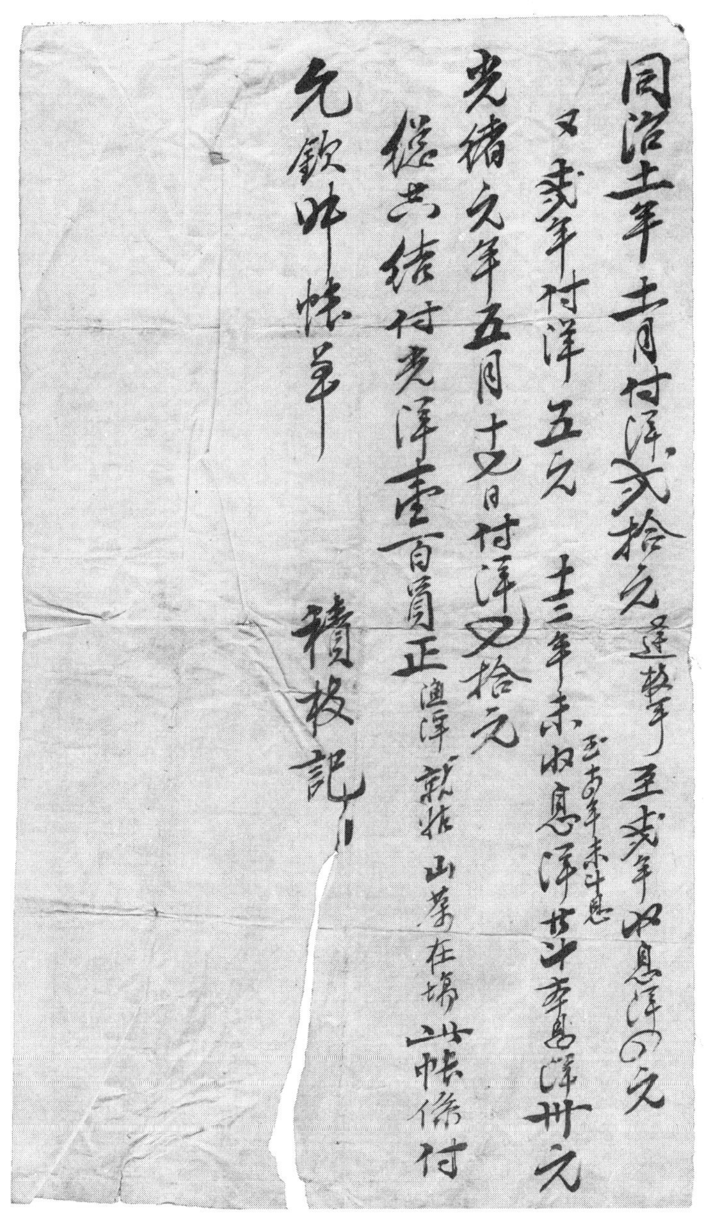

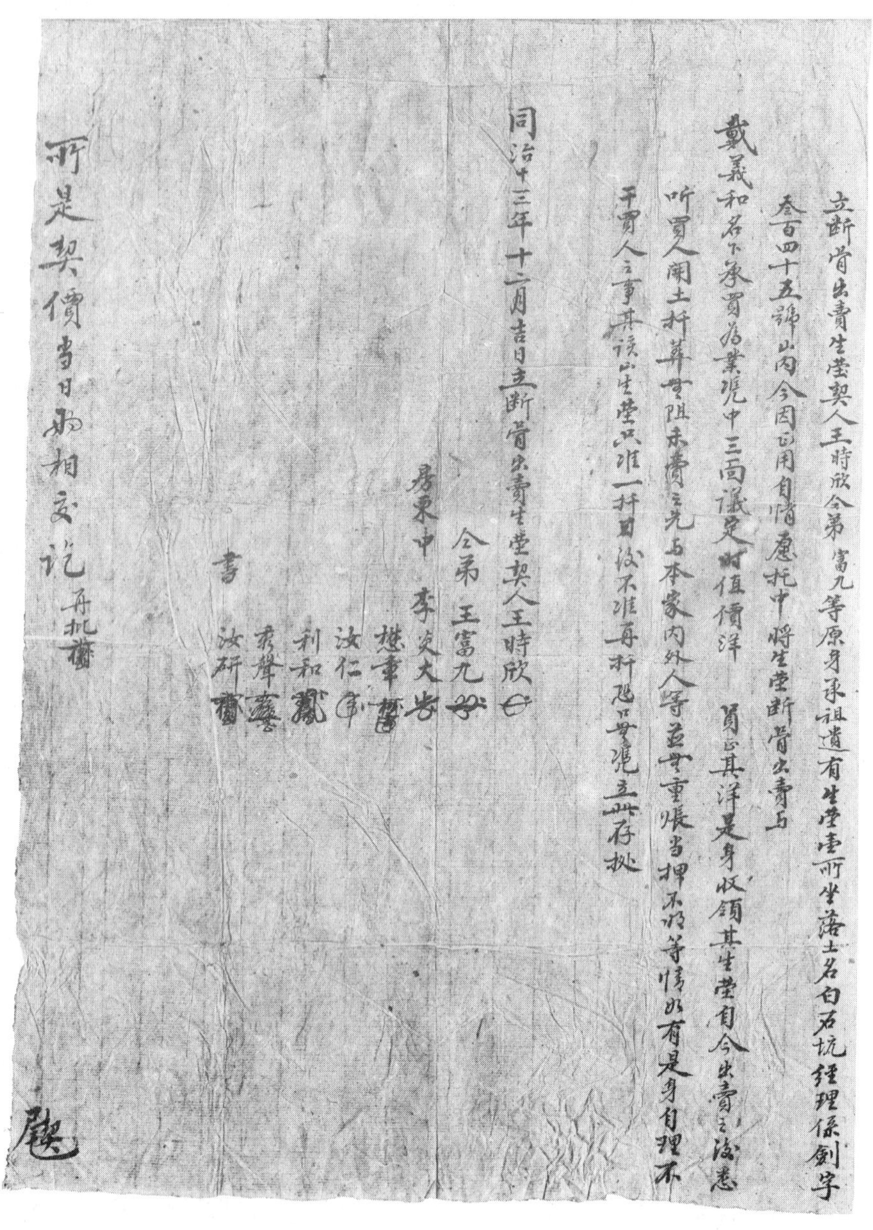
立断骨出卖生茔契人王时欣仝弟富九等原身承祖遗有生茔壹所坐落土名白石坑经理系剑字
叁百四十五号山内，今因正用，自情愿托中将生茔断骨出卖与
戴义和名下承买为业，凭中三面议定，时值价洋　员正，其洋是身收领，其生茔自今出卖之后，悉
听买人开土扦葬，无阻，未卖之先与本家内外人等并无重张当押不明等情，如有，是身自理，不
干买人之事。其该山生茔只准一扦，日后不准再扦，恐口无凭，立此存据。
同治十三年十二月吉日立断骨出卖生茔契人王时欣（押）
仝弟　王富九（押）
房东中　李炎大（押）
继章（押）
汝仁（押）
利和（押）
彦声（押）
书　汝研（押）
所是契价当日两相交讫，再批（押）
（契）

秋口镇岭溪村 73 · 同治十三年 · 断骨出卖生茔契 · 王时欣卖与戴义和

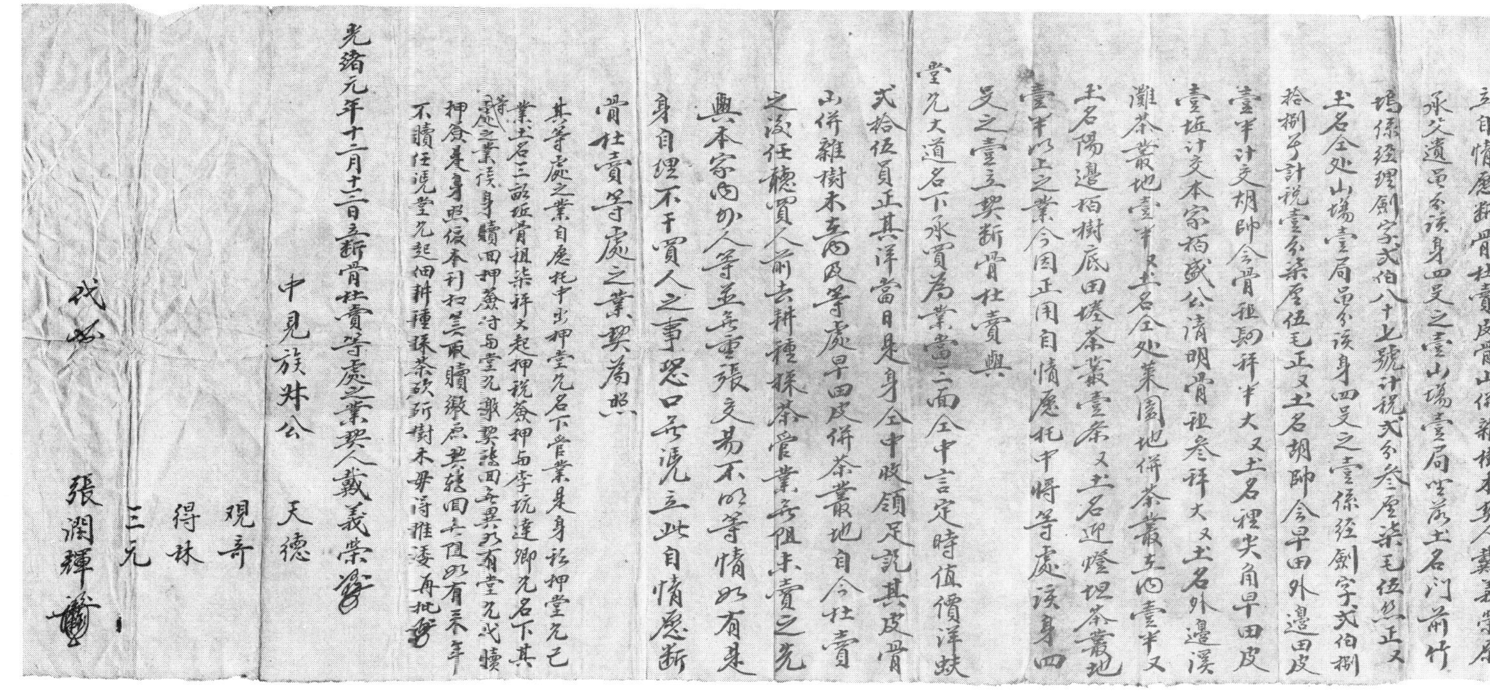

立自情愿断骨杜賣皮骨山併雜樹木契人戴義崇原
承父遺受分該身四叉之壹山塲壹局坐落土名门前竹
塢係經理劍字弍伯八十七號計稅弍分叁厘柒毛伍絲正又
土名仝处山塲壹局品分該身四叉之壹係經劍字弍伯捌
拾捌号計稅壹分柒厘伍毛正又土名胡師仚早田外邊田皮
壹半計交胡師仚骨租五秤半大又土名裡尖角早田皮
壹坵計交本家栢盛公清明骨租叁秤大又土名外邊溪
灘茶叢地壹半又土名仝处菜園地併茶叢在内壹半又
土名陽邊栢樹底田塝茶叢壹条又土名迎燈坦茶叢地
壹半以上之業今因正用自情愿托中將等處該身四
叉之壹立契斷骨杜賣與
堂兄大道名下承買爲業當三面仝中言定時值價洋蚨
弍拾伍員正其洋當日是身仝中收領足訖其皮骨
山併雜樹木並田皮等處早田皮併茶叢地自今杜賣
之後任聽買人前去耕種採茶管業無阻未賣之先
與本家内外人等並無重張交易不明等情如有是
身自理不干買人之事恐口無憑立此自情愿斷
骨杜賣等處之業契爲照

其等處之業自愿托中出押堂兄名下管業是身於押堂兄已
業土名三畝坵骨租柒秤大起押税簽押與李梳達卿兄名下其
等處之業俟身贖回押簽付與堂兄執契該回無異如有堂兄收續
押簽是身照依本利加三取贖徵名其錢回無阻如有三年
不贖任憑堂兄起佃耕種採茶砍斫樹木毋得推諉再批

光緒元年十二月十二日立斷骨杜賣等處之業契人戴義崇

中見族叔公 天德
觀奇
得林
三元

代書 張潤輝

秋口镇岭溪村 102 · 光绪元年 · 断骨杜卖皮骨山并杂树木契 · 戴义荣卖与堂兄大道

立此自情愿断骨绝卖田佃契人戴义和永祖遗有晚田壹坵坐落土名白沙段係經理海字十八号計税捌分弍厘柒毛零零計正租祥計佃皮肆祥逐年送至门上不得欠少如有積欠憑趙佃過手無阻計佃壹祥今因正事應用自慿愿托中出賣其仁兄名下承買為業三面議作時直浮羲拾肆員正其浮是身當日收領其田自今出賣之後聽從買人前去收租管業無阻未賣之先與本家内外人等並無重張典押不明如吕等情是身自理不干承買人之事其税粮聽至四都一啚三甲走蛟戶下扒納收受稅隨契割不必另立推單合飭立此出賣田佃契存據

光緒元年八月日立斷骨絕賣田佃契人戴義和

　　中房兌擔等戶
胞兄義榮
　　服姪聚永

代笔 汪柳梧

其田佃日後所備原價交墳無異永有其利照依大例週年炁分加息倘有不裏不清聽憑趙佃官當男擾他人耕種無阻 再批蕳

所是契價當即兩相交訖 再批蕳

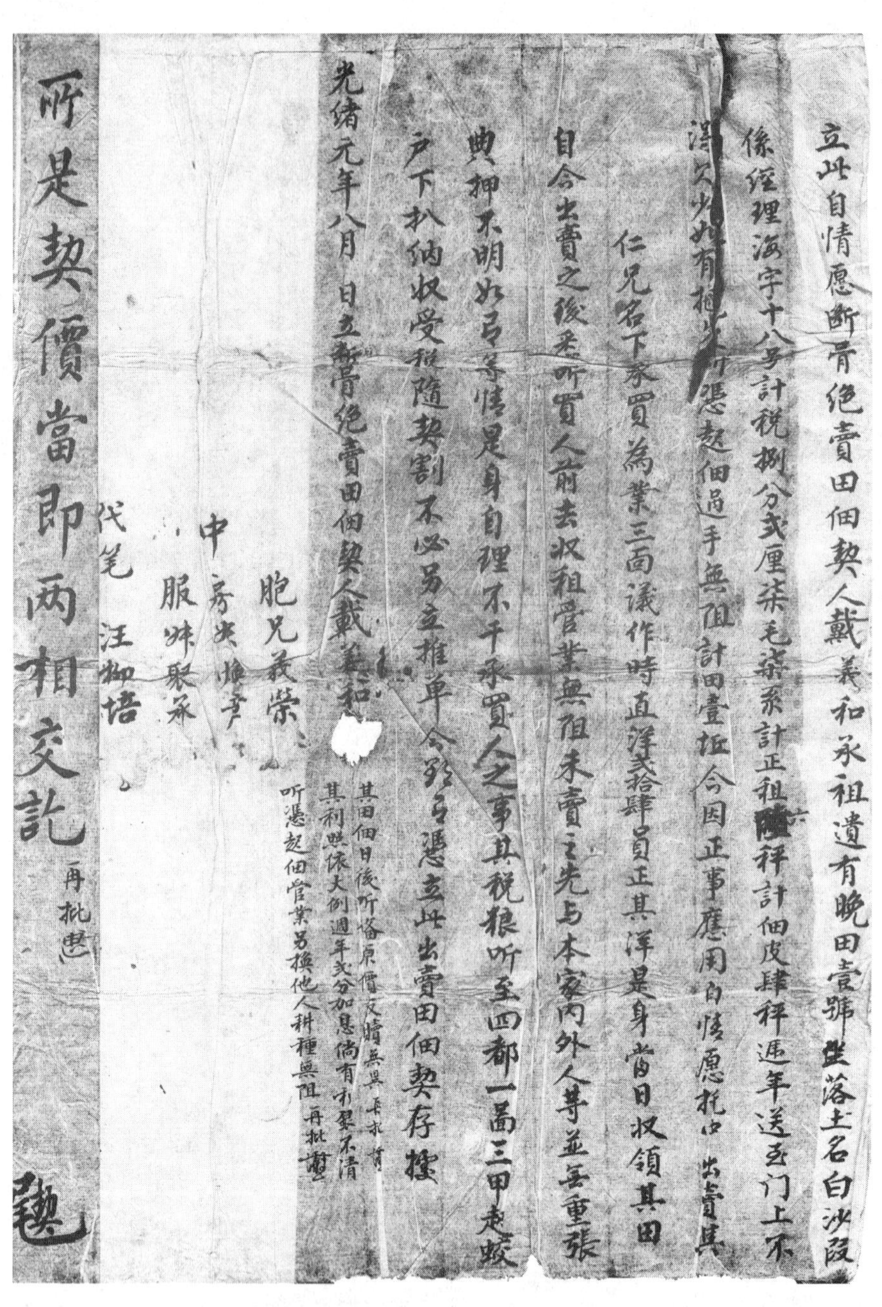

秋口镇岭溪村 121・光绪元年・断骨绝卖田佃契・戴义和卖与☐仁兄

立断骨出卖水牛约人戴义荣仝弟义和
今承父同堂兄水字牛两条兄弟两人承
父该身足壹半今缘因同治拾三年因父
疑(?)费承堂兄代借光洋拾元至今本利未还兄
弟两人将该身足水牛壹半出卖与堂兄
大道名下承买为业三面凭中议作时值价光
洋十四元正其洋是身兄弟两人收领其水
牛该身足壹半自今出卖之后听凭随即过
手管业无阻未卖之先并无重张当押不明
如有是身自理不干买人之事与本家内外
人等无得生端异说今恐无凭立此断骨
出卖水牛约为照。

房长 中 天德
代书 得名 根承 道

光绪弍年拾二月廿九日 出卖水牛约人存执

秋口镇岭溪村 92 · 光绪二年 · 断骨出卖水牛约 · 戴义荣、义和卖与堂兄大道

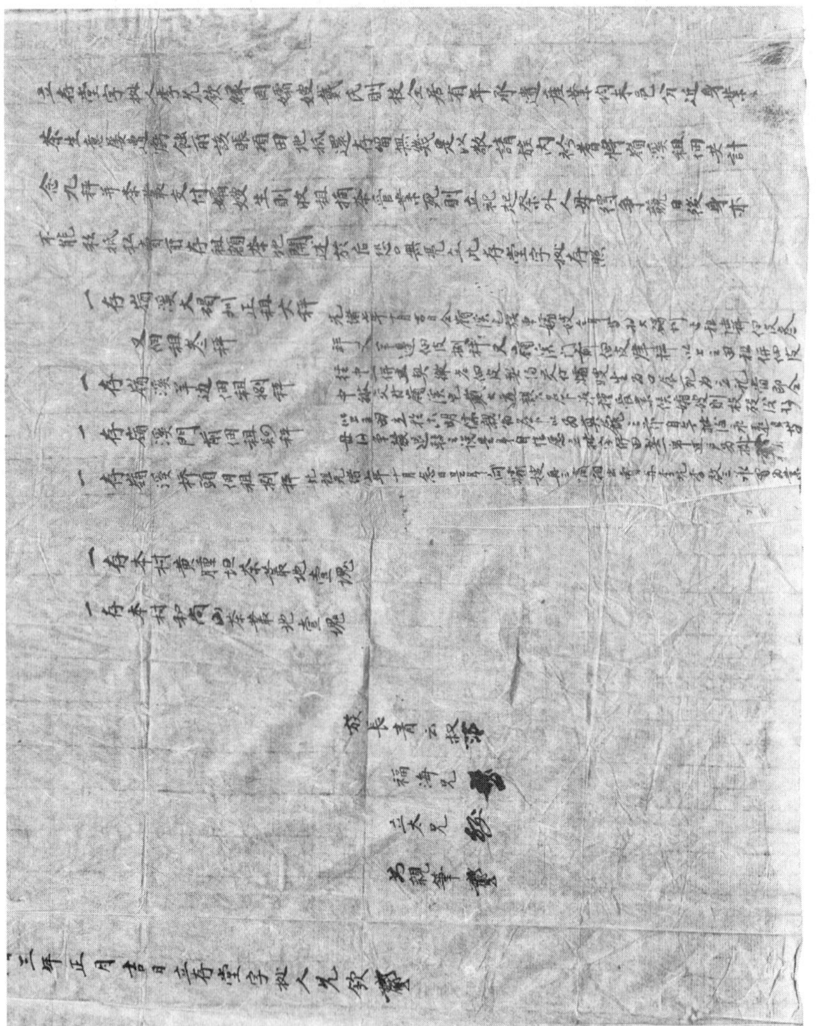

秋口镇岭溪村 10 · 光绪三年 · 存堂字据 · 李允钦

立断骨出賣田皮約人戴汝林今欲祖遺有晚田壹叚坐落
土名裡戴坑計田壹大坵計田壹會正祖伍秤半又交
畢家坑已祖貳秤半計又田皮祖捌秤全回應用托中將
田皮出賣與
李成章兄名下承置為業三面憑中議作時值洋錢拾樹
員正其洋是身当即收訖託其田皮自今出賣之後聽憑買人
過手耕業科種無阻承賣之先並無重扸當报太明如有
等情異身料理不干買人之事原本家四外人等並無生
端異說恐口無憑立此出賣田皮約存據其洋候戊子巳丑年
按還洋多賣除本照交畢如算无異其戊巳兩年未曾
還按本候過兩年之外备出租拾秤交畢其田皮日後照
依原價取贖再批海字

光緒十三年十二月十六日立断骨出賣田皮約人戴汝林親筆

見中 俞信卿游
戴義和忠

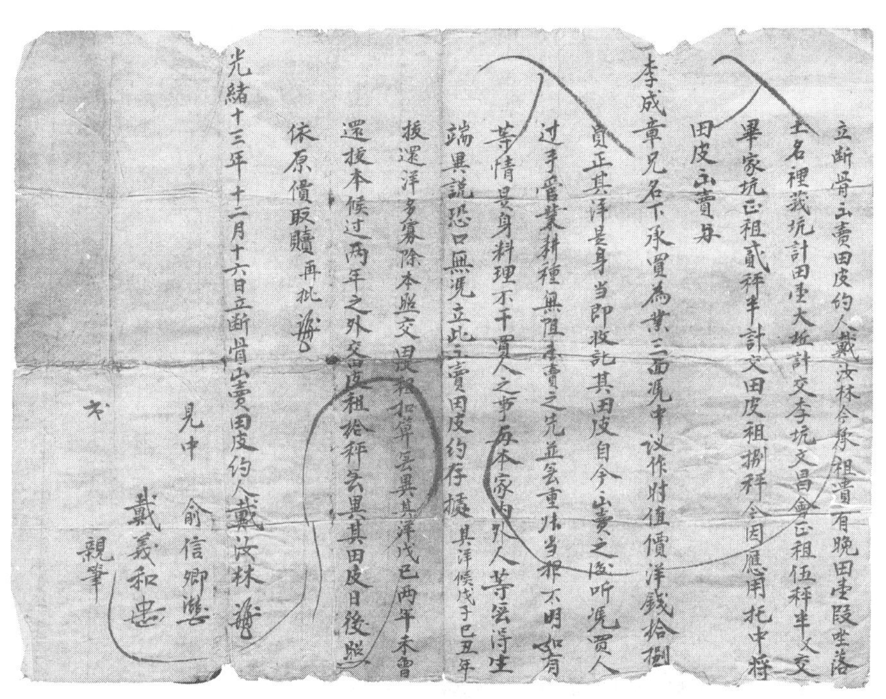

秋口镇岭溪村 76 · 光绪十三年 · 断骨出卖田皮约 · 戴汝林卖与李成章兄

立断骨出卖田皮约人戴大道今承祖遗有晓田壹叚坐落土名□里栽坑计田壹大坵计交李坑文昌巳祖伍秤半又交毕家坑巳祖贰秤半计交田皮祖捌秤今因应用托中将田皮出卖与

李成章兄名下承买为业三面凭中议作时值价洋钱拾捌员正其洋是身当即收讫其田皮自今出卖之後听买人过手召佃耕种毫无阻未卖之先实无重张吉押不明以有等情旦身料理不干买人之事身本家内外人等异言阻端异说恐口无凭立此卖田皮约存据其洋候戊巳丑年按还洋多寡除本赃交祖和等各异共洋戊巳两年未曾按还本候戊巳两年之外交田皮祖拾秤会异其田皮日後照依原价取赎再批蒙

光绪十三年十二月十六日立断骨出卖田皮约人戴大道（押）

见中舅义和（押）

俞倍卿（押）

亲笔等

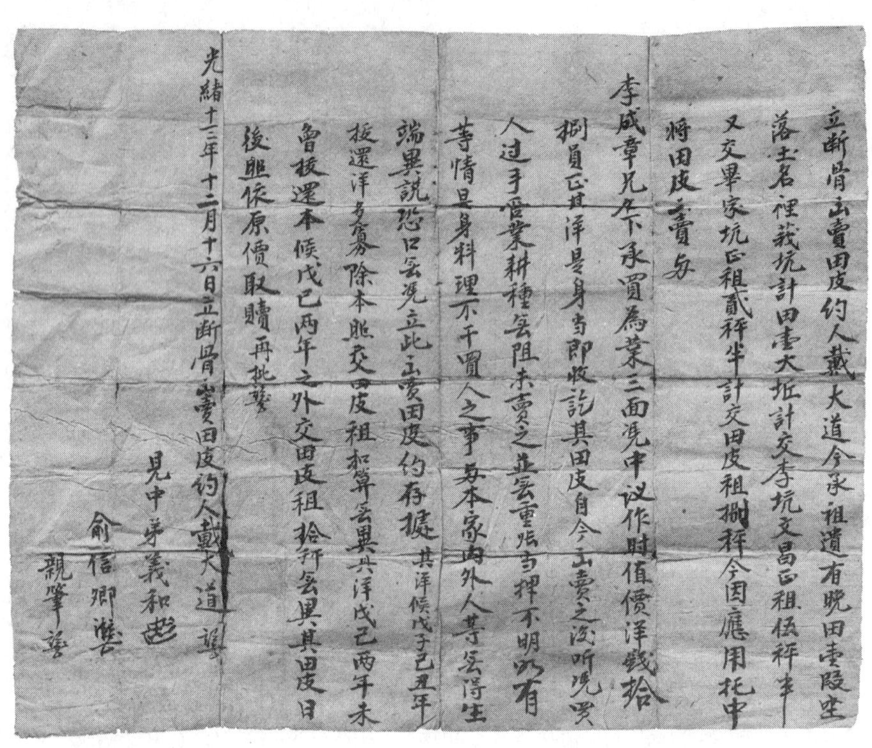

秋口镇岭溪村 77・光绪十三年・断骨出卖田皮约・戴大道卖与李成章兄

秋口镇岭溪村 26 · 光绪十七年 · 收字 · 李财富

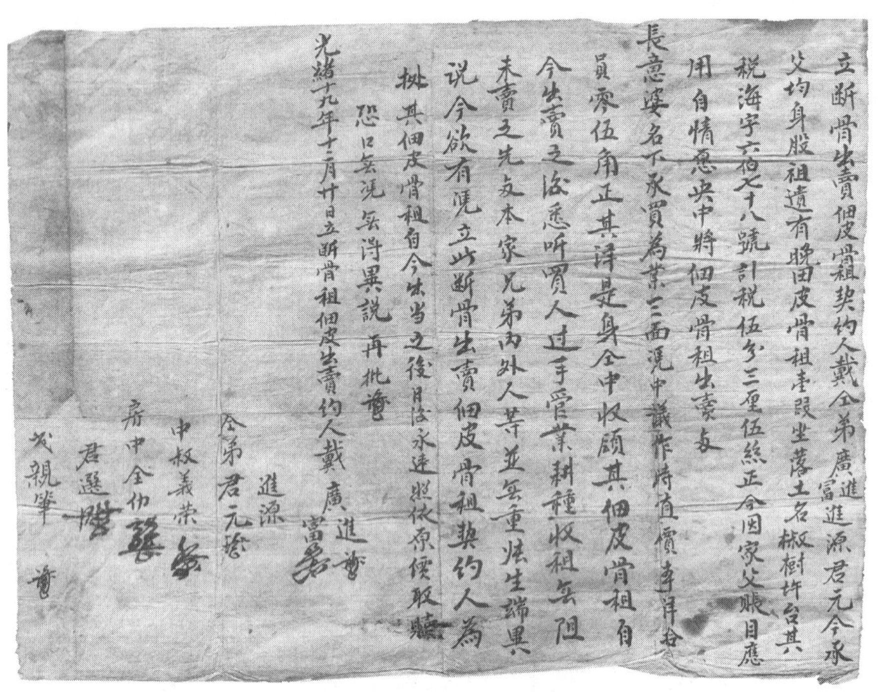

立斷骨出賣佃皮骨租契約人戴仝弟廣進富進源君元今承
父均身股祖遺有晚田皮骨租壹段坐落土名椒樹坍台其
稅海字六佰七十八號計稅伍分三厘伍絲正今因家父眼目應
用自情愿央中將佃皮骨租出賣與
長意婆名下承買為業三面憑中議作時值價英洋拾
員零伍角正其洋是身仝中收領其佃皮骨租自
今出賣之後悉听買人过手管業耕種收租無阻
未賣之先及本家兄弟內外人等並無重張生端異
說今欲有憑立此斷骨出賣佃皮骨租契約人為
据 其佃皮骨租自今出当之後日後永遠照依原價取贖
恐口無憑無得異說 再批 押
光緒十九年十二月廿日立斷骨租佃皮出賣約人戴廣進 押
富 押
仝弟 進源 君元 押
中叔 義榮 押
房中仝仂 押
君選 押
代親筆 押

秋口镇岭溪村 79 · 光绪十九年 · 断骨出卖佃皮骨租契 · 戴广进、广富、进源、君元卖与长意婆

立断骨出賣佃皮骨租約人戴廣進今承祖遺該身
股有旱田壹坵坐落土名乜分今交乜祖本村文福公壇秤
半佃皮弍秤骨租壹秤半当係身乜事應用自情愿托中
出賣与
尚義堂名下承買為業三面托中議作時值價本洋弍元
正其洋是身当即仝中收領其佃皮骨租出賣之後悉听
買人过手耕種管業收租無阻未賣之先並無重張当
押不明為有等情是身自理不干買人之事 支本家兄
弟内外人等無得生端異說今欲有憑立此出賣佃皮
骨租為據 日後照依原價取贖再批(押)
光绪十九年十二月廿日立断骨出賣佃皮骨租約人戴廣進(押)
叔 中 義榮(押)
弟 君元(押)
代親筆

秋口镇岭溪村 98 · 光绪十九年 · 断骨出卖佃皮骨租约 ·
戴广进卖与尚义堂

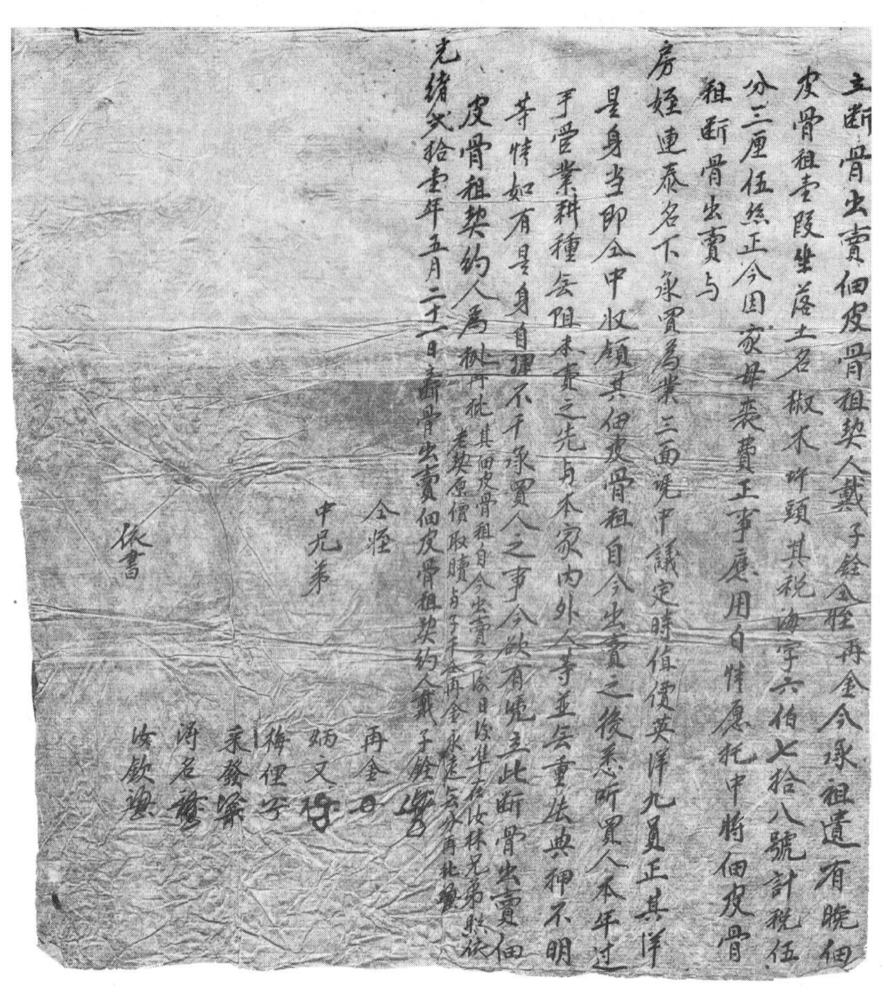

立斷骨出賣佃皮骨租契人戴子銓仝侄再金今承祖遺有晚佃
皮骨租壹段坐落土名楸木圻頭 其稅海字六佰七拾八號計稅伍
分三厘伍絲正 今因家母喪費正事應用 自情愿托中將佃皮骨
租斷骨出賣与
房侄連泰名下承買爲業 三面憑中議定時值價英洋九員正 其洋
是身當即仝中收領 其佃皮骨租自今出賣之後 悉聽買人本年过
手管業耕種 無阻 未賣之先 与本家內外人等並無重張典押不明
等情 如有是身自理 不干承買人之事 今欲有憑 立此斷骨出賣佃
皮骨租契約人爲據 再批 其佃皮骨租自今出賣之後日後准在汝林兄弟照依
老契原價取贖 与子侄再金永遠無分 再批據

光緒貳拾壹年五月二十一日立斷骨出賣佃皮骨租契約人戴子銓
仝侄 再金
中兄弟 炳文
梅仔 字
来發
河名
依書 汝欽

秋口镇岭溪村 72 · 光绪二十一年 · 断骨出卖佃皮骨租契 · 戴子铨同侄再金卖与房侄连泰

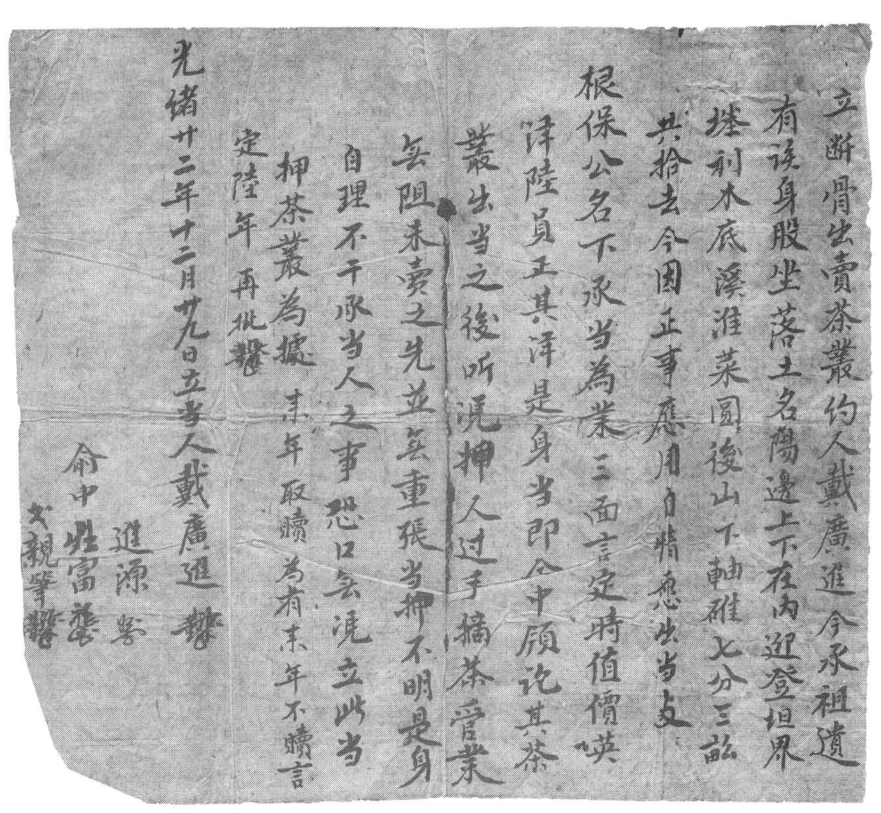

立断骨出賣茶叢约人戴廣進，今承祖遺
有該身股坐落土名陽邊上下在内，迎登坦界
塍利木底溪淮菜園後山下軸碓七分三畝
共拾去。今因正事應用，自情愿出当支
根保公名下承当為業。三面言定時値價英
洋陸員正，其洋是身当即仝中領訖。其茶
叢出当之後，听凭押人过手摘茶管業
無阻。未当之先，並無重張当押不明，是身
自理，不干承当人之事。恐口無凭，立此当
押茶叢為據。未年取贖，為有未年不贖言
定陸年。再批號
光绪廿二年十二月廿九日立当人戴廣進（押）
進源（押）
命中 胜富（押）
代親筆（押）

秋口镇岭溪村 82 · 光绪二十二年 · 断骨出卖茶丛约 · 戴广进当与根保公

立断骨出賣田租约人戴汝林今承祖遺
有旱田三叒圭圭叒坐落土名三畝坵正
租皮圭并在内今因正事應用自情愿
央中出賣与
本村得春公名下承買為業三面央中议
作時値價英洋肆員正其洋是身
当時收訖其田租皮自今出賣之後息听
買人过手收租耕種管業無阻未賣之
先並無重法当押不明為有等情是
身自理不干買人之事恐口無憑立
此断骨出賣田租為据 内挿之字乙隻 敀田字乙隻
廿五年十二月念三日加当英洋弍元以其正租圭方。汝林自己交正
其祖田日後照依原價取贖 押 祖無得異說 言定陸年 押
光绪廿四年十二月廿九日立断骨出賣租皮约人戴汝林 押
中弟 君元 押
民國七年拾弍月廿弍日 續富
去洋六元執契贖轉
代親筆 汝林 押

秋口镇岭溪村 97 · 光绪二十四年 · 断骨出卖田租约 · 戴汝林卖与得春

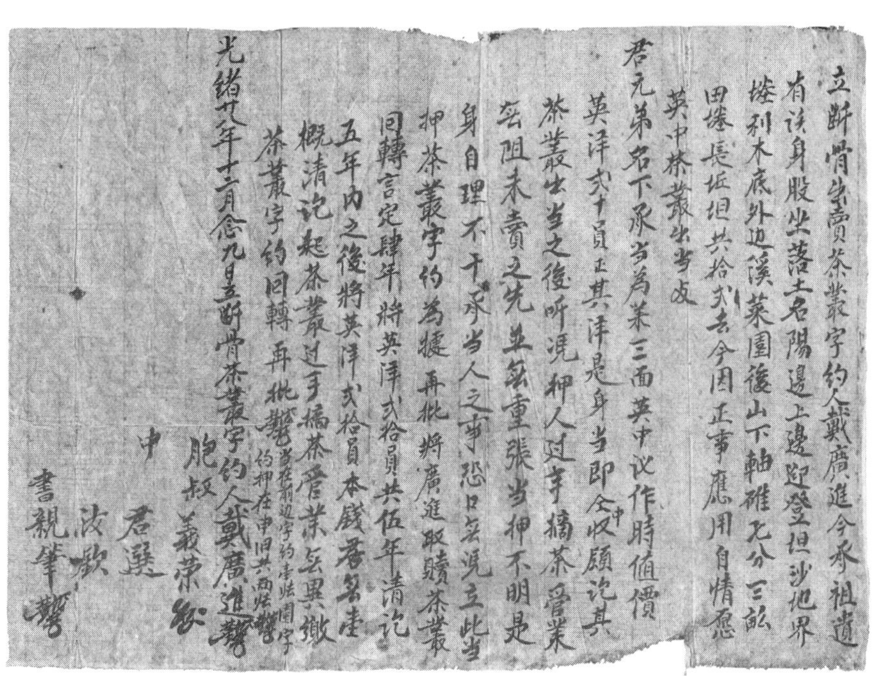

立断骨出賣茶叢字約人戴廣進今承祖遺
有該身股坐落土名陽邊上邊迎登坦沙地界
塍利木底外边溪菜園後山下軸碓乙分三畝
田塍長坵坦共拾弍去今因正事應用自情愿
英中茶叢出当与
君元弟名下承当為業三面英中议作時值價
英洋弍十員正其洋是身当即仝中收領讫其
茶叢出当之後听凭押人过手摘茶管業
無阻未賣之先並無重張当押不明是
身自理不干承当人之事恐口無凭立此当
押茶叢字约為據 再批將廣進取贖茶叢
回轉言定肆年 將英洋弍拾員共伍年清讫
五年内之後將英洋弍拾員本錢番洋壹
概清讫起茶叢过手摘茶管業無異 撤
茶叢字约回轉 再批 當在前边字约未照回字约押在中旧共两照
光緒廿八年十二月念九日立断骨茶叢字约人戴廣進
胞叔 義榮
中 君選
汝歡
書 親筆

秋口镇岭溪村 74 · 光绪二十八年 · 断骨出卖茶丛契 · 戴广进卖与君元弟

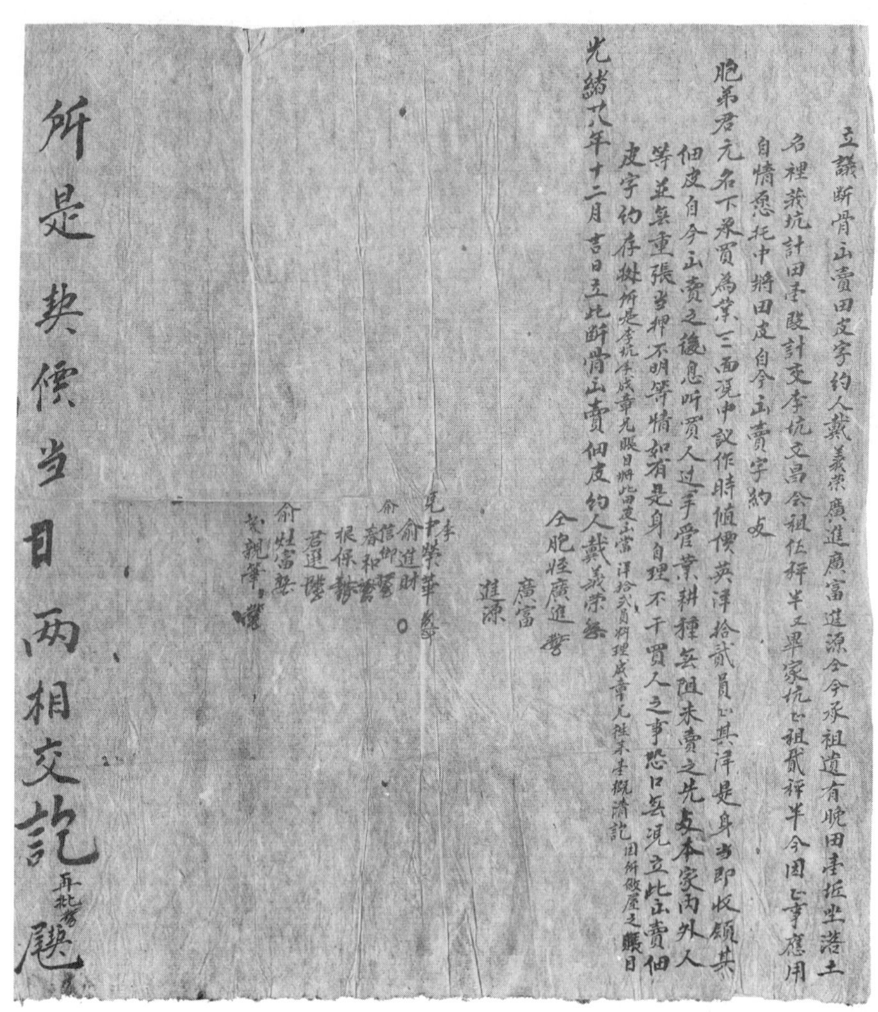

秋口镇岭溪村 85 · 光绪二十八年 · 断骨出卖佃皮约 · 戴义荣、广进、广富卖与胞弟君元

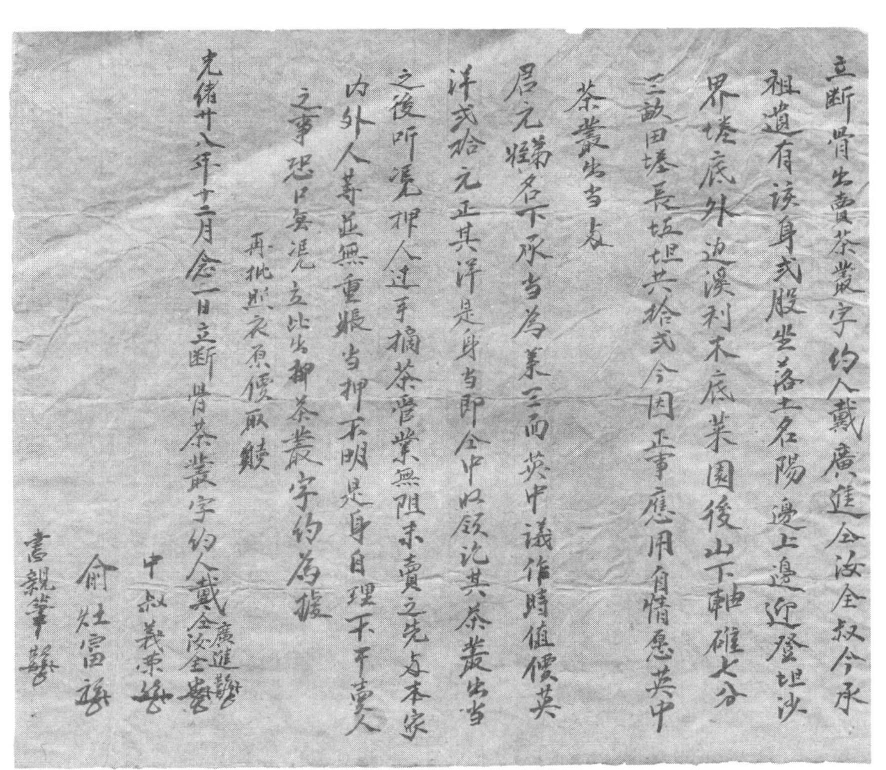

立断骨出賣茶叢字约人戴廣進仝汝全叔今承
祖遺有該身弍股坐落土名陽邊上邊迎登坦沙
界塝底外边溪利木底菜园後山下軸碓七分
三畝田塝長坵坦共拾弍今因正事應用自情愿央中
茶叢出当与
君元姪弟名下承当為業三面央中議作時値價英
洋弍拾元正其洋是身当即仝中收訖其茶叢出当
之後听凭押人過手摘茶管業無阻未賣之先与本家
内外人等並無重復当押不明是身自理不干受人
之事恐口無凭立此出押茶叢字约為據
再批照衣原價取贖
光绪廿八年十二月念一日立断骨茶叢字约人戴廣進 仝汝全
中 叔 義棠
俞灶富
書 親筆

秋口镇岭溪村 137 · 光绪二十八年 · 断骨出卖茶丛字约 ·
戴广进同汝全叔卖与君元

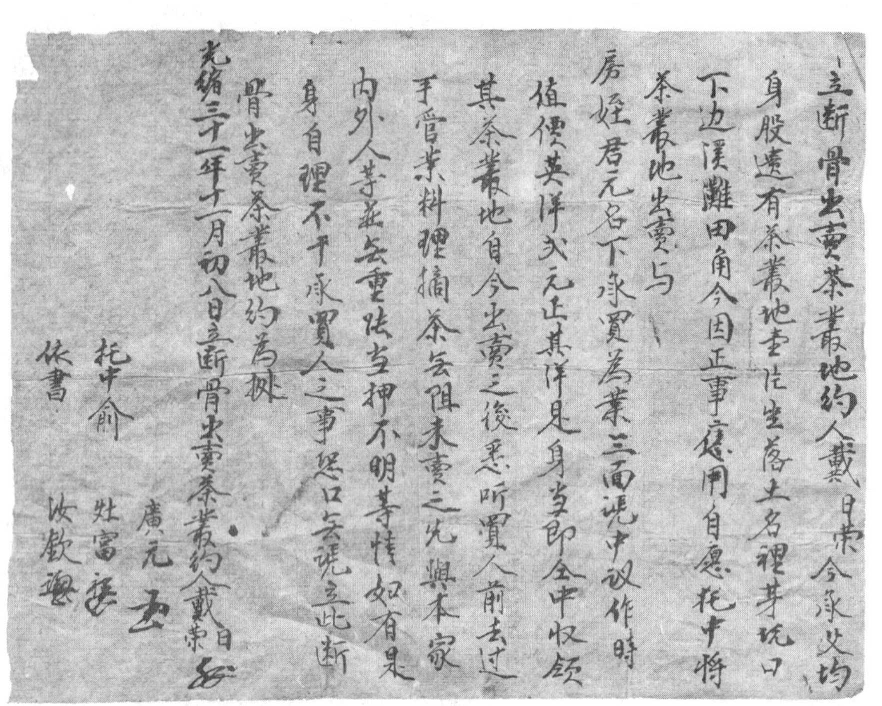

立断骨出賣茶叢地约人戴日荣今承父均身股遗有茶叢地壹片坐落土名裡芽坑口下边溪灘田角今因正事應用自愿托中將茶叢地出賣与房姪君元名下承買為業三面凭中议作時值價英洋弍元正其洋是身当即仝中收領其茶叢地自今出賣之後悉听買人前去过手管業料理摘茶无阻未賣之先與本家內外人等並无重張当押不明等情如有是身自理不干承買人之事恐口无凭立此断骨出賣茶叢地约為據

光緒三十一年十一月初八日立断骨出賣茶叢约人戴日荣（押）

托中俞廣元（押）

灶富（押）

依書汝歡（押）

秋口镇岭溪村 135 · 光绪三十一年 · 断骨出卖茶丛地约 · 戴日、戴荣卖与房侄君元

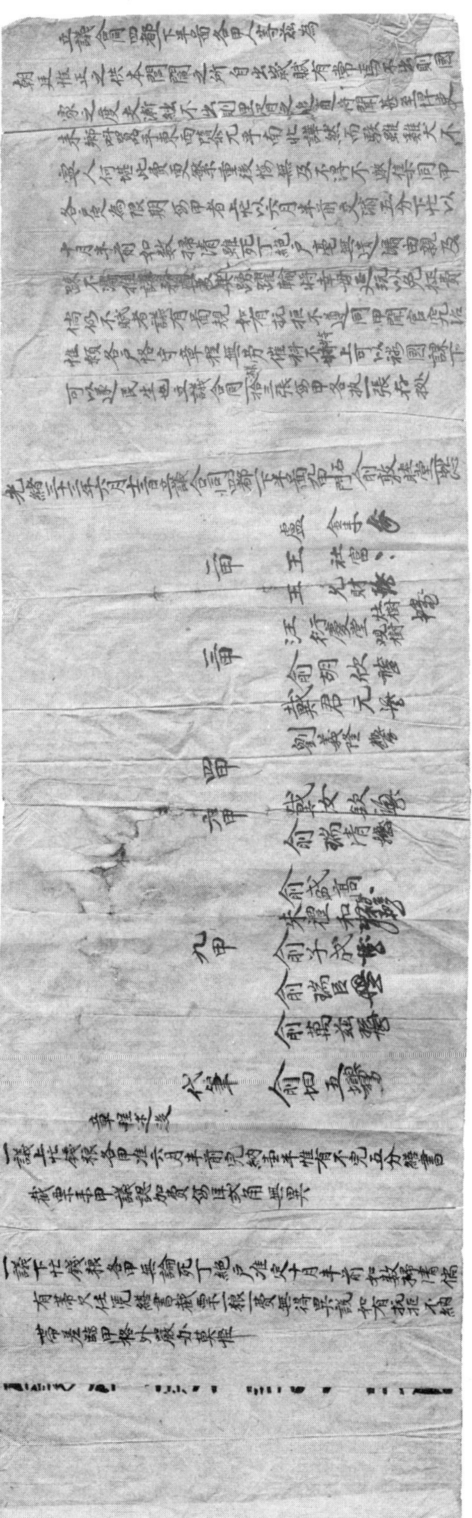

秋口镇岭溪村 3 · 光绪三十三年 · 合同 · 俞敦睦堂

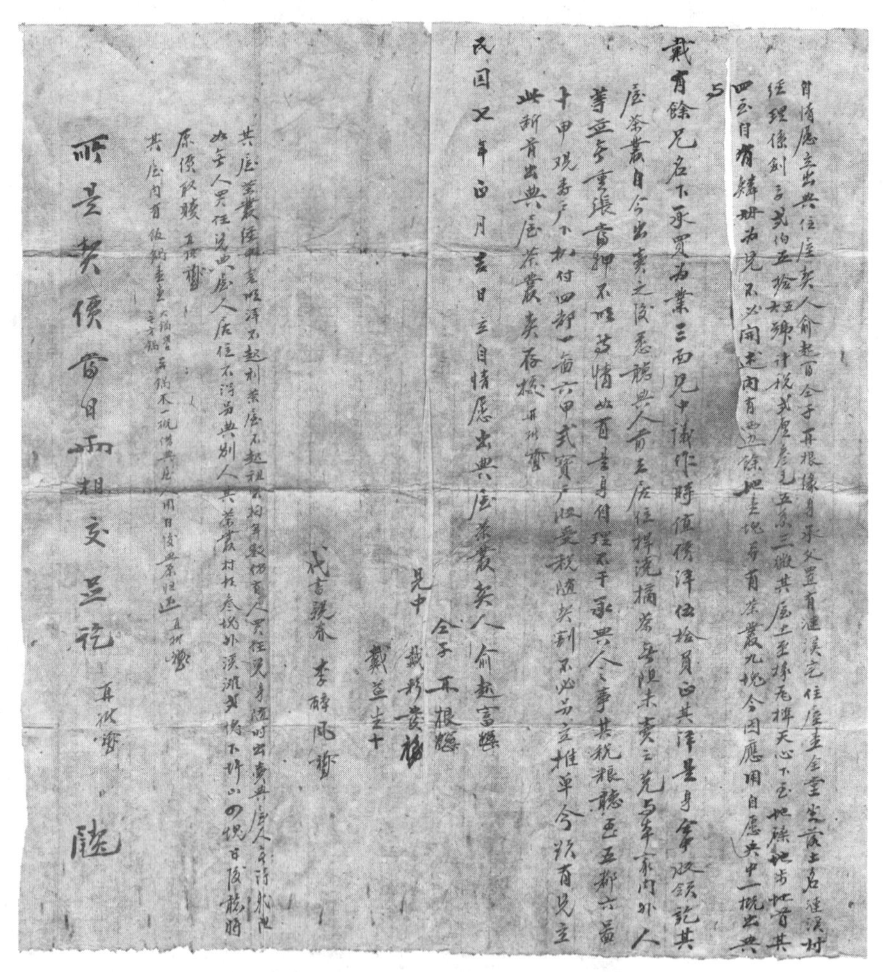

秋口镇岭溪村 12 · 民国七年 · 出典住屋契 · 俞起富典与戴有余

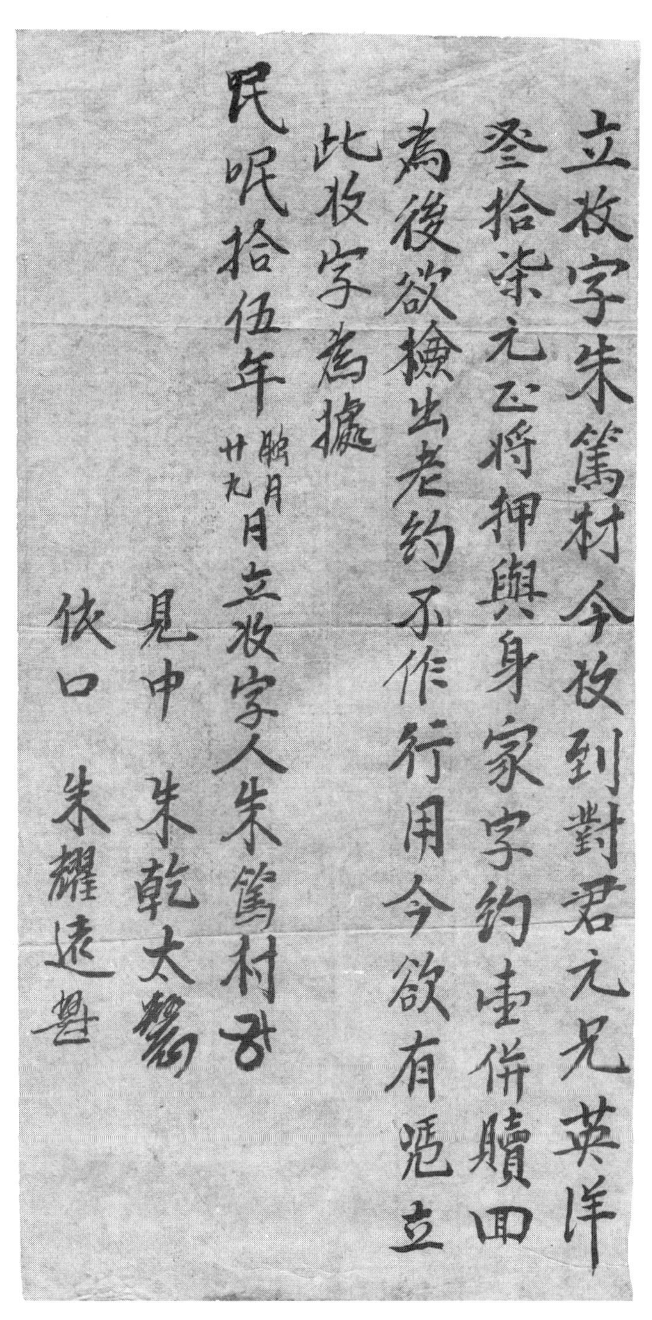

立收字朱篤村今收到對君元兄英洋叁拾柒元正將押與身家字約壹併贖回為後欲檢出老約不作行用今欲有憑立此收字為據

民國拾伍年臘月廿九日立收字人朱篤村（押）

見中 朱乾太（押）

依口 朱耀遠（書）

秋口镇岭溪村 6 · 民国十五年 · 收字 · 朱笃材收到对君元兄

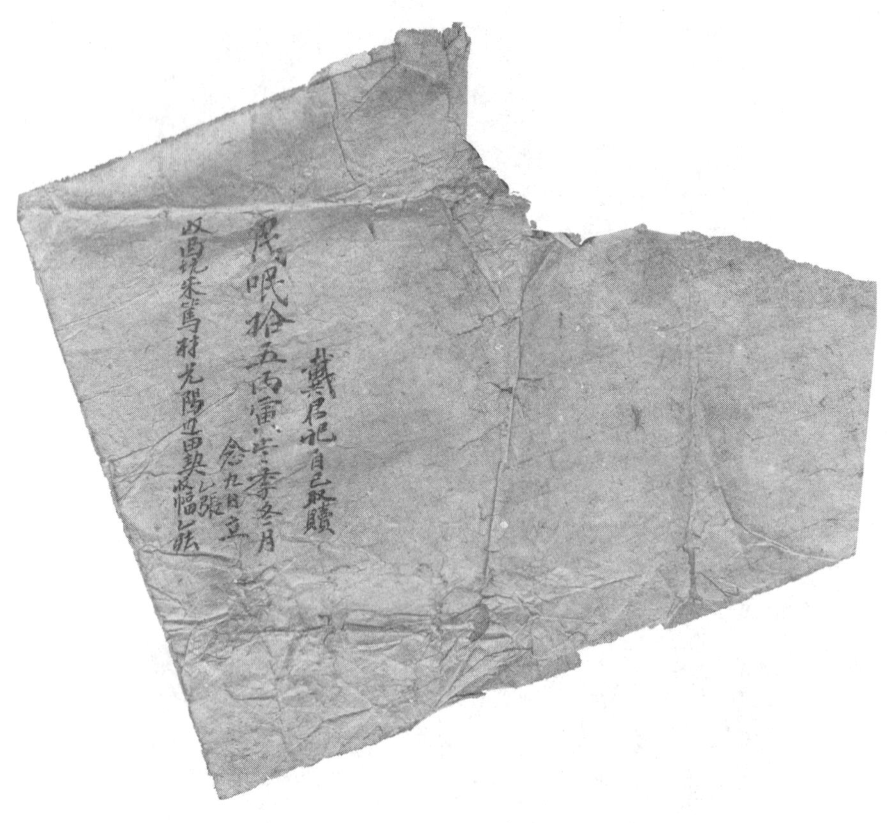

秋口镇岭溪村 69 · 民国十五年 · 赎约包封 · 戴启记赎自朱笃材

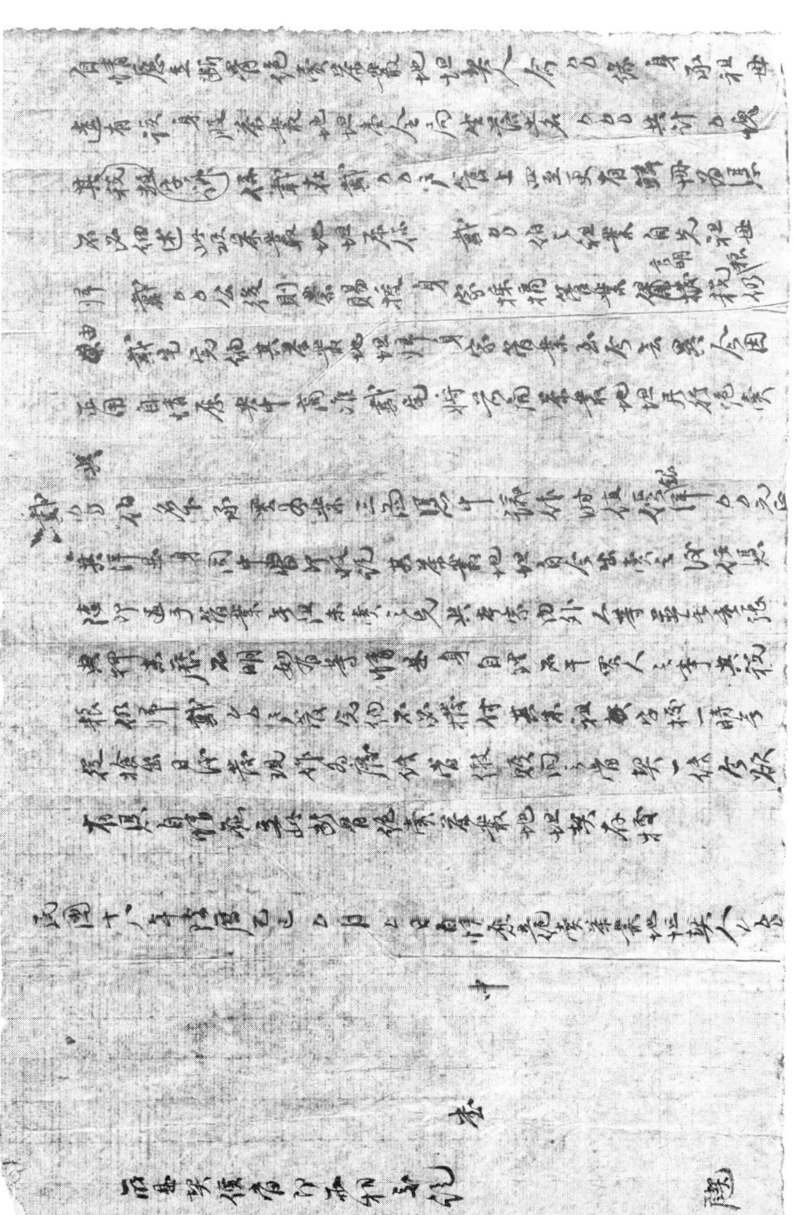

秋口镇岭溪村 94 · 民国十八年 · 断骨绝卖茶丛地坦契 · 俞□□卖与戴□□伯

自情愿立断骨绝卖茶丛地坦契人俞樟盛全弟贽切缘身承祖妣遗有
读身股茶丛地坦重全局坐落土名村头共计茶丛其字号说载系戴在戴亲
春户管上至更有鳞册为凭不必细述此项茶丛地坦原你戴君元伯之
祖叶自先祖妣归戴亲荫公役则蒙赐授身家採摘業言明税粮仍
由戴宅完納其茶丛地坦归身家管業至今無異今因正用自情
愿央中商准戴宅得前開茶丛地坦居行泡卖方
戴君元伯名下承哩为業三面凭中议作時值洋即拾元正其洋
是身同中当即收訖其茶丛地坦自今出卖之後任憑隨郎過手
管業無阻未卖之先山內外人等並無串重押味愿不明沾
不必撥付其來祖字恨一胼無從檢出日後葺現作為廢紙當繳贈回
之當契一紙今欲有憑自情愿立此断骨絕卖茶丛地坦契在执
民國拾八年陰曆己巳二月初一日立自情愿立此卖茶丛地坦契人俞樟盛

再批外边溪滩茶祖茶塊
下坪山四塊

中见 吴樹柱
依書 俞德清繪

上項契俱當郎兩相交付足訖契尾

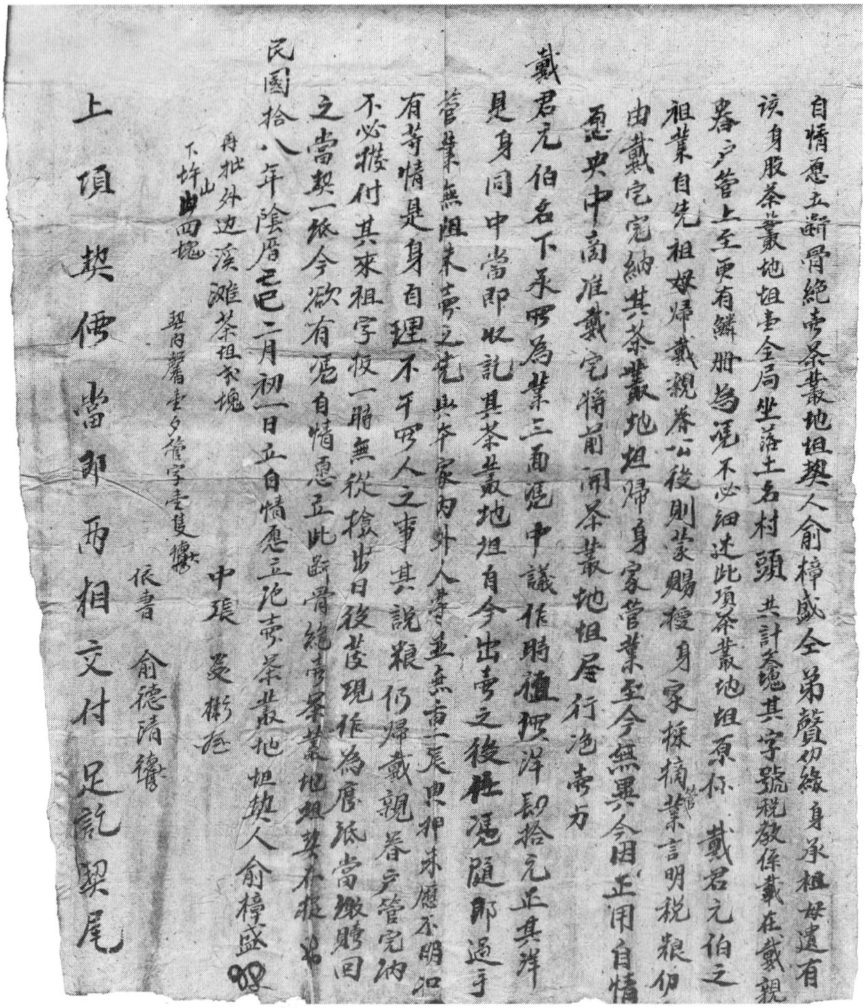

立自情愿所有池賣茶叢地坦塂人俞張盛緣身承祖母遺一有談身後茶叢地坦賣全局坐落土名村頭外卫溪下許山共計三號其祝限字號係戴在戴君元戶管上四至更有鱗冊老院不必細述此須茶叢地坦原係戴君元伯立揭賣自光祖椑場戴太道公俻則蒙賜據身亲探摘营業言明悅叛儻由戴電宪的其茶叢至今亲異全田正用自情愿恍甲商在戴電將前開茶叢地坦尽行池賣塂
戴君元伯各承買名第三面談足將值價英洋計元正其祝粮依帰戴君元戶管完的不必減付其自今出賣之後任從隨即過年管業甘愿亲賣之光与本家内外人寿堂并無重拱交易曲押不明如有苄情亲身自理不千買人立其祝粮依帰戴君元戶管完的不必減付其朱祖自投州会從敛出自錢蕆現作為唐徵當勝田之當英一後今破有污目賣愿立
此契有池賣茶叢地坦賣契存照
其茶叢祀坦正自池氖之後永逺不許曾橫取贖再批騣
民国十九年陰曆庚仟元月廿五日立池賣茶叢地坦契人俞張盛戴中
　　　　　　　　　　　　　代笔　俞嘉善蕃
　　　　　　　　　　　　　中見　戴生萬擘
　　　　　　　　　　　　　　　　李益賢擘
　　　　　　　　　　　　　　　　俞伯清擘
　　　　　　　　　　　　　　　　戴長太擘

上項契價當日兩相交付足訖
　　　　　再批擘
戴益和十　　　擘

秋口镇岭溪村80·民国十九午·断骨出卖茶丛地坦契·俞张盛卖与戴君元

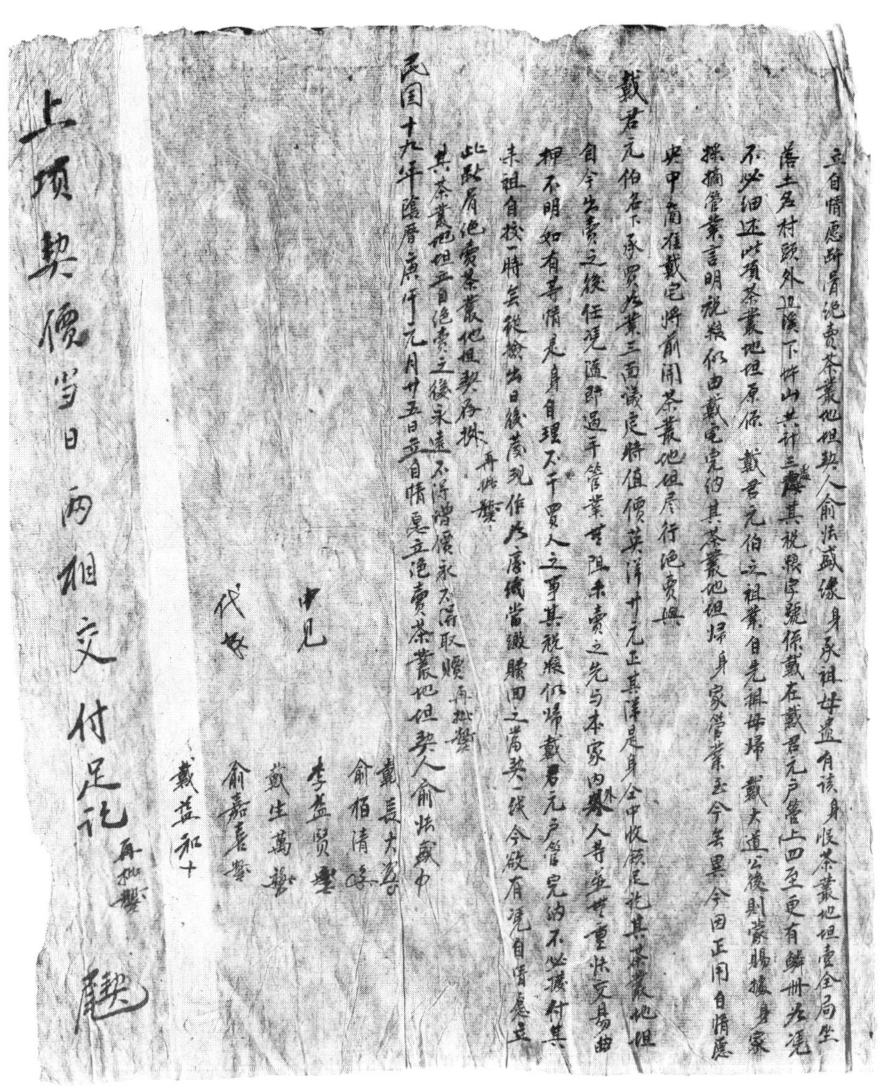

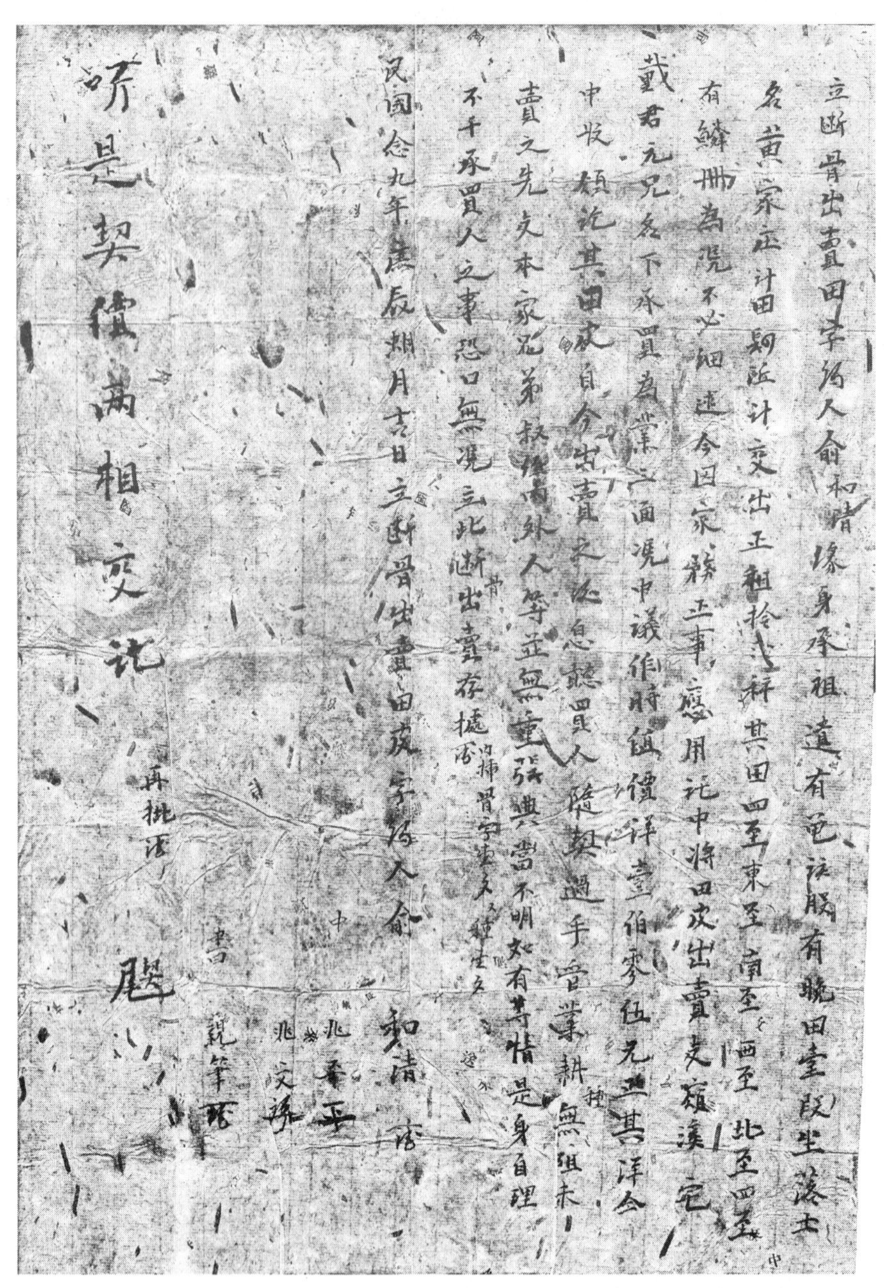

立断骨出賣田字約人俞和清

緣身承祖遺有芭源有晚田壹段坐落土

名黃家庄计田貳坵计交出正租拾斤其田四至東至南至西至北至四至

有鱗冊為凴不必细述今因家務正事應用托中將田交出賣支嶺溪宅

戴君元兄名下承買為業三面凴中議作時值價洋壹佰零伍元正其洋今

中收領訖其田交自今出賣之後悉聽買人隨契過手管業耕種無阻未

賣之先支本家兄弟叔侄内外人等並無重張典當不明如有等情是身自理

不干承買人之事恐口無凴立此斷骨出賣存據

民國念九年庚辰朔月吉日立斷骨出賣田字約人俞和清

中 兆泰平 兆文椽

親筆

再批

所是契價兩相交訖 照

秋口镇岭溪村 125 · 民国二十九年 · 断骨出卖田字约 · 俞和清卖与戴君元

立断骨出卖基地契人戴□□今承祖遗门首
的贫股基地壹片坐落土名陈溪村内□经理创宗
凭伯经拾叁号共□□□□□□东至路南至路西至路
北至洋沟为界四至分明有□□□□不必
细逐今因正事愿托中将但基地断骨
出卖与
戴名下承买为业一面凭中议作时值价洋□□
□□□是身亲领足讫其基地西地下
□□出卖之後悉听买人过首营业作取
用无阻未卖之先與本家兄叔伯内外人等并无
重张交易不明等系身自理不干承买人
之事其税粮听凭□□户推付本
都本甲本上□户收受粮随契推不必另立推
单恐後无凭立地断骨卖基地契为据
民国三十年二月□日立断骨出卖屋基地人戴□□
见中先生祥□□
□林 □□
断是契仍当日两相交讫

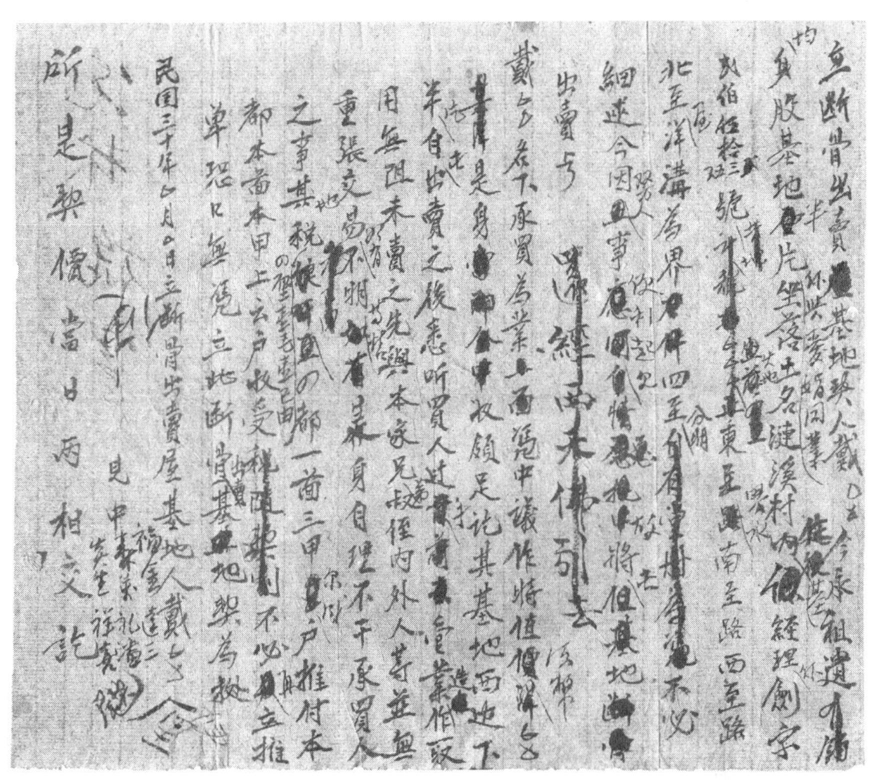

立議合仝人孫慶五孫明萬孫有貞孫胡保汪顯俞文李戴炳連戴志吟戴志元戴志仁今因排squ…催保乾隆四十九年分輪充里役現辦…孫承糧兵米繁多人居漁散无…

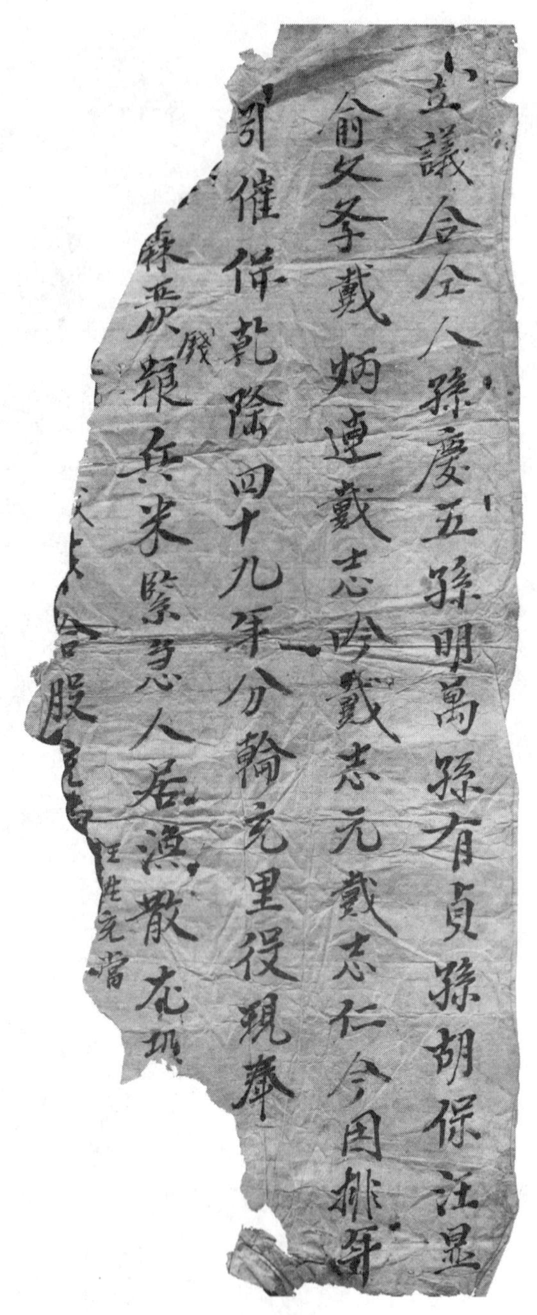

秋口镇岭溪村 8·合同·孙庆五、孙明万、孙有贞、孙胡保等

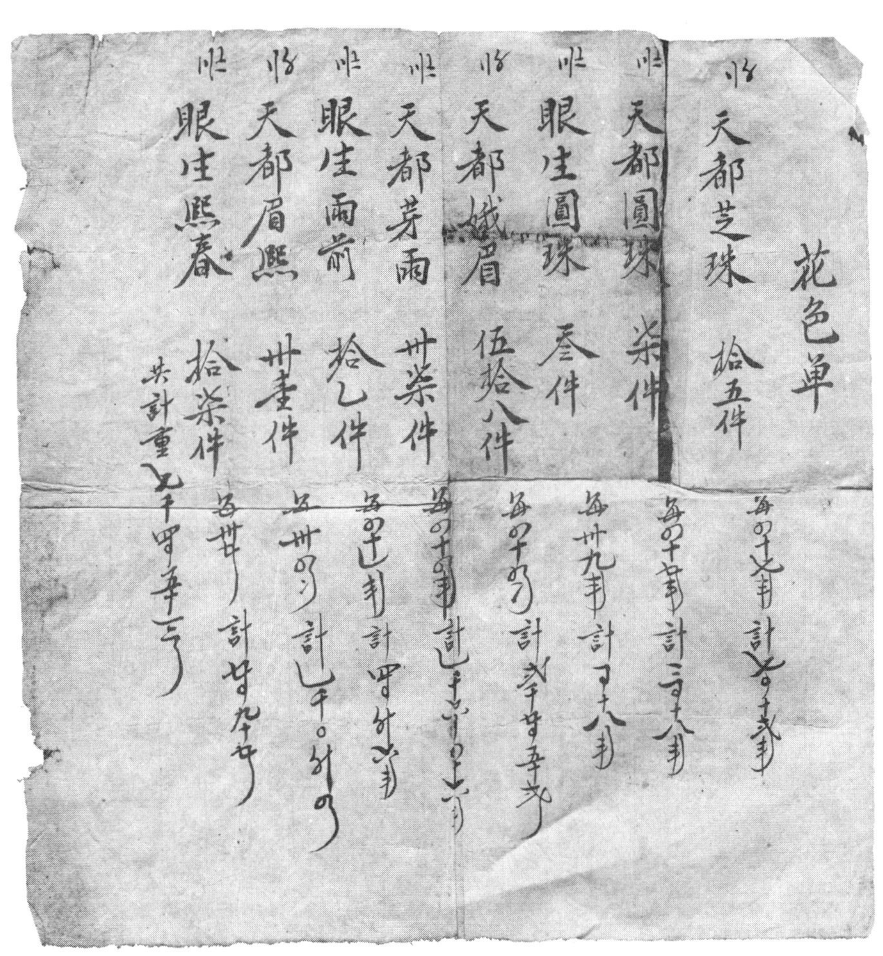

花色单

收 天都芝珠 拾五件

收 天都圓珠 柒件

收 眼生圓珠 叁件

收 天都娥眉 伍拾八件

收 天都芽雨 卅柒件

收 眼生雨前 拾乙件

收 天都眉熙 卅叁件

收 眼生熙春 拾柒件

共計重

秋口镇岭溪村 9-1 · 花色单

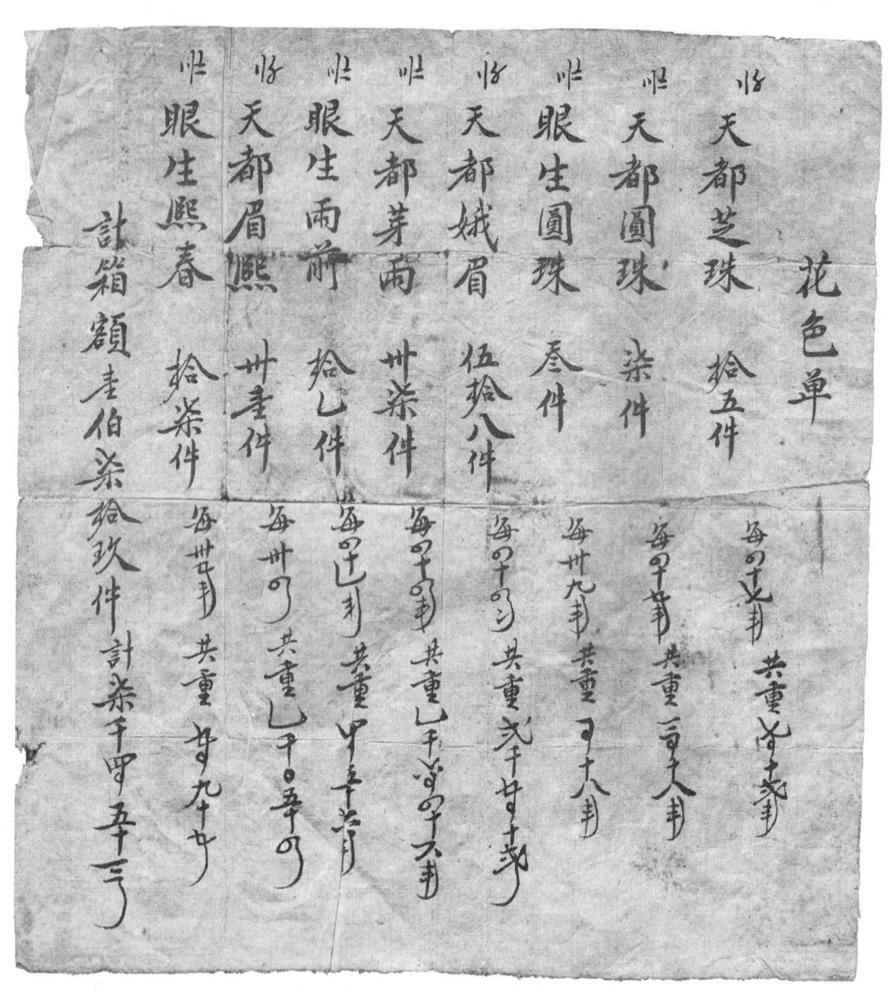

花色单

收	天都芝珠	拾五件	每[illegible]斤	共重[illegible]斤
收	天都圓珠	柒件	每[illegible]斤	共重[illegible]斤
收	眼生圓珠	叁件	每卌九斤	共重[illegible]十八斤
收	天都娥眉	伍拾八件	每[illegible]	共重[illegible]
收	天都芽雨	卅柒件	每[illegible]斤	共重[illegible]斤
收	眼生雨前	拾[illegible]件	每[illegible]斤	共重[illegible]
收	天都眉熙	卅壹件	每卌[illegible]	共重[illegible]
收	眼生熙春	拾柒件	每[illegible]斤	共重[illegible]

計箱額壹伯柒拾玖件 計柒千[illegible]

秋口镇岭溪村 9-2 · 花色单

秋山镇岭溪村 15 · 合同 · 孙大五等

阖村公議嚴禁各項規列述左

一禁來龍水口併下坪山處塲以及杉松雜木挖掘作種毋許入
山侵害如有犯者公議重罰錢　伍兩正　無異決不徇情或擎
刀斧或擎鋤頭或報名者賞手〻叁兩　若有看見不報者照
罰加倍
加禁養生自祖以來上至大碣底下至梘頭中毋碣底為止以及本
家內外人等無許入禁河內緞簑攀罾撒網釣竿藥魚
床魚筒一概不准養生河內侵害如有入禁河內犯者通公
理論重罰〻伍兩　儆河敬神無異有人看見報名者
賞手錢　壹兩　或擒各樣為証報知賞手〻叁兩若看
見不報者照罰加倍如若不遵者公議　呈官究治
一禁亭梓嶺橋山杉松二木毋許入山侵害如有犯者公罰〻仝
業主有人看見報知即領賞手〻壹兩若有看見不報
照罰加倍決不徇情
一禁劍頭馬涇嶺山塲杉松二木無許入山侵害如有犯者公議
重罰〻叁兩　有人看報名領賞手〻叁兩若有看見
不報者照罰加倍無異如若不遵仝業主
一禁長家充山塲杉松二木毋許入山侵害如有犯者公議重
罰〻叁兩有人看見報知領賞手〻弍兩　如若看見
不報者照罰加倍決不徇情

秋口镇岭溪村 16 · 村规

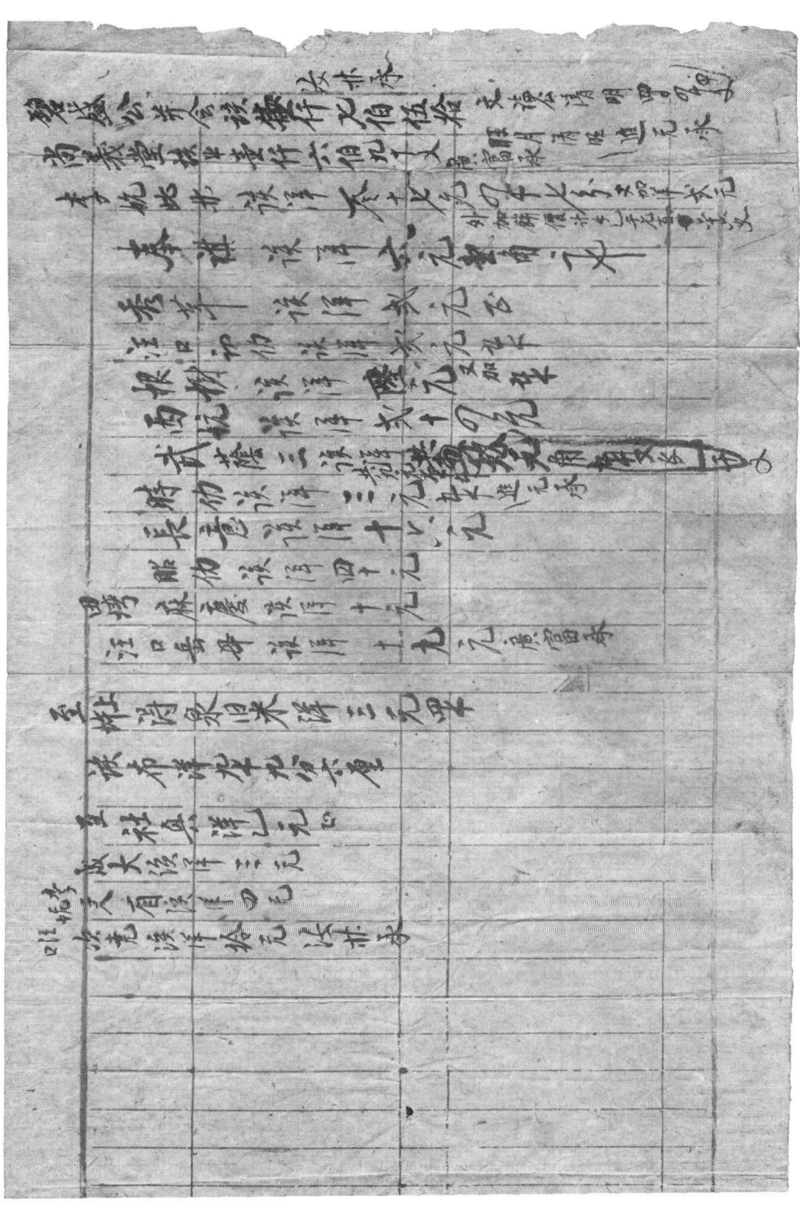

秋口镇岭溪村 18 · 流水账

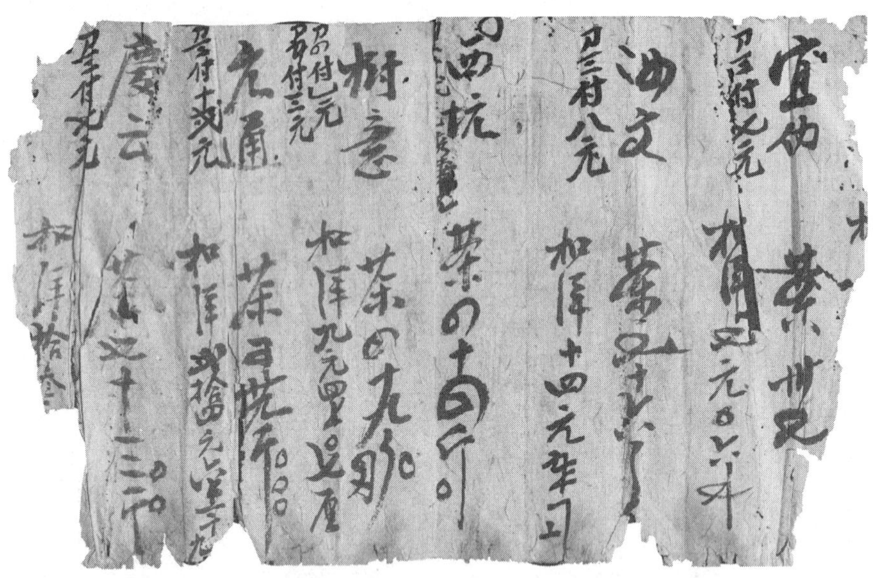

秋口镇岭溪村 19 · 流水账

秋口镇岭溪村 20・流水账

己巳年十月初日卖鸟黄

画眉 廿六件 水
老张 拉件 张 尾件
张眠 十日件 计 尾件
秘眉 卅六件 从 尾件
芳词 廿五件 计
凯色 6十件 哨
鹇蜀 6十件 计
咽名林十6件
珍罗 卅三件 计

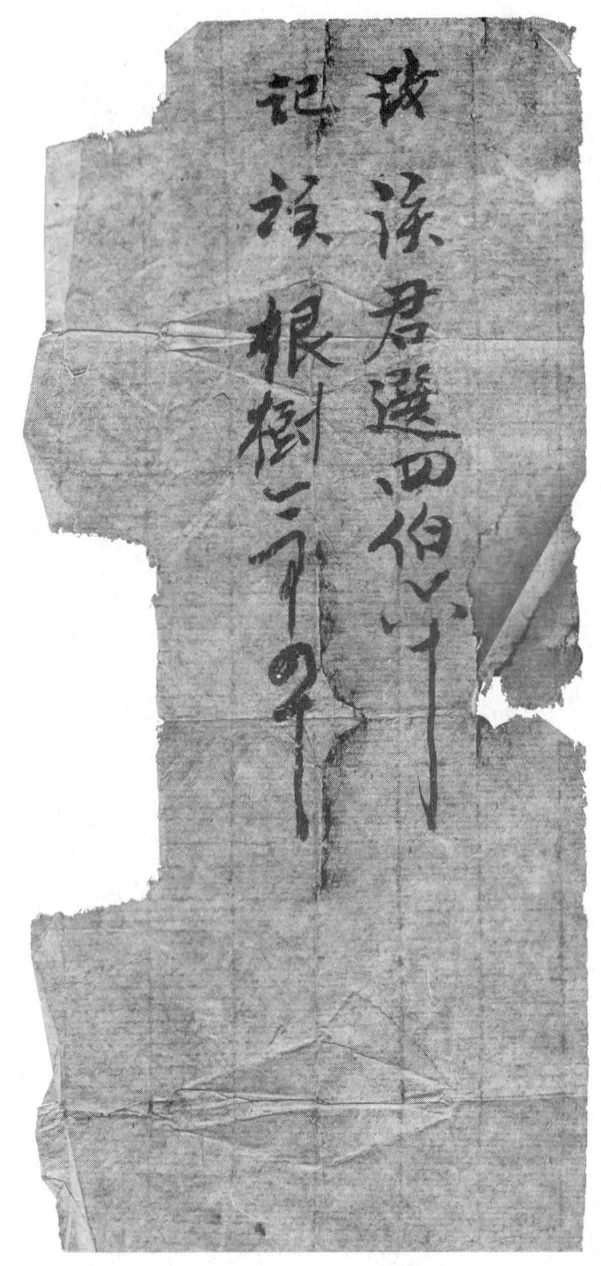

秋口镇岭溪村 21 · 账单

秋口镇岭溪村 22 · 账单

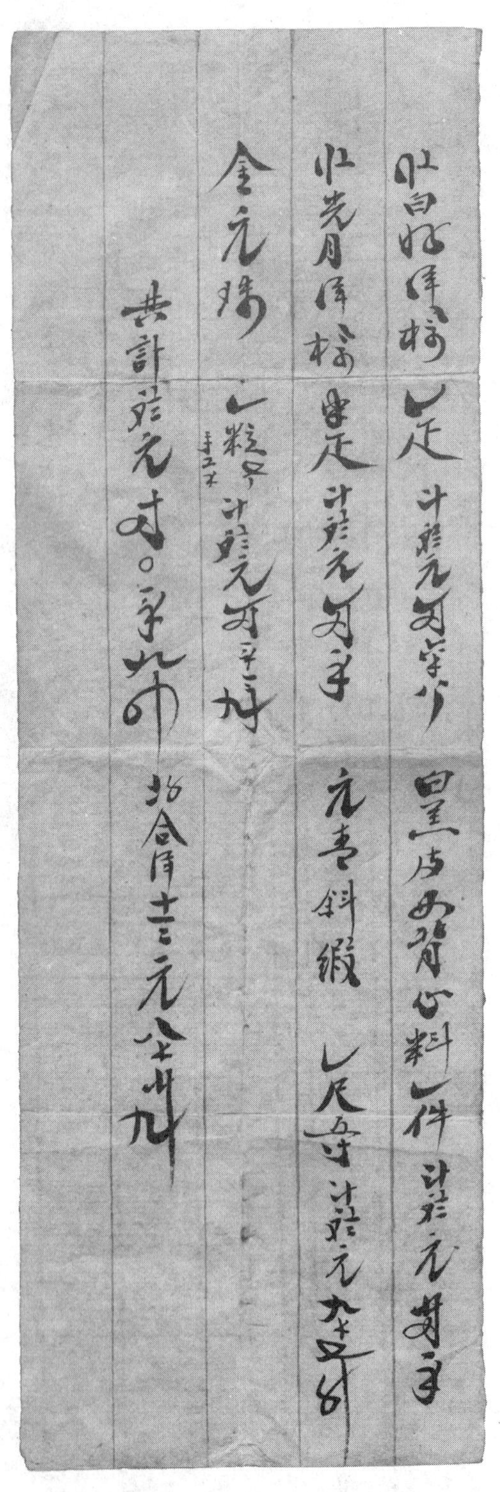

秋口镇岭溪村 23 · 账单

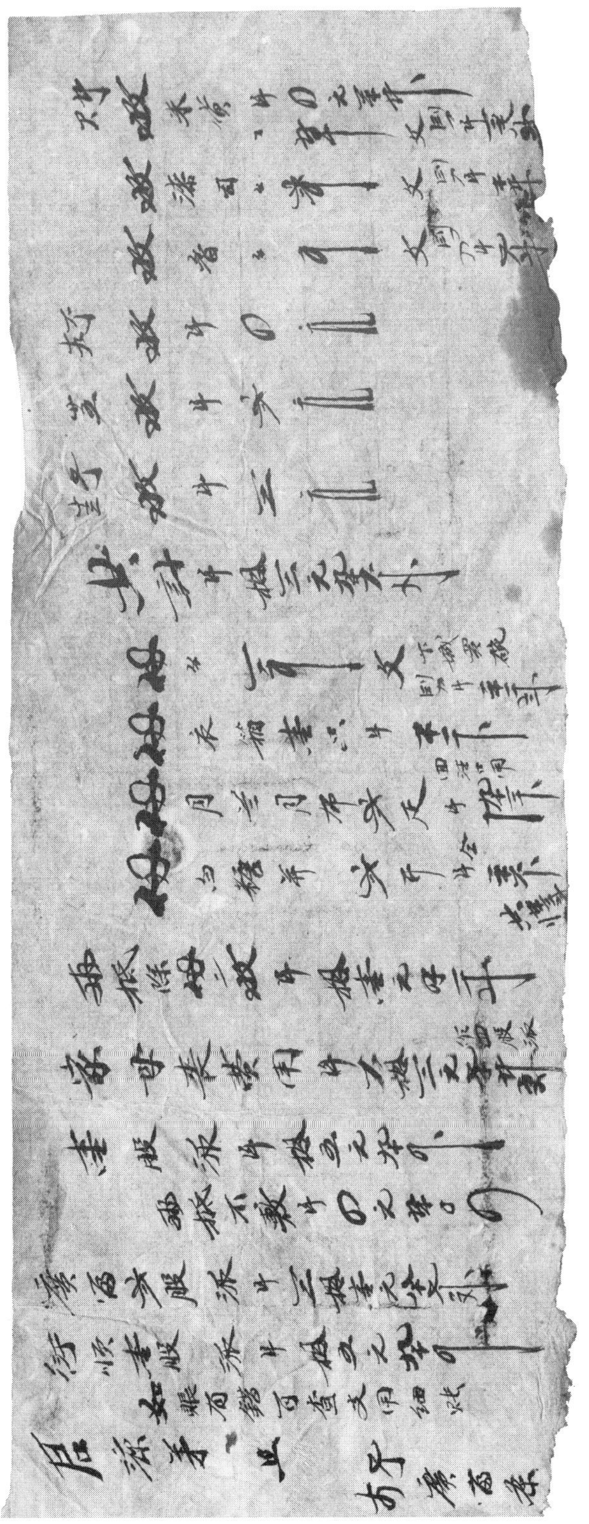

秋口镇岭溪村 24 · 账单

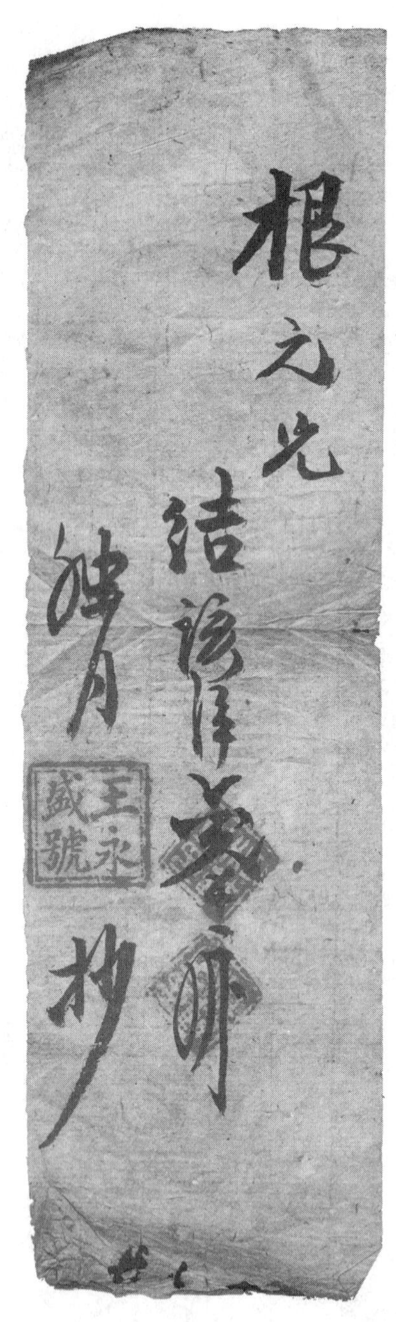

秋口镇岭溪村 25 · 结单 · 王永盛号

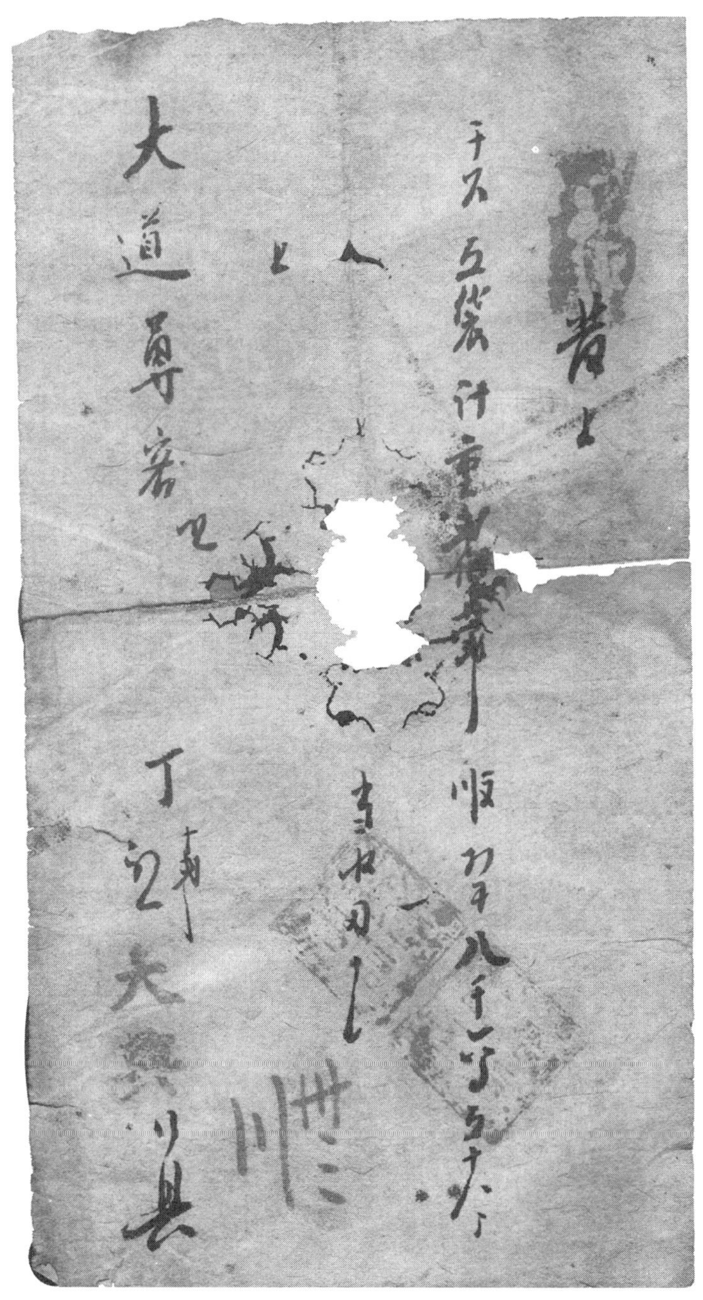

秋口镇岭溪村 27 · 杂文

秋口镇岭溪村 28 · 钱庄支票 · 元亨行

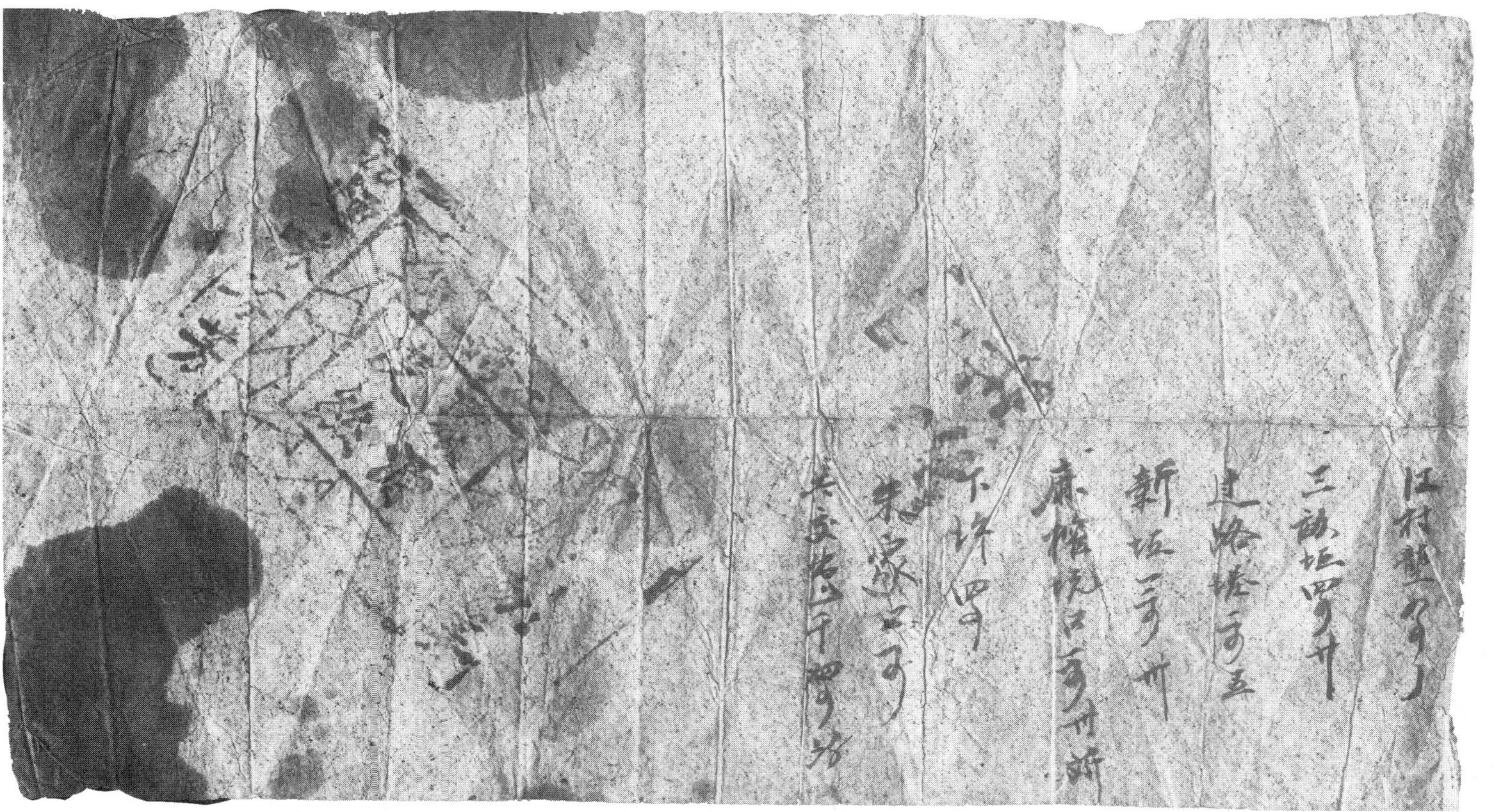

秋口镇岭溪村 29 · 流水账

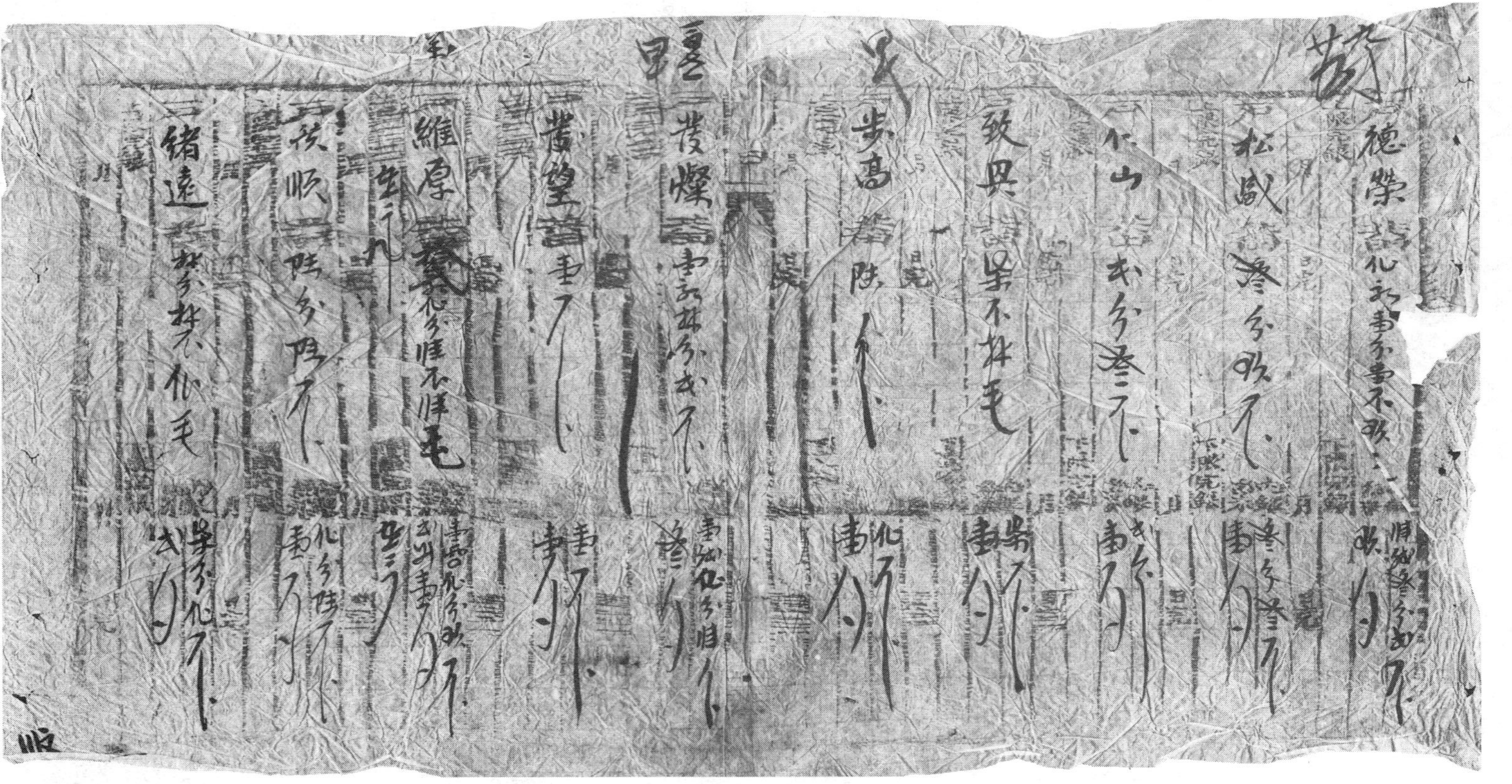

秋口镇岭溪村 30・流水账

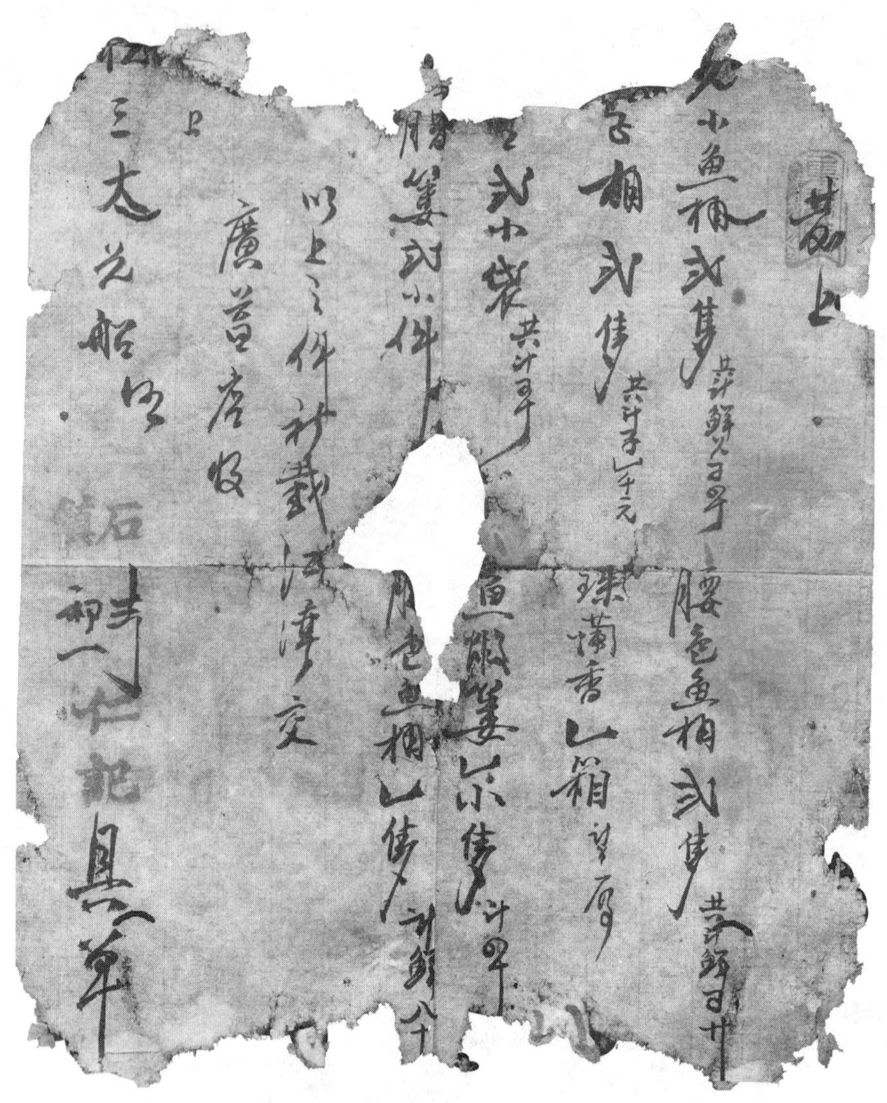

秋口镇岭溪村 32 · 货物清单

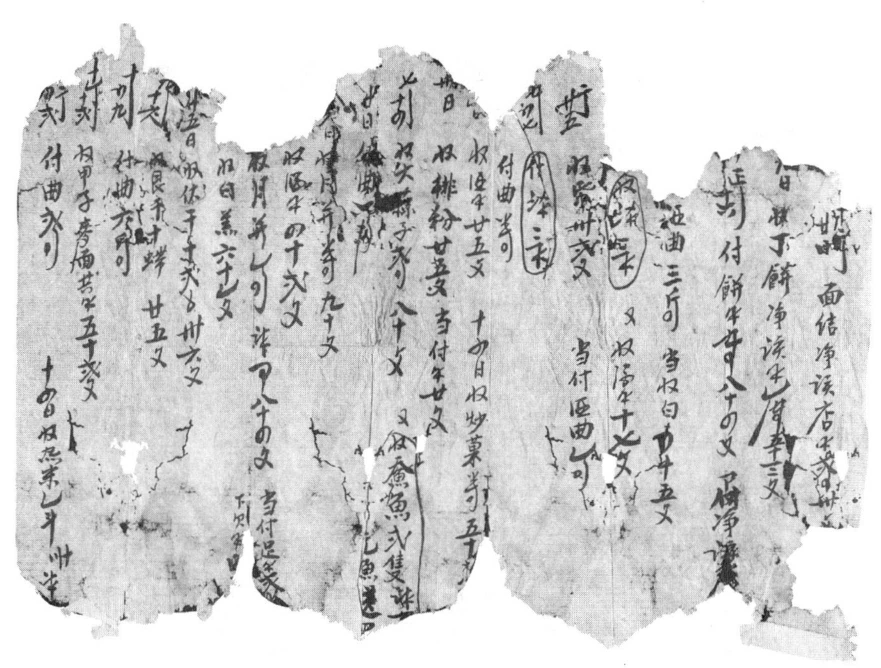

秋口镇岭溪村 35 · 流水账

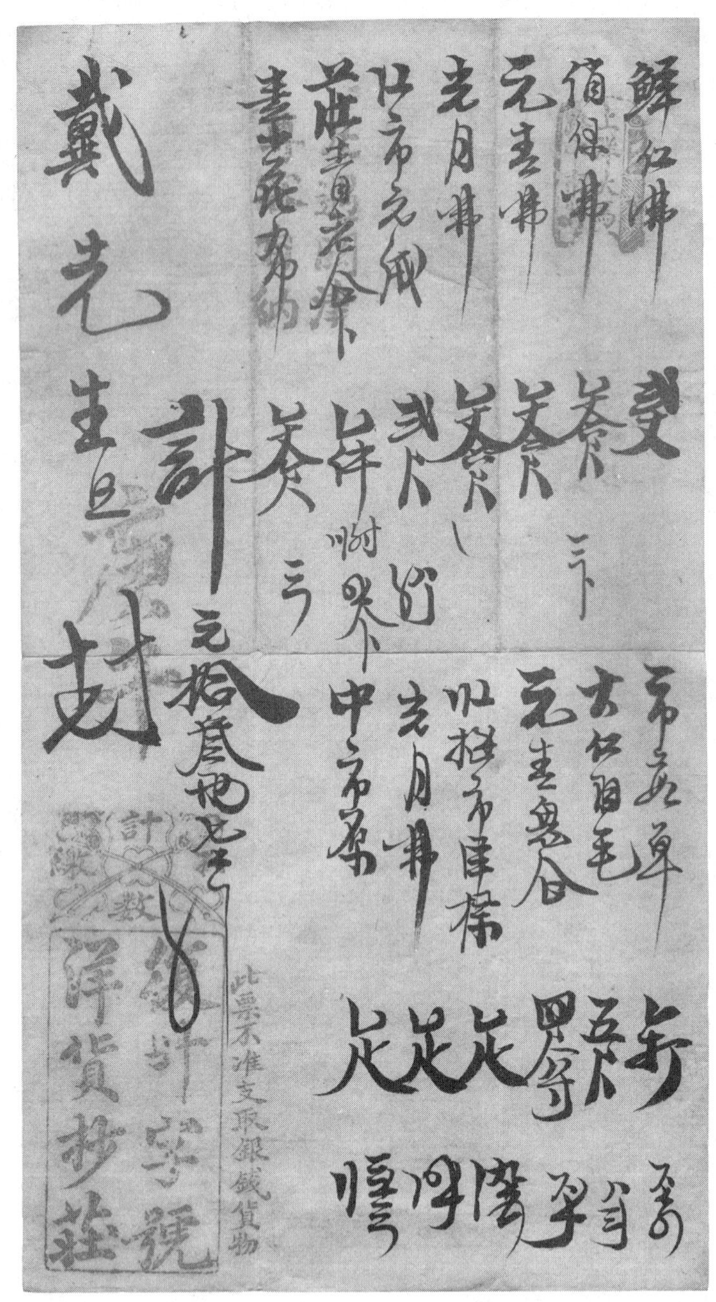

秋口镇岭溪村 37 · 货单 · 戴先生

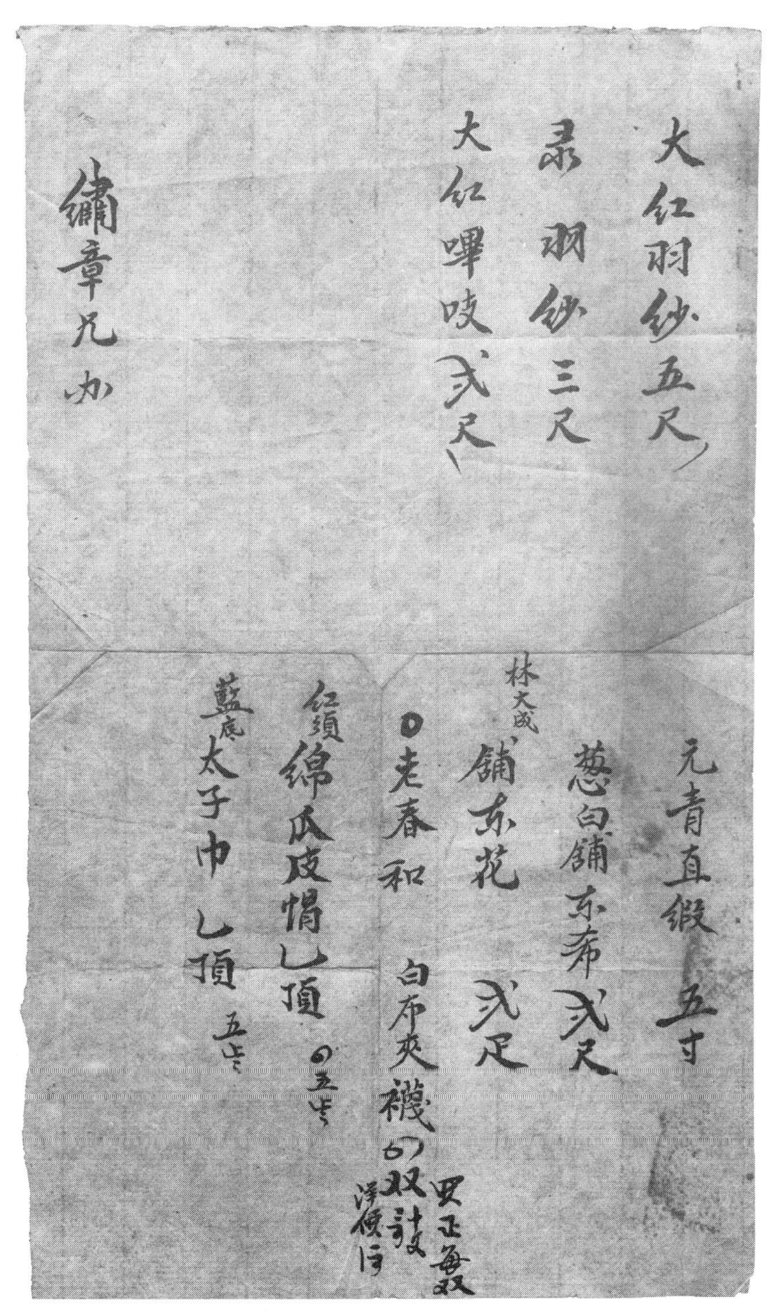

大红羽纱五尺

彔羽纱三尺

大红哔吱弍尺

绣章凡办

元青直缎五寸

葱白铺东布弍尺

林大成铺东花弍足

◎老春和白布夹袜〡双

秋口镇岭溪村 39 · 购物清单 · 绣章

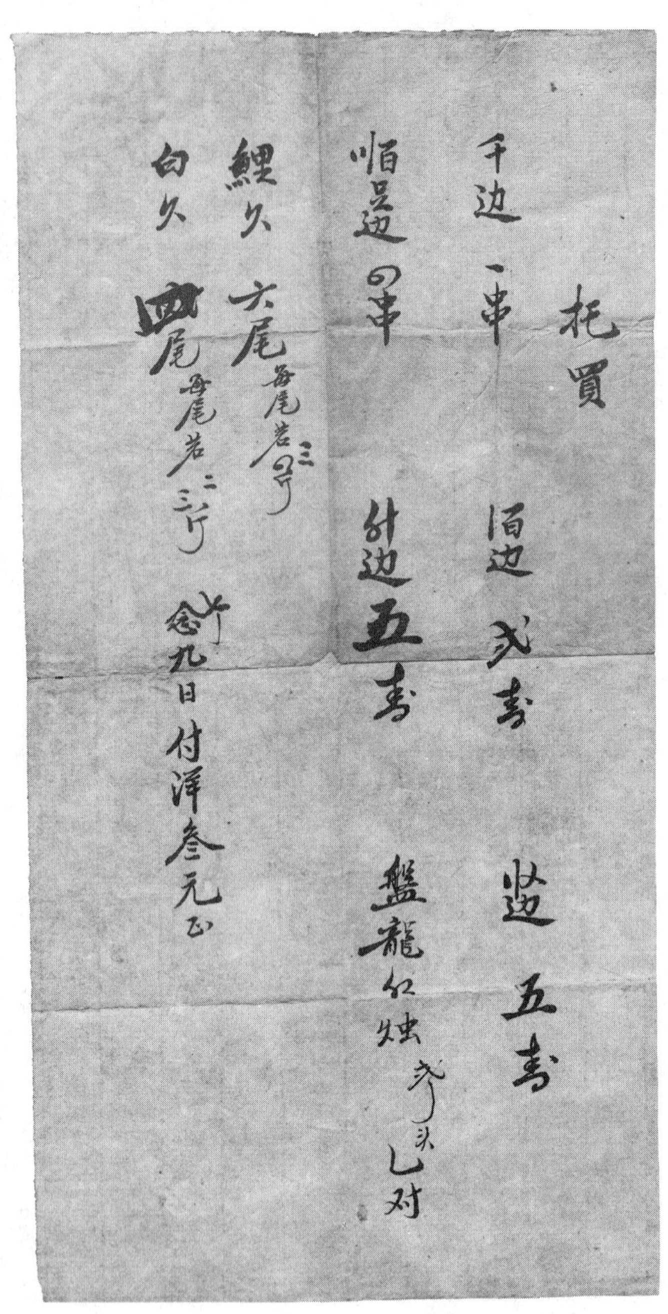
托買
千边一串 佰边贰⿰
佰足边四串 什边五⿰
竖边五⿰
盤龍红烛 斤头七对
鯉火六尾每尾若三斤
白火四尾每尾若二三斤
念九日付洋叁元正

秋口镇岭溪村 40 · 托买单

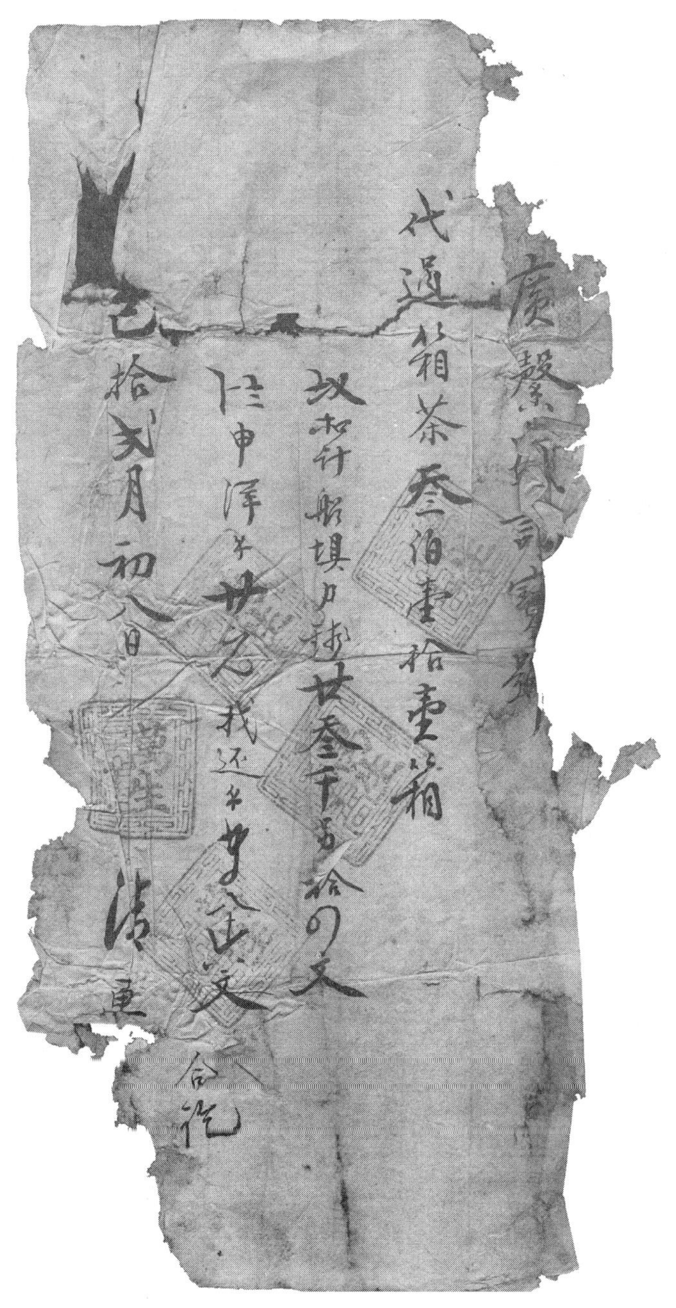
廣馨[illegible]記寶號
代過箱茶叁佰壹拾壹箱
收每件船填力錢廿叁千五[illegible]拾四文
付申洋〻廿元 找還〻[illegible]文
拾弍月初八日 清
合記

秋口镇岭溪村 41 · 账单

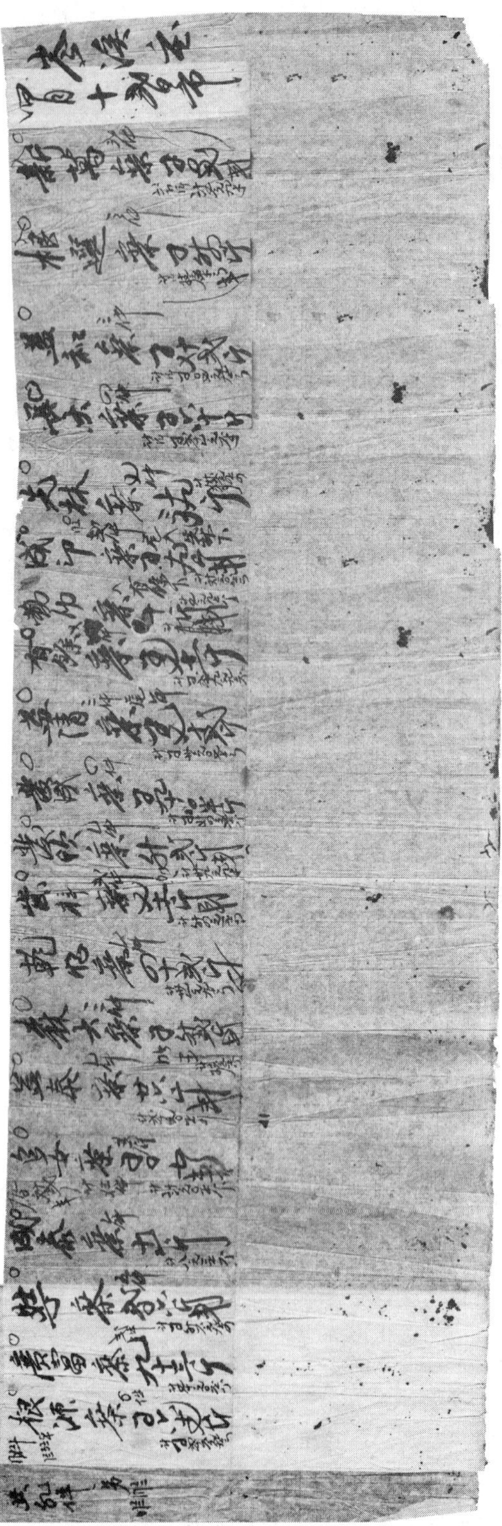

秋口镇岭溪村 42 · 流水账

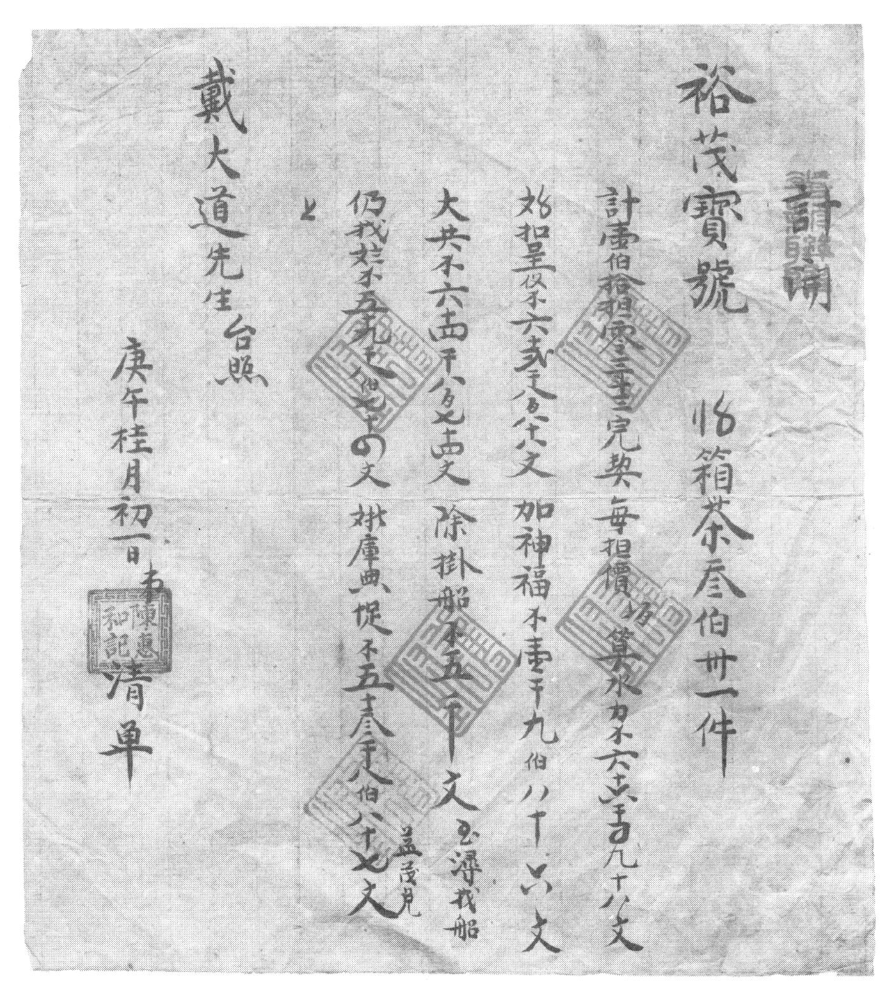

計開

裕茂寶號　収箱茶叁伯卅一件

計重伯拾捌擔零[illegible]完契每擔價洋[illegible]算水力[illegible]九十八文

於扣呈[illegible]文　加神福[illegible]九伯八十六文

大共[illegible]文　除掛船[illegible]文　玉潭找船

仍找[illegible]文　拼庫[illegible]堤[illegible]八伯八十[illegible]文　益茂見

戴大道先生台照

庚午桂月初一日　陳惠和記　清单

秋口镇岭溪村 43 · 清单 · ☒与戴大道

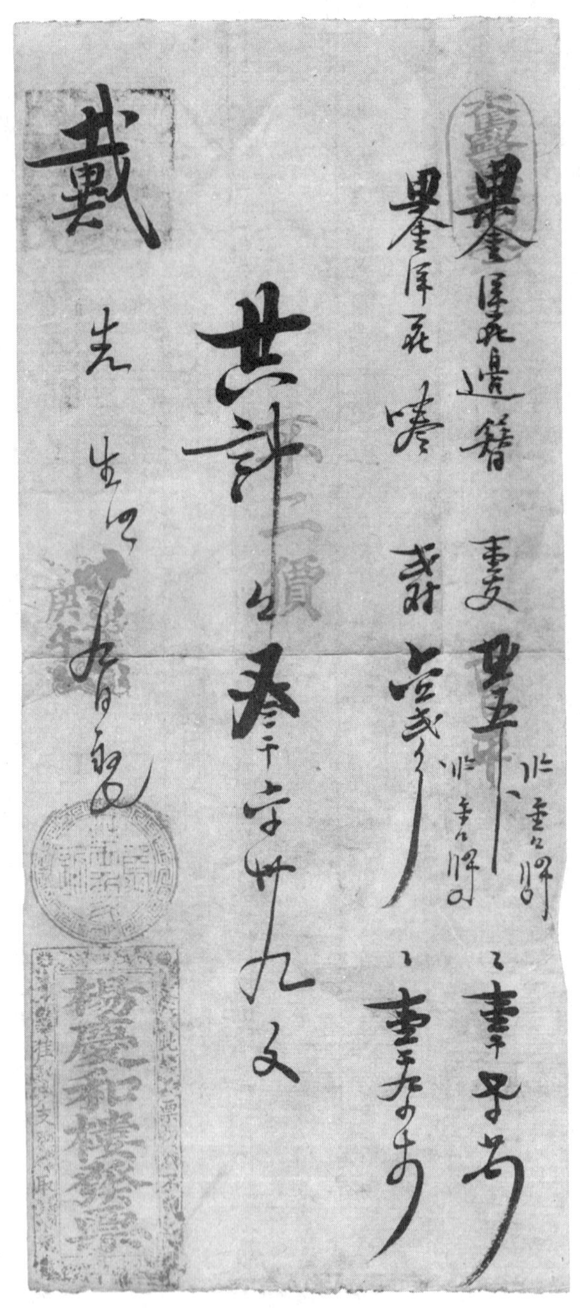

秋口镇岭溪村 44 · 杨庆和楼发票 · 戴先生

紫红洋布 状三
素洋布 北丈三
元素洋布 二丈三
月蓝洋布 北丈三
绒巾尺 一尺余
莊素企呢 夹袷料一件 码褂料一件 炷
素花洋布 一丈三
时花袱 一丈外
大红羽毛 织众余
元素呢 褃子料一件 专附州
北洋标 一尺余
帝惠洋布 一尺条
原由洋布 一尺炉

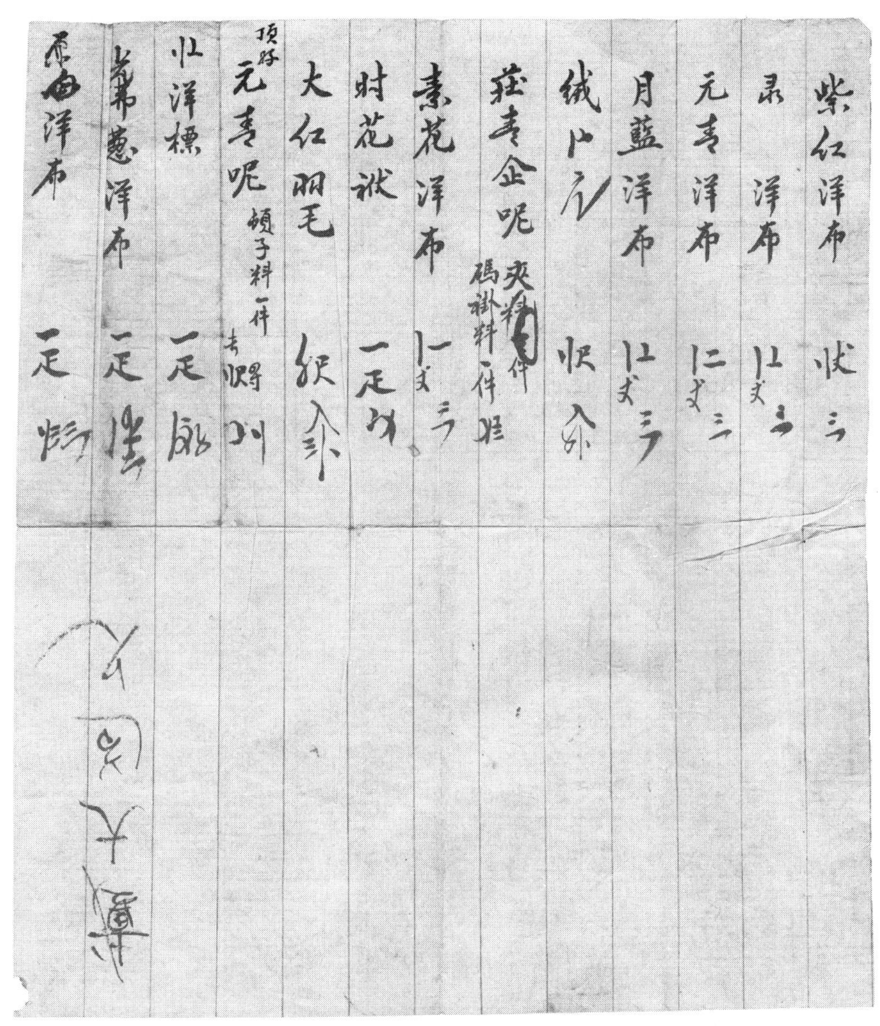

秋口镇岭溪村 45 · 清单 · 戴大道

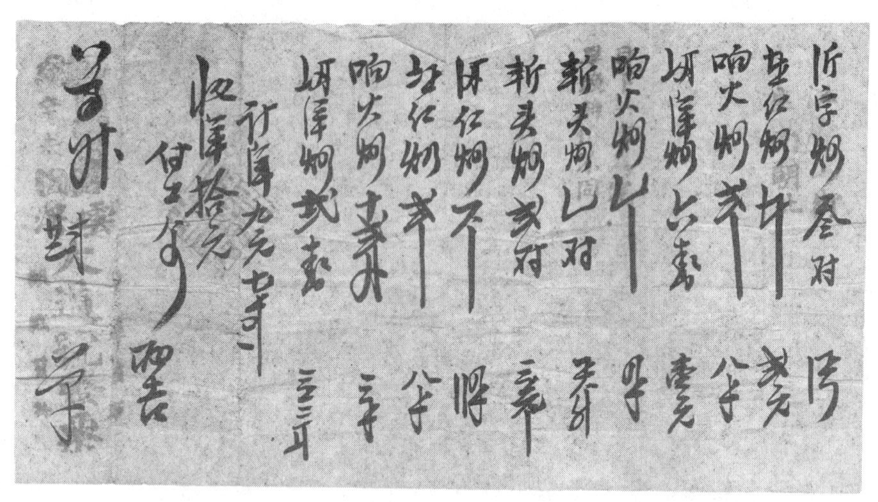

秋口镇岭溪村 46 · 清单 · 戴大道

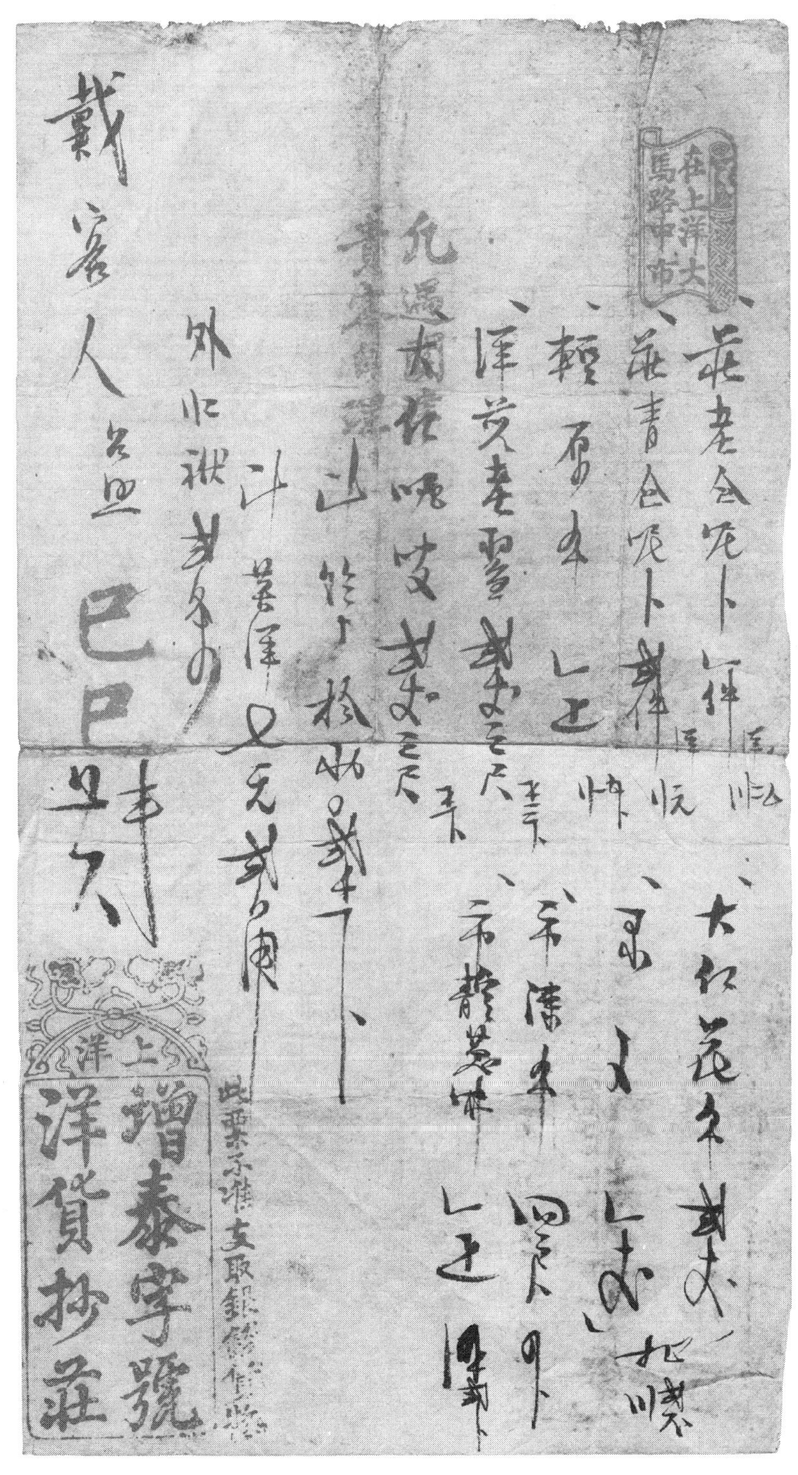
戴客人

在上洋大馬路中市

上洋
增泰字號
洋貨抄莊

此票不准支取銀錢

秋口镇岭溪村 49・清单・戴客人

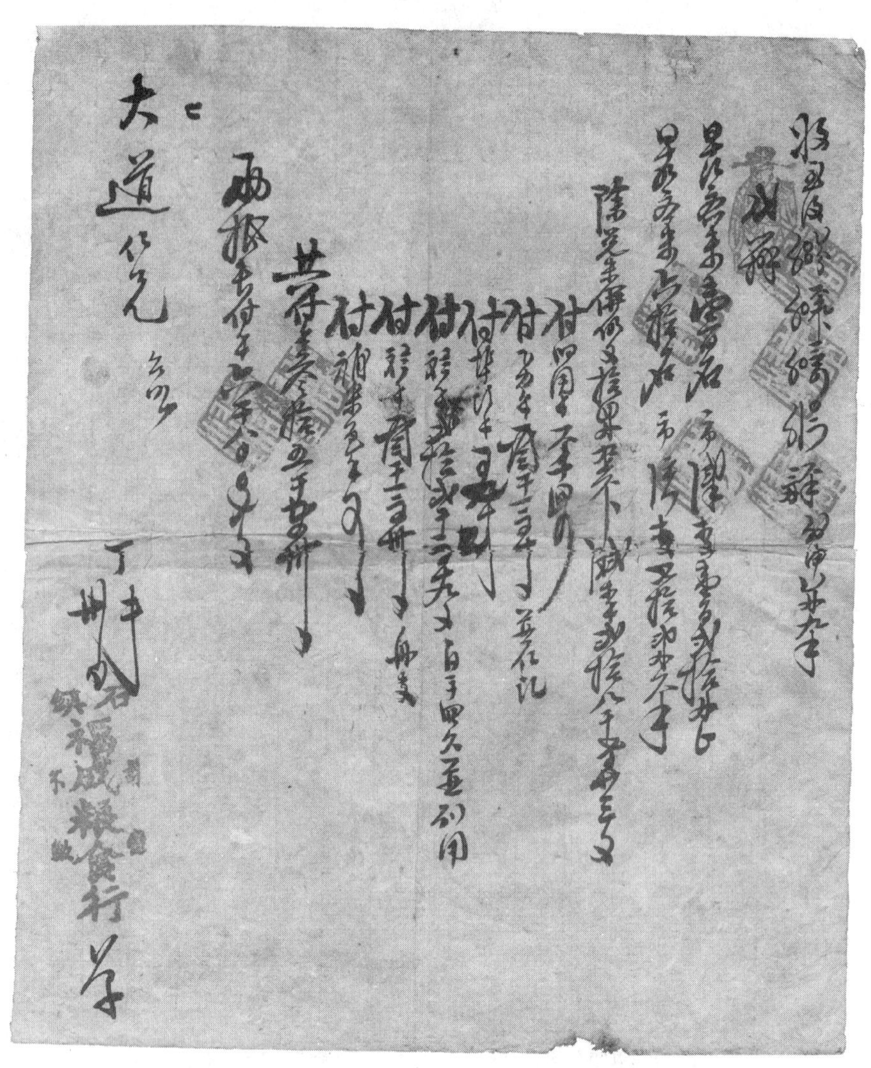

秋口镇岭溪村 51 · 清单 · 戴大道

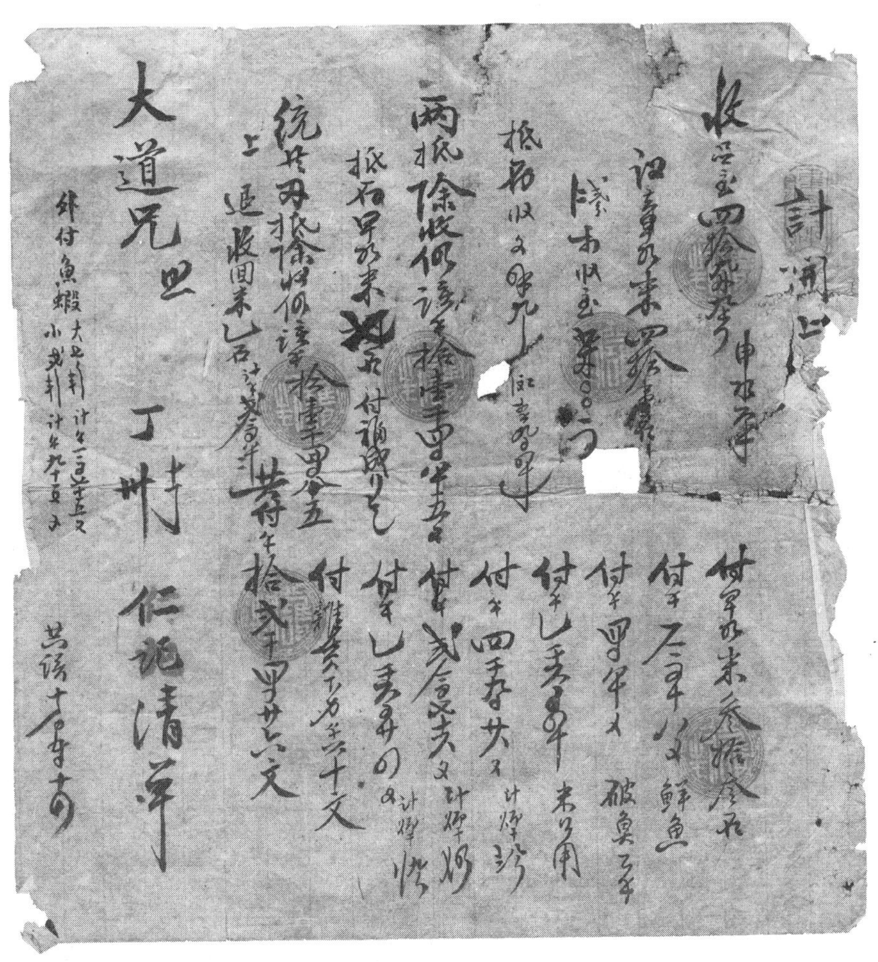

秋口镇岭溪村 52 · 清单 · 戴大道

计开　奢砚深金拾石

付礼手□□□□石
付贰拾手□□拾□□隔付□□拾贰户膨□拾
付贰拾光洋□□□□□□拾□□
□□除□□□□□□
敦付子卄　□□□□□□
敦甘卄三件　平火攵□□□□运西□□□□
甘卄卄月　共付□□零八攵蓥泽九千八卅
付子子□□□□当甘雨吉
□□付□□□西清叁元卆卄
上
大道仁元金三
子□规六□

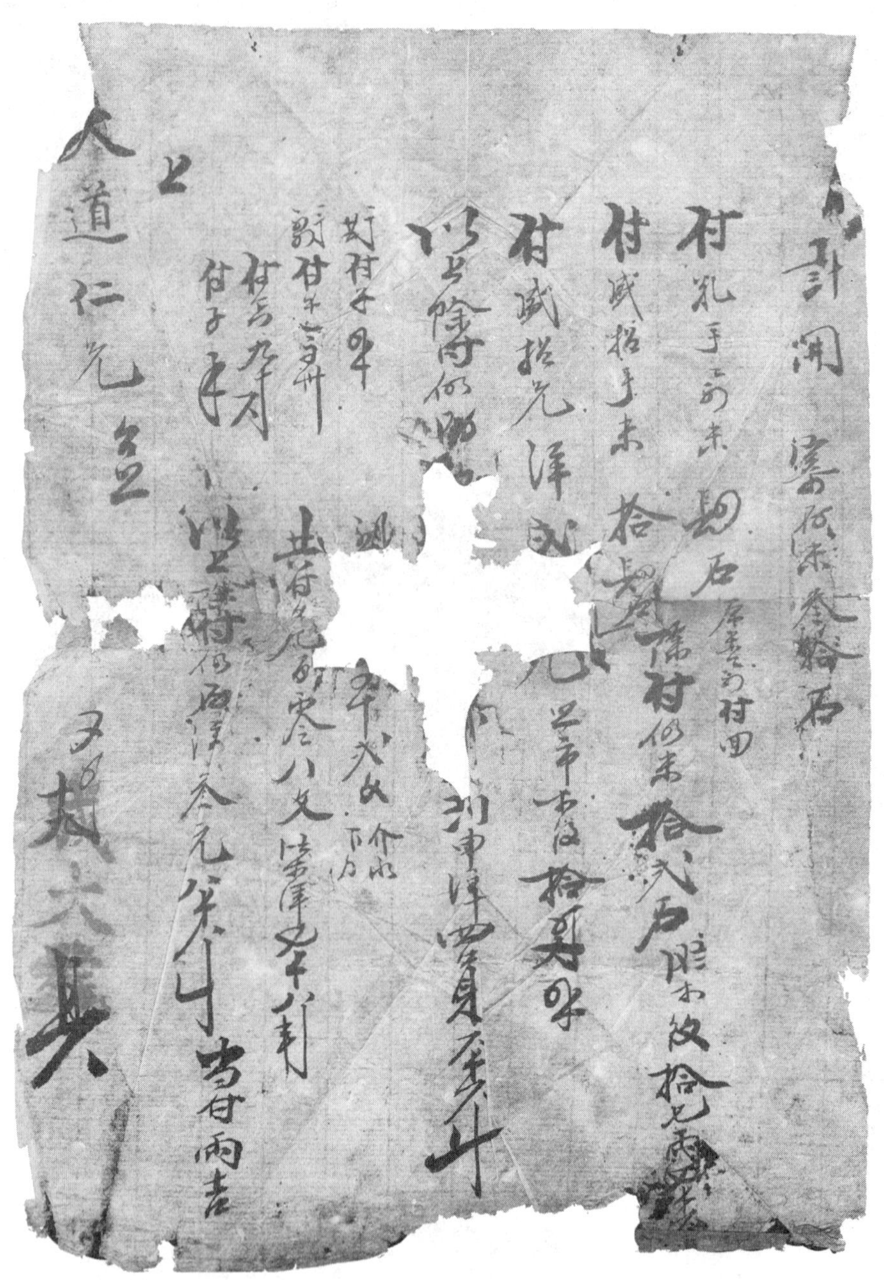

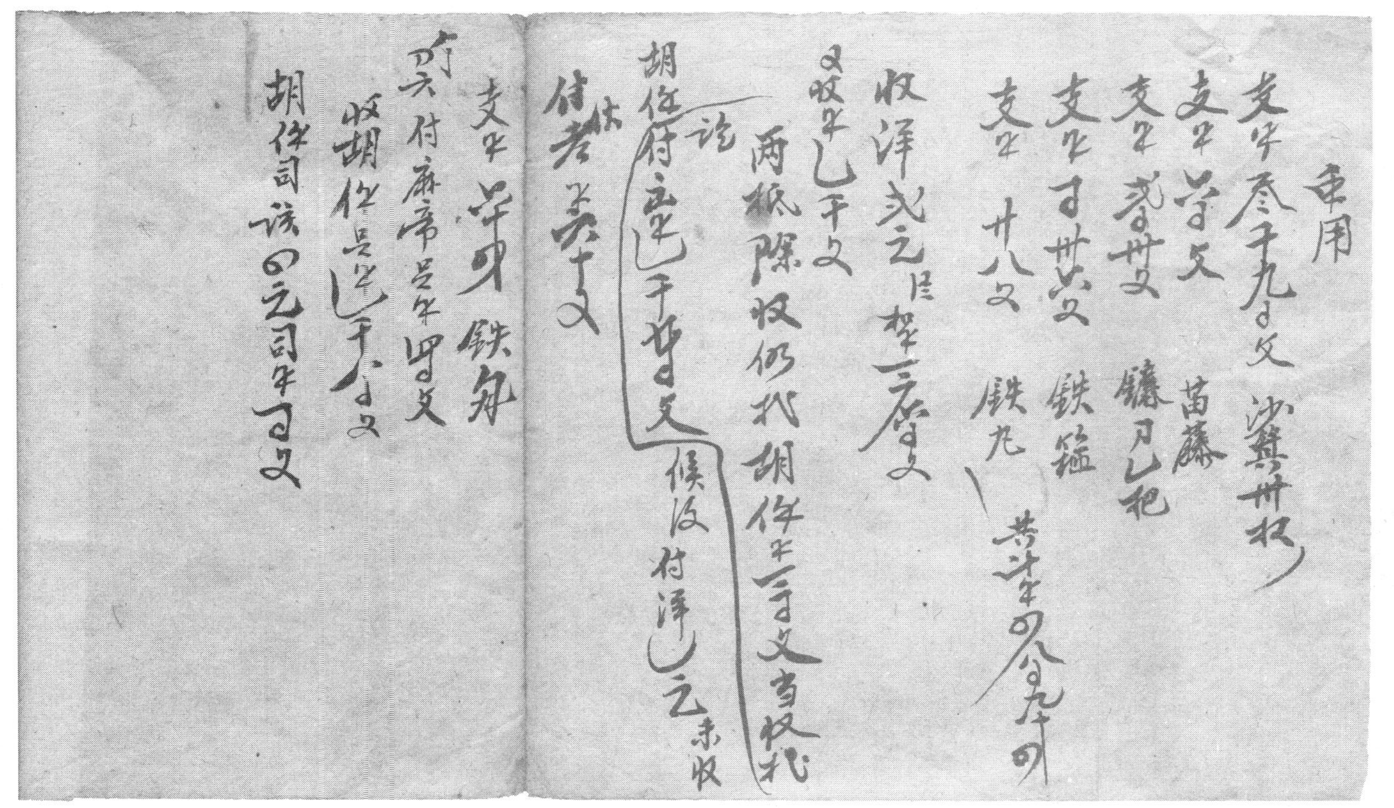

秋口镇岭溪村 54 · 流水账

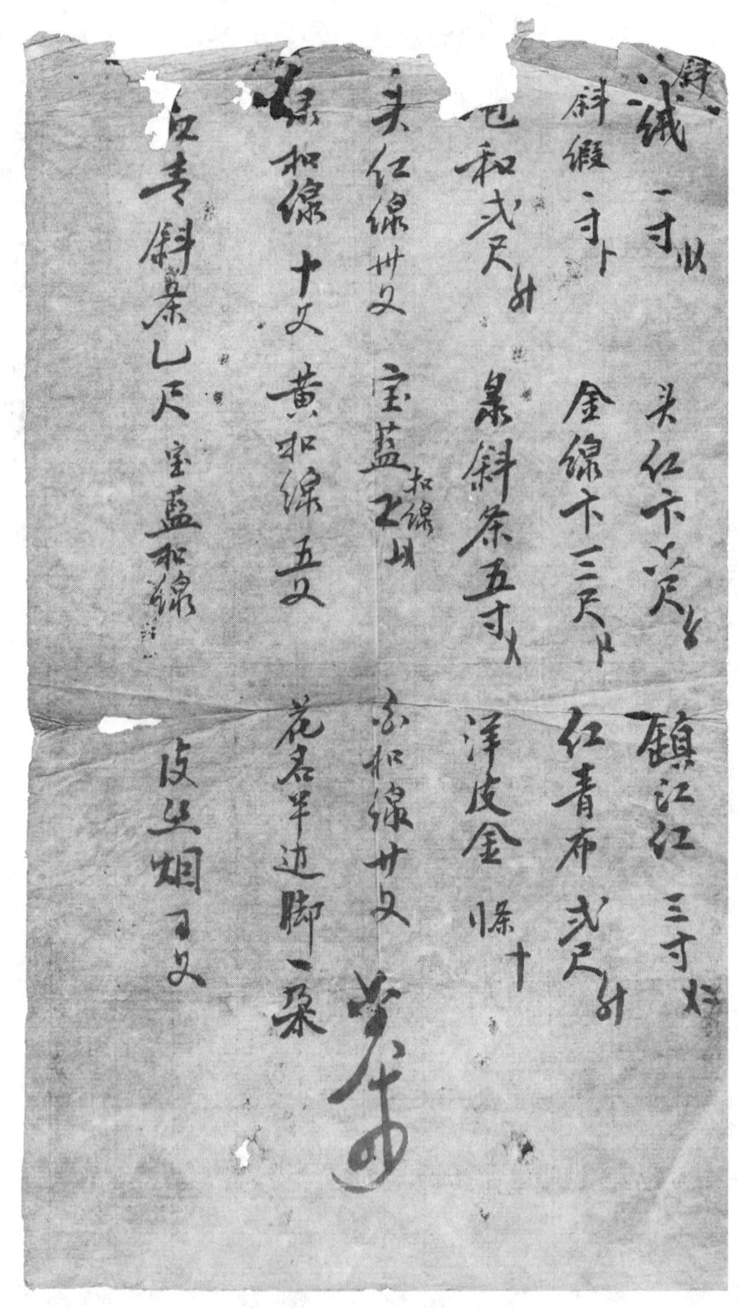

绒 一寸
斜缎 一寸
色和 贰尺
头红线 廿丈
绿和线 十丈
白青斜条 乙尺

头红下二尺
金线下 三尺
暴斜条 五寸
宝蓝和线
黄和线 五丈
宝蓝和线

镇江红 三寸
红青布 贰尺
洋皮金 條 十
宗和线 廿丈
花名单边脚 一朵
皮丝烟 丈

秋口镇岭溪村 55 · 流水账

售立德洋行

裕茂奶录茶叁百叁拾肆籮 磅重□□□ 除補及破少共□□□淨□□

便帋娃元四拾柒籮戥□□ 十月廿日朝

付咧此腳娃□□ □□扺□天分娃□□

廿□□□□娃□付□□娃□□ 付茶橘山娃□□ 付磅費□□

廿橈祖娃□□ 付駁船丁□□

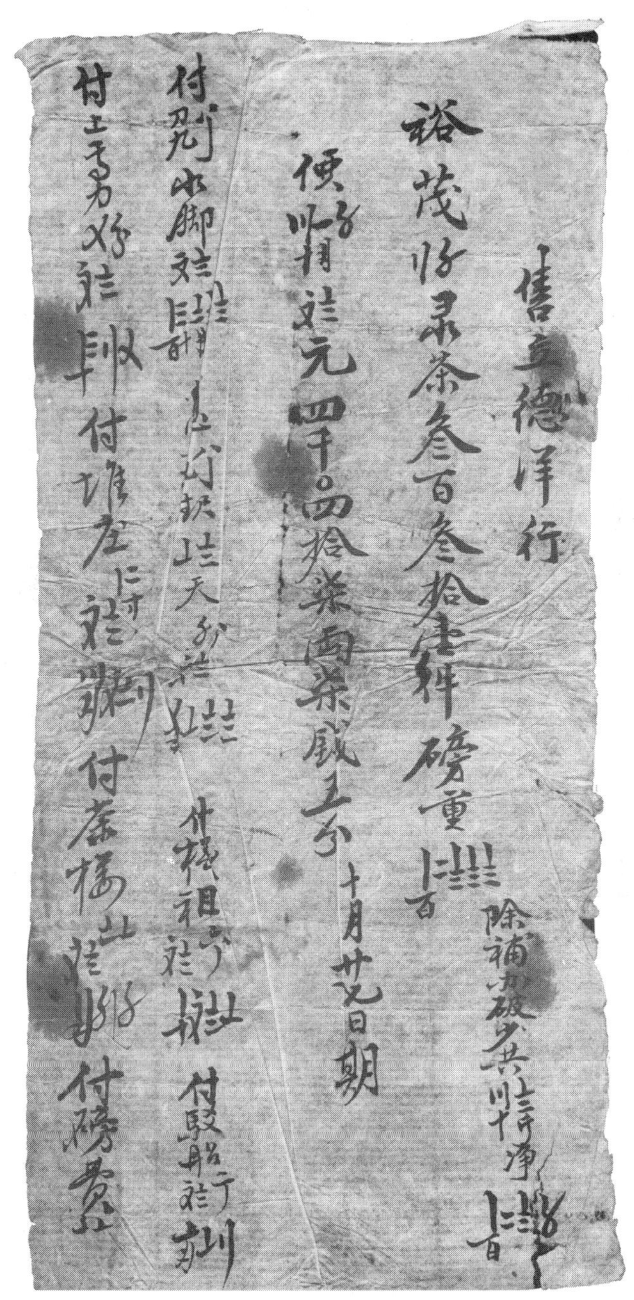

秋口镇岭溪村 56 · 售货清单 · 售立德洋行

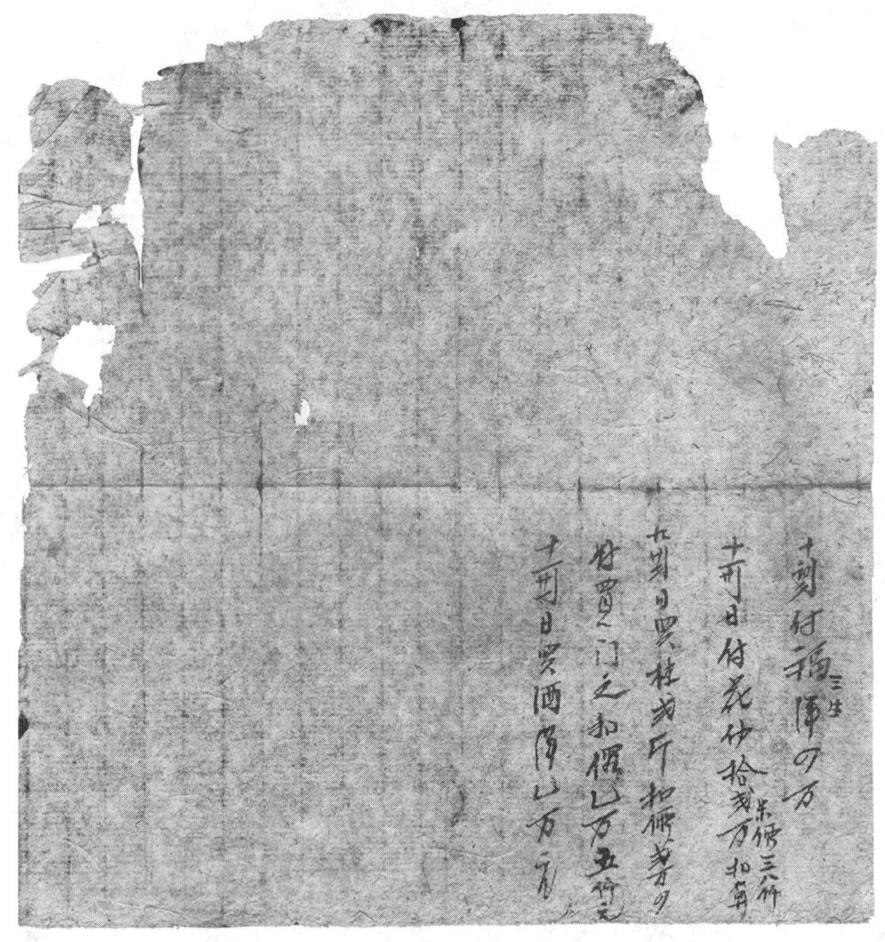

秋口镇岭溪村 58 · 流水账

秋口镇岭溪村 60 · 流水账

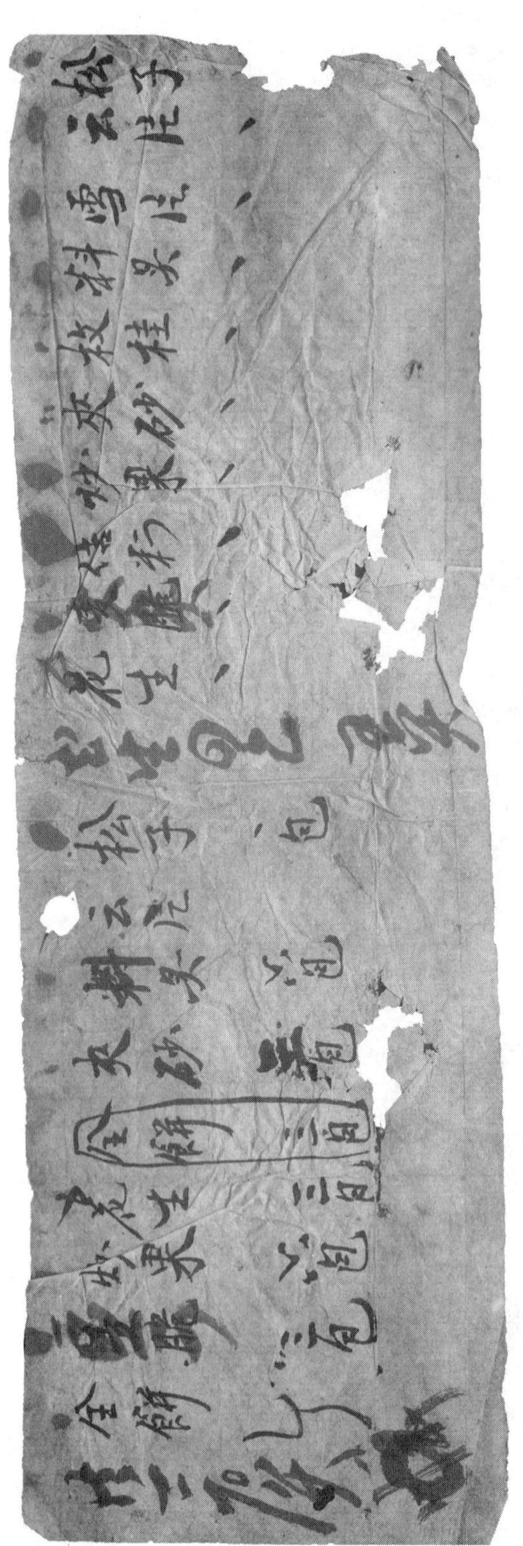

秋口镇岭溪村 61 · 流水账

支用開在
金良式〤
毛去式刀
红烛〢对
寸边〢串
米〢寸文
盐式斤
石羔〤十文
豆芽十斤
茶油式斤
火酒〤斤
实洋〢元〤角
白米〤斗
决粉并〤十五斤
支粮〢元〇角
白豆七升

秋口镇岭溪村 62 · 流水账

廿言進婺城置貨
等釘三萬武元乙斤二兩
黃五斤四萬元
同題四斤卅乙萬石斤元
柳粉戈千元半斤
伯边三斤元乙包
米酒四斤戈萬
雞子茶文三斤五伯元
總结拾叁萬八千五伯元

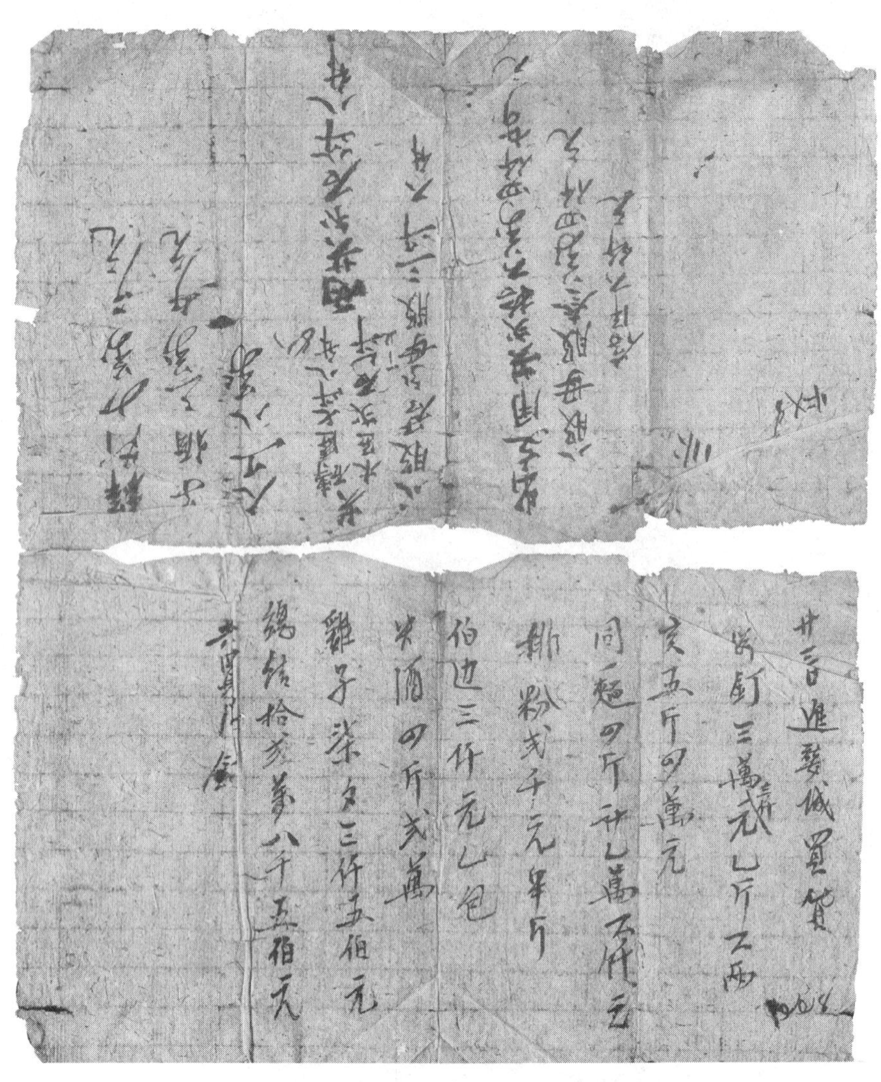

秋口镇岭溪村 64 · 流水账

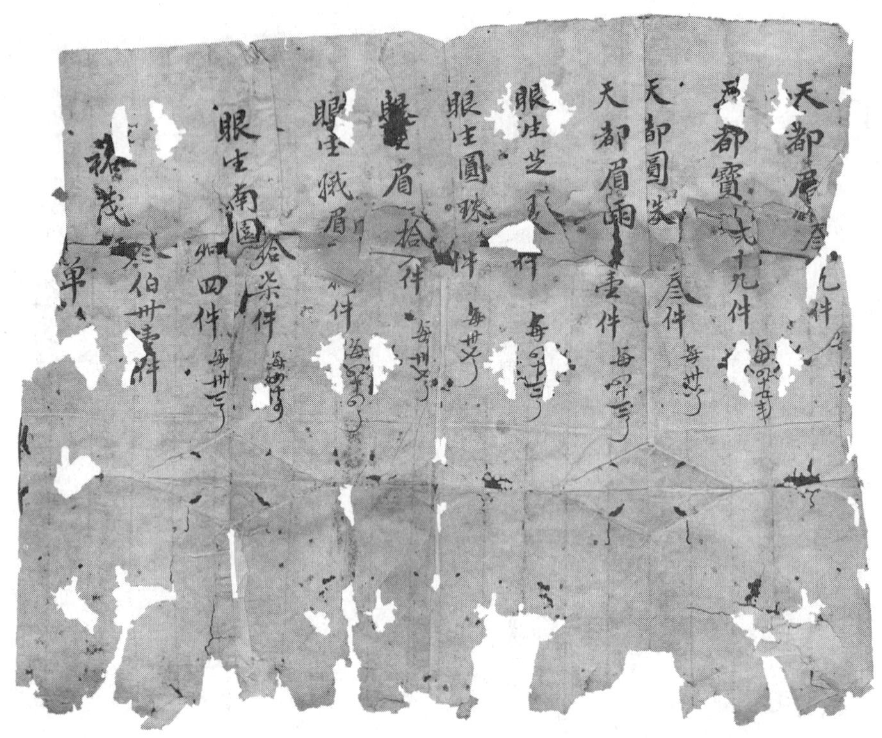

秋口镇岭溪村 65 · 流水账

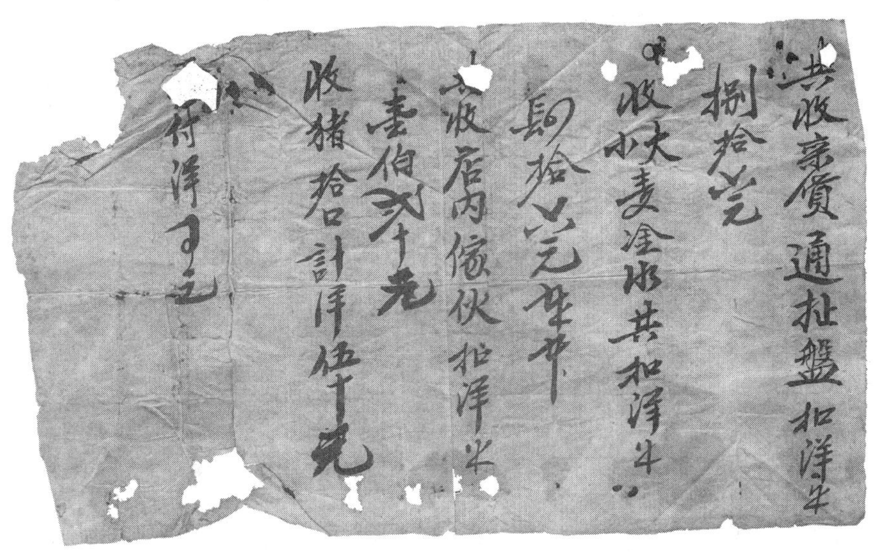

共收采质通扯盘扣洋𠀤
捌拾元
收小大麦途彬共扣洋𠀤
驹拾元半
收店内伙扣洋米
壹伯贰十元
收猪拾口计洋伍十元
付洋十元

秋口镇岭溪村 66 · 流水账

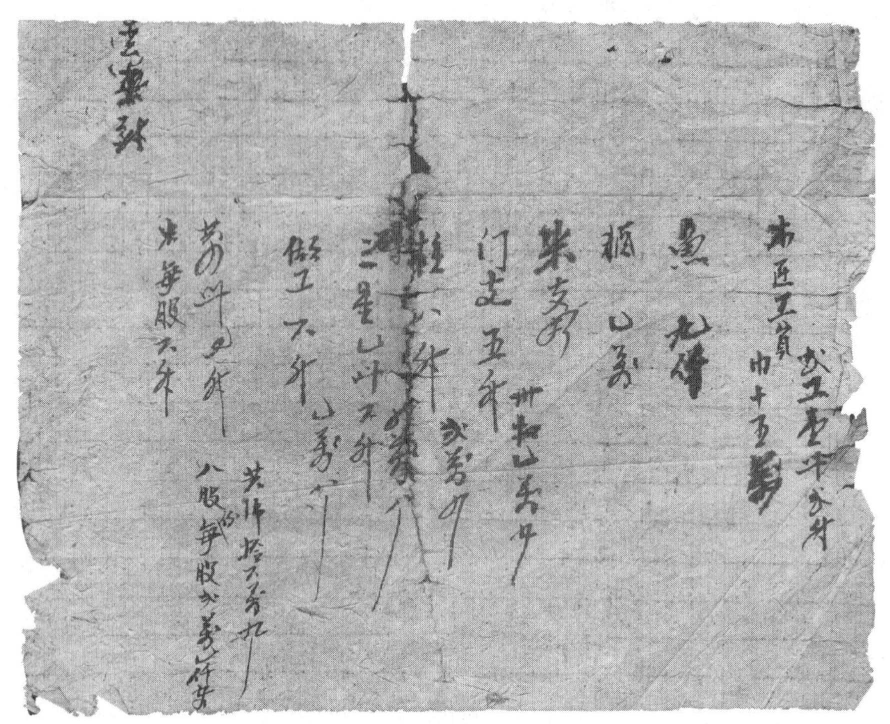

秋口镇岭溪村 67 · 流水账

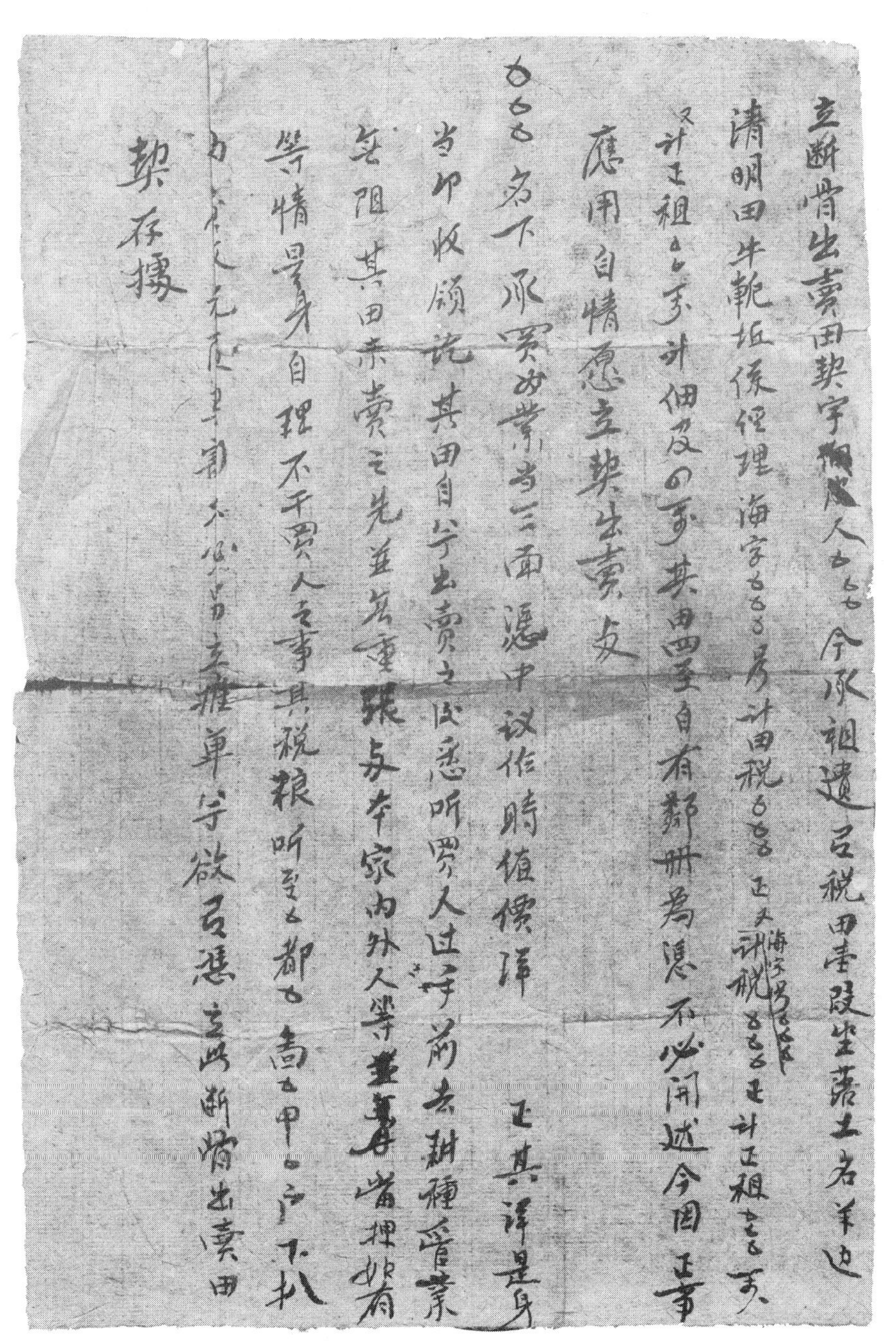

立断骨出卖田契字人[illegible]今承祖遗[illegible]税田壹段坐落土名羊边

清明田牛轭坵係經理海字[illegible]号计田税[illegible]正又海字[illegible]号计税[illegible]正计正祖[illegible]实

又计正祖[illegible]实计佃皮[illegible]实其田四至自有鄰册為憑不必開述今因正事

應用自情愿立契出卖与

[illegible]名下承买为業当三面凭中议作時值價洋　正其洋是身

当即收领讫其田自今出卖之后悉听买人过手前去耕种管業

無阻其田未卖之先並無重張与本家内外人等並無當押如有

等情是身自理不干买人之事其税粮听至本都[illegible]啚[illegible]甲[illegible]户下扒

[illegible]推单等欲[illegible]凭立此断骨出卖田

契存據

秋口镇岭溪村 140 · 断骨出卖田契